CATEDRALES DE ESPAÑA

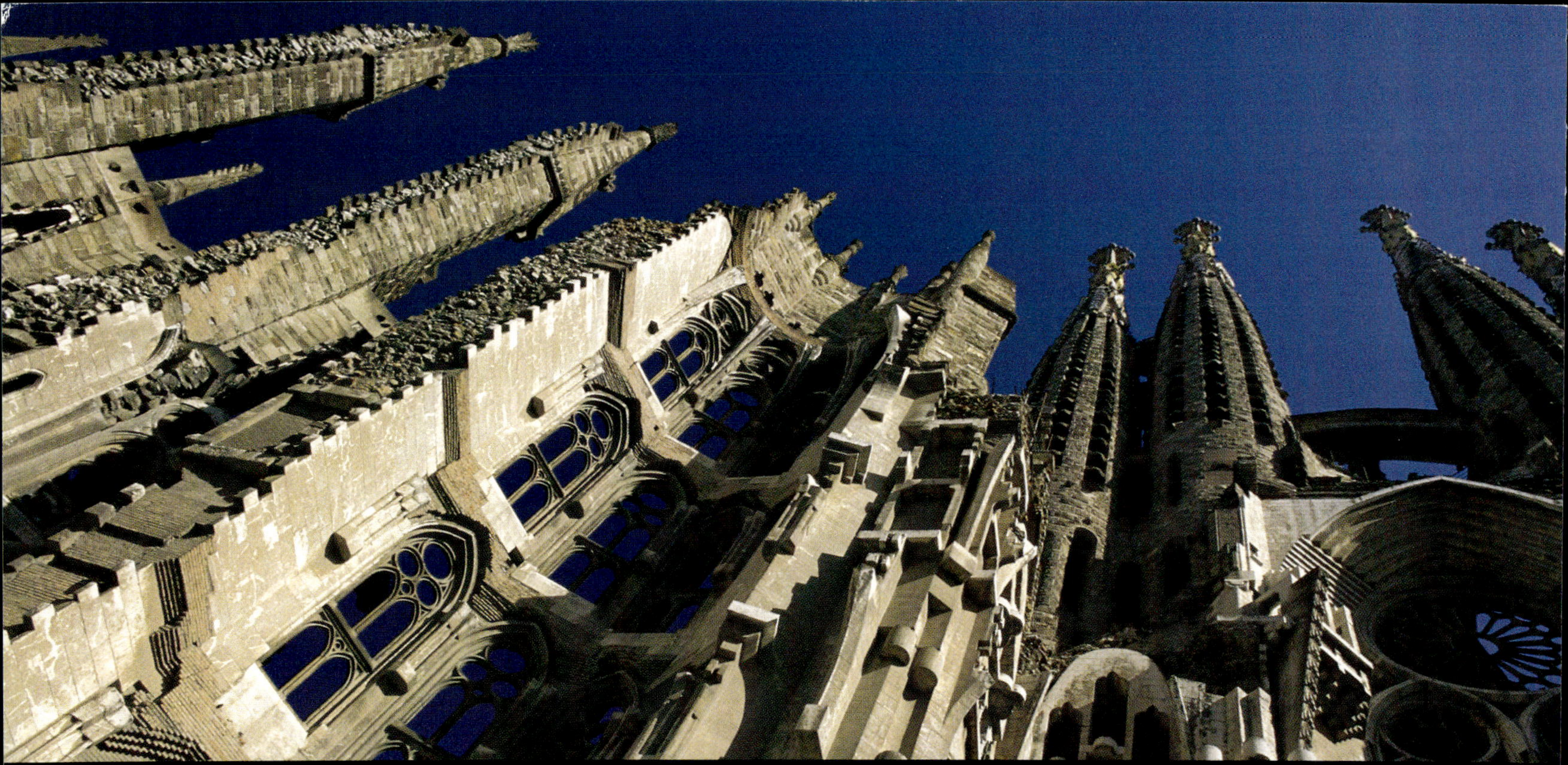

ATLAS ILUSTRADO DE LAS

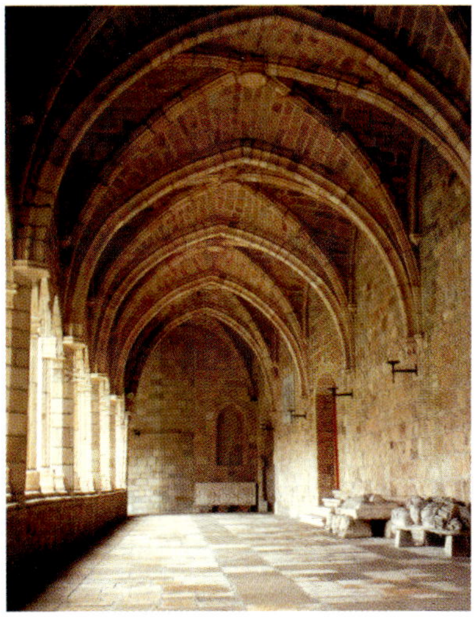

CATEDRALES DE ESPAÑA

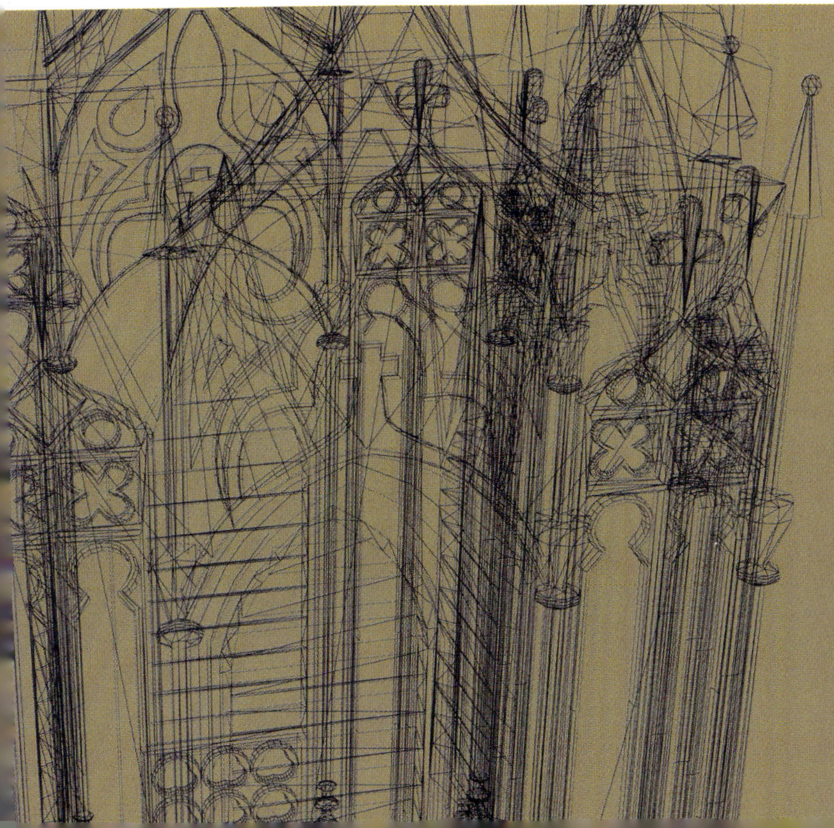

susaeta

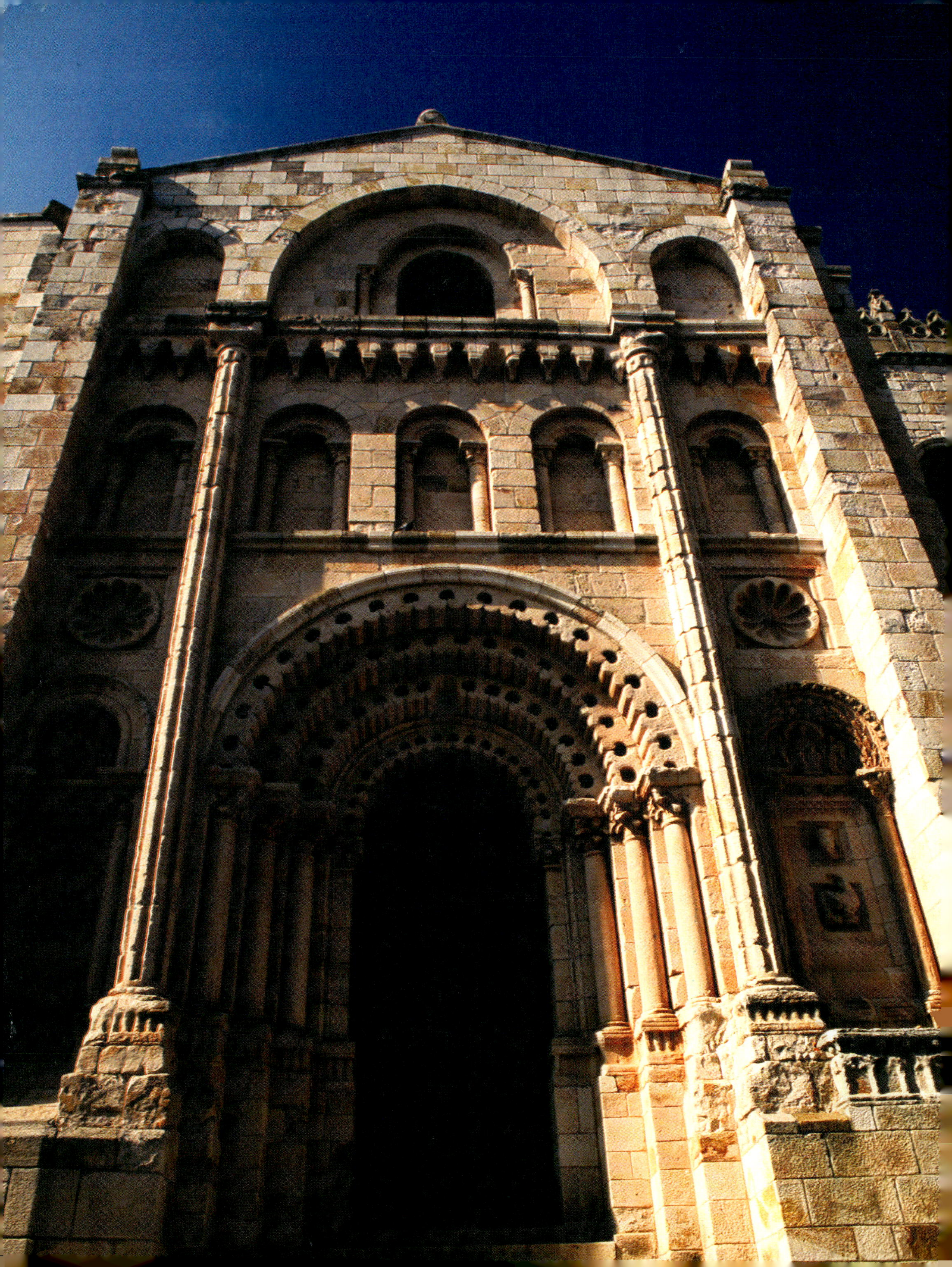

ÍNDICE DE CONTENIDOS

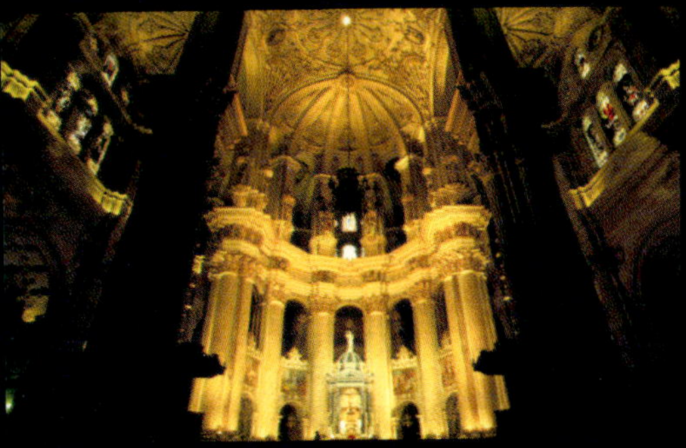

CAPÍTULO 1
La construcción de una catedral
Página 14

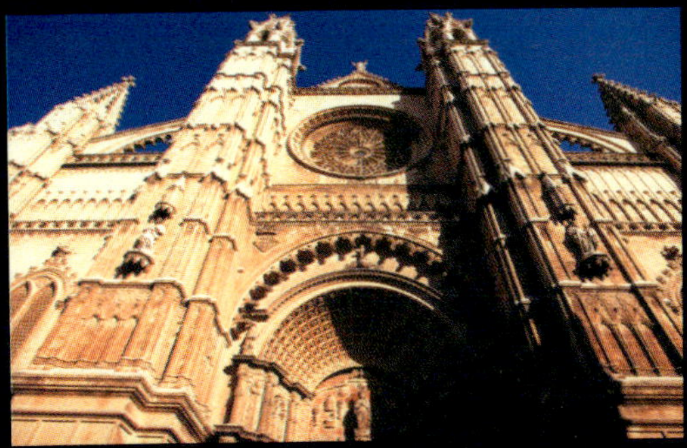

CAPÍTULO 2
Estilos artísticos
Página 16

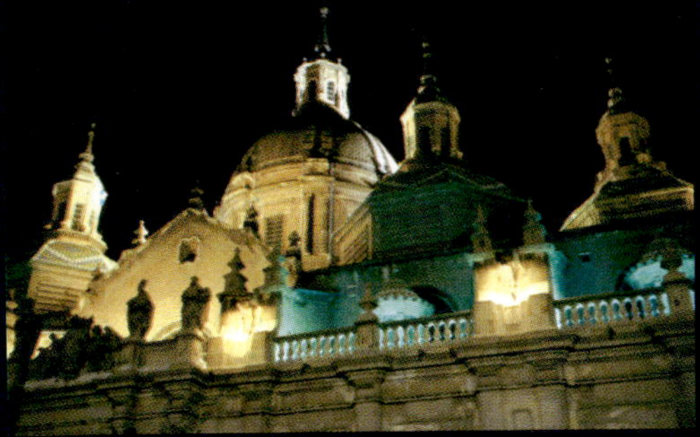

CAPÍTULO 3
Elementos arquitectónicos
Página 36

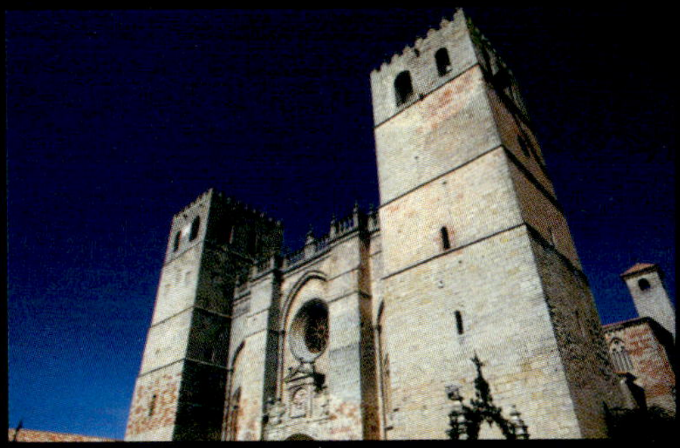

CAPÍTULO 4
Catedrales de España

ANDALUCÍA Y CEUTA	46
ARAGÓN	76
ASTURIAS	98
BALEARES	102
CANARIAS	108
CANTABRIA	112
CASTILLA Y LEÓN	114
CASTILLA-LA MANCHA	144
CATALUÑA	158
COMUNIDAD VALENCIANA	182
EXTREMADURA	194
GALICIA	206
MADRID	220
MURCIA	226
NAVARRA	230
PAÍS VASCO	234
LA RIOJA	240

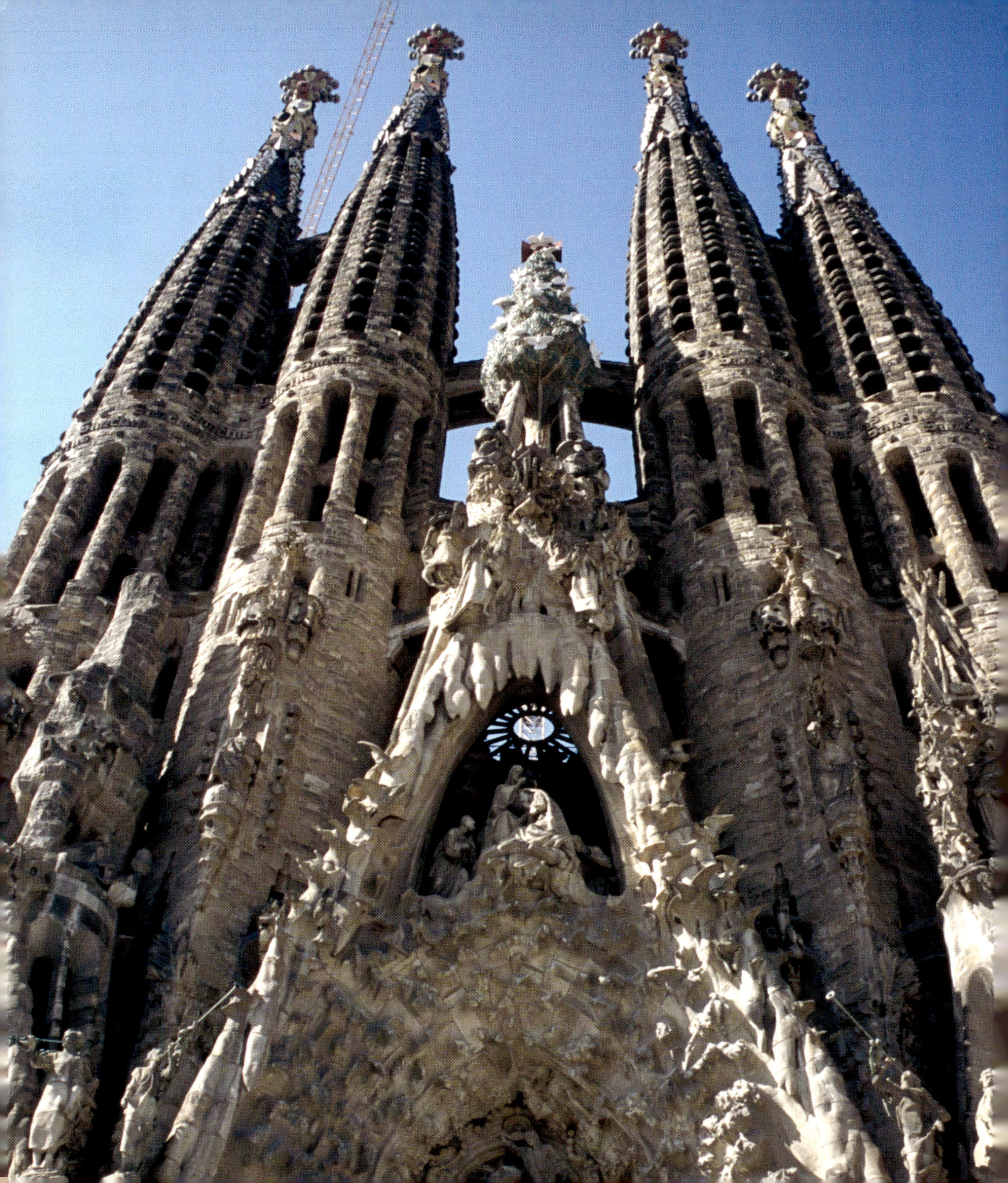

CARTA DE PRESENTACIÓN

Buena parte de la historia del hombre se ha depositado en la arquitectura, como testimonio de una determinada cultura o época, haciendo de las ciudades y monumentos una suerte de memoria colectiva que a todos nos compete conocer, conservar y transmitir a las generaciones venideras. En este sentido, Ruskin ya manifestaba en *Las siete lámparas de la arquitectura* que los edificios de épocas pasadas «pertenecen en parte a quienes los construyeron, y en parte a todas las generaciones de la humanidad que nos han de seguir. Los muertos aún tienen derecho sobre ellos...»

Tal es el alcance cultural de la arquitectura por encima del tiempo, cuyas raíces en la historia sobrepasan la hondura de sus propios cimientos. Ahí están las célebres Siete Maravillas de la Antigüedad, que encarnan este reconocimiento en el que, además de la grandeza de las pirámides de Egipto, la fortaleza de las murallas de Babilonia o la belleza del Templo de Artemisa en Éfeso, aflora el carácter de las civilizaciones que hicieron posibles tales obras que hoy sobrecogen tanto o más que ayer.

De haber prosperado al llegar la Edad Media aquella especie de primera catalogación de las grandes obras de la arquitectura de la Antigüedad, no cabe duda de que las catedrales de la Europa medieval habrían engrosado la relación inicial, pues el templo catedralicio, en su compleja concepción y hermosa expresión, es el edificio que mejor compendia el espíritu de aquella época.

Por ésta y otras razones hay que saludar con merecido optimismo la aparición de un nuevo libro sobre catedrales, que, referido a las españolas, pone en evidencia el rico patrimonio que en ellas se da cita y que en nada envidia las del resto de Europa. Con éstas, las españolas forman un prieto tejido: algunas de ellas están incluidas dentro de la lista de edificios Patrimonio de la Humanidad de la Unesco, que no es sino la versión actualizada de las citadas Siete Maravillas de la Antigüedad.

En otros trabajos ya hemos intentado dar cuenta de estas afirmaciones, que se comprueban, una vez más, al leer los textos del presente libro y, sobre todo, disfrutar de las imágenes que los acompañan. Con un encomiable esfuerzo editorial se ha llevado a cabo un reportaje fotográfico que renueva la visión un tanto fosilizada de las imágenes de archivo, observándose en todo el trabajo una frescura que coincide con la juventud de los autores de los textos y el carácter alegre, completo y atractivo de este libro que me complace presentar y que, a no dudarlo, tendrá la acogida que se merece.

PEDRO NAVASCUÉS PALACIO

Vicedirector de la Real Academia de Bellas Artes de San Fernando

La construcción de una catedral

POR DEFINICIÓN, LA CATEDRAL ES LA IGLESIA DEL OBISPO, LA IGLESIA DE LA CIUDAD. LA CATEDRAL SE CONVIERTE EN REFLEJO DEL RESURGIR DE LAS CIUDADES EUROPEAS QUE, A PARTIR DEL SIGLO XII, PROTAGONIZAN LA ACTIVIDAD SOCIAL, POLÍTICA, ECONÓMICA Y CULTURAL. LA CATEDRAL SERÁ LA PLASMACIÓN SACRA DE LA ESTRUCTURA BÁSICA DE LA COMUNIDAD Y SE CONVERTIRÁ EN LA CONSTRUCCIÓN DE MAYOR ENVERGADURA DE LA CIUDAD.

EQUIPO HUMANO

El arquitecto realiza los bocetos teniendo en cuenta las enseñanzas adquiridas en sus viajes y las instrucciones que le ha dado el cabildo. Los arquitectos contratados suelen introducir elementos o recursos arquitectónicos ya utilizados en otras catedrales.

LOS MATERIALES

El suministro de piedra o ladrillo generaba muchos puestos de trabajo en la Edad Media. La forma en la que se fabricaban los ladrillos en la Europa medieval se basaba en gran medida en los precedentes bizantinos y romanos.

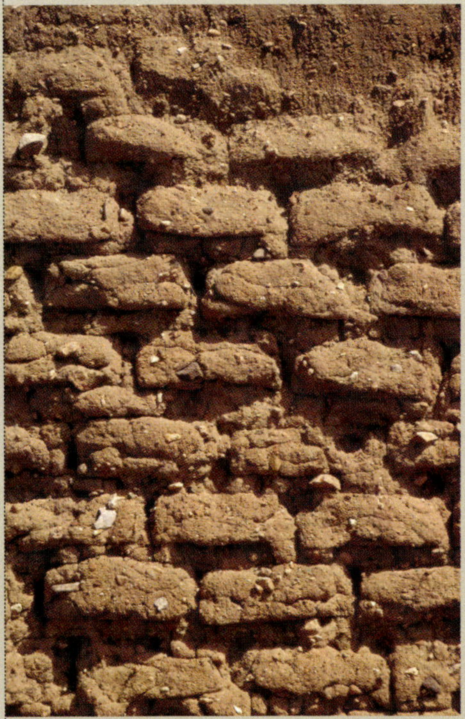

EN CUANTO A LA PIEDRA, *la catedral se abastecía de una cantera cercana. Peones y canteros extraían las piedras. Después las tallaban siguiendo las instrucciones del maestro.*

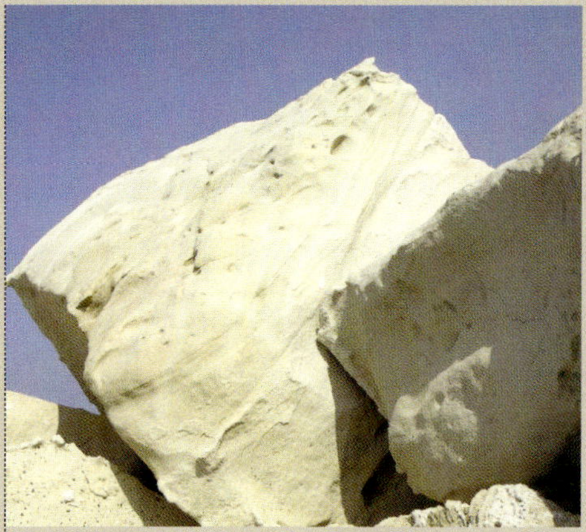

SI LA CANTERA ESTABA ALEJADA *del lugar de construcción, se transportaban los materiales en barcas. Una vez en el puerto se descargaban mediante grúas y árganas; luego se transportaban a los talleres a pie de obra con carros.*

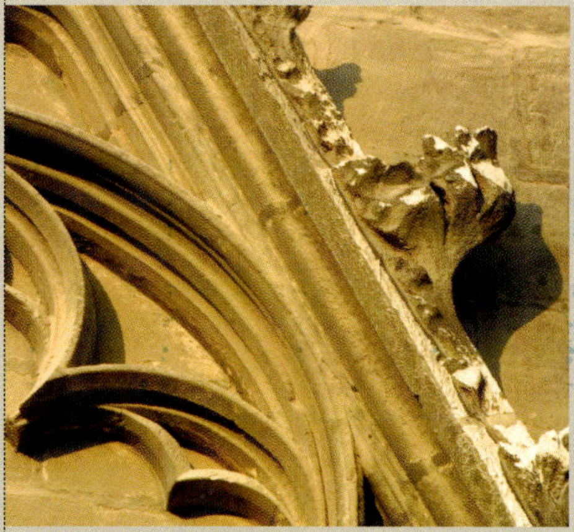

CADA BLOQUE EXTRAÍDO *era marcado tres veces. Estas marcas indicaban el lugar de colocación en la catedral, la cantera de procedencia y, en ocasiones, el cantero que había tallado la piedra.*

La catedral es un espacio religioso, pero su construcción articula el resto de edificaciones de la ciudad, condicionando gran parte de la trama urbana.

Observamos que la mayoría de las catedrales se construía en los márgenes de la ciudad o apoyada en las murallas. Alrededor de la catedral se levantaban otros edificios anexos: el palacio episcopal, viviendas de los canónigos, hospitales, escuelas e, incluso, cementerios. Las ideas urbanísticas que surgieron a partir del siglo XVIII forzaron una visión de la catedral aislada, por lo que se derribó parte de sus construcciones anexas.

Las circunstancias que motivaban la construcción de una catedral eran múltiples: competir con otra ciudad, que la ciudad se encontrara en el camino de peregrinaje, el aumento demográfico, el año 1000, la Contrarreforma, acoger los restos de un rey, de un santo o de reliquias, etcétera.

Cuando se construía una catedral era porque existía una necesidad y se tenía la capacidad para crear y asumir un nuevo templo. Para hacer viable su realización se necesitaba una financiación fruto de una contribución colectiva.

El presupuesto lo controlaba el cabildo, pero gran parte se debía a limosnas, conce-

Entre los artesanos que colaboraban para la construcción de la catedral había excavadores, picapedreros, escultores, albañiles, vidrieros, empastadores, carpinteros, herreros y hojalateros. Cada maestro estaba al frente del taller de su especialidad, y los trabajos más duros se adjudicaban a los peones.

Para alojar a los obreros, se levantaban barracones junto a la construcción. Allí comían, dormían e, incluso, trabajaban los días que las condiciones atmosféricas impedían construir a pie de obra. Era habitual, incluso, levantar una fragua para la realización de los útiles metálicos necesarios.

La idea de construir o renovar una catedral venía dada generalmente desde los órganos de poder y por la «necesidad» demográfica o social de la población. Con el tiempo, las catedrales se convertirían en un símbolo y medirían la importancia social, política y religiosa de las ciudades.

siones de indulgencias, exposición pública de reliquias o explotación de los intereses generados por las peregrinaciones.

La construcción se podía dilatar más de cien años, por lo que un estilo se solapaba a otro según el gusto de la época y del obispo.

CONSTRUCCIÓN

El presupuesto lo controlaba el grupo de eclesiásticos que constituían el cabildo. Éste, apoyado por los fieles, era el encargado de contratar al arquitecto que proyectaría y supervisaría la construcción.

El arquitecto, personaje anónimo durante los siglos XII, XIII y XIV, contrataba a los maestros de obra, que trabajaban bajo sus órdenes. Las obras sufrían continuos retrasos, cambios, problemas económicos y disputas.

La construcción comenzaba por la cabecera hacia la fachada, aunque, en ocasiones, se comenzaba desde los pies hacia la cabecera. Una vez concluidos los cimientos, se levantaban los muros; a medida que crecían en altura, se necesitaba construir andamios. Sobre estos andamiajes se colocaban montacargas, basados en un sistema de poleas que permitía elevar los bloques de piedra y la argamasa.

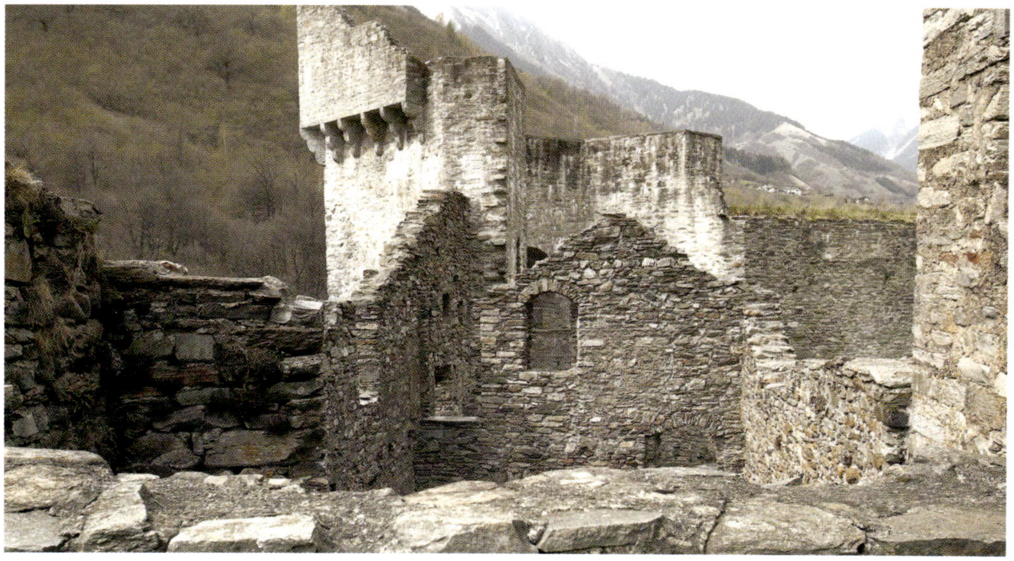

Para la construcción de los arcos y de los arbotantes o contrafuertes se utilizaban cimbras de madera que sostenían las piedras hasta que la argamasa se endurecía. Para las cubiertas se utilizaban armazones, cimbras o cerchas. Las dovelas de las bóvedas se alzaban una a una sobre las cimbras y unidas entre sí por argamasa. Los albañiles recubrían la superficie interior de la bóveda con estuco, dibujando líneas geométricas. Finalmente, se colocaba la clave de la bóveda. Cuando la argamasa se secaba, se retiraban los entablamentos y las cimbras, y se daba por terminada la obra.

LA CONSTRUCCIÓN PUEDE SER *de nueva planta, sobre las ruinas de la antigua iglesia o con añadidos al gusto de la época. Hay que destacar que, en ocasiones, muchas iglesias se derribaban por el capricho de la moda o del propio obispo.*

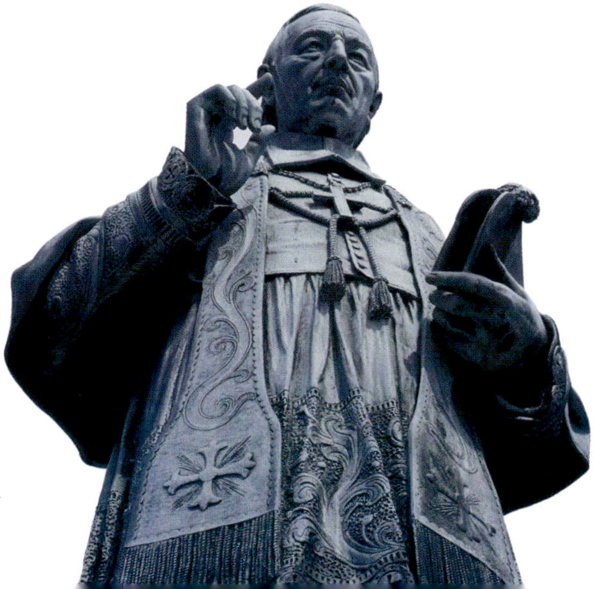

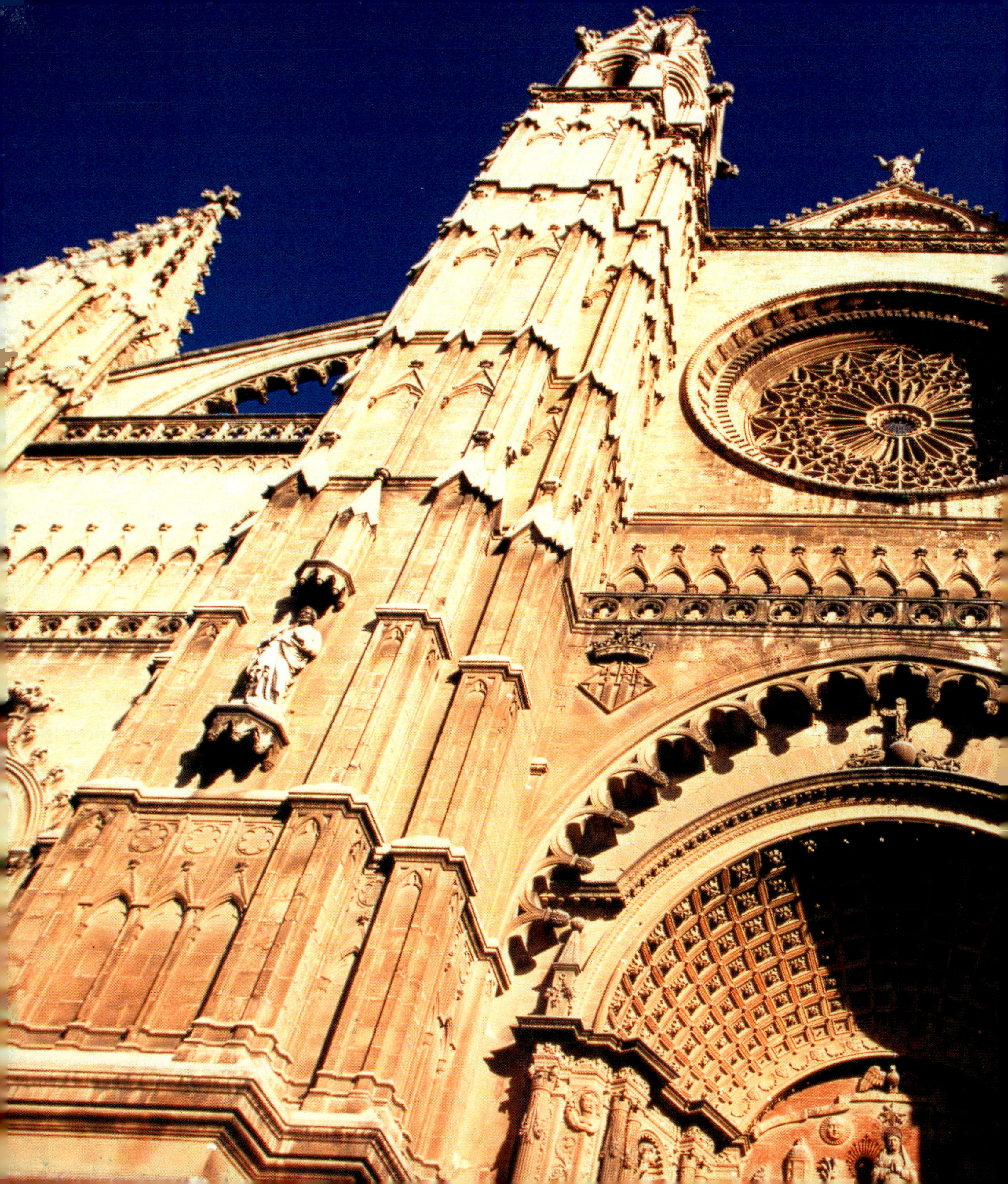

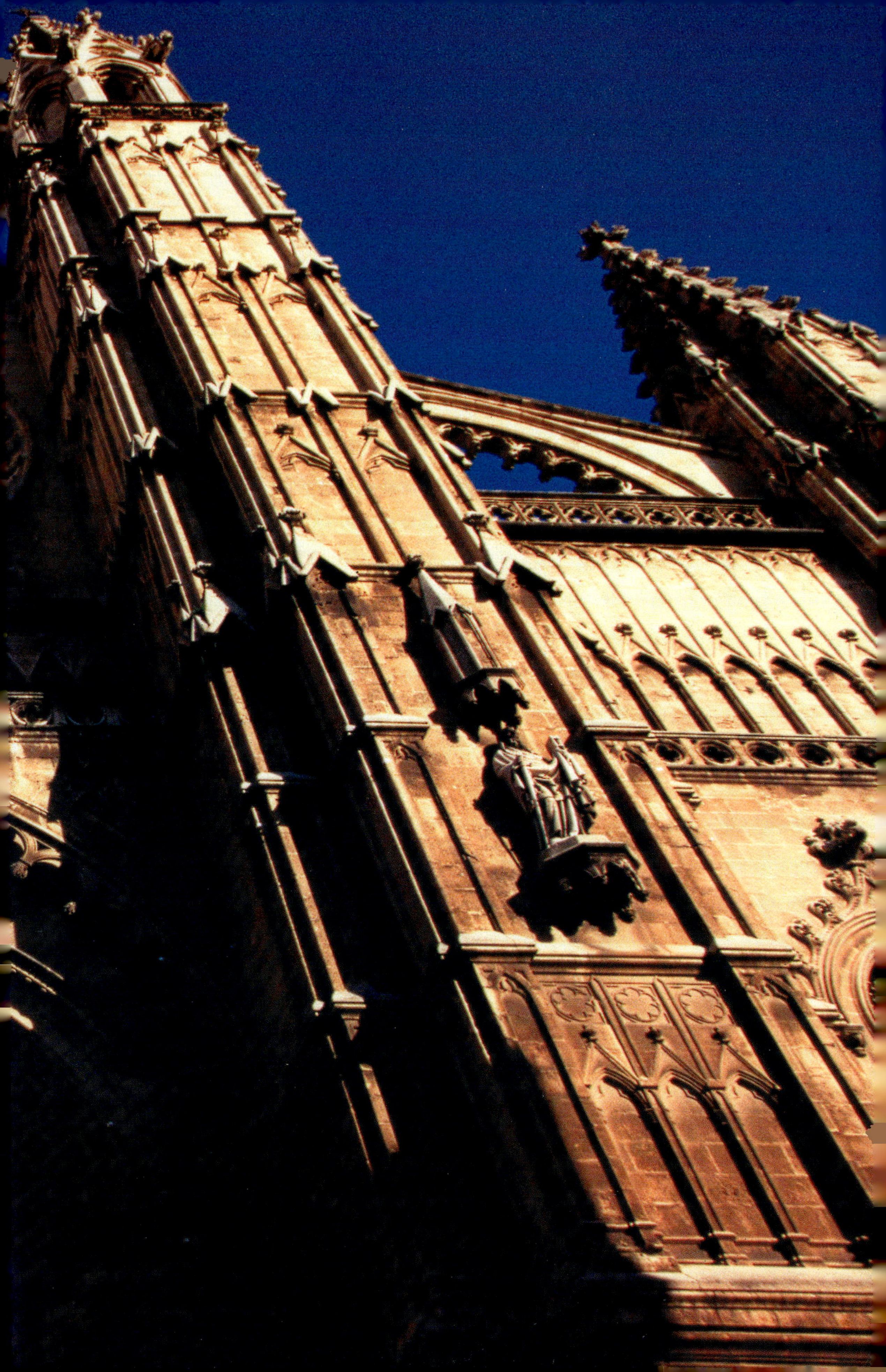

ROMÁNICO

EL ARTE ROMÁNICO ENGLOBA AQUELLAS CREACIONES CUYAS CARACTERÍSTICAS PRINCIPALES SE CENTRAN EN LA CREACIÓN DE GRANDES ESPACIOS CUBIERTOS POR BÓVEDAS Y SUSTENTADOS POR ARCOS. SE DESARROLLÓ DURANTE LOS SIGLOS X, XI Y XII, PERIODO DURANTE EL CUAL LLEGÓ A CONVERTIRSE EN LA PRIMERA CORRIENTE ARTÍSTICA DE ALCANCE EUROPEO, EXTREMO SOBRE EL QUE ALGUNOS ESTUDIOSOS NO ESTÁN DE ACUERDO.

Los territorios occidentales del Imperio Romano se vieron afectados por una profunda crisis tras la deposición del último emperador. La invasión de los pueblos bárbaros, facilitada por la red de vías romana, generó el despoblamiento de las ciudades y una gran ruralización. Los artistas, para sobrevivir, debieron buscar sustento en otras ocupaciones. La tradición artística romana se perdió y las obras se limitaron a formas adocenadas y técnicas rudimentarias. Desde el siglo VI y hasta finales de la primera mitad del siglo VIII, la huella de la Antigüedad quedó reducida a obras que aún perduraban, generalmente, en estado de ruina. Es una época en la que, salvo excepciones, los artistas pierden su capacidad creadora. Los materiales más empleados eran la madera, la paja y el adobe. La Europa ocupada por los pueblos bárbaros, tras un periodo de esplendor, se fue apagando culturalmente, mientras que diferentes crisis se apoderaban de los órganos de gobierno. La situación se agravó en Hispania debido a la fragilidad de los reinos cristianos frente a los cultos y poderosos invasores islámicos.

TRAS LA CAÍDA DEL IMPERIO SE PERDIÓ LA TRADICIÓN ARTÍSTICA ROMANA.

A partir de la segunda mitad del siglo VIII, la unión de la Iglesia Romana y una familia noble franca (Carlos Martel) cristalizó en el primer imperio cristiano de Europa Occidental. Carlomagno fue coronado emperador en el año 800. La centralización del poder mantuvo seguras sus fronteras y permitió que sus súbditos mejoraran su nivel de vida; esto, junto con un repunte económico, propició que los artistas realizaran grandes obras en el periodo denominado Renacimiento carolingio. En el siglo IX, sólo dos estados cristianos europeos escaparon a la dominación carolingia: las Islas Británicas y el reino Astur. En Oviedo se consolidó a partir del siglo IX un Estado que, manteniendo buenas relaciones con el imperio de Aquisgrán, afianzó su propia personalidad. Si la base de este nuevo orden político procedía de la curia romana, será en el foco mediterráneo donde surgirá el germen de las artes plásticas. Los hombres iban a Roma, donde se formaban en un ambiente de «cultura antigua». Cuando volvían estaban preparados para llevar a cabo la recuperación del pasado que su rey reivindicaba.

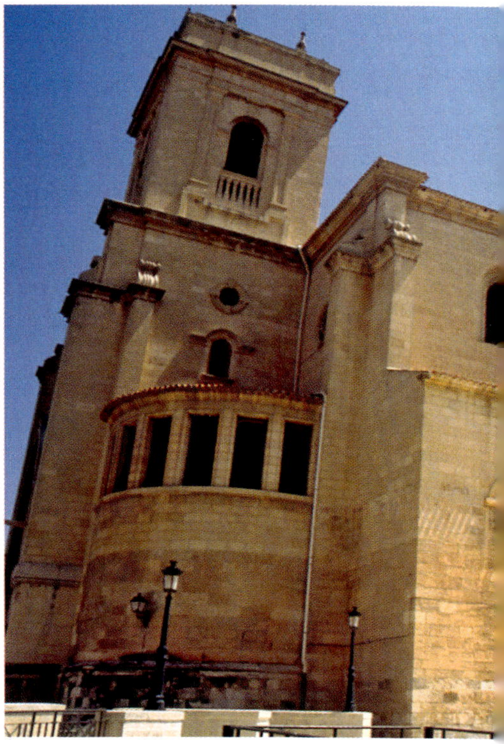

Vista general de la catedral de Albacete.

EL ROMÁNICO EN ESPAÑA

La arquitectura románica en España es fruto de distintas tradiciones. La ocupación árabe produjo un estilo cristiano-islámico (mozárabe/mudéjar). Algunas características de este estilo se mezclaron con influencias francesas, creando un estilo híbrido. La geografía de la península Ibérica durante la época del románico pleno se definió por diferentes reinos: Castilla y León, Portugal, Navarra, Aragón y Cataluña (unidos en 1137).

Se comenzó a sustituir el ritual hispanogodo por la liturgia romana, apoyada desde Francia por las órdenes cluniacenses. España estuvo asociada a las iglesias que se encontraban en la ruta de peregrinaje hacia los restos del apóstol Santiago.

La mitad meridional de la península Ibérica carece de arquitectura puramente

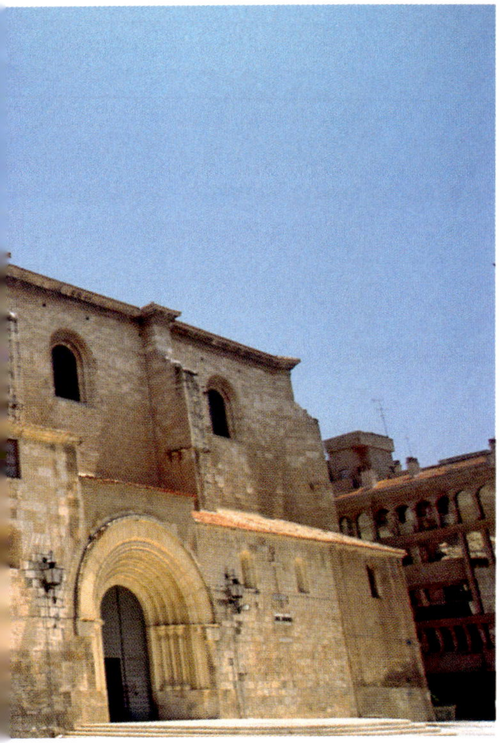

románica porque durante ese periodo esta zona todavía estaba en manos de los árabes.

A partir del siglo X se inició un incremento constructivo en Europa. A las puertas del primer milenio desde el nacimiento de Cristo (año 1000), a causa de la creencia de que el fin del mundo estaba cerca, el pueblo se sentía más devoto que nunca y la Iglesia aprovechó este hecho para recaudar fondos y construir templos.

Todos los países que acogieron este arte carecían de una adecuada estabilidad política y social. Esto, unido al analfabetismo del pueblo, propició que el estilo creciera y evolucionara de manera diversa, incluso dentro de un mismo país.

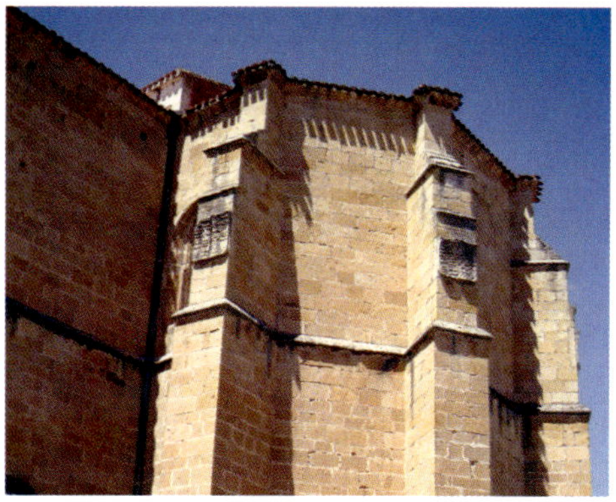

Ábside de la catedral de Soria.

CRONOLOGÍA

El término «arte románico» se empezó a utilizar a partir del siglo XIX para referirse al estilo que surgió en Europa a finales del siglo X y que perduró hasta la aparición del gótico (siglo XII). El término se aplicó, en principio, a la arquitectura y alude erróneamente al parecido entre los edificios europeos de los siglos XI y XII y las construcciones de los antiguos romanos.

La cronología del románico abarca desde el año 1050 hasta el 1200, aunque perduró de forma popular durante un par de siglos más.

A lo largo de las dos primeras centurias, existen unas tendencias plásticas poco características y homogéneas, con tres peculiaridades estilísticas diferentes: primer románico (siglo X), románico pleno (siglo XI-XII) y tardo románico (siglo XII).

La Iglesia es el principal mecenas y la construcción de templos responde a la necesidad de acoger a los peregrinos que viajaban para rendir culto a las santas reliquias.

EL ROMÁNICO SE EXTENDIÓ DE MANERA INFORMAL HASTA EL AÑO 1400.

INFLUENCIAS

El arte románico es de origen romano, pero se nutre de otras aportaciones: la oriental, tanto bizantina como georgiana, la armenia y la arquitectura bárbara de madera, que deriva en diversas escuelas y variantes regionales del mismo románico.

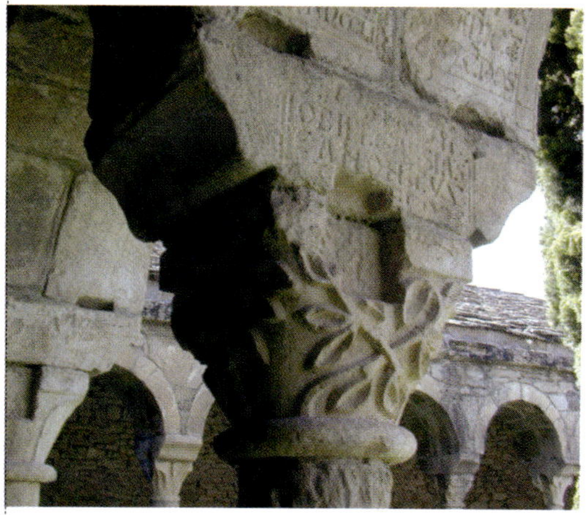

DESDE EL PUNTO DE VISTA CONSTRUCTIVO, *la arquitectura románica es de base romana, pero más simple, rechazando el sistema romano de revestir la construcción con materiales más ricos.*

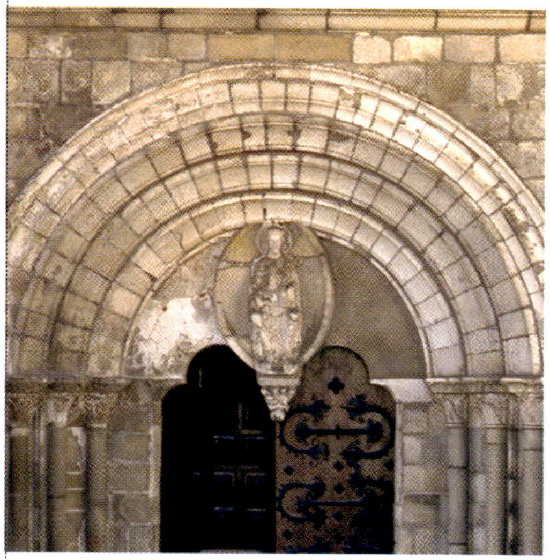

LOS ARTISTAS ESCULPÍAN ESCENAS BÍBLICAS, *escenas de la vida de los santos y otras que aludían al pecado y a sus consecuencias. El pantocrátor será uno de los temas más utilizados en la iconografía románica.*

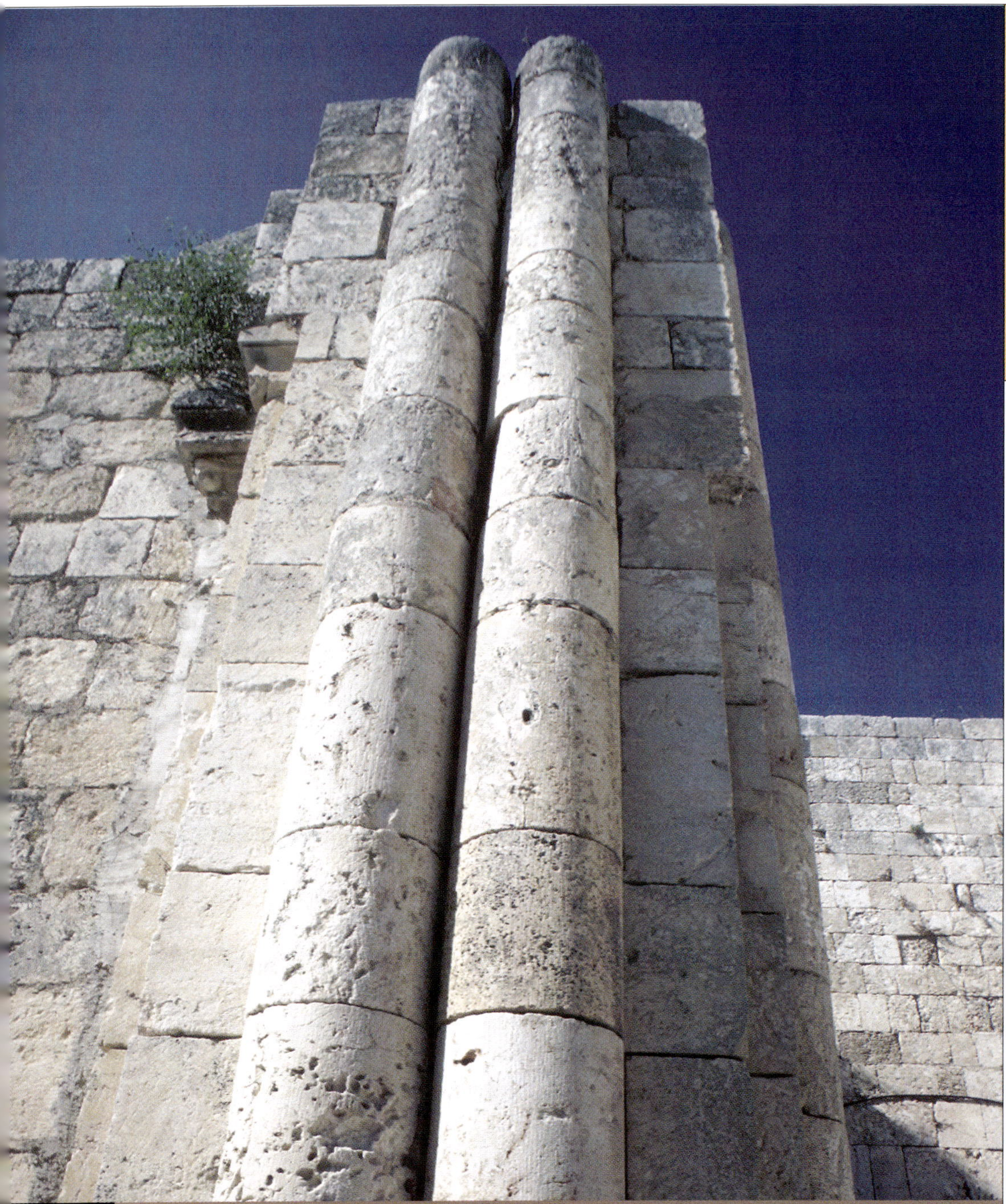

LA PIEDRA

Prevalecían los sillares de piedra. Son raros los edificios construidos de ladrillo. Se redescubrió la piedra, hasta entonces oculta mediante enlucidos, mosaicos o frescos, disfrazando la rigidez del muro basilical. La sillería representa el fin de los temores y miserias que simbolizaba la mampostería.

Elementos sustentantes

El románico es el primer estilo internacional de la cultura de occidente; es el fiel reflejo de un nuevo concepto de cristiandad que se impone a la cultura bizantina e islámica. La arquitectura se convierte en el marco ideal para adoctrinar a un pueblo analfabeto. El arte románico es didáctico y tiene como objetivo educar al pueblo, trata de «evangelizar» el mundo a través de grupos escultóricos y pinturas.

LA BÓVEDA

El problema de la arquitectura románica radicaba en la solución de la bóveda, con el afán de evitar los incendios que asolaban las construcciones que presentaban cubiertas de madera. Se comenzó a cubrir los espacios con bóvedas en lugar de un sistema adintelado. En el primer románico se abovedaba la cabecera del templo y el resto se seguía cubriendo de madera. Posteriormente se cubrió con bóveda de cañón. Todo ello obligó a eliminar los vanos y aumentar el grosor de los muros. El sistema constructivo románico de arcos y bóvedas es una reminiscencia de la arquitectura paleocristiana, bizantina y carolingia.

Para reforzar la bóveda de cañón se utilizaban arcos perpiaños o fajones que descargan su peso en columnas. En el exterior el peso se contrarrestaba con contrafuertes. La característica principal de la arquitectura románica es la construcción de edificios abovedados. La nave mayor solía cubrirse con bóveda de cañón, y las naves laterales con bóvedas de arista. El ábside se tapaba con una de cuarto de cañón.

En la intersección de la nave mayor con las laterales se construían cúpulas y linternas. Las cúpulas, a imitación de Bi-

CAMBIOS

La orden de Cluny intervino para asentar las bases de una manera de concebir las ideas religiosas y las construcciones románicas. El objetivo de esta orden consistía en sustituir las antiguas reglas monásticas por las órdenes reformadoras europeas.

La red de peregrinaje por toda Europa facilitó y promulgó la construcción de gran número de catedrales e iglesias a lo largo de todo el Camino de Santiago, pues los ensayos y las formas de una región pasaban de unas poblaciones a otras y las cuadrillas de canteros emprendían simultáneamente diversas obras religiosas a lo largo del camino.

LA LUZ

Los templos románicos destacan por ser espacios sombríos, a causa de la robustez de sus muros y la preocupación por apuntalar la construcción. El objetivo es dar cobijo al fiel y adoctrinarlo mediante los grupos escultóricos y las pinturas murales.

zancio, se acomodaban en espacios cuadrados. Para salvar la diferencia entre la planta cuadrangular del crucero y la sección circular de la cúpula, se utilizaban trompas.

EL PILAR Y EL MURO

Otros elementos de sostén en el románico son el pilar y la pilastra con columnas o medias columnas adosadas. El pilar y el muro son los principales elementos sustentantes.

La nave principal se articulaba con una alternancia de pilares que rompían la monotonía. Ésta partía de una acción moduladora sobre la base de una unidad de superficie, que era la del cruce de la nave con el crucero. Con ello, nave y crucero iniciaban una interpenetración espacial que se consumaría luego, pero que difería de la yuxtaposición de los espacios anteriores.

El pilar era de sección poligonal y más robusto que la columna, que poseía el fuste liso, base ática y ornamentada. Los capiteles más característicos eran el historiado y el iconográfico.

Planta de la catedral de Jaca (Huesca)

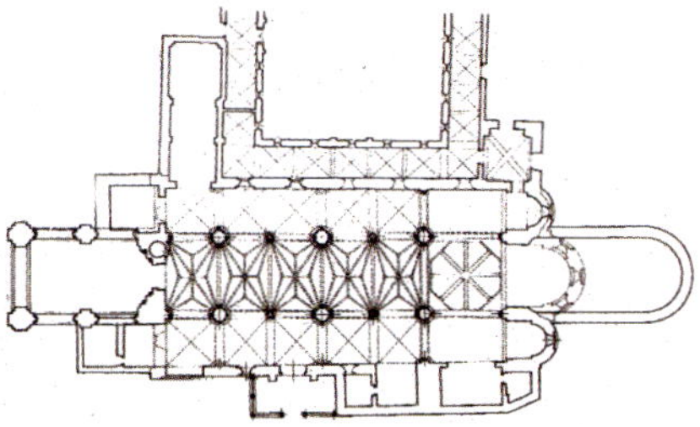

Los muros eran gruesos y estaban reforzados en el exterior mediante contrafuertes que soportaban el peso de las bóvedas. El muro carecía de articulación, aunque adquiría un sentido decorativo. En ocasiones, aparecían marcas de canteros, aunque el arquitecto románico era anónimo.

Por otro lado, en los templos románicos predominaba la planta basilical, que se complicaba al fragmentarse los espacios, convirtiéndose en catedrales de planta de cruz latina.

También la planta del templo solía presentar una forma rectangular dividida en naves impares, longitudinales, y con el crucero señalado por una mayor altura del tramo, por la dirección del eje de las bóvedas y por la cabecera con ángulos semicirculares o con ábsides precedidos de un tramo recto. La nave central se articulaba a través de la alternancia de las pilastras y los pilares. Con el románico se consolidaban algunos elementos arquitectónicos, tales como el deambulatorio y el crucero.

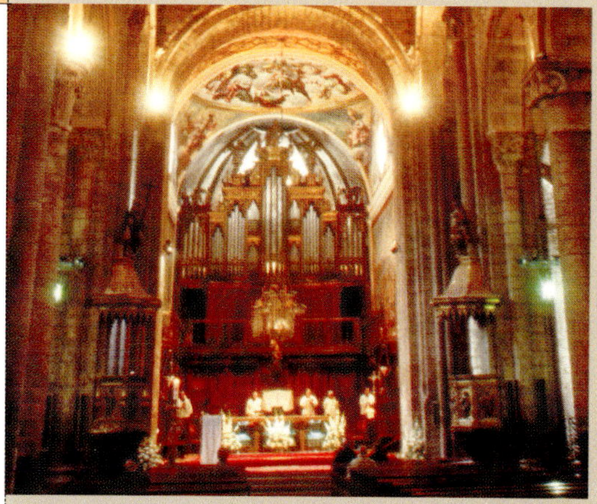

PROCURAR UNA BUENA ENTRADA DE LUZ *en el templo de peregrinación se convirtió en un problema; sin embargo, se le proporcionó mayor altura a la nave central para hacer ventanas sobre las naves laterales. Éstas iluminan el interior del recinto a través de las tribunas.*

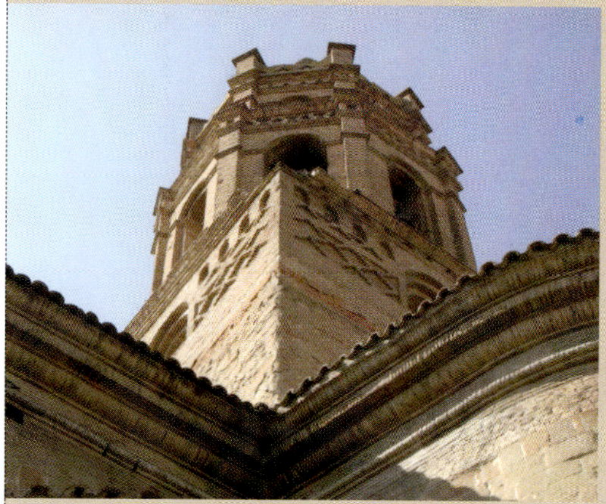

SOBRE LAS NAVES LATERALES, *mirando a la nave mayor, se sitúan las tribunas, que forman una especie de nave superior con sus ventanas y huecos correspondientes. La tribuna tuvo funciones diversas: dotar al templo de luz, como mirador, crear un matronio o galería destinada a las mujeres y aumentar la capacidad del templo para grandes acontecimientos.*

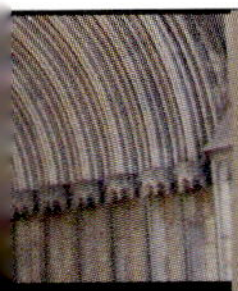

GÓTICO

La época estilística gótica nace a mediados del siglo XII y evoluciona hasta comienzos del siglo XVI. Su nombre surge con los renacentistas en el siglo XVI, cuando se denominaba gótico, de manera despectiva, a un estilo caracterizado por las bóvedas de crucería y los arcos ojivales. Resultaba tan poco estético y bárbaro que se asociaba a los godos. En definitiva, un estilo opuesto al sereno y armónico arte italiano.

LA LUZ

El «principio de diafanidad» significa que la percepción de los límites reales del edificio gótico es incierta: en el interior se colocan pasadizos frente al muro, de modo que éste aparece como desdoblado; en el exterior, arbotantes y estribos se levantan como volúmenes distintos del cuerpo del

EL GÓTICO EN ESPAÑA

España realizó las primeras realizaciones góticas a finales del siglo XII, cuando los árabes ya habían sido expulsados de la mayor parte de la península, y los reforzados reinos cristianos comenzaron a construir grandes catedrales.

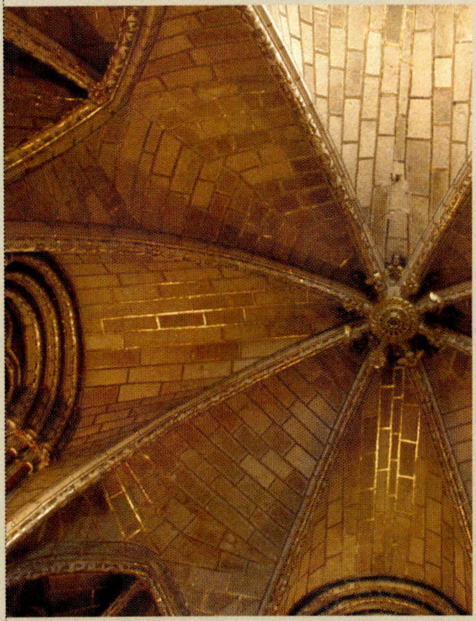

Desde finales del siglo XII *se introdujeron las corrientes francesas, que se asimilaron en algunos lugares (pórtico de la Gloria en Compostela, o en las catedrales de Ávila y Cuenca) y pervivieron hasta bien entrado el siglo XIII. El gótico se implantó ya en la tercera década, promovido por los obispos de Burgos, Toledo y León.*

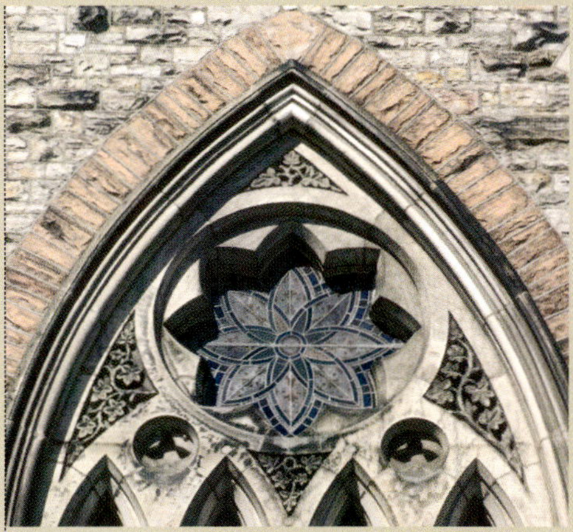

La arquitectura gótica *más tradicional se centra en la zona de Castilla y León. No es una evolución del románico español, sino una importación del sur y oeste de Francia promulgada por las órdenes monásticas, como la del Císter.*

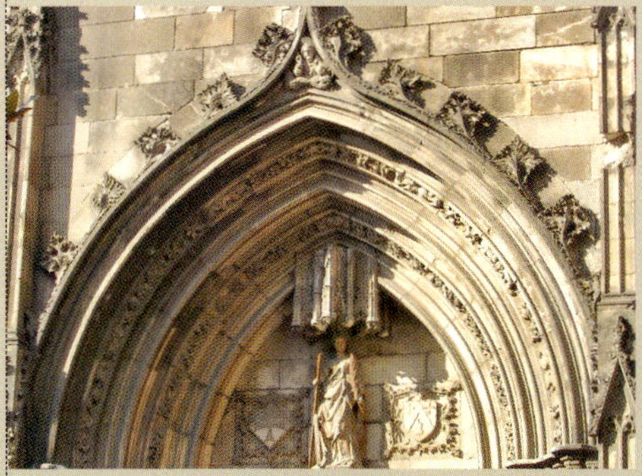

El gótico evolucionó *a lo largo de los siglos. En un primer momento asistimos a una fase protogótica, que se desarrolló hasta el siglo XII. A mediados del siglo XIII se recibieron en el reino de Castilla las formas del clasicismo gótico francés, que representaban las diversas tendencias que habían florecido en la etapa anterior.*

El gótico es la expresión de la evolución económica, política y cultural de Europa. Se asiste a un gran desarrollo de las ciudades y a nuevas fuentes de riqueza, basadas en el conocimiento técnico y en la importancia de la industria y del comercio, contribuyendo a la emersión de una nueva sociedad que sentará las bases de las estructuras y conocimientos para la construcción de grandes catedrales. La orden del Císter creó las bases y desarrolló un estilo que sustituyó al románico: el gótico.

Un elemento común del estilo era la utilización del arco apuntado como una de las características principales. Era un periodo muy creativo, donde la sociedad europea empezaba a cambiar, era más dinámica y comenzaban a aparecer nuevas categorías sociales dedicadas a la artesanía y al comercio. Se consolidó el poder del rey en estados como Francia e Inglaterra.

Junto con todo esto, el hombre poseía una nueva concepción del arte y del mundo. La espiritualidad medieval estuvo dominada por las ideas de San Agustín, las mismas imperantes en Oriente, pero en ese momento surgió la reforma de San Bernardo, cuyo rechazo al románico preparó un renacimiento de la sensibilidad y una visión directa que fue aprovechada edificio, material y visualmente. Más evidente es la sustitución de las paredes por otras traslúcidas. Esta desmaterialización se ha considerado como uno de los principios típicos de la arquitectura gótica. Los vanos se proveen de vidrieras de colores muy vivos que enriquecen el efecto global. Por otro lado, las vidrieras de colores filtran la luz, que se difunde en el interior de la catedral, creando una atmósfera cálida y luminosa que transmite al fiel la sensación de éxtasis. Pero el espacio gótico no se define como un volumen cerrado y geométricamente definido, sino que está abierto y transformado por la luz. En la parte superior de las naves laterales se ubica el triforio, que constituye otra fuente directa de luz para el interior del templo. Lejos de otorgar funciones estáticas a las paredes de las construcciones góticas (no ocurre así en el arte románico), éstas se pueden sustituir por arcadas y ventanales de grandes dimensiones, gracias al mencionado «principio de diafanidad». Los muros pierden su sentido material, transformándose en un leve diafragma de vidrio multicolor.

por San Francisco de Asís y su amor por la naturaleza. En la Escuela de París, San Alberto Magno y Santo Tomás de Aquino relacionaban el pensamiento de Aristóteles con el cristianismo.

El mundo y la naturaleza eran vistos como creación e imagen de Dios. El arte de los ingenieros y canteros se puso al servicio de la espiritualidad.

CARACTERÍSTICAS PROPIAS

Desde un principio, se ha intentado caracterizar al gótico por el empleo de cierto número de elementos arquitectónicos y formas típicas que lo distinguen claramente del resto de estilos. El primero es el arco apuntado u ojival, de perfil quebrado, de origen oriental antiguo, que se introdujo en Occidente en el siglo IX. Otro elemento es la bóveda sustentada por arcos entrecruzados vistos, junto con el empleo de arbotantes en el exterior. La bóveda románica se transforma en ojival de crucería, basada en el arco apuntado. El gótico crea, así, un perfecto sistema de apoyos; pero cuando hay varias naves, los arcos no son suficientes y motivan la construcción del arbotante en el exterior del templo. Otras formas propias del gótico son el empleo de pilares de haces de columnas

Catedral de León (GÓTICA, SIGLO XII)

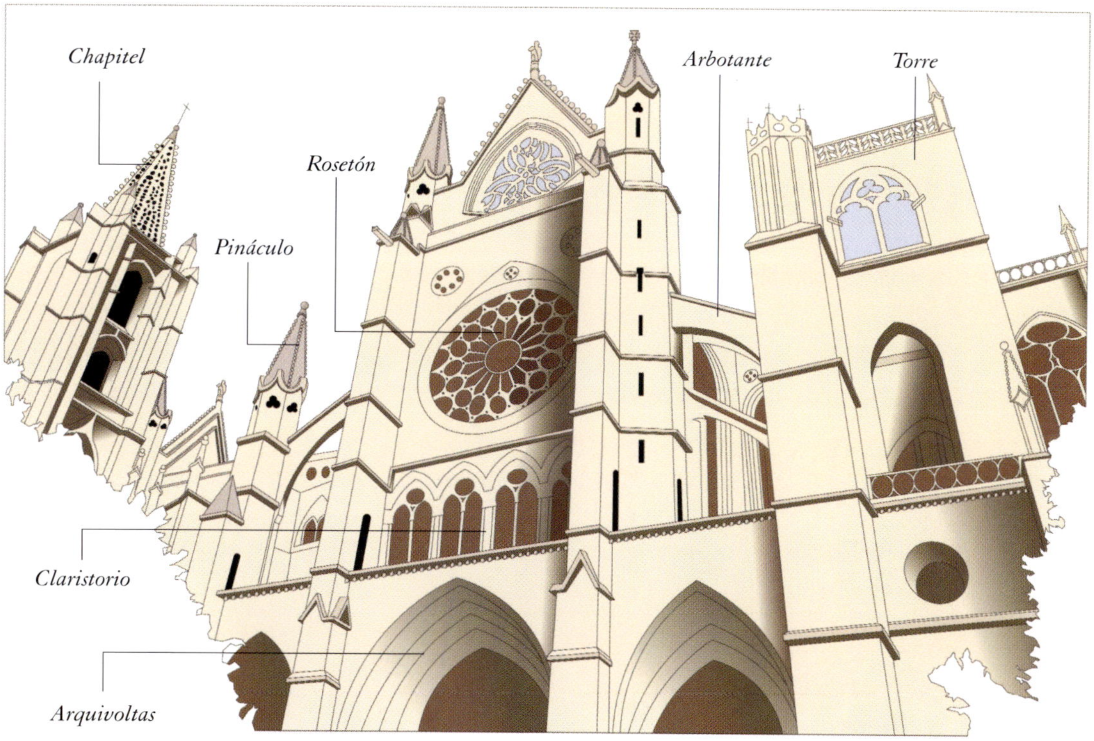

o baquetones, pináculos, glabetes o rosetones polilobulados, cuyas características han propiciado las diferentes fases del estilo: gótico radiante, gótico flamígero o gótico perpendicular, entre otras.

La arquitectura gótica presenta un sistema dinámico, opuesto al estatismo de la arquitectura precedente; es elástico, al soportar las deformaciones de la mampostería por la presión vertical. Los elementos son independientes unos de los otros.

Este sistema permite aligerar la masa, ofreciendo la posibilidad de construir a mayor altura, como consecuencia de una clara distribución de las partes. Esta forma de construir permitiría que el hombre se elevara, que simbólicamente se acercara a Dios.

Elementos sustentantes

LA ENFÁTICA VERTICALIDAD DE LAS CATEDRALES GÓTICAS REVELA LAS TRANSFORMACIONES DEL GUSTO, DEL PENSAMIENTO FILOSÓFICO Y DE LOS IDEALES ESTÉTICOS, TRADUCIDOS EN EL PLANO ARQUITECTÓNICO EN UNA RENOVACIÓN DE LA TÉCNICA MEDIANTE LA INTRODUCCIÓN DE ELEMENTOS ORIGINALES TÍPICOS DEL ESTILO GÓTICO, COMO EL USO DEL ARCO APUNTADO EN LUGAR DEL DE MEDIO PUNTO, LA BÓVEDA DE CRUCERÍA OJIVAL Y EL EMPLEO DE ARBOTANTES Y CONTRAFUERTES.

Los espacios góticos están concebidos con proporciones altas en relación a la anchura. La búsqueda de proporciones geométricas fue constante en la Edad Media; por ello se utilizaban sistemas basados en el triángulo equilátero, el cuadrado o el círculo.

Era típica la distribución del espacio interior. Al continuarse los nervios de la bóveda en toda la altura de los muros o en los pilares, se determinaba una porción de espacio separada visualmente, uniéndose a las contiguas, ya fueran éstas de la misma dimensión o tuvieran extensión y altura diferentes; su yuxtaposición era un recurso constructivo novedoso. Esto originó un rico juego de perspectivas. Junto con ello, apareció la tendencia a unificar el espacio, creando un vacío interno de carácter visionario. Uno de los caracteres formales más evidentes era su calidad gráfica y lineal, al delimitar las partes por medio de delgadas molduras que prolongan los nervios de la bóveda, dividiendo y subdividiendo los parámetros internos, y acentuando en el exterior las divisiones constructivas y las fachadas.

LOS ARBOTANTES Y ESTRIBOS SE LEVANTAN COMO VOLÚMENES DISTINTOS DEL CUERPO.

El edificio más representativo de esta nueva arquitectura es la catedral. La decoración con ventanales es una de sus características principales, para proporcionar luz y claridad al espacio interior.

Las ventanas de los claristorios se fueron haciendo más complejas. Las tracerías que las decoraban eran más complicadas y estaban formadas por arcos y óculos. Las vidrieras formaban complejos dibujos.

Otro elemento era el rosetón, gran vano circular y calado que, a menudo, se decoraba con cristales de colores. Por esta abertura se observan juegos de luz y color en el interior de las catedrales.

Otro elemento decorativo exterior eran las gárgolas, que representaban animales del bestiario medieval. Además de su función ornamental, servían también como desagüe de los tejados. Por otra parte, la decoración de los altares de los templos góticos se llevó a cabo con figuras más humanizadas de la Virgen, el Niño y de santos, para, de esta forma, acercar a los fieles su vida y obra.

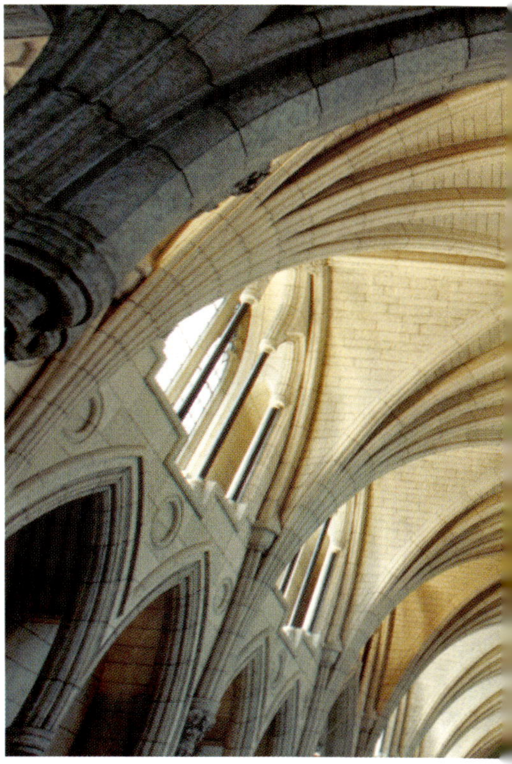

Bóvedas de crucería típicas del gótico.

La amplia área de una catedral gótica se cubre con una red de bóvedas, en contraste con las bóvedas de cañón individuales de las basílicas. La bóveda de crucería ayuda a acentuar la verticalidad del templo. Los pilares del interior se estrechan y se les adosan columnas delgadas.

En las construcciones góticas, los pilares son el apoyo exclusivo del peso vertical de las bóvedas, mientras que los arbotantes y los contrafuertes sostienen la carga de los empujes laterales.

EL MURO

Los muros laterales pueden estar totalmente vaciados, utilizándose inmensas vidrieras para el cierre del espacio. Al mismo tiempo que aumenta la altura, los muros laterales pasan de ser cuatripartitos (arquerías de la nave lateral, galería, triforio y ventanales o claristorio) a tripartitos

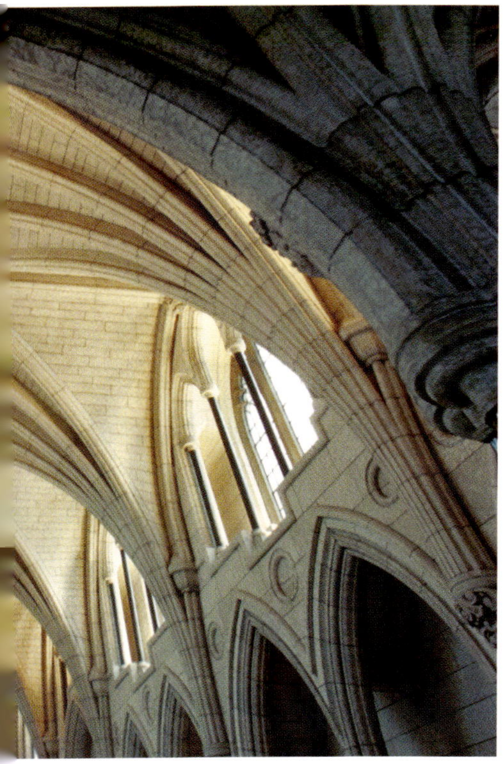

(desaparece la galería), estirándose en altura las naves laterales y el claristorio.

PLANTA

La catedral gótica tiene una planta de cruz latina que alberga una, tres o cinco naves, aunque en España, en muchas ocasiones, se presenta una planta única con capillas entre contrafuertes y presbiterio ochavado, y cubierta con arcos diafragma u ojivales. La catedral posee un transepto con monumentales fachadas, encuadradas por torres, al igual que la fachada principal, y enriquecidas con portadas esculpidas. Entre las naves y el coro (la parte de la iglesia tras el altar mayor) se inserta el brazo más corto

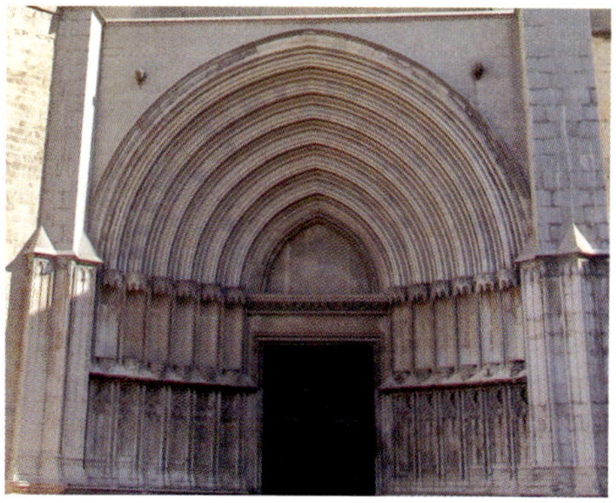

Las portadas góticas se decoran con arquivoltas.

de la planta. El deambulatorio está formado por la prolongación de las naves laterales que sobrepasan el transepto; en muchas ocasiones, la excepcionalidad del coro gótico es mayor gracias a la girola.

En el cruce del transepto con la nave principal se levanta una cúpula sobre pechinas o trompas que albergan tracerías que facilitan la iluminación del presbiterio. En las catedrales góticas, las plantas presentan tres o cinco naves. La principal se encuentra distanciada de las laterales a través de los arcos apuntados (propios de este estilo), los cuales se sostienen sobre pilares finos fasciculados. La novedad de estas construcciones es que estos pilares se aproximan.

Además y en consecuencia, ahora la cantidad de pilares se duplica. Esto ocurre porque se divide en dos tramos rectangulares el espacio que antes ocupaba un único tramo cuadrado. Por todo ello, el conjunto de los pilares góticos puede resistir mayor empuje. Se añadirán arcos apuntados y bóvedas de ojiva para proporcionar una verticalidad más acentuada a la infraestructura.

Planta de la catedral de Tarazona (Zaragoza)

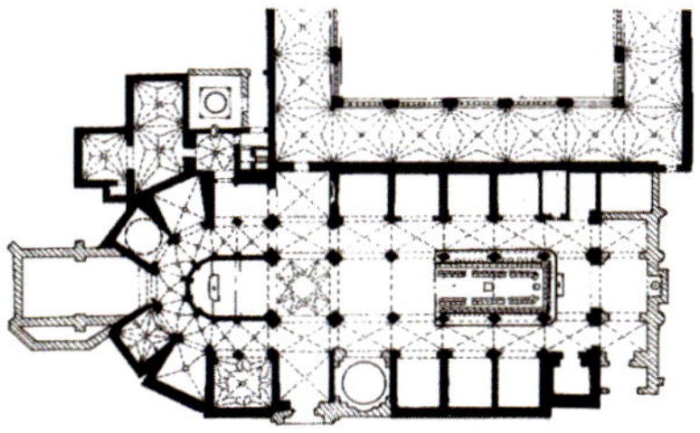

EXTERIOR

El exterior de la catedral gótica presenta una estructura vertical y gran ligereza visual. En la fachada, las líneas y las formas horizontales se someten a lo vertical. Las torres a los lados de la fachada subrayan esta característica. Éstas presentan aperturas que albergan campanas y acaban en agujas en forma de pirámide.

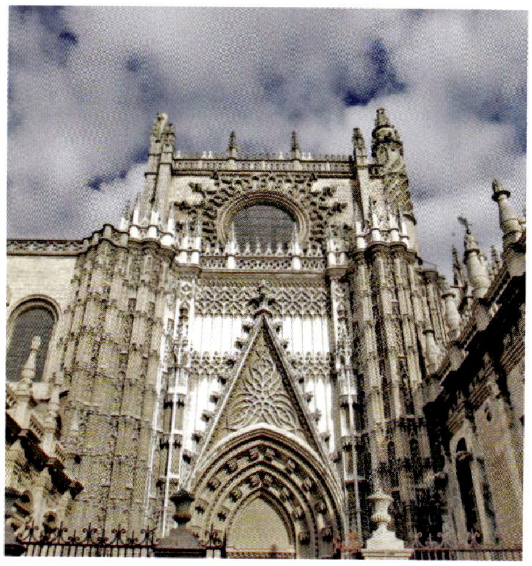

Más elevado que los portales laterales, *emerge el del centro para acentuar que la nave principal es más alta que el resto. La zona superior de la fachada presenta un rosetón típico. La nave central, a causa de la altura de sus bóvedas, se cubre con un techado inclinado. Su cuerpo se une a la techumbre de las naves laterales.*

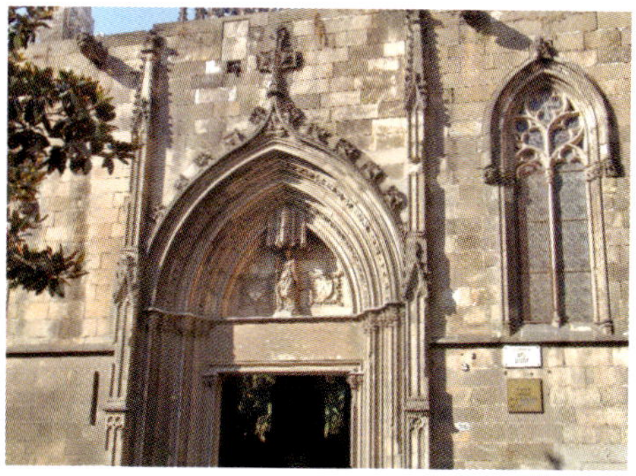

La ornamentación *destaca por la relación entre arquitectura y escultura. Se esculpen pasajes narrativos de la historia de la religión cristiana. Es habitual encontrar en las portadas principales escenas del Antiguo y Nuevo Testamento.*

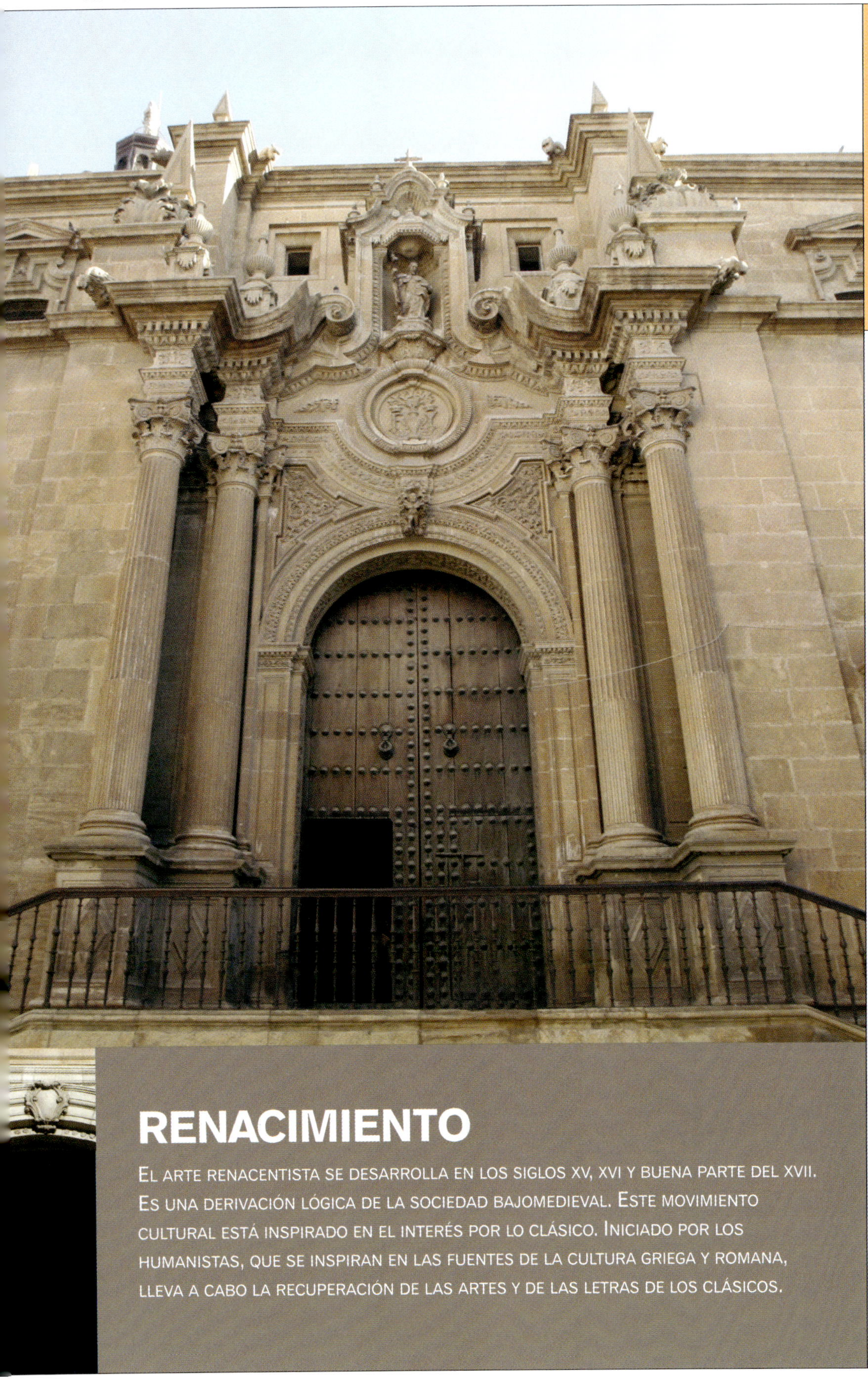

HUMANISTAS

El interior de los edificios ofrece una armoniosa belleza gracias al cuidado de las proporciones y la unidad de la obra. Se retoma el repertorio propio del clasicismo. El elemento clave para entender el Renacimiento es el

RENACIMIENTO

El arte renacentista se desarrolla en los siglos XV, XVI y buena parte del XVII. Es una derivación lógica de la sociedad bajomedieval. Este movimiento cultural está inspirado en el interés por lo clásico. Iniciado por los humanistas, que se inspiran en las fuentes de la cultura griega y romana, lleva a cabo la recuperación de las artes y de las letras de los clásicos.

La ciudad de Florencia, por su situación geográfica y sus peculiaridades sociales y políticas, centro artesanal y comercial y constituida como república, a lo largo de la Baja Edad Media fue especialmente receptiva a la cultura clásica. En el siglo XVI, Florencia fue sustituida por Roma como centro de la actividad cultural de la península Itálica, debido a la acción de los papas. El saqueo de la urbe por tropas imperiales en 1527 está considerado como el punto de inflexión en la evolución del Renacimiento romano y, en general, de todo el Renacimiento italiano.

La cultura clásica era un legado compartido por todos los territorios del antiguo imperio de Roma, pero acabaría vinculándose al espíritu italiano, que lo reivindicó a comienzos del *Quattrocento* y lo desarrolló en los dos siglos siguientes. El Renacimiento no sólo fue el retorno a la cultura clásica, sino que, tal como explicó Ortega y Gasset, supuso «una superación de esta cultura, porque los antiguos ideales grecorromanos se funden con las ideas cristianas».

Desde finales del siglo XV, en la Europa occidental se precipitaron una serie de cambios y transformaciones que fueron el arranque del mundo moderno. En esta humanista, hombre versado en los textos de la antigüedad clásica. En sus manos estaba el pensamiento y la cultura. Por primera vez la obra de arte es analizada racionalmente por el espectador. Los pensadores discutían el ideal de belleza. El hombre ocupó simbólicamente el centro del universo. La importancia dada a la figura del ser humano condujo hacia un mayor naturalismo y realismo, acentuados por el interés por la perspectiva. Cuando se realizaban los planos de un edificio, se hacía un estudio previo basado en conceptos matemáticos. La escultura y la pintura sólo pretendían reproducir la naturaleza y el hombre.

RENACIMIENTO EN ESPAÑA

Excepto en España o Francia, el Renacimiento exportado de Italia no marcó una huella profunda en la estética europea. Al principio, en España se incorporaron tan sólo elementos decorativos.

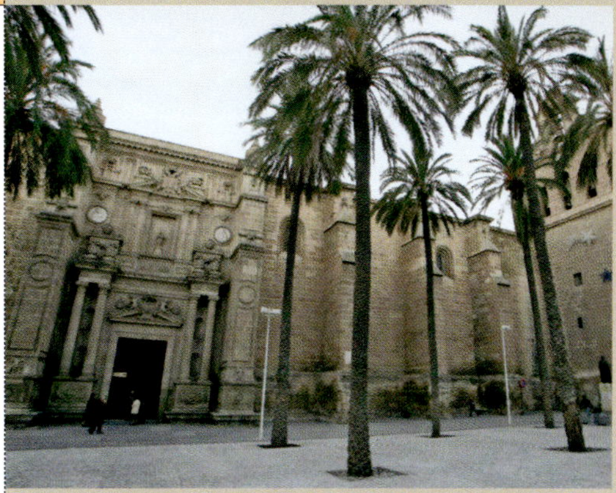

En España, *la entrada del Renacimiento fue consecuencia de las relaciones con Italia desde el siglo XV, cuando el rey Alfonso V el Magnánimo era también rey de Nápoles. Muchos españoles, por motivos militares, artísticos o diplomáticos, viajaban a Italia.*

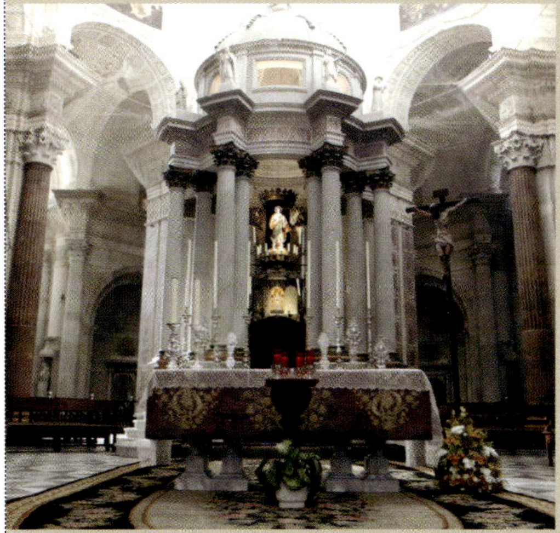

El Renacimiento del Quattrocento *se difundió en España cuando en Italia acababa: rebautizado como plateresco, guardaba similitudes con el lombardo del Quattrocento (Lorenzo Vázquez, Alonso de Covarrubias), mientras que el arte más sobrio de Bramante se denominó herreriano.*

nueva concepción del mundo influyeron el florecimiento de la vida intelectual y artística en buena parte de Europa, las invenciones técnicas, los descubrimientos geográficos y los cambios sociales, políticos y religiosos.

El espíritu universalista que caracterizaba a la Europa del siglo XIII fue dislocándose en el siglo XIV hasta desaparecer en el siglo XV. A los arquetipos que proporcionó la Iglesia en el primer gótico, le sustituyó la actitud del pensamiento reformista que se desarrollaba en las recién fundadas universidades. La fuerte evolución de la burguesía mercantil la convirtió en la clase decisoria de las prioridades de la sociedad.

Europa acogió en mayor o menor medida el nuevo estilo artístico, del que Italia era maestra indiscutida. El Renacimiento era ante todo un movimiento italiano y se distinguió tres periodos: *Trecento* (siglo XIV), *Quattrocento* (siglo XV) y *Cinquecento* (siglo XVI). El Renacimiento daría paso al manierismo, que será el puente entre el Renacimiento y el Barroco, y se caracterizó por ser un estilo erudito y rebuscado que gusta de una profusa ornamentación. Importantes fueron las aportaciones teóricas, en forma de tratados de arquitectura, de Palladio y Vitrubio.

LA UNIDAD DE LAS PROPORCIONES IMPREGNA A LOS EDIFICIOS RENACENTISTAS DE UNA ARMONÍA PECULIAR.

CARACTERÍSTICAS

El incipiente humanismo del siglo XIV evolucionó hacia el racionalismo en el siglo XV.

En el Renacimiento, el equilibrio entre las dimensiones de la planta y la altura respondía a la exigencia humana, no debiendo preponderar las dimensiones verticales sobre las horizontales, como ocurría en el estilo gótico.

La horizontalidad prevalece sobre las líneas verticales, tal como subrayaban las acusadas cornisas de los edificios. Los edificios renacentistas eran más bajos y no necesitaban los arcos apuntados para acercar el individuo a Dios, se volvió hacia el clásico arco de medio punto, utilizado en el románico, que marcaba el equilibrio entre movimiento y quietud.

Elementos renacentistas

EL RENACIMIENTO UTILIZA GENERALMENTE UNA PLANTA BASILICAL EN FORMA DE CRUZ LATINA CON TRES O CINCO NAVES CUBIERTAS CON BÓVEDAS DE CAÑÓN. SE EMPLEAN ELEMENTOS CONSTRUCTIVOS Y DECORATIVOS CLÁSICOS, PERO CON UNA MAYOR LIBERTAD. SU EXTERIOR DESTACA POR LA FACHADA PRINCIPAL Y LAS CÚPULAS.

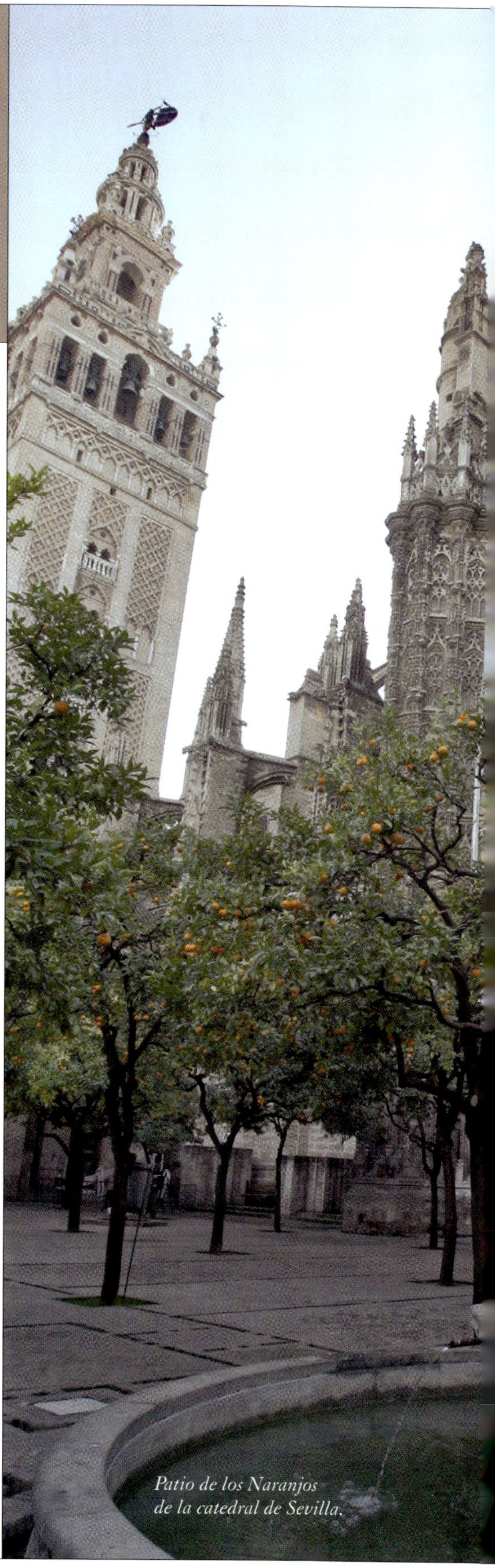

Patio de los Naranjos de la catedral de Sevilla.

EL TEMPLO RENACENTISTA

EL Renacimiento utiliza una planta de cruz latina con tres o cinco naves, cubiertas con bóvedas de cañón, donde predomina la horizontalidad frente a la verticalidad del gótico. La nave central está más elevada que el resto. En ocasiones, también se utiliza la planta centralizada o poligonal. Destaca por su armonía y por su unidad. En el exterior del templo sobresalen la fachada principal y las cúpulas. Estas últimas descansan sobre un tambor octogonal en el crucero y se rematan de forma apuntada con una linterna. En general es doble, está formada por dos cubiertas, semiesférica la interior y peraltada la exterior, unidas a través de arcos y contrafuertes interiores.

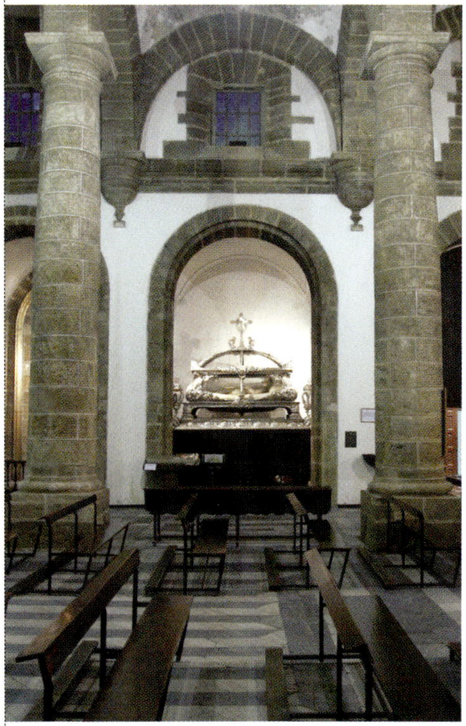

CON MAYOR LIBERTAD *y con preferencias que le dotan de originalidad, en este periodo se retoman la construcción y la decoración clásicas.*

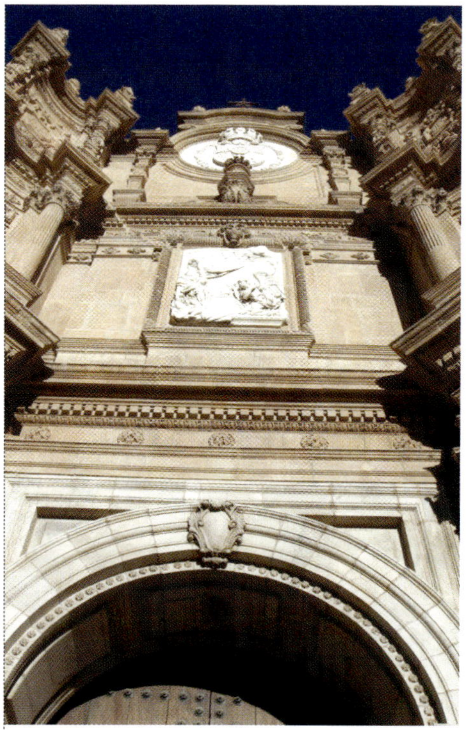

LAS FACHADAS *presentan sillares almohadillados, cornisas, frontones y pilastras que enmarcan las ventanas.*

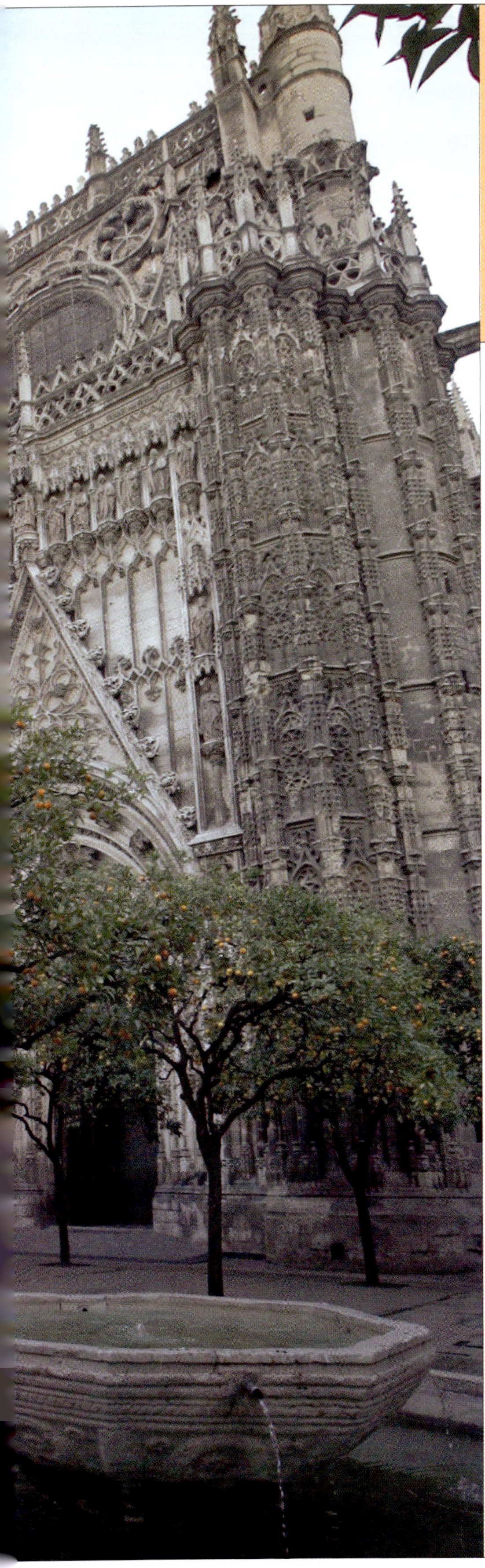

ESTILO HERRERIANO

En el último tercio del siglo XVI se inició en España la reacción contra la exuberancia decorativa del plateresco. Ésta fue sustituida por un estilo sobrio, depurado, que sólo atendía a la monumentalidad y la masa, y a los efectos constructivos sin ornamentación. El edificio por excelencia de esta tendencia es el monasterio de El Escorial. Lo inició Juan Bautista de Toledo y posteriormente fue terminado por Juan de Herrera, que dio nombre al estilo.

ESTILO PLATERESCO

El estilo plateresco se desarrolló en el primer tercio del siglo XVI, en época de los Reyes Católicos y hasta tiempos de Felipe II. El término fue acuñado por el sevillano Ortiz de Zúñiga, al comparar la rica decoración de este estilo con el trabajo de los plateros. Se caracterizó por una desbordante riqueza decorativa, con candelabros, grutescos, almohadillados, columnas abalaustradas con capiteles corintios o compuestos decorados de modo fantástico, pilastras recubiertas, medallones con busto o cabeza en las enjutas y basamentos y arcos de medio punto. Las proporciones del plateresco, en principio, no eran clásicas como las del Renacimiento italiano. El plateresco era un estilo ante todo ornamental que surgió al combinar elementos góticos, musulmanes y del *Quattrocento* italiano.

Muchos edificios, pese a tener una estructura gótica, se decoraron con el estilo plateresco, como ocurre en el colegio de Santa Cruz de Valladolid, obra de Lorenzo Vázquez. Es el primer edificio donde se introdujo el estilo plateresco.

Pero la ciudad del plateresco por excelencia es Salamanca, donde encontramos una de las obras más importantes: la fachada de la Universidad.

En Burgos, el nuevo estilo se inició con la puerta de la Pellejería, pero donde verdaderamente alcanza su mayor plenitud fue en la reconstrucción del cimborrio de la catedral, obra realizada por Juan de Vallejo.

Planta de la catedral de Baeza (Jaén)

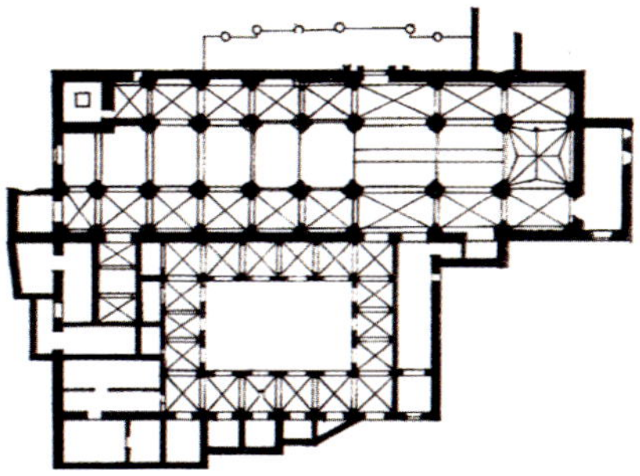

En Aragón destaca la obra civil. Lo observamos en La Lonja de Zaragoza, de Juan de Sariñena, cuyo interior mantiene hoy en día la bóveda de crucería sostenida por columnas clásicas, mientras el exterior es de ladrillo rematado por arquerías ciegas y con un gran alero de estilo aragonés.

El plateresco se exportó a América, donde, a principios del siglo XVI, se seguían construyendo edificios de estilo gótico, como la catedral de Santo Domingo. Muy rápidamente, sin embargo, se comenzó a introducir la decoración plateresca.

BARROCO

EN EL SIGLO XIX SE ACUÑA EL TÉRMINO BARROCO, QUE SE ENTENDIÓ COMO UN ARTE DECADENTE Y CORROMPIDO. EN LA PRIMERA MITAD DEL SIGLO XX SE CONTINUÓ IGNORANDO ESTE ARTE Y SE TERMINÓ ACEPTANDO COMO UN MAL MENOR QUE SIRVIÓ DE PUENTE ENTRE EL CLASICISMO DEL RENACIMIENTO Y EL NEOCLASICISMO DEL SIGLO XIX.

PODERES

El siglo XVI será una época inestable. Nos encontramos con una efervescencia religiosa provocada, por un lado, por la Reforma protestante y, por otro lado, por la Contrarreforma católica, consumada en Trento y que coloca al hombre en una situación moral inédita.

ELEMENTO DE PODER

La iglesia, los estados absolutistas y la nueva burguesía utilizaban las formas barrocas para transmitir al pueblo llano su poder. A través de este nuevo arte propagaban los valores sobre los que se asentaban.

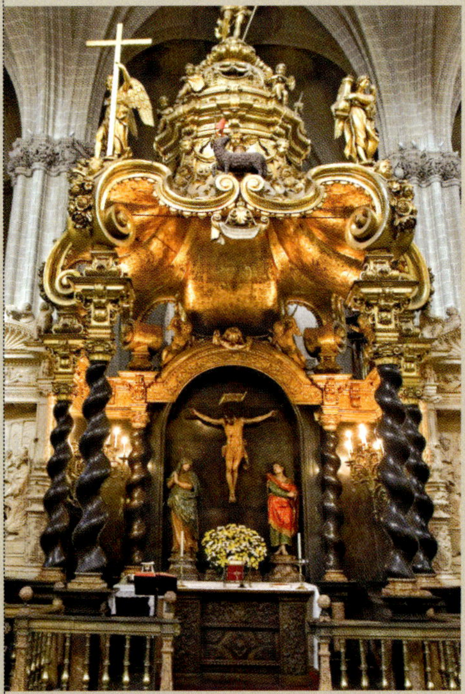

LAS COLUMNAS SALOMÓNICAS *son la máxima expresión del gusto barroco por el uso de las formas curvilíneas. Se usaban en muchas ocasiones para enmarcar los retablos.*

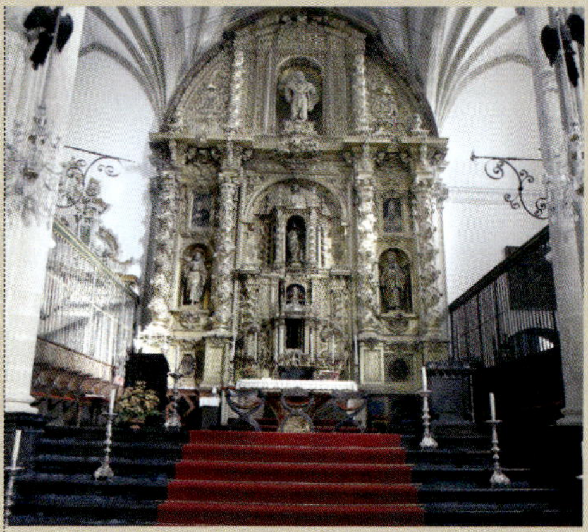

VISIÓN DE UN RETABLO. *La escultura fingía transparencias etéreas, más propias de la pintura, y la misma pintura imitaba la arquitectura. Así se creó el riquísimo y peculiar nuevo lenguaje que caracterizó al barroco.*

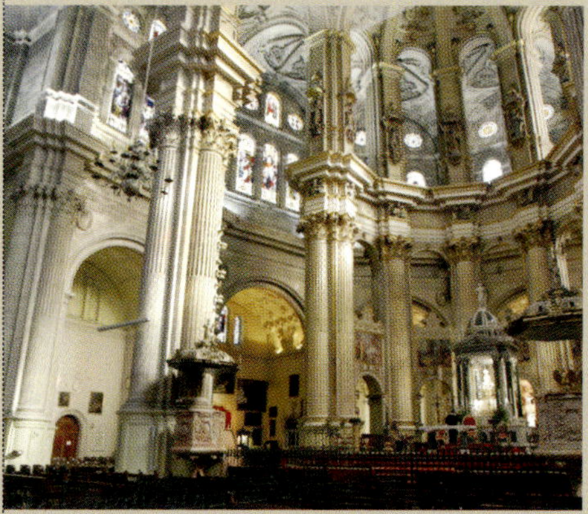

LAS ESTRUCTURAS BÁSICAS *del estilo barroco se esconden tras técnicas como los relieves, los denominados enlucidos e, incluso, unos soportes peculiares.*

Al agotarse a finales del siglo XVI las posibilidades expresivas del clasicismo, una vez más el ingenio italiano logró apuntar nuevas direcciones en la expresión artística. Caravaggio y los hermanos Carracci en pintura, Vignola, Della Porta y Maderna en arquitectura, o Bernini en escultura, lograron imprimir un nuevo interés al gastado clasicismo.

La arquitectura barroca se desarrolló ya a finales del siglo XVI como una expresión del triunfo de la Iglesia Católica. La riqueza y la variedad de la arquitectura barroca se debe al Concilio de Trento y a la Iglesia, que, temerosa del poder protestante, promulgó la construcción de templos, que se convirtieron en el arma más poderosa para evangelizar de nuevo al fiel.

El barroco fue el principal instrumento de la Iglesia de la Contrarreforma, los estados absolutistas y la burguesía protestante para promulgar sus valores y como manifestación de su poder. El barroco dio paso al rococó a principios del siglo XVIII, estilo que llevó hasta las últimas consecuencias el decorativismo.

Durante el Renacimiento, el predominio de la lógica en arquitectura o el equilibrio tenso de Miguel Ángel en escultura habían terminado por fatigar la sensibili-

En lo que se refiere al poder papal, la Iglesia Católica, después de Trento, irá renunciando a las naciones protestantes y establecerá una férrea disciplina moral para las que permanezcan dentro del catolicismo. Convencerá a los fieles de la supuesta posesión de la verdad, una verdad que sustituye a la idea de belleza.
La pintura y la escultura reducen sus iconografías a los temas que no necesitan interpretación por parte del espectador. Al fiel se le dará todo hecho, con una teatralidad deslumbrante, con un complejo lenguaje visual. En cuanto al poder de la realeza, en los países donde la monarquía es fuerte, el rey impone obediencia y deslumbra a sus súbditos con sus palacios. Esto perdurará hasta que se produzca la Revolución Francesa, cuando se creará un nuevo orden y un nuevo lenguaje.
Los edificios más representativos de este orden arquitectónico barroco son las iglesias y los palacios. Utilizan sobre todo plantas de formas caprichosas y amplias, como la oval o la elíptica. En este nuevo concepto de la arquitectura, predomina la línea curva.

dad de las nuevas generaciones. La expresión, la tensión y el sentimiento acabaron sustituyendo a la razón. La obra equilibrada del Renacimiento fue sustituida por la expresión desequilibrada del barroco.

La cronología del estilo barroco podemos establecerla de la siguiente manera: formación (1580-1630), barroco pleno (1630-1680) y declive (1680-1780), con el comienzo del estilo ornamental rococó.

ARQUITECTURA BARROCA

Fue la arquitectura la que dirigió el resto de las artes, mientras que la escultura y la pintura se acogían a ella, hasta alcanzar una perfecta simbiosis de las artes. De este modo, la arquitectura, la escultura y la pintura se convirtieron en un solo motivo de expresión.

La pintura y la escultura ayudaron a la arquitectura a formar un «todo» en el que la perfección visual no sabía distinguir dónde comenzaba lo uno y terminaba lo otro.

La cúpula, uno de los exponentes del Renacimiento, seguía utilizándose en su apariencia externa, pero en su interior se vio anulada, como superficie semiesférica.

Surgió un nuevo vocabulario arquitectónico, se rompieron y se distorsionaron los elementos arquitectónicos clásicos utilizados por el Renacimiento: frontispicios partidos, órdenes gigantes y paredes cóncavas y convexas eran utilizadas con absoluta libertad.

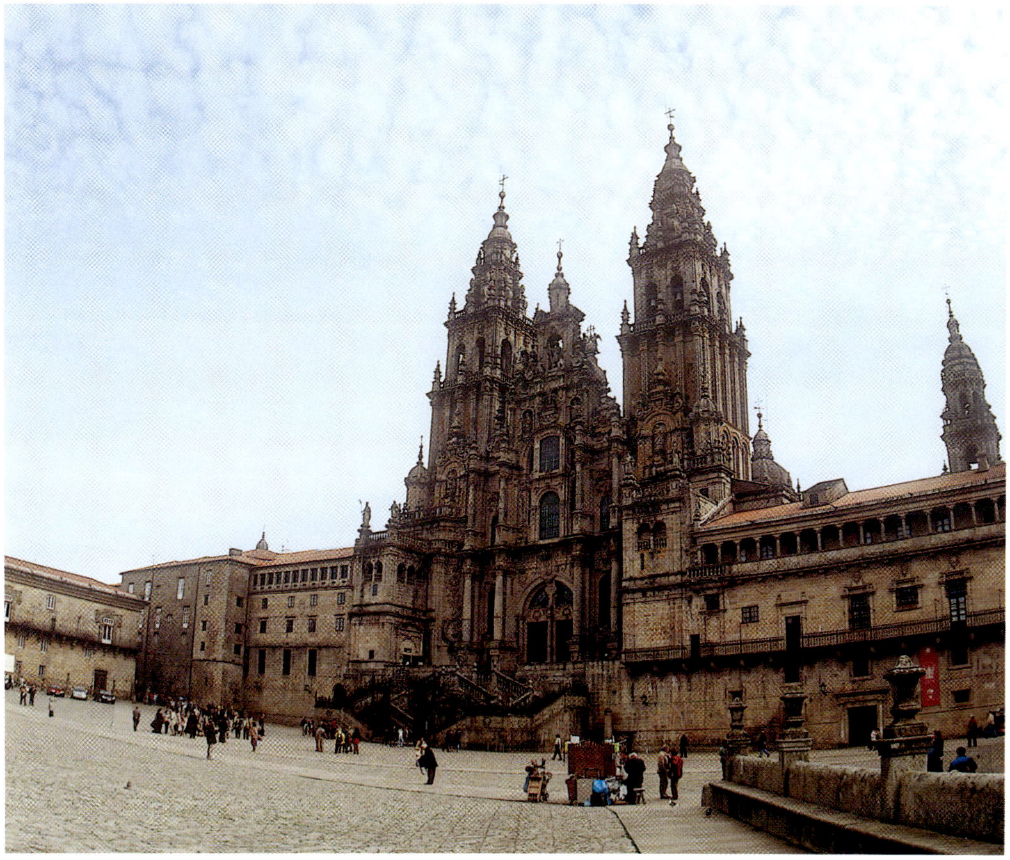

ELEMENTOS ARQUITECTÓNICOS. *Los edificios forman parte de la ciudad y de la vida en ella, encargados de representar el poder religioso y político.*

La pintura realizada al fresco sufrió durante el barroco un nuevo empuje. En el Renacimiento la pintura había sido relegada al caballete, sólo se pintaba sobre lienzo o tabla. Ahora resurge la monumentalidad de la pintura al fresco.

El barroco en España

ES CARACTERÍSTICO DEL BARROCO ESPAÑOL QUE LAS ESTRUCTURAS BÁSICAS DE LAS INFRAESTRUCTURAS SE MANTENGAN PARA DIBUJAR SOBRE ÉSTAS LAS ILUSIONES ORNAMENTALES PROPIAS DE LA ÉPOCA. NO MODIFICA SUS PLANTAS COMO LO HACEN LOS ITALIANOS. ASÍ, NOS ENCONTRAMOS CON LA UNIDAD CLÁSICA EN LOS INTERIORES. EN UN PRIMER MOMENTO, DE LA ARQUITECTURA BARROCA ESPAÑOLA IMPORTAN SÓLO LAS EXAGERADAS DECORACIONES DEL BARROCO ITALIANO.

España fue baluarte de la Contrarreforma. La Italia dividida no sufrió tantas consecuencias como España derivadas del poder eclesiástico, un hecho que se acentuó por la expansión hacia América y la unidad de nuestro país. Esto explica las características del barroco español. La religión fue el tema en la pintura. El arte barroco se orientó hacia los impulsos emocionales y el sentimiento y no hacia la razón. Fue empleado por el poder católico como expresión de sus argumentos.

Ningún estilo tuvo tan hondas resonancias en la plástica popular. En España, el barroco logró el equilibrio entre lo sobrio y lo espectacular. Junto a los más dislocados asuntos arquitectónicos, encontramos amplios paramentos lisos que no se curvan ni se quiebran.

En el siglo XVIII, la ornamentación fue tanta y tan compleja como en el rococó alemán, pero las diferencias eran notables. Mientras que el primero era elegante, el español era emotivo y delirante. La policromía de la escultura o el atormentado movimiento de las figuras estaba sustentado por una imagen patética o dramática.

EL BARROCO ESPAÑOL SE CONSOLIDÓ COMO EL ESTILO DE MAYOR REPERCUSIÓN ENTRE LA POBLACIÓN DEL MOMENTO. SU CALIDAD E INNOVACIÓN LE PROPORCIONARON UNA FAMA Y PRESTIGIO INNEGABLES.

El siglo XVII y su brío ocultaban una España empobrecida que no renunciaba al papel de gran potencia, que daba muestras de poder con la construcción de iglesias y palacios, pero realizados en ladrillo y no en materiales caros como la piedra o el mármol. En escultura, la madera, de tradición castellana, se utilizó casi en exclusiva, incluso para los grandes retablos, que inundaron todas las iglesias coetáneas o anteriores.

El barroco español, tras la época de austeridad de El Escorial, se disparó con innovaciones fantásticas. El barroco era muy variado, cada autor empleó un estilo distinto, lo que hace difícil si no imposible su catalogación por escuelas.

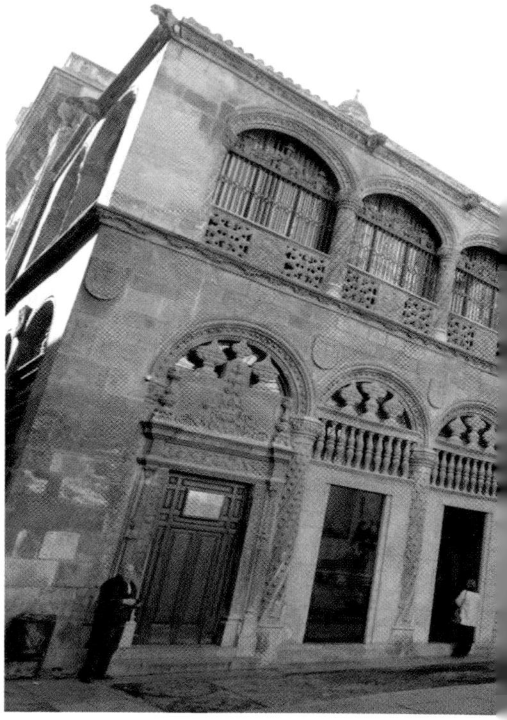

Portada lateral de la catedral de Granada.

BARROCO ESPAÑOL

El Estado, en el siglo XVII, atravesó una crisis económica y social que propició que las construcciones no utilizasen materiales caros ni se hiciera uso de exuberantes ornamentaciones.

Las estructuras de las iglesias eran sencillas. El barroco español se decantó hacia una plástica alejada de las curvas del arquitecto italiano Borromini, ajena a los usos de, por ejemplo, Bernini.

Las cúpulas se construyeron en yeso y no en piedra como las italianas. En un primer momento, la Contrarreforma «utilizó» el modelo herreriano y su severidad y rigidez escurialense, que perduraron largo tiempo en las construcciones barrocas españolas.

Este primer conato de barroco era un estilo simple y geométrico que recurrió a la planta renacentista y a la sobriedad decorativa.

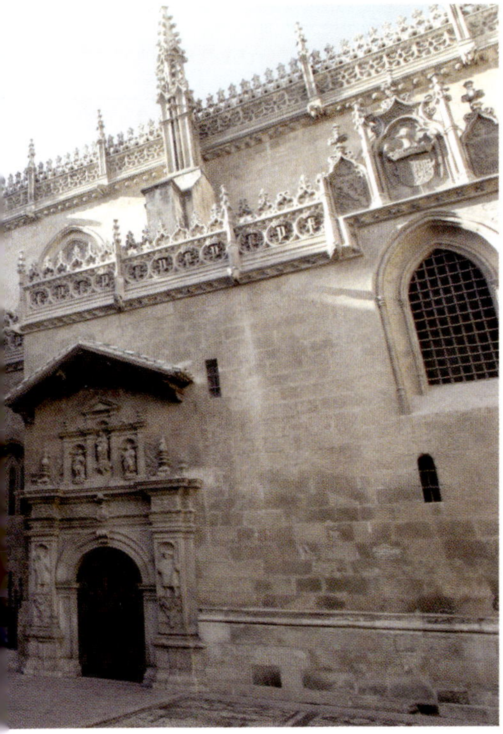

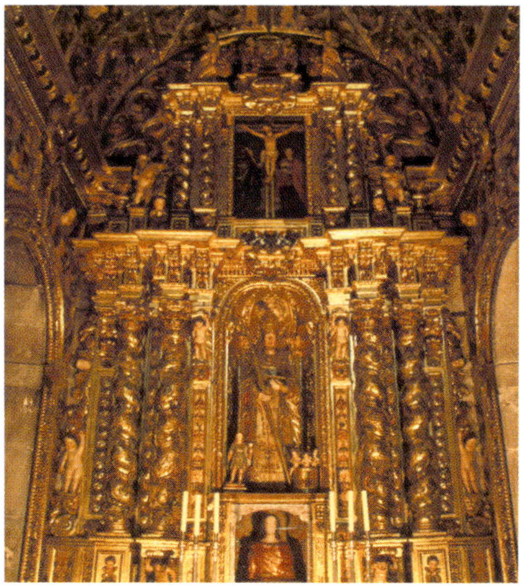

Ausencia estructural. *La rica ornamentación del barroco español favoreció el desarrollo de perspectivas insólitas. La excesiva decoración, a veces, camuflaba la ausencia de estructura.*

Sin embargo, la necesidad de ostentación provocó que el barroco español, hacia el año 1700, derivase en el estilo churrigueresco, que abrió las puertas a la libertad decorativa y convirtió al barroco español en un estilo más decorativo y fantástico, que se prolongaría durante todo el siglo XVIII. En este siglo se siguieron los postulados franceses e italianos, un tanto alejados de la austeridad anterior.

La portada del madrileño convento de la Encarnación es un ejemplo de pureza barroca, realizada por uno de los arquitectos españoles de la época, Juan Gómez de Mora.

Planta de la catedral de Logroño (La Rioja)

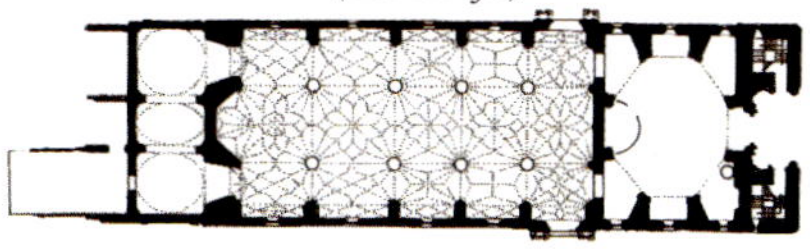

En esta época, Felipe II encargó al italiano Crescenci un panteón.

En su cúpula, se utilizará, por primera vez en España, la decoración floral.

Con José de Churriguera se rompieron los moldes establecidos y se alcanzó gran libertad expresiva, en lo que a las formas se refiere, hasta tal punto que después se ha llamado «churrigueresco» a todo el barroco. En el retablo de San Esteban, por ejemplo, introdujo el uso de la columna salomónica. Sus sucesores recargaron cada vez más el estilo con una fantasía desbocada.

El transparente de la catedral de Toledo (1732) es la representación del Don de la Sagrada Comunión de la Humanidad y supuso el mejor legado de toda la obra de Narciso Tomé. Arquitecto y decorador, Tomé fue el único que supo transmitir la nueva concepción de espacio llegada desde Italia. De esta manera, resultó determinante el gran dramatismo del lenguaje expresivo en que coincidieron todas las artes plásticas.

BARROCO MADRILEÑO

Pedro Ribera es uno de los arquitectos fundamentales del barroco español. De gran imaginación constructiva, el barroco de Ribera hacía uso de los elementos propios del estilo churrigueresco, la ornamentación era muy importante. Se interesó, sobre todo, por los estípites.

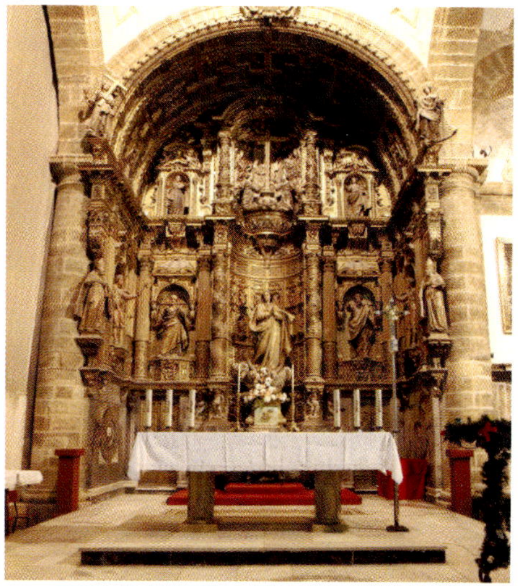

En la catedral vieja de Cádiz *o iglesia de la Santa Cruz, destacan el altar mayor y el de los Genoveses como piezas destacadas del barroco gaditano.*

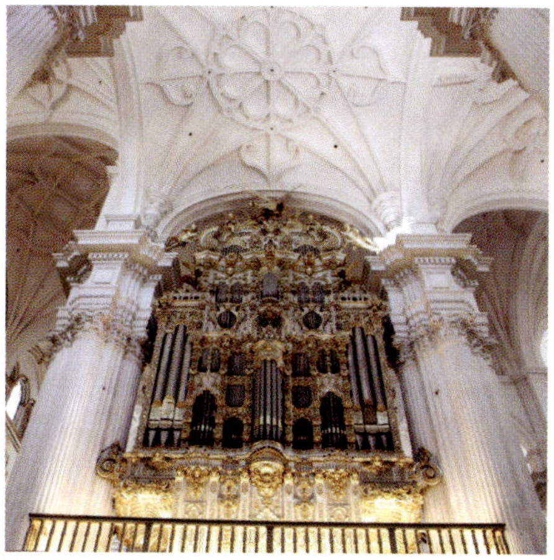

En el interior de la catedral de Granada *encontramos dos órganos que datan del siglo XVIII, profusamente decorados y con recubrimiento en pan de oro.*

Características del barroco

LA PRINCIPAL CARACTERÍSTICA DEL ARTE BARROCO ES EL MOVIMIENTO, QUE SE TRADUCE EN LAS CONSTRUCCIONES MEDIANTE LAS LÍNEAS CURVAS. LA EXAGERACIÓN, LA MONUMENTALIDAD, LA TEATRALIDAD EN LAS FIGURAS Y LOS JUEGOS DE LUCES ESTÁN PRESENTES EN TODA MANIFESTACIÓN BARROCA.

URBANISMO BARROCO

Los espacios que se crearon en las ciudades eran grandes escenarios que representaban el poder civil y religioso. Se construyeron edificios en lugares amplios para que se pudiera disfrutar de la monumentalidad. Se crearon plazas

PLANTA

La arquitectura barroca es partidaria de los espacios unitarios. La planta rectangular renacentista da paso a la planta elíptica u oval y a la de salón con eje longitudinal, pese a que Carlos Borromeo, portavoz de las ideas contrarreformistas, aboga por una planta de cruz latina. A fines del siglo XVI, Vignola crea una planta con un eje longitudinal, de ascendencia basilical, en un gran espacio cupular que centraliza la atención del presbiterio.

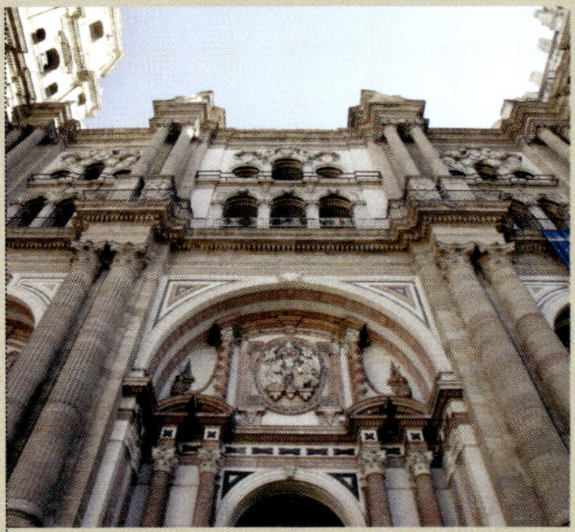

PORTADAS. *Las portadas de las iglesias barrocas se conciben como inmensos retablos donde se narran escenas de la vida de la Virgen o de los santos. Las esculturas tienen gran realismo.*

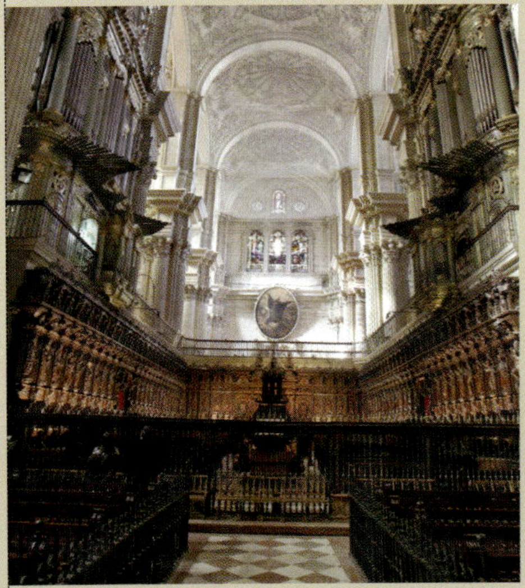

LA PLANTA JESUÍTICA *es propia del barroco español, aunque también se recurre en esta época a otras plantas, como las circulares, las elípticas y las ovales.*

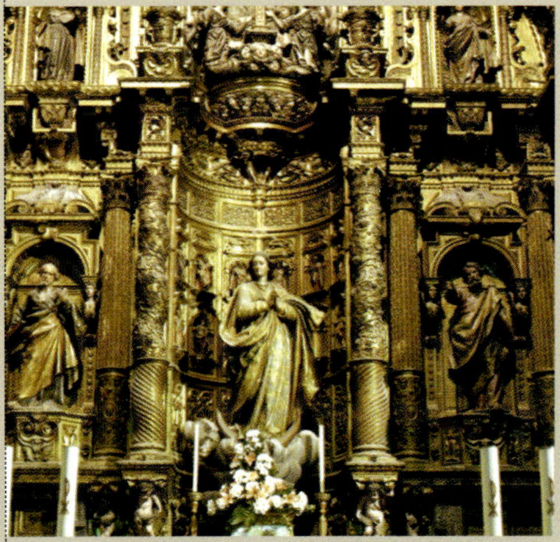

IMAGINERÍA ESPAÑOLA. *En España se desarrolló durante esta época una excelente imaginería realizada en madera policromada, que se usó para las andas procesionales.*

- Sobresalen la línea curva, los entrantes y salientes que acentúan el movimiento. Las parábolas y las hélices sustituyen al arco de medio punto renacentista.
- La pintura y la escultura se someten a la arquitectura, con la que forman un todo.
- El barroco es un arte que destila energía y tensión.
- Gusto por la teatralidad, la escenografía y las artes que requieren un montaje espectacular para que su mensaje sea captado pluridimensionalmente.
- Expresión, irracionalidad y sentimiento en contraste con la racionalidad del Renacimiento.
- Predomina el naturalismo, que se integra en el paisaje como elemento principal, y se sustituye la perspectiva de distintos planos por uno que intenta representar la profundidad hasta el infinito.
- Contraste de luces y sombras; claroscuro que acentuará el expresionismo, el dramatismo y la tensión en todas las artes.
- Creación de espacios dinámicos.
- Entablamentos curvados y frontones que se parten.
- Ilusión del espacio interior de la cubierta: el cielo invade el interior del templo con perspectivas teatrales.

mayores de planta cuadrada rodeadas de soportales donde se integraban los edificios más representativos, como ayuntamientos, catedrales, iglesias principales o palacios. Otro elemento innovador fue la creación de grandes jardines, donde, por medio del arte topiario y la decoración de los espacios con esculturas, se daba al conjunto perspectivas visuales hasta entonces desconocidas. Francia, con el palacio de Versalles y sus jardines, e Italia, con la plaza de San Pedro en Roma, fueron los mayores exponentes de esta manifestación artística en Europa. En España se construyeron los Reales Sitios, siguiendo el modelo de Versalles. Los materiales nobles que ayudaron a crear las atmósferas de lujo y grandiosidad propias del barroco eran, entre otros, la madera policromada (sobre todo en España, donde se empleó, básicamente, para la imaginería); el bronce y el mármol.

- Utiliza los elementos clásicos y los transforma.
- Las construcciones barrocas parecen grandes esculturas.
- La pintura imita o pinta arquitecturas.
- Introduce un elemento de sostén «inestable»: la columna «salomónica».
- Utiliza, generalmente, piedra y mármol en las columnas.
- Los elementos constructivos se subordinan a la dictadura de los elementos ornamentales.
- Utiliza el orden gigante.
- Las fachadas presentan ondulaciones gracias a la utilización de líneas cóncavas y convexas que dotan de gran dinamismo a la superficie, al hacer que la luz incida en ella de forma desigual.
- El interior del templo presenta rica decoración escultórica, pictórica y arquitectónica, busca crear un ambiente sobrenatural.
- Las portadas de la fachada principal se construyen a modo de retablo. Los muros «planos» y «lisos» renacentistas se transforman en curvos y buscan todo tipo de perspectivas, abriendo múltiples nichos, hornacinas o ventanas ovales.
- Perspectivas «irracionales», que promulgan un complejo lenguaje visual.

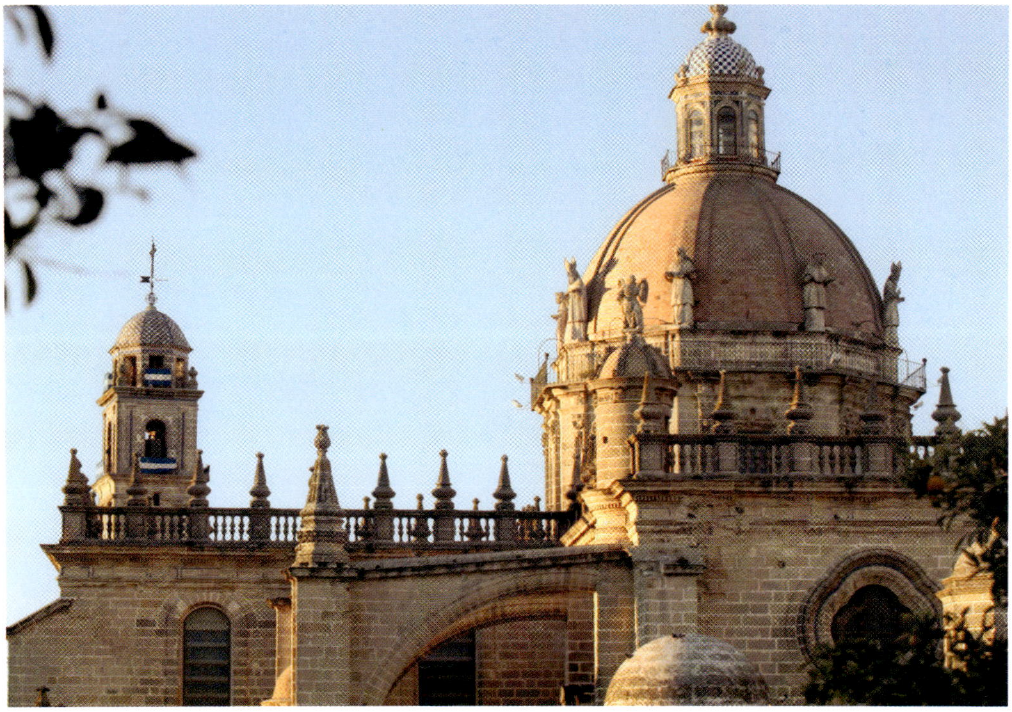

DECORACIÓN EXCESIVA. *En el arte barroco la decoración se llevó hasta el extremo. Incluso en el exterior de los edificios encontramos gran profusión de esculturas.*

- La pintura incorpora nuevos géneros: el bodegón o la naturaleza muerta. Las indagaciones de los pintores barrocos para plasmar la luz y sus posibilidades expresivas parten del tenebrismo, estilo que inicia Miguel Ángel. Caravaggio postula la representación de las cosas tal como son.
- El retablo se convierte en el *sancta sanctorum* del templo. Situados en el altar mayor, muestran gran realismo formal. En España, el material más utilizado será, fundamentalmente, la talla de madera, que después se policromará. Es una singularidad casi única en Europa. Esta policromía refuerza el sentido realista de la escultura barroca. La temática habitual es la vida de Cristo, de la Virgen María o la de los santos mártires.

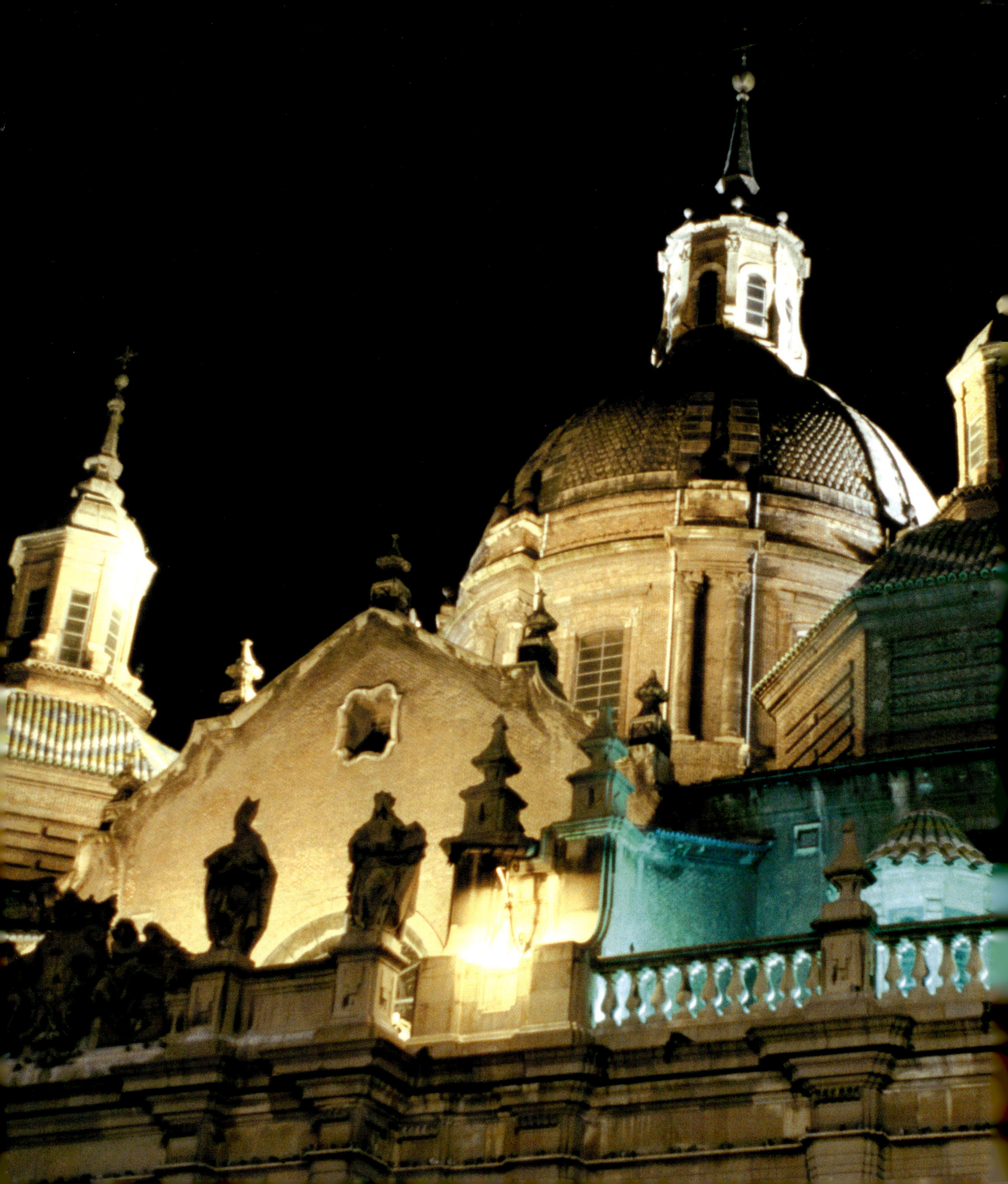

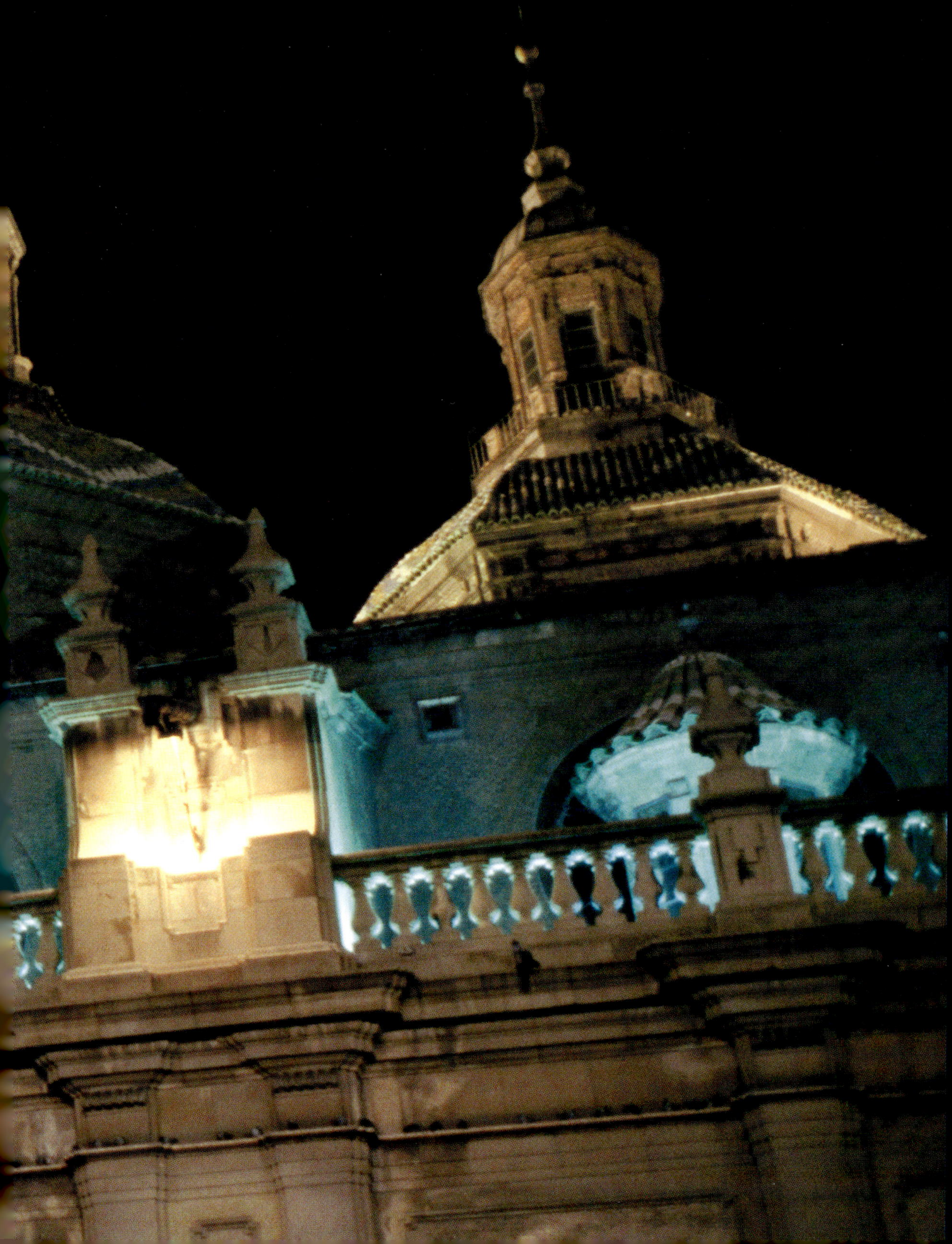

ELEMENTOS ARQUITECTÓNICOS

Románico

Los elementos del arte románico pretenden conseguir, ante todo, la educación y la formación cristiana del pueblo. Por ello, prevalece sobre el realismo la narratividad, el simbolismo y la expresión, pautas clave para poder presentar el arte como un libro donde enseñar a los fieles.

Bóveda de cañón. Una de las características del románico es el uso de bóvedas de cañón y de arista y el deseo de abovedar en piedra espacios cada vez más amplios, una habilidad que habían perdido los romanos. El abovedamiento de la nave principal comportaba una serie de refuerzos «nuevos» en el exterior del templo para absorber las cargas, lo que obligaba a un apuntalamiento, que fue resuelto por contrafuertes y la aparición de las naves laterales. Una bóveda de cañón se construye sobre un esqueleto de madera que se desmantela una vez se ha creado un arco completo, el cual se soporta a sí mismo. Gracias a este tipo de cubierta, se crean iglesias más grandes y se apuntalan las construcciones a riesgo de incendios y los consecuentes derrumbamientos. Para que una bóveda se soporte, su peso debe estar transferido al suelo mediante una estructura de muros o mediante contrafuertes. El origen de las bóvedas de cañón, uniforme en toda su estructura, data del siglo IX a. C. Es el primer y más básico tipo de abovedamiento. El románico la suele utilizar para la nave central. La bóveda de cañón es de sección semicircular y está dividida en tramos por arcos fajones que se apoyan en pilares con columnas adosadas y que se corresponden exteriormente con los contrafuertes. La división en tramos beneficia su sostenimiento y posibilita que la construcción se pueda realizar por partes y, de esta manera, que un mismo armazón pueda utilizarse varias veces. La conocida bóveda de cañón se construye a partir del desplazamiento de un arco apuntado a lo largo del eje longitudinal. En cuanto a las bóvedas de arista, éstas cubren naves laterales y se crean al cruzarse de forma perpendicular dos bóvedas de cañón de la misma altura. La bóveda de arista se utiliza normalmente en este periodo para cubrir los tramos cuadrados.

SE TRATA DE UNA BÓVEDA CÓNCAVA UNIFORME QUE, DURANTE EL ROMÁNICO, SE UTILIZÓ, SOBRE TODO, PARA CUBRIR LA NAVE CENTRAL.

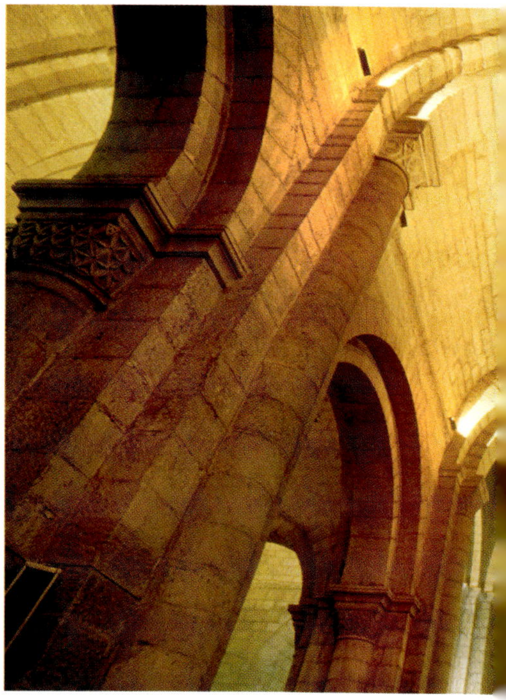

El arco de medio punto es uno de los elementos del román

■ **Ábside**

En la cabecera de la iglesia, el espacio sobresaliente con forma abovedada, semicircular o poligonal.

■ **Arco de medio punto**

Construcción que abre un vano de acceso y de iluminación. El arco de medio punto tiene forma semicircular y está formado por dovelas, que se sustentan unas a otras y son capaces de soportar una carga. El arco de medio punto, normalmente, se asienta en columnas y en pilares de piedra. Se suele hacer doblado, uno mayor cobijando a otro menor, que le sirve de refuerzo. En las ventanas y en los vanos de acceso, el grosor de los muros determina la creación de las arquivoltas o arcos concéntricos, frecuentemente con molduras, que van reduciendo el ancho de la apertura del vano. Tiene un carácter sustentante capaz de descargar los empujes desviándolos lateralmente.

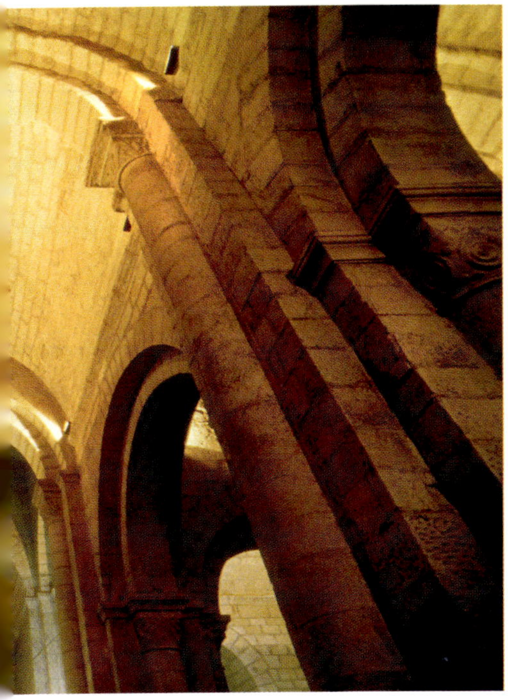

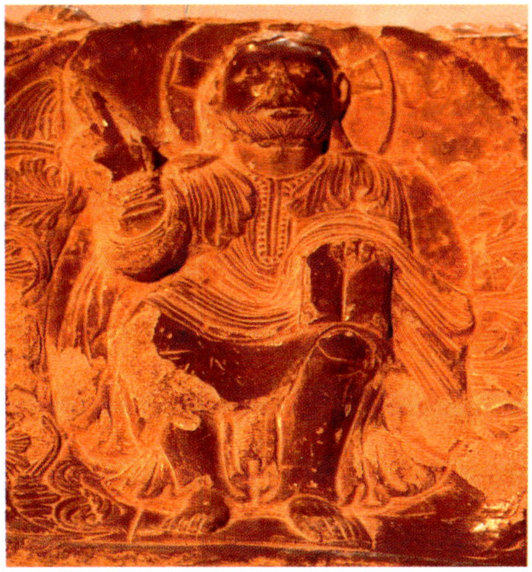

PANTOCRÁTOR *Representación típica del arte bizantino y románico de Cristo estático. Cristo triunfante como principio y fin del Universo, sentado en su trono en actitud de bendecir y rodeado del tetramorfos o símbolos de los evangelistas.*

■ **ARCO FORMERO**

El sistema constructivo románico de arcos y bóvedas constituye una arquitectura formal, estática, maciza y pesada. El arte románico presenta la incorporación a su arquitectura de un arco de descarga entre las pilastras que conduce las cargas más altas de forma directa a los puntos de sustentación. Estos arcos, llamados arcos formeros, abarcan las galerías altas del muro.

■ **ARTE CLUNIACENSE**

Arte de los siglos X y XI, impulsor del románico. Se caracteriza por sus templos de tres naves, con la central más alta, cubierta con bóveda de cañón; altos ventanales y campanario octogonal.

■ **BASÍLICA**

Iglesia de planta rectangular con ábside en un extremo. Las basílicas suelen estar divididas en su interior en una nave central y naves laterales separadas por columnas y pilares que soportan una techumbre de madera. Originalmente, no tenían transepto. La planta de la basílica debe su estructura a las basílicas de la antigua Roma, que servían de tribunales de justicia y centros de comercio. Los primeros cristianos las adoptaron en sus iglesias.

■ **CONTRAFUERTE**

Obra maciza a modo de pilastra o arco adosado al muro exterior, que soporta los empujes de las bóvedas y de los muros interiores.

■ **MANDORLA**

Marco ovalado de forma almendrada que enmarca a Cristo y a la Virgen en Majestad (actitud triunfante).

■ **NAVE CENTRAL**

Ocupa el centro del templo desde la puerta de ingreso hasta el crucero o el presbiterio. Más alta y ancha que las laterales.

■ **NAVE LATERAL**

Paralela a la nave central, se encuentra separada de ésta por una fila de arcos.

PINTURA AL FRESCO

La pintura ejecutada sobre un muro blanqueado de cal húmeda y con los colores disueltos en agua con cal. La intensidad de color disminuye rápidamente a medida que la cal se absorbe; si se quieren conseguir tonos vivos, es necesario aplicar nuevas capas inmediatamente. Normalmente, se hace por sistema.

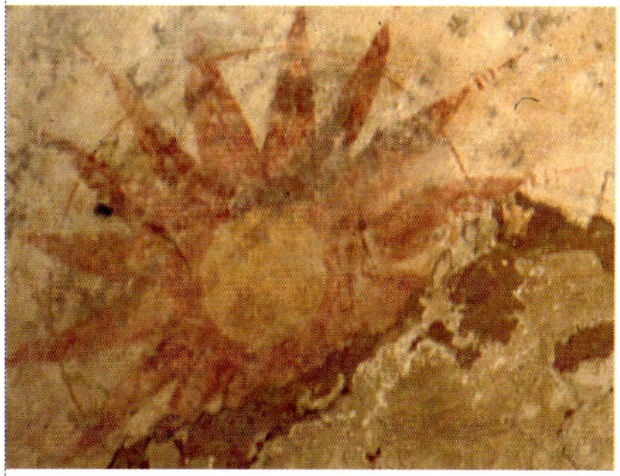

SI SE HA SEGUIDO CORRECTAMENTE *el proceso, una capa de carbonato de calcio unirá definitivamente los colores al muro.*

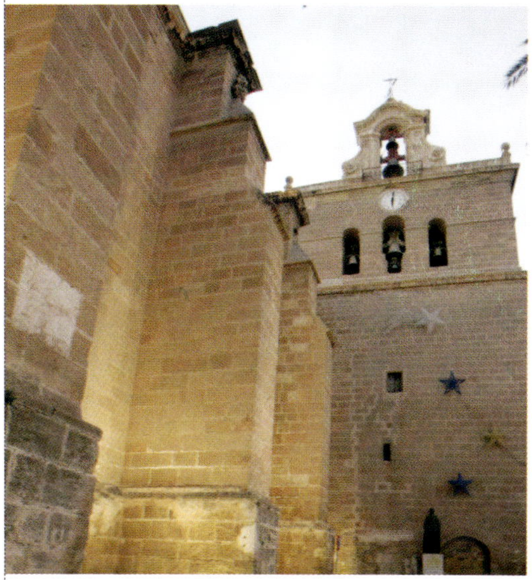

EL MURO *se construye con piedra tallada en sillares, que suele reducirse a las superficies exteriores, pues el núcleo suele ser de mampostería, que abarata el coste y lo dota de flexibilidad.*

Gótico

EL DESCUBRIMIENTO DEL ARBOTANTE PERMITIÓ REALIZAR PROGRESOS DECISIVOS Y SATISFACER LA MEGALOMANÍA EN EDIFICIOS CADA VEZ MAYORES Y MÁS ATREVIDOS. GRACIAS AL ARBOTANTE, UNA VEZ CONSIDERADAS INÚTILES LAS GALERÍAS, SE ABANDONÓ EN MUCHAS CATEDRALES LA CONSTRUCCIÓN DE CUATRO PLANTAS, CON LO QUE SE AGRANDARON CONSIDERABLEMENTE LAS ARCADAS Y, SOBRE TODO, EL CLARISTORIO. EL TRIFORIO PERVIVIÓ, AUNQUE ATROFIADO.

ARCO APUNTADO

Lo forman dos segmentos de círculo que se cortan y se apoyan mutuamente. Proporciona verticalidad al templo, al mismo tiempo que aporta una lógica que no tenía el arco de medio punto románico.

■ **ÁBSIDE**
Construcción terminal de una iglesia cubierta por una bóveda. Se orienta, generalmente, al este. Su forma es circular o poligonal.

■ **ARBOTANTE**
Es un arco rampante que descarga sobre un contrafuerte exterior de la catedral el empuje de las bóvedas de las naves interiores. Con la introducción de este nuevo elemento se aligera y se estiliza el aspecto de la catedral. El contrafuerte se desarrolló para transferir la carga de la bóveda al suelo, sin necesidad de gruesos muros.

■ **ARISTA**
Arco de piedra que sostiene y refuerza las bóvedas o línea curva formada por la intersección de dos bóvedas.

■ **BÓVEDA DE CRUCERÍA**
Es casi igual que la de arista, pero el sistema de transmisión de cargas es diferente. La bóveda de crucería está compuesta por arcos que forman la estructura del esqueleto del soporte y fragmentos de bóveda que se asientan sobre ellos a modo de tegumento liviano. Las nervaduras

Catedral de Oviedo

(GÓTICA, MITAD DEL SIGLO XVI)

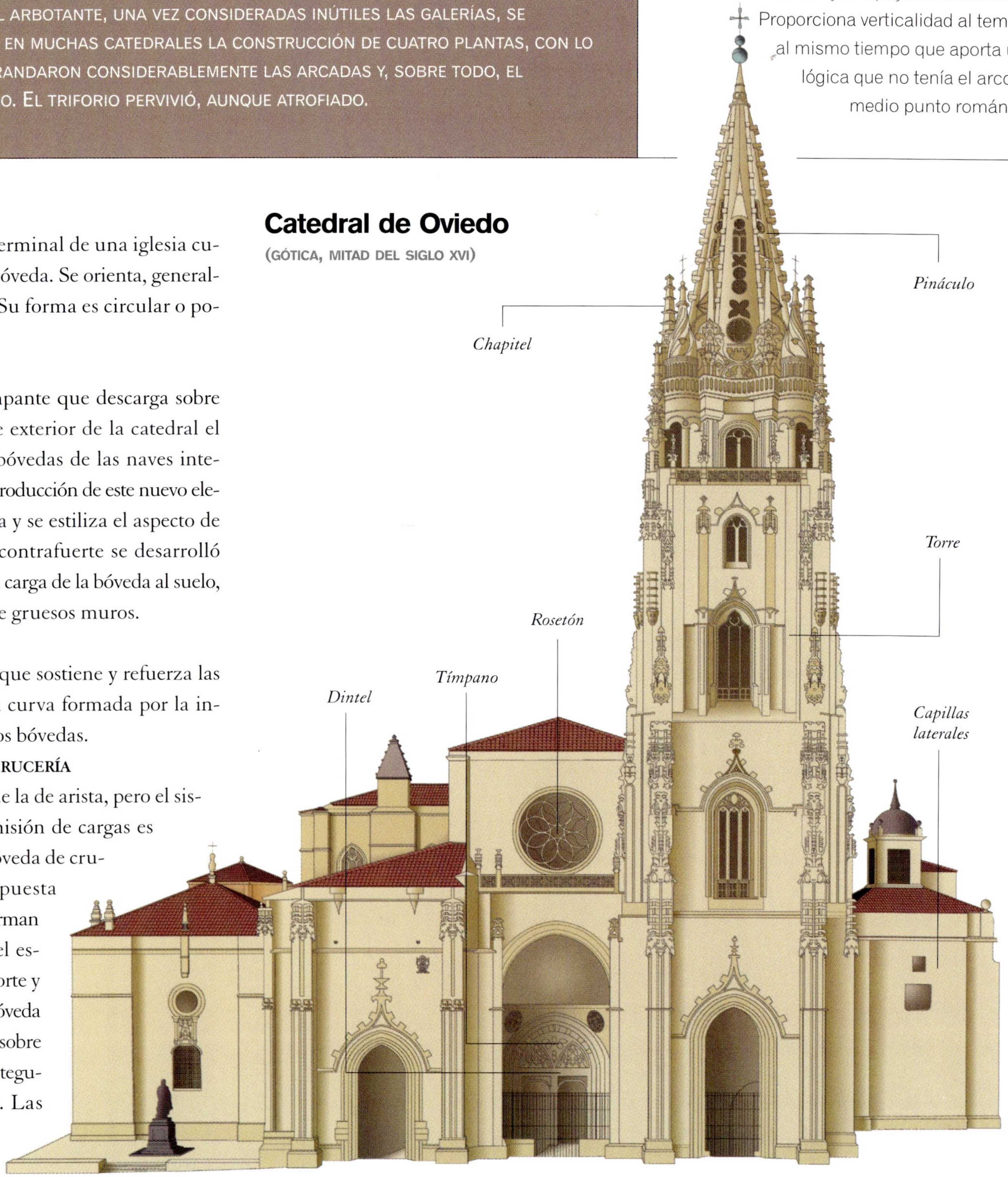

VERTICALIDAD

El gótico utiliza una serie de elementos arquitectónicos de remate que acentúan el carácter vertical de este estilo.
Chapitel: remate piramidal que corona, generalmente, una torre gótica.
Gablete: remate ornamental sobre las arcadas. Lo forman dos líneas en ángulo muy agudo en la cúspide y está adornado por florones. Se sitúa en la fachada.
Pináculo: final apuntado de un chapitel.
Tracería: así se denomina la decoración de carácter arquitectónico formada por varias figuras geométricas combinadas.

de las bóvedas quedan convertidas en armadura de soporte. Se forma donde dos bóvedas de cañón se cruzan en ángulo recto y crean aristas. Cuando estas aristas se construyen en piedra, el resultado es una bóveda de arista.

■ **CIMBRA**
Armazón de madera que sostiene las piedras de un arco mientras éste no se mantiene por sí solo.

■ **CLARISTORIO**
Para ganar espacio en la nave gótica, es el piso último envuelto por ventanales de grandes dimensiones.

■ **CRUCERO**
Lugar del templo en que coinciden dos naves perpendicularmente dispuestas, una de las cuales es la nave central. La nave crucero es menor que la nave principal.

■ **CRUJÍA**
Resultado de la división de la planta de una edificación. También, el hueco entre dos muros de carga.

■ **GÁRGOLA**
Desagüe saliente del tejado para desviar las aguas pluviales, que generalmente está esculpido con formas fantásticas y una gran variedad iconográfica.

■ **ROSETÓN**
El gótico presenta, en lo alto de las portadas de las fachadas principales, sobre el tímpano, un vano circular de grandes dimensiones llamado rosetón. El rosetón sigue un elaborado proceso de creación. Consta de vidrios de colores y se monta mediante estructuras metálicas de hierro forjado y juntas por emplomado.

■ **TÍMPANO**
Panel esculpido en la parte interna del arco, sobre el dintel de una puerta en una catedral. Su espacio está delimitado por el dintel y las arquivoltas.

■ **TRIBUNA**
Galería situada sobre la nave lateral. En ella pueden situarse los fieles e ilumina el interior del templo.

■ **TRIFORIO**
Ventanas ornamentales partidas por maineles o parteluces en los muros de la nave central por encima de las arcadas que dan a las naves laterales.

■ **TRÍPTICO**
Obra realizada sobre tres tablas o lienzos de manera que las laterales se doblan sobre la central.

■ **VIDRIERA**
Bastidor con vidrios para cerrar puertas y ventanas, formado por cristales coloreados. Éstos configuran mosaicos que son ensamblados por un emplomado de sección en H en el cual se encajan los vidrios.

GÓTICO RADIANTE (XIII)

La técnica de la estructura llevó a la supresión casi total del muro, reemplazado por un tabique con vidrieras, y a una disposición de rellenos que se correspondía con la mentalidad expresada en el *Summa escolastica*.

GÓTICO FLAMÍGERO (XIV)

Etapa del gótico donde el estilo, complejo y recargado, se convierte en dinámico y móvil. Se caracteriza por la decoración de calados y adornos asimétricos que se asemejan a las ondulaciones de las llamas.

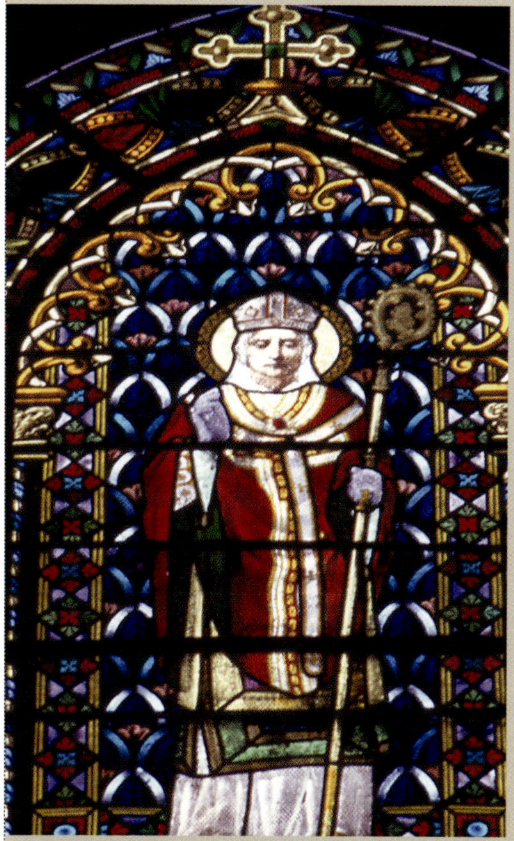

CÍSTER: *orden de la Regla de San Benito, fundada por San Roberto de Citeaux en 1098. Participó en la represión de la herejía albigense y en la evangelización de los pueblos bálticos.*

Renacimiento

ARTE O ESTILO ARTÍSTICO ITALIANO QUE NACE EN EL SIGLO XV Y SE DESARROLLA HASTA EL SIGLO XVII, ÉPOCA EN LA QUE ES SUSTITUIDO, PRIMERO POR EL MANIERISMO Y POSTERIORMENTE POR EL BARROCO. BEBE DE LAS FUENTES CLÁSICAS Y GUSTA DEL SENTIDO DE LA ESTABILIDAD Y LA ARMONÍA.

RELIEVE ESCULTÓRICO

Los relieves eran una forma arraigada de decoración, sobre todo en Lombardía y Toscana. Estos trabajos ornamentales, muy utilizados en interiores, representan motivos clásicos y formas del mundo animal.
Alto: aquel en que las figuras sobresalen del plano más de la mitad de su grueso.
Medio: aquel en que sobresalen la mitad de su grueso.
Bajo: aquel en que el dibujo sobresale del plano menos de la mitad de su grueso.

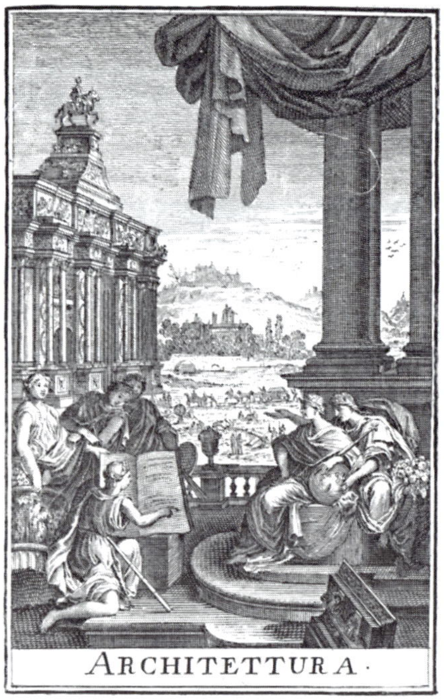

VITRUBIO, MARCO (siglo I a. C.)
Arquitecto con una gran influencia en la arquitectura renacentista por su tratado en diez volúmenes De architectura.

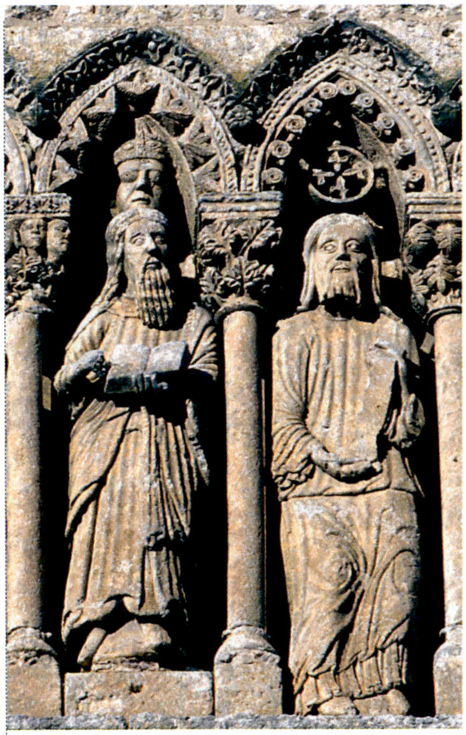

ALBERTI, LEÓN BATTISTA (1404-1472)
Humanista, pensador y arquitecto italiano que estudió y difundió la arquitectura clásica romana.

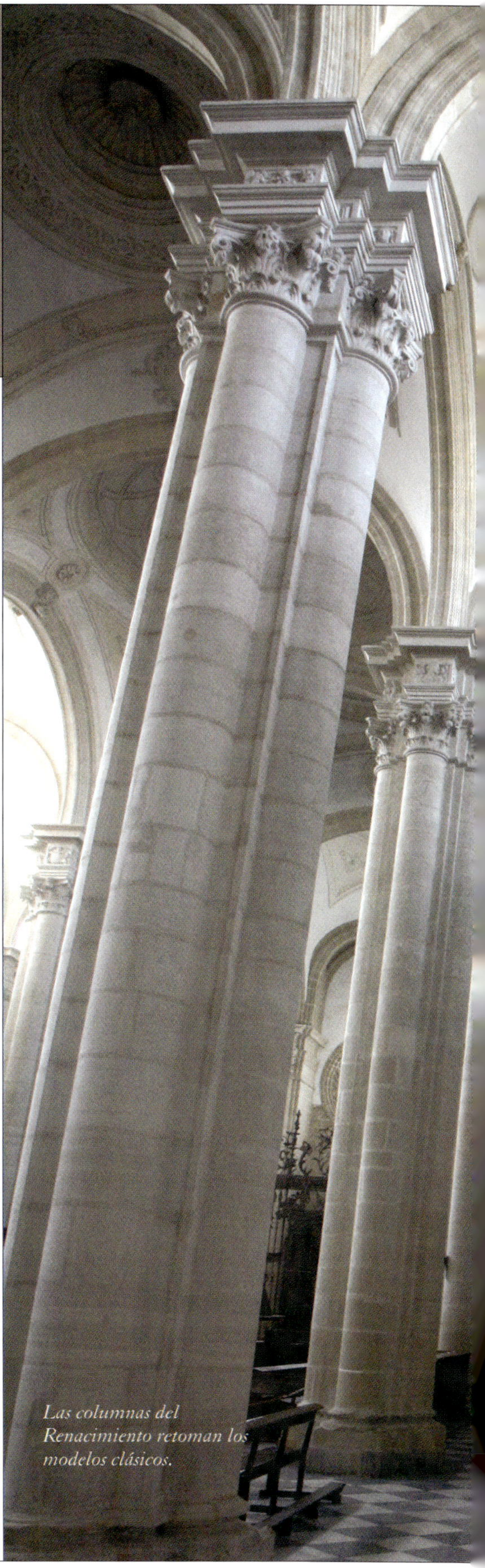

Las columnas del Renacimiento retoman los modelos clásicos.

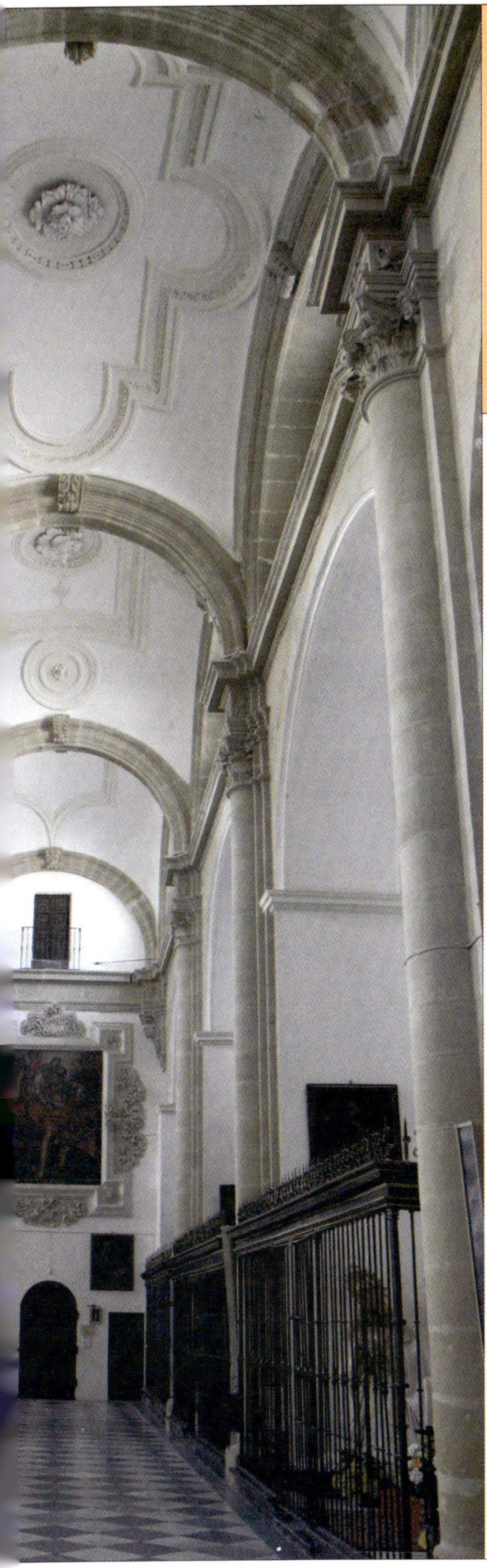

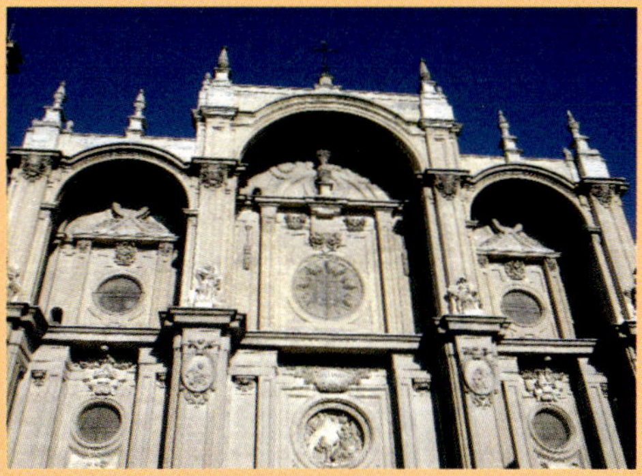

MECENAS

Persona o institución que patrocina a los artistas. El paradigma fueron los Médicis, familia de banqueros que gobernaron Florencia desde mediados del siglo XV y reinaron en Toscana desde el XVI hasta el XVIII.

- **Alegorías**
Obras que representan ideas abstractas mediante figuras, grupos de figuras o atributos de éstas.
- **Almohadillado**
Parte del sillar que sobresale de la obra arquitectónica, con las juntas biseladas o rehundidas.
- **Artesonado**
Techumbre de madera formada por casetones (compartimentos huecos de forma cuadrada, a modo de artesa invertida con el fondo ornamentado). Tales casetones se ensamblan con otros semejantes hasta formar el artesonado.
- **Camafeo**
Piedra preciosa, tallada en relieve, colocada sobre un fondo, con el que establece contraste.
- **Frontón**
Estructura de forma triangular que remata puertas, pórticos, ventanas o fachadas.
- **Hornacina**
Espacio hueco en una pared maestra coronado con una bóveda de un cuarto de esfera, destinado a recibir una estatua o un objeto decorativo.
- **Manierismo**
Estilo artístico de transición del Renacimiento al barroco, y que se manifestó especialmente en pintura. También surgió en Italia.
- **Medallón**
Decoración en relieve y enmarcada en una forma oval o circular.
- **Órdenes**
El Renacimiento reutiliza los órdenes clásicos. Los cinco órdenes son sistemas estructurales para la proporción y ornamentación de una columna, que está formada por basa, capitel y entablamento horizontal.
- **Perspectiva**
Representación de las cosas sobre un plano imitando la forma y colocación como se disponen en la realidad.
- **Pilastra**
Pilar o columna de forma cuadrangular. En el Renacimiento, destaca la pilastra con base ática: una escocia separa a dos toros.
- **Tambor**
Pieza cilíndrica sobre la que se sustenta la cúpula del centro del transepto.

Del barroco al neoclasicismo

EL BARROCO ES UN ESTILO ARTÍSTICO QUE SE DESARROLLA EN EUROPA E HISPANOAMÉRICA DURANTE EL SIGLO XVII Y PARTE DEL XVIII. SUS SEÑAS DE IDENTIDAD SON LAS FORMAS CURVAS, LA DECORACIÓN EXUBERANTE, NUEVAS PERSPECTIVAS Y LOS CONTINUOS EFECTOS LUMINOSOS Y TEATRALES. A MEDIADOS DEL SIGLO XVIII EVOLUCIONARÁ HACIA EL ROCOCÓ, QUE POSTERIORMENTE DARÁ ORIGEN AL NEOCLASICISMO, UNA VUELTA AL ESTILO RACIONAL Y AUSTERO.

EVOLUCIÓN DEL NEOCLASICISMO

En España, por el gran peso del barroco, el estilo neoclásico tendrá que vencer una mayor resistencia. Será durante la segunda mitad del siglo XVIII cuando encontremos un esfuerzo de depuración de formas. El estilo neoclásico tuvo aquí su apogeo con el reinado de Carlos III. La arquitectura se caracteriza por su severidad formal y volumétrica, y la frialdad rectilínea. Es un arte correcto, pero que puede resultar frío.

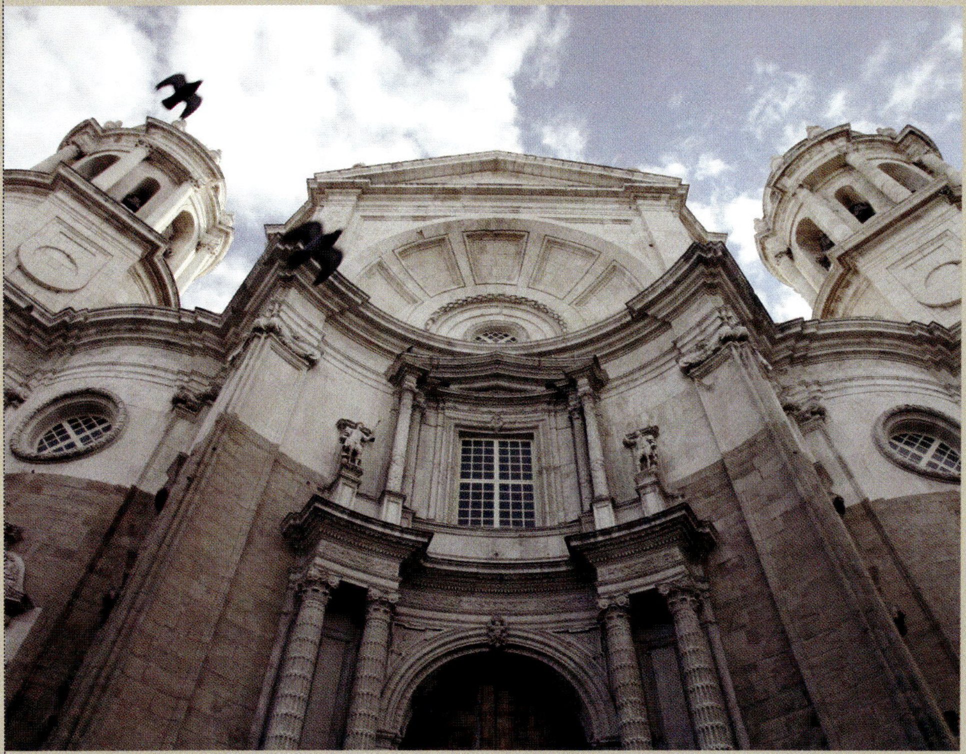

LA CONSTRUCCIÓN *de la catedral nueva de Cádiz se inició en 1722. Combina los elementos decorativos del estilo neoclásico en su fachada con una gran cúpula barroca.*

TÉRMINOS BÁSICOS

Contrarreforma: movimiento de reacción católica frente al protestantismo. Para ello Paulo II convocó el Concilio de Trento (1545), a instancias del rey Carlos I de España, cuando el protestantismo había arraigado en Inglaterra, los países escandinavos y

■ **ACADÉMICO**
Se somete a normas consideradas como clásicas. Obra correcta y canónica, pero carente de inspiración, que imita o repite temas y formas de la tradición del mundo clásico.

■ **ALETA**
Recurso arquitectónico en forma de voluta para unir en el exterior una planta con la superior, cuando ésta es de menor altura.

■ **BÓVEDA ENCAMONADA**
Falsa bóveda, empleada por su menor coste, formada por materiales ligeros y económicos: maderas o cañas recubiertas de yeso.

■ **CLAROSCURO**
En arquitectura, contraste entre luz y sombras.

■ **ESTÍPITE**
Con forma piramidal, se trata de una pilastra truncada cuya base es de menores dimensiones. Puede cumplir funciones de soporte.

■ **FRONTÓN PARTIDO**
Remate triangular cuyos lados ascendentes no llegan a juntarse; en ocasiones, se enrollan formando volutas.

■ **NATURALISMO**
Tendencia artística que trata de repre-

parte de Alemania. Este Concilio determinó el curso de las guerras europeas de los siglos XVI y XVII, hasta que la Paz de Westfalia (1648) delimitó las áreas de influencia de las corrientes religiosas.

Rococó: estilo que en el siglo XVIII sucedió en Europa al barroco y precedió al neoclasicismo. Se caracteriza por el arte recargado, rimbombante y llamativo del reinado de Luis XV. Iniciado en Francia, alcanzó logros en la decoración de interiores: espejos, guirnaldas, hojas de palmera y otros motivos ornamentales.

Neoclasicismo: inspirado en la Antigüedad clásica, era un arte correcto, pero frío, que se apoyaba ideológicamente en Aristóteles y Horacio. Los artistas neoclásicos seguían las pautas del mundo clásico, su orden y su serenidad formal. Construyeron grandes monumentos, tanto civiles como religiosos. Muchos de ellos fueron construcciones de utilidad civil: museos, bibliotecas, hospitales, etcétera.

sentar fielmente la naturaleza huyendo del realismo.

■ **Pechina**

Triángulo curvilíneo situado en la parte inferior del tambor y que se utiliza para unir una planta cuadrada y una planta circular.

■ **Retablo**

Los materiales con los que está realizado el retablo son el metal, la piedra o la madera. Aparece ornamentado tanto con obras pictóricas como con esculturas. Se trata de un monumento en sí mismo, una obra de arte, que se ubica sobre la pared del altar. El retablo está dividido en calles separadas por medio de entrecalles. Las divisiones horizontales son pisos o cuerpos. La polsera hace función de guardapolvo. En ocasiones, el retablo tiene puertas a cada extremo para poder mostrarlo u ocultarlo.

■ **Transparente**

Serie de ventanas de vidrio que iluminan y acentúan la teatralidad de un altar.

■ **Trompa**

Pequeña bóveda que se construye en los cuatro ángulos de un cuadrado. Tiene forma semicónica y la parte ancha hacia fuera. Se utiliza para unir una planta cuadrada con una octogonal y para desviar la carga a cuatro puntos diferentes.

Catedral de Logroño

(NEOCLÁSICA, SEGUNDA MITAD DEL SIGLO XVIII)

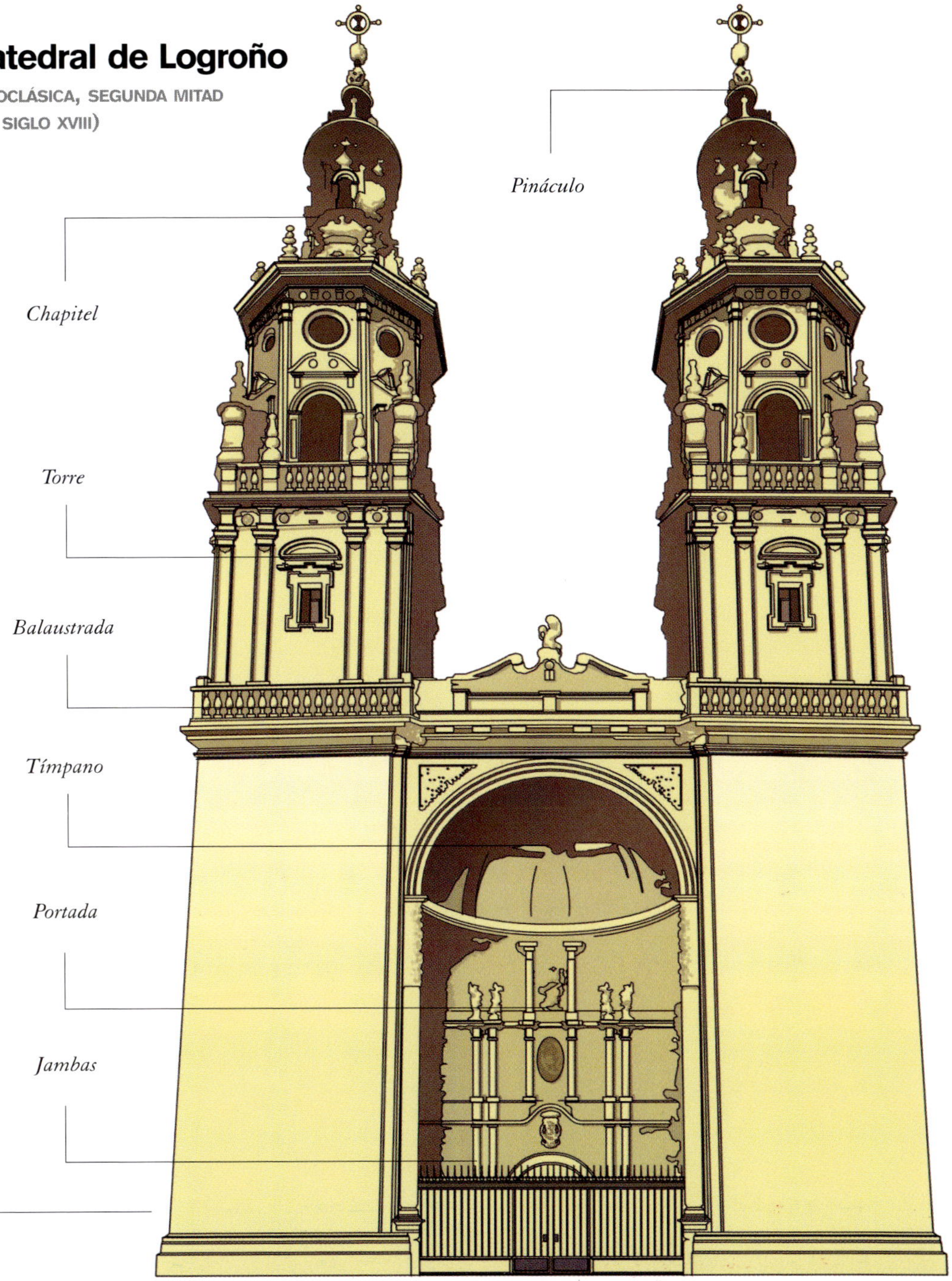

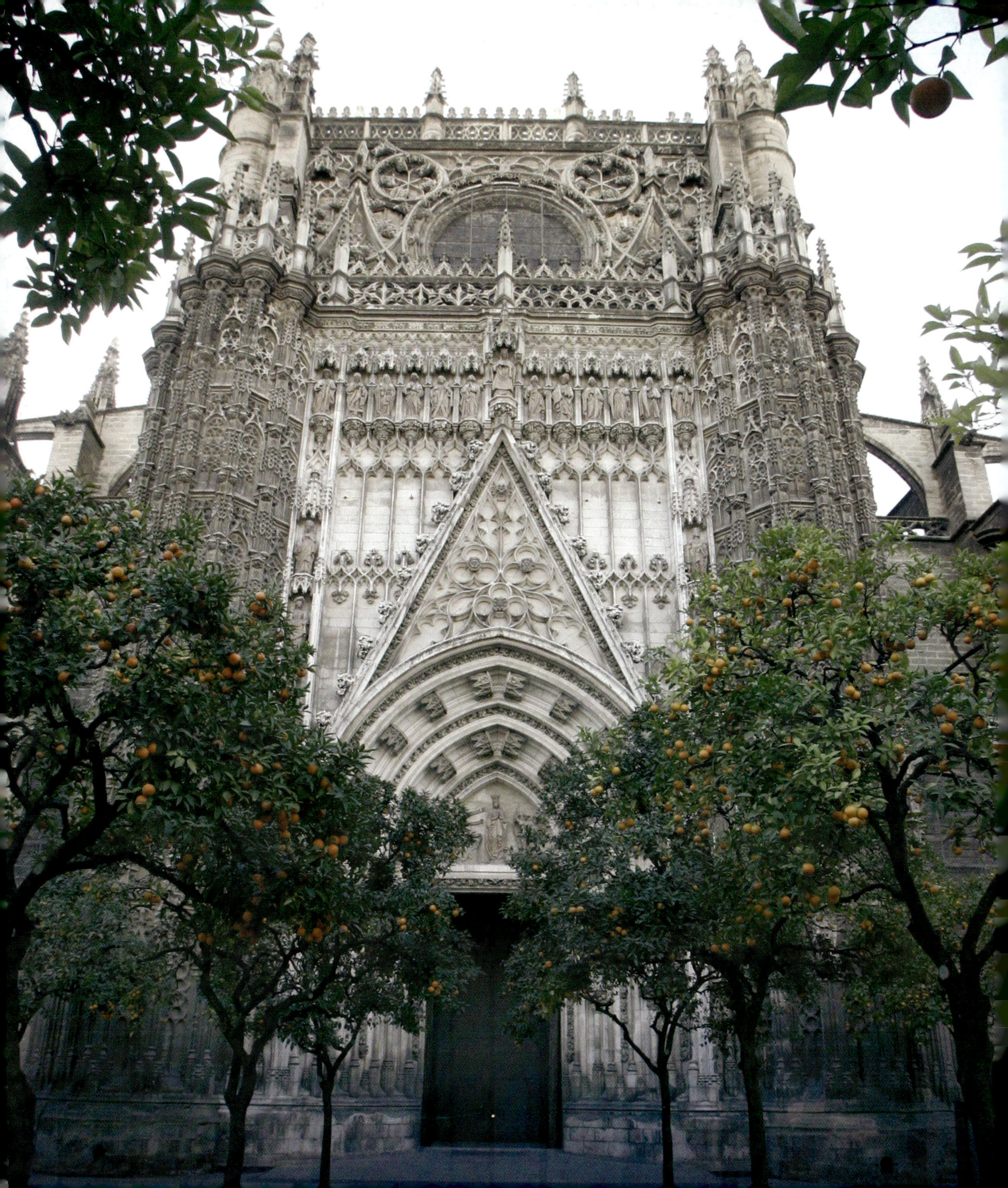

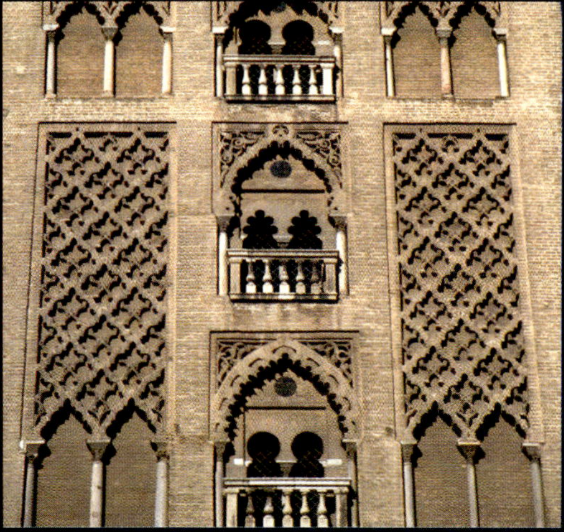

CATEDRAL DE SEVILLA

ADEMÁS DE POR SU ARQUITECTURA IMPACTANTE, DESTACA POR SER LA MAYOR DE ESPAÑA, CON UNA SUPERFICIE DE UNOS 22.000 METROS CUADRADOS. FUE DECLARADA MONUMENTO NACIONAL EN 1928, Y PATRIMONIO DE LA HUMANIDAD EN 1987.

Desde 1248, cuando se conquistó Sevilla, se utilizaba para los oficios religiosos la antigua mezquita almohade del siglo IX, erigida por el rey Abderramán II. Con anterioridad a la mezquita se hallaba la basílica de San Vicente, de época bizantina. Posteriormente, se decidió construir un nuevo templo.

Su construcción se inició sobre el solar que resultó de la demolición de la mezquita, en 1401. Las obras se encomendaron a Alonso Martínez. En 1528 se introdujo una serie de elementos y algunos recintos que todavía no estaban terminados en fechas anteriores, proyectos en los que se incluía el alzamiento adicional de la torre por Hernán Ruiz, en estilo renacentista. Las sucesivas reformas acabarían abarcando estilos desde el plateresco hasta el manierismo. En 1593, la catedral quedó terminada.

En el periodo barroco, neoclásico e, incluso, neogótico se continuó construyendo y añadiendo elementos nuevos, nuevas dependencias, mobiliario interior y paramentos inconclusos.

En el exterior de la catedral destacan las portadas. La más antigua es la del Perdón, que está situada más al norte y fue el acceso a la anterior mezquita. En ella todavía se pueden leer en letras cúficas las frases «El poder pertenece a Alá» y «La eternidad es de Alá». El campanario, la famosa Giralda, tiene identidad propia. Desde lo alto se disfruta de una vista completa de Sevilla.

Catedral de Sevilla

SUS DIMENSIONES SON DESCOMUNALES, YA QUE DESDE EL PRIMER MOMENTO SE PRETENDIÓ QUE FUERA UN EDIFICIO MONUMENTAL; 116 METROS DE LARGO POR 76 DE ANCHO, SUPERANDO LOS 40 DE ALTURA GRACIAS AL CIMBORRIO.

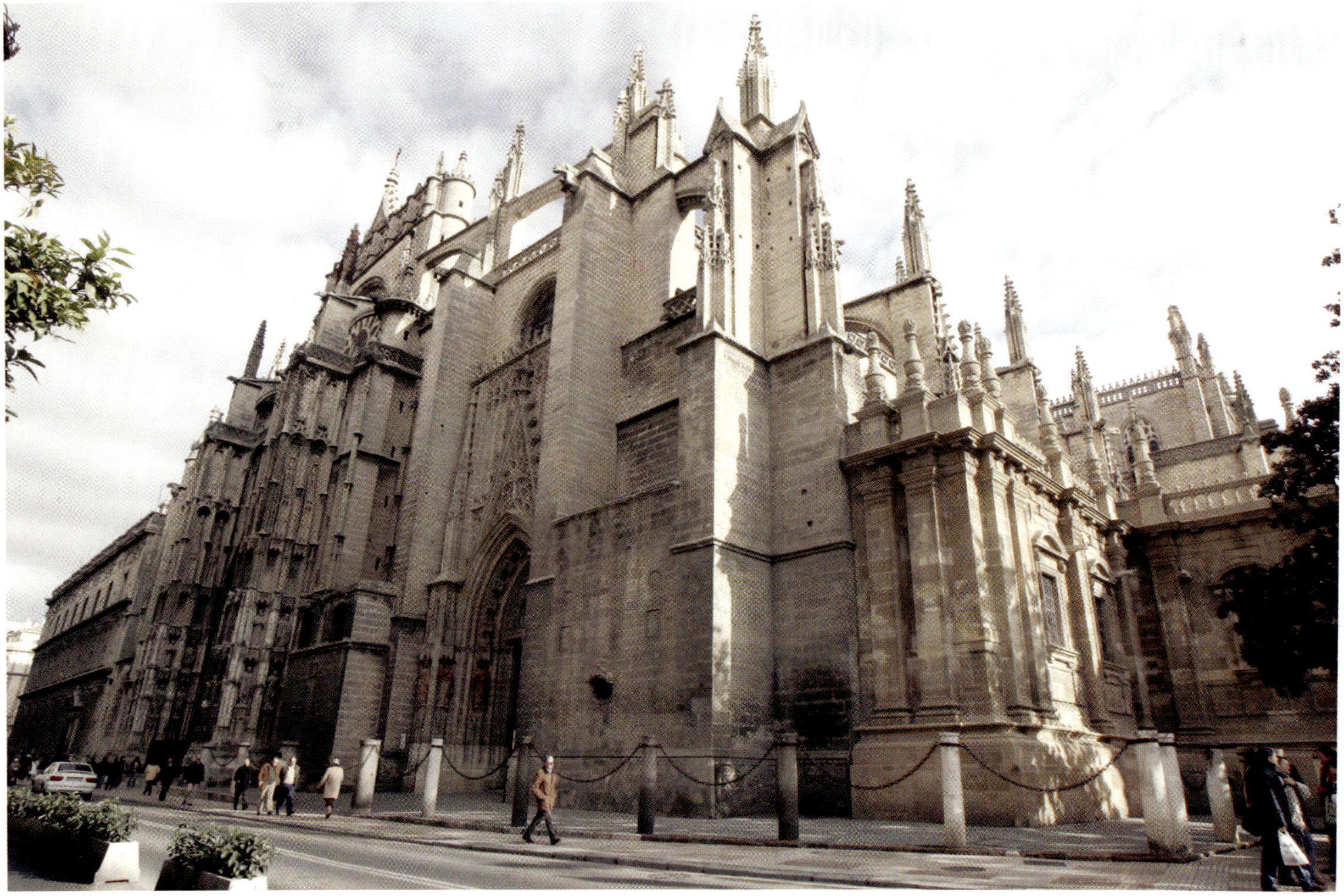

LOCALIZACIÓN
Avenida de la Constitución, s/n
Sevilla
SIGLOS XIV-XVIII

La Giralda está formada por dos paralelepípedos dispuestos de manera superpuesta y coronados con una cúpula y un espigón metálico. Actualmente forma parte de la catedral de Sevilla, bajo la advocación a Santa María de la Sede.

La Giralda es un conjunto estructural con varios cuerpos diferenciados, aunque unidos entre sí, de cubiertas, pináculos y arbotantes que dotan de grandiosidad arquitectónica del monumento. Llegó a ser la torre con más altura del planeta, con sus 97,5 metros, y sigue siendo la más alta de la ciudad de Sevilla.

La parte correspondiente al periodo árabe es la más antigua y se levantó en el año 1184 por orden de Abu Yagub Yusuf. Para edificarla se tomaron piezas y sillerías de los restos de algunos edificios romanos. En su interior no hay escalones, sino 35 rampas anchas que conducen hasta el extremo superior para permitir al sultán ascender a caballo.

En 1365 un terremoto destruyó parte de la torre, así como la esfera original que la remataba. La remodelación se hizo entre 1558 y 1568, bajo la dirección de Hernán Ruiz. Se le añadieron el cuerpo

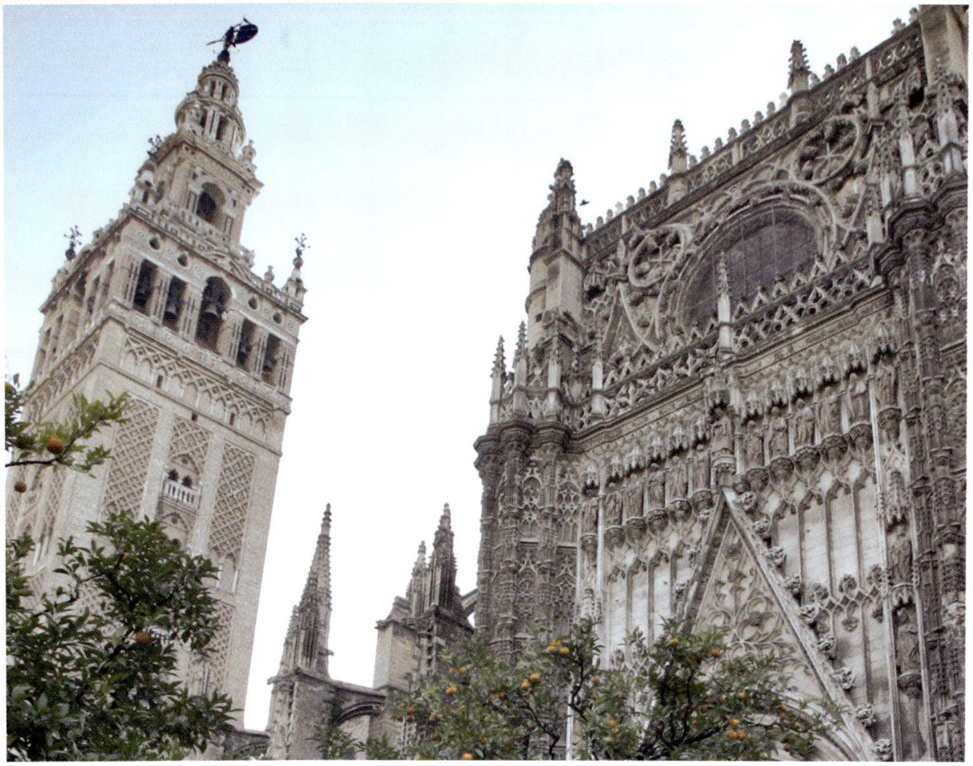

El elemento más destacado *por y representativo de la ciudad de Sevilla es la Giralda. Su origen está en la antigua mezquita, donde realizaba la función de minarete.*

La planta

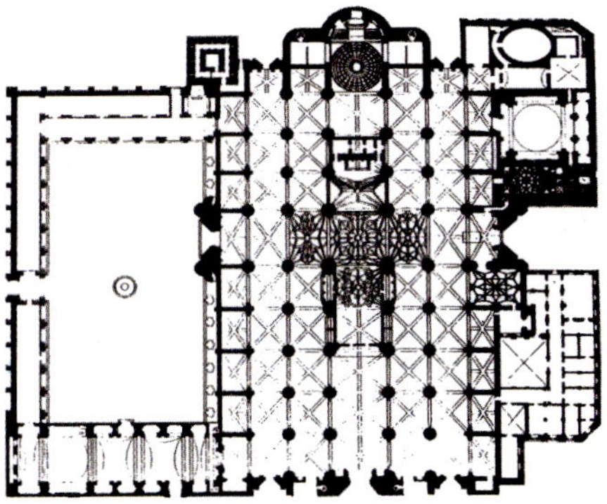

Consta de 5 naves *longitudinales y capillas laterales entre los contrafuertes. El crucero no sobresale en planta, y tras el altar mayor se desarrolla el deambulatorio, de planta cuadrada con capillas. A lo largo de la nave central se distribuye un balcón corrido en lugar de triforio. El cimborrio cierra la fase de construcción de la catedral en 1507, pero tras su derrumbamiento, se levantó uno nuevo en 1511.*

de campanas y una estatua que simboliza la fe.

En el interior de la catedral hay importantes enterramientos, como los de los reyes Fernando III, Alfonso X, Beatriz de Suabia y Pedro I, y otros personajes históricos, como el cardenal Cervantes, Cristóbal Colón y su hijo Hernando.

Del rectángulo que forma su planta destaca la Capilla Real de Carlos V, un departamento externo, independiente del ábside. Martín de Gainza fue su arquitecto en 1541, si bien Jerónimo Roldán resultó ser quien finalizó la obra, en 1770.

Otras de las capillas más relevantes son la Mayor y la de la Virgen de la Antigua. La primera fue construida en 1504 de la mano de Alonso Rodríguez, aunque Francisco de Salamanca culminó la obra veinticinco años más tarde. Alonso Rodríguez, arquitecto también de la segunda, la ubicó en un espacio que había sido ocupado por un antiguo mihrab. Su riqueza artística es abundante, destacando el retablo mayor, de 18 metros de altura, donde están representadas escenas del Antiguo Testamento y del Nuevo. Contiene más de mil esculturas repartidas por su superficie.

El féretro de Cristóbal Colón se encuentra en una dependencia. Lo sostienen cuatro heraldos, que representan los reinos de Castilla, León, Aragón y Navarra.

SU INTERIOR

En las obras del interior, ininterrumpidas desde el siglo XIV, trabajaron artistas como Pedro de Campaña, Pablo Céspedes, Juan de Roelas, Francisco de Herrera el Viejo, Francisco de Zurbarán, Bartolomé Esteban Murillo, Francisco de Goya y Alfonso Grosso, entre otros.

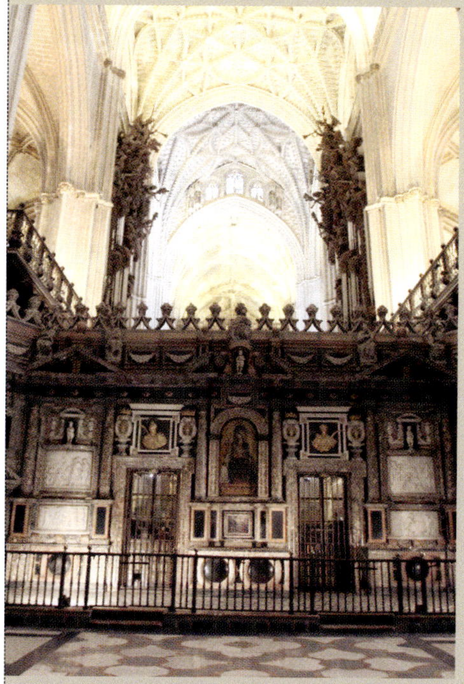

La imagen de Nuestra Señora de los Reyes, *tallada en el siglo XIII, es obra de estilo gótico ubicada en la Capilla Real, para convertirse en la patrona de la archidiócesis y también de Sevilla.*

Catedral de Almería

CON ASPECTO DE FORTALEZA, SE ALZA EN PLENO CENTRO DE LA PARTE HISTÓRICA DE LA CIUDAD. PRESENTA ESA DUALIDAD DE RECINTO DEFENSIVO EN SU ASPECTO EXTERIOR Y TEMPLO RELIGIOSO DE GRAN BELLEZA EN SU INTERIOR.

LOCALIZACIÓN

Plaza de la Catedral, s/n

Almería

SIGLO XVI

La catedral de Nuestra Señora de la Encarnación se comenzó a construir en el año 1524, dos años después de que un terremoto destruyera la primitiva catedral. Previamente, había sido la mezquita mayor durante la ocupación por los árabes. Esta mezquita no fue destruida después de la reconquista de la ciudad por los Reyes Católicos, sino que, simplemente, fue «purificada». El terremoto destruyó también parte de la antigua ciudad musulmana.

Fray Diego Fernández de Villalán, compañero del cardenal Jiménez de Cisneros, fue el obispo que fomentó la construcción de la nueva catedral.

El aspecto actual de templo-fortaleza se debe a los peligros que acechaban a los cristianos que vivieron durante este periodo del siglo XVI, durante la sublevación de los moriscos y los ataques de los piratas berberiscos del norte de África.

El estilo tardo-gótico es el que figura en su estructura durante las primeras fases de construcción, hasta el momento en el que se hizo cargo de las obras el maestro Juan de Orea, desde el año 1540 hasta el 1573, cuando comienza a introducirse un estilo más renacentista. Se piensa que los pla-

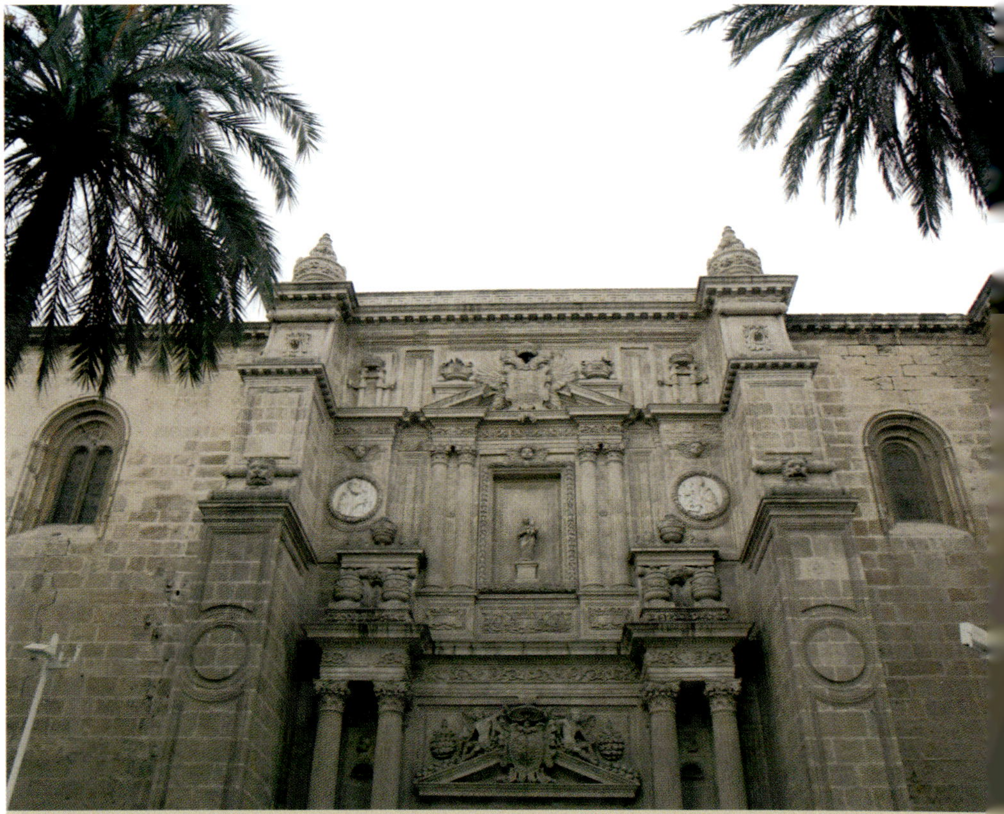

FACHADAS

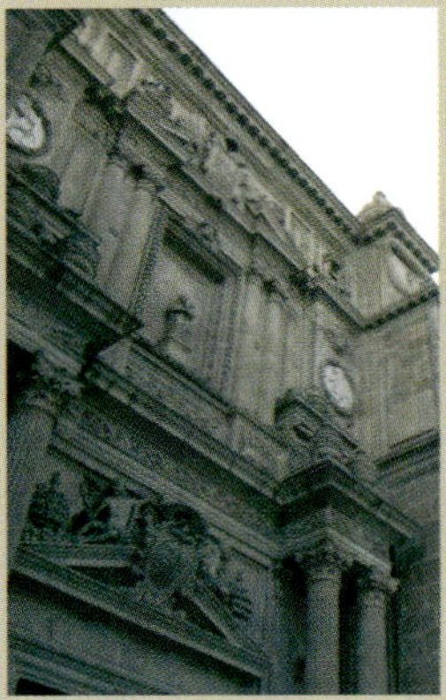

La fachada oeste está flanqueada por una gran torre cuadrada, concluida en el siglo XVII. Está adornada con pilastras, nichos y esculturas de estilo renacentista. Aquí se encuentra la puerta de los Perdones, de decoración austera. La fachada norte es algo más elegante y presenta el escudo del fundador del templo, el obispo Fernández de Villalán. Está situada entre columnas corintias y pilastras que sostienen otro frontón decorado con las armas representativas del rey Carlos V. Toda la portada está decorada delicadamente con frisos, guirnaldas y medallones.

nos fueron realizados por Diego de Siloé, quien se hizo cargo de la construcción de la catedral de Granada.

El proceso de construcción se dilata y se extiende desde el siglo XVII hasta el siglo XVIII, haciendo posible la introducción de los estilos arquitectónicos barroco y neoclásico, respectivamente. Su función defensiva es la responsable de que el carácter de fortaleza predomine sobre los valores estéticos del conjunto. De este modo, encontramos muros de gran tamaño, con bastiones, atalayas y torreones repartidos, además de grandes contrafuertes. Almenas muy sólidas rodean el perímetro.

EL CLAUSTRO, DE ESTILO CLASICISTA Y FORTIFICADO, SE TERMINÓ EN EL AÑO 1795.

El exterior del templo presenta una altura no muy elevada, con decoración escasa y austera. Pocas ventanas decoran la fachada, y las que hay son de tamaño muy reducido.

En el ábside se reflejan las tres capillas que se sitúan en la girola y que en el exterior se materializan en forma de tres torres.

Este aspecto severo de la catedral se dulcificó cuando, entre los años 1550 y 1573, Juan de Orea se encargó de la decoración de estilo machuca de las fachadas norte y oeste.

Las tres naves longitudinales tienen la misma altura. Dieciséis grupos de columnas con pedestales octogonales sujetan las fuerzas que descargan las bóvedas de crucería con arcos ojivales estrellados.

En las capillas laterales, las bóvedas son de cañón o de fondo de horno. La capilla mayor es importante por la profusa decoración en dorados que se dio a las nervaduras de su bóveda durante el siglo XVIII.

Los capiteles de las naves están decorados con ornamentaciones florales distribuidas en anillos, en un estilo cercano al gótico florido. Sin embargo, las columnas que sujetan la cubierta del centro del crucero son más sencillas, con capiteles de orden corintio.

En el año 1795 se termina el claustro. Es de estilo clasicista y también se encuentra fortificado y flanqueado por torreones en los ángulos. En él desembocan la sacristía y la sala capitular.

El coro, de estilo renacentista, es obra de Juan de Orea.

La planta

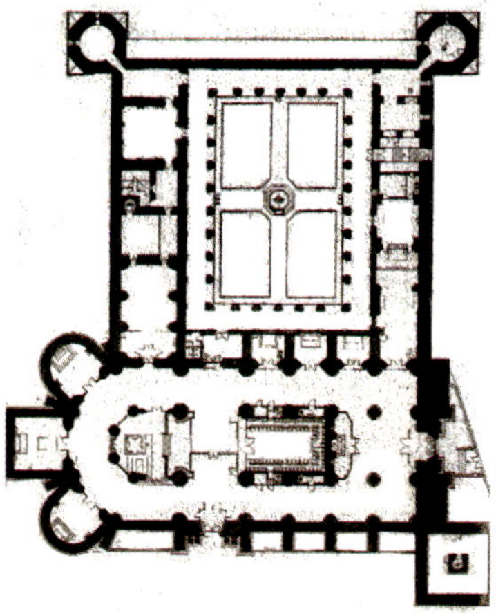

Es un edificio *de tres naves, con cinco tramos que desembocan en un coro, con una girola en la parte posterior a la que están adosadas tres capillas. La del centro presenta planta rectangular y alzado ochavado, mientras que las otras dos tienen una planta semicircular. La capilla central cuenta con una bóveda estrellada que reposa sobre trompas. Las tres naves longitudinales tienen la misma altura.*

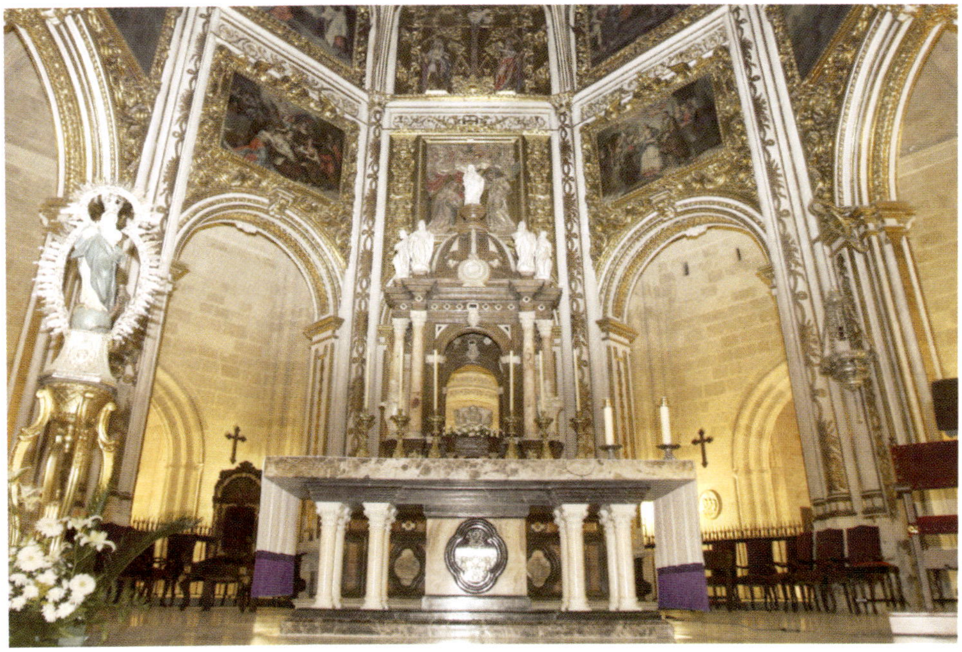

El escultor Montaño *es el autor de los dos púlpitos barrocos que se encuentran a ambos lados de la capilla mayor.*

CATEDRAL DE BAEZA

RECIBE EL NOMBRE Y LA ADVOCACIÓN DE LA NATIVIDAD DE NUESTRA SEÑORA. ANDRÉS DE VANDELVIRA, VILLALPANDO Y ALONSO BARBA PARTICIPARON EN SU CONSTRUCCIÓN, QUE TUVO LUGAR SOBRE LA ANTIGUA MEZQUITA ALJAMA.

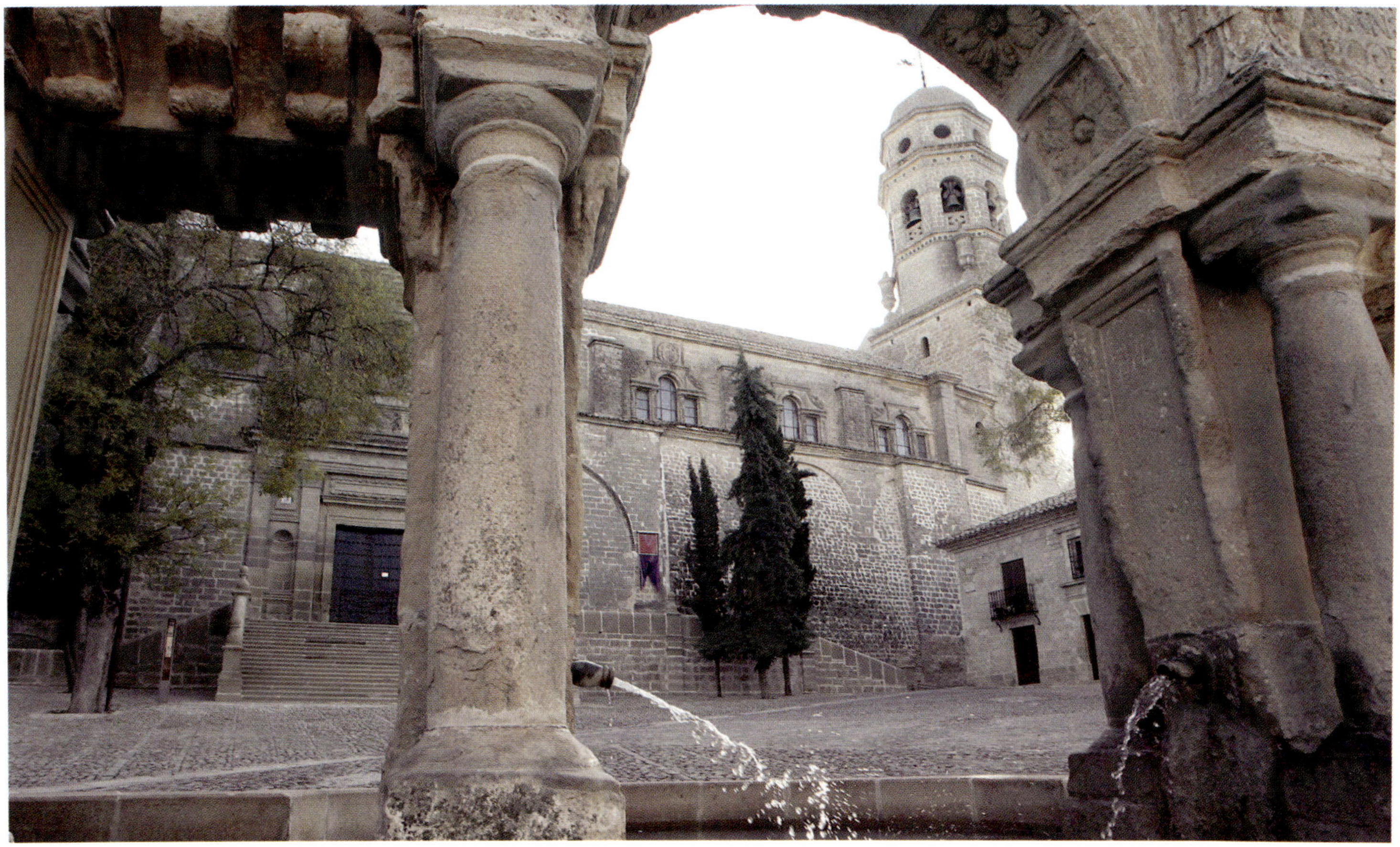

LOCALIZACIÓN

Plaza de Santa María, s/n

Baeza (Jaén)

SIGLOS XV-XVIII

El conjunto del edificio es, en general, bastante sobrio en su exterior, sin demasiados elementos homogéneos.

La fachada principal fue construida en el año 1587 por Juan Bautista Villalpando. Está orientada hacia el norte. Hasta la puerta principal se llega a través de una lonja de triple acceso.

En la parte superior, con pináculos y dos pilastras, se encuentra un relieve que representa la Natividad de la Virgen, obra del artista Jerónimo del Prado. La parte izquierda de la puerta de la fachada tiene ventanas renacentistas y contrafuertes rematados con elementos de tradición gótica flamígera, pertenecientes a las postrimerías de este estilo. De la antigua puerta gótica que quedaba a un lado se conserva un arco con puntas de diamante bajo una hornacina de estilo renacentista, donde se aloja una escultura de la Virgen.

El muro situado al sur, de traza más irregular, contiene una portada de estilo gótico realizada a finales del siglo XV, compuesta de doble arco. Se trata de la puerta

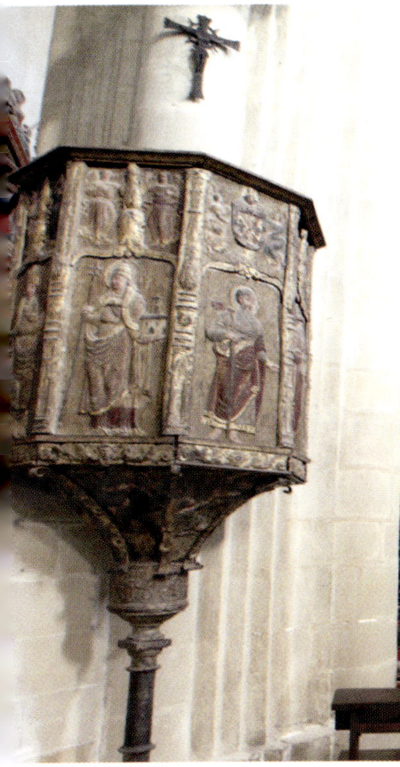

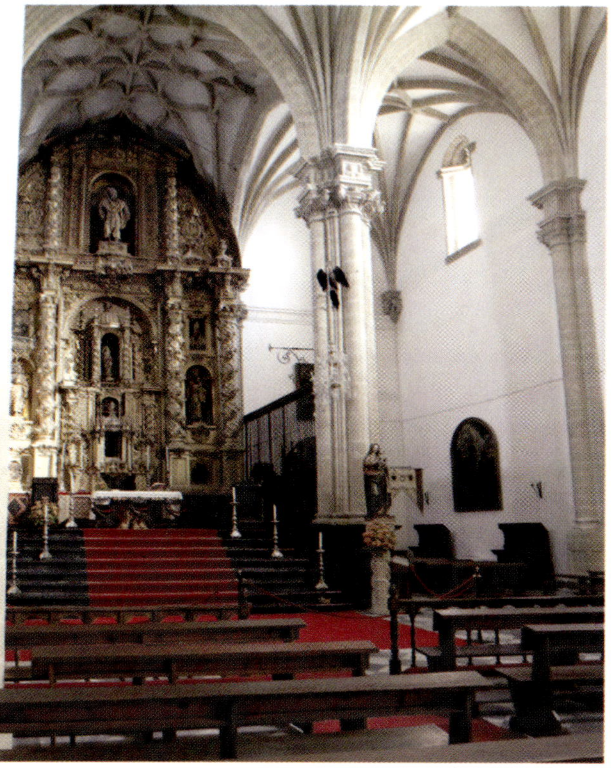

El púlpito *es de chapa repujada y policromada, y consta de un cuerpo hexagonal decorado con figuras de San Pablo, San Andrés, cuatro obispos fundadores de la catedral, unos ángeles y un escudo del canónigo donante.*

La planta

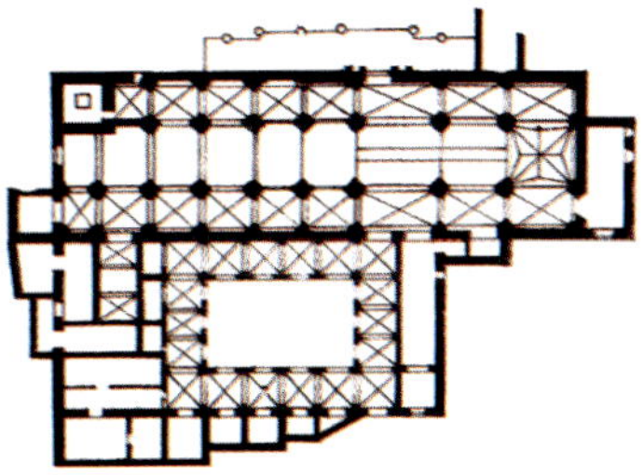

La capilla Dorada. *Su interior es de estilo renacentista, con decoración muy detallista y abundante, incluyendo una escena de la Adoración de los Pastores y los Reyes. Está cubierta con dos bóvedas diferentes, una de medio cañón con casetones y la otra con forma de cúpula. La sacristía, del siglo XVII, se encuentra en el espacio que ocupaban cuatro capillas, de las cuales tres desembocaban en el claustro.*

del Perdón, a través de la cual se accede al claustro.

En la fachada oeste se encuentran los elementos más primitivos, como la puerta de la Luna, obra mudéjar del siglo XIII.

El interior se compone de una planta de salón con tres naves longitudinales.

De entre las capillas es destacable la dedicada a San José, obra de mediados del siglo XVI. Esta capilla contiene un retablo en el que se representa al santo en una de las pinturas y una escena de la Anunciación mediante un relieve con policromía.

La capilla mayor contiene un enorme retablo de estilo barroco, compuesto por dos cuerpos. La capilla de San Miguel pertenece al año 1560; la de Pedro Díaz de Quesada fue inaugurada en 1412 y sufrió una reforma integral en el año 1773.

La capilla de los Dolores está construida con molduras de estilo renacentista y arco apuntado, en ella se sitúa también otro retablo, éste contiene una imagen poco esbelta que representa a la Virgen Dolorosa.

A finales del siglo XIV, se realizó la denominada capilla de los Viedmas, popularmente conocida como capilla de las Ánimas. La pila bautismal que aloja en su interior y su portada son los elementos más reseñables de esta obra. En la catedral se guardan los restos de San Pedro Pascual.

ZONA NOROESTE

En la zona del noroeste se alza la torre sobre una planta cuadrada. Este elemento es un resto de la antigua construcción árabe. En 1395 se añadió sobre esta base otra torre, en la que se grabó un relieve con los escudos de Castilla y León, Baeza y los elementos representativos del obispo Rodrigo Fernández de Narváez.

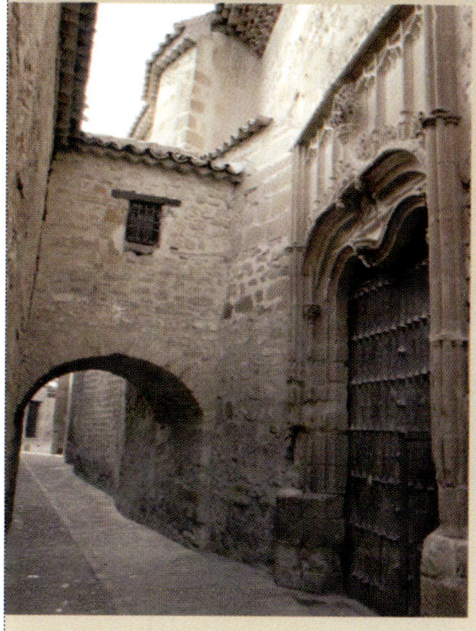

Los encargados de esta fase *fueron Ferrán López y Juan Sánchez. En el siglo XVI se renovó el segundo cuerpo, que volvió a destruirse en el siglo XIX, lo que propició una nueva intervención con proyecto de Francisco Prieto Moreno.*

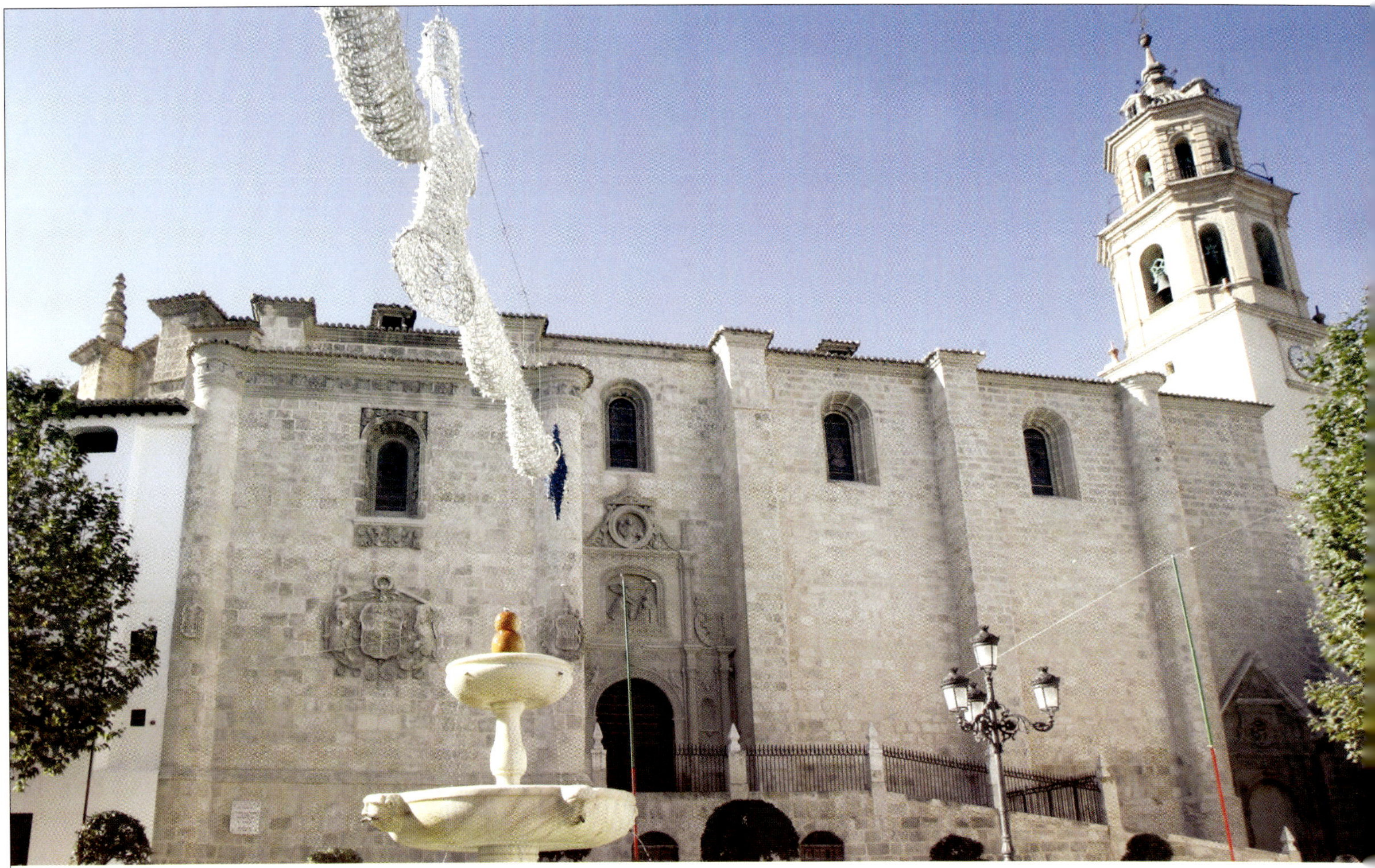

CONCATEDRAL DE BAZA

LA IGLESIA DE LA ENCARNACIÓN RECIBE TAMBIÉN LOS PRIVILEGIOS DE IGLESIA MAYOR Y CONCATEDRAL. AL IGUAL QUE MUCHOS OTROS TEMPLOS, LA DE BAZA FUE CONSTRUIDA SOBRE UNA ANTIGUA MEZQUITA ÁRABE.

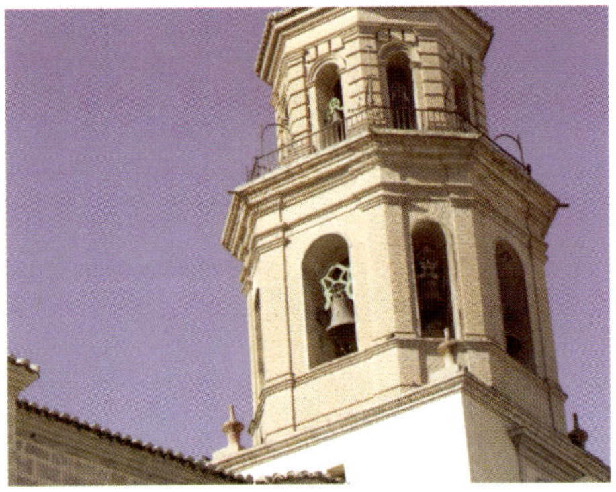

La caída de Granada en 1492 supuso el fin de la presencia árabe en la Península, y fue la época en que la antigua mezquita aljama fue sacralizada como templo cristiano y se abrió al culto, manteniendo la estructura del primitivo templo.

Es posible que antes de la mezquita hubiera en su lugar una primitiva iglesia construida en tiempos del rey visigodo Recaredo, sin que actualmente subsista resto alguno de ésta.

La actual catedral se edificó sobre la mezquita. Las obras, sobre un proyecto de estilo gótico, comenzaron en 1529, pero un terrible terremoto asoló la ciudad en 1531, derribando la mayor parte del templo. Únicamente quedaron en

FACHADAS

Destacan las portadas de la fachada principal, especialmente la portada central. Se atribuye la autoría de esta obra a Diego de Siloé. Esta fachada está labrada en estilo renacentista y se dedica a Nuestra Señora Santa María de la Encarnación.

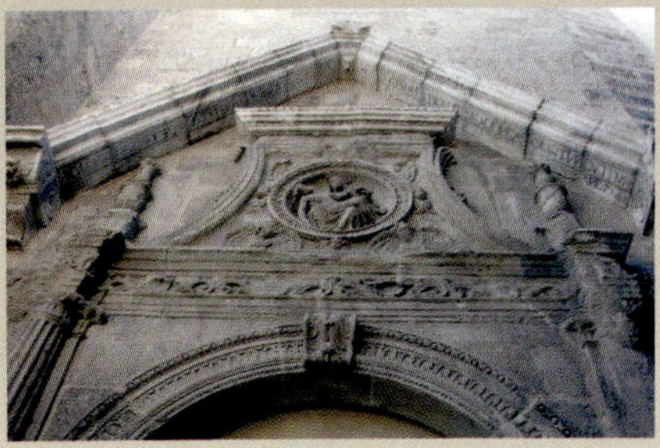

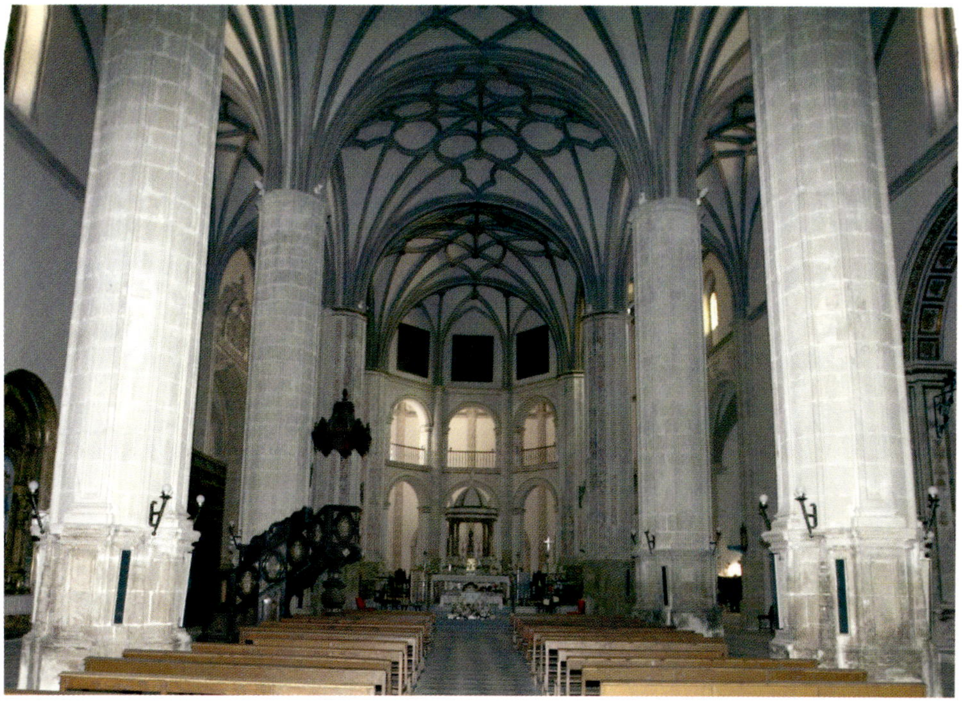

LA NAVE CENTRAL *está coronada por arcos de medio punto y bóveda de crucería.*

pie la cabecera y las capillas del ábside, de modo que ese mismo año se iniciaron las obras, esta vez en estilo renacentista según proyecto de Alonso de Covarrubias con el maestro Rodrigo de Gibaja. Las obras finalizaron en el año 1549.

Se erigió como iglesia colegial con el nombre de la Anunciación de Santa María y Encarnación del Hijo de Dios, y fue consagrada por el cardenal Pedro González de Mendoza.

EL TEMPLO SE UTILIZÓ COMO MEZQUITA MIENTRAS PERDURÓ EL MANDATO ÁRABE.

La iglesia es de planta basilical de tres naves. Las dos naves laterales son más estrechas que la central. La nave central está coronada por arcos de medio punto, mientras que las naves laterales están formadas por arcos apuntados. Las tres se cubren con bóveda de crucería.

En la cabecera discurre una girola de planta poligonal y está cubierta por una bóveda de crucería.

Destaca la capilla mayor con su templete, así como varias capillas laterales, retablos u un púlpito barroco.

La torre, colocada a los pies del edificio, presenta cinco tramos. El primero tiene forma de trapecio y el segundo es un cuadrado, mientras que los tres últimos cuerpos son octogonales.

Otro terremoto, en el siglo XVIII, se llevó parte de los últimos cuerpos de la torre, que fueron sustituidos en la segunda mitad del siglo XVIII.

La fachada, renacentista, está dedicada a Nuestra Señora de la Encarnación.

Desde 1492 en que el papa Inocencio VIII firmó una bula, se erigió en catedral la iglesia de Guadix y en colegial la iglesia Mayor de Baza, pasando de este modo a constituirse la diócesis de Guadix-Baza.

De las 15 campanas que coronan en la actualidad su torre, sólo cuatro son anteriores a nuestra guerra civil. El resto se han ido añadiendo posteriormente.

LOCALIZACIÓN

Plaza Mayor, 42

Baza (Granada)

SIGLOS XVI-XVIII

Catedral nueva de Cádiz

UNA SERIE DE ACONTECIMIENTOS SOCIALES Y CULTURALES PROPICIARON QUE CÁDIZ PUDIERA TENER UNA NUEVA CATEDRAL, CONCEBIDA DESDE EL PRINCIPIO COMO UNA CONSTRUCCIÓN DE NUEVA PLANTA.

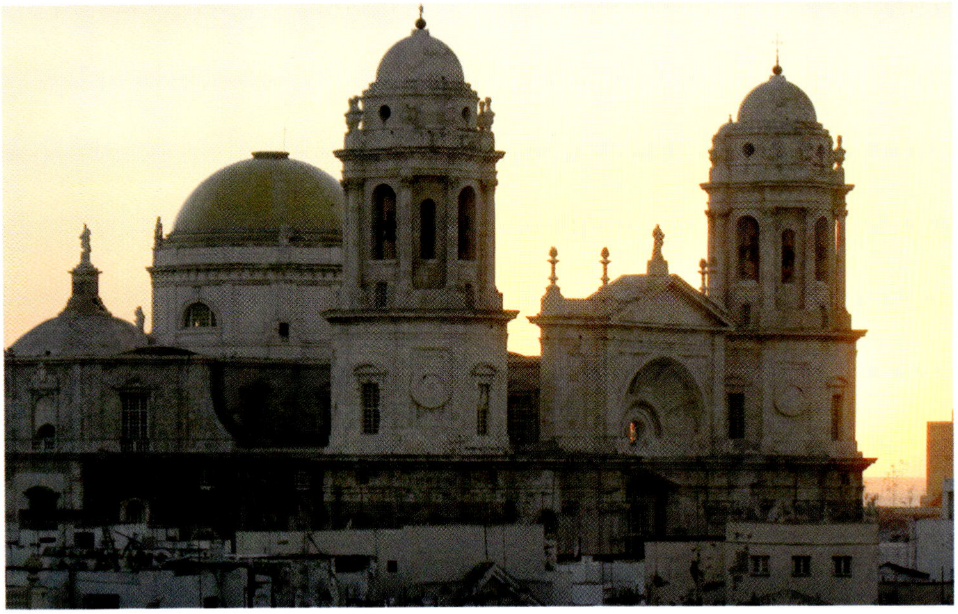

Destacan de la fachada principal *las dos grandes torres, que hacen las funciones de campanario.*

LOCALIZACIÓN
Plaza de la Catedral, s/n
Cádiz
SIGLO XVI

El puerto gaditano bullía de actividad y, en el año 1717, la casa de contratación se desplazó desde Sevilla hasta Cádiz.

Se acometió su construcción junto a la antigua catedral en 1722 bajo las órdenes y los planos de Vicente Acero y Arebo, inspirado en el trabajo de Diego de Siloé sobre la catedral de Granada. Incorporó ideas de Borromini y Guarino Guarini, del barroco italiano, que se había desarrollado durante el siglo anterior. Vicente Acero realizó sólo el trabajo de la cripta, obra de cantería llevada a cabo con gran maestría. Continuaron las obras los arquitectos Gaspar Cayón (1729-1759), Torcuato Cayón (1759-1783), Miguel de Olivares (1783-1787) y Manuel Machuca (1787-1796), hasta que Juan Daura las concluyó en el año 1844, después de un periodo de paralización entre los años 1796 y 1832, realizando la cúpula en un estilo muy lejano al que se había trazado. La construcción es un compendio de estilos: predomina el barroco en la planta y el alzado de los muros, y el neoclasicismo en el exterior.

Fray Domingo de Silos fue el obispo que consagró la catedral gaditana en el mes de junio de 1838.

EL INTERIOR

Un relieve de alabastro se muestra en todo su esplendor; se representa el éxtasis de Santa Catalina y un San Sebastián tallado por Andrés Ansaldo en el siglo XVI.

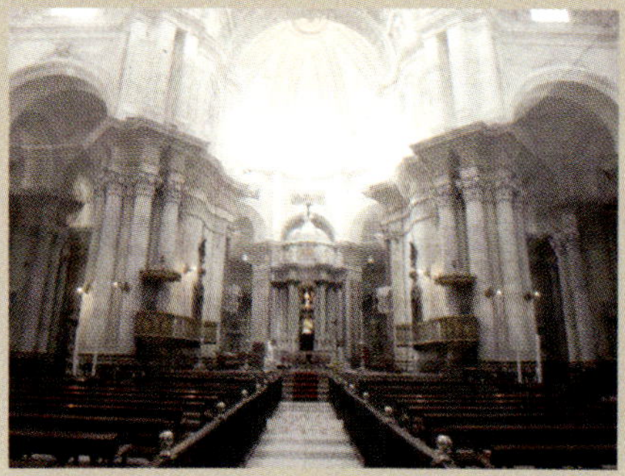

LAS TORRES

Las dos grandes torres de la catedral gaditana, que sirven de campanario, sobresalen en la fachada principal. Su altura tuvo que ser reducida cuando Manuel Machuca se hizo cargo del proyecto de construcción del edificio.

La torre oeste fue concluida por Juan Daura en la tercera década del siglo XIX.

La fachada está concebida a modo de retablo barroco, con juegos de luces y som-

La planta

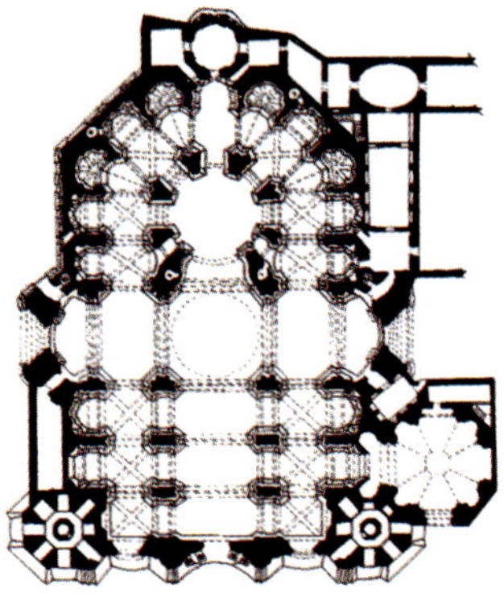

EL TEMPLO *se levanta sobre una planta de cruz latina compuesta de tres naves y transepto central, además del gran deambulatorio que rodea la capilla mayor, formando el ábside y varias capillas laterales. Las naves se encuentran separadas mediante pilares gruesos con columnillas estriadas adheridas de orden corintio y distribuidas de forma oblicua formando un espacio confluyente en formas dinámicas que producen sensación de movimiento.*

EL BARROCO DOMINA ENTRE LA MEZCLA DE DISTINTOS ESTILOS QUE AGLUTINA EL EDIFICIO.

bras producidos por sus muros cóncavos y convexos.

En el interior se sitúa el museo catedralicio, donde se guardan tallas, cuadros y objetos religiosos de gran valor histórico.

Un incendio producido en 1832 en la capilla de San Firmo fue el motivo esgrimido para acometer la finalización de las obras.

El coro es uno de los objetos de más valor que forman parte del mobiliario litúrgico.

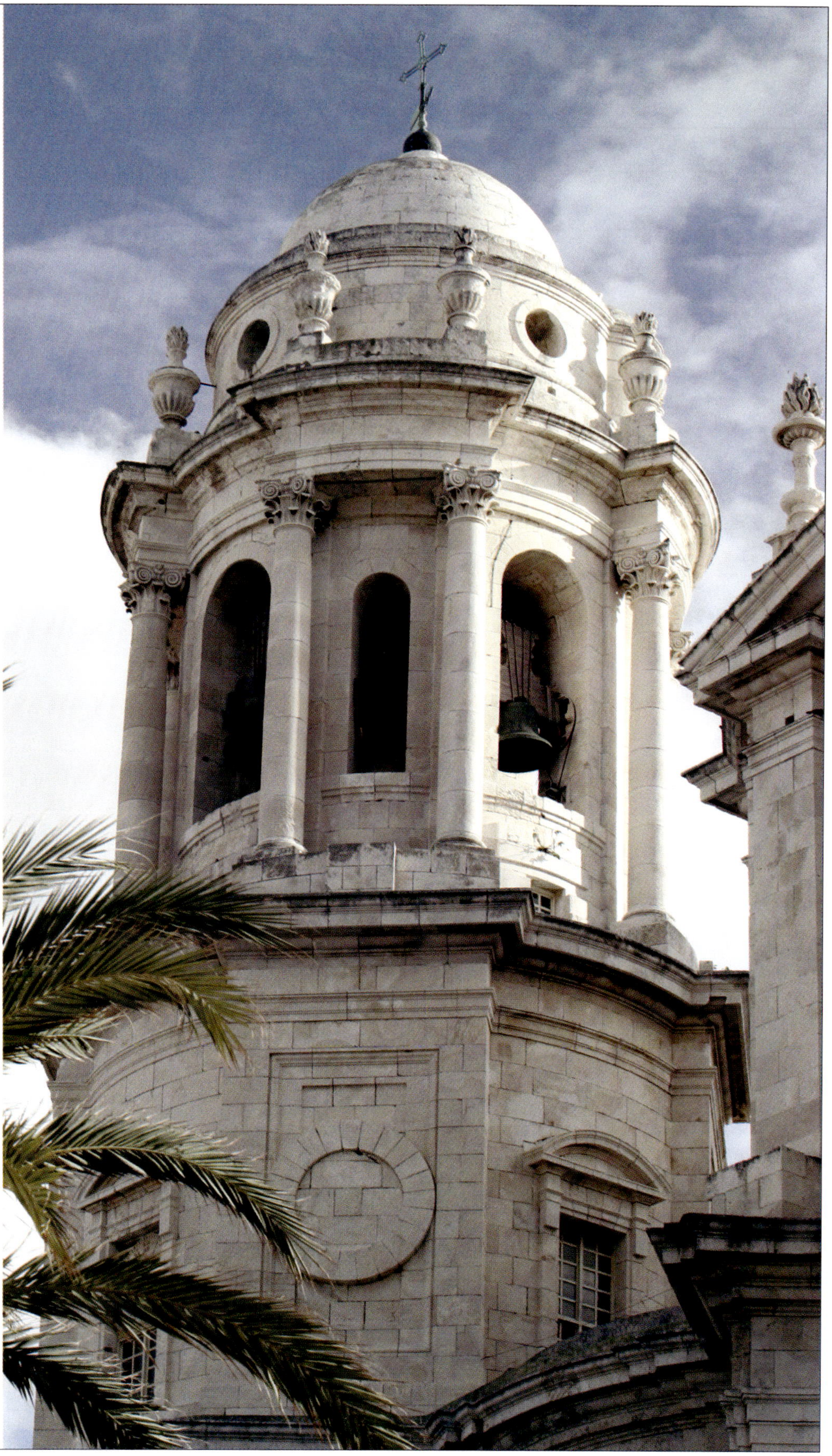

CATEDRAL VIEJA DE CÁDIZ

LA PARROQUIA DE LA SANTA CRUZ DE LAS AGUAS DE CÁDIZ ES TAMBIÉN CONOCIDA COMO CATEDRAL VIEJA. SE TRATA DE UNA ANTIGUA MEZQUITA ÁRABE REUTILIZADA A PARTIR DE LA CONQUISTA DE LA CIUDAD POR EL REY ALFONSO X EL SABIO, EN EL AÑO 1262. ESTE MONARCA QUISO SER ENTERRADO AQUÍ.

La planta

Está levantada sobre un trazado de planta de salón rectangular, con tres naves y un falso transepto. Las tres naves están separadas entre sí por columnas de orden toscano, sobre las que descargan los arcos de medio punto peraltados. El crucero se encuentra cubierto por una cúpula de media naranja, que descansa sobre pechinas. Una planta cuadrangular con la estructura cubierta con una bóveda o cúpula de madera es la base de la distinguida capilla del Sagrario, cuya construcción terminó en el año 1692.

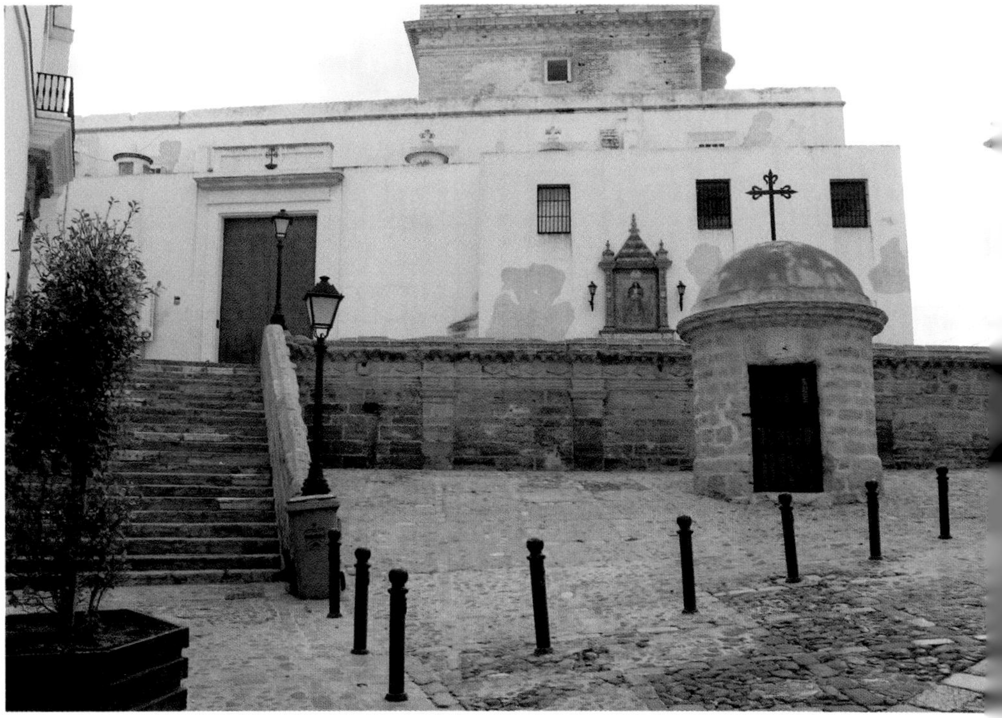

SU ASPECTO ES INTERESANTE *y diferente. A primera vista, debido a sus proporciones reducidas, parece una iglesia parroquial.*

LOCALIZACIÓN
Plaza Fray Félix, s/n
Cádiz
SIGLO XIII

Algún arco de la entrada, además de una bóveda de crucería gótica de la capilla bautismal, es lo que permanece en la actualidad, después de que la iglesia que se construyó bajo las órdenes de Alfonso X el Sabio, terminara en ruinas en distintas ocasiones.

La construcción que se contempla ahora pertenece al arquitecto Cristóbal de Rojas y fue concluida en el año 1602. La catedral vieja de Cádiz fue la única que existió hasta que en 1838 se concluyó la nueva.

El edificio primitivo fue construido en estilo gótico-mudéjar y constaba de tres naves que se hallaban separadas por pilares. Este templo estaba cubierto con una techumbre de madera a dos aguas. Se trataba de un templo de reducidas proporciones para desempeñar sus funciones de catedral.

Una serie de reformas se acometieron durante la segunda mitad del siglo XVI. Éstas produjeron daños en la estructura del edificio, lo que precipitó el avance de graves problemas de conservación, debidos, en parte, a la mala calidad de los materiales que se habían empleado en su construcción y también, en gran medida, a la proximidad de la construcción al mar.

En el año 1596 sufrió un ataque por parte de las tropas anglo-holandesas, que tuvo como consecuencia la propagación

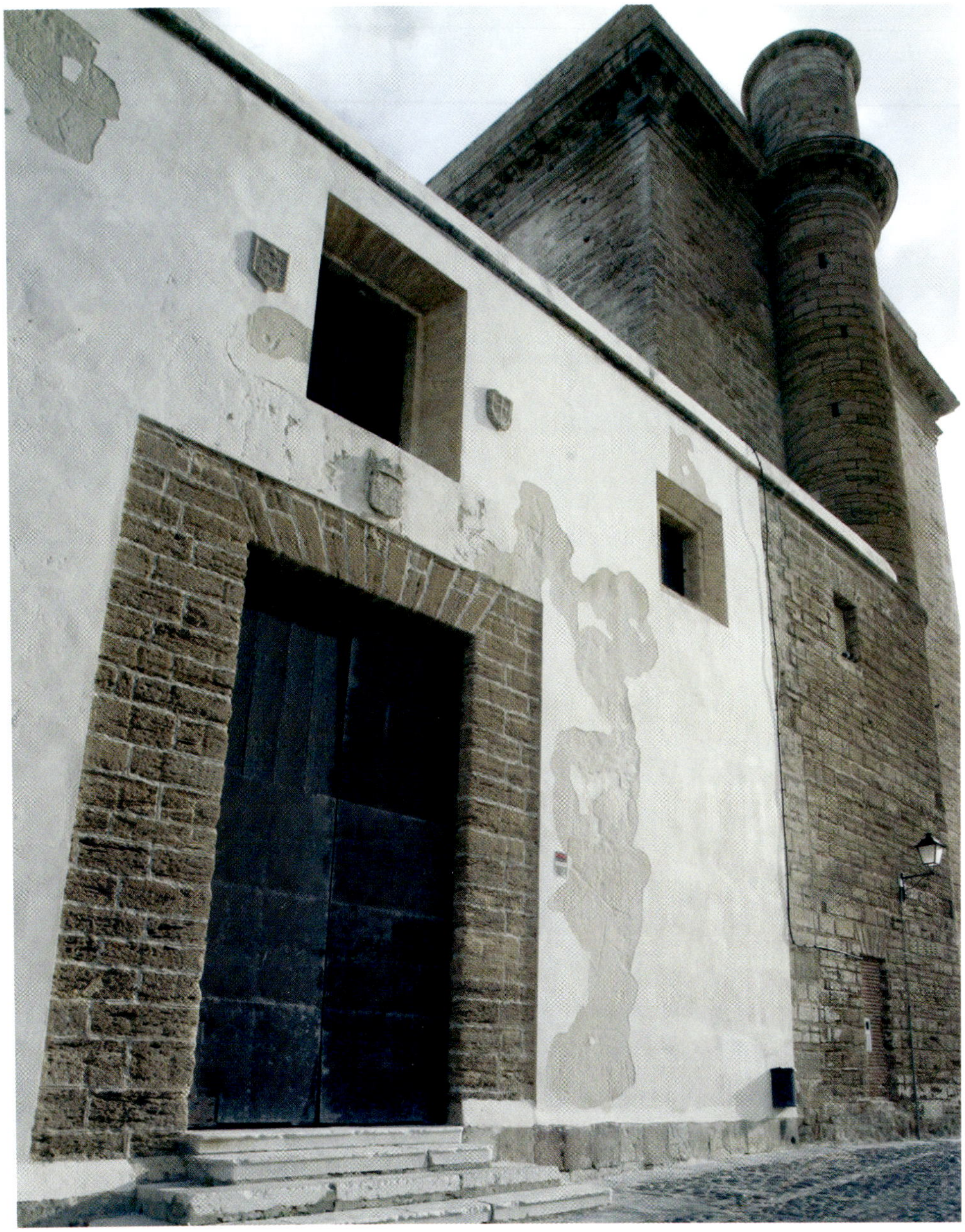

LA ARQUITECTURA DEL EXTERIOR DEL TEMPLO OFRECE UNA VISTA PECULIAR Y MUY ATRACTIVA.

RETABLO MAYOR

En el interior del templo destaca el retablo mayor, elaborado en madera y que luego fue dorado. También el de los Genoveses, realizado en mármol de diferentes colores por Alejandro Saavedra, quien lo ejecutó dentro de los parámetros del estilo barroco.

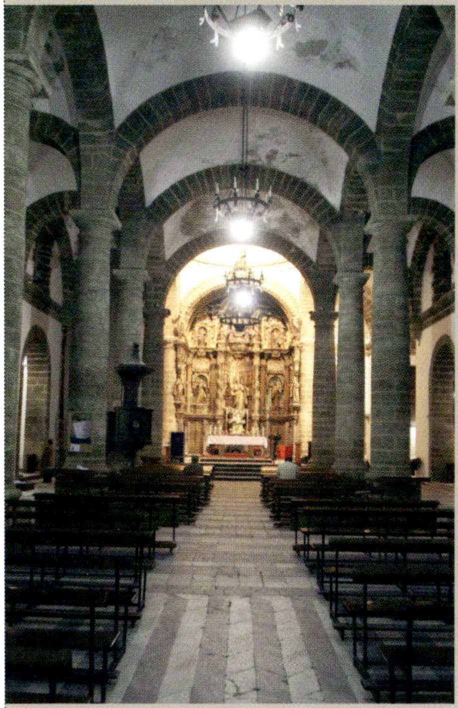

EL RETABLO SE ENCUENTRA PRESIDIDO *por una talla de la Virgen del Rosario; a su lado se observa un relieve policromado que representa la Coronación de la Virgen, del escultor Gaetano Patalano.*

de un incendio. La catedral fue reconstruida por Ginés Martín de Aranda, en estilo manierista.

Quedan de la antigua construcción gótica restos que se suponen los únicos de este estilo que se conservan en toda la ciudad de Cádiz.

La fachada es de estilo renacentista y en la portada se observan las esculturas del Salvador, San Pedro, San Pablo y Santiago, realizadas en mármol de las canteras de Carrara.

La cubierta se encuentra estampada con azulejos sevillanos de diferentes colores. En la zona correspondiente al trasdós de las bóvedas, el conjunto es de aspecto sobrio.

El campanario se encuentra separado del cuerpo de la iglesia y se remata con un chapitel forrado de azulejos de colores.

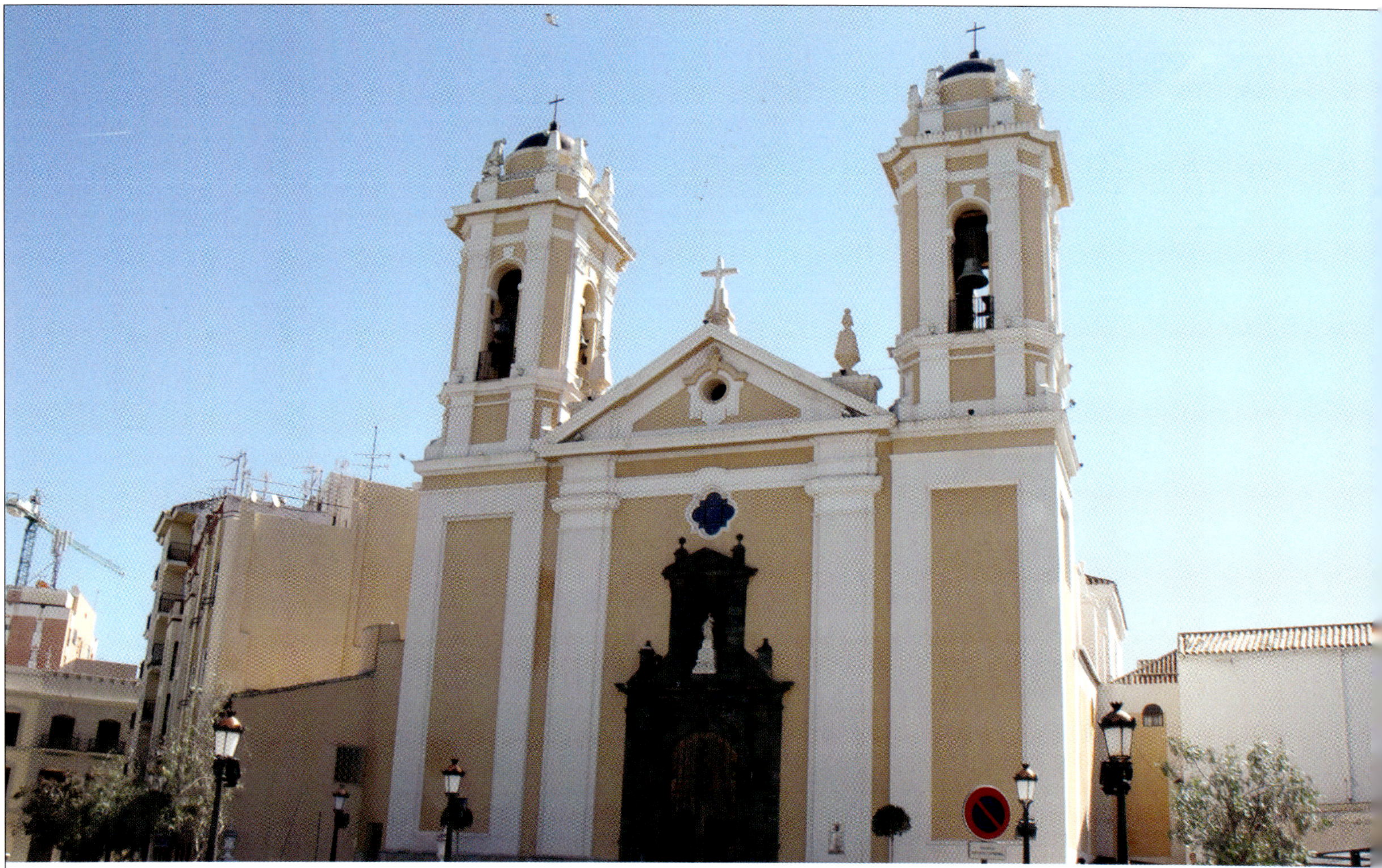

CATEDRAL DE CEUTA

NO TIENE ASPECTO DE GRAN TEMPLO. SE TRATA DE UN EDIFICIO DE PROPORCIONES REDUCIDAS SITUADO EN UNA PLAZA DE ASPECTO COLONIAL, ACORDE CON LA IMAGEN DEL PROPIO TEMPLO.

Las torres

DOS TORRES *que cumplen funciones de campanario flanquean la fachada más importante del templo.*

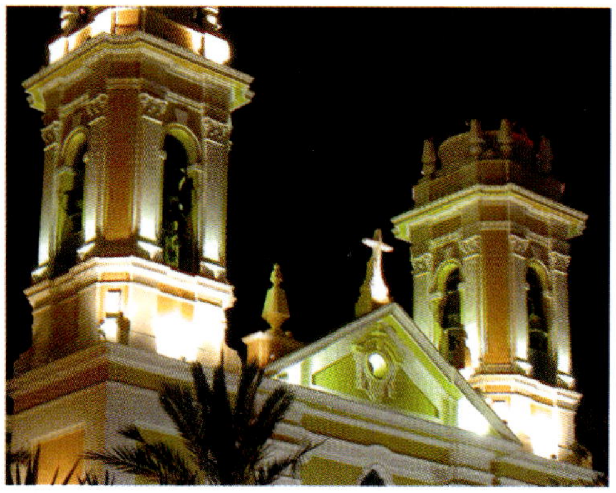

En el centro de la fachada se abre la portada principal que da acceso al templo. Se halla enmarcada por dos pilastras y cubierta con un frontón triangular sobre el que se alza una cruz. En la fachada y sobre la portada se abre un óculo con ondulaciones que le otorgan un aspecto floreado. Está bajo la advocación de Santa María de la Asunción.

LA PORTADA

La portada, de mármol negro, es de un estilo arquitectónico sobrio y elegante. Cuenta con dos columnas de fuste estriado cubiertas por capiteles de orden clásico a ambos lados. Se remata con un elemento decorativo a modo de templete.

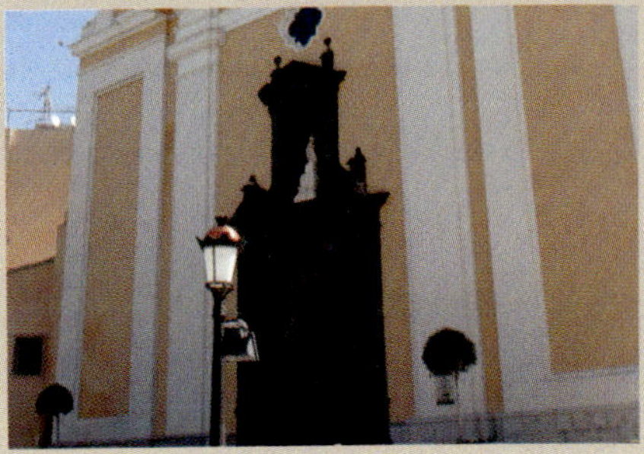

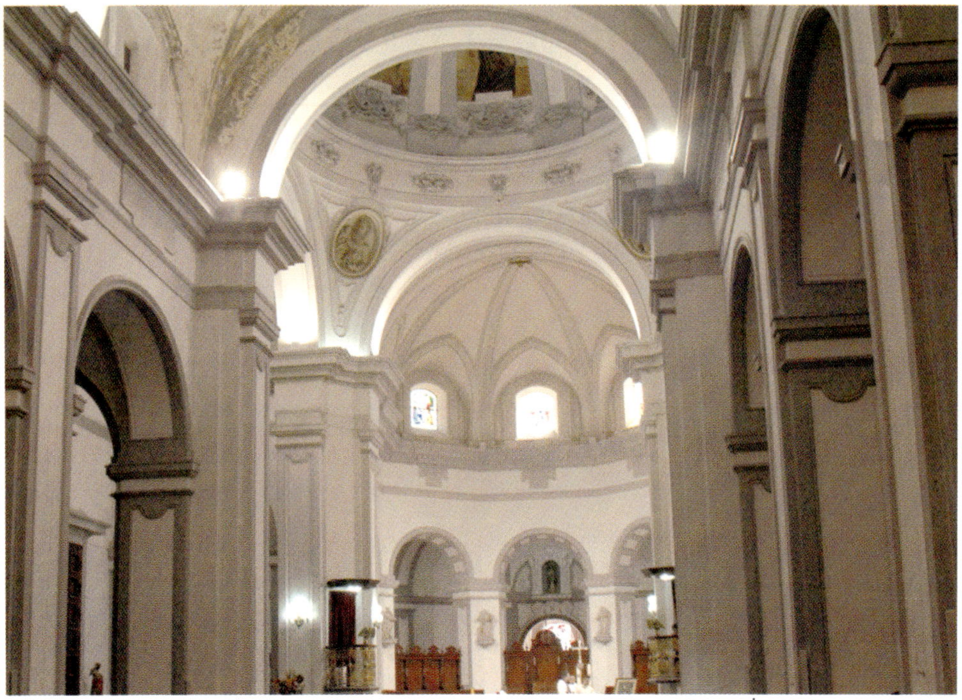

EN LOS AÑOS 1948 Y 1961 *sufre nuevas intervenciones arquitectónicas, que le confieren el aspecto definitivo que presenta al visitante.*

Juan I, rey de Portugal, conquistó la ciudad de Ceuta en 1415 y la convirtió en sede episcopal, levantando, por tanto, el edificio sobre los restos de la mezquita mayor, hacia 1432.

Esta primitiva catedral, que había sido edificada en estilo gótico, permaneció en pie durante muchos años, pero las luchas y los continuos enfrentamientos de los fue testigo este territorio provocaron su deterioro, hasta hacer necesaria su total reconstrucción.

> A PESAR DE LO AUSTERO DE SU INTERIOR HAY QUE DESTACAR UN RETABLO DEL XVIII.

Por otra parte, se trata de un edificio en el que la planta de cruz latina se parte en tres naves. Cuenta con un crucero poco pronunciado y en la cabecera gira el deambulatorio. Sobre la parte central del crucero se alza la cúpula, sostenida por pechinas, en las que aparece la representación de los cuatro evangelistas, con sus imágenes alegóricas.

ARTE INTERIOR

La arquitectura neoclásica es bastante comedida en la decoración.

El interior de la catedral de Ceuta es tan austero en ornamentaciones y estructuras como el exterior.

Entre las capillas destaca la del Sagrario, que alberga en su interior un retablo barroco del siglo XVIII. Se trata de una obra escultórica y pictórica de gran importancia.

En el interior de la catedral se unen tallas escultóricas y cuadros sobre lienzo o tablas pertenecientes al siglo XVIII con las obras más actuales de importantes artistas contemporáneos, como Castillo Lastrucci y Minarro.

RECONSTRUCCIONES

Durante los años 1944 a 1955 la catedral sufre la última de sus remodelaciones. Es José Blein Zaragoza el encargado de dirigir el proyecto, bajo sus órdenes se levanta un nuevo presbiterio con capillas radiales y girola, un sagrario adosado a la nave de la epístola y las dos torres gemelas de la fachada. La torre del lado del evangelio fue transformada, pero la de la parte de la epístola se construyó nueva.

LOCALIZACIÓN

Plaza de África, s/n

Ceuta

SIGLOS XVII-XVIII

Mezquita Catedral de Córdoba

EN ELLA SE HALLAN DOS CONCEPCIONES DE DOS RELIGIONES DISTINTAS. FUE DECLARADA PATRIMONIO DE LA HUMANIDAD EN 1984. EN 1994 LA UNESCO OTORGÓ ESTE MISMO TÍTULO A TODO EL CONJUNTO DEL CASCO HISTÓRICO DE CÓRDOBA.

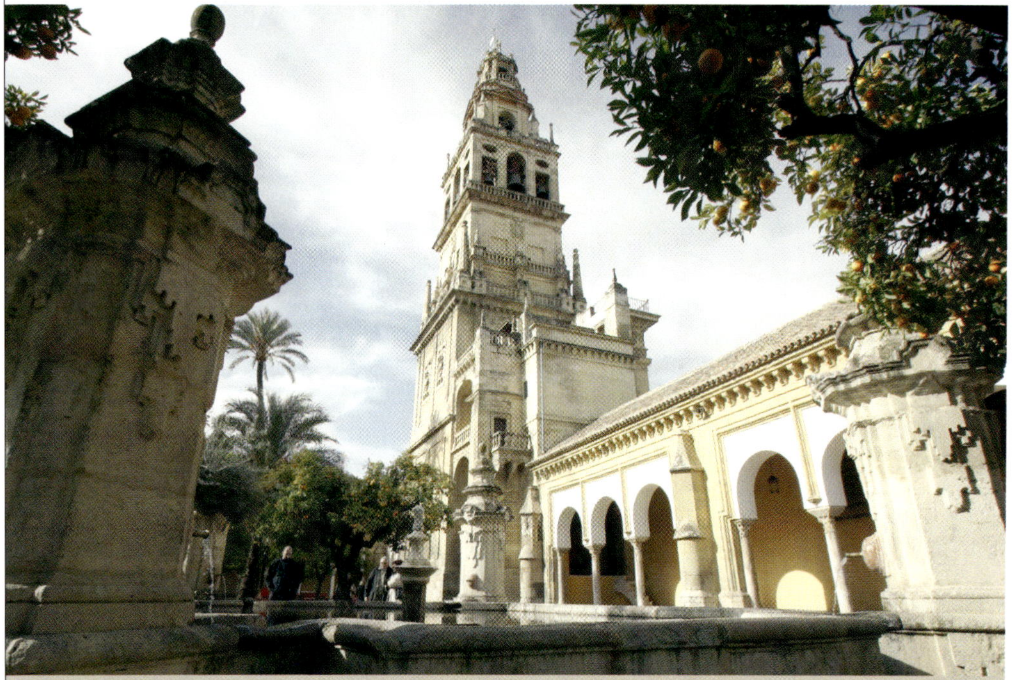

PATIO DE LOS NARANJOS

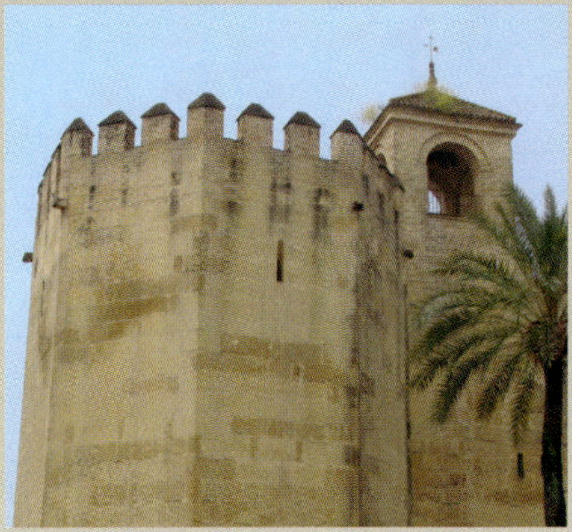

Rodea el perímetro una muralla almenada y rematada por torreones de planta cuadrada en los que se abren varias puertas de acceso al patio, que fue ampliado por Almanzor hacia el este. Este patio de las abluciones es el conocido como Patio de los Naranjos. De las numerosas puertas del templo se distinguen la puerta del Perdón, el postigo de la Leche, la puerta de los Deanes, la de San Esteban y la de Santa Catalina. También en el exterior, adherido al muro, se encuentra el altar retablo de la Virgen de los Faroles y la fuente del Caño Gordo. La torre, construida sobre los restos del antiguo alminar, está coronada por un San Rafael, obra del escultor Pedro de Paz.

LOCALIZACIÓN

Calle Torrijos, s/n
Córdoba
SIGLO XVI

En el año 785, Abderramán I decide la construcción de la mezquita aljama, donde se encontraba la basílica visigótica de San Vicente. La mezquita sufrió procesos de construcción separados temporalmente, a los que se fueron agregando elementos, y algunos de cuyos espacios se fueron ampliando o reduciendo. Esta intervención dejó establecidos los elementos fundamentales de la estructura: el patio de las abluciones, la sala de oración y el minarete. En el interior, en el lado opuesto al patio, el mihrab.

En el siglo VIII, Hisham I agregó el nuevo minarete y otra fuente de las abluciones. Abderramán II amplía al doble el espacio del templo y Abderramán III construye un nuevo minarete, la torre que existe hoy en día. Entre el año 962 y el 965, su hijo acomete la segunda ampliación. La última intervención fue la de Almanzor, que añadió al recinto ocho naves. Debido a la proximidad del templo al río, la ampliación se hizo hacia el este, lo que produjo el desplazamiento del mihrab.

Después de la conquista en 1236, Fernando III decidió convertir la mezquita en templo cristiano. En el siglo XVI se acometió la fase más importante. Se trazó la

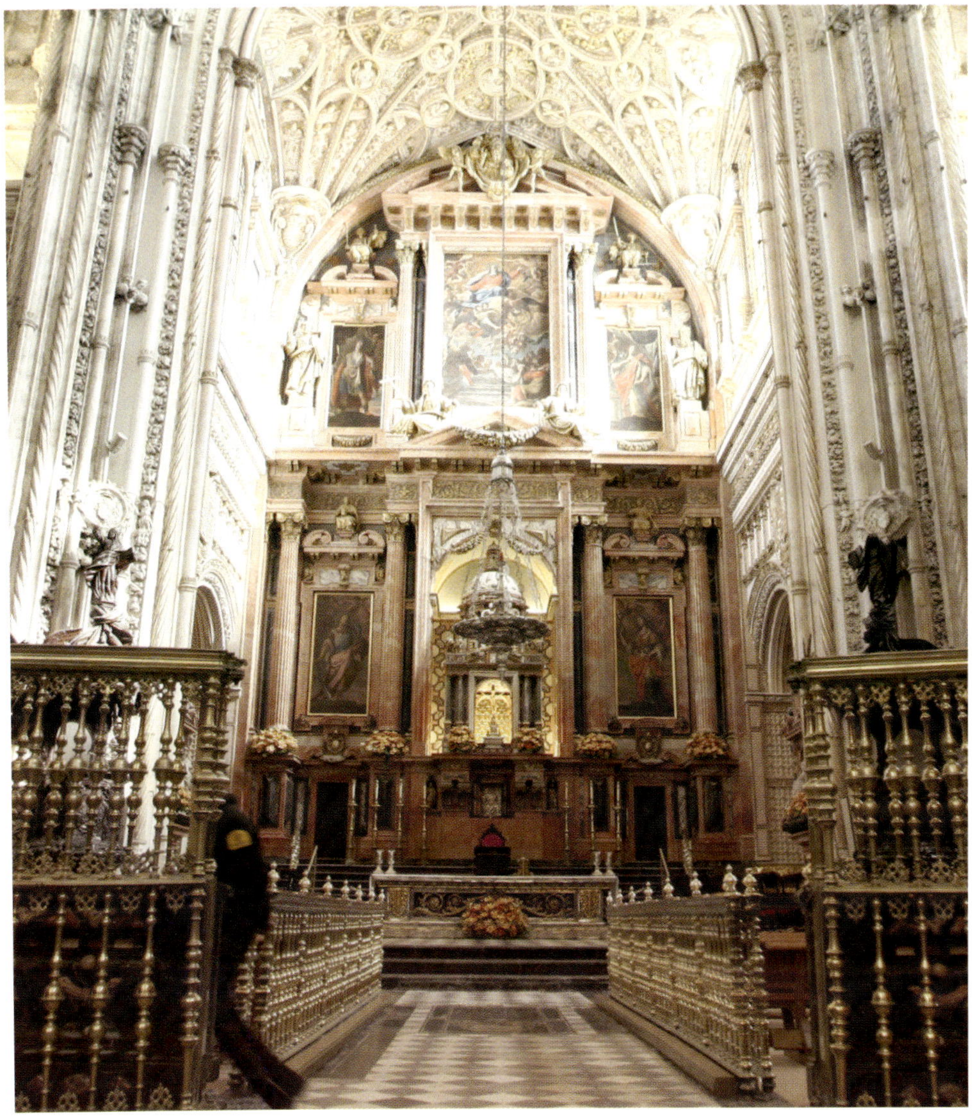

La planta

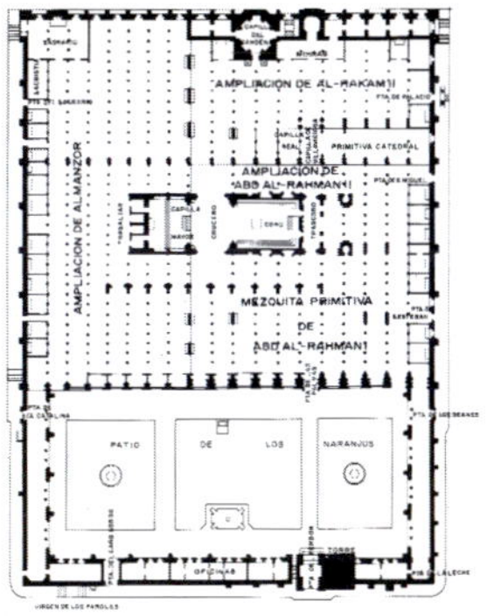

Para adaptar la planta del templo *se construyó una de cruz latina para la capilla mayor, pero respetando la composición de la mezquita anterior, que posee ocho naves. Los arcos que las dividen son lobulados, algunos de ellos compuestos por dovelas de dos colores, rojo y blanco, alternadas entre sí. Los arcos de la zona más transformada para el cristianismo son apuntados. En el centro del crucero cuelga una lámpara grandiosa, obra del orfebre cordobés Martín Sánchez de la Cruz.*

planta de cruz latina, adaptándola al edificio, se incorporaron capillas laterales entre los pilares y se añadieron puertas de acceso. En el alminar se añadió la torre campanario.

LA BÓVEDA OVAL DEL CRUCERO FUE REALIZADA POR JUAN DE OCHOA EN EL AÑO 1600.

Cuenta con más de cincuenta capillas adosadas al muro que rodea el perímetro y que fueron habilitadas entre las columnas de esta zona.

Las más antiguas, la de Santa Teresa y la de San Bartolomé, datan del siglo XIV. En ellas se unen diferentes artes, como rejería, azulejería, pintura y escultura, que dan idea de la evolución artística de la ciudad de Córdoba a lo largo de los siglos.

Los capiteles son variados, realizados en estilo jónico, corintio o compuesto. La mayoría de ellos procede de la antigua basílica de San Vicente y, por tanto, están tallados en época romana y bizantina.

La sillería del coro, máxima expresión del arte barroco, es una obra tallada en caoba en el siglo XVIII por el escultor Duque Cornejo. Se empezó a elaborar en 1748, pero no se concluyó hasta 1957. El facistol del centro está coronado por un templete que contiene la imagen tallada en marfil de la Virgen, obra de Alonso Cano.

Del siglo XVIII son los púlpitos que contienen el tetramorfo, realizados por Michel Verdiguier, escultor francés.

Conserva en su tesoro una custodia labrada por Enrique de Arfe, realizada en el año 1510 y que puede calificarse como una de las más bellas de España. Destaca un copón de oro y plata que ha sido atribuido a Benvenuto Cellini.

Catedral de Granada

LA CATEDRAL DE NUESTRA SEÑORA DE LA ENCARNACIÓN MARCÓ EL CAMINO DE TODAS LAS IGLESIAS METROPOLITANAS QUE SE ELEVARON TRAS ELLA DESDE EL SEGUNDO TERCIO DEL SIGLO XVI. FUE PUNTA DE LANZA DE LOS TEMPLOS RENACENTISTAS ESPAÑOLES.

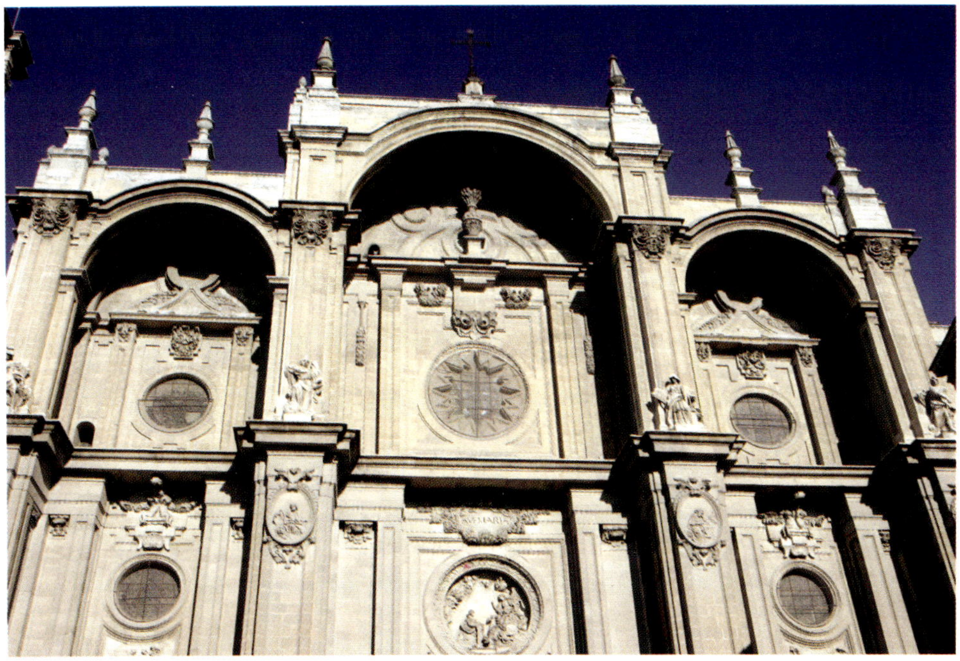

La fachada barroca *de la catedral de Granada aparece flanqueada por las estatuas de San Pedro y San Pablo. Está dividida en tres cuerpos.*

LOCALIZACIÓN

Gran Vía de Colón, 5
Granada
SIGLOS XVI-XVIII

Los Reyes Católicos asignaron fondos para su construcción el 21 de mayo de 1492. Fue proyectada en 1505 por Enrique Egas y Juan Gil de Hontañón, aunque las obras no comenzaron hasta más de una década después. Se levantó sobre los cimientos de la antigua mezquita.

El proyecto tuvo que hacer frente a diversos contratiempos, como la peste que asoló la ciudad y obligó a paralizarlo durante un año. En 1528 Diego de Siloé sustituyó a Egas, diseñó una nueva traza y adaptó las antiguas plantas y proporciones. Trabajó en ella hasta su muerte en 1563. Hizo de ella una de las primeras iglesias renacentistas de España y hasta tuvo que convencer a las autoridades eclesiásticas de que el nuevo estilo, que tomaba como modelo la Antigüedad pagana, era también apto para el culto religioso.

La catedral fue abierta al culto el 17 de agosto de 1561, aunque su construcción no finalizaría hasta 1704.

La fachada principal es obra barroca de Alonso Cano (1667). Está formada por tres arcos con casetones. La torre del campanario mide 57 m y tiene 16 campanas. En el proyecto original constaban dos torres de 81 m, pero la frecuente actividad sísmica de la zona obligó a reconsiderar el proyecto.

El templo está dividido en cinco naves de bóvedas de crucero con arcos ojivales. La capilla mayor, renacentista, es el lugar más importante del templo. Está coronada por una cúpula asentada en cinco pilares, y un gran arco toral a modo de arco de triunfo. Quince capillas y re-

SU INTERIOR

Distintas arquivoltas envuelven el arco de medio punto del vano de entrada que, abocinado, forma parte de la portada principal, la cual coincide con el crucero del templo.

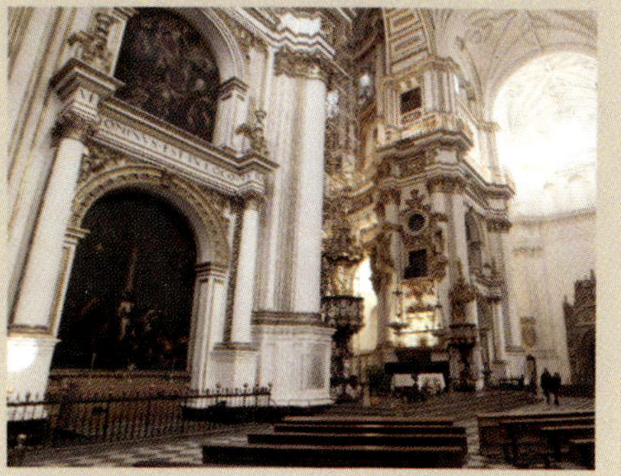

La planta

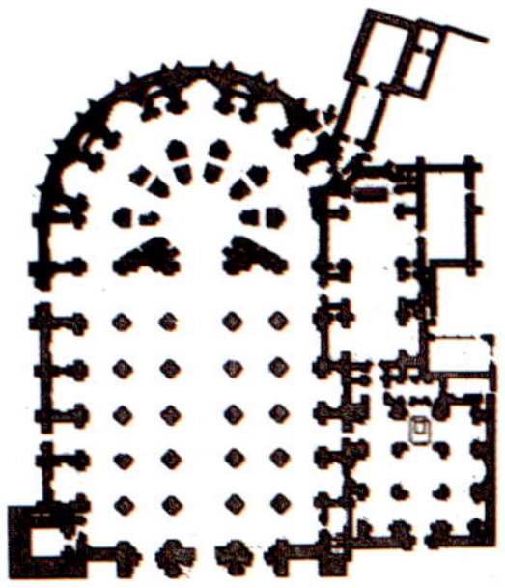

El interior del templo, *de estilo renacentista, se alza sobre planta gótica de cinco naves con deambulatorio tras el transepto. Varias columnas jónicas componen el arco del altar más importante.*

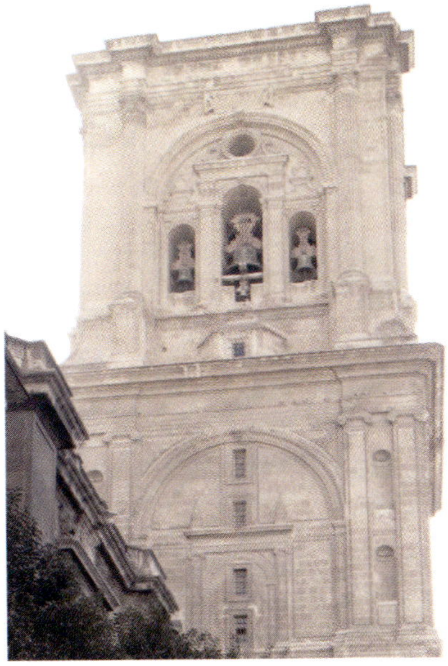

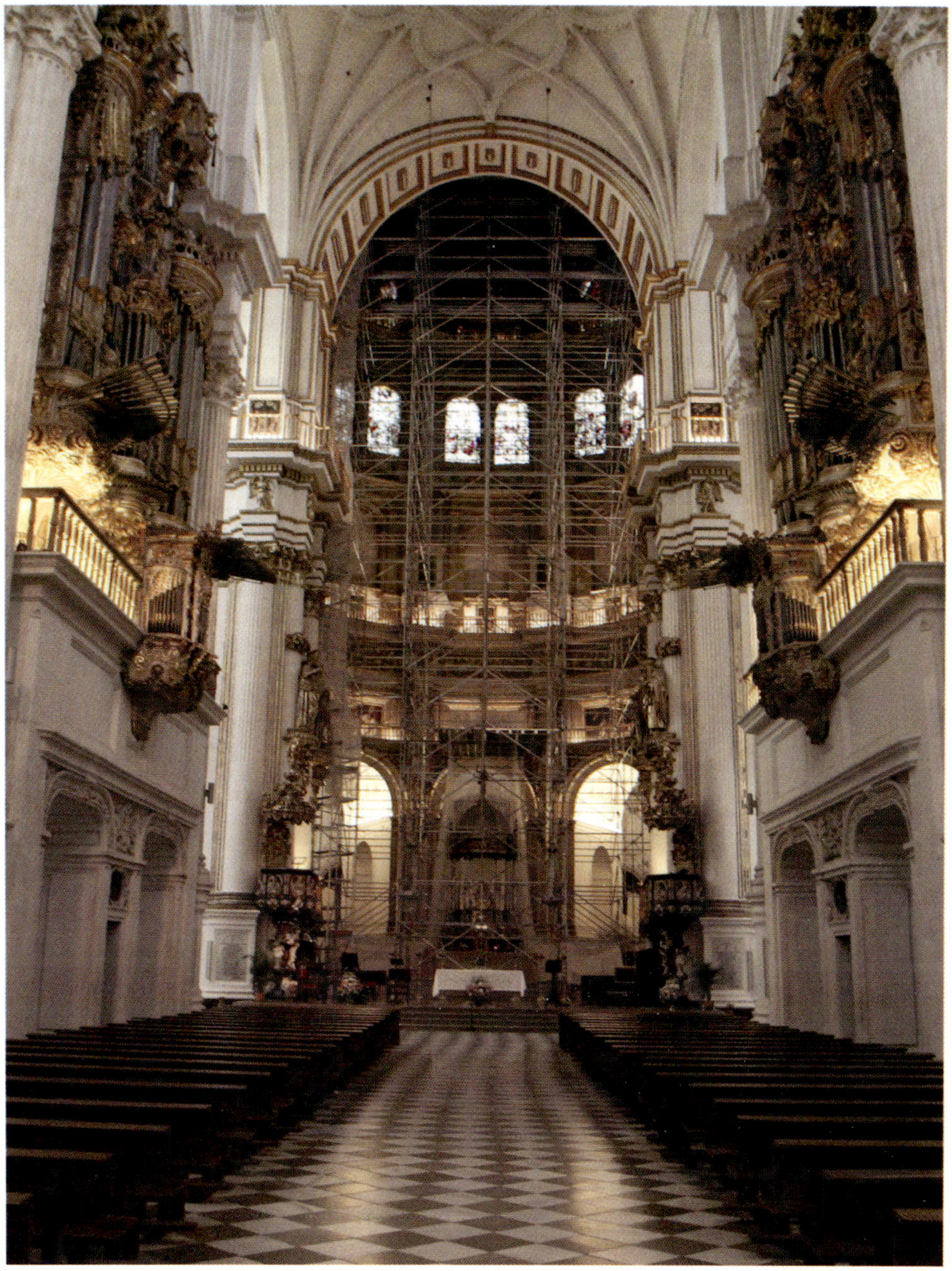

tablos recorren sus muros. Las más notables, además de la Mayor, son la de San Miguel y la de la Virgen de la Antigua.

El escultor barroco Martínez Montañés es el autor de la joya artística más destacable de la sacristía. Se trata de un crucifijo de dimensiones reales que acoge, bajo sus pies, a la Purísima de Alonso Cano (1656), otra escultura relevante del periodo barroco español.

Contigua a la catedral, y edificada asimismo sobre la antigua mezquita, se halla la capilla Real, de estilo gótico florido, obra de Enrique Egas. Es el panteón de los Reyes Católicos, y tiene planta de cruz latina. Los sepulcros de los reyes, de su hija Juana la Loca y de su yerno Felipe el Hermoso son renacentistas. El retablo de la capilla mayor, también renacentista, es obra de F. Bigarny y Alonso Berruguete. Son impresionantes asimismo la reja plateresca y la portada que comunica con el crucero de la catedral. Tiene arco de medio punto enmarcado con arquivoltas.

La sacristía constituye un impresionante museo de joyas, reliquias, libros, tapices y pinturas creado con los fondos legados por varios reyes.

CATEDRAL DE GUADIX

HUBO OBISPADO EN GUADIX DESDE LOS PRIMEROS SIGLOS DE LA ERA CRISTIANA. EL CULTO CRISTIANO SE HABÍA ESTADO CELEBRANDO EN LA PRIMITIVA BASÍLICA VISIGODA. LA CATEDRAL DE GUADIX CONSIGUE LA BULA PAPAL QUE OTORGA EL PERMISO PARA SU LEVANTAMIENTO A FINALES DEL SIGLO XV.

La planta

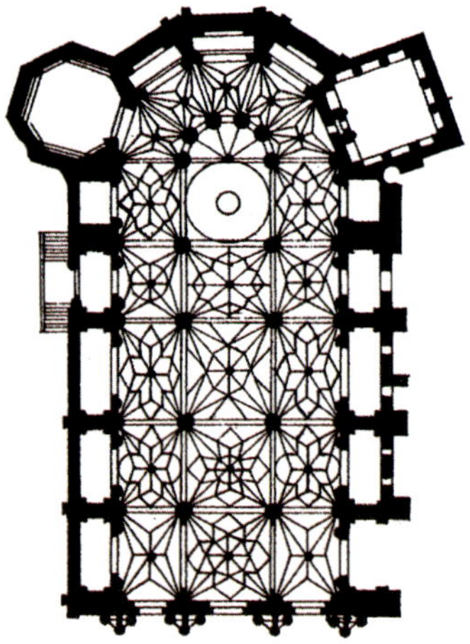

SE TRATA DE UN EDIFICIO *inspirado en la catedral de Granada, compuesto por planta basilical de salón de tres naves, con deambulatorio y una magnífica cúpula que cubre la parte central del crucero.*

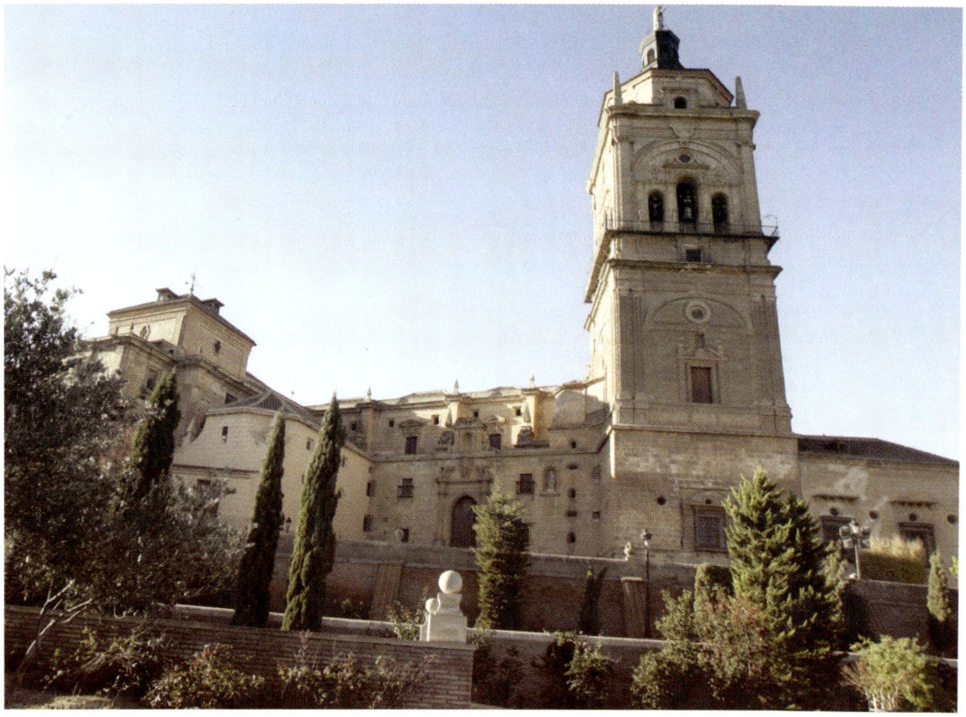

LOCALIZACIÓN
Plaza de la Catedral, s/n
Guadix (Granada)
SIGLOS XVI-XVIII

Fue construida destruyendo la mezquita mayor para poder edificar sobre ésta, al igual que hicieran anteriormente los árabes almohades en el siglo XII con el templo de estilo visigodo que allí se encontraba.

Este templo accitano está dedicado a la encarnación de la Virgen, teniendo como simbología un ramillete de azucenas, aunque en su interior guarda las reliquias de San Torcuato, patrón de la ciudad.

Junto a la catedral de Guadix, encontramos un edificio anexo. Se trata de la parroquia del Sagrario, cuya fachada principal está dedicada al tema eucarístico y fue realizada en estilo plateresco.

La construcción de la catedral de la Encarnación de Guadix se extendió en exceso a lo largo del tiempo, de manera que llegó a abarcar desde el siglo XVI hasta el siglo XVIII.

DESTACA, COMO PARTE DE LA ESTRUCTURA *interior del templo, la sacristía y el museo catedralicio, que alberga una serie de obras de arte y objetos litúrgicos de gran valor artístico e histórico.*

Este complejo espacio constructivo fomentó que en su interior se encuentre una variada cantidad de estilos arquitectónicos, teniendo como resultado final una curiosa conjunción: desde elementos góticos hasta renacentistas o barrocos.

Destaca en el exterior la cabecera, que fue construida en el año 1549 por Diego de Siloé con reminiscencias de la que se encuentra en la catedral de Málaga.

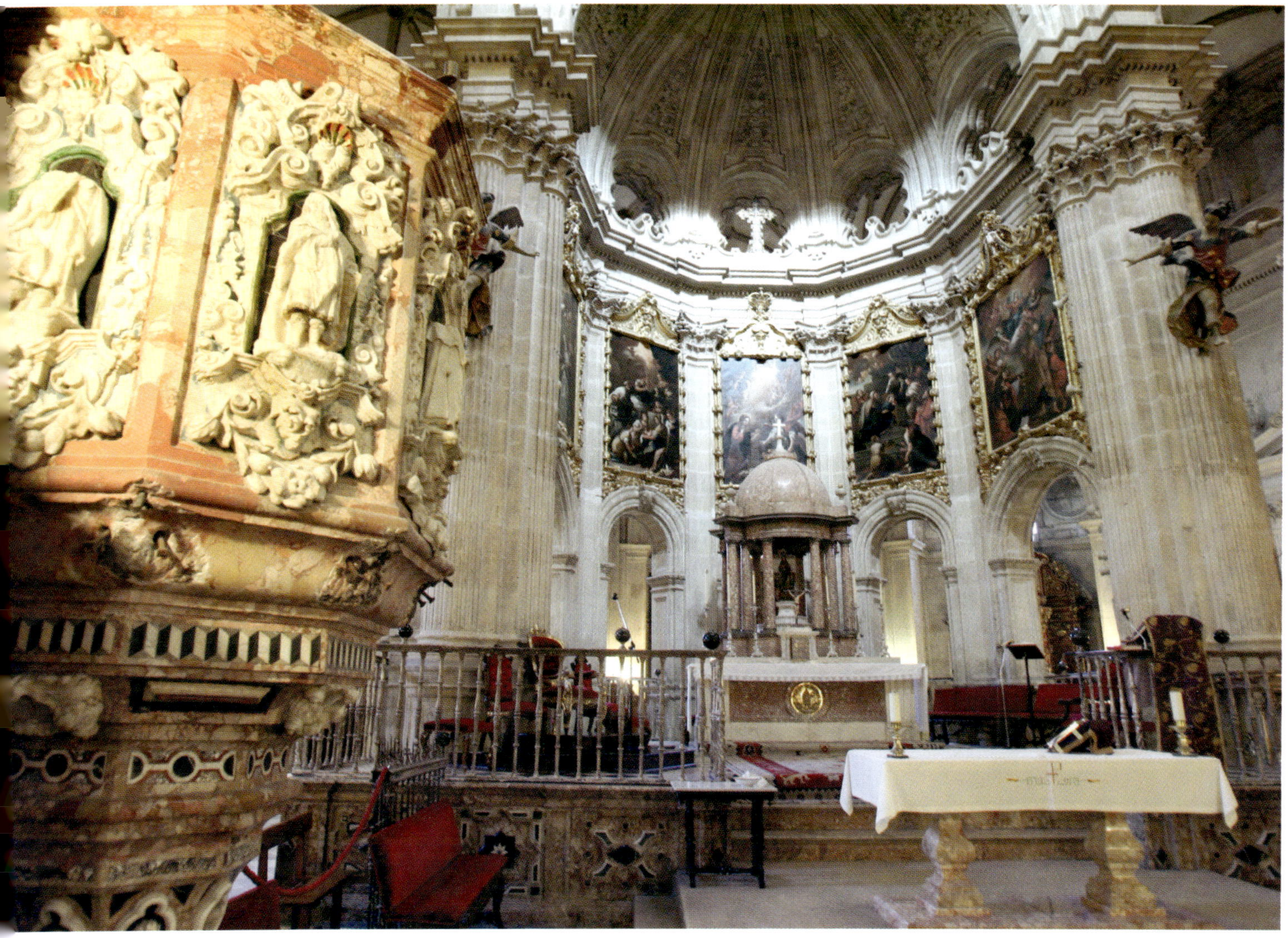

Del mismo autor, Diego de Siloé, es también la torre adosada al edificio, que fue terminada en el siglo XVII por otro autor, Juan de Arredor. Corresponde, por tanto, a un incipiente estilo barroco.

LA CONSTRUCCIÓN ABARCÓ DESDE EL SIGLO XVI HASTA EL SIGLO XVIII.

Tiene la distribución propia de la época, ligada a otras catedrales del Renacimiento en la zona de Andalucía, como las de Málaga, Jaén o Cádiz.

Las naves están cubiertas por complicadas bóvedas de arista que reposan sobre columnas de órdenes clásicos.

Son once las capillas laterales que se distribuyen a lo largo de las naves. En la capilla mayor destaca una serie de obras pictóricas dedicadas a temas marianos y el púlpito de alabastro. Otra capilla importante es la de San Torcuato, de estilo barroco.

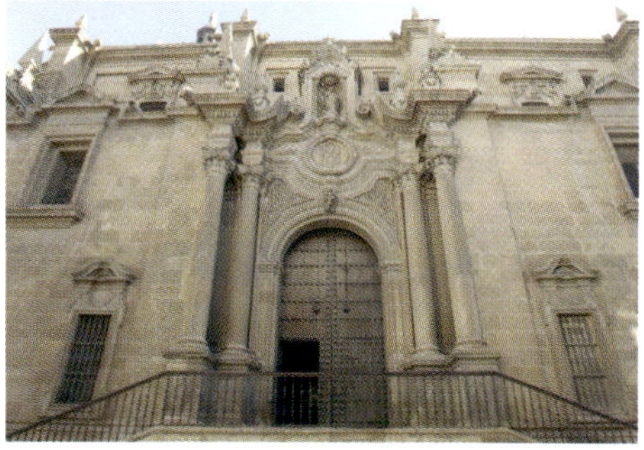

EL EDIFICIO ACTUAL *consta de tres fachadas. La principal es la dedicada a la Anunciación, que fue modificada en el siglo XVIII por los maestros de obras Vicente Acero y Gaspar Cayón. Se encuentra a caballo entre los estilos renacentista plateresco y barroco.*

Catedral de Huelva

LA CATEDRAL DE LA MERCED DE HUELVA ES UNA IGLESIA CONVENTUAL QUE SE HA UTILIZADO A LO LARGO DE LA HISTORIA PARA DIVERSOS FINES DEBIDO A SU GRAN CAPACIDAD.

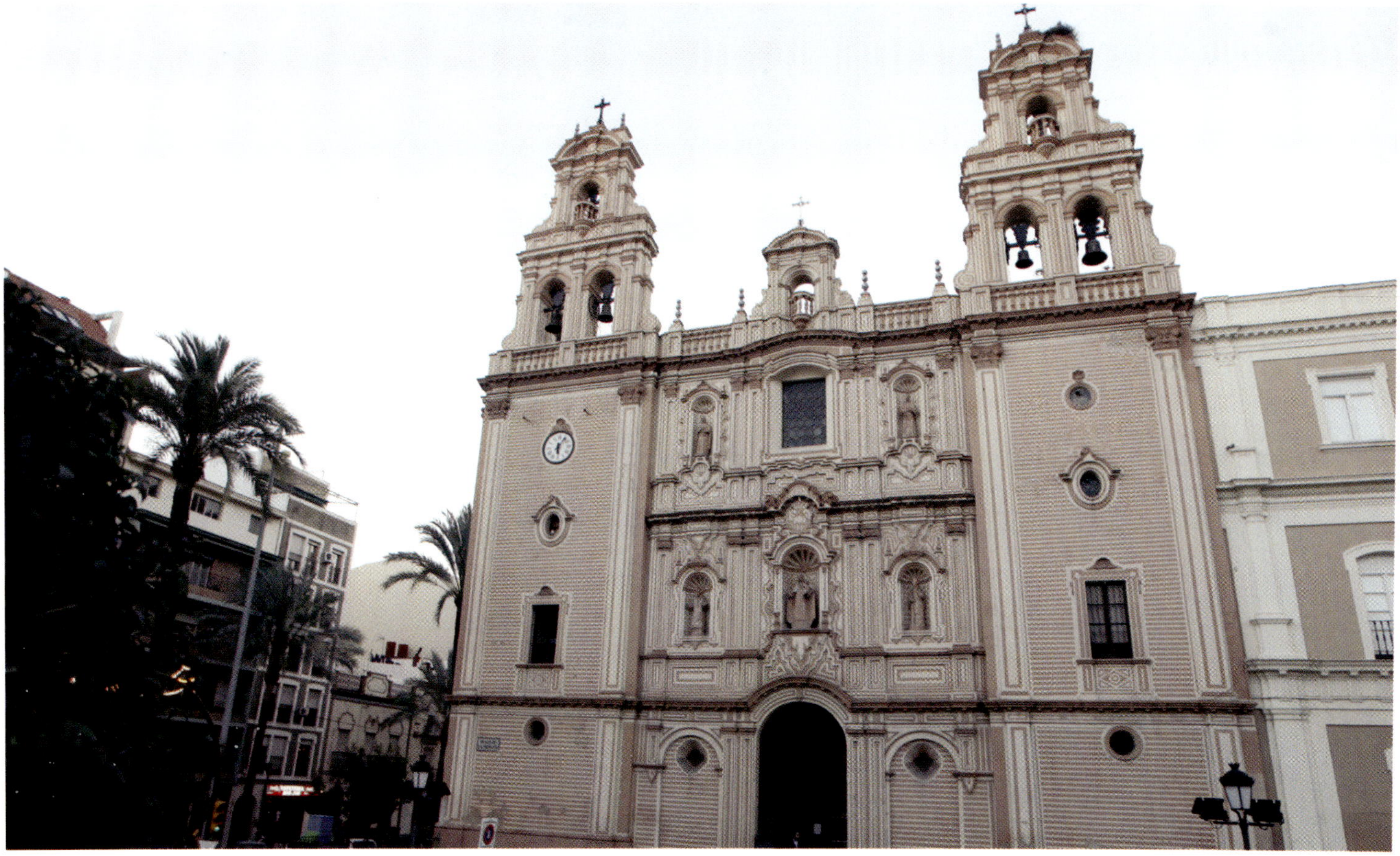

LOCALIZACIÓN
Plaza de la Merced, s/n
Huelva
SIGLO XVII

En 1849 la residencia era un cuartel, y, posteriormente, en 1878, fue un instituto de enseñanza secundaria. También desempeñó las funciones de sede de la Diputación Provincial y Hospital General de la provincia. Actualmente, sólo el hospital se encuentra alojado en sus dependencias.

La iglesia fue capilla del hospital, parroquia y catedral. En 1953 alcanzó el rango catedralicio, cuando fue creada la diócesis de Huelva. En marzo de 1970 fue declarado el convento de la Virgen de la Merced como Monumento Histórico-Artístico.

Las obras fueron iniciadas por Pedro Gómez Utebami, maestro constructor, en el año 1614. Poco se sabe de la construcción de este primer edificio, si bien conocemos que participaron en su creación Alonso de Valdelvira, fray Juan de Santa María y Martín Rodríguez de Castro.

En el año 1755 se produjo un terremoto que afectó a la estructura de la construcción.

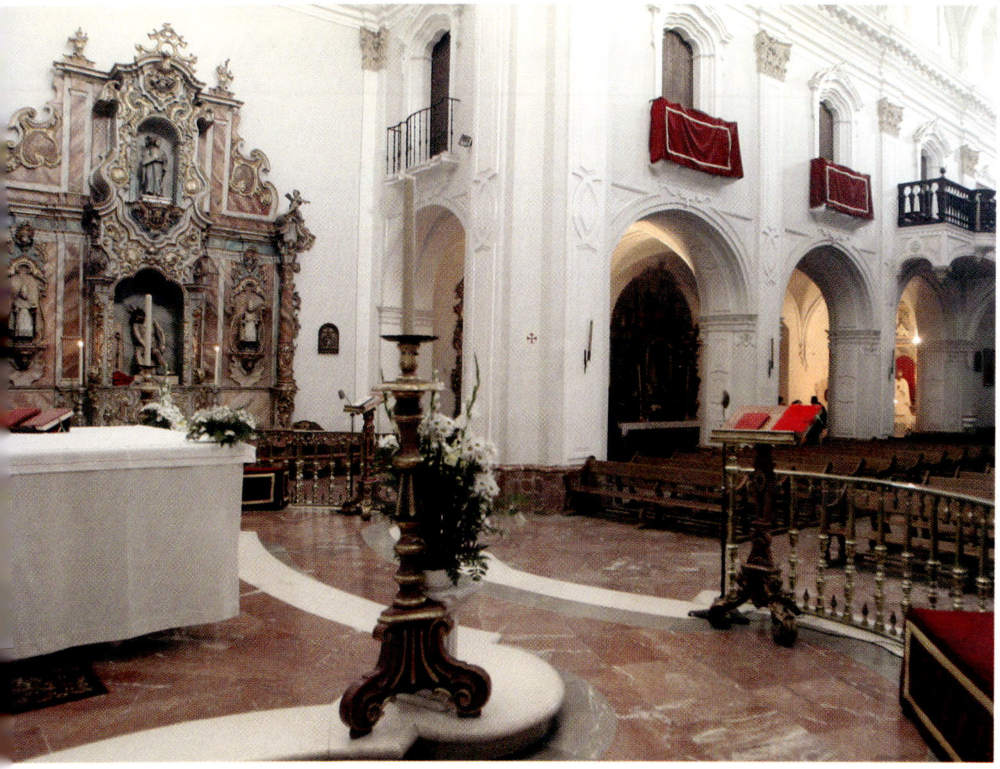

LA CAPILLA MAYOR *fue adaptada en la última restauración, alojando la sillería del coro de canónigos. Tras éste se dispone una tribuna, para desarrollar las funciones de capilla sacramental, y contiene el camarín de la Virgen de la Merced.*

La ornamentación exterior se concentra en la fachada principal, dejando el resto de paramentos exteriores casi exentos de decoración. La portada se compone de tres cuerpos, el más bajo de ellos delimitado por una cornisa que recorre el largo de la fachada a modo de zócalo enorme.

Entre los elementos que decoran esta puerta destacan unas pilastras que rodean las ventanas y las hornacinas. Éstas realizan las funciones propias de elemento sustentante para soportar los entablamentos que se acoplan en el trasdós de los espacios cóncavos. Una balaustrada remata el conjunto en la parte superior.

La portada se desarrolla a modo de tapiz y queda flanqueada por dos torres en los laterales que están sin concluir. Recientemente, se han incorporado unas espadañas de estilo barroco en el remate de los distintos cuerpos de la torre.

Resalta de la decoración interior del templo la que está situada en los pilares, las pilastras, los entablamentos, las impostas y los intradoses de los arcos. Los capiteles ofrecen una belleza magnífica. Están compuestos por una serie de formas mixtas, con huella del arte mudéjar, perdurando además en ellos las características propias del barroco español.

LA PLANTA

Es basilical, formada por cinco naves longitudinales, transepto y una cabecera plana con capillas adosadas. La nave central es de mayor anchura que las laterales y la cubre una bóveda de cañón con lunetos.

Las naves están divididas por unos arcos formeros de medio punto sobre pilastras, cuyos capiteles son de orden corintio.

Destacan en el interior la talla del Cristo de Jerusalén y la de la Virgen de la Cinta, patrona de la ciudad.

RESTAURACIÓN

Las obras de reconstrucción comenzaron en 1767 y se prolongaron hasta bien entrado el siglo XIX. La invasión de los franceses en 1811 y la abolición de las comunidades religiosas masculinas retrasaron la conclusión de las obras. En 1915 se colocó la espadaña en el campanario. En 1953 se constituye la diócesis y un año más tarde se consagra e inaugura la iglesia de la Merced.

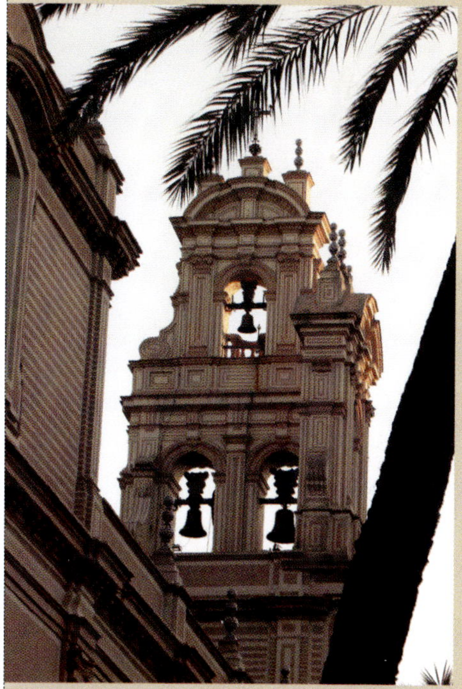

EL ESPACIO DEL CONJUNTO *se manifiesta al exterior mediante un juego de volúmenes contrastados y rítmicos, de factura elegante, de un clasicismo académico. A la izquierda del conjunto conventual se sitúa el templo.*

CATEDRAL DE JAÉN

LA CATEDRAL DE LA ASUNCIÓN DE LA VIRGEN DE JAÉN ESTÁ RODEADA DE EDIFICIOS PERTENECIENTES AL PERIODO BARROCO Y SE ENCUENTRA FLANQUEADA POR DOS ENORMES TORRES EMBLEMÁTICAS.

LOCALIZACIÓN

Plaza de Santa María, s/n
Jaén
SIGLOS XV-XVI

Al igual que en el caso de otras muchas catedrales españolas, ésta también fue edificada sobre los restos de la antigua mezquita árabe, que se encontraba situada en el mismo solar antes de la conquista de la ciudad por el rey Fernando, el año 1243. Después de esta fecha, la primitiva mezquita se mantuvo cumpliendo las funciones de iglesia cristiana, hasta que en el siglo XIV se decidió demolerla para alzar la nueva catedral, por orden del obispo Nicolás de Biedma.

Ya en el siglo XV comenzó la construcción de la catedral de Jaén, desconociéndose el autor de la traza de la estructura general del templo. Sí se conocen, en cambio, los nombres de los maestros que le sucedieron: Castillo, Pedro de Vandelvira, Juan de Aranda, Pedro del Portillo, Landeras, Blas Antonio Delgado, Miguel de Quesada y José Gallego, entre otros.

En el siglo XVII Andrés de Vandelvira se hizo cargo de las obras, aportando a la construcción sus elementos renacentistas.

La construcción continuó a lo largo del siglo XVII, haciéndose cargo de las obras

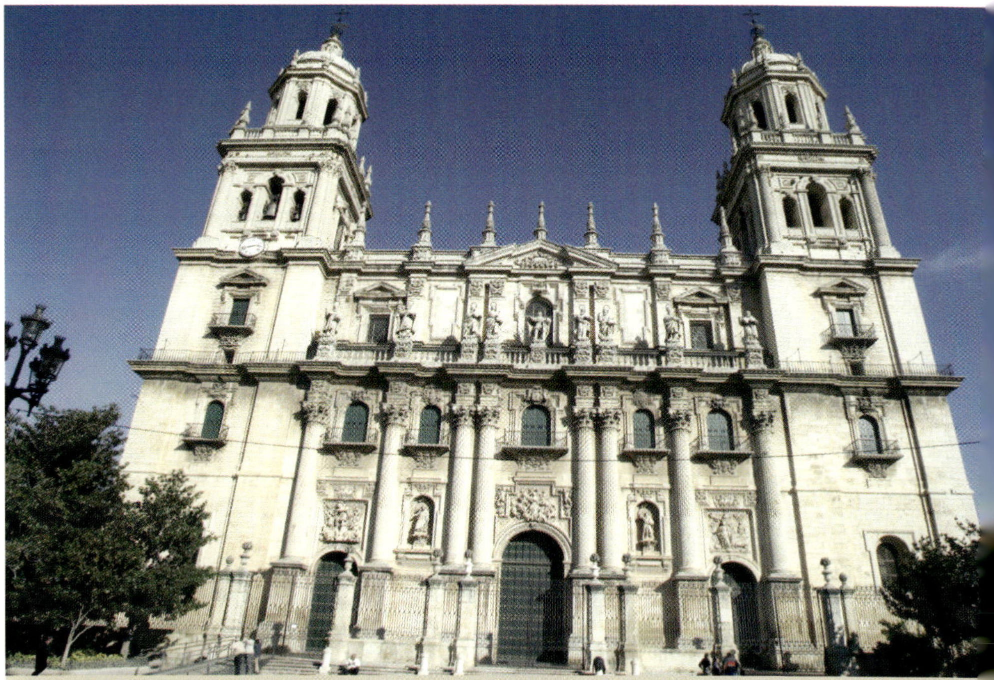

FACHADAS

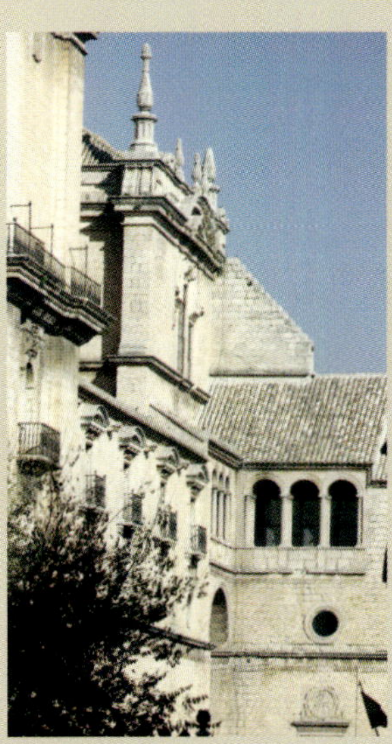

La fachada principal es de estilo neoclásico y está dividida por columnas de orden corintio con un entablamento independiente. Se decora con cornisamento que abraza el plano de la fachada y una serie de esculturas y relieves repartidos por la superficie que representan la vida de diversos santos, como San Miguel o Santa Catalina (patrona de Jaén). Los autores de estas imágenes son Pedro y Julián Roldán. La fachada sur es del siglo XVI y fue realizada por Vandelvira. En ella aplica una superposición de órdenes clásicos dórico y jónico. Mientras que la norte, obra de Aranda, pertenece al siglo XVII y fue realizada en el año 1641 con un único orden corintio.

Alonso Barba, pero bajo el proyecto de Vandelvira. La iglesia se consagró en 1660, pese a que aún no estaba terminada.

En la cabecera en la que desemboca la nave central se encuentra el altar mayor, obra de una sencillez exquisita. Este altar está dividido en tres cuerpos mediante pilastras culminadas por capiteles de orden clásico. Entre las pilastras aparecen diversas estatuas. Es en el altar, dentro de un tabernáculo, donde (cuenta la tradición) se alberga la reliquia de la Santa Faz.

DISTINTAS NARRACIONES RELIGIOSAS CONFORMAN LA ICONOGRAFÍA FUNDAMENTAL.

El coro se sitúa en la nave central y se compone de unos sitiales labrados en estilo renacentista. En su ejecución participaron diversos artistas, entre los que figuran Gutiérrez Alemán, Juan López de Velasco y Jerónimo Quijano.

En el siglo XVII se dobló el número de sitiales del coro, lo que produce que en el conjunto se halle una mezcla de estilos.

Respecto a la iconografía, aparece la representación de escenas de la Biblia, además de la vida de algunos mártires del cristianismo.

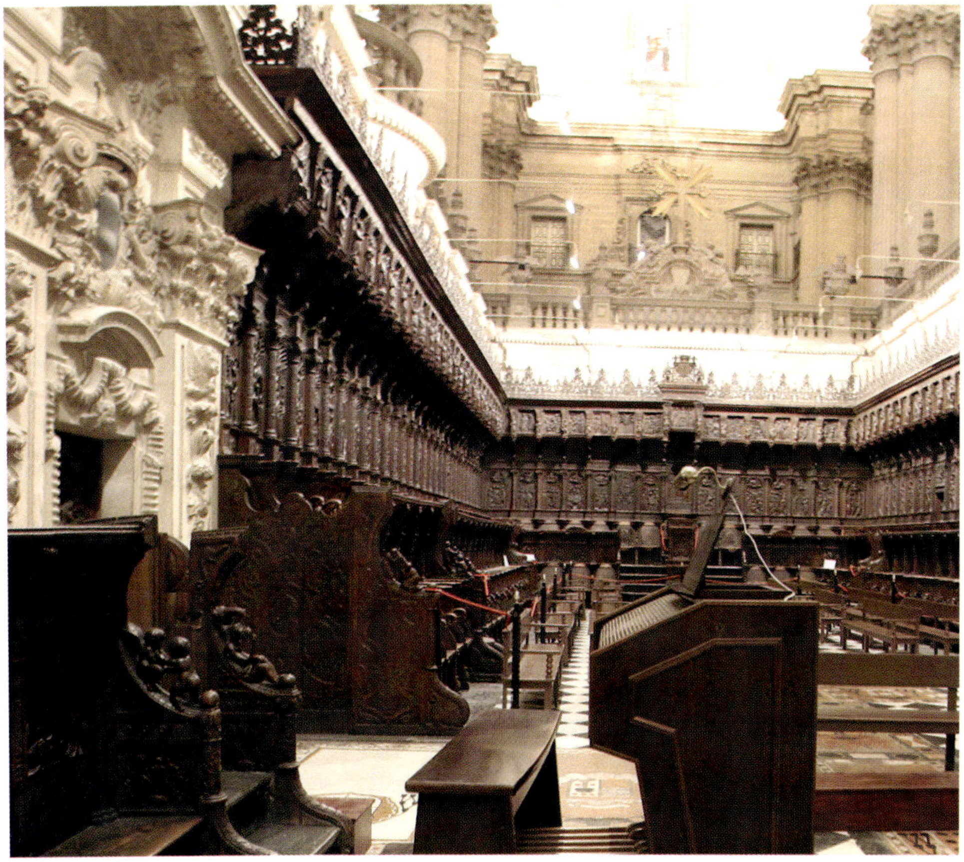

La planta

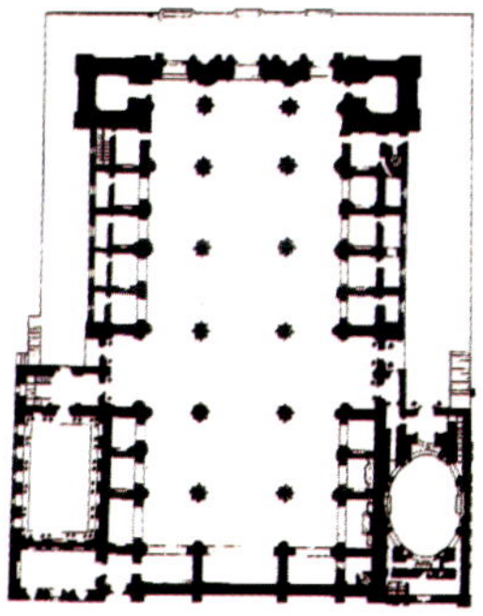

EL INTERIOR ESTÁ FORMADO *por una planta con forma rectangular compuesta de tres naves, y en las dos laterales se abren capillas en sus muros. En la cabecera también aparece una serie de capillas radiales. Un crucero poco pronunciado atraviesa las naves, separando el presbiterio. En la zona central del crucero se levanta una cúpula sobre tambor de bastante altura, obra del arquitecto Aranda.*

La sacristía, obra del arquitecto Vandelvira, y la sala capitular destacan también por su constitución arquitectónica. Los casetones de las bóvedas son uno de los elementos ornamentales más destacables.

La capilla del Sagrario es un diseño del año 1761 del arquitecto Ventura Rodríguez, ayudado por su sobrino Manuel Martín Rodríguez. Las obras se prolongaron durante cuarenta años, terminando en 1801. De esta capilla destacan la planta ovalada y los elementos sustentantes, compuestos por columnas de orden corintio. El conjunto se cubre con una bóveda y se remata con una linterna. Unos balconcillos corridos y un coro le confieren un aspecto de minuciosidad y elegancia.

EL CORO *está compuesto de una sillería de gran calidad escultórica, al igual que el friso que rodea la parte inferior del mismo bajo una crestería.*

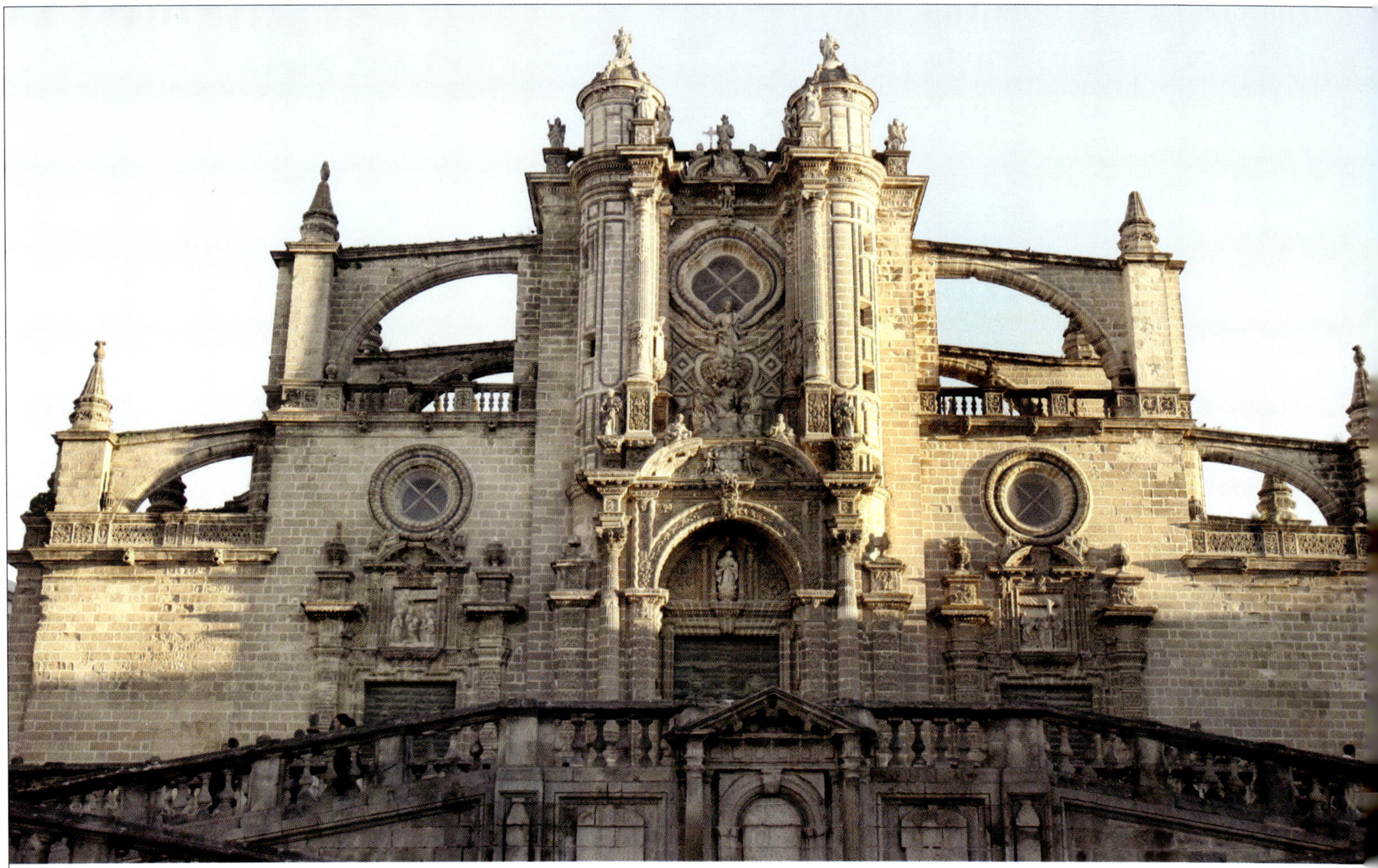

Catedral de Jerez de la Frontera

LA CATEDRAL DEL SALVADOR DE JEREZ DE LA FRONTERA ESTÁ CONSAGRADA A SAN SALVADOR, DESDE QUE EL REY ALFONSO X LE DIO ESTA TITULARIDAD TRAS HABILITAR LA MEZQUITA QUE HABÍA JUNTO A ELLA PARA EL CULTO CRISTIANO.

La planta

El arquitecto Diego Moreno Meléndez *fue el encargado de diseñar y comenzar la construcción de la planta de la iglesia. Se trata de un templo de planta rectangular, compuesto por cinco naves de altura desigual y un enorme crucero, formando en su estructura interior la cruz latina.*

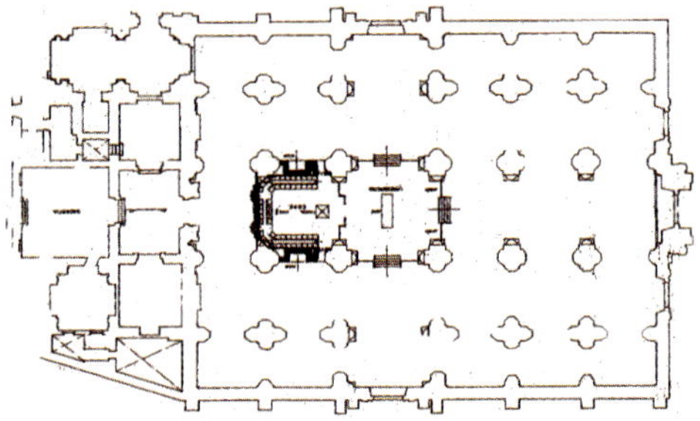

La construcción data del siglo XVII, pero, debido a condicionantes económicos, se concluyó en el XIX. Cuenta, por tanto, con un conjunto de estilos arquitectónicos pertenecientes a diversos periodos, aunque se trata, en rasgos generales, de un conjunto de estilo barroco, con algunos elementos más clasicistas.

COLEGIATA

El templo fue una de las iglesias de la ciudad hasta que el rey Alfonso X el Sabio la elevó a colegiata. En un principio fue concebida como iglesia colegial, debido a que su diócesis dependió de la de Sevilla hasta 1980.

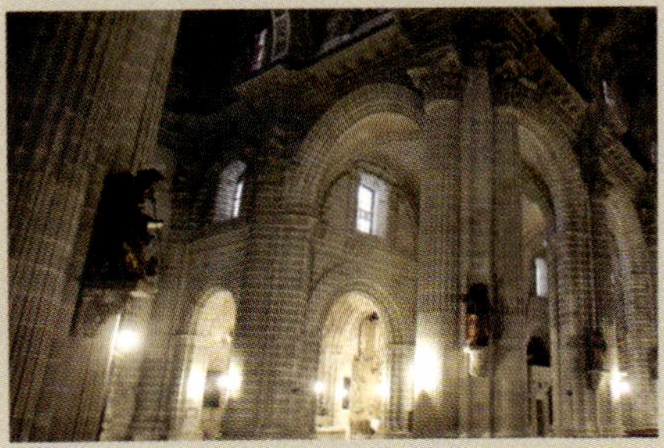

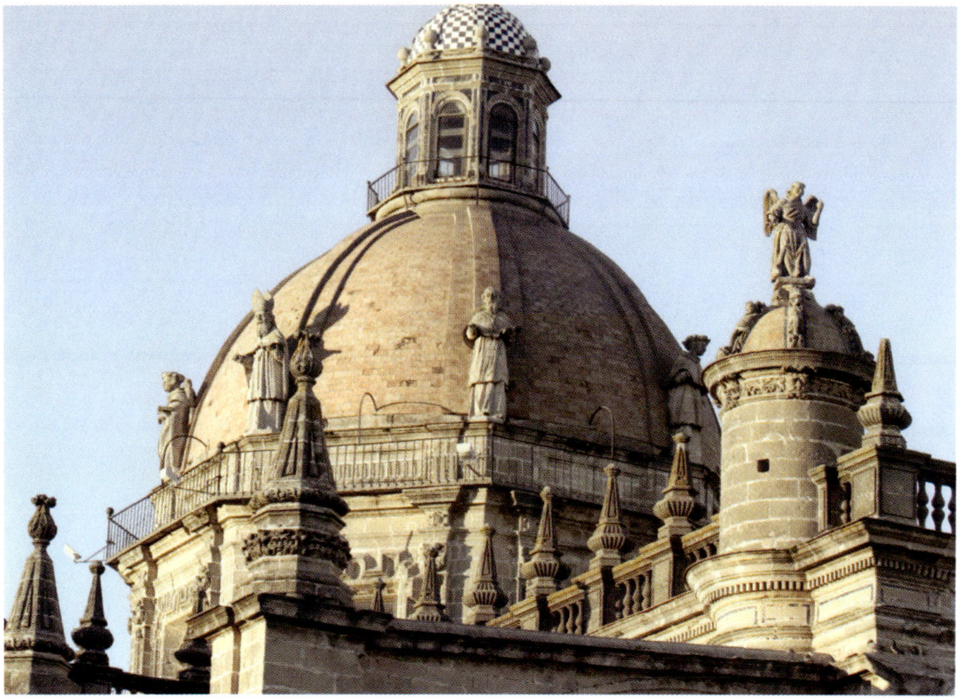

Varios santos, *ubicados en las aristas alrededor de la cúpula, configuran un conjunto de imágenes decorativas que puede ser observado desde el exterior del templo.*

En el lugar en el que se emprende la obra había una construcción anterior, aunque se desconoce de qué tipo de edificación se trataba y, por tanto, sus características. Es, concretamente, en el año 1695 cuando se inicia el levantamiento de la primitiva colegiata, actualmente catedral, y no se concluye el primer periodo constructivo hasta 1778, momento en el que se abrió al culto.

La edificación cuenta con numerosos arquitectos, que se han ido sucediendo a través de los periodos constructivos, tales como Diego Moreno Meléndez, Rodrigo del Pozo, Diego Díaz, Juan de Pina y Torcuato Cayón de la Vega, entre otros.

En el exterior destaca la torre campanario. Esta torre conserva en su cuerpo inferior la decoración de estilo gótico, con algunos rasgos del arte islámico. Una serie de ventanas elevadas se abren en cada una de sus cuatro caras, con crestería de estilo gótico florido.

TODO EL INTERIOR DESTACA POR SU COPIOSA DECORACIÓN.

La cúpula se manifiesta al exterior sobre el tambor de planta octogonal, en el que se encuentra distribuida una serie de imágenes que representan a santos en cada una de las aristas.

Es marcado el desnivel existente entre las cinco naves, pero esto se ve equilibrado física y visualmente por la presencia de los arbotantes que descargan las fuerzas de los muros. La fachada principal, de estilo neoclásico, es obra de los hermanos Díaz de los Reyes.

Las naves se cubren con bóveda de crucería, siendo las de la nave central y crucero las más decoradas de todas, del mismo modo que el centrado de los arcos. Una cúpula de gran tamaño que culmina en una linterna remata el crucero. Esta cúpula se alza sobre un tambor que, a su vez, arranca de las pechinas.

La nave mayor está separada por pilares con semicolumnas adosadas que se coronan con capitel de orden compuesto.

Entre sus capillas, destacan la de la Inmaculada y la capilla del Sagrario. Por su parte, la capilla de las Ánimas está dedicada al Cristo de la Viga.

LOCALIZACIÓN
Plaza de la Encarnación, 3
Jerez de la Frontera (Cádiz)
SIGLOS XVII-XVIII

CATEDRAL DE MÁLAGA

LA CATEDRAL DE LA ENCARNACIÓN DE MÁLAGA, CONOCIDA COMO LA MANQUITA, ES UNO DE LOS MEJORES EJEMPLOS DEL RENACIMIENTO ANDALUZ.

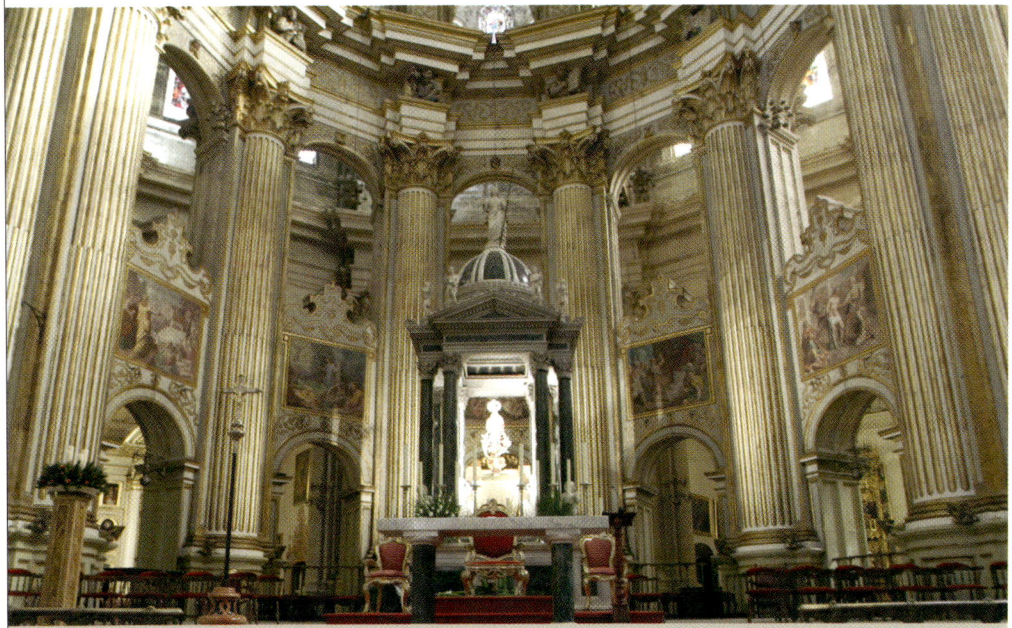

LOCALIZACIÓN

Calle de Molina Lario, s/n
Málaga
SIGLOS XVI-XVII

Las obras de la catedral de la Encarnación dieron comienzo el año 1528, sobre los planos trazados por Pedro López.

Otros arquitectos se hicieron cargo del proyecto posteriormente, como Diego de Siloé o Diego de Vergara, y el aparejador Domingo de Ibarra a partir del año 1562. En 1582, al morir éste, le sucede su hijo, quien continuó con las obras hasta que se acabó la capilla mayor.

La huella de Diego de Siloé se hace patente por su parecido con la catedral de Granada y, quizá por eso, la de Málaga ofrece una planta casi idéntica a ésta, con el mismo trazado gótico. El alzado también presenta los mismos pilares macizos flanqueados por columnas corintias.

El templo se consagró el 31 de agosto de 1588.

Se necesitó todo el siglo XVII para concluir la realización del coro. Las obras quedaron temporalmente paralizadas hasta el siglo XVIII, cuando se levantó la fachada principal, además de terminarse la realización de las bóvedas y la decoración del interior del edificio.

FACHADAS

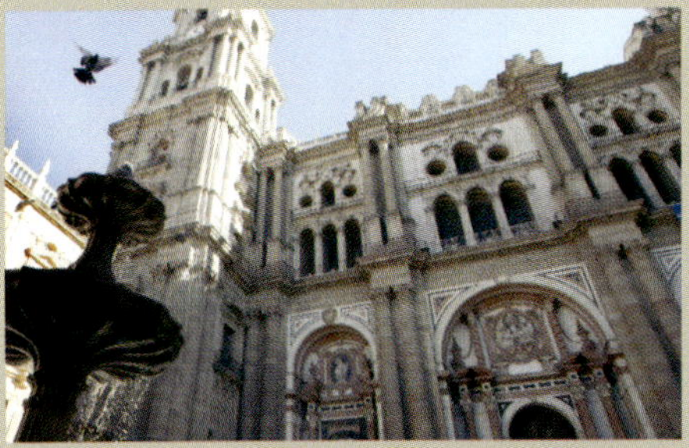

La fachada es amplia, concebida dentro de los cánones del clasicismo. La realizó José de Bada en el siglo XVIII. La precede una pequeña escalinata en mármol. Dos torres, potentes en aspecto, flanquean la portada; una de ellas no fue terminada. El exterior se encuentra adornado con dos cuerpos de ocho columnas de mármol acopladas. Las de la parte inferior son de orden corintio, y las de la parte más elevada, de orden compuesto. Tres portales se abren en esta fachada principal, rematados por unas arcadas elevadas y sobre éstas se desarrollan dos pisos de galerías superiores, decoradas con triples ventanas, que se rematan por una balaustrada. Las fachadas laterales, en las que desembocan los dos brazos exteriores del crucero, se encuentran enmarcadas por dos torres de planta semicircular y elaboración asimétrica. Esto es reflejo del tratamiento gótico que reciben los principios estéticos propios del Renacimiento.

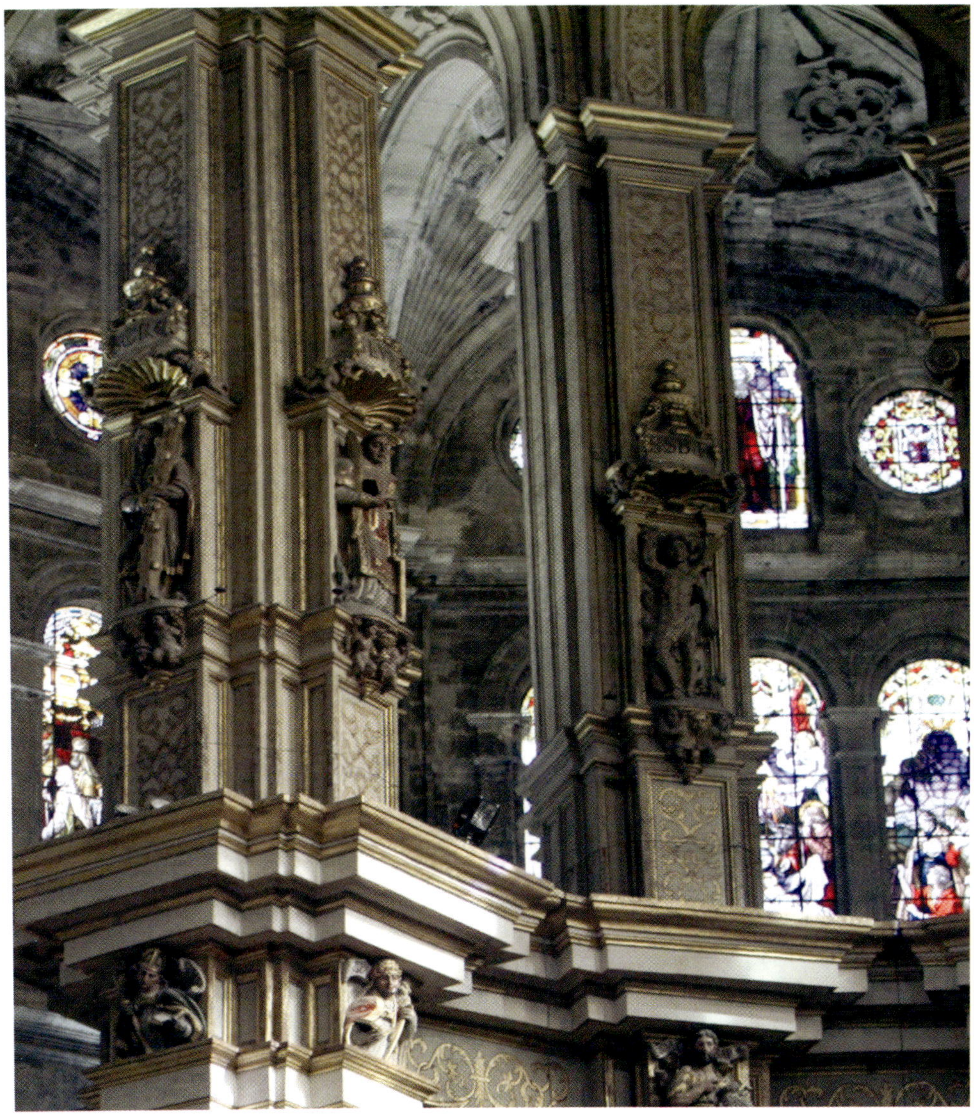

La planta

COMO EDIFICIO INDEPENDIENTE, *pero formando parte del mismo conjunto catedralicio, se incluye la capilla del Sagrario. Al norte de ésta, se sitúa una puerta con un vano ciego tallada hacia 1530 por Pedro López, en estilo gótico isabelino. En el altar mayor de esta capilla hay un retablo plateresco de excelente factura, realizado en el siglo XVI por Balmaseda.*

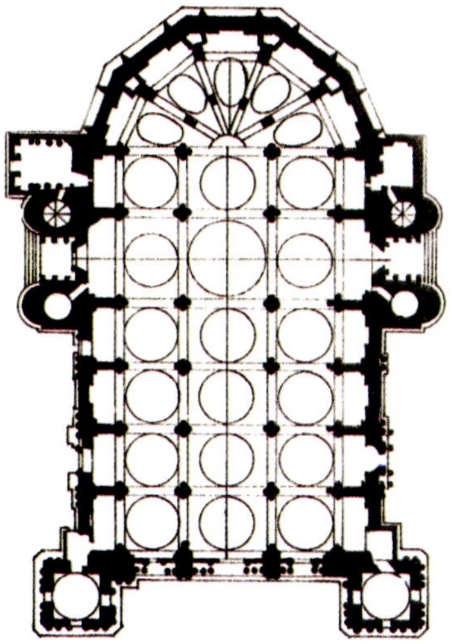

LOS PILARES *son de orden clásico, muy robustos y enmarcados por columnas corintias de fuste estriado.*

El templo se levantó sobre una planta de cruz compuesta por tres naves de altura considerable.

En el interior se encuentran unos pilares de orden clásico, sobre los que se sitúa una serie de pilastras que sostiene las descargas de los arcos semicirculares que soportan las bóvedas, profusamente decoradas.

LA CAPILLA MAYOR PRESENTA HERMOSOS FRESCOS DEL SIGLO XVI.

Se conserva la disposición tal como se hacía en este tipo de edificaciones en España: el coro cierra la nave central, situado al frente de la capilla mayor.

Su sillería está compuesta por más de cien sitiales y fue tallada por Luis Ortiz y José Micael en 1658.

Está compuesto y enriquecido por cuarenta imágenes de santos en relieve que son obra de Pedro de Mena, quien continuó la labor de realización del coro a finales del siglo XVII. Estas tallas son las que presentan mayor realismo en su realización.

Frappoli fue el encargado de realizar el gran altar con forma de templete que se sitúa en la capilla mayor. Esta capilla está decorada con frescos pertenecientes al siglo XVI que describen escenas de la Pasión de Cristo.

Son quince las capillas laterales que se distribuyen a lo largo del templo.

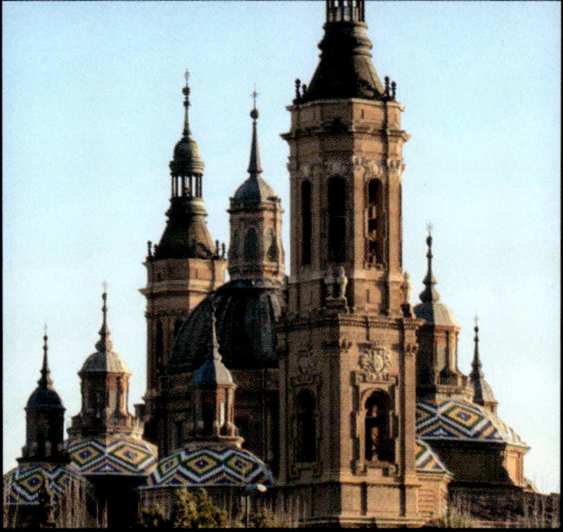

Basílica de Nuestra Señora del Pilar

EL EXTERIOR DEL CONJUNTO SE COMPONE DE CUATRO TORRES CON UN CAMPANARIO EN CADA UNA DE LAS ESQUINAS, ONCE CÚPULAS Y DIEZ LINTERNAS, QUE CONFORMAN UNA SILUETA DE REMINISCENCIAS ORIENTALES. TODO ELLO ESTÁ DECORADO CON CERÁMICA VIDRIADA DE DIVERSOS COLORES.

A partir del año 1863, gracias a diferentes donaciones, se retomó la construcción de las cúpulas que todavía faltaban, acabando la última de ellas en 1872. Este mismo año es cuando finaliza la construcción de la torre de las campanas, que fue la primera de ellas en ser concluida. A ésta le seguirá la torre situada en el ángulo sureste, llamada torre del reloj o torre nueva. Esta construcción se prolongó durante cuatro años aproximadamente (entre 1903 y 1907). Con la construcción de la «torre nueva» se albergaron las dos campanas procedentes de otra torre municipal acabada de derruir.

En el año 1929 se tuvo que asegurar la cimentación del edificio, pues había peligro de derrumbamiento por la acción de la capa freática del río Ebro. Estas obras se prolongaron hasta 1940.

Entre los años 1942 y 1954 se redecoró la fachada principal del templo con el fin de darle un aspecto menos severo, confiriéndole la imagen que presenta actualmente.

Las torres se finalizaron entre 1950 y 1961.

En 1969 se situó un magnífico conjunto escultórico que representa la Venida de la Virgen del Pilar en la fachada principal.

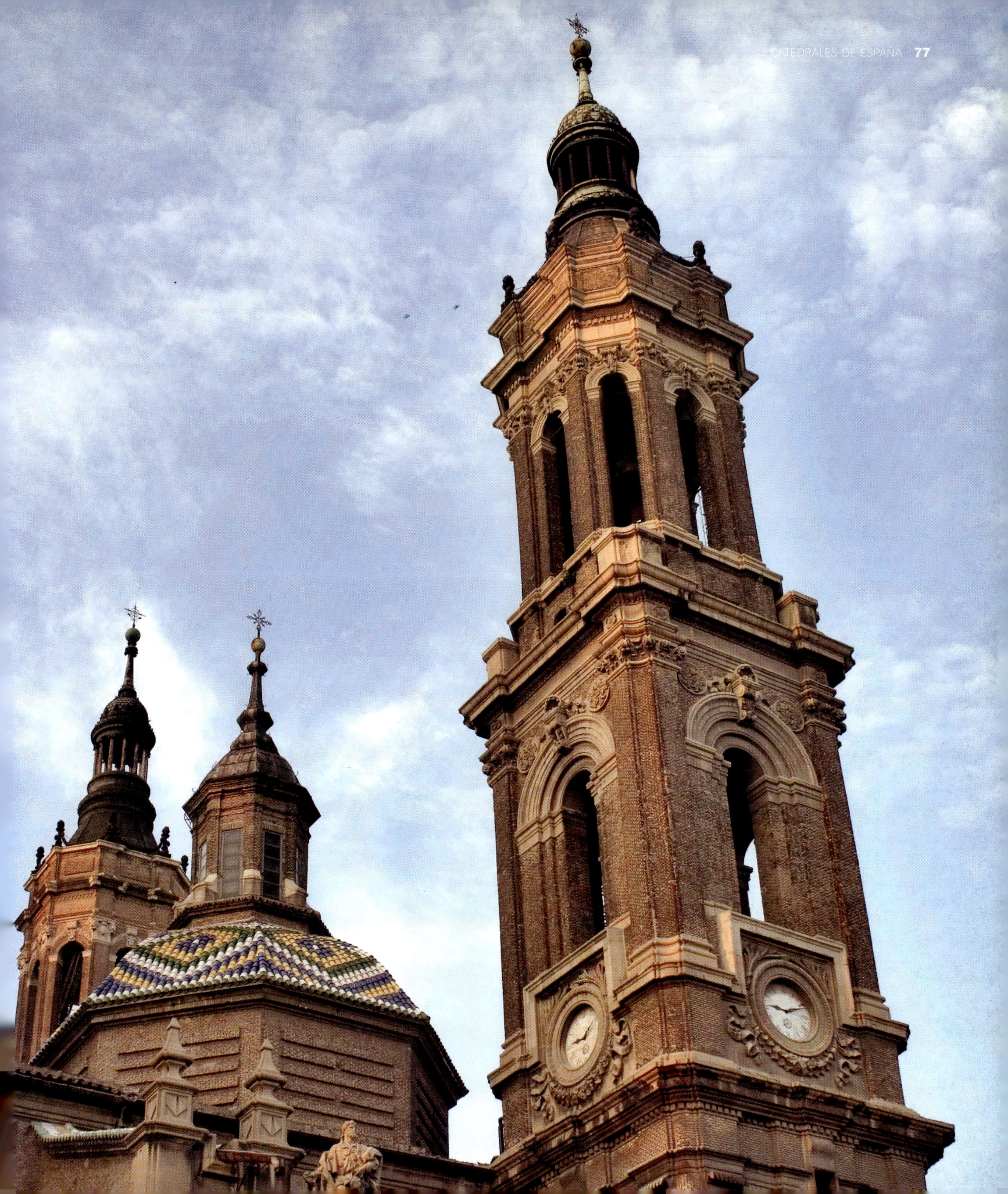

Basílica de Nuestra Señora del Pilar de Zaragoza

EL TEMPLO ESTÁ SITUADO A ORILLAS DEL RÍO EBRO, DE CARA A LA PLAZA QUE LLEVA SU MISMO NOMBRE. ES EL MONUMENTO MÁS REPRESENTATIVO DE LA CIUDAD DE ZARAGOZA.

LOCALIZACIÓN
Plaza del Pilar, s/n
Zaragoza
SIGLOS XVII-XIX

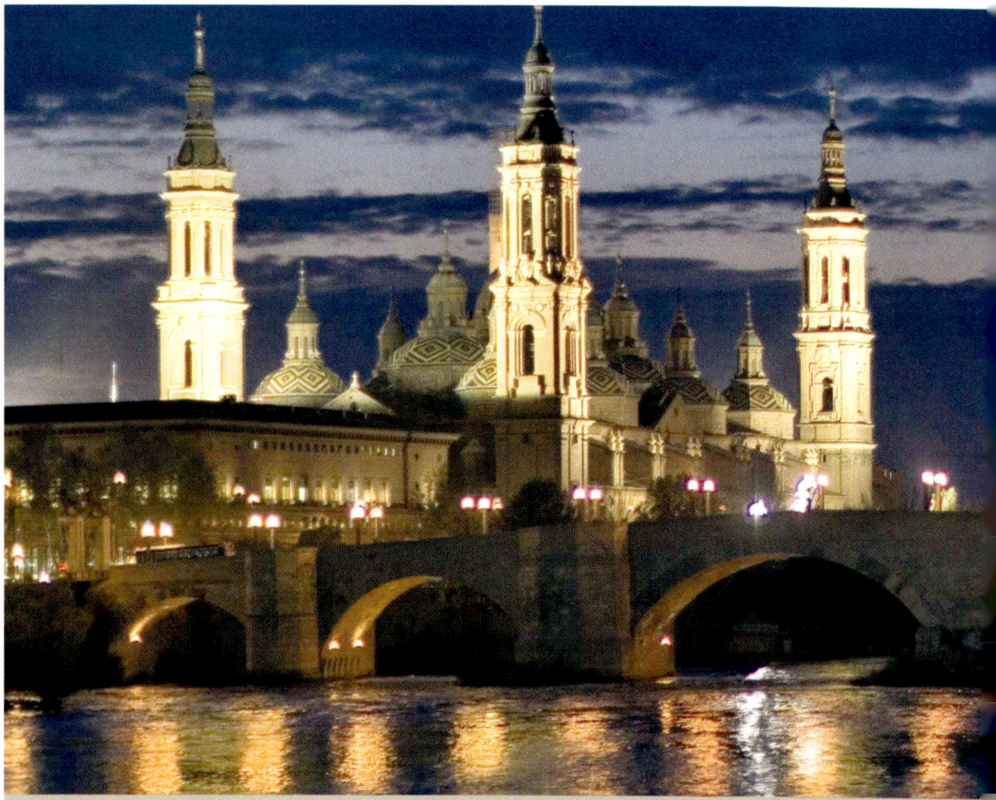

En 1948, el papa Pío XII concedió a la catedral de Nuestra Señora del Pilar el título de basílica menor, si bien en el año 1676 había recibido la dignidad catedralicia. En 1904 fue declarada Monumento Histórico-Artístico Nacional.

Un incendio producido en 1434 perjudicó al conjunto, lo que motivó la construcción de una nueva iglesia gótico-mudéjar, que sustituyó a la anterior, de estilo románico.

La iglesia gótica estaba estructurada y compuesta por una única nave y por un claustro, en el que se hallaba situada la capilla del Pilar.

La nueva construcción se concibió dentro de las directrices del estilo barroco, con pilares y ornamentaciones robustas, además de la continuidad de bóvedas.

La traza general se encargó a Felipe Herrera. La edificación estuvo terminada en 1754, mientras que en 1725 el cabildo encargó la remodelación de la Santa Capilla a Ventura Rodríguez, obra que quedó terminada en 1765. En 1872 se procedía a la terminación de la cúpula central y la primera torre.

Ventura Rodríguez, más tarde, se encargó de las obras de la Santa Capilla y remodeló el trazado exterior con cúpulas añadidas a la central, junto a algunas torres. Es-

RETABLO MAYOR

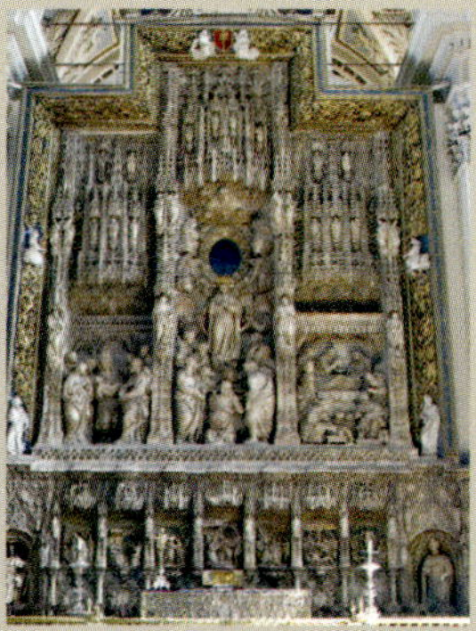

Se inicia en 1434, contratándose a Damián Forment para la ejecución, entre 1509 y 1518. Se distribuye en dos zonas: el banco y el sotabanco, ambos enmarcados por dos portadas clásicas y un cuerpo con polsera. El sotabanco se compone de balaustres, entre los que aparecen emblemas referentes a la Virgen del Pilar, además de los retratos del escultor y su esposa. En el banco hay siete relieves con escenas dedicadas a la Virgen, separados por pilares góticos con imágenes de santos que se apoyan en peanas. La policromía de los relieves fue obra de Pedro de Aponte. El cuerpo superior del retablo se distribuye a modo de tríptico, con tres escenas de la Virgen. Las composiciones se protegen con doseles calados góticos, en los que se colocan estatuas sobre peanas. Cuatro pilares góticos con estatuas en su frente sirven para enmarcar todo el conjunto.

tas obras concluirán ya entrado el siglo XX.

Es un edificio imponente por sus dimensiones y por la fuerza que le otorga el uso del ladrillo, de estilo mudéjar. Es destacable la policromía de las tejas de las cúpulas.

En el centro de la nave principal se encuentra el altar mayor y en él destaca el retablo. Rodean el conjunto las capillas, las dos sacristías y el coro situado al frente de la Santa Capilla, entre otros.

EL CULTO SE REALIZA CON EL MISMO COLOR QUE EL MANTO DE LA VIRGEN.

LA SANTA CAPILLA

Los materiales con los que está elaborada la conocida escena de la Venida de la Virgen son el fastuoso mármol de Carranza y el lujoso bronce dorado. Este grupo escultórico es el que preside la Santa Capilla desde su ubicación en el centro. La escultura se encuentra a una altura superior a la de los altares laterales.

Ventura Rodríguez será el arquitecto que dote a la capilla de su aspecto actual, con tonalidades cercanas al neoclasicismo.

La imagen de la Virgen del Pilar se coloca sobre el «pilar» y todo ello dentro de un camarín de plata con fondo de mármol. La imagen de la Virgen del Pilar es una escultura de bulto redondo realizada en madera, de 36 centímetros de altura. Esta obra fue realizada por Juan de la Huerta a mediados del siglo XV. Las partes visibles de la figura de la Virgen, así como las del Niño, se policromaron. Entre 1695 y 1715 fue realizada la imagen de San Miguel que se sitúa sobre el dosel de plata del camarín.

Así, todo el conjunto queda unificado y constituye un único espacio narrativo que otorga unidad a la totalidad de la capilla.

HUMILLADERO

La Santa Columna aparece por detrás del muro a través de un hueco en la parte posterior de la Santa Capilla. Hasta este lugar se acercan los devotos para besarla, lo que ha producido a lo largo del tiempo un deterioro tan acusado que en esta zona ha aparecido alguna grieta.

La planta

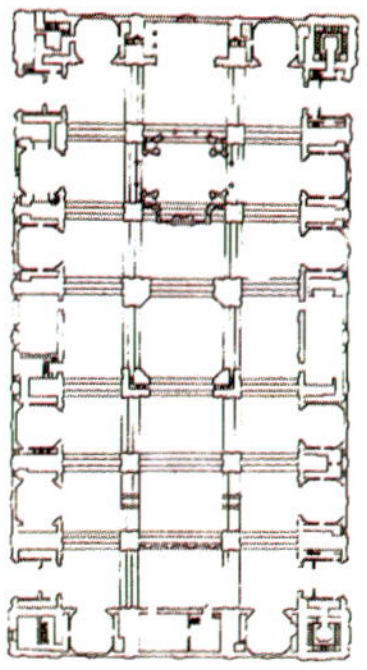

UNA PLANTA DE SALÓN *conforma la zaragozana Basílica del Pilar, que mide 130 por 96 metros y alcanza los 80 metros de altura. Excepto los arcos que sujetan la cúpula central (de sección poligonal), el resto, descansando sobre pilares de forma cuadrangular, sostiene las cúpulas y las bóvedas que decoran los siete compartimentos en los que se separan las tres nave del templo. Las hornacinas decoradas con colores dorados se sitúan entre las pilastras de orden corintio que embellecen los pilares.*

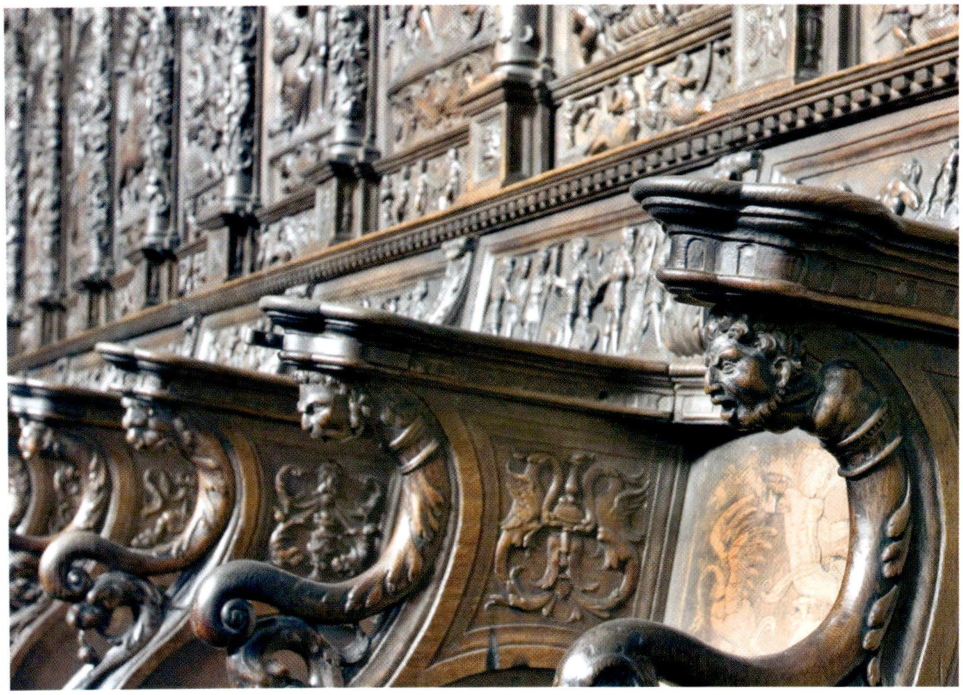

EL CORO *procede del templo gótico. Es un conjunto de rejería, sillería y órgano. Esta sillería se sitúa en un plano central a modo de testero y dos planos laterales en forma de alas con tres filas de asientos en cada lado. Hay 125 sillas en el coro. Al fondo se encuentra la caja de órgano, obra de 1529 de estilo plateresco.*

Catedral de Albarracín

LA CATEDRAL DEL SALVADOR DE ALBARRACÍN ESTÁ SITUADA EN UNO DE LOS PUEBLOS MÁS HERMOSOS DE ESPAÑA. ES SEDE EPISCOPAL DESDE 1171. LA POBLACIÓN DE ALBARRACÍN FUE DECLARADA CONJUNTO HISTÓRICO-ARTÍSTICO Y MONUMENTO NACIONAL EL 22 DE JUNIO DE 1961.

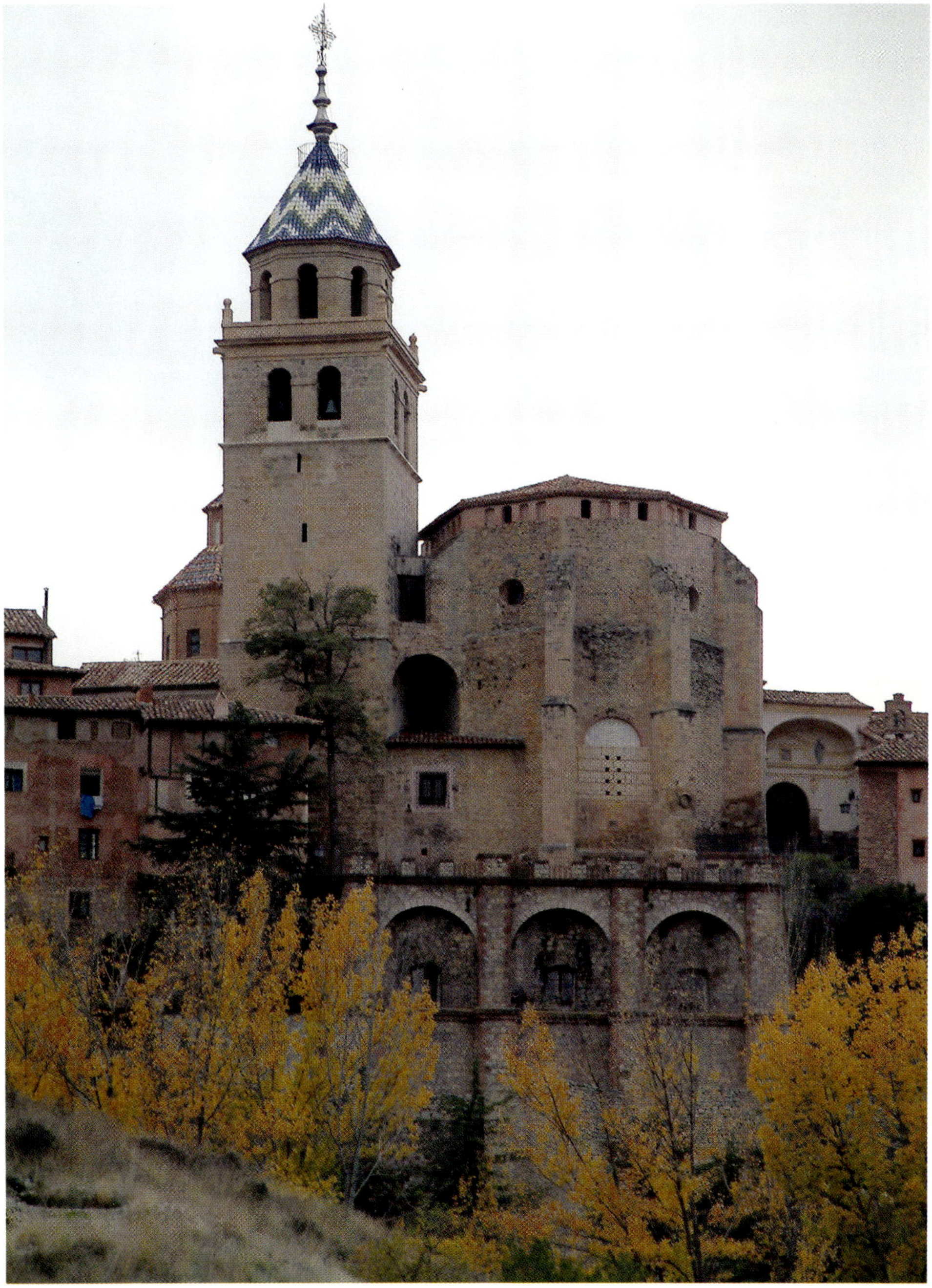

LOCALIZACIÓN

Calle de la Catedral, s/n
Albarracín (Teruel)
SIGLO XVI

La catedral y su entorno inmediato conforma un grupo de edificios, calles medievales empinadas y paisaje urbano y natural que, por sí mismo, convierte el espacio en una extraordinaria forma de expresión artística. La catedral de Albarracín es un edificio que puede apreciarse a simple vista al abarcar una visión general de la localidad.

La primitiva catedral de Albarracín empezó a construirse a finales del siglo XII o principios del siguiente, tras la reconquista, en un marcado estilo románico debido a la plenitud de este estilo durante esta época, aunque sería una construcción de factura pobre.

Se cree que la construcción del templo primitivo comenzó en el año 1200, en el emplazamiento de la antigua mezquita musulmana. Se trata de la antigua iglesia de Santa María.

La catedral actual es una obra del siglo XVI, que comenzó a construirse en el año 1530, aunque fue edificada en el mismo lugar que la anterior.

Exteriormente, el templo presenta formas renacentistas desarrolladas con gran severidad.

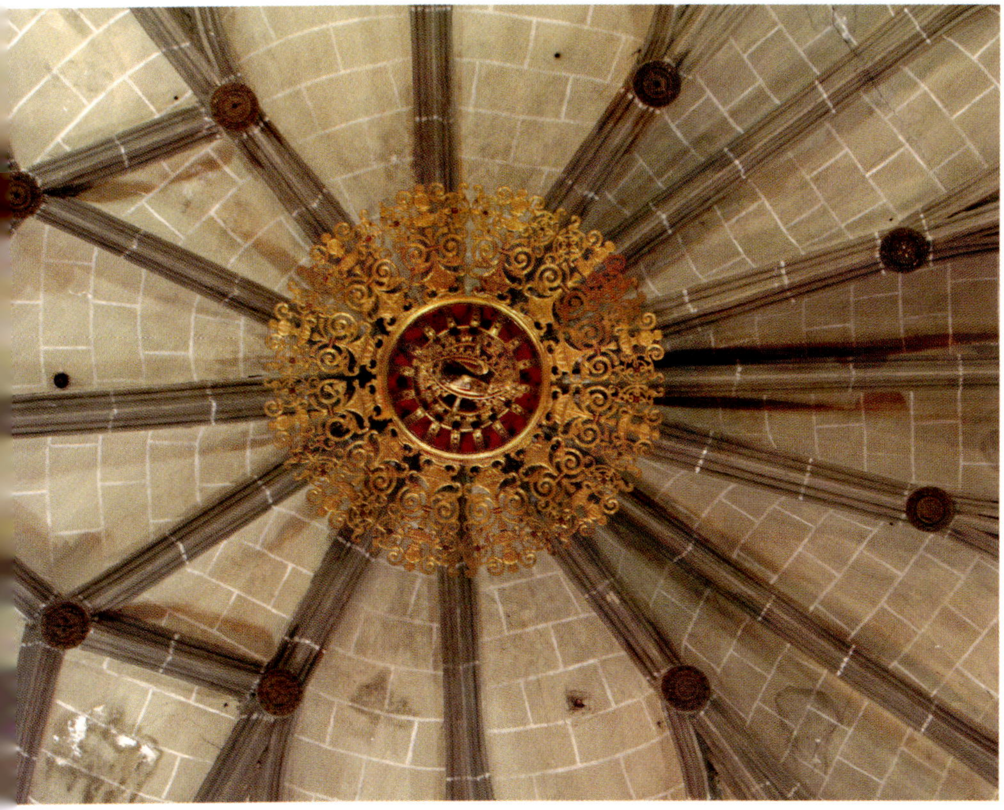

UNA BÓVEDA DE CRUCERÍA *estrellada con un acentuado estilo tardogótico cubre la nave.*

INTERIOR

En su interior destaca la capilla del Pilar, se construyó en el año 1657 y, posteriormente, se amplió entre los años 1735 y 1739. En su interior alberga un retablo de estilo barroco atribuido a Juan de Mora.

Otra de las capillas destacables de la catedral de Albarracín es la dedicada a la Magdalena. En su interior se encuentra el retablo de San Pedro, posible obra del maestro Juan de Salas, a quien se le atribuye su realización hacia mediados del siglo XVI.

Una de las joyas que alberga el interior del templo es el retablo del altar mayor, de Cosme Damián Bas, iniciado hacia el año 1566. El sagrario-ostensorio, que se sitúa, como habitualmente se hacía, en la parte central superior de la predela, es de Martín de Funes, quien realizó posteriormente todo el conjunto del retablo hacia el año 1647.

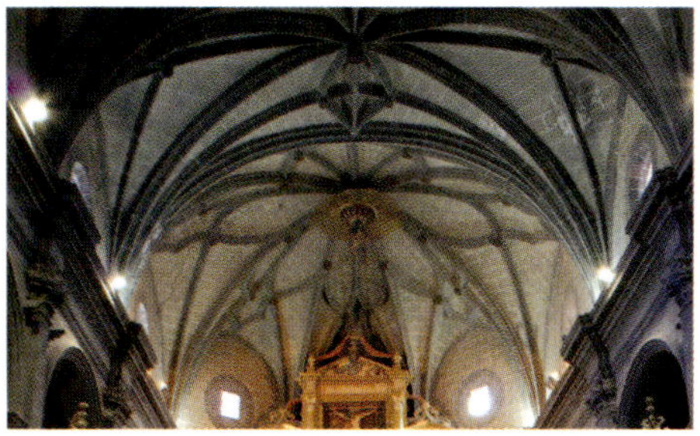

Otros de los objetos artísticos que forman parte del patrimonio incluido en el templo son un pez de cristal de forma sorprendente y algunas piezas más de orfebrería, como un cáliz gótico.

LA PLANTA

El templo se alza sobre una planta rectangular. Consta de una sola nave, con capillas laterales que se reparten entre los contrafuertes. Tanto la nave como el claustro se redecoraron en el siglo XVIII para darles un aspecto barroco. A través del claustro, que actúa de unión, se tiene acceso al palacio episcopal.

La bóveda se atribuye al arquitecto francés Pierres Vedel. La cubierta se cerró entre los años 1556 y 1560.

TORRE CAMPANARIO

La torre que hace las funciones de campanario es el elemento que se construyó con posterioridad, en 1595. Está compuesta por cuatro cuerpos, siendo los de la parte inferior, los tres primeros, de planta cuadrada, y el remate de la torre, en planta octogonal.

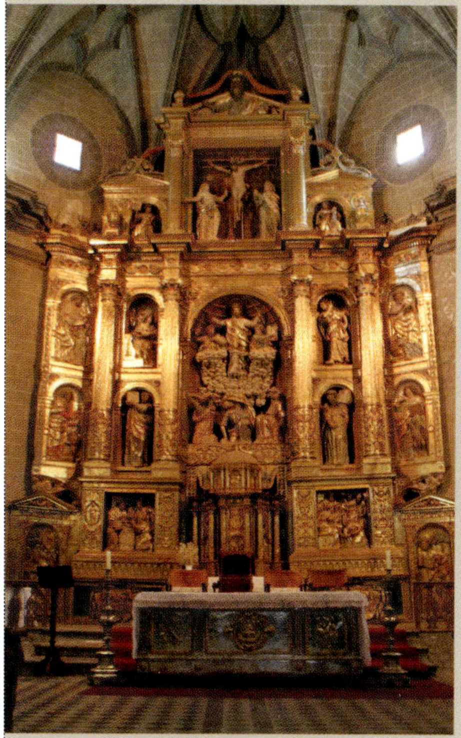

RILLO FUE *el encargo de aplicar el dorado y la policromía al conjunto del retablo del altar mayor en el año 1681.*

Catedral de Barbastro

LA CATEDRAL DE LA ASUNCIÓN DE LA VIRGEN ESTÁ SITUADA EN EL BARRIO ANTIGUO DEL ENTREMURO Y SE CONSIDERA UNO DE LOS PRINCIPALES EDIFICIOS DE LA ARQUITECTURA RENACENTISTA DE LA ZONA DE ARAGÓN.

LOCALIZACIÓN

Plaza Palacio, s/n
Barbastro (Huesca)
SIGLO XVI

La construcción se inició sobre un antiguo templo consagrado en el año 1100. La actual catedral de la Asunción de la Virgen de Barbastro es una obra levantada entre 1517 y 1533, perteneciente a la primera mitad del siglo XVI.

En la construcción participaron arquitectos importantes de la talla de Juan de Segura o Juan de Sarriñena. El proyecto fue motivado tanto por el deseo de los ciudadanos como por el clero, con el fin de construir un edificio espectacular que pudiera servir para que la ciudad de Barbastro recuperara su perdida condición de sede episcopal.

Fue financiado, en un principio, por el consejo de la ciudad, pero después fueron muchos los inconvenientes económicos que tuvieron que superarse para poder ver concluidas las obras.

Una inscripción recorre los muros de la iglesia, dejando constancia de lo importante que fue para el pueblo la finalización del proyecto y el orgullo que inspiraba a sus promotores. Reza así: «Toda hermosa eres, amiga mía, y en ti no hay defecto (...). Señor, tu casa está perfectamente construida sobre roca firme».

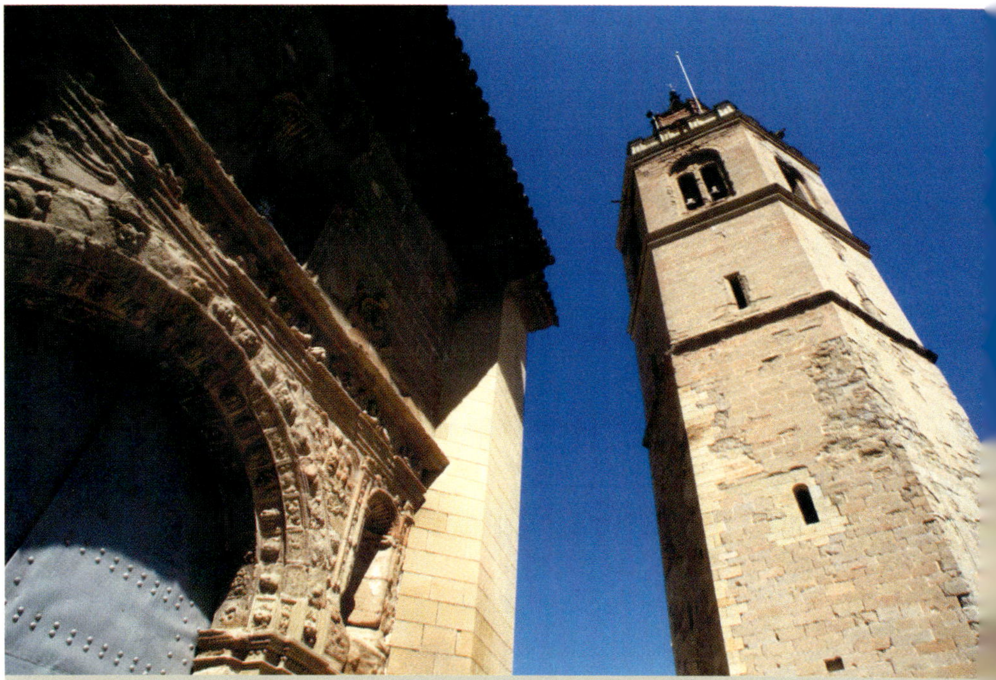

TORRE DE LAS CAMPANAS

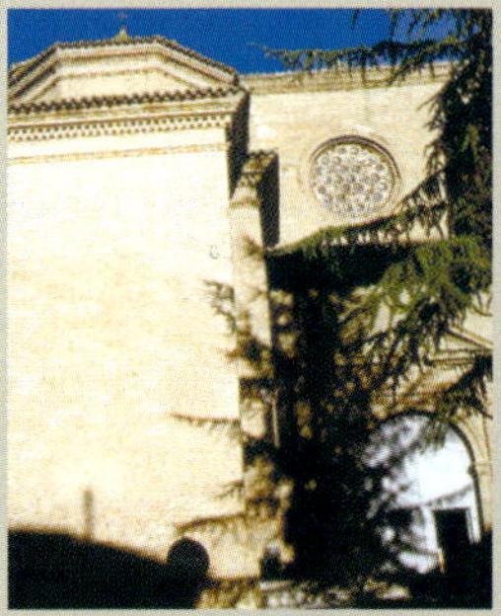

En su exterior destaca la torre del campanario, desde la que se puede contemplar toda la localidad. La torre presenta tres fases. La primera es la que se inició en periodo medieval y que, actualmente, está representada por los dos cuerpos inferiores. En el siglo XVII, el arquitecto Pedro de Ruesta llevó a cabo la reforma que supuso la segunda fase de construcción de la torre. Ya en el siglo XVIII se acometió la reforma del capitel que remata el conjunto en su parte superior. La torre de las campanas es actualmente uno de los símbolos más representativos de la localidad. Los elementos formales que componen la arquitectura de la catedral de Barbastro son propiamente góticos. Sin embargo, en el interior la concepción del espacio es más cercana a la estética clasicista del incipiente Renacimiento.

La fachada principal es sencilla, pero la fachada lateral es una obra de estilo plateresco.

Algunas familias destacadas de la ciudad, como nobles, obispos, personajes importantes de la curia, cofrades pertenecientes a diversas agrupaciones, y particulares adinerados, decidieron entre los siglos XVII y XVIII ampliar las capillas de la catedral, haciendo una serie de donaciones y dotando a estos espacios de portadas grandiosas, de las que antes carecían.

EL ESTILO PLATERESCO DE LA FACHADA LATERAL CONTRASTA CON LO SOBRIO DE LA PRINCIPAL.

Entre estas capillas destacan las dos que se encuentran abiertas a los pies del templo: la del Santo Cristo de los Milagros y la capilla antigua dedicada a San Carlos Borromeo. Estas dos capillas fueron levantadas durante la primera mitad del siglo XVIII, con un marcado estilo barroco.

Damià Forment, de procedencia valenciana, se encargó de diseñar el retablo de la capilla mayor. Forment introdujo en estos territorios el estilo renacentista, que comenzaba a cuajar en otras partes de la Península.

El banco del retablo permanece decorado con una serie de figuras esculpidas por el valenciano, quien también las diseñó. Representan escenas como la Presentación de Cristo en el Templo, otras relativas a San Pedro, etcétera.

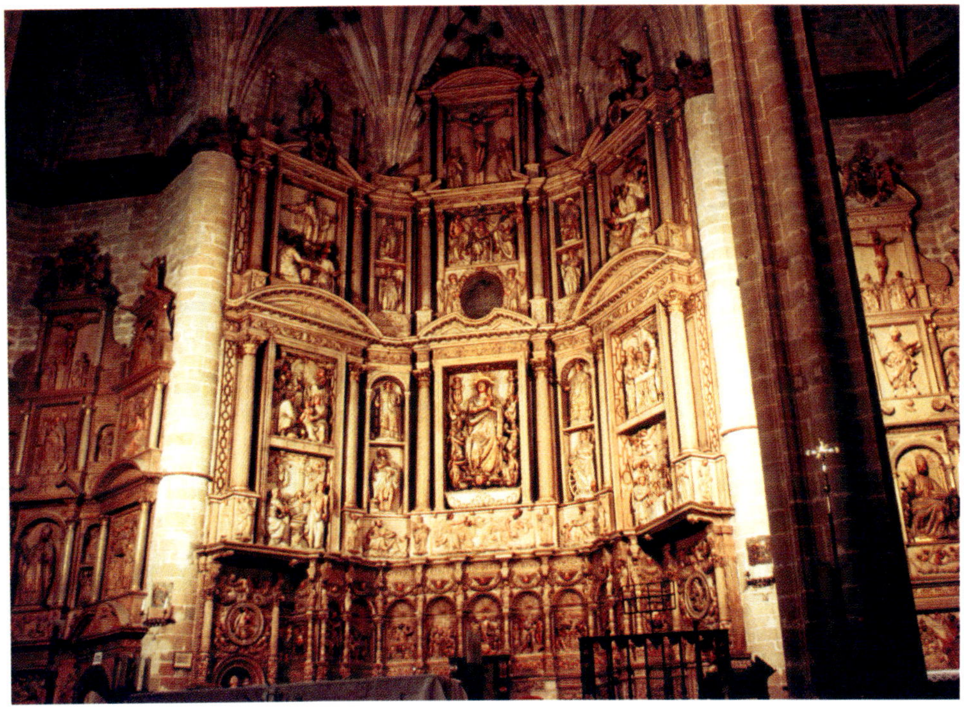

La planta

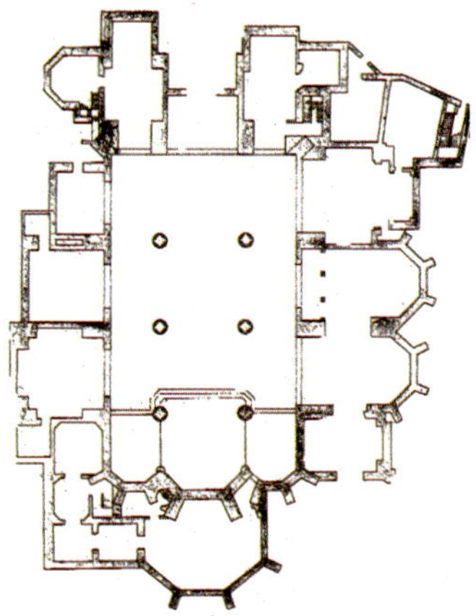

Se levanta sobre una planta *de tres naves con cuatro tramos divididos por pilares constituidos por una reunión de columnitas, con capiteles reducidos a anillos decorados con ángeles y follajes, que sostienen las bóvedas de nervadura, todas de la misma altura, adornadas con claves decoradas. Una serie de capillas laterales se abren entre los contrafuertes.*

Cuando el artista hubo fallecido, alumnos suyos como Juan de Liceyre tuvieron que terminar esta parte de la predela del retablo, siempre siguiendo el diseño que el maestro había establecido. De este modo, en el año 1560 se finalizó esta parte inferior del conjunto del retablo, mientras que el resto quedó incompleto hasta que entre los años 1600 y 1602 se retomó la obra, acometiéndose la realización de los cuerpos superiores. Llevaron a cabo esta labor artistas como Orliens, Martínez de Calatayud y Armendia, quien concluyó el trabajo dentro de un estilo totalmente distinto al proyecto original, mucho más moderado, respondiendo a una estética romanista.

El retablo *que ocupa el espacio de la capilla mayor se encargó en el año 1536, una vez concluidas las obras del templo.*

CATEDRAL DE HUESCA

LA MEZQUITA MAYOR QUE EXISTÍA DURANTE LA ÉPOCA MUSULMANA SE HABILITÓ PARA EL CULTO HASTA EL SIGLO XIII. POR ESTA RAZÓN, HUESCA NO CUENTA CON UNA CATEDRAL ROMÁNICA, SIENDO UNA TIERRA CON TANTA RIQUEZA DE ROMÁNICO, YA QUE LA CONSTRUCCIÓN DE LA CATEDRAL SE INICIÓ DESPUÉS.

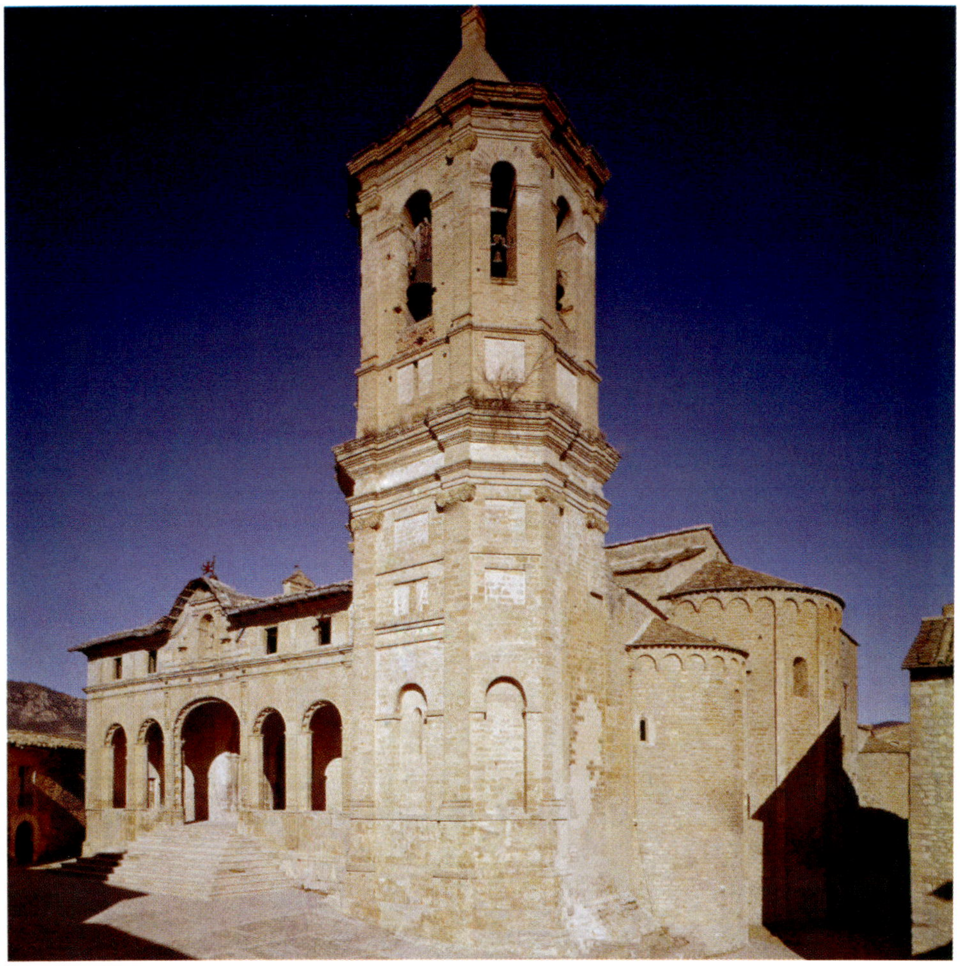

EN EL CLARISTORIO *situado en la nave central se abren unos vanos apuntados, que también se encuentran en las caras del ábside mayor y permiten la iluminación del templo.*

LOCALIZACIÓN

Plaza de la Catedral, s/n

Huesca

SIGLOS XIII-XVI

Fue durante el periodo de consagración del obispo Jaime Sarroca cuando el rey juzgó indebido el uso de la antigua mezquita para la celebración del culto cristiano, por lo que en 1273 propuso la construcción de una catedral en la ciudad de Huesca. Las obras comenzaron en 1294.

ALTAR MAYOR

Entre 1520 y 1533 se construyó el retablo, obra de Damià Forment y realizado en alabastro.

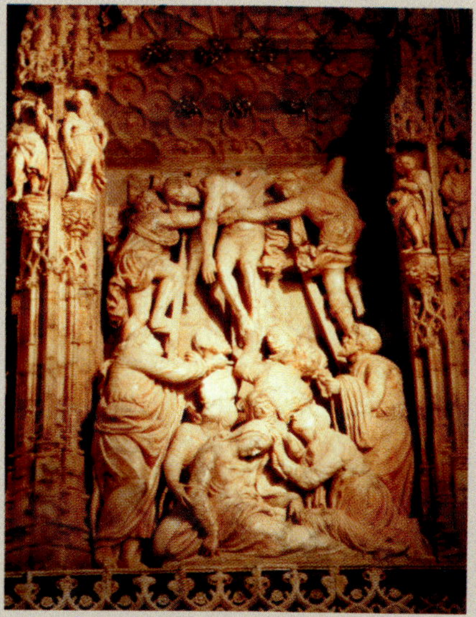

En el año 1309 ya se había elevado la cabecera con el ábside mayor y los cuatro ábsides laterales. En este mismo periodo, el alzamiento de las naves laterales y las capillas corrió a cargo de particulares, que costeaban la construcción a cambio de obtener un lugar de enterramiento.

La actual catedral de la Transfiguración del Señor o de Jesús Nazareno de Huesca estaba construida sobre un templo románico, del que se conserva un pórtico formado por tres arquivoltas. La torre del

La planta

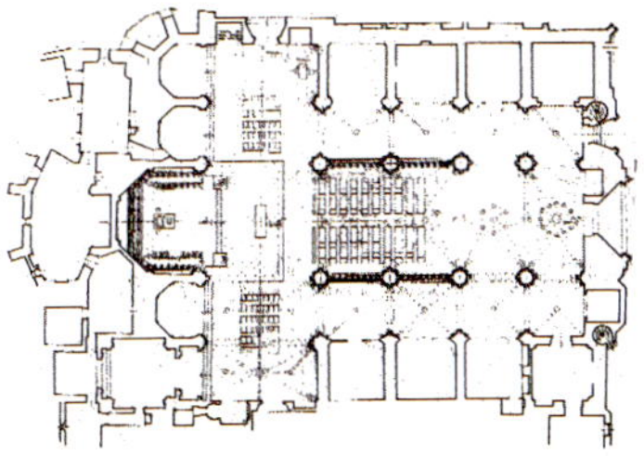

EL TEMPLO SE ASIENTA *sobre una planta de cruz latina de tres naves compuestas de cuatro tramos cada una, con capillas adosadas a las naves laterales, transepto más ancho que las otras naves y mayor elevación respecto a las naves laterales.*
La elevación del crucero es igual a la de la nave central. En 1493, Juan de Olózaga retoma la construcción de la catedral y procede a la elevación de la nave central y del crucero.

campanario es de planta cuadrangular en la zona correspondiente a sus tramos inferiores y con forma ochavada en los correspondientes a la parte superior. La torre se finalizó en 1310 y ahí se detuvieron las obras. La primitiva torre del siglo XIV fue reedificada tiempo después, junto a la portada. Entre las capillas destaca la del Santo Cristo, situada en el antiguo ábside y cubierta con cúpula, al igual que las capillas de San Orencio y San Joaquín, decoradas al estilo barroco y construidas entre los años 1646 y 1655.

En el año 1405 se construyó el claustro. Está compuesto de bóvedas de crucería. Se conservan tres arcos con sus apeos, pero el deterioro de los capiteles de los extremos hizo que se sustituyeran por copias.

La catedral está compuesta de dos sacristías, una de ellas construida en estilo gótico; la otra, renacentista, se encuentra en el ábside mayor.

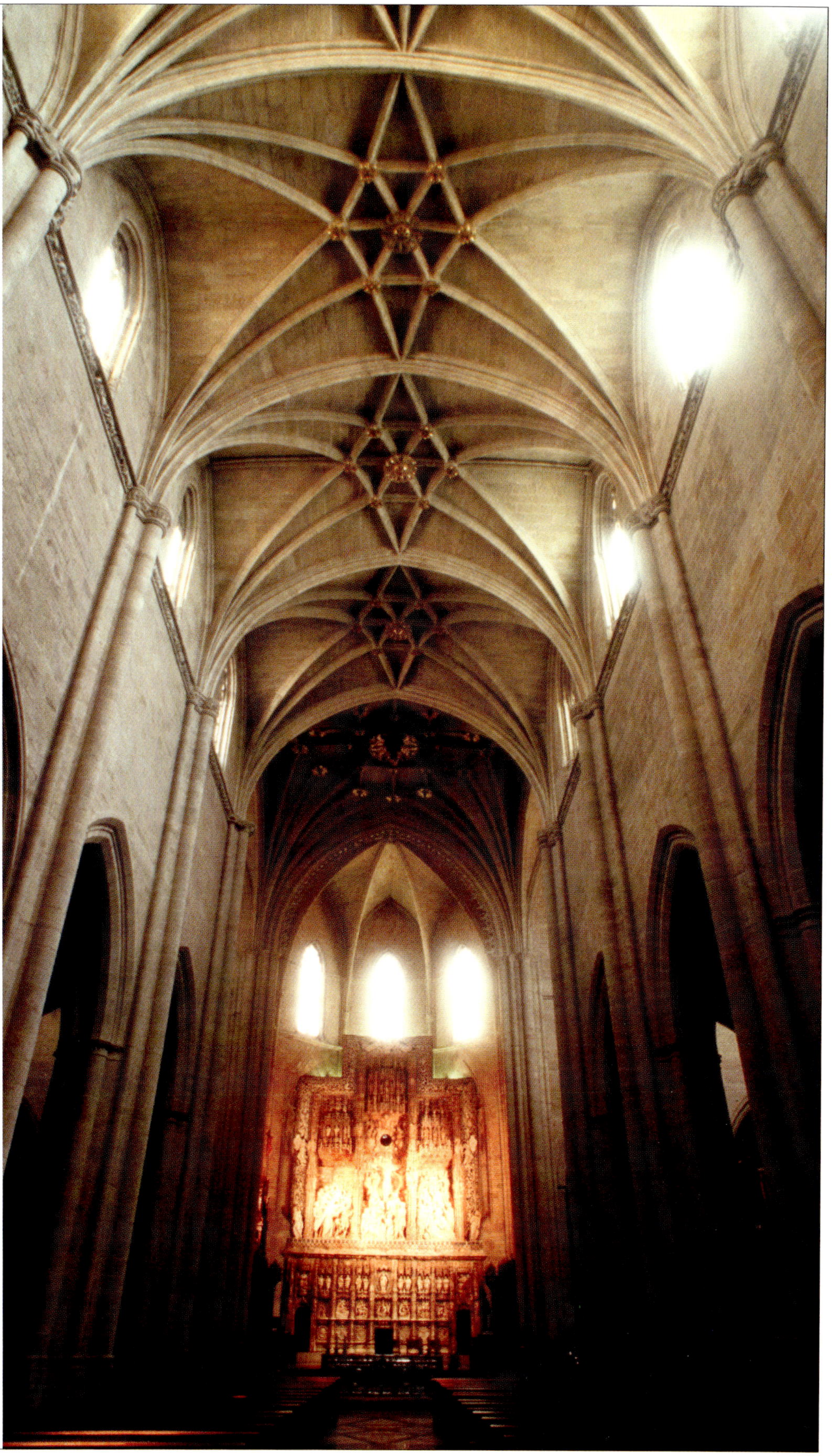

Catedral de Jaca

CONSAGRADA A SAN PEDRO, ES UN REFERENTE DEL ROMÁNICO ESPAÑOL. ESTA CONSTRUCCIÓN FUE MODELO DE OTRAS CONSTRUCCIONES SACRAS QUE SE REALIZARON POSTERIORMENTE.

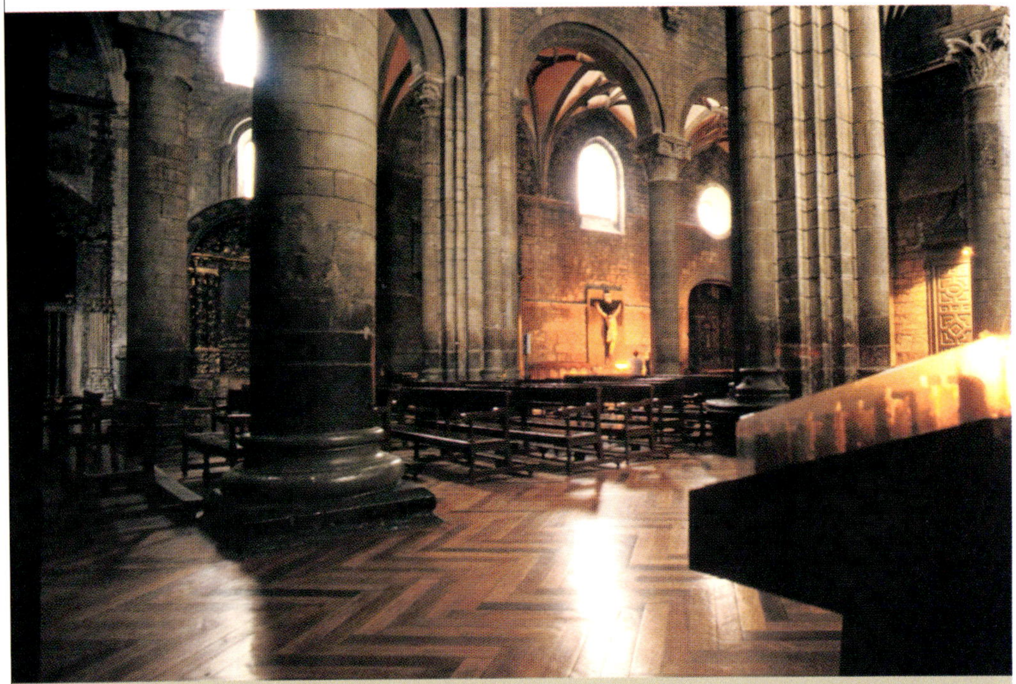

LOCALIZACIÓN

Plaza de San Pedro, s/n
Jaca (Huesca)
SIGLO XI

Construida en el último tercio del siglo XI, la catedral de San Pedro de Jaca se erige como la primera española del románico.

Sobre esta construcción hay dudas en cuanto a la fecha de edificación. En algunos casos se ha pensado que fue construida en el año 1063. Otras fuentes aluden a unas décadas después. En cualquier caso, se trata de uno de los primeros edificios románicos levantados en la Península siguiendo los criterios del estilo internacional o románico francés.

PORTADA PRINCIPAL

En el exterior del edificio distinguimos la portada principal, que se considera un elemento particular por su tamaño y gravedad.

Una bóveda de cañón desde el arco de carpanel de la entrada representa perfectamente la austeridad del románico, carente de ornamentaciones. Un tímpano remata la entrada occidental, donde dos leones flanquean un crismón, piedra principal del románico jaqués. Varios capiteles, en los que aparecen figuras, como las de los profetas Daniel y Baruc

LAS CAPILLAS

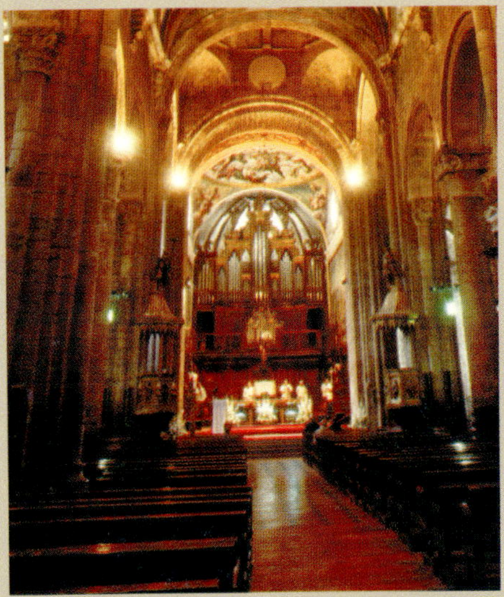

En el siglo XV se construyeron las capillas de estilo gótico como la de Santa Cruz, San Agustín y Santo Cristo. Ya en el siglo XVI y principios del XVII se fundaron las nuevas capillas tardogóticas (San Sebastián, la Anunciación y Santa Ana) y las de estilo renacentista, entre las que destacan la espléndida de San Miguel, la de la Trinidad (obra del magnífico escultor Juan de Ancheta), la del obispo Baguer y la de San Jerónimo (situada en el ábside septentrional). A finales del siglo XVII se erigió una nueva capilla, ya en estilo barroco, dedicada a Santa Orosia, patrona de Jaca.

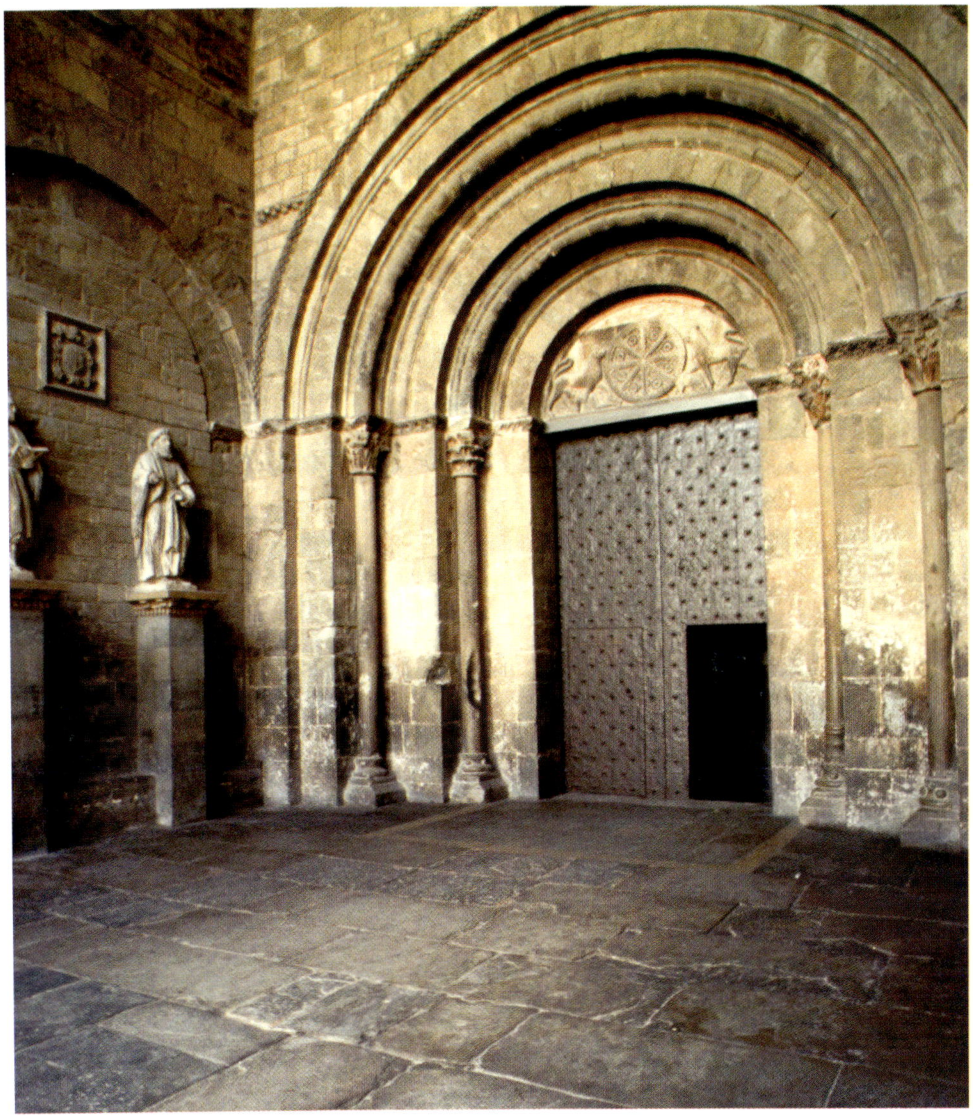

La planta

La catedral románica de Jaca *presenta planta basilical con tres naves, una central y dos laterales, un crucero no muy acusado, con las mismas dimensiones que la nave central, y una cabecera con tres ábsides que rematan cada una de las naves del cuerpo central del edificio. Los muros que separan las naves están tratados con elegancia estructural, fragmentados con vanos compuestos por sobrios arcos de medio punto. Alternan pilastras cruciformes con columnas cilíndricas adosadas a ellas. El crucero está cubierto por bóveda de cañón. Un cimborrio de arcos cruzados sobre cuatro trompas corona el conjunto.*

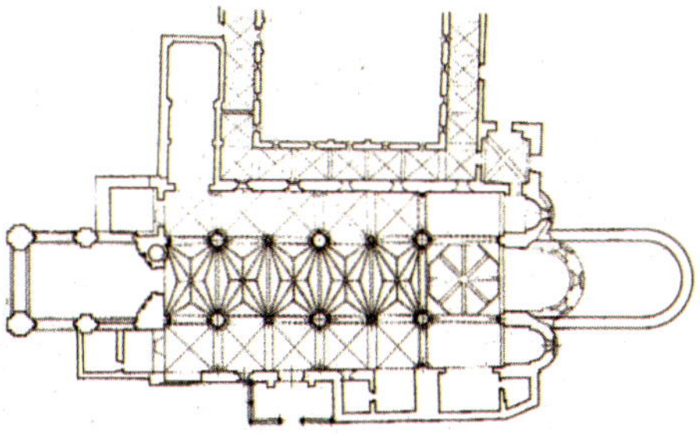

En el siglo XVIII *se derribó el ábside central, y el del norte se encuentra dañado, por lo que sólo se conserva el meridional con todos los elementos, como capiteles, canecillos y metopas, además del ajedrezado jaqués.*

(el primero rodeado de leones) enmarcan el espacio escultórico de la entrada, que cuenta, además, con otros elementos. Por ejemplo, un cuarto capitel decorado a base de plantas, el denominado vegetal; o maravillosas columnas, secciones de jaqués, además de bolas tradicionales.

> ES LA PRIMERA SEO DE ESTILO ROMÁNICO QUE SE CONOCE EN ESPAÑA.

A finales del siglo XVIII se colocaron en el atrio unas esculturas que simbolizan un grupo de apóstoles y que fueron realizadas en el siglo XVI. En un principio, los cuatro arcos eran abiertos, coronados por verjas románicas. Actualmente, sólo el de la derecha conserva este aspecto.

Procedentes del antiguo claustro del conjunto catedralicio, encontramos en el pórtico meridional un conjunto de capiteles que representan el sacrificio de Abraham, el del profeta Balaam, el del rey David, el martirio de San Sixto y otros con motivos ornamentales de tipo vegetal y animal.

En el tímpano que remata esta portada se conservan partes exentas del conjunto originario, que se componía de un Cristo sedente rodeado de su mandorla y las figuras del tetramorfos. Actualmente, quedan sólo el toro y el león alados, símbolos de los evangelistas Lucas y Marcos. Durante el periodo renacentista la mandorla con Cristo se sustituyó por una tiara pontificia, la cual es un atributo de San Pedro, patrón de la catedral.

CATEDRAL DE MONZÓN

ES EL EDIFICIO PRINCIPAL Y MÁS IMPORTANTE ARQUITECTÓNICAMENTE DE LA POBLACIÓN DE MONZÓN. ESTA CATEDRAL, ANTES DE SU CONSAGRACIÓN, ERA CONOCIDA CON EL NOMBRE DE IGLESIA DE SANTA MARÍA DEL ROMERAL.

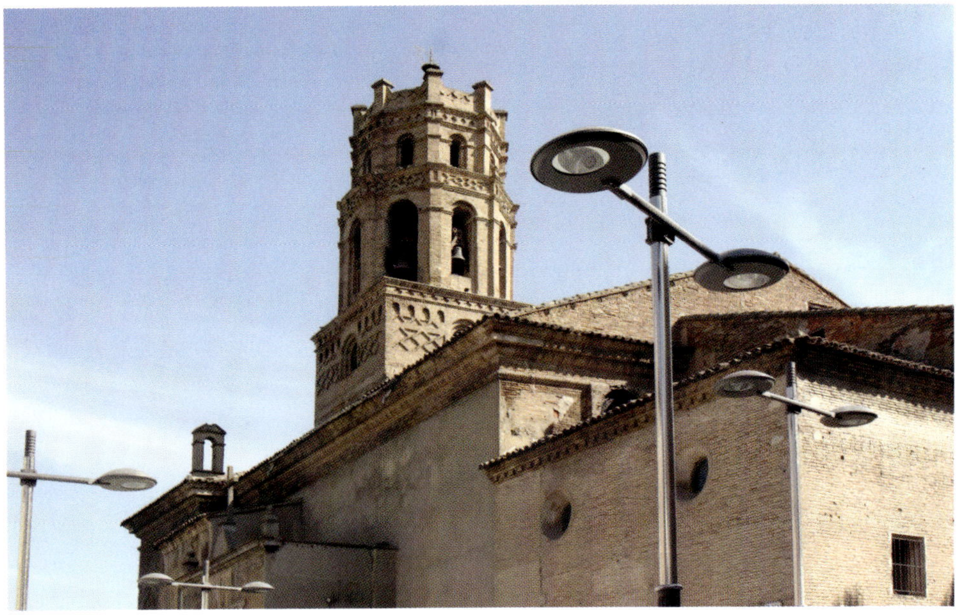

El ábside *del lateral izquierdo se convirtió en capilla en el siglo XV; por tanto, no presenta esa homogeneidad que le aportaban los otros dos elementos de la cabecera exterior.*

LOCALIZACIÓN

Plaza de Santa María, 1

Monzón (Huesca)

SIGLOS XII-XIII

Se trata de un edificio visigótico, convertido en mezquita durante el periodo musulmán.

En 1089 se entrega al obispo de Roda. Se convirtió en sede de todas las parroquias e iglesias del valle del Cinca después de que el obispo Raimundo Dalmacio la consagrara en el año 1098, una vez superada la llamada Reconquista.

En 1196 se produjo la edificación del actual templo, tal y como se proyectó en aquel momento, para tener el aspecto, pese a las modificaciones sufridas, que hoy conocemos.

Desde el año 1220 hasta principios del siglo XVII, en 1600, se convirtió en el lugar de celebración de las Cortes Generales del Reino aragonés, por ser terreno neutral tanto para aragoneses como para catalanes o valencianos, debido a su situación geográfica y a que dependía de la orden militar de San Juan de Jerusalén.

Ya en 1607 se incorporó a esta iglesia la colegiata de San Esteban, y en ese momento se elevó el templo a la dignidad de «Colegiata Insigne». En 1633 ya era cabecera del vicariato general, hasta que en 1642 se convirtió en víctima del expolio durante la guerra *dels segadors*.

EX COLEGIATA

Tenía la categoría de colegiata, que le fue suprimida en el año 1852, quedando como sede del Arciprestazgo. En 1995, tras de la creación del nuevo obispado de Barbastro/Monzón, fue elevada a catedral.

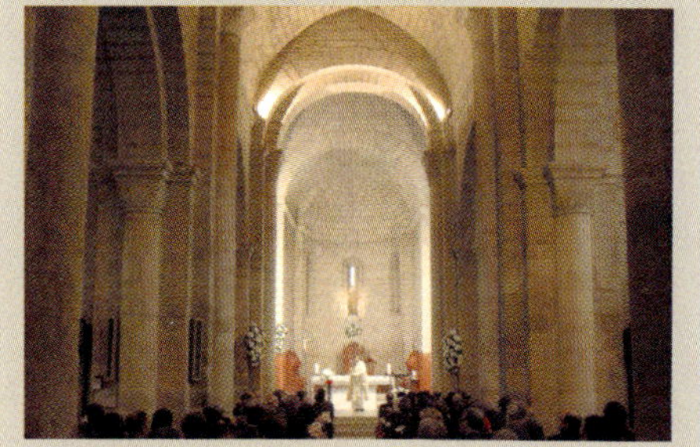

En 1852 se suprimió el cargo de colegiata y continuó su trayectoria eclesiástica. En 1960 se intervino a través de un largo proceso de restauración, que pudo modificar su aspecto.

Ya en 1995 fue nombrada sede del obispado de la zona y catedral.

En el exterior puede verse cómo el ábside central de la cabecera corresponde al siglo XII.

Del mismo modo también el ábside lateral derecho es obra de este primitivo

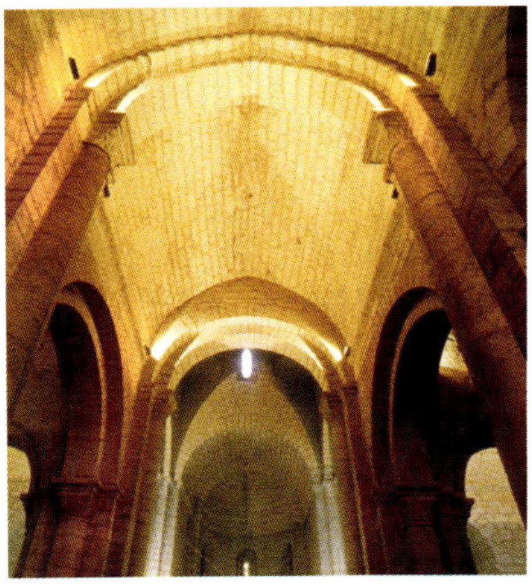

EL ACTUAL TEMPLO *consta de tres naves longitudinales, rematadas por sus correspondientes ábsides a la cabecera. La nave central es una construcción original del siglo* XII, *al igual que las naves laterales, que pertenecen también a esta primera época. Así pues, lo que conforma la estructura general del edificio todavía se mantiene en su aspecto originario.*

EL EXPOLIO DE 1642 EN LA GUERRA «DELS SEGADORS» LE DEJARÁ HUELLA.

periodo, lo que se observa en el aspecto que ofrecen estos paramentos.

Al penetrar en la catedral de Santa María del Romeral, podíamos encontrar un nártex de ingreso, previo a las naves longitudinales, pero este elemento hoy en día se encuentra realizando las funciones del coro. Tuvo un claustro, de estilo románico, correspondiente a la primitiva construcción del edificio, pero se perdió en 1642 por el expolio que sufrió el templo.

En el siglo XVII, el cimborrio que se alzaba sobre el altar mayor fue convertido en campanario.

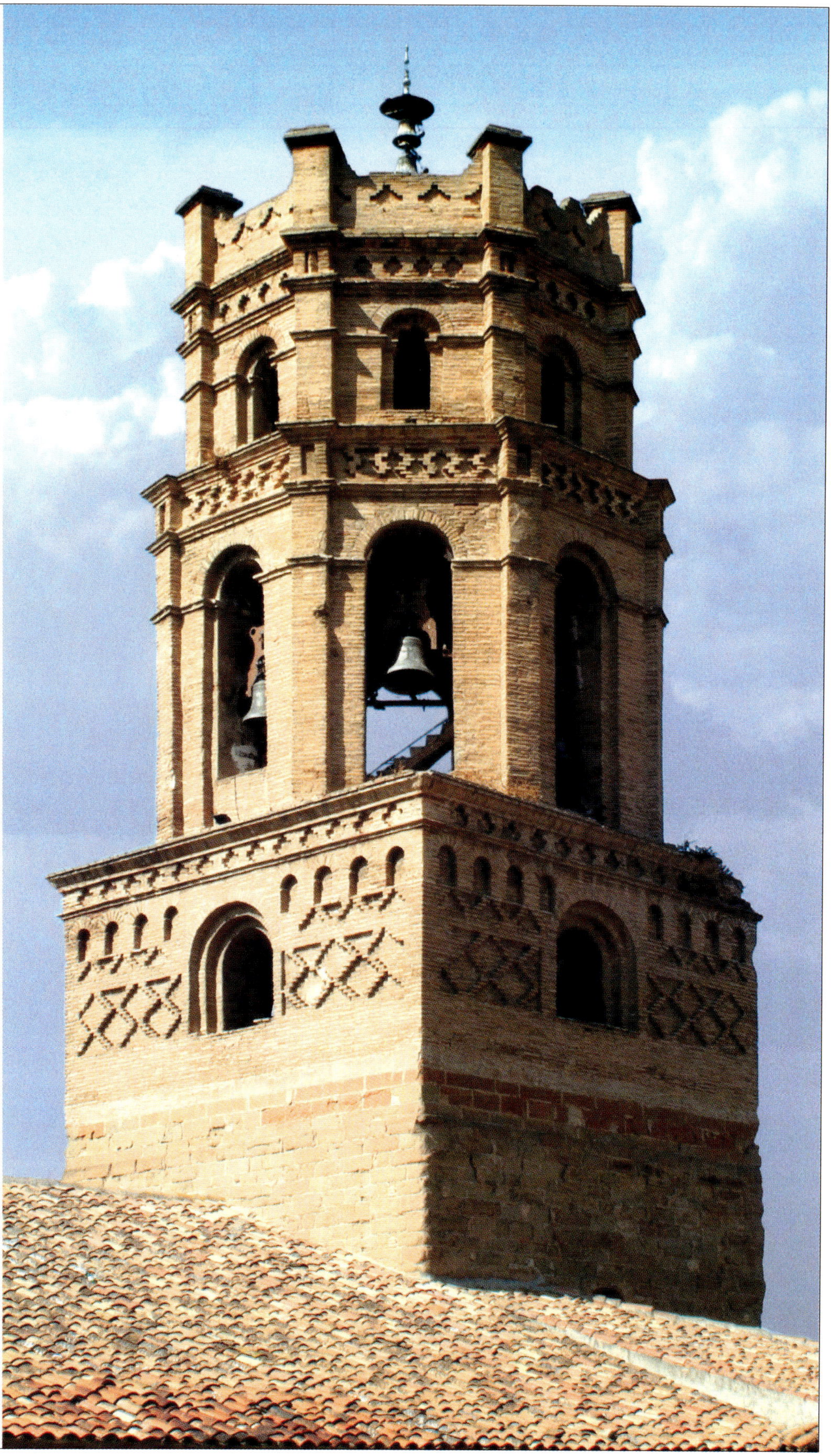

CATEDRAL DE RODA DE ISÁBENA

LA LOCALIDAD DE RODA DE ISÁBENA, SITUADA SOBRE UNA ELEVACIÓN, ES EL PUEBLO MÁS PEQUEÑO DE ESPAÑA CON UNA IGLESIA-CATEDRAL. EL CONDE RAMÓN I CONSIGUIÓ LA INDEPENDENCIA DE LA RIBAGORZA Y, ENTONCES, SE PROPUSO CONSEGUIR UNA DIÓCESIS PROPIA.

La planta

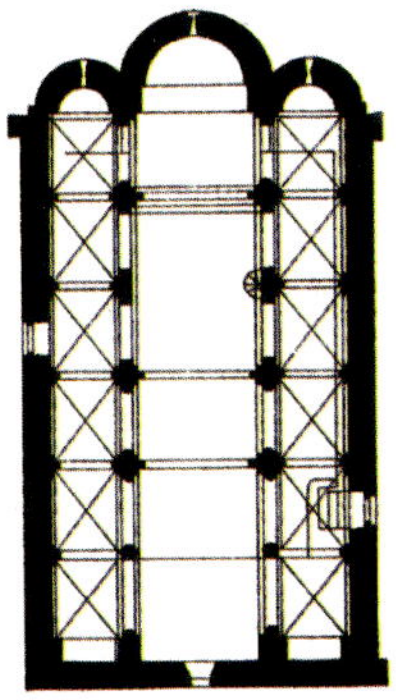

EL EDIFICIO SE ASIENTA *sobre planta basilical de tres naves, habiendo sufrido múltiples reformas según los gustos de la época. En el interior, destaca la existencia de dos niveles, la zona de las cabeceras y la de las naves, pues bajo ellas se cobijan las criptas. La bóveda central es de cañón apuntado (s. XIII, reconstruida en el XVIII), dividido por fajones; con bóvedas de arista se cubren las naves laterales (s. XII).*

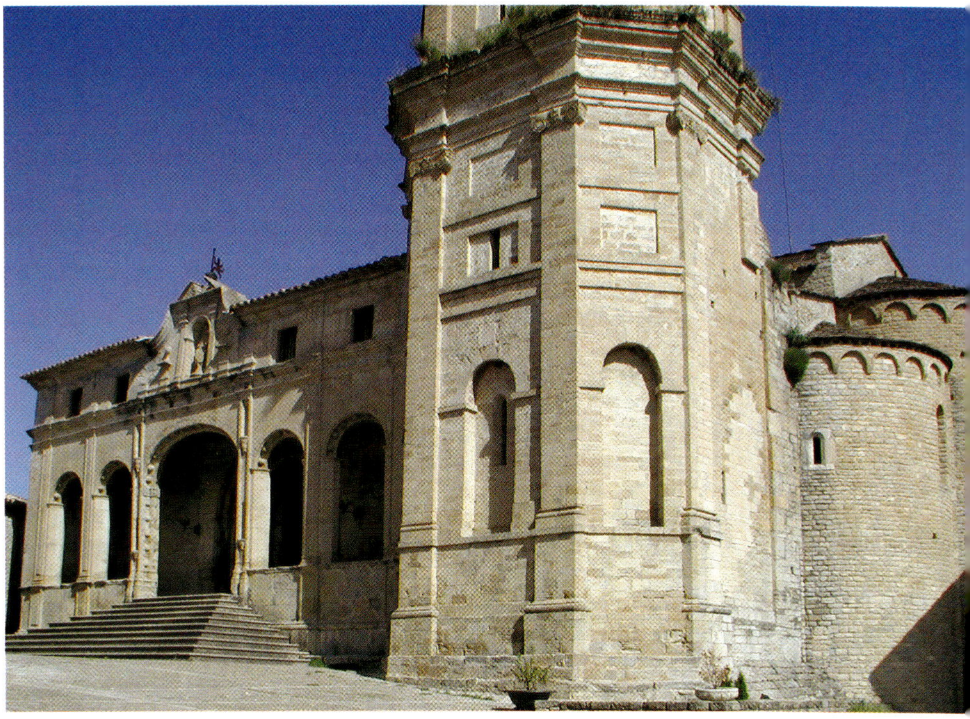

SITUADO EN LA FACHADA SUR, *el pórtico (siglo XIII) se abre precedido por un porche moderno (siglo XVIII) al que se accede por unas escalinatas.*

LOCALIZACIÓN
Plaza de la Catedral, 1
Roda de Isábena (Huesca)
SIGLO XI

En diciembre del año 956, el arzobispo de Narbona la designó como catedral. El primer obispo de esta diócesis la consagró a San Vicente Mártir en el año 957. Abd al-Malik asoló todo este territorio, entre 1003 y 1006, incluida la ciudad de Roda de Isábena.

Los elementos más importantes de esta catedral son la portada del sur, que cuenta con espectaculares arquivoltas sobre columnas; la cabecera; y, por supuesto, el claustro.

La parte más antigua está ligada al castillo, de cuyo torreón quedan los cimientos circulares en la parte norte de la iglesia. De la torre actual, sólo es original la zona más inferior. Las naves se cierran al este con ábsides de planta de tambor, ornamentados con un friso de arquería ciega.

El pórtico consta de una portada con arco de medio punto, con dovelas decoradas que son la prolongación de los capiteles y seis arquivoltas abocinadas, la exterior de puntas de diamante. Descargan su fuerza en seis columnas a cada lado; tres adosadas, y otras tres simuladas realizadas con los sillares tallados.

La cripta norte guarda pinturas y la cripta central guarda el sarcófago de San Ramón, del año 1170. En la actualidad se halla vacío, pues los restos se guardan en el lado sur. En el altar mayor hay cuatro

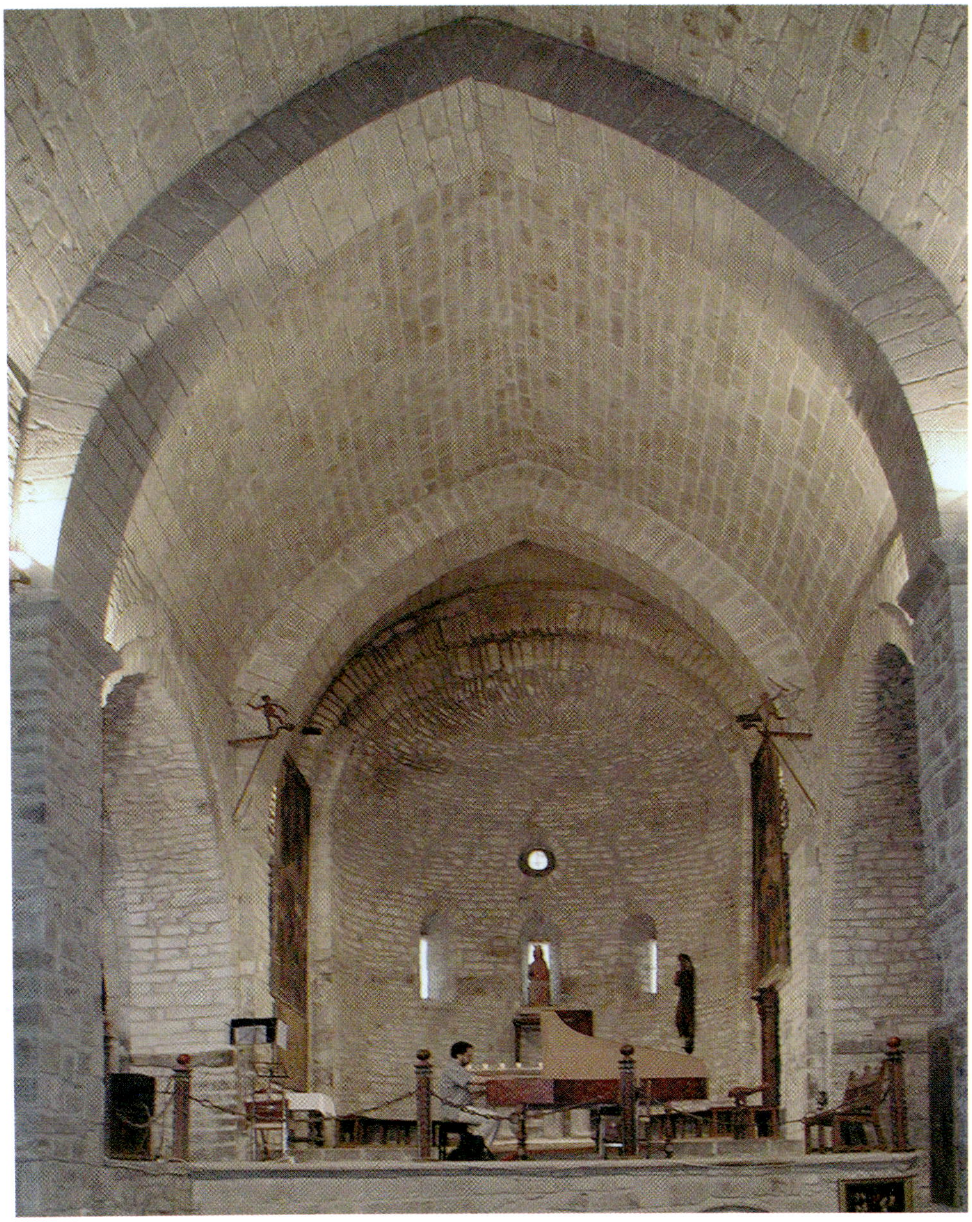

EL CLAUSTRO

Con planta de forma cuadrada, el claustro se halla adosado al lado norte y cuenta con un antiguo aljibe en la parte central. Su construcción se debió iniciar entre los años 1136 y 1143, durante el pontificado del obispo Gaufrido. Los motivos representados en los capiteles son muy simples y austeros. Algunos, como excepción, contienen representaciones animales, como la columnata del lado sur contiguo al templo.

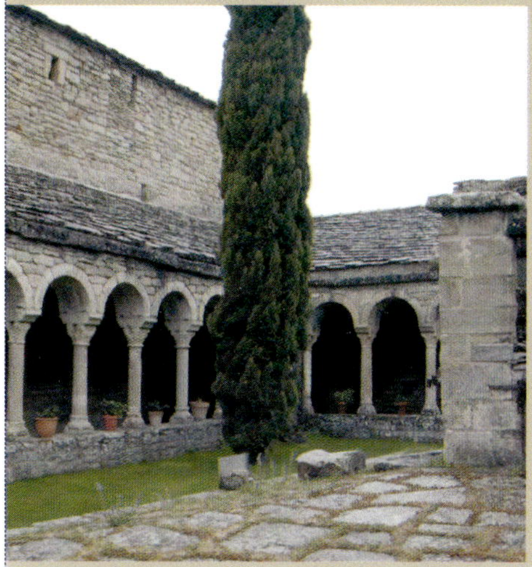

Desde los ángulos del claustro *se distribuyen, siguiendo sus diagonales, los correspondientes arcos de medio punto que sustentan las cargas de la techumbre.*

EL TORREÓN DEL CASTILLO, UNA DE LAS PARTES MÁS ANTIGUAS, SÓLO CONSERVA SU BASE ORIGINAL.

tallas de estilo románico, que sirvieron de base para el sarcófago de San Ramón.

TALLA ROMÁNICA

En el lado sur del ábside central, se ubica la talla románica de San Juan, que formaba parte de un Calvario. Al sur de la nave están las reliquias de San Ramón.

A los pies de la nave se halla el órgano. La cripta sur, con techumbre plana, fue diseñada con pilares de triple esquina. La cripta norte, decorada en su cabecera con pinturas murales al temple, está cubierta con bóveda de medio cañón y rematada en ábside de tambor cubierto por cuarto de esfera. Se la llama archivo o sala del tesoro.

En esta sala hay pilastras de triple esquina, que dan idea de los diferentes planteamientos y cambios estilísticos en la edificación de la catedral actual.

CATEDRAL DE TARAZONA

LA CATEDRAL DE NUESTRA SEÑORA DE LA HUERTA DE TARAZONA REÚNE UN CONJUNTO DE DIFERENTES ESTILOS: DESDE EL GÓTICO MÁS PRIMITIVO DEL SIGLO XIII, HASTA LAS ÚLTIMAS MANIFESTACIONES DEL GÓTICO DEL XV. TAMBIÉN SE PROLONGAN SUS TENDENCIAS POR EL PLATERESCO DEL XVI.

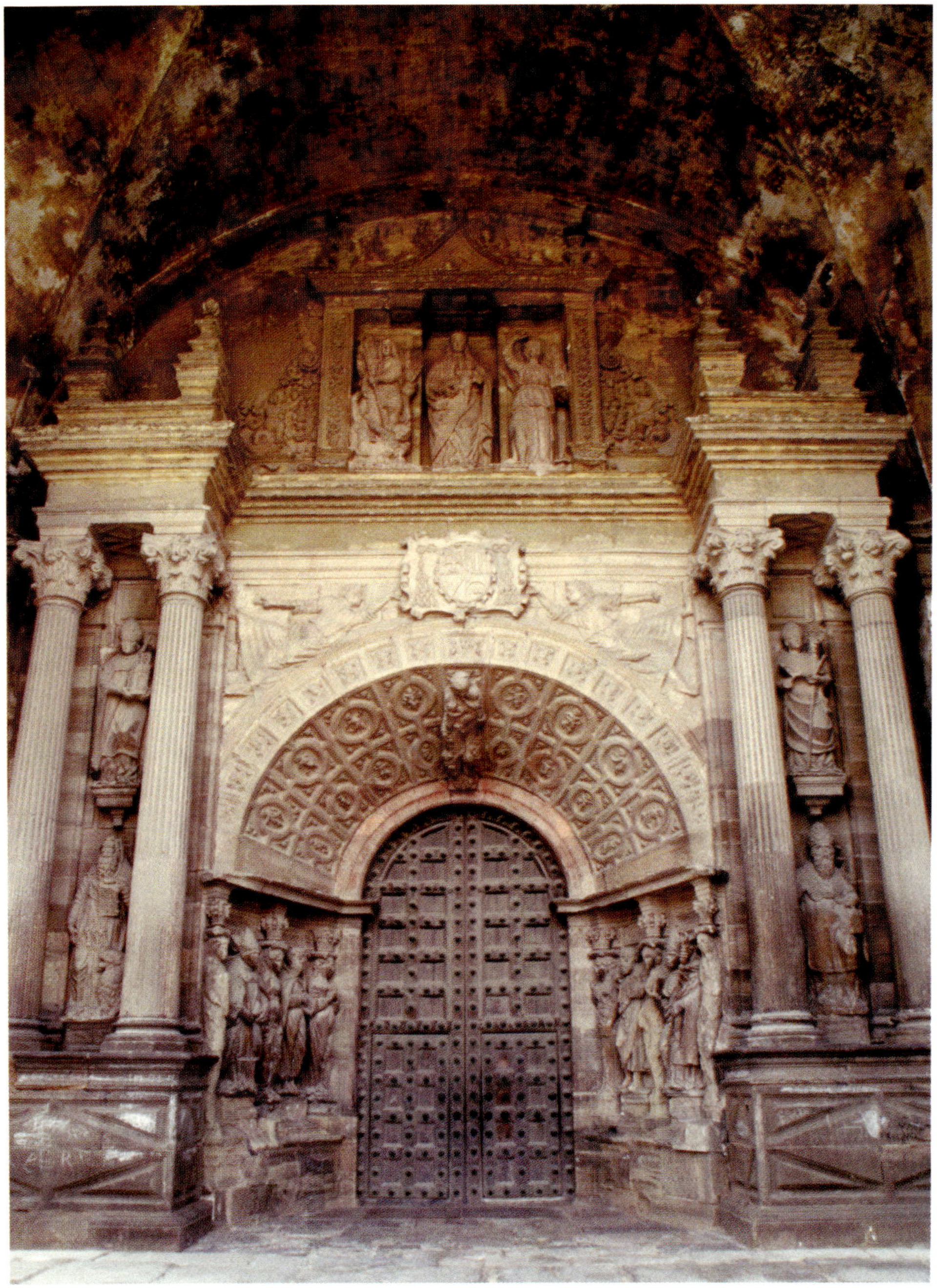

LOCALIZACIÓN

Plaza de la Seo, s/n

Tarazona (Zaragoza)

SIGLOS XII-XVI

La catedral actual se empezó a construir entre los años 1162 y 1235. En el ataque de Pedro el Cruel en la «Guerra de los Crueles» a Tarazona, la catedral fue tomada para utilizarla como cuartel. Fue saqueada y quemada y su claustro destruido, por lo que necesitó una reconstrucción, que se realizó por parte del obispo Pedro Calvillo, quien conserva una capilla con su nombre en el interior del templo actual, donde se guardan sus restos.

Las reconstrucciones a lo largo del siglo XIV ayudaron a renovar el templo dejando ver el típico estilo mudéjar, propio de la zona.

Del arte exterior destaca, en las zonas construidas tras el saqueo de Pedro el Cruel, la fábrica de ladrillo con cerámica vidriada con claro estilo mudéjar. Esto sucede en el cimborrio y también en el campanario.

La torre campanario se construyó durante el siglo XV en ladrillo, pero el último cuerpo se realizó en 1588. Se asienta sobre un primer cuerpo de piedra y otro de ladrillo, obra de los constructores mudéjares Alí Darocana (1496-1497)

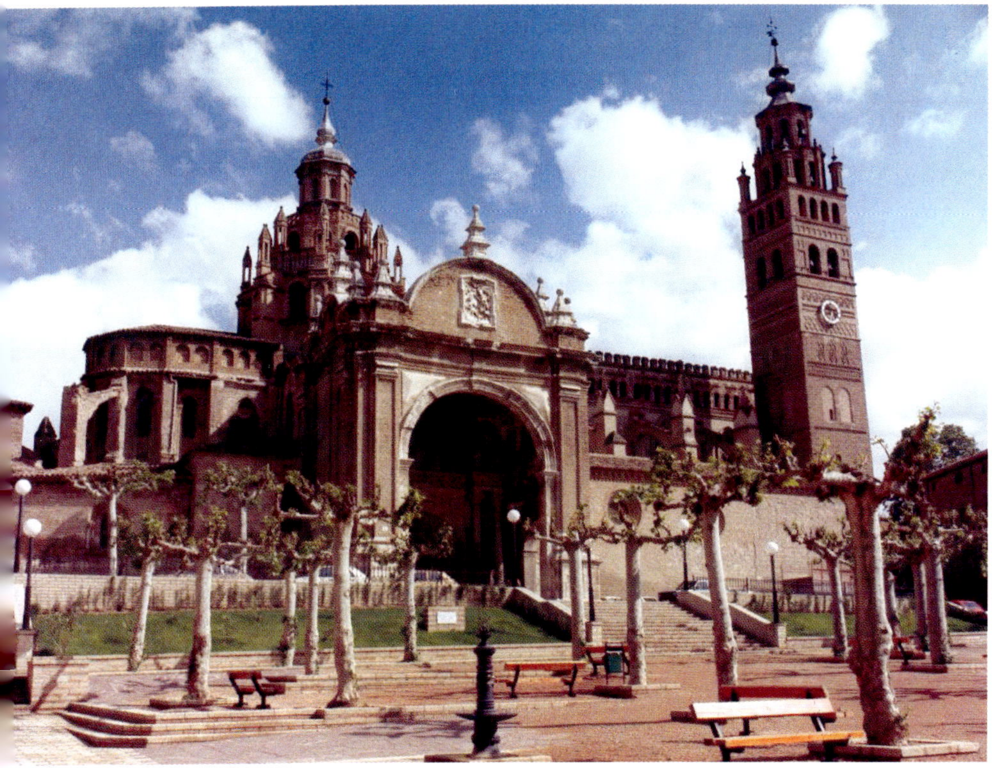

El templo data del siglo XIII, *por lo que se mezclan, tras las reformas posteriores, varios estilos, como el gótico primitivo, el mudéjar y el renacentista.*

La planta

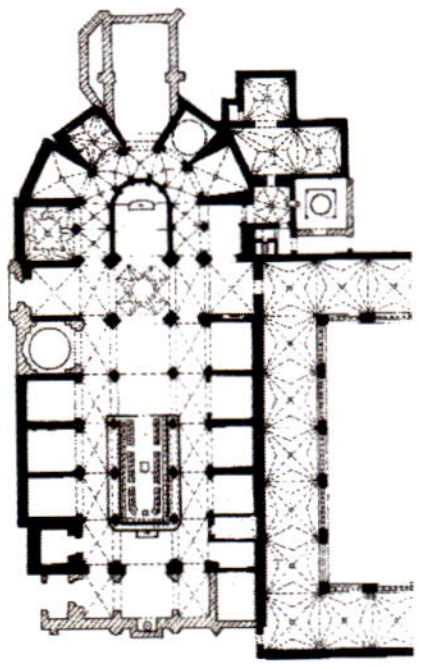

Se trata de un templo gótico *sobre planta de cruz latina compuesta de tres naves prolongadas, una central y dos laterales en las que se abren numerosas capillas, con transepto y girola rodeada de capillas radiales. Las bóvedas que cubren el templo son de crucería sencilla, excepto las del crucero y las de la capilla mayor, que son más complejas y fueron construidas en el siglo XV.*

y Muza de Vera (1509). El remate se añadió en 1692. Las troneras de medio punto, los frisos, los rombos y las esquinillas configuran el conjunto decorativo de la torre.

En el crucero discurre un triforio, al igual que en la cabecera. Sobre los muros, unas ventanas de estilo plateresco se diferencian del estilo más puramente gótico que caracteriza el interior.

Destaca la capilla de la Visitación, construida con bóveda nervada en el siglo XVI, y en la que se abre un óculo central que permite la iluminación del interior. Destaca también la capilla de los Conchillos, que contiene los sepulcros de obispos que ocuparon la diócesis de Tarazona. Otras capillas del interior del templo son las de Santa Catalina, San Lorenzo y San Prudencio.

El claustro, de estilo gótico-mudéjar, fue construido durante el siglo XVI. Es una obra de ladrillo realizada de 1504 a 1529. Se encuentra adosado a la epístola y cuenta con dos accesos a su interior. Sus galerías están cubiertas con bóveda de crucería decorada y cinco ventanales en cada uno de sus lados. Cada capilla del claustro guarda maravillosos retablos góticos, así como obras pictóricas y escultóricas de gran valor.

La capilla central de la cabecera se agrandó posteriormente, de tal manera que su estructura pasa al exterior.

JUAN BOTERO

La zona central del crucero es de estilo renacentista. Juan Botero fue el encargado de labrar el cimborrio que se levanta sobre el crucero, entre 1543 y 1545, del mismo modo que anteriormente había sido el encargado de realizar el cimborrio de la Seo de Zaragoza, aunque el de Tarazona sea de traza más modesta.

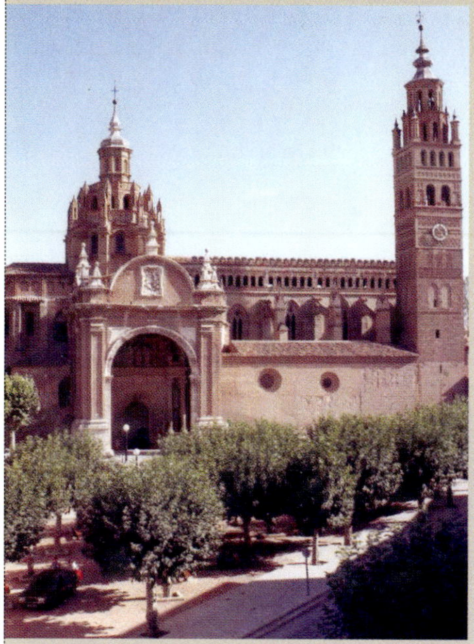

En el año 1235 *fue consagrada y dedicada por el obispo García Frontín*

Catedral de Teruel

LA IGLESIA DE SANTA MARÍA DE MEDIAVILLA NO FUE CONSAGRADA CATEDRAL HASTA 1587, UNA VEZ ERIGIDA LA DIÓCESIS DE TERUEL POR EL PAPA GREGORIO XIII.

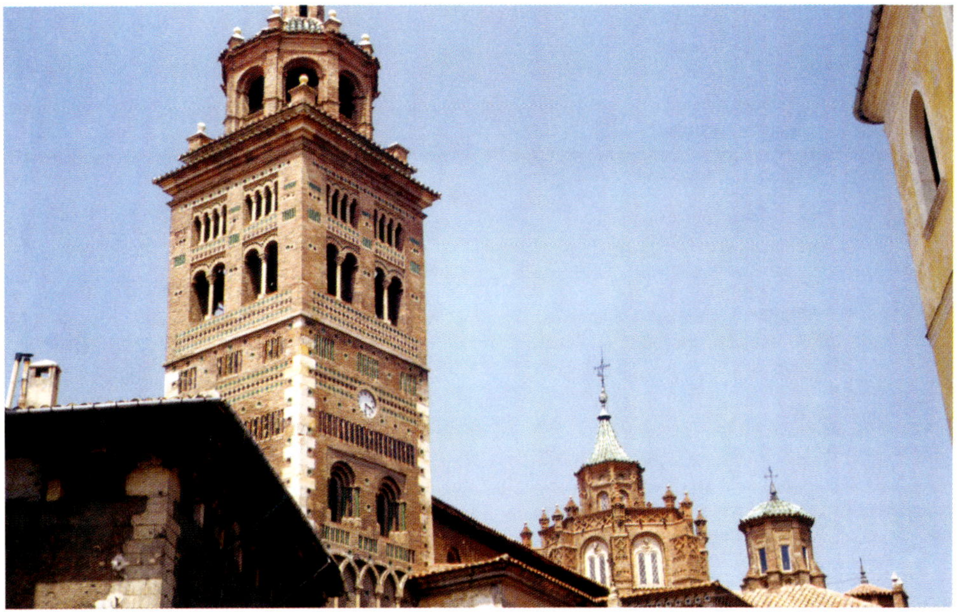

El edificio románico *primigenio fue reconstruido en torno al año 1335. Los ábsides románicos fueron sustituidos por unos de estilo gótico-mudejar, de los que solo se conserva en la actualidad el correspondiente a la nave principal.*

LOCALIZACIÓN
Plaza de la Catedral, 3
Teruel
SIGLOS XII-XIV

Desde el momento de la fundación de la ciudad por Alfonso II, la iglesia de Santa María de Mediavilla gozaba de una posición privilegiada dentro de la organización parroquial, tanto por su ubicación, se encontraba en el centro urbano, como por las rentas y beneficios que percibía de la corona.

El elemento más destacable de la catedral de Teruel es, sin duda, la techumbre mudéjar que cubre la nave central del templo. Debido a la interpretación errónea del marqués de Monsalud de unos datos encontrados en un cuaderno de cuentas conservado en el archivo catedralicio de la ciudad, durante algunos años se pensó que la techumbre databa del año 1335. En la actualidad, sin embargo, sabemos que el citado documento se refería únicamente al enlucido y pintado del crucero y el ábside. Aunque continúa siendo una incógnita la fecha extacta, así como el nombre de los artistas que participaron en el proyecto, algunos historiadores, gracias al análisis del tipo de madera utilizada y los cortes de esta, han aventurado la fecha de 1261. Lo que sí parece claro es que la edificación tuvo lugar en el último tercio del siglo XIII.

TORRE CENTRAL

La torre de la Seo turolense se construyó entre 1257 y 1258. En un principio se encontraba adosada a la antigua iglesia primitiva de Santa María de Mediavilla. De esta obra apenas quedan elementos, pues la factura románica que la componía queda enmascarada por las nuevas construcciones.

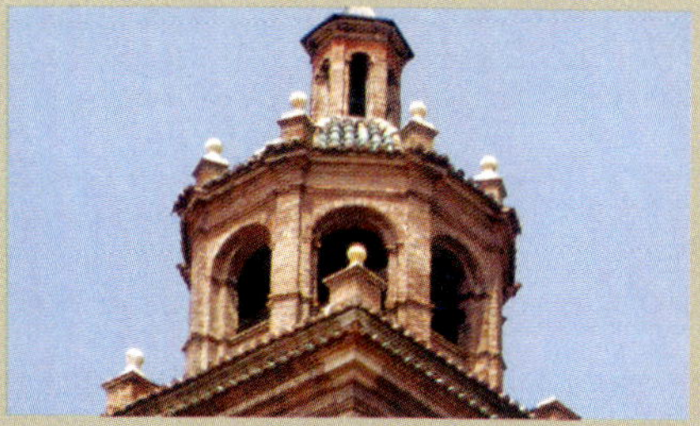

Otro elemento destacable es la torre, compuesa por una decoración de arcos de medio punto entrecruzados y los frisos de esquinillas decorados con cerámica vidriada verde y blanca en forma tubular, ventanas inferiores abocinadas y ajimeces en la parte superior. Esto se considera herencia del arte islámico, además del uso del alfiz. En cambio, su estructura, la dispo-

La planta

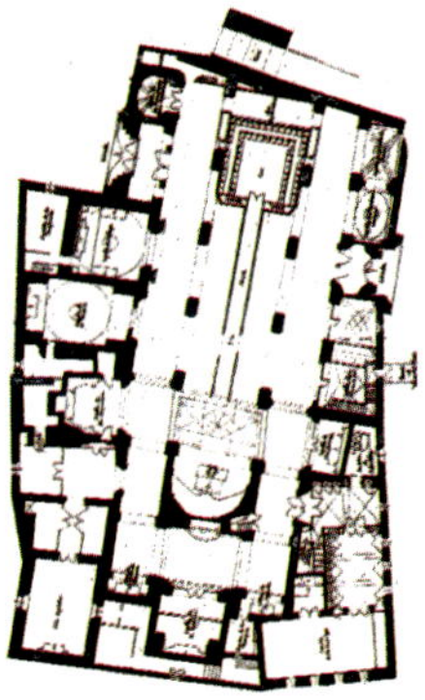

TIENE PLANTA CUADRADA *y tres cuerpos y está organizada con una torre única con estancias superpuestas. La decoración es más contenida que en otras torres turolenses posteriores. En la base se abre un pasadizo cubierto con bóveda de cañón apuntado con arco agudo. En 1909 se construyó la portada meridional con estructura de estilo neorrománico. Está compuesta con arquivoltas de medio punto sobre columnas y decoración neomudéjar.*

sición y en general la composición en franjas, además del cuerpo de campanas, pertenece a la tradición cristiana de occidente.

En la remodelación de 1335 se redujo el número de soportes interiores y el tamaño de los muros. A finales del siglo XIII se realizó la armadura de par y nudillo que cubre la nave central con pinturas sobre madera. El cimborrio que se levanta en la zona del crucero se realizó en 1538 y es de estilo mudéjar. Está construido con ladrillo y relacionado con las formas del arte hispano-musulmán que también se encuentran en la mezquita de Córdoba. Forma un octógono que descansa sobre trompas. En el exterior presenta ventanas almenadas con decoraciones platerescas.

El campanario de la catedral turolense es otro de los elementos a destacar, ya que está considerado como uno de los primeros monumentos del mudéjar aragonés.

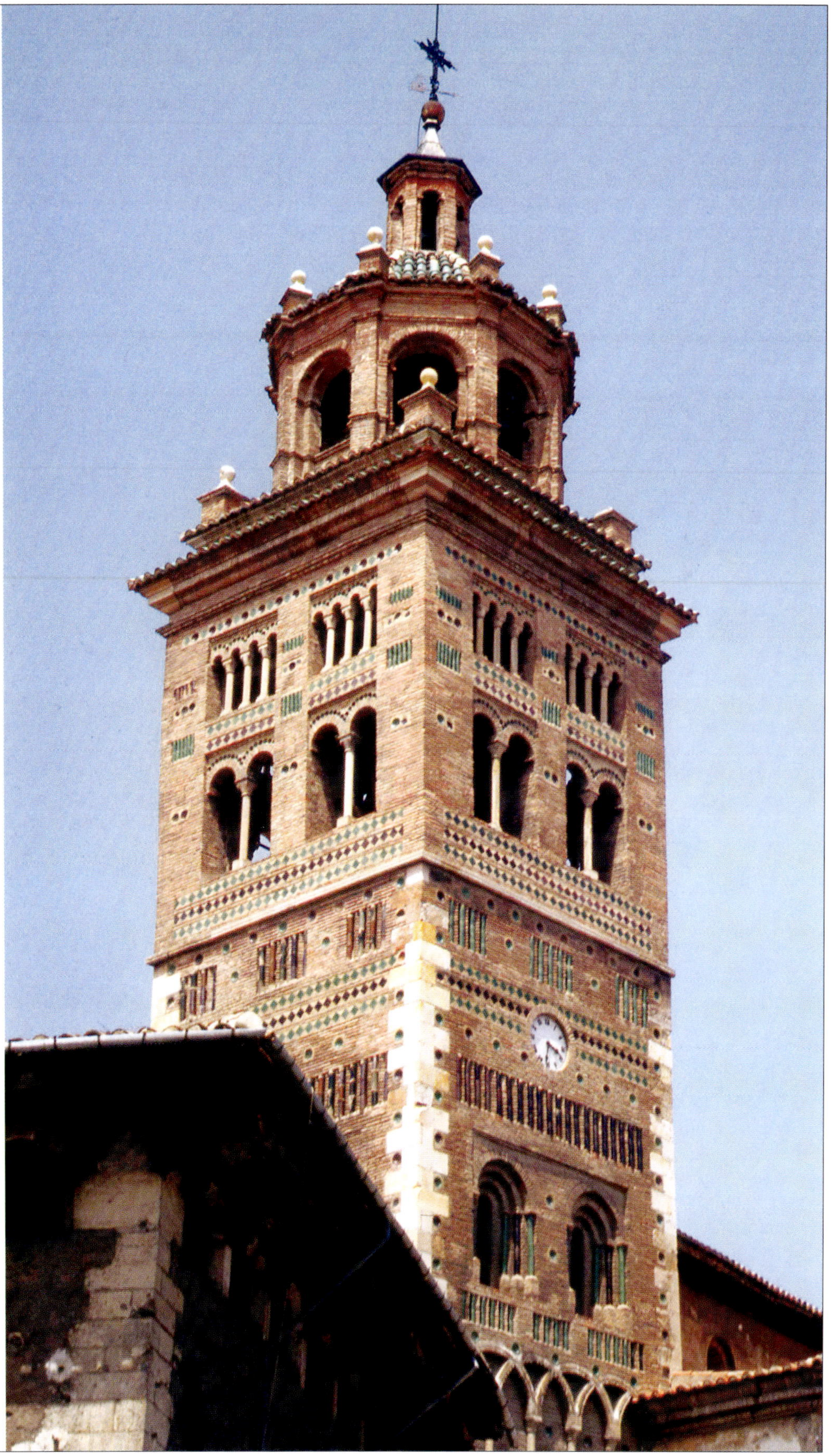

SEO DE ZARAGOZA

LA SEO DE SAN SALVADOR DE ZARAGOZA ABARCA DESDE EL ESTILO DEL CENTRO Y SUR DE ARAGÓN HASTA EL MUDÉJAR, ASÍ COMO GÓTICO Y POSTERIORES, DEBIDO A VARIAS INTERVENCIONES Y FASES CONSTRUCTIVAS.

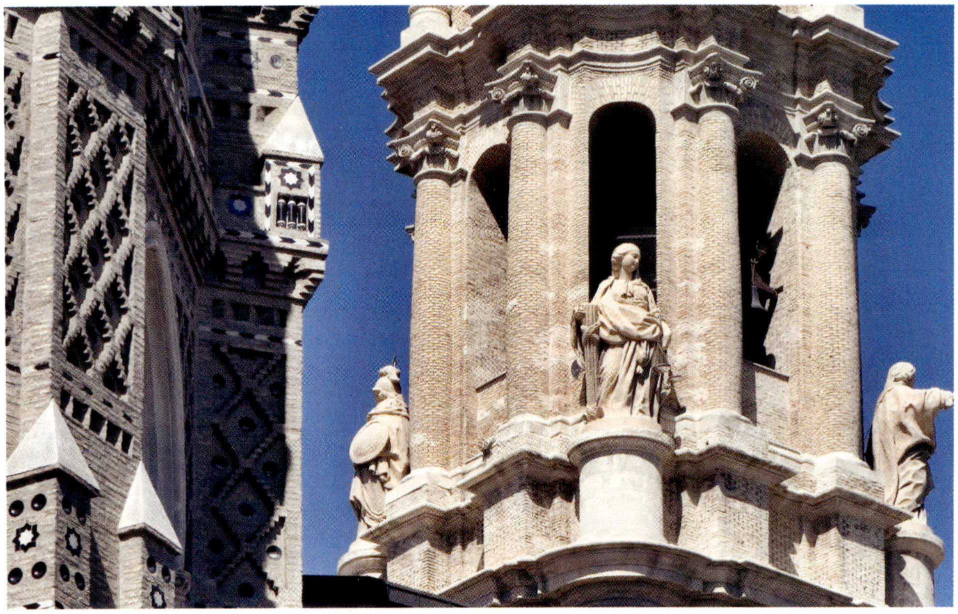

EN EL SIGLO XVIII *se construyó la portada principal, en la plaza de la Seo, siguiendo las pautas del estilo barroco.*

LOCALIZACIÓN
Plaza de la Seo, s/n
Zaragoza
SIGLOS XII-XIII

El estilo predominante es el gótico mudéjar, ya que la primitiva iglesia románica fue casi totalmente destruida y reedificada en los siglos XIV y XV.

Lo que se conserva de la antigua construcción románica nos indica que se trataba de una edificación con estilo tardorrománico, de finales del siglo XII.

Después de la conquista de Huesca, avanzaron hasta la ciudad de Zaragoza, que era capital de la taifa o reino y una de las ciudades más importantes.

La mezquita de la ciudad fue consagrada catedral en el año 1121, tres años después de que Alfonso I el Batallador conquistara la ciudad de Zaragoza. Una larga historia de edificaciones precede al templo actual, pues en su lugar existió en origen un templo del primitivo foro de Cesaraugusta, que a su vez se había edificado en el centro del asentamiento celtíbero. A este templo romano le sucedió la iglesia visigótica y, tras la conquista musulmana, se levantó la mencionada mezquita.

Respetando el mihrab de la mezquita se construyó en 1188 la nueva catedral románica, lo que hizo que se desviara la orientación tradicional, y que el templo se orientara con la cabecera hacia el norte.

Fueron varios los periodos constructivos del edificio, que se iniciaron con las obras de la catedral, de estilo románico, compuesta de tres naves con crucero rematadas en tres ábsides semicirculares entre los siglos XII y XIV.

Otro periodo destacable pertenece a la actual catedral gótica, respetando los ábsides y compuesta de una nave central y

INTERIOR

La arquitectura del interior está compuesta por columnas que sustentan nervaduras que se hallan reforzando la bóveda del horno, y coincide con las claves, correspondiendo a las líneas del románico tardío.

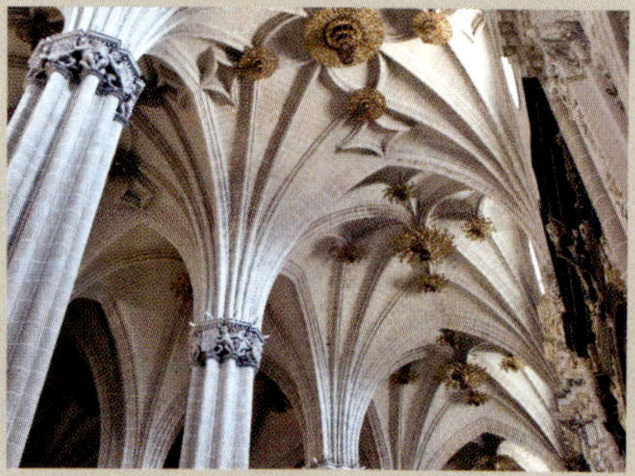

La planta

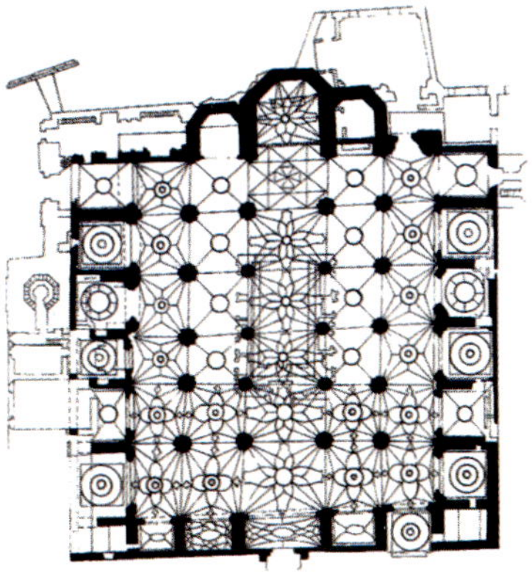

En su origen *tuvo tres naves, la central mayor que las laterales, pero igual que el transepto, formando una planta de cruz latina. En la cabecera se distinguían los tres ábsides, para la realización simultánea de varios oficios religiosos. En los lados de las naves laterales había varias capillas, el archivo, el refectorio, la enfermería y los dos claustros, uno a cada lado.*

LA CATEDRAL ESTUVO PRECEDIDA POR CONSTRUCCIONES ANTERIORES.

dos laterales. Esta etapa corresponde a los siglos XIV y XV.

Juan Botero retoma las obras, construyendo el cimborrio basado en estrella de ocho puntas.

Los ábsides siguen modelando actualmente la cabecera del templo, sobre todo el altar mayor. Durante el periodo renacentista se cegaron los ventanales góticos y se bajó la bóveda que cubría el ábside.

En el centro se encuentra el trascoro, obra del siglo XVI. La torre nueva se construyó en 1681.

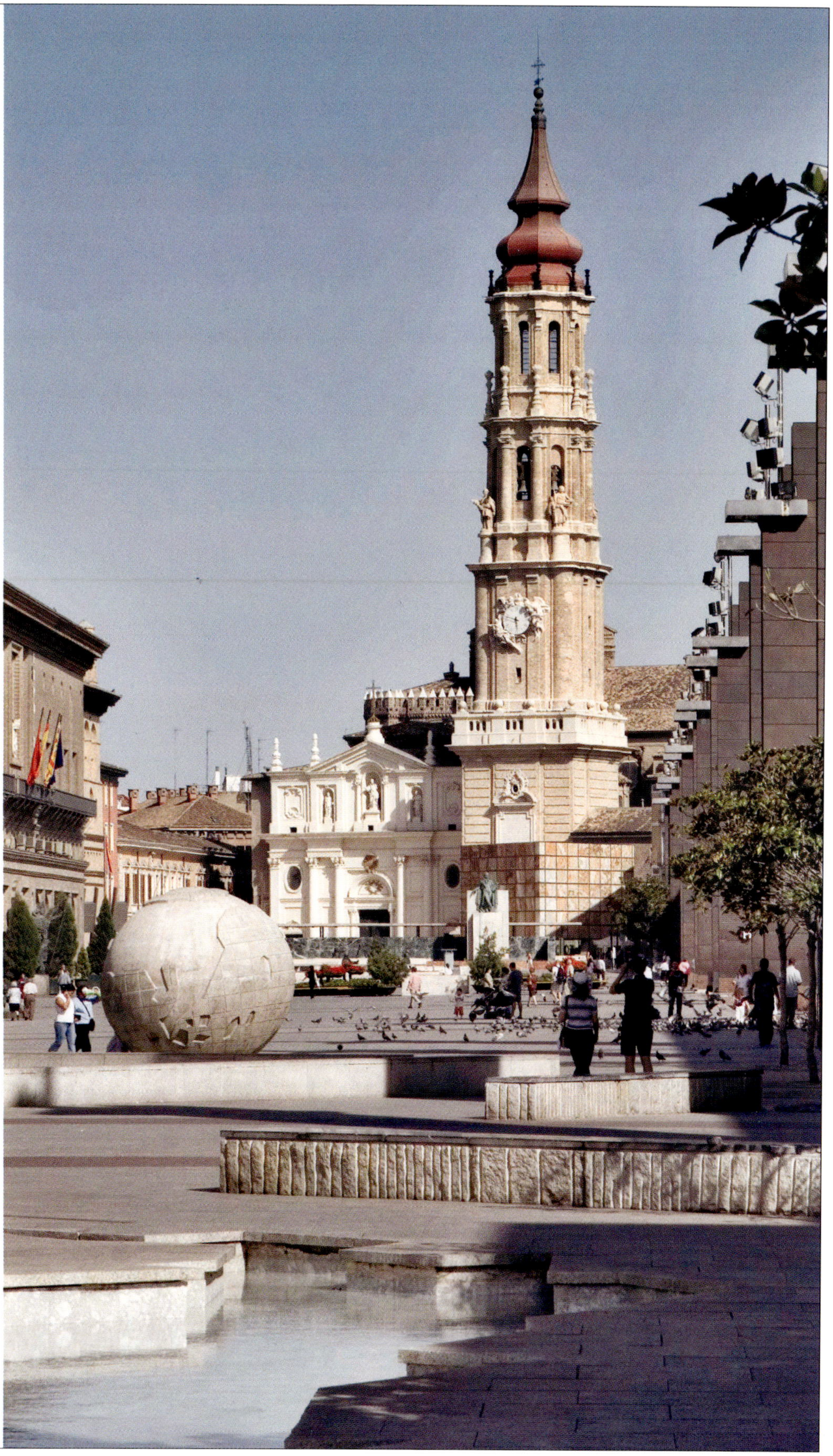

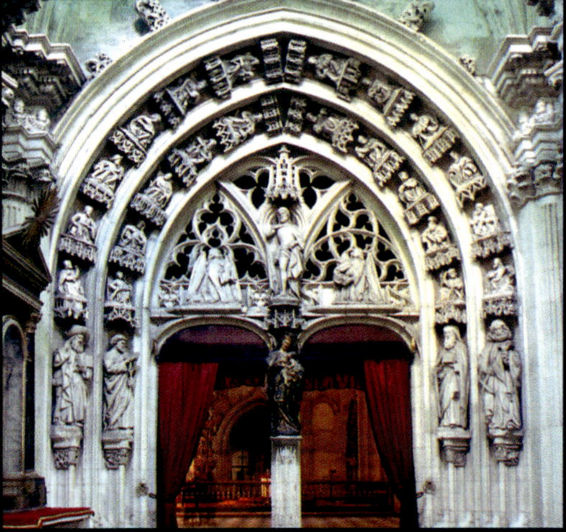

Catedral de Oviedo

SE ENCUENTRA EDIFICADA CON ELEMENTOS ARQUITECTÓNICOS PERTENECIENTES A VARIAS FASES DE LA ARQUITECTURA GÓTICA, DESDE LA MÁS CLÁSICA DEL SIGLO XIII HASTA LA ETAPA FLAMENCA DEL SIGLO XVI, CONTEMPLANDO TAMBIÉN ELEMENTOS DEL GÓTICO FLAMÍGERO.

Los estilos predominantes son el gótico y el barroco. En el Renacimiento se añadieron elementos a la construcción.

En los últimos tiempos ha sufrido diversas intervenciones en la torre, la cubierta o el claustro.

La catedral de Oviedo está dedicada a San Salvador y fue edificada sobre una primera basílica que, en cierto modo, condicionó la estructura de la obra gótica. La basílica del siglo VIII (761), construida por Fruela y arruinada por el ejército árabe de Abd al-Malik, inició la advocación a San Salvador. Hasta el periodo comprendido entre 1382 y 1388 se mantuvo la construcción prerrománica, dando lugar en 1388 a la catedral de estilo gótico que se conserva en la actualidad. Bajo las órdenes del obispo Gutierre de Toledo, la actual catedral se comenzó a edificar en el siglo XIII. Pero hasta la mitad del siglo XVI no se dio por terminada. En su mayor parte es obra del siglo XV, que es cuando se edificaron el crucero, las naves y las capillas laterales. El primero en encargarse de la construcción de la catedral fue el arquitecto Juan de Badajoz. También aparecen los nombres de Juan de Candamo de las Tablas y Pedro Bunyeres.

No obstante, la catedral propiamente dicha, la gótica, se comenzó a finales del siglo XIV, en el año 1382. Rodrigo Gil de Hontañón proyectó la construcción de la torre y flecha, que se finalizaron en el año 1587.

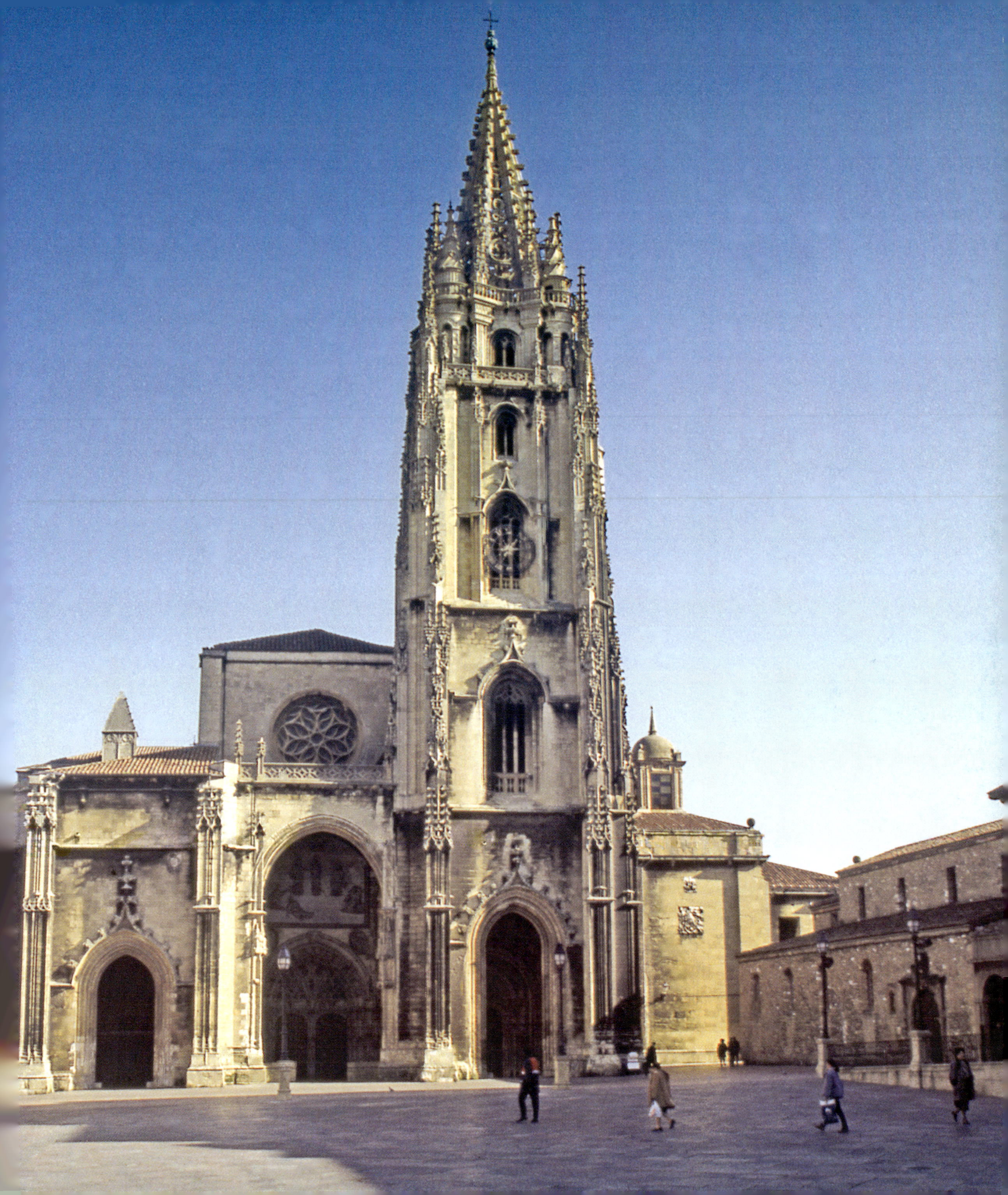

Catedral de San Salvador de Oviedo

EN LA FACHADA PRINCIPAL DE LA CATEDRAL DE OVIEDO QUEDAN COMBINADOS EL PÓRTICO CON LA TORRE, PUES SÓLO UNA DE ELLAS FUE CONCLUIDA, SIENDO LA ZONA INFERIOR DE ÉSTA EL EXTREMO DEL PÓRTICO.

LOCALIZACIÓN
Plaza Alfonso II o de la Catedral, s/n
Oviedo (Asturias)
SIGLOS XIV-XVI

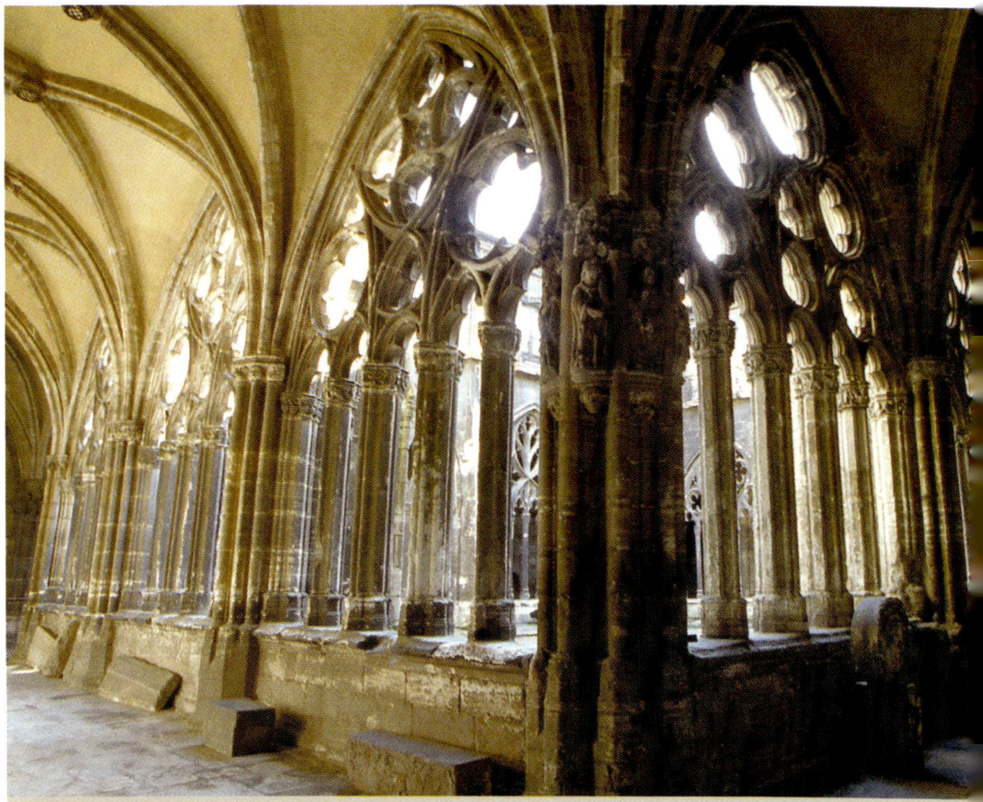

Con tres grandes vanos que se abren con su decoración a modo de cenefa en la fachada de la catedral, se consigue una unidad estética, perdiendo consideración la entrada al interior del templo. Destaca la torre con una altura de unos 65 metros, que se distribuyen entre los cuatro cuerpos y la aguja. No disminuye su altura el efecto de adelgazamiento y esbeltez, característica otorgada por el ingenioso retranqueo.

El cuerpo que sustenta la flecha es de estilo renacentista, y se concluyó en 1587, obra del arquitecto Gil de Hontañón. Pero la construcción de la torre, en el siglo XVI, se prolongó durante unos setenta años, y en ella intervinieron distintos arquitectos. Junto a la torre, se encuentran el pórtico y la lonja, que constituyen uno de los más grandes exponentes de la arquitectura gótico-flamenca. En el pórtico se abren tres grandes arcos, destacando el central, precediendo las tres portadas.

La portada está flanqueada por otras dos de igual traza pero dimensiones más reducidas. Están decoradas con la imagen de San Salvador y con la imagen de la patrona de la diócesis, Santa Eulalia de Mérida.

Respecto a los elementos sustentantes, en cada periodo se transformó la estructura de algunos de ellos, por lo que,

LA CAPILLA MAYOR

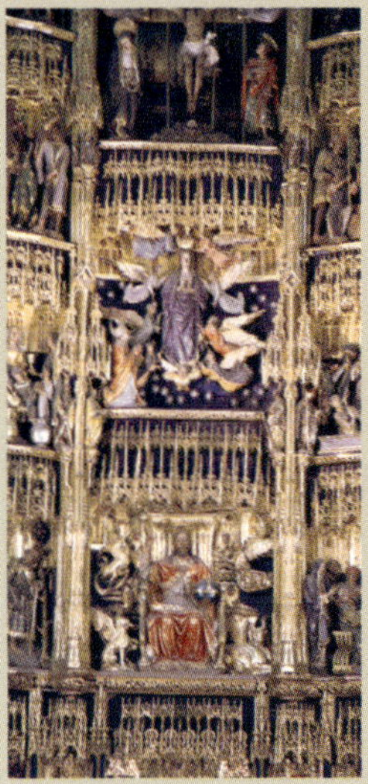

La capilla mayor, en la cabecera del templo, cuenta con un ábside pentagonal y un tramo rectangular. Esta obra, iniciada en 1382 y terminada en 1412, está influenciada por el gótico francés. Destaca el retablo mayor, tardogótico, pese a estar realizado en época renacentista (1511-1530). Fue encargado por el obispo Valeriano Ordóñez de Villaquirán en 1511 al maestro entallador Giralte de Bruxelles. Posteriormente intervinieron Alonso de Berruguete y León Picardo. Se divide en cinco cuerpos verticales, de los cuales el central tiene cuatro hornacinas, en las que se representan escenas de la vida, pasión, muerte y resurrección de Cristo en tallas de bulto redondo. En la más baja del paño central aparece la imagen de San Salvador, a quien se consagra el templo.

actualmente, existe una variedad de estilos en esas estructuras. En los brazos del transepto y en las naves laterales siguen utilizándose las bóvedas de crucería simple. Un triforio se abre a la nave central desde los laterales en forma de galería, con arcos divididos por un parteluz con decoraciones propias del gótico flamígero.

FUERON NECESARIAS SIETE DÉCADAS PARA LEVANTAR SU FASCINANTE TORRE.

En la parte superior de la Cámara Santa se encuentra la capilla de San Miguel, que contiene el conjunto escultórico del apostolado, así como las joyas de la monarquía astur y el Arca Santa. Aquí se hallan los restos que hicieron de la catedral de Oviedo el segundo lugar más importante de peregrinación después de Santiago de Compostela.

A la izquierda del altar mayor se encuentra el sepulcro de Juan Arias de Villar, que fue obispo de esta diócesis en el siglo XV.

En cuanto a las capillas, destaca la de Santa Eulalia de Mérida, en la nave norte, de estilo plateresco. Consta de planta de cruz griega y un enorme baldaquino que acoge una urna de plata del siglo XI con las reliquias de la santa.

La capilla de San Juan Bautista, del siglo XV y estilo gótico, consta de un retablo donde se puede ver a San Benito, San Francisco, Santo Domingo Guzmán y San Ignacio. La capilla de la Asunción, de la misma época, tiene un retablo que representa la escena de la Asunción de la Virgen.

Tras una verja del siglo XVII aparece la capilla de la Anunciación, de menores dimensiones que las anteriores, donde destaca un retablo con la escultura orante del obispo Juan Vigil de Quiñónez. Tanto el retablo como la escultura son obra de Luis Fernández de la Vega.

La capilla de Santa Catalina, conocida como capilla de Belén, contiene un retablo de autor reciente; sin embargo, es gótica.

Otra de las capillas es la del Rey Casto. Fue levantada a partir de los cimientos de la primitiva basílica prerrománica. Destacan los bustos de algunos reyes astures sobre las pechinas de los arcos torales. Esta capilla contiene un retablo central, de estilo barroco, donde se encuentra el camarín de la Virgen, así como otro retablo manierista con una talla de la Virgen de la Luz con el Niño.

La planta

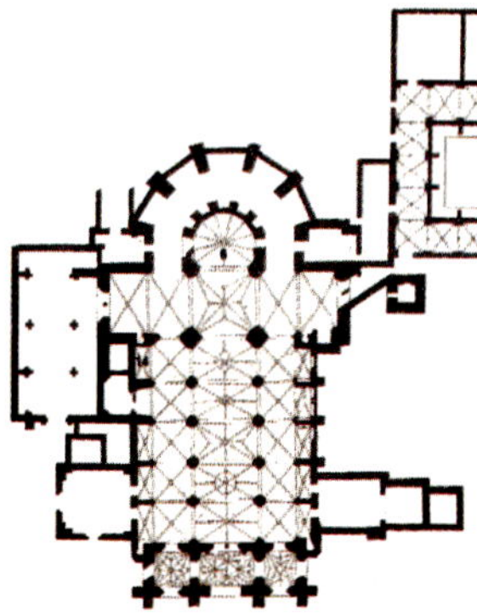

El templo se asienta *sobre una planta de cruz latina con tres naves (una central de diez metros de anchura con ventanales de arco elíptico y las otras dos laterales de seis metros) y capillas que se integran en los contrafuertes. El transepto un poco más elevado que las naves laterales y cabecera tripartita (los absidiolos laterales se eliminaron para construir la girola del siglo XVII). Una girola renacentista con cinco capillas radiales completa la cabecera.*

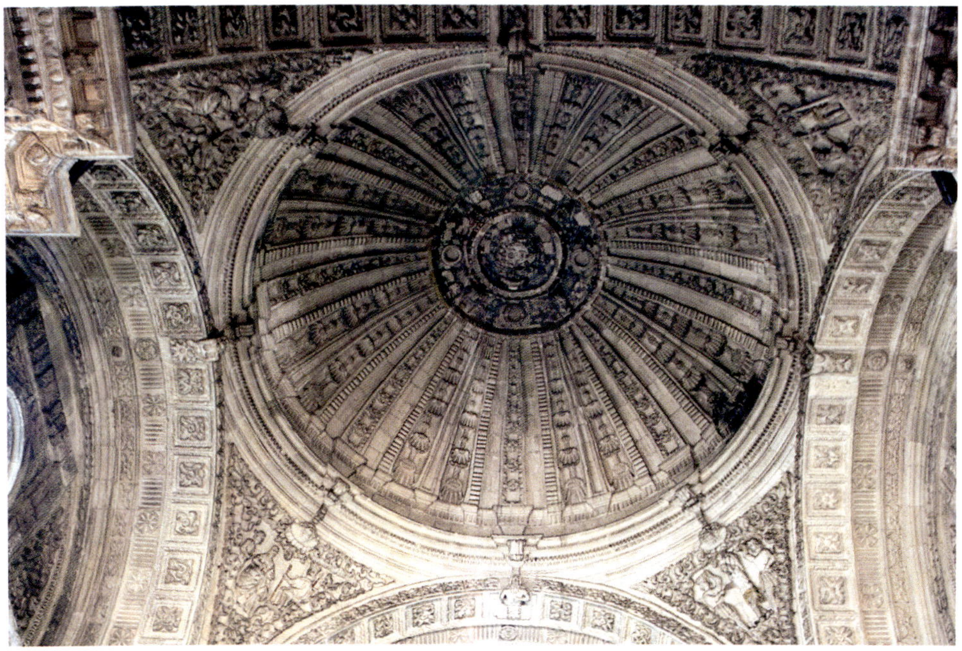

Las bóvedas son estrelladas *en el transepto y la nave central, resaltando la de tercelete que cubre el tramo central del crucero.*

Catedral de Ibiza

DEBE SU CONSAGRACIÓN A SANTA MARÍA DE LAS NIEVES. SE TRATA DE UN EDIFICIO MÁS BIEN SOBRIO, QUE DESTACA POR LA SENCILLEZ ARQUITECTÓNICA DE SU CONSTRUCCIÓN.

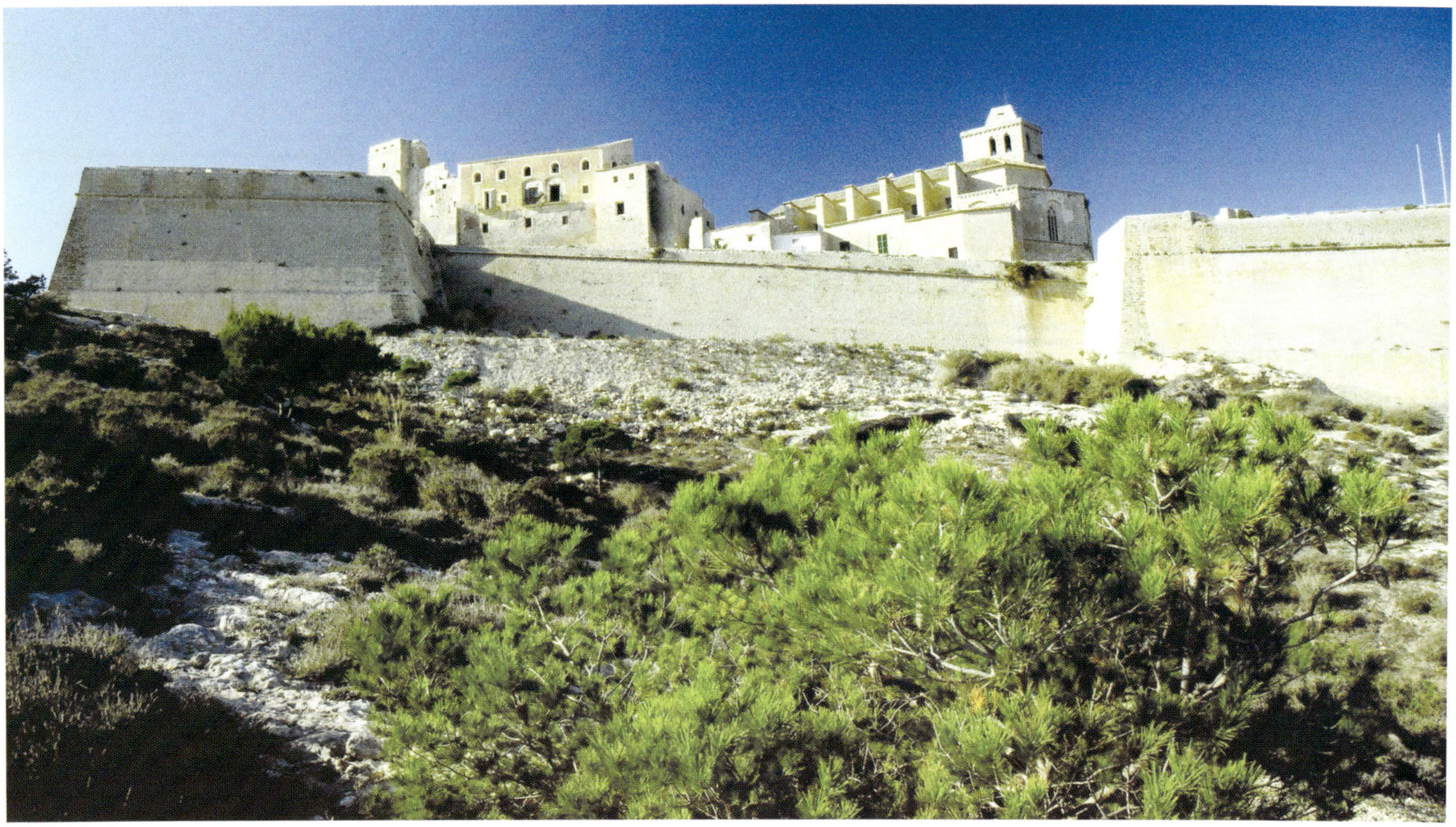

LOCALIZACIÓN

Plaza de la Catedral, s/n

Ibiza (Baleares)

SIGLOS XIV-XVIII

La catedral de Santa María de las Nieves de Ibiza se erigió sobre los cimientos de una mezquita árabe destruida tras la conquista de las tropas cristianas, con el fin de poder disponer de un espacio donde levantar el templo para el nuevo culto cristiano que repoblaba estas tierras. A su vez, se piensa que pudo también ocupar el espacio de los restos de una antigua construcción romana, un templo dedicado a los dioses edificado durante la dominación cartaginesa.

PROCESOS CONSTRUCTIVOS

La iglesia se fue adaptando y reconstruyendo a lo largo del tiempo, adecuándose a las necesidades de la población. Esto se puede ver en el aspecto que presenta, actualmente, una mezcla de estilos pertenecientes a los diferentes periodos constructivos.

Se reedificó en el siglo XVII sobre los cimientos de un antiguo templo gótico que databa del año 1235, momento en el que fue tomada la isla por el ejército de Jaime I.

En el siglo XVI, Jaume Espinosa y Pere Ferro fueron contratados para dirigir una

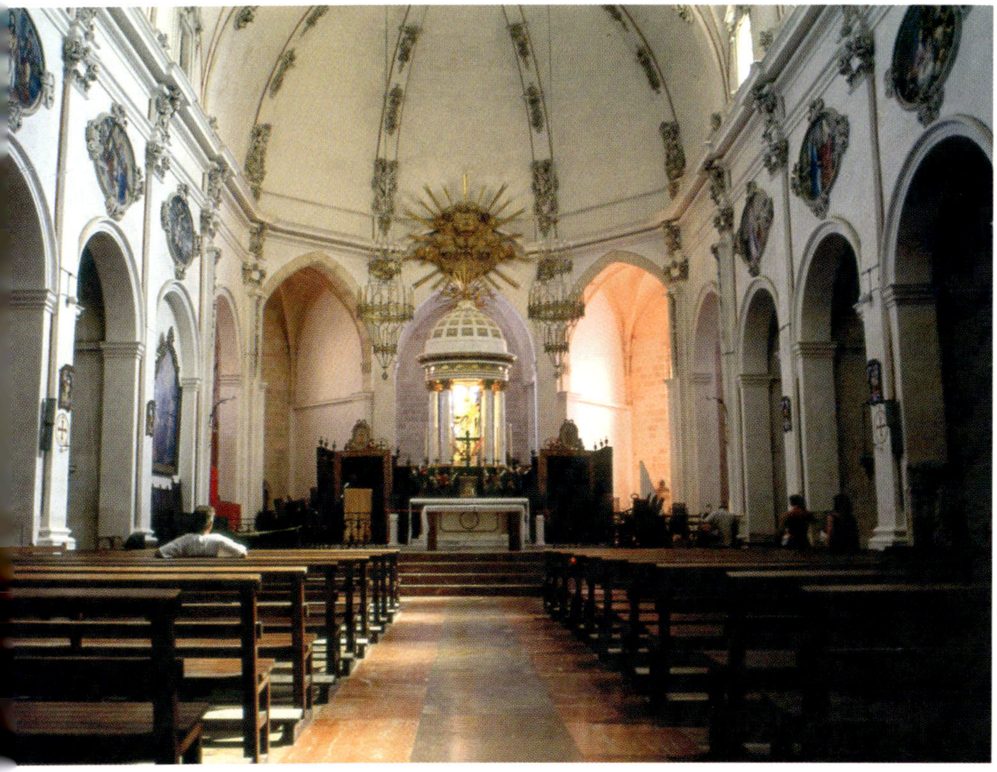

LAS CAPILLAS ABSIDIALES, LA TORRE Y PARTE DE LA SACRISTÍA *son los únicos elementos que todavía perviven de la anterior fábrica de los siglos* XIII *y* XIV, *en los que fue levantado el templo.*

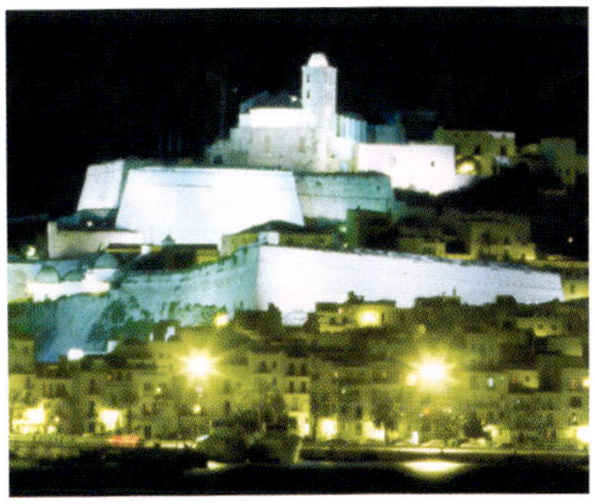

CUENTA CON UNA NAVE ÚNICA *con capillas situadas entre los espacios laterales. Es de planta rectangular. Un ábside remata el conjunto, con capillas que rodean la zona del presbiterio. Esto confiere a la cabecera un aspecto poligonal por la disposición que ejercen. El campanario está construido en el interior de una de las capillas absidiales. Se trata de un elemento sobresaliente, no sólo por su construcción, sino por otros componentes que lo caracterizan, como sus sólidas ventanas de ojivales.*

reforma, realizada en estilo barroco durante 1712 y 1728. En 1782 se instituyó la diócesis de Ibiza por parte del papa Pío VI, y se erigió la catedral de Santa María, siendo consagrada. La nueva diócesis ibicenca se integró dentro de la archidiócesis de Tarragona.

Esta construcción está ubicada junto a las fortificaciones de Sant Bernat y Sant Jordi. La catedral, en parte de estilo gótico, es la construcción más elevada de la isla de Ibiza. De las dos remodelaciones sufridas hasta el siglo XVIII, la primera de ellas se hizo dentro del estilo gótico-catalán y la segunda dentro de los parámetros del estilo barroco. En su exterior se puede ver un relieve con forma redondeada que representa la imagen de Santa Tecla. El templo se comunica con el Castell por el callejón de Es Sot Fosc, y se abre a la plaza del Mirador por un acceso lateral.

FUNCIÓN DEFENSIVA

De su trazado gótico primitivo, solamente pervive la torre, realizada con planta cuadrangular. Este elemento tiene un claro aspecto y función defensiva. Posee forma trapezoidal, con ventanas que inspiran dureza y rigidez. Este aspecto defensivo se plasma en la totalidad del exterior del edificio, planteando una imagen de templo-fortaleza.

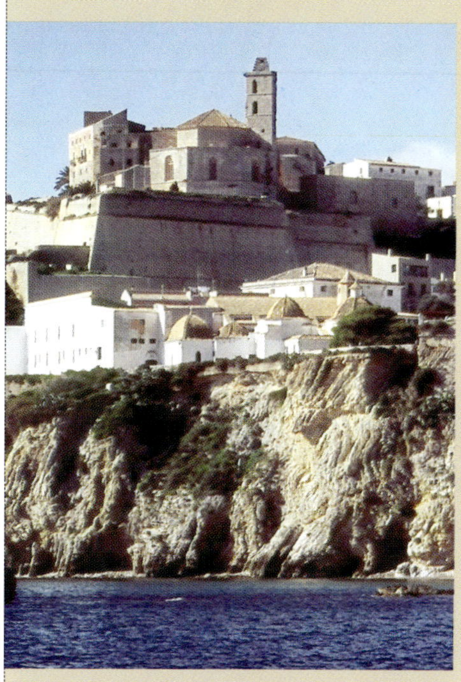

LA CATEDRAL SE LEVANTA *majestuosa sobre Ibiza. Tiene buena comunicación con el Castell a través del callejón de Es Sot Fosc. También con la plaza del Mirador, gracias a un acceso lateral.*

El edificio, de mediados del siglo XIV, era de estilo gótico, construido según los parámetros procedentes de Europa.

La sacristía fue reconstruida el año 1592, con elementos arquitectónicos y decorativos góticos. Se hizo una profunda reforma en el XVIII y el altar mayor data del siglo XIX.

CATEDRAL DE MENORCA

LA CATEDRAL BASÍLICA DE MENORCA ES UN TEMPLO GÓTICO DEDICADO A LA PURIFICACIÓN DE LA VIRGEN. FUE MANDADO CONSTRUIR EN 1287 POR EL REY ALFONSO III EL LIBERAL.

LOCALIZACIÓN
Calle de José María Cuadrado, 42
Ciutadella (Menorca)
SIGLOS XIII-XIV

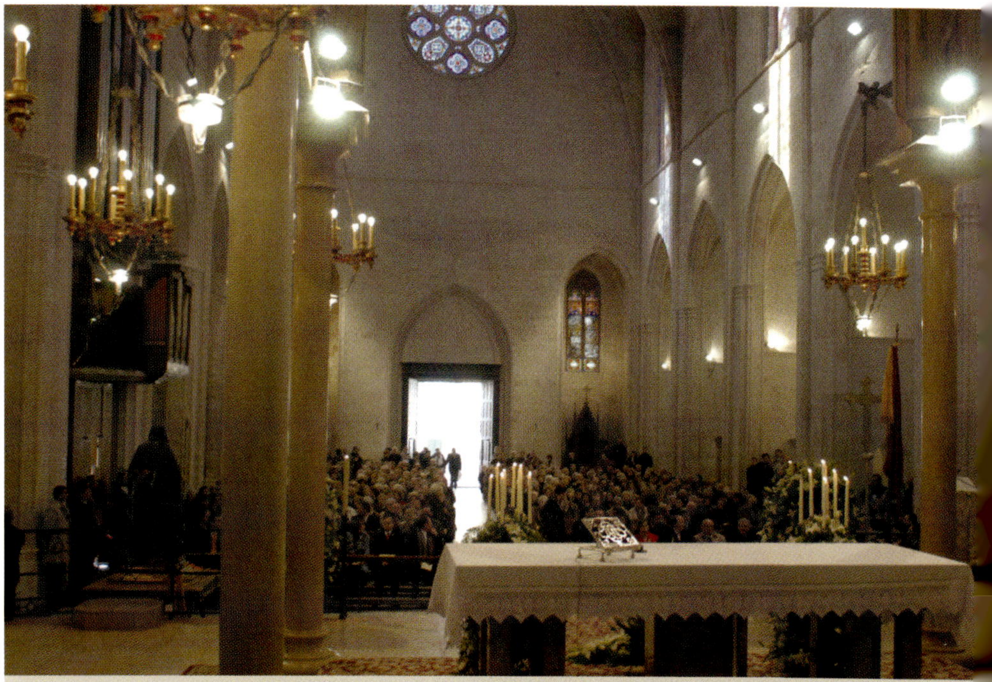

El rey Alfonso III convocó a los nobles de las ciudades de Aragón y Cataluña para emprender una expedición marina con destino a Mahón. Los árabes que habitaban esas tierras decidieron encerrarse en una fortaleza (actualmente conocida como castillo de Santa Águeda), pero más tarde se rindieron y la isla pudo incorporarse a la corona de Aragón, ya territorialmente organizada, pues el rey se había encargado de ello antes de salir de Menorca.

Más tarde, la isla pasó a formar parte del Reino de Mallorca. En 1301 se repartieron los feudos en las llamadas «cavalleries» y se promulgó la Carta Puebla, en la que se declaraban las libertades y franquicias de la isla.

La conquista de Menorca supuso que la isla quedara incorporada a los territorios cristianos definitivamente. Esto fomentó que se produjeran acontecimientos en torno a este hecho, como la construcción de la catedral, que cubriría las necesidades de la población cristiana. La nueva iglesia se levantó en el sitio que ocupaba la mezquita principal de la medina de los musulmanes, y el minarete

EXTERIOR

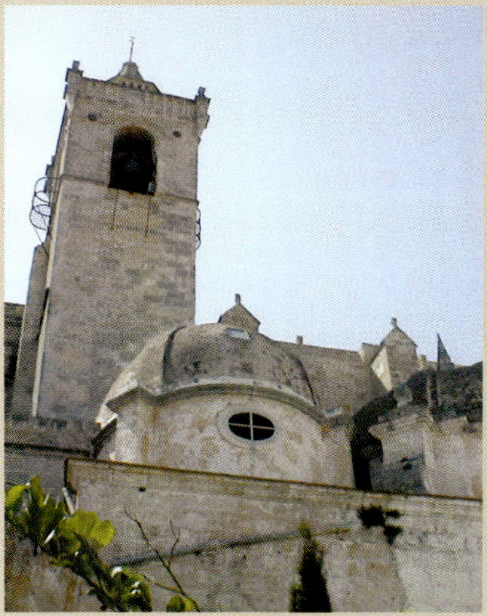

Sobre el portal lateral se alzó un cuerpo nuevo, en el siglo XVIII, entre dos elementos que hacían la función de contrafuerte. Este cuerpo estaba rematado por una pequeña torre, donde se colocó el reloj nuevo y las campanas correspondientes. El minarete de la mezquita fue considerablemente elevado con un cuerpo de nueva construcción. La puerta de Las Esquelles y la del Reloj se encuentran situadas al otro lado de la Puerta Mayor. La portada del reloj está realizada en estilo gótico, al igual que la Mayor.

de esta anterior construcción sirvió de base para la torre de las campanas.

OBRAS DE CONSTRUCCIÓN

Las obras tuvieron un comienzo uniforme, pero se desarrollaron a diverso ritmo durante el tiempo que duró la construcción del edificio, a lo largo del siglo XIV. A pesar de esto, ya daba cobertura litúrgica en las primeras décadas del siglo XIV, casi recién comenzada su edificación.

A finales del XIV, el rey Joan I confirmaba una autorización de Pedro el Ceremonioso para expropiar algunas de las casas colindantes, con el fin de ampliar la totalidad del conjunto eclesiástico, que por aquellos años todavía se encontraba en proceso de construcción.

El templo se levantó con piedra calcárea de Ciutadella, distribuida sobre el muro en aparejo romano en hiladas de altura regular y piedras de diferente tamaño. Unos contrafuertes se reparten por sus muros, que, en un principio, estaban formados por dos cuerpos muy bien unidos, de diferente altura. El conjunto se cubría con un tejado a dos aguas.

LA CAPILLA DE LAS ÁNIMAS, EDIFICADA EN 1670, ES LA MÁS RELEVANTE ENTRE TODAS.

El exterior tiene tres puertas: la mayor o principal, al pie de la nave central; la de las Esquelles y la del Reloj. La primera de ellas, de estilo gótico como la del Reloj, fue escondida en 1810 por un grandioso frontispicio neoclásico.

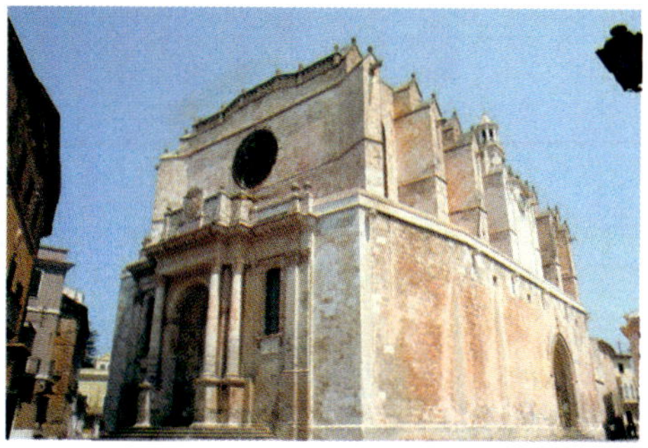

La antigua portada debió de contener intercolumnios ornamentados con diferentes esculturas, que solían colocarse en estos espacios. Es posible que estas representaciones escultóricas ocuparan también la zona del tímpano y las arquivoltas.

En la catedral se encuentra uno de los monumentos barrocos más importantes del barroco menorquín. Se trata de la capilla de las Ánimas, la más sobresaliente de las de esta catedral, construida en 1670.

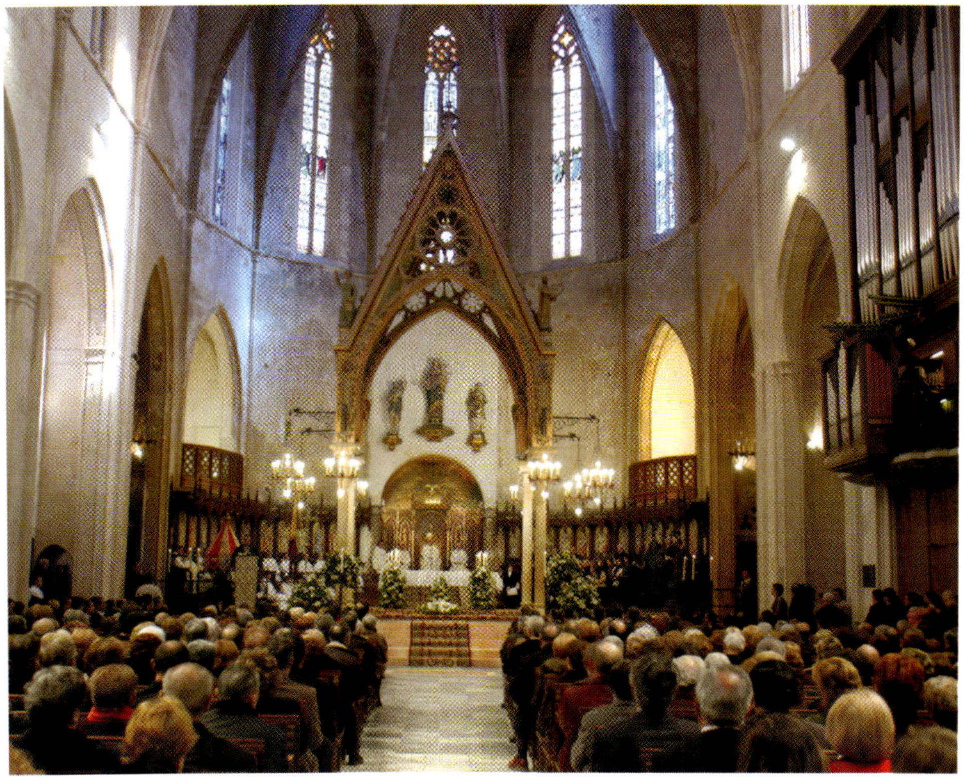

LA PLANTA

Se levanta sobre planta de uns sola nave, dividida en cinco tramos cerrados por un ábside heptagonal. El conjunto se cubre mediante una bóveda de crucería simple. Las cinco capillas que se encuentran en la parte de la nave más cercana a la zona donde se leía el Evangelio, abiertas entre los contrafuertes, son más profundas que las correspondientes al lado opuesto. La catedral hubo de ser restaurada después de la guerra civil. En el año 1987 se inició la rehabilitación del edificio y en 1993 se dio una nueva ubicación al órgano.

LA IGLESIA TIENE UN TAMAÑO EXCEPCIONAL *y nada común dentro del estilo de las catedrales góticas que se estaban construyendo por Europa.*

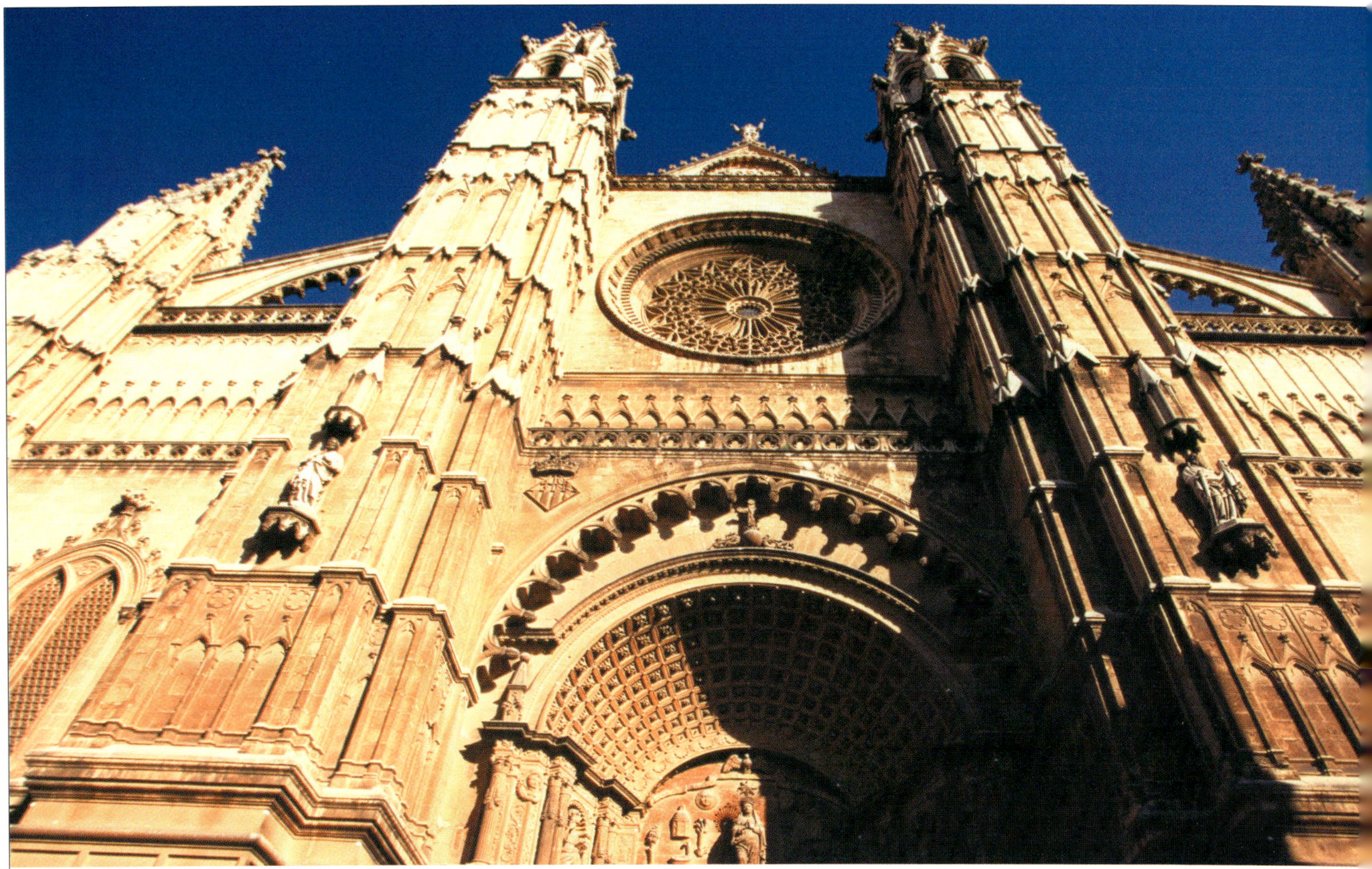

Catedral de Palma de Mallorca

CONOCIDA POPULARMENTE COMO LA SEO, ESTÁ CONSIDERADO UNO DE LOS EDIFICIOS GÓTICOS MÁS RELEVANTES. SE ALZA SOBRE LA PARTE ANTIGUA DE LA CIUDAD DE PALMA, POR ENCIMA DE LAS MURALLAS.

La planta

Está compuesta por tres naves *de distinta altura rematadas por capillas escalonadas, de perfil rectangular. Las naves se separan con pilares de planta octogonal que se prolongan hasta los nervios de la bóveda de crucería. Entre los contrafuertes de las naves laterales se abren unas capillas. En la nave central, de 44 metros de altura, se encuentra la capilla de la Trinidad, la más antigua, donde se hallan enterrados los reyes Jaime II y Jaime III.*

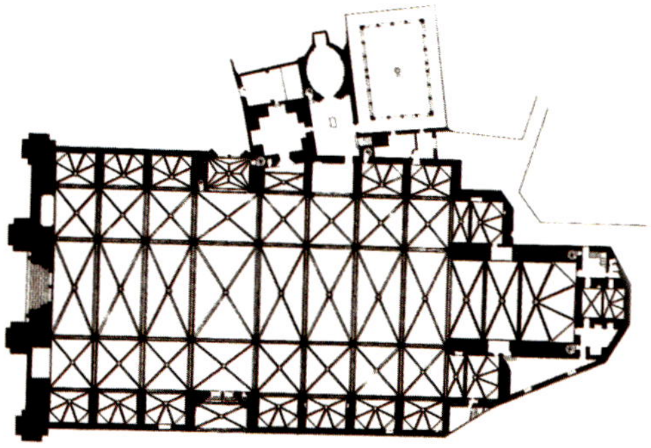

La catedral de Santa María de Palma se levantó sobre una antigua iglesia, derribada en el año 1229, que había sido construida sobre la mezquita. En el año 1587 finalizó la construcción, aunque ha sufrido diversas remodelaciones, sobre todo, al principio del siglo XX. Gaudí se encargó de reformar el interior. El estilo gótico es predominante.

LA FACHADA

La Puerta Mayor, apoyada en cuatro columnas está realizada en estilo plateresco y se concluyó en 1601. Un terremoto ocurrido en 1851 agravó los problemas de estructura y hubo que decidir su intervención.

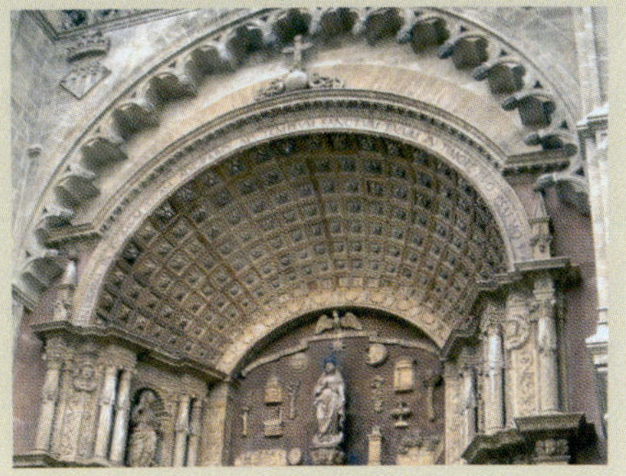

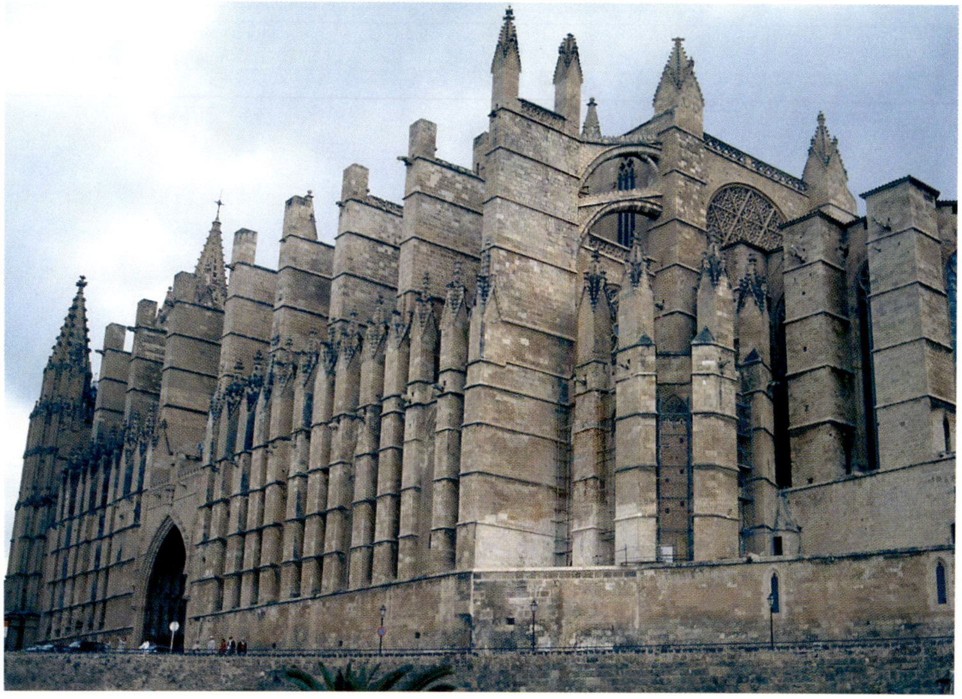

CON EL INICIO DEL SIGLO XX, *la catedral mallorquina sufrió la mayoría de las intervenciones. El interior, por ejemplo, fue reformado por Gaudí, si bien el estilo que predomina es el gótico.*

La puerta del Mirador, dirigida hacia el mar, es la más destacada del exterior del edificio. Realizada en el siglo XIV, está compuesta por una decoración geométrica y vegetal. La comenzó Pere Morey y la concluyó Guillén Sagrera. En el tímpano aparece la imagen de Dios Padre rodeado de ángeles y una escena de la Última Cena. En el parteluz se encuentra la Virgen del Mirador, de la que Sagrera es autor. Esta puerta siempre permanece cerrada.

El proyecto de la fachada principal se le encargó a Peyronnet, quien reforzó el edificio, pero consiguió una estética no deseada. Entonces, Joaquín Pavía tomó el mando de las obras y volvió a reformar el espacio, modificando los torreones y el frontón, que está rematado con una imagen de la Asunción. El portal es obra de Antonio Verger y a los pies del mismo aparece un mosaico realizado por Gaudí.

LA CAPILLA REAL ALCANZA POR SÍ MISMA DIMENSIONES DE IGLESIA.

La Almoina es el acceso habitual, obra de 1498. Se encuentra situada junto a la torre del campanario. Trazada en estilo gótico, su conjunto incluye un tímpano que está sin finalizar. En su interior sólo aparece la imagen de la Inmaculada Concepción.

El campanario, de 1389, alberga nueve campanas, de las cuales la más grande mide dos metros de diámetro y tiene un peso mayor de 4.500 kilos. Esta campana recibe el cariñoso nombre de *N'Eloi*.

En esta nave central se reparten catorce pilares que sujetan el peso de la cubierta. Es la segunda catedral con más altura de Europa.

Un rosetón central de 12,5 metros de diámetro preside los muros, considerado el más grande del mundo de estilo gótico. Fue construido en 1370 y, ya en el siglo XVI, se añadieron 1.236 vidrieras, que dibujan la estrella de David.

De las capillas destaca la Capilla Real, que alcanza proporciones de iglesia. En el ábside se halla la cátedra del obispo labrada en alabastro. En el centro se sitúa una mesa de altar y sobre ella el baldaquino, obra de Gaudí.

LOCALIZACIÓN

Plaza de la Almoina, s/n
Palma de Mallorca (Baleares)
SIGLOS XIII-XIV

CATEDRAL DE LA LAGUNA

LA CATEDRAL DE NUESTRA SEÑORA DE LOS REMEDIOS ES EL EDIFICIO RELIGIOSO MÁS IMPORTANTE DE LA CIUDAD DE SAN CRISTÓBAL DE LA LAGUNA, CAPITAL DE TENERIFE HASTA EL AÑO 1833, MOMENTO EN EL QUE LA CAPITALIDAD SE DESPLAZÓ A SANTA CRUZ DE TENERIFE.

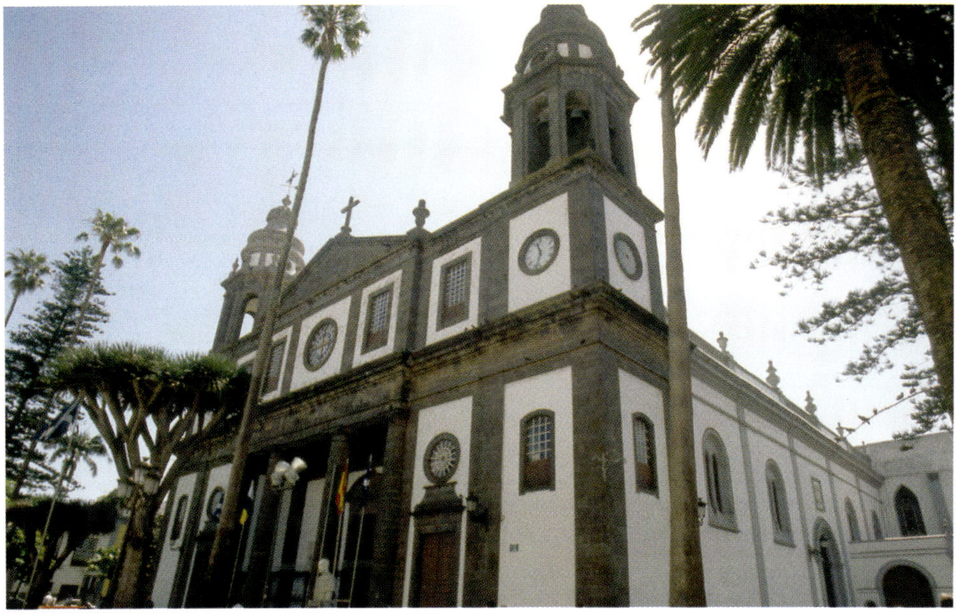

EN EL SIGLO XX, *el templo fue sometido a una reconstrucción integral, salvo la fachada principal. En su interior se conservan valiosos objetos litúrgicos y joyas de orfebrería.*

Entre los objetos artísticos de la catedral de La Laguna destacan un púlpito de mármol de Carrara realizado por Pascuale Bocciardo en el año 1762, y la talla de Nuestra Señora de la Luz, atribuida a Bautista Vázquez, *el Viejo*.

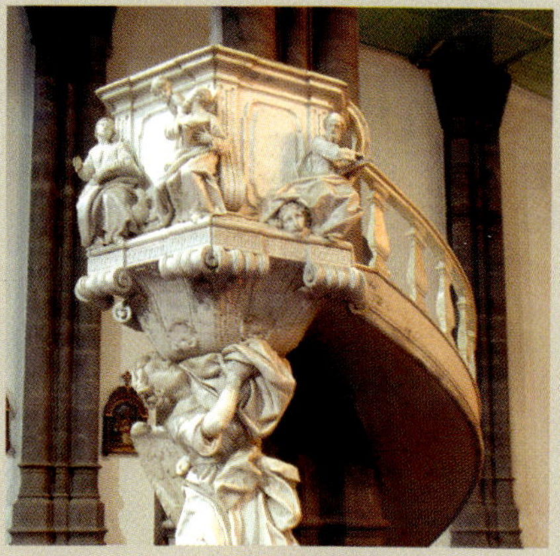

LOCALIZACIÓN

Calle de Fray Albino, s/n
San Cristóbal de La Laguna (Tenerife)
SIGLO XVI-XX

El edificio y todo el conjunto catedralicio fueron declarados Bien de Interés Cultural en 1983.

El núcleo de la actual catedral tiene su origen en una pequeña ermita, sobre la que se edificó en el año 1515 una nueva construcción de estilo mudéjar, de una sola nave. Posteriormente se sometió a numerosas reformas. En el siglo XVII, concretamente en 1618, el obispo Antonio Carrionero mandó construir la torre del templo, que se realizó en un estilo renacentista maduro con elementos barroquizantes. En el XVIII, se emprende la edificación de varias capillas en el interior de la iglesia.

Durante la siguiente centuria, el edificio pasa a ser considerado catedral al tiempo que se crea el Obispado de Tenerife por bula del papa Pío VII. A finales de siglo, en 1897, el templo es derribado por hallarse en ruinas, conservándose únicamente el frontis. De estilo neoclásico, fue construido en el año 1820 a partir de los planos de la catedral de Pamplona, obra del arquitecto Ventura Rodríguez.

Así pues, poco queda del templo original. Entre los años 1904 y 1915 se llevó a cabo la más importante de las reformas, que respetó íntegramente la fachada principal.

LA PLANTA

La actual catedral, de estilo neogótico, se construyó siguiendo los planos del ingeniero Rodrigo de Villabriga y fue inaugurada en el año 1913. La iglesia, de planta de cruz latina, se distribuye en tres naves que se cubren con bóvedas de crucería sencillas.

EL INTERIOR

El templo alberga en su interior un valioso patrimonio. En la capilla mayor destaca el tabernáculo. Realizado por el escultor canario José Luján Pérez en el año 1795, tiene como remate una hermosa talla anónima de Cristo Crucificado, el Cristo de los Remedios, del siglo XVI.

LA VIRGEN DE LOS REMEDIOS, REALIZADA EN MADERA POLICROMADA A PRINCIPIOS DEL SIGLO XVI, PUEDE SER LA PRIMERA OBRA DE ARTE SACRO DE TENERIFE.

Destacan el gran retablo barroco de Los Remedios y el retablo del Señor de la Columna, de estilo neoclásico. El primero posee un espléndido conjunto de siete pinturas, cuya autoría se ha atribuido a Hendrick van Balen, maestro de Van Dyck. Estas tablas, pertenecientes al antiguo retablo de Mazuelos, fueron encargadas a Flandes por Pedro Alonso Mazuelos en 1597. Tampoco hay que olvidar el coro neoclásico del XIX, obra del maestro Domingo Pérez.

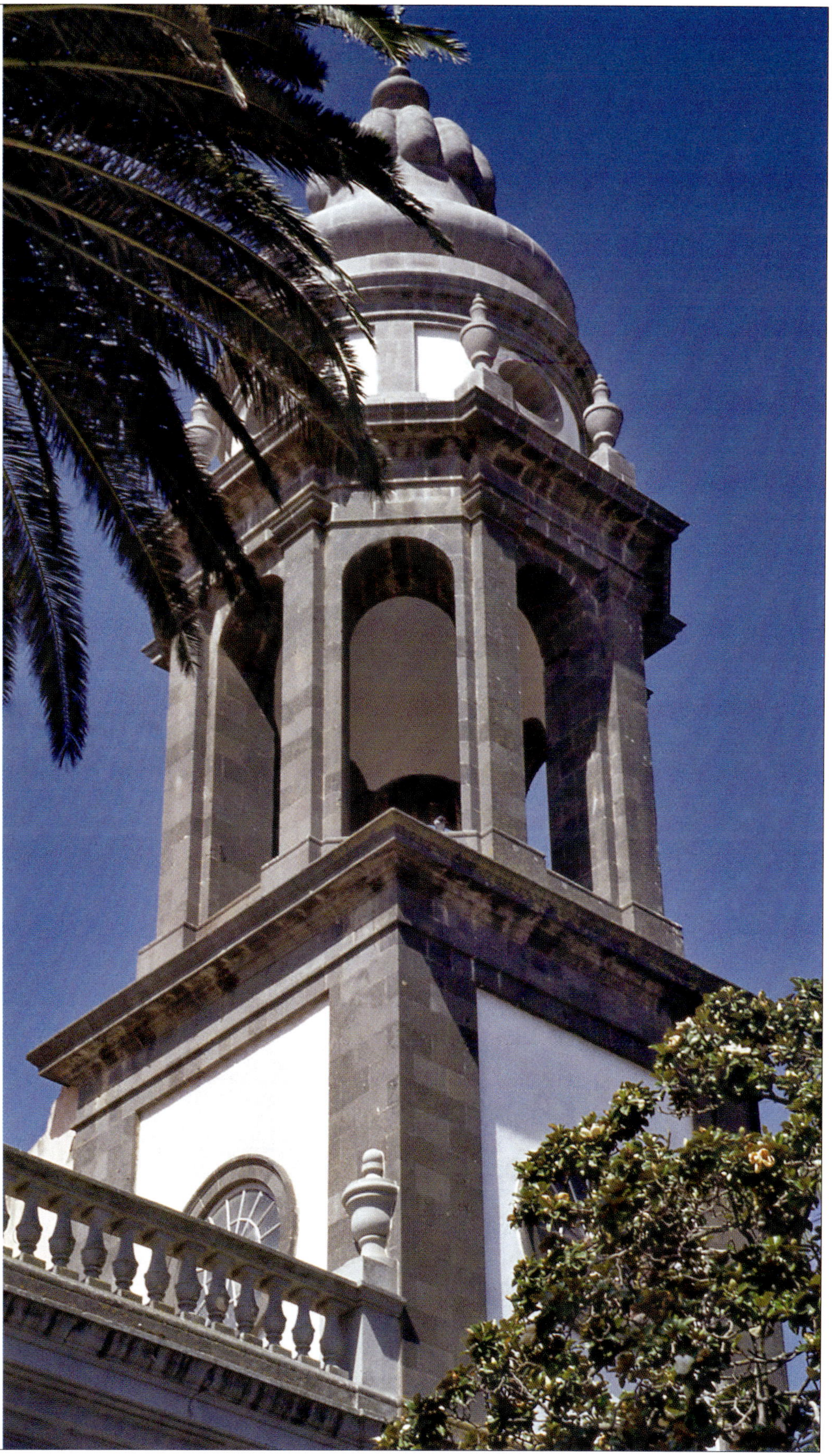

CATEDRAL DE LAS PALMAS

LA CATEDRAL DE SANTA ANA DE LAS PALMAS ESTÁ DOTADA DE MÉRITOS ARQUITECTÓNICOS, HISTÓRICOS Y ARTÍSTICOS DE GRAN VALOR QUE, POSTERIORMENTE, INFLUYERON EN LA ARQUITECTURA COLONIAL EN AMÉRICA.

La planta

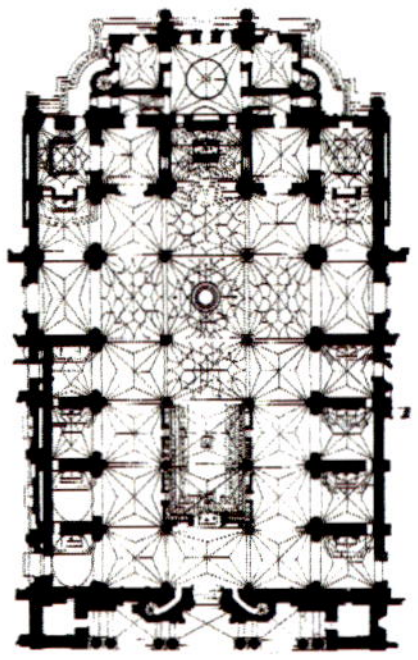

LA PLANTA CUENTA *con tres naves, capillas laterales, coro central y un ábside de planta rectangular que corresponde a la cabecera de la nave principal. El coro, de estilo neoclásico, es obra de José Luján Pérez. En los hastiales de la nave del crucero se abren dos capillas. El gótico del interior es un gótico tardío del siglo* XVI.

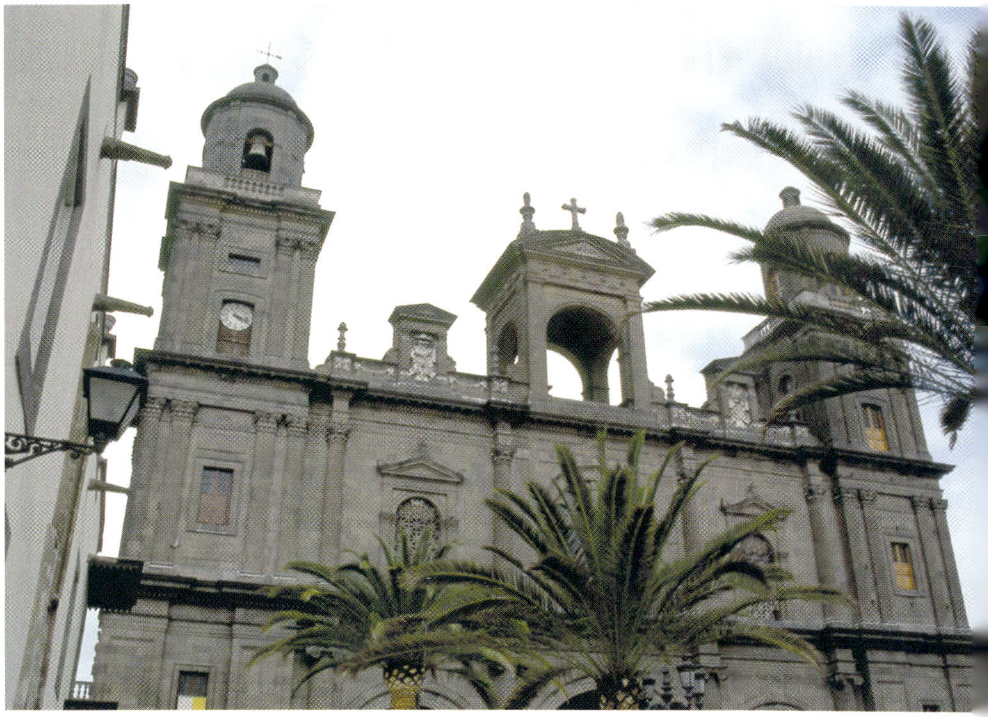

EL CIMBORRIO *de la catedral de Santa Ana, esférico en su interior y de planta cuadrada hacia el exterior, es de estilo neoclásico y se encuentra sobre el crucero.*

LOCALIZACIÓN
Plaza de Santa Ana, s/n
Las Palmas de Gran Canaria
SIGLO XVI

Aunque la construcción se inició dentro del estilo gótico, los diferentes arquitectos y periodos históricos dotaron al interior del templo de elementos arquitectónicos bien diferenciados: renacentistas, neoclásicos y otros pertenecientes a la arquitectura ecléctica.

La construcción de la catedral de Las Palmas se inició a comienzos del siglo XVI, cuando la nueva ciudad, a la que se había trasladado el obispo a finales del siglo XV, sufría un importante desarrollo.

Fue el arquitecto Diego Alonso Montaude quien, en 1497, comenzó las obras en una extensa huerta que existía en la margen derecha del Guiniguada. Posteriormente, le sucedieron diversos arquitectos, como Juan Palacio, Pedro de Llerena, Martín de Narea, Diego Nicolás Eduardo y José Luján Pérez. El último arquitecto que tuvo el templo fue Salvador Fábrega.

Entre 1570 y 1781, las obras quedaron paralizadas. A finales del siglo XVIII, se reanudaron los trabajos y el arquitecto Diego Nicolás Eduardo se encargó de la construcción de tres arcos torales que faltaban, el crucero, la capilla mayor, sacristías, cripta, sala capitular y demás dependencias.

A finales de ese mismo siglo, la catedral fue renovada y, a principios del siglo XIX, el cabildo encomendó la conclusión de la fachada principal de la basílica

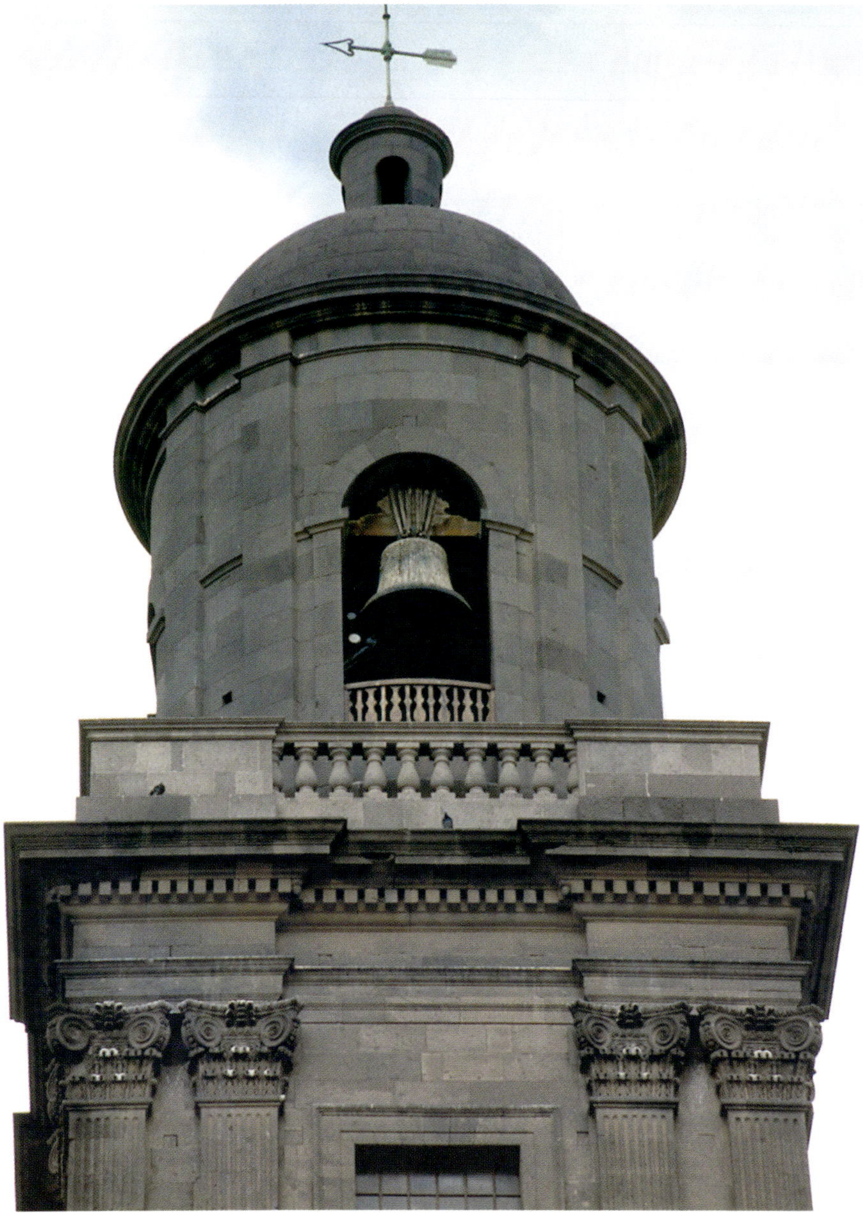

OBRAS DE ARTE

La catedral de Las Palmas alberga una gran cantidad de obras de arte, entre las que podemos encontrar un portapaz del orfebre Becerril, obra del siglo XVI. Destacan los retablos e imágenes de José Luján (el Cristo de la sala capitular, la Virgen de la Antigua, la Virgen de los Dolores...) y de otros grandes imagineros.

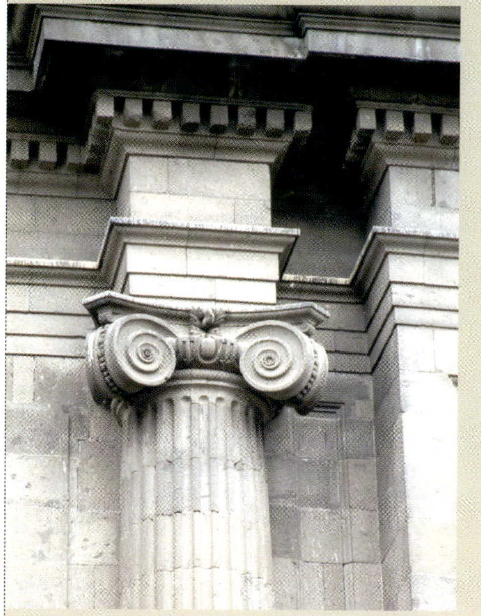

LOS ELEMENTOS SUSTENTANTES *del edificio se componen de columnas fasciculadas y pilastras sobre las que se elevan esbeltas bóvedas de nervadura.*

EN 1570 DIO COMIENZO LA CELEBRACIÓN DE LOS OFICIOS EN EL TEMPLO.

al escultor canario José Luján Pérez. Posteriormente, en 1854, se encargó a Manuel Oraa, a quien sustituyó Francisco Jareño, hasta que, a finales del siglo XIX, Laureano Arroyo y Fernando Navarro acabaron por rematarla.

En el exterior, el templo es de estilo neoclásico, con una amplia fachada principal flanqueada por dos torres que a su vez están rematadas por cupulines, entre los que se abre un pórtico de triple arcada, teniendo más luz el hueco central. Encima de este arco aparece el gran rosetón.

La fachada es un reflejo de sus fases de construcción, con un neoclasicismo tardío que se refleja en el pórtico y un estilo ecléctico de rasgos clasicistas que aparece en el cuerpo superior con los remates correspondientes entre las torres.

CATEDRAL DE SANTANDER

EN EL AÑO 791 EL EDIFICIO ORIGINAL SE CONVIERTE EN ABADÍA POR ORDEN DEL REY DE ASTURIAS, ALFONSO II EL CASTO. EN 1131 PASÓ A SER COLEGIATA Y, YA EN 1752, ALCANZA EL RANGO DE CATEDRAL.

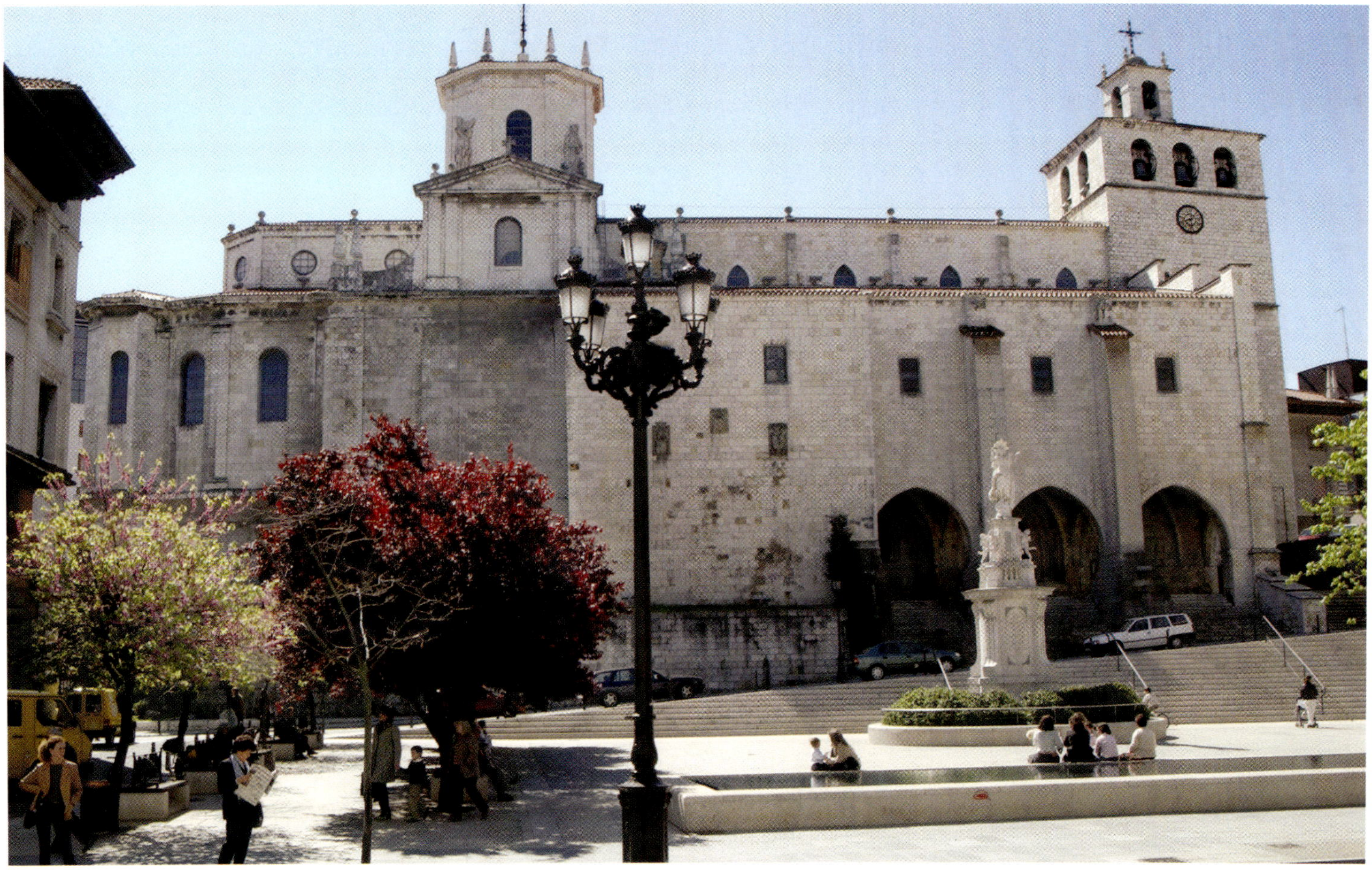

LOCALIZACIÓN
Plaza del Obispo José E. Eguino, s/n
Santander (Cantabria)
SIGLOS XIII-XX

El culto que el pueblo profesaba a las reliquias de San Emeterio propició el nacimiento de la catedral de la Asunción de la Virgen que, pese al aspecto austero que ofrece al visitante, esconde joyas sorprendentes de nuestro patrimonio.

Ha sufrido numerosas reformas e intervenciones, antes y después del incendio de la ciudad del año 1941. Su fachada sorprende debido a su aspecto austero en el exterior. No tiene apariencia de templo medieval, pues se diferencia, debido a estas intervenciones, del resto de las catedrales del mismo periodo repartidas por España.

La reconstrucción del templo tras el incendio fue muy compleja y contribuyó a cambiar su aspecto. Esto sucedía durante la década de los ochenta del siglo XX.

En su origen fue una abadía, llamada de los Cuerpos Santos (San Celedonio y

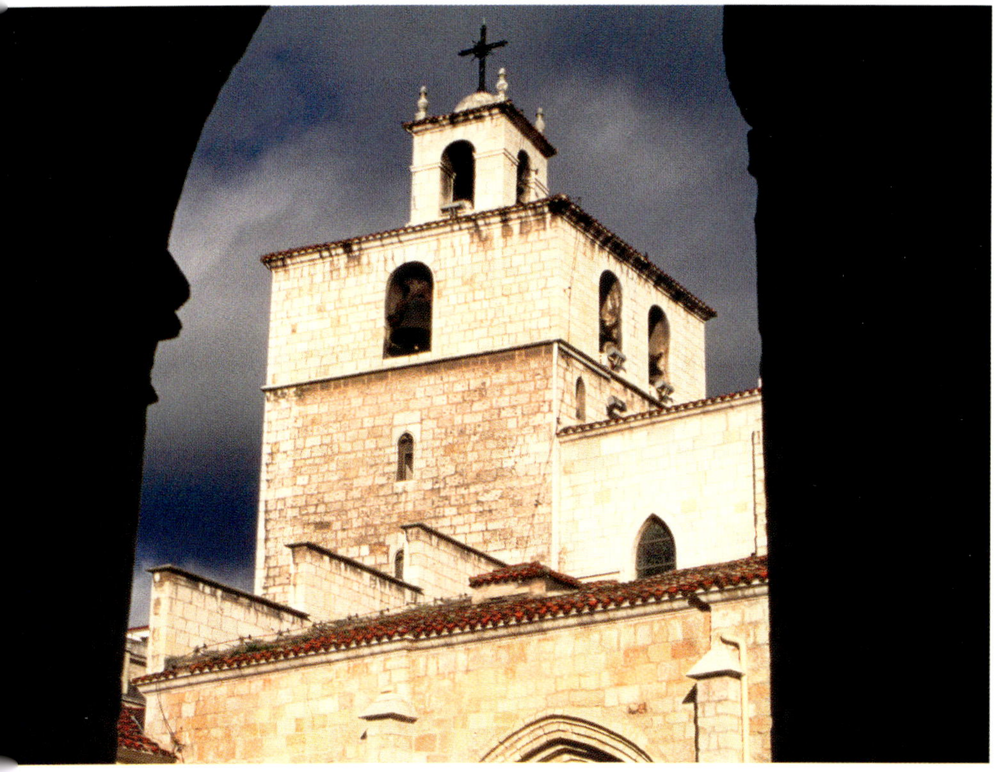

El estilo *es de transición del románico al gótico. Se accede a través de dos puertas. Una de ellas se abre en el muro sur, de estilo tardorrománico, del siglo XIV.*

La planta

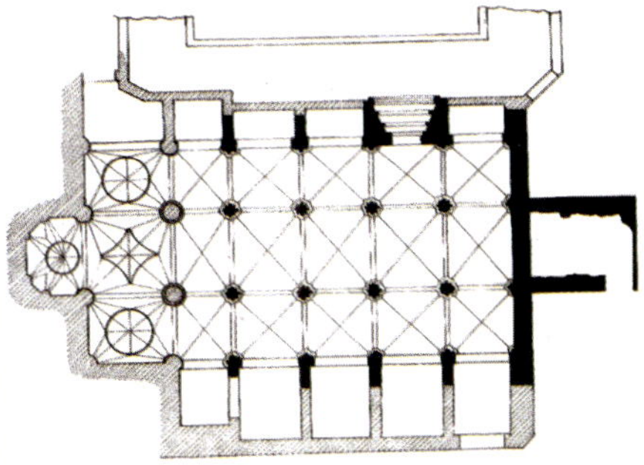

La cripta original sobre la cual se levanta la catedral mide 31 m de longitud y 18 m de ancho, y está formada por tres naves. La parte llamada «iglesia alta» es gótica, de planta rectangular con tres naves de cinco tramos cada una. La iluminación se obtiene a través de la nave central. Hay tres capillas absidiales, que en el siglo XVI fueron modificadas al prolongarse la capilla mayor.

San Emeterio, patronos de la ciudad). Su construcción se situó en lo alto de una colina, en la que hubo que proceder, en principio, a la construcción de una cripta, llamada «iglesia de abajo», con el fin de nivelar el terreno y propiciar la elevación hacia el lado opuesto al mar. Sobre esta cripta se construyó la catedral. De esta iglesia de abajo no se sabe quién fue el maestro que la construyó.

LA CONSTRUCCIÓN ORIGINAL

La construcción del templo se inició durante el siglo XII, hasta que en el siglo XIV se dio por terminada, momento en el que se acabó de edificar la zona correspondiente al claustro, pero esta estructura primitiva fue desvirtuada por las reconstrucciones realizadas tras el incendio de mediados del siglo XX.

Del templo original no tenemos apenas documentación, excepto por los dibujos que de él realizó en 1575 el grabador Hoefnagel, que nos dan una idea de cómo era su estructura. En uno de estos grabados aparece el templo adosado a la fortaleza de San Felipe. Este castillo, pese a haber estado tan unido a la historia del templo, se derribó posteriormente.

EL CLAUSTRO

La parte superior del conjunto se levantó a finales del siglo XIII y durante el XIV y fue al finalizar este proceso cuando se construyó, en una zona intermedia entre ambos templos, el claustro de estilo gótico.

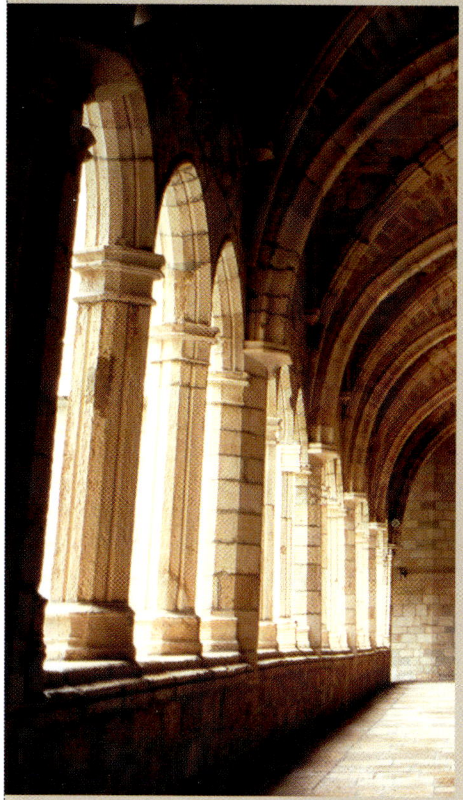

Este claustro, *de fuerte carácter monástico, perteneció a la antigua abadía y recuerda los claustros cistercienses por sus grandes arcos de descarga que encuadran otros arquillos más pequeños.*

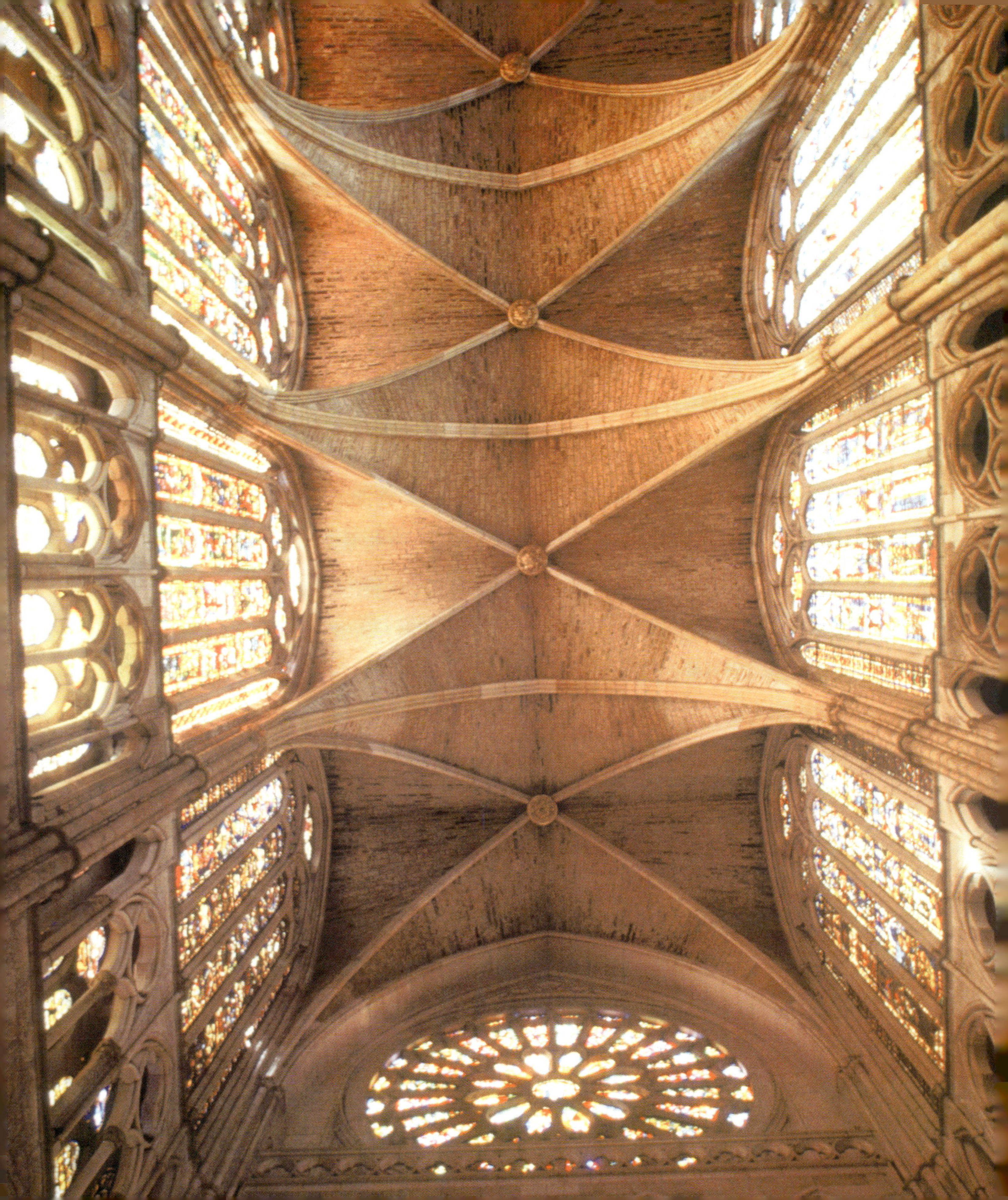

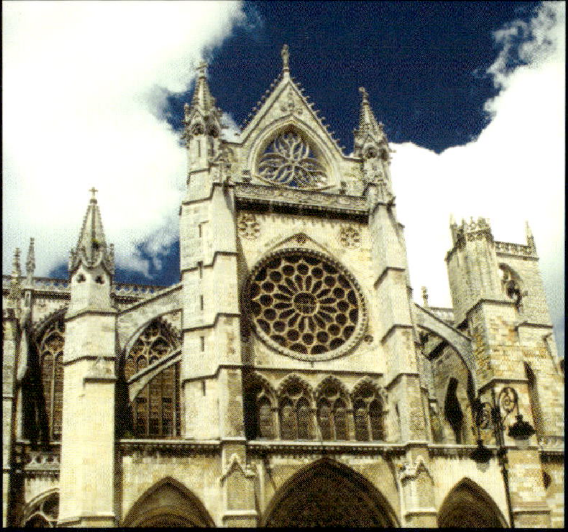

CATEDRAL DE LEÓN

LA CATEDRAL DE LEÓN SE LEVANTÓ EN EL SIGLO XII CON LA INTENCIÓN DE SER UNA DE LAS MAYORES DE LA ÉPOCA. CONOCEMOS POCOS DE LOS NOMBRES DE LOS MAESTROS ENCARGADOS DE LA CONSTRUCCIÓN, COMO PEDRO CEBRIÁN, JUAN PÉREZ Y EL MAESTRO ENRIQUE.

También se la conoce con el nombre de «*La Pulchra Leonina*» y es la que conserva un estilo más próximo a las catedrales francesas del gótico.

La catedral de León es el modelo más puro de la arquitectura religiosa gótica y supone la culminación del arte de los grandes monumentos franceses. Es indiscutible su vinculación con la Seo de Reims o las catedrales de Amiens y Beauvais.

La batalla de San Esteban de Gormaz supuso el triunfo del rey Ordoño II sobre el pueblo árabe. Este hecho resultó de máxima importancia para el templo leonés, ya que Ordoño II consintió que su palacio terminara convirtiéndose en la primera catedral. Por entonces, era obispo Fruminio II, quien transformó aquel lugar para poder ubicar el templo.

Con posterioridad, Fernando I dispuso en 1067 la construcción de una catedral sobre este palacio. Sobre esta catedral se inició la construcción de la actual en el siglo XII. Para la realización de las obras hubo que destruir la muralla y superar las dificultades de cimentación. Se concibió desde un principio como una catedral nueva, pero se abordó la construcción de manera muy lenta, pues en 1254 sólo estaban puestos los cimientos.

Después de esta época las obras se sucedieron de manera más dinámica, bajo la dirección del arquitecto Enrique.

Catedral de León

PESE A SUS DIMENSIONES Y CARACTERÍSTICAS, EN CASTILLA NO LLEGÓ A INFLUIR PLENAMENTE POR LA COMPLEJIDAD DE SU CONSTRUCCIÓN. HA SUFRIDO DIVERSOS DERRUMBAMIENTOS.

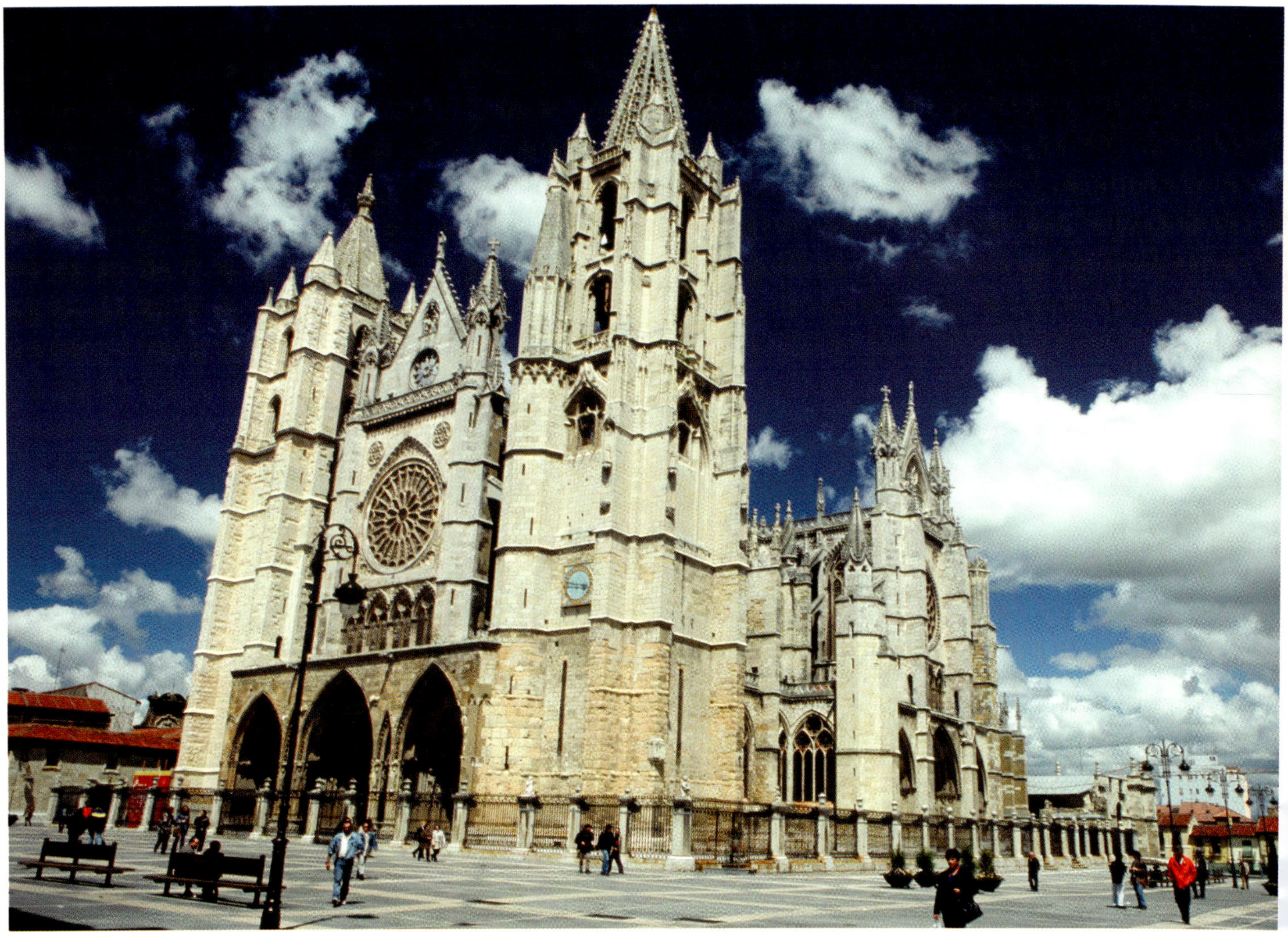

LOCALIZACIÓN
Plaza de Regla, s/n
León
SIGLOS XII-XIX

Entre 1857 y 1869 se acometieron nuevas intervenciones, que consistieron en el desmontaje de la cúpula barroca que ocasionaba la mayoría de los problemas y la reorganización de las bóvedas en la nave central. Pese a esto, en el año 1876 se intuyó el peligro de otro derrumbamiento.

A finales del siglo XIX se acometió la obra de restauración de las magníficas vidrieras de la catedral (quizás su elemento más sobresaliente), que también habían resultado afectadas por el tiempo.

Aunque toda la catedral de León se ejecutó dentro de las corrientes internacionales, conserva un carácter tradicional por el uso, entre otros, del arco de herradura.

En el interior presenta un alzado tripartito, con un triforio que recorre la parte superior de las naves y sobre el que se abre la gran mayoría de los ventanales.

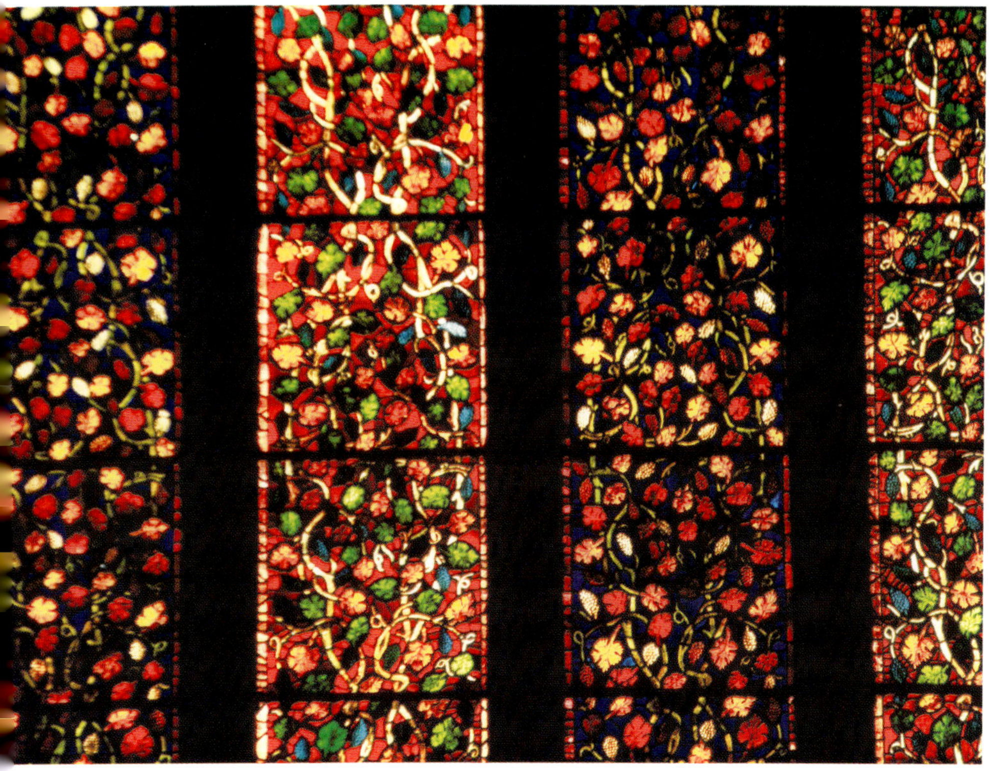

Lo más destacado *de la catedral de León son, sin duda, sus vidrieras y la desmaterialización de los muros que éstas producen.*

La planta

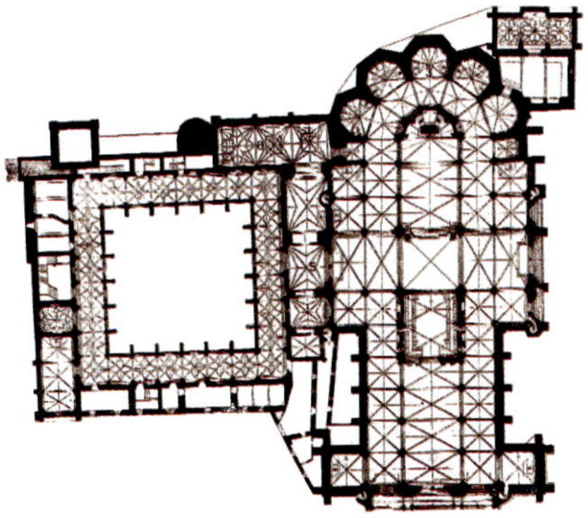

Con 90 m de largo, 30 de alto *y 29 de ancho, la catedral sigue en su planta el esquema de la de Reims: planta de cruz latina, tres naves separadas por columnas y cubiertas con bóvedas de crucería. El crucero se compone de tres naves, con brazos cerrados y fachada de tres portadas. La girola consta de cinco capillas poligonales. Por esta disposición cabe suponer que el maestro Enrique era francés.*

EL EXTERIOR

Respecto a su articulación, la fachada principal conserva características, similares a las de la catedral de Chartres, ya que entre los vanos sitúa arcos lancetados estrechos dispuestos para la representación de programas escultóricos. Esta fachada está orientada hacia el oeste y está formada por un pórtico abocinado flanqueado por dos torres. En las portadas se representa un programa iconográfico relacionado con el Juicio Final y la Virgen Blanca, cuya imagen se encuentra en el interior del templo.

En la portada sur se representa a San Froilán, en imágenes de su vida. La puerta del oeste, llamada puerta de la Muerte, está adornada con leones, decoraciones vegetales y castillos alegóricos.

Los programas iconográficos del exterior del templo son más amplios que los de la catedral de Burgos, pues las figuras están tratadas con mayor estilización, realismo y expresiones naturalistas.

LAS PORTADAS

Dentro de la catedral permanece un elemento original de importancia, el conjunto de iconos vinculados con la Virgen Blanca y el Juicio Final. Éste mismo grupo aparece representado en las portadas del templo.

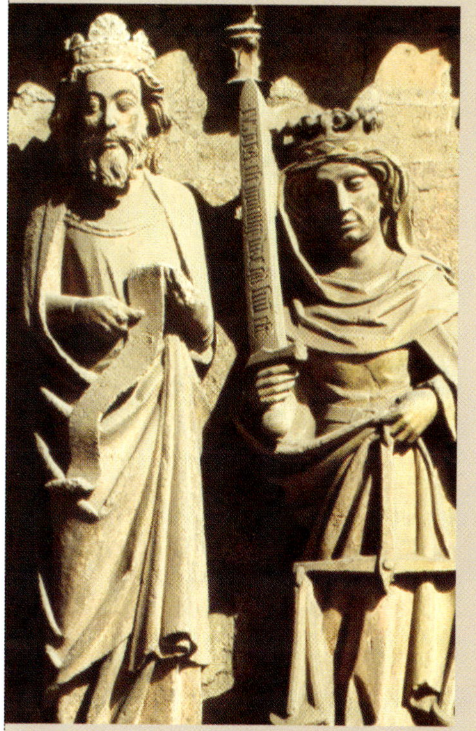

El acceso al templo *se encuentra adornado con esculturas de estilo románico que pertenecieron a su primera fábrica. Fragmentos, piezas y elementos de periodos y corrientes diferentes se mantienen en buen estado dentro de las capillas laterales.*

LAS PORTADAS

Se accede al templo a través de tres portadas: la del Juicio Final, la portada de San Juan y la de San Francisco, y remata este exterior la torre sur, completada en el siglo XV, con una altura de 68 m.

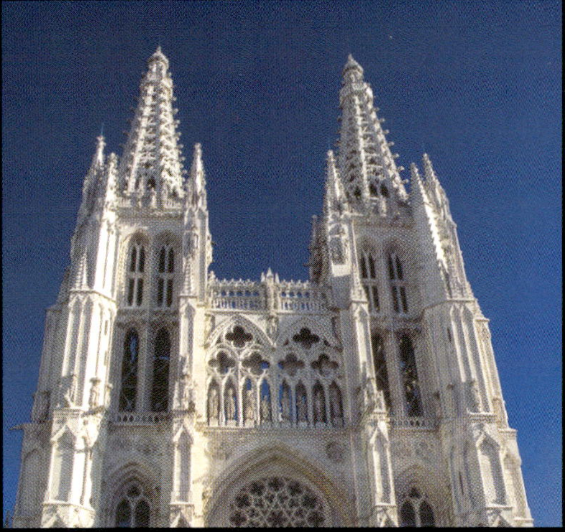

Catedral de Santa María de Burgos

LA CATEDRAL DE SANTA MARÍA DE BURGOS ESTÁ CONSIDERADA UNA DE LAS MEJORES REPRESENTACIONES DEL ARTE GÓTICO. FUE DECLARADA PATRIMONIO DE LA HUMANIDAD POR LA UNESCO EN OCTUBRE DE 1984.

Fue construida en el siglo XIII y conserva un estilo perteneciente al gótico más puro, con influencias francesas, alemanas y holandesas. Sigue el esquema propio de las catedrales de peregrinación, con deambulatorio. Es, por tanto, entre otros, un edificio destacado dentro del conjunto arquitectónico del Camino de Santiago.

La construcción de la catedral de Burgos comenzó en 1221, pero no se consagró hasta 1260. Fue Fernando III el Santo quien ordenó la construcción de este monumento, además del obispo Mauricio. Posteriormente, se amplió con un gran claustro y múltiples capillas en su interior, así como con las agujas de la fachada principal y el cimborrio del crucero. Pero la construcción de la totalidad del conjunto catedralicio se prolongó hasta el año 1765. Aunque se conserva una unidad de estilo en la que predomina el gótico, hay diferentes estilos artísticos en diversos elementos que se hallan repartidos por el edificio.

El cimborrio se eleva sobre el crucero, compuesto de ocho lados y dos pisos que se sujetan en cuatro pilares rematados por cuatro agujas. En este crucero, en su centro, se encuentran los restos del Cid Campeador y su esposa, doña Jimena. El cimborrio actual es obra de Juan de Vallejo, quien lo realizó en el siglo XVI, pues el original, de Juan de Colonia, se derrumbó en el año 1539.

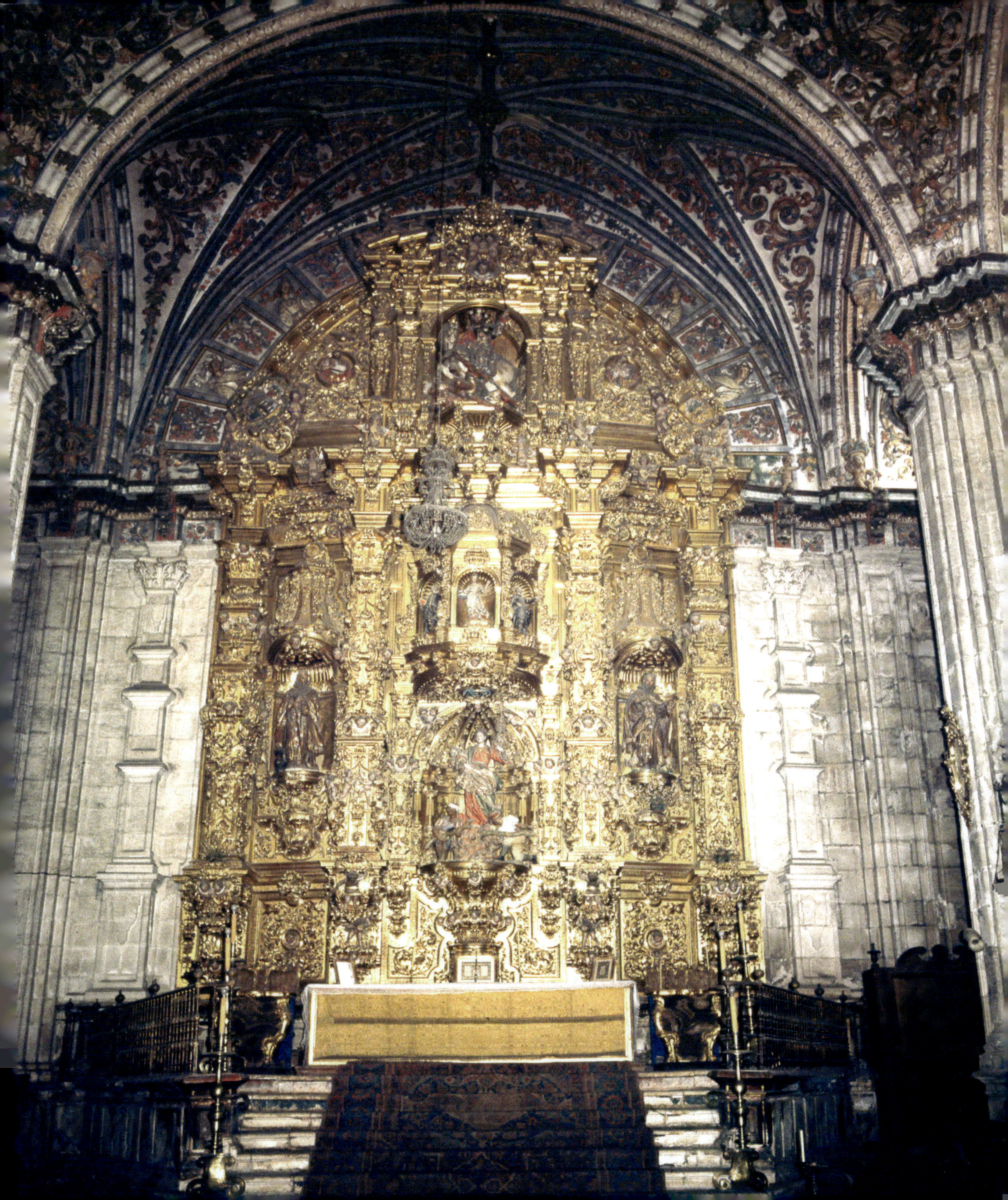

Catedral de Santa María de Burgos

SU TRAZADO ORIGINAL Y SU PECULIAR ALZADO LA CONVIERTEN EN UN EDIFICIO DESTACADO POR SU ARMONIOSA ESTRUCTURA. LAS AGUJAS GÓTICAS DE LA CATEDRAL DE BURGOS ANUNCIAN LA PRESENCIA DE LA CIUDAD DESDE LA DISTANCIA.

LOCALIZACIÓN

Plaza de Santa María, s/n
Burgos
SIGLOS XIII-XVIII

La catedral de Santa María de Burgos recibe al peregrino con tres esbeltas puertas de acceso. La puerta del Sarmental fue construida hacia 1230 y está compuesta de un tímpano anterior a 1240 que desarrolla el tema del magisterio de Cristo. Se halla rodeado de tres arquivoltas en las que aparecen representaciones de los 24 ancianos del Apocalipsis, además de unos coros de ángeles representantes del *trivium* y el *quadrivium*.

En la parte superior se respaldan, en el centro, la figura de Cristo en majestad, rodeado del tetramorfos. Otros ángeles turiferarios, diversas gárgolas, chapiteles, ornamentación de cardinas y el antepecho final contribuyen a aportar equilibrio a esta portada.

Debajo del tímpano hay un dintel corrido con doce figuras sedentes, cada una de las cuales corresponde a un apóstol. En el parteluz que divide la puerta aparece la imagen que se supone representa al obispo Mauricio. En las jambas, seis esculturas representan figuras de los Testamentos Antiguo y Nuevo. Sobre la puerta podemos ver un magnífico rosetón.

La espectacular puerta de la Coronería acoge a los caminantes procedentes de la calle de Fernán González, a la que se accede desde la escalinata de San Ni-

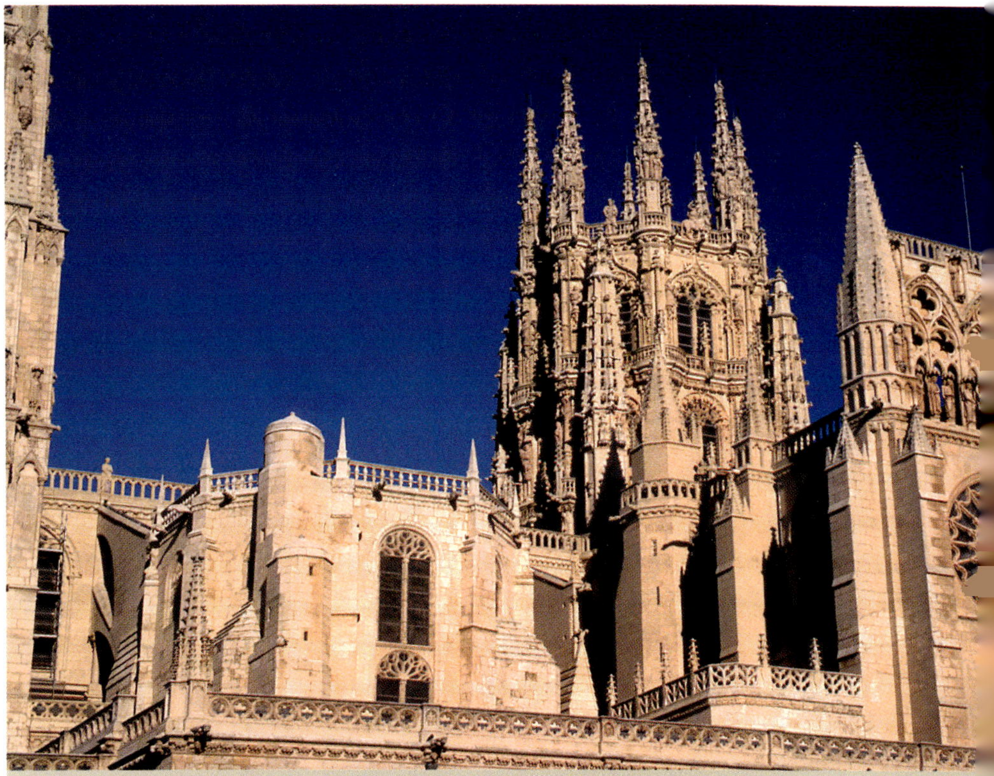

PUERTA REAL O DEL PERDÓN

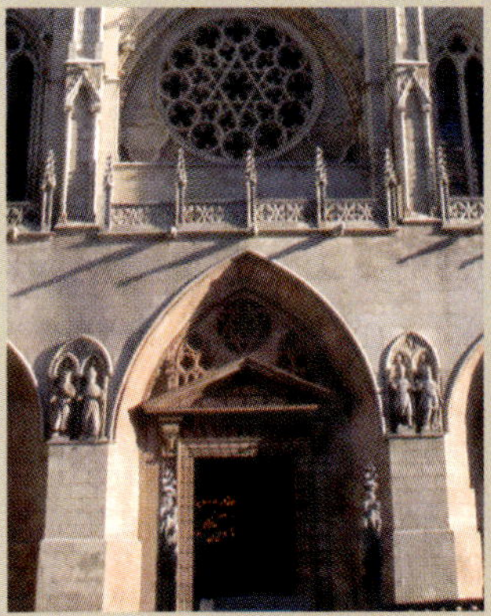

La Puerta Real, también llamada del Perdón, está en la fachada más importante y sufrió una considerable reforma en 1790. Tiene un rosetón de estrella de seis puntas o «sello de Salomón», y una galería en el cuerpo superior, bajo doble ventanal calado, con ocho esculturas que representan a los reyes de Castilla. El conjunto lo preside la imagen de Santa María con el Niño, de la que podemos leer la inscripción: «*Pulcra es et decora*» (eres pura y bella). Las puertas laterales son las de la Asunción y la Inmaculada, obra de 1663, que también fueron intervenidas en la misma época que la Puerta Real. La fachada principal se presenta elegantemente decorada, con conjuntos artísticos exquisitos que pasan por esculturas bíblicas, pináculos, arquerías e, incluso, las imágenes esculpidas de las máximas autoridades eclesiásticas y monarcas.

colás. Esta portada, conocida también como la puerta de los Apóstoles y puerta Alta, es peculiar por el paisaje que presenta desde su localización. De estilo gótico y datada en torno al año 1250, sirve como soporte de una de las representaciones católicas más importantes: el Juicio Final con imágenes de Cristo Juez, la Virgen y San Juan.

En los laterales se representa un complejo apostolado de pie. Varios cuadrilóbulos adornan la serie de arcos de estilo gótico que se ubican por encima del hastial, además de otros arcos más reducidos e imágenes coronadas. Para terminar, una estrecha barandilla discurre sobre los arcos y los ángeles turiferarios.

EL VISITANTE PUEDE ACCEDER AL TEMPLO A TRAVÉS DE TRES PORTADAS.

PUERTA DE LA PELLEJERÍA

Por último, se encuentra la puerta de la Pellejería. Francisco de Colonia fue el constructor de esta pieza de arte plateresca que se llevó a cabo en 1516 después de que el obispo Juan Rodríguez de Fonseca depositara su confianza en él. Está articulada como un retablo de tres cuerpos, donde destaca una arquivolta de medio punto en el primero de ellos. En el segundo cuerpo, el martirio de San Juan Bautista y el de San Juan Evangelista. En el tercer cuerpo, la imagen de la Virgen con el obispo arrodillado y en actitud orante a su izquierda.

Otro elemento interesante del exterior del templo es el cimborrio, construido en el siglo XVI, lugar en el que se encuentran la nave principal y el crucero. En esta construcción trabajó Felipe Vigarny.

LAS CAPILLAS

Respecto a las capillas, la mayor se cierra con una articulación de rejerías pertenecientes a los siglos XVII y XVIII. En ella destaca el retablo renacentista de Rodrigo y Martín de la Haya, quienes realizaron esta en el siglo XVI. Aquí se representa la figura de Santa María la Mayor.

Todas las capillas tienen elementos interesantes. Podemos destacar la del Santo Cristo, donde se venera esta misma imagen, una escultura del siglo XVI. Por otro lado, la capilla de la Presentación es del siglo XVI y en ella se conserva el sepulcro de Gonzalo de Lerma, escultura de Felipe Vigarny realizada en el siglo XVI. Las rejas son de esta misma época, obra de Cristóbal de Andino.

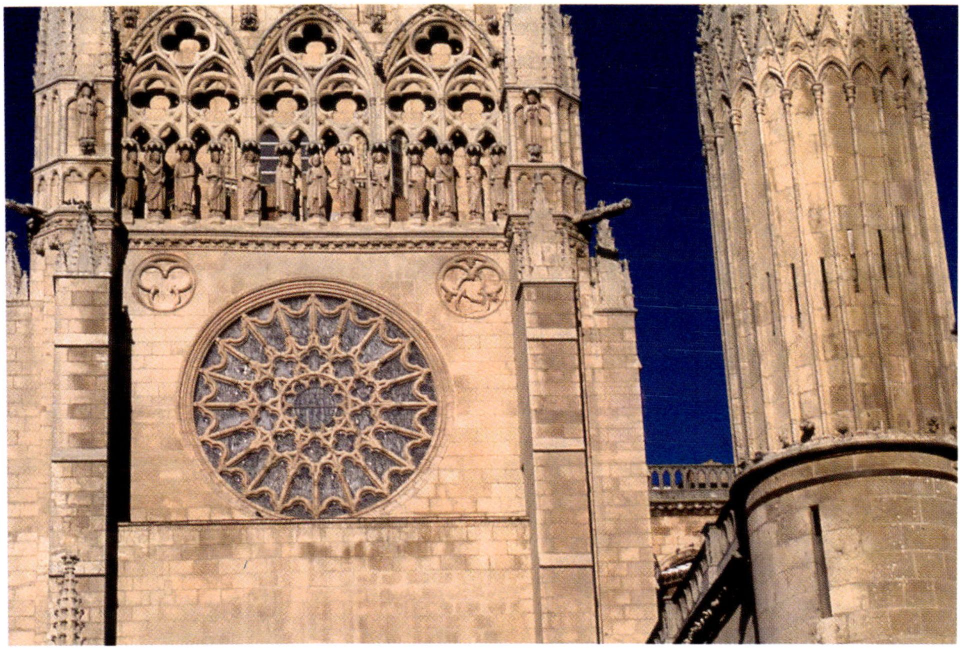

ENTRE SUS TRES PUERTAS *destaca la del Sarmental. Ésta contiene un hastial con un rosetón de gran tamaño, pero, además, nos permite disfrutar de tres hermosos arcos con forma ojival.*

La planta

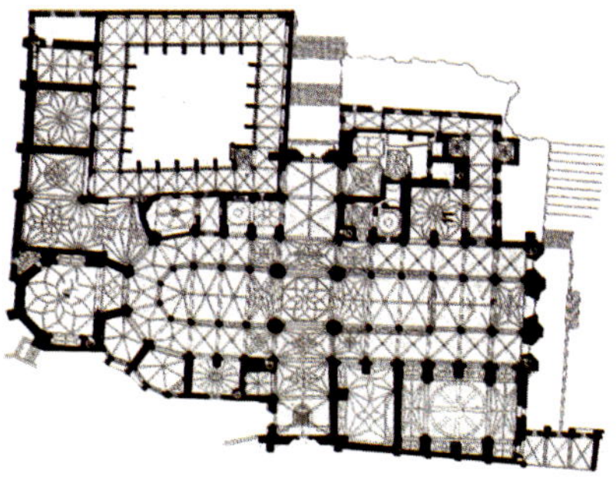

SE TRATA DE UNA IGLESIA CON PLANTA DE CRUZ *latina, compuesta por tres naves, deambulatorio y transepto. Diecinueve capillas recorren el edificio, además de la sacristía y el claustro, obra del siglo XIII. En el interior del templo, algunos elementos de interés o curiosidades llaman nuestra atención. La escalera dorada pertenece a Diego de Siloé, y tiene inspiración renacentista, esculpida con gran riqueza en su iconografía, con decoraciones vegetales.*

CATEDRAL DE ASTORGA

LA CATEDRAL DE SANTA MARÍA DE ASTORGA EMPEZÓ A EDIFICARSE EN 1471, DENTRO DEL MISMO RECINTO AMURALLADO DE LAS ANTERIORES CATEDRALES ROMÁNICAS DE LOS SIGLOS XII Y XIII.

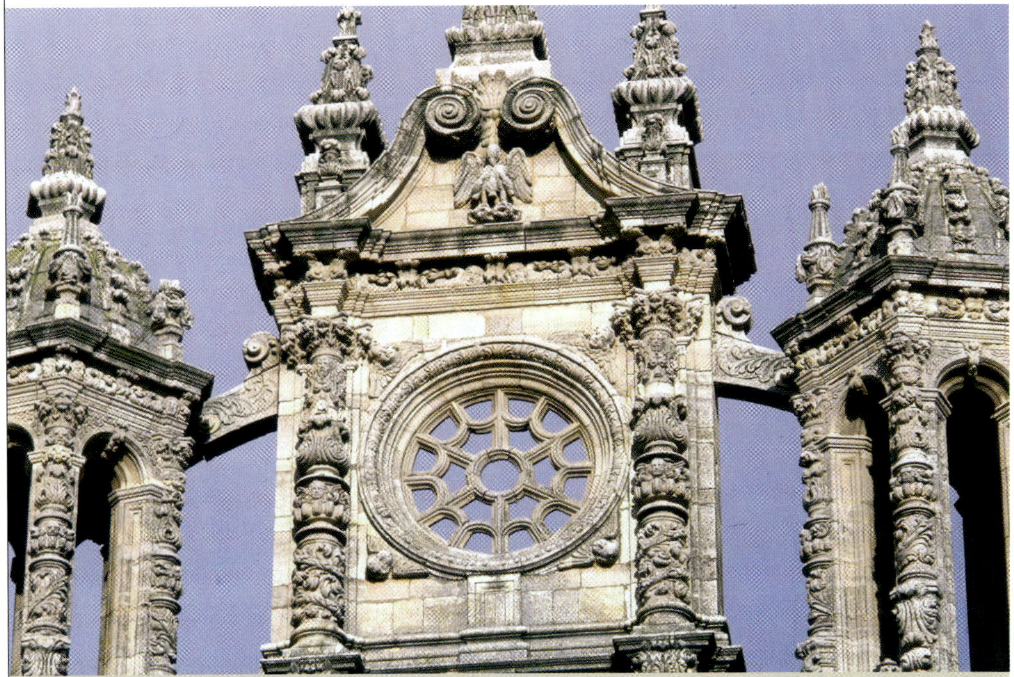

LOCALIZACIÓN

Plaza de la Catedral, s/n
Astorga (León)
SIGLOS XV-XVII

Astorga es sede de una de las diócesis más antigua y extensa de España, que abarca gran parte de la provincia de León e incluso algunas poblaciones de Oviedo y Zamora. La situación privilegiada de la ciudad, así como sus buenas comunicaciones con otras ciudades importantes, propició la necesidad de la construcción de un templo en estas tierras.

Una catedral románica, comenzada en 1082, que reemplazaba a un edificio anterior, fue demolida en 1265 para posibilitar la construcción del edificio actual, de estilo gótico flamígero.

La catedral actual se inició el 16 de agosto de 1471, en el mismo lugar donde se habían encontrado los anteriores templos. En un principio, se proyectó como la ampliación de la catedral románica existente por la cabecera, pero fue creciendo y se le fueron añadiendo elementos sobre la misma planta, durante un periodo de tiempo bastante dilatado, aproximadamente hasta el siglo XVIII, hecho que dio lugar a la incorporación de diferentes estilos arquitectónicos, desde el gótico florido hasta el neoclásico.

LOS RETABLOS

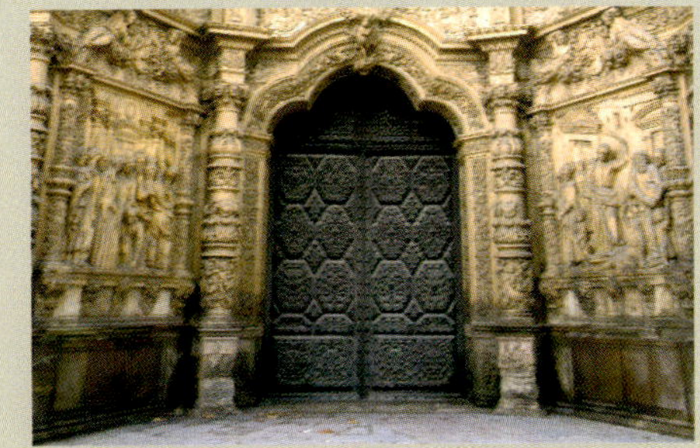

Ajarronadas leonesas sus columnas y distintos pasajes bíblicos adornan la portada. La torre nueva, de color rosa pálido, alberga las campanas, y su construcción finalizó en el año 1704. Mientras que la vieja pertenece al año 1678 y fue intervenida en 1965, cuando se completó y se remató con chapitel. Con Gaspar López al cargo se llevó a cabo la reforma del claustro en 1755, de estilo neoclásico.

Se hicieron cargo de la construcción del edificio Pedro Alvarado y Juan de Alvear (1582). Al fallecimiento de este último, que se encuentra enterrado en el claustro, prosiguió la ejecución de las obras Pedro Álvarez de la Torre, en 1598.

Ya en 1650 se emprendió la construcción de la balaustrada de oriente, a cargo de Francisco de la Lastra.

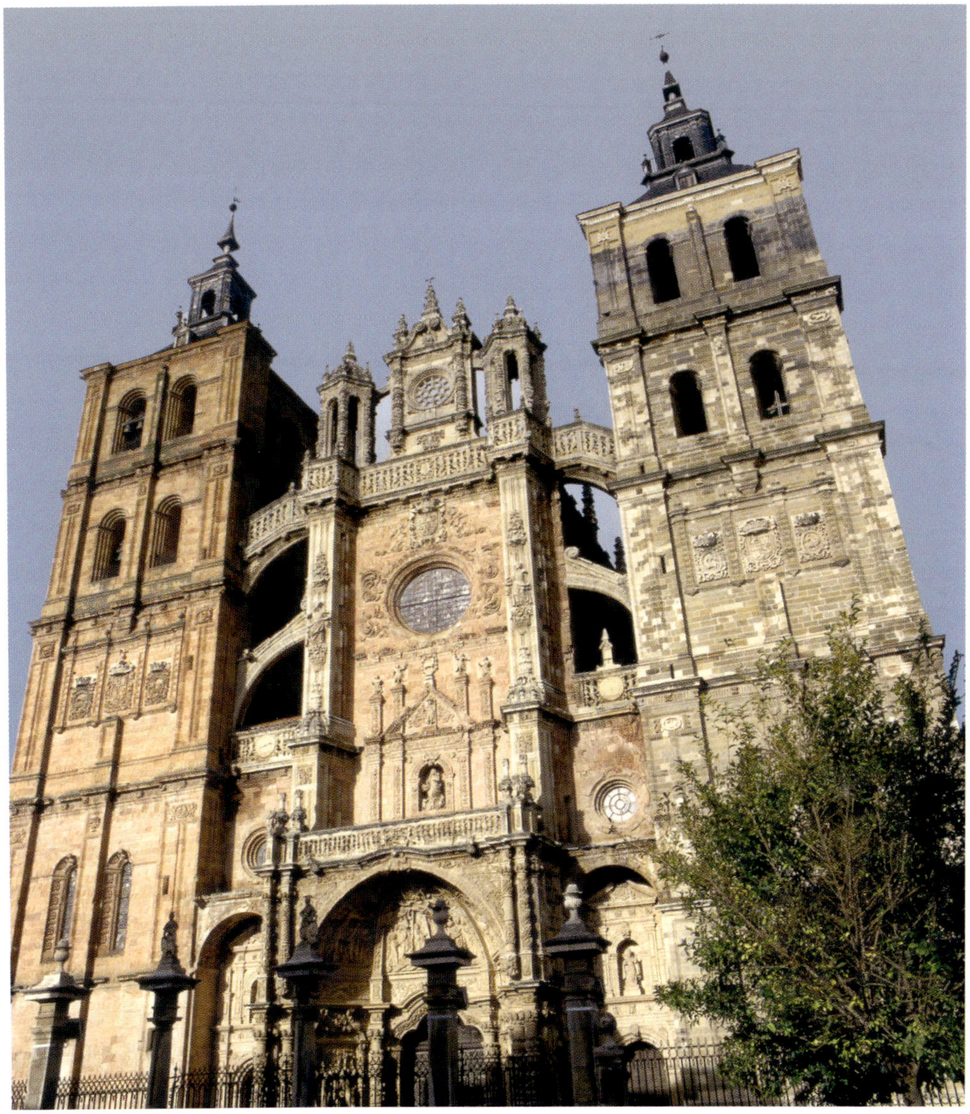

La planta

DESDE SU INICIO *contó con una planta sencilla, de tres naves sin crucero, de influencia germánica en las ojivas y los arbotantes, y con tres ábsides poligonales en la prolongación de las naves. Más tarde se agregaron dos capillas rectangulares a cada lado del último tramo de la nave. Destaca la sensación de ligereza que transmite gracias a sus pilares flanqueados de columnillas que continúan en nervaduras sin capiteles intermedios, con bóvedas estrelladas.*

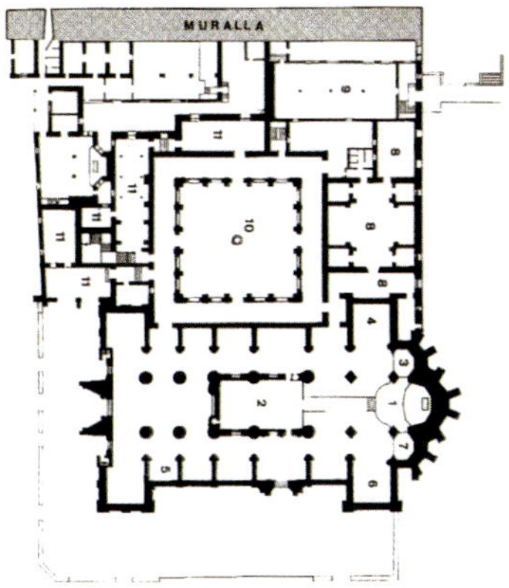

EL MUSEO CATEDRALICIO *fue creado en 1889 por del obispo Grau, quien comenzó la colección. Alcanzó calidad museística en abril de 1954, momento en el que estos tesoros se reagruparon.*

En el exterior, la catedral de Astorga ofrece un aspecto muy pintoresco. Es admirable la vista que ofrece la cabecera, de estilo plateresco, con contrafuertes adornados por pináculos.

Rodrigo Gil de Hontañón dirigió la construcción del templo a mediados del siglo XVI, otorgándole un aspecto característico, con influencias renacentistas que se dejan ver en la portada lateral, construida entre 1551 y 1557.

EL CAMPANARIO SE UBICA EN LA TORRE NUEVA DEL AÑO 1704.

Destaca el retablo de estilo hispano flamenco de San Miguel, de 1530, que recientemente ha sido restaurado y, principalmente, el retablo del altar mayor, obra de Gaspar Becerra, realizado entre 1558 y 1562. Además, participaron otros artistas, como Gaspar de Palencia y Gaspar de Hoyos, que realizaron la policromía entre los años 1570 y 1575. Se trata de una de las obras más importantes del manierismo en España.

En los retablos laterales destaca la escultura de la Purísima, realizada por Gregorio Fernández en 1626. También las figuras de San Juan Bautista y San Jerónimo, de Mateo de Prado, quien las llevó a cabo en el siglo XVII. También son interesantes las esculturas de San José con el Niño, obra del siglo XVII de José de Rozas y el Cristo de las Aguas, una imagen del siglo XIV.

En los laterales se añadieron capillas durante los siglos XVI, XVII y XVIII.

CATEDRAL DE ÁVILA

LA CATEDRAL DEL SALVADOR DE ÁVILA ESTÁ CONSIDERADA COMO UNO DE LOS PRIMEROS TEMPLOS GÓTICOS QUE SE CONSTRUYERON EN ESPAÑA. SE APROXIMA BASTANTE A LOS CÁNONES FRANCESES DE LA DESMATERIALIZACIÓN DE LOS MUROS, PESE A LAS VIDRIERAS SIN COLOR.

LOCALIZACIÓN

Plaza de la Catedral, s/n

Ávila

SIGLOS XII-XVI

Existe más de una teoría respecto a la edificación de la catedral del Salvador de Ávila. Una de ellas defiende que empezó a ser construida en 1091, como ocurre en otras ciudades de intensa historia medieval, encima de los restos de otra primitiva iglesia mozárabe dedicada a San Salvador, y que fue Alfonso VI de Castilla quien fomentó la construcción del templo. La leyenda de Ávila cita como autor a Alvar García, quien la terminó de forma provisional en 1107. Otra de las teorías defiende que fue edificada en el siglo XII por Fruchel, después de la repoblación cristiana de Raimundo de Borgoña. Este arquitecto trajo a Ávila las primeras formas del gótico de Borgoña. La existencia de este templo se documenta por la donación que Alfonso VII hizo en el año 1130 y por las bulas que el papa Inocencio II otorgó a la catedral.

Según esta versión, Fruchel, de origen francés, habría construido el ábside y la zona más antigua del templo a partir de 1172, mientras que del siglo XIII serían el primer cuerpo de las torres y las naves. En el siglo XIV, se construiría el segundo cuerpo de las torres, el claustro y otros

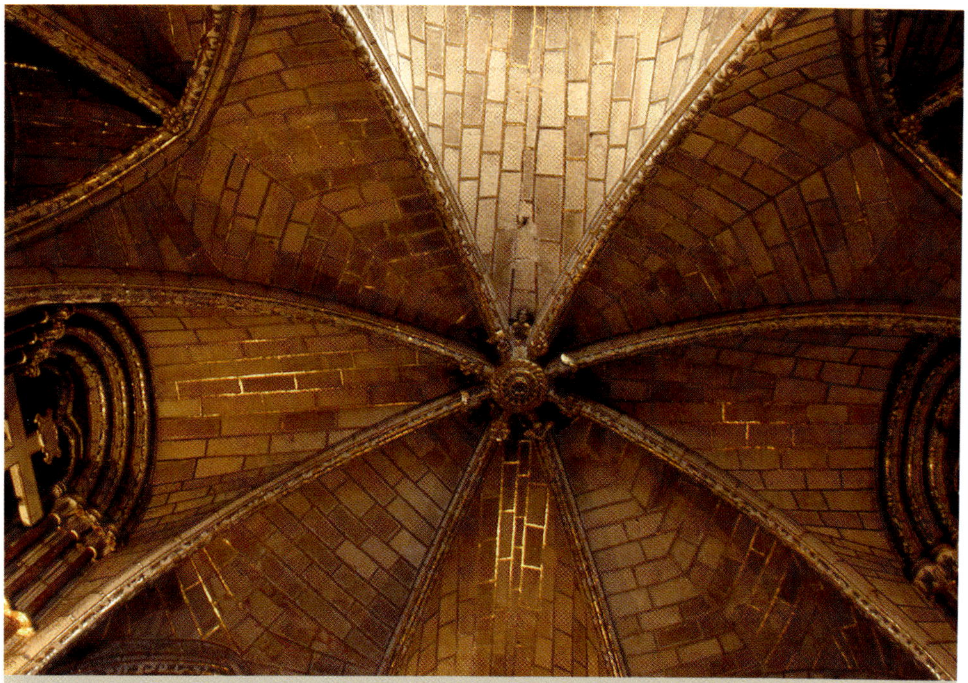

ÁBSIDE DE «ARENISCA SANGRANTE»

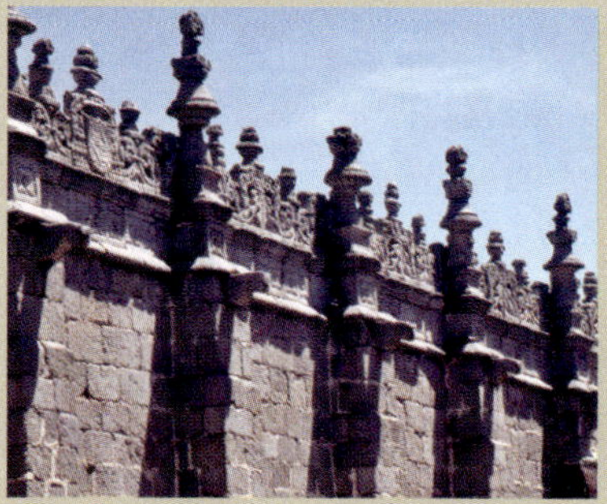

El ábside, de estilo de transición románico-gótico, es la parte más antigua que se conserva de la obra que emprendió Fruchel, el primero de los arquitectos que acometieron la construcción. Esto todavía se distingue por los materiales empleados, pues fue llevada a cabo, principalmente, con piedra «arenisca sangrante», con vetado rojo sobre fondo blanco, que procedía del valle de Amblés. El ábside, que forma parte de la muralla, constituye una enorme torre rematada por barbacanas y almenas, juega un papel fundamental en el sistema defensivo de la ciudad. El remate exterior de la fachada en la cabecera es circular, pues coincide con la articulación del cimborrio, pero con un total de nueve capillas circulares.

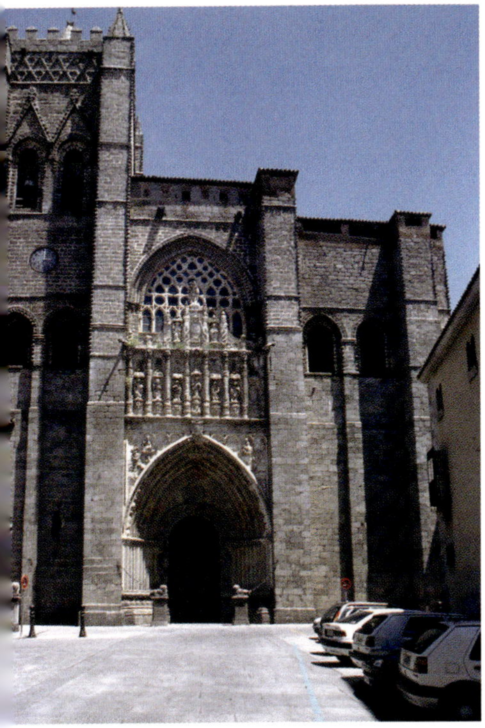

elementos sustentantes. En el siglo XV se terminaron la mayoría de las obras.

El proyecto de la obra fue modificado, desde el año 1192, por otros arquitectos que siguieron adelante con la fábrica, utilizando ahora piedra berroqueña para introducir el estilo gótico. Es interesante destacar el traslado de la puerta de los Apóstoles, que, en un principio, se situaba en el lado del nártex del templo. El traslado se hizo al muro septentrional, al frontis de la entrada al palacio episcopal. Esto permitió alargar la iglesia y construir una puerta al exterior, que se vería afectada por el paso del tiempo y los agentes climáticos. Entre los años 1779 y 1786, Ceferino Enríquez de la Serna fue el encargado de edificar la puerta que conocemos actualmente.

Un semidecágono forma el ábside de la cabecera en su interior, con dos tramos. A su alrededor se desarrolla la girola. Las columnas que separan los deambulatorios están formadas por delgados fustes monocilíndricos, a los cuales corresponden tres columnitas adosadas al muro.

Es interesante la construcción del coro en la nave central que se realiza en el siglo XVI. Las bóvedas sexpartitas del coro reposan alternadamente sobre columnas y pilares compuestos; se hallan reforzadas exteriormente por un doble vuelo de arbotantes, asidos a la torre militar del ábside y que parecen datar del siglo XIV. Una de las hileras de ventanas del coro reemplazaría un triforio primitivo que, posiblemente, se encontraba en ese lugar.

EN SU ORIGEN, LA CATEDRAL DE ÁVILA FUE PROYECTADA COMO TEMPLO-FORTALEZA.

La nave central y el crucero se hallan cubiertos por bóvedas de crucería con arcos cruceros ojivales. Las capillas del muro del cimorro tienen bóvedas ojivales que concurren sobre la clave del arco de ingreso. Es interesante en estos arcos los capiteles con decoraciones vegetales que se mezclan con capiteles historiados, con escenas narradas entre las que destaca un capitel con dos leones y otro que representa la muerte de Lázaro. Las capillas tenían ventanas alargadas en el siglo XIV. Otras se construyeron en épocas posteriores, como la capilla de la Librería o capilla del Cardenal, en el siglo XV; las de las Cuevas, la Blanca y la Concepción, en el siglo XVI; y las de San Segundo y Velada, en el siglo XVII.

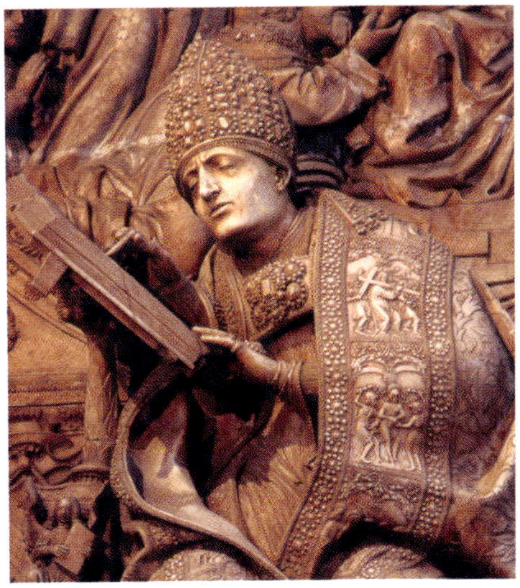

En la girola *sobresale el sepulcro de Alonso de Madrigal, el Tostado, obispo de Ávila.*

La planta

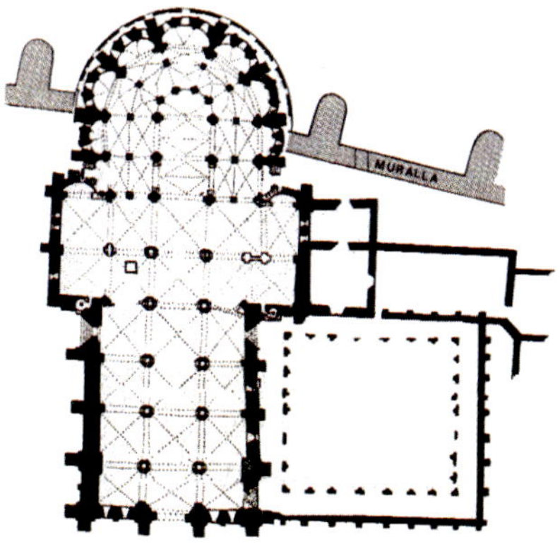

La catedral de Ávila *presenta una planta con tres naves de cuatro tramos cada una, un crucero y cabecera con capilla mayor, deambulatorio de doble nave con diferente anchura y capillas radiales adosadas. El conjunto de las naves y todas las bóvedas son góticas del estilo más puro. La girola se realizó entre 1170 y 1180 y, un año después, se enterró en ella al obispo Sancho, en la capilla central.*

Catedral de Burgo de Osma

LA CATEDRAL DE SANTA MARÍA DE LA ASUNCIÓN ESTÁ ASENTADA ENTRE LOS RÍOS ABIÓN Y UCERO, EN LA PROVINCIA DE SORIA, DESDE LA ÉPOCA DE SAN PEDRO DE OSMA, MONJE CLUNIACENSE DESPUÉS DE LA RECONQUISTA CRISTIANA.

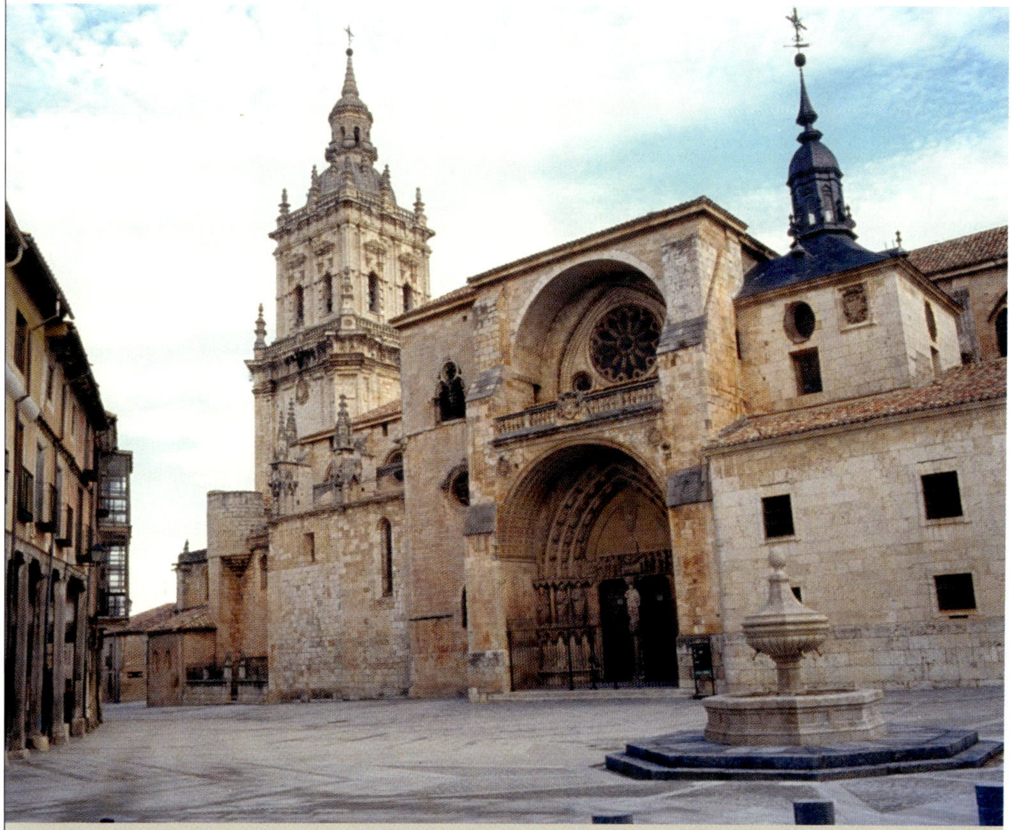

LOCALIZACIÓN

Plaza de la Catedral, s/n
Burgo de Osma (Soria)
SIGLOS XIII-XVIII

En el siglo XII se inició la obra de la antigua catedral, de la que quedan restos en el claustro, especialmente junto a la antigua sala capitular, donde se encuentra el sepulcro de San Pedro de Osma. Pero esta iglesia primitiva duró poco tiempo, pues fue demolida para dejar espacio a la construcción de la catedral gótica actual.

Las obras de esta nueva edificación comenzaron en el año 1232 siguiendo el esquema de los monasterios cistercienses, como el de Santa María de Huerta. Está dedicada a la Asunción.

Este documento arquitectónico llega hasta nosotros con la capacidad de transmitir buena parte de la larga historia de esta diócesis, de la que es centro.

PERIODOS CONSTRUCTIVOS

En el mismo año que se derribó la antigua catedral románica de Burgo de Osma fue cuando se inició la construcción de la actual catedral, alrededor de 1232.

En un principio su estructura contaba con un presbiterio de siete lados.

Pero la estructura original no se conserva de esta manera, pues se alteró la

CONJUNCIÓN DE ESTILOS

Todos los estilos arquitectónicos, desde el románico hasta el barroco, han dejado su impronta en este edificio. En la fachada destaca la torre monumental, obra de José de la Calle, con una altura de 72 m, y decoración barroca del siglo XVIII. La catedral de Burgo de Osma es notable por la pureza de su estilo ojival, del estilo abacial generalizado por la orden del Císter. En el exterior destaca la importancia de los contrafuertes, con arbotantes y pináculos. Respecto al claustro, fue sustituido en el siglo XVI durante el obispado de Alonso Enríquez. El actual claustro es de tracería tardogótica y presenta alguna portada de estilo renacentista. En torno a él se encuentran las dependencias del museo catedralicio, que alberga excelentes obras de arte.

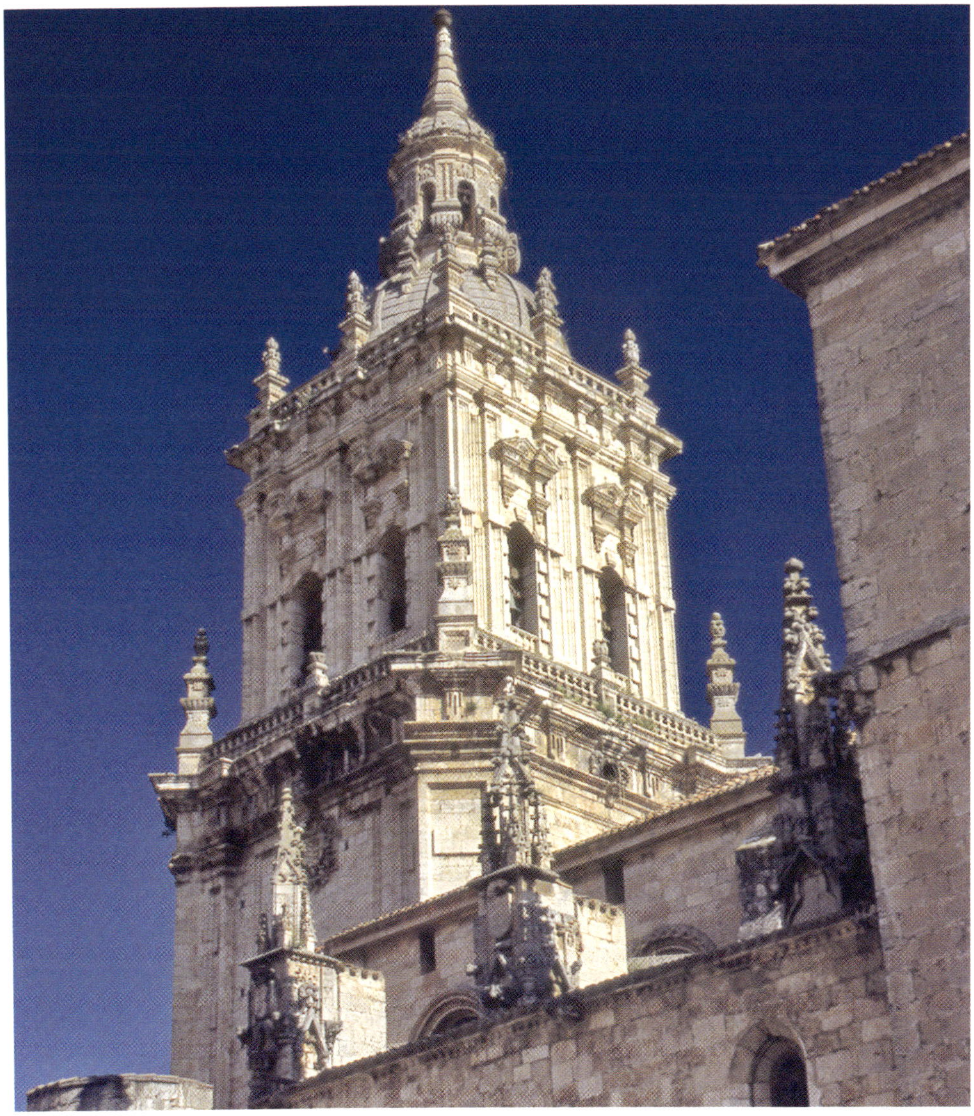

La planta

La planta es de tres naves *con cinco tramos y se ensancha a partir del crucero con otras dos naves más que se encuentran rematando cinco capillas del ábside. El levantamiento de la catedral gótica es típica del arte abacial cisterciense. Mide 71,80 metros de longitud por 41,80 metros de crucero y 19,80 metros de altura en su nave mayor. En el siglo XVIII, durante el reinado de Carlos III, se construyeron la sacristía mayor, la capilla de Palafox (Sabatini) y la girola que rodea la capilla mayor del ábside, eliminando las dos capillas del presbiterio. Las trazas de estas obras corrieron a cargo de Juan de Villanueva.*

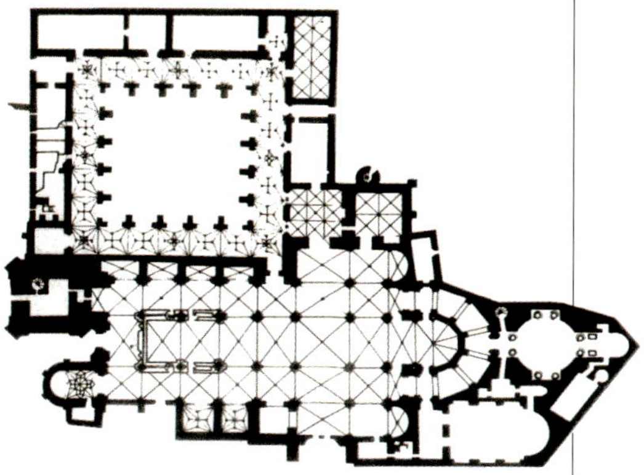

En el exterior *destaca la importancia de los contrafuertes, con arbotantes y pináculos.*

cabecera con el fin de incluir en ella una girola que rodeara la capilla central; esto sucedía durante el siglo XVIII.

Posteriormente, se abrió un transepto y tres naves de diferente altura y proporciones generales. También en este periodo se decidió no abrir un triforio sobre los arcos formeros, sino directamente el claristorio.

DE LA CALLE CONSTRUYÓ LA ESPECTACULAR TORRE DE LA FACHADA.

José Hermosilla llevó a cabo estas acciones puntuales y, en el año 1759, estas intervenciones ya habían finalizado.

Respecto al claustro, se sustituyó en el siglo XVI durante el obispado de Alonso Enríquez. El actual claustro es de tracería tardogótica y presenta alguna portada de estilo renacentista. En torno a él se encuentran las dependencias del museo catedralicio, en el que se guardan importantes objetos, entre los que destaca la copia de los comentarios al Apocalipsis del Beato de Liébana del año 1086.

LA TORRE

La torre monumental está construida con grandes sillares de piedra. Esta torre sustituye la anterior románica que se encontraba en su lugar y que se derrumbó en el año 1734, durante el obispado de Agustín de la Cuadra. El remate es obra de Juan de Sagarvinaga, que lo finalizó hacia el año 1767.

CATEDRAL DE SANTA MARÍA DE CIUDAD RODRIGO

LA CATEDRAL DE CIUDAD RODRIGO ES LA JOYA PRINCIPAL DE ESTA CIUDAD, SUPERANDO EN IMPORTANCIA A CUALQUIER OTRO DE LOS NUMEROSOS EDIFICIOS HISTÓRICOS QUE LA PUEBLAN.

La planta

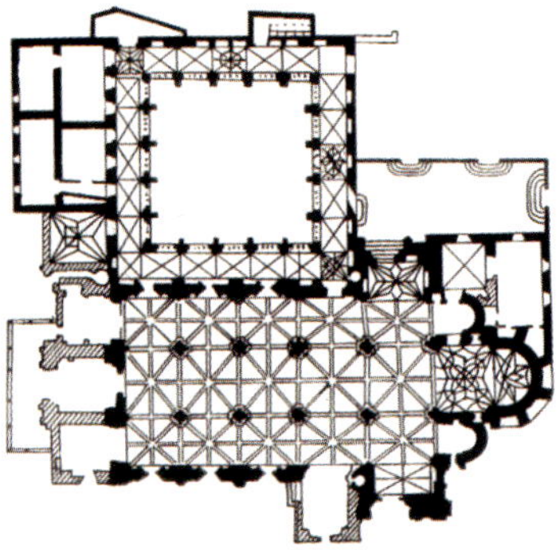

LA CATEDRAL DE CIUDAD RODRIGO *está construida sobre una planta de cruz latina con crucero compuesta por tres naves de cuatro tramos, con ábsides semicirculares a la cabecera.*
En esta sillería aparecen algunas figuras más cercanas a la temática profana, que era habitual incluir en este tipo de elementos a modo de broma o de contestación cultural.

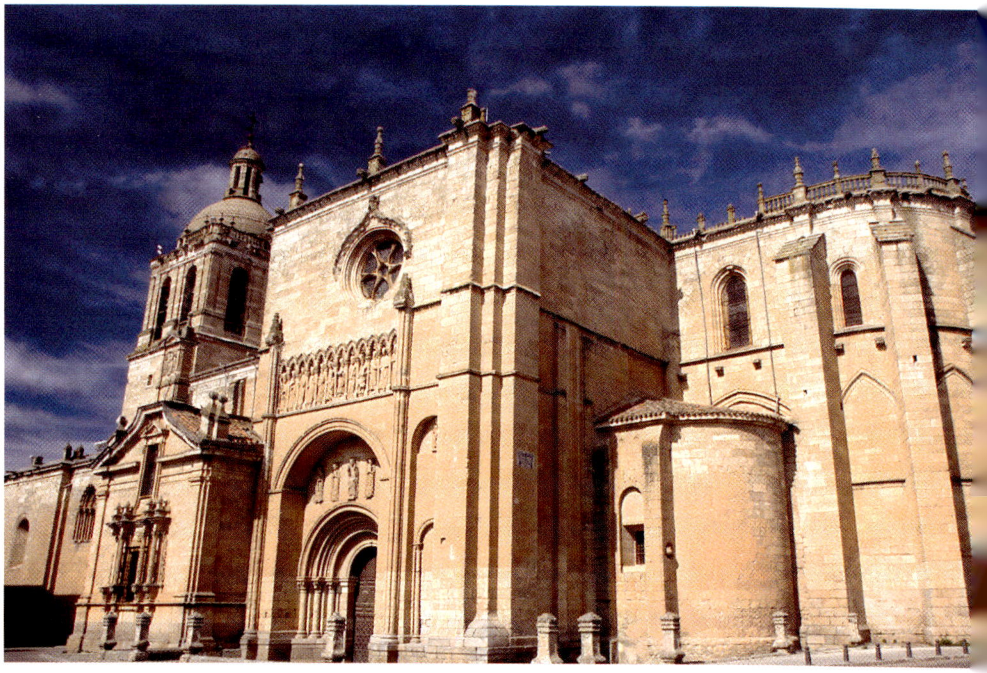

RESPECTO A LA FACHADA PRINCIPAL, *tanto ésta como la torre, de estilo neoclásico, construida en el siglo XVIII, sufrieron grandes daños durante la Guerra de la Independencia.*

LOCALIZACIÓN
Plaza de San Salvador, s/n
Ciudad Rodrigo (Salamanca)
SIGLOS XII-XIII

La catedral es un monumento de transición entre el estilo románico tardío y el gótico. Se inició hacia el año 1170 y la construcción se prolongó hasta mediados del siglo XIII. Hay también elementos del siglo XIV y del XVIII.

La primera sede episcopal de Ciudad Rodrigo se situó de manera provisional en la iglesia de Santa María, templo de estilo mudéjar parecido a las parroquias de San Pedro y San Isidoro. Esta iglesia desapareció posteriormente, en el siglo XVIII, durante la Guerra de Sucesión.

En el mismo periodo de la fundación de la diócesis de Ciudad Rodrigo, desde el año 1161 hasta el 1175, Fernando II de León, cuyo reinado abarcó desde 1157 hasta 1188, tomó la decisión de edificar la catedral actual de la ciudad. El cabildo civitatense y el obispo lo apoyaron. La construcción del templo se alargó durante todo el siglo XIII, pese a ser consagrada con anterioridad. Es de un estilo de transición entre el románico y el gótico, similar al de las catedrales de toda la provincia.

En la cabecera solamente se conservan los absidiolos laterales, ya que el absidiolo central no es el original, al ser reconstruido en el siglo XVI. Destacan, entre otros elementos, los hastiales de los brazos del crucero. Cuenta con dos portadas románicas y una del románico de transición. El estilo románico-bizantino es el que ca-

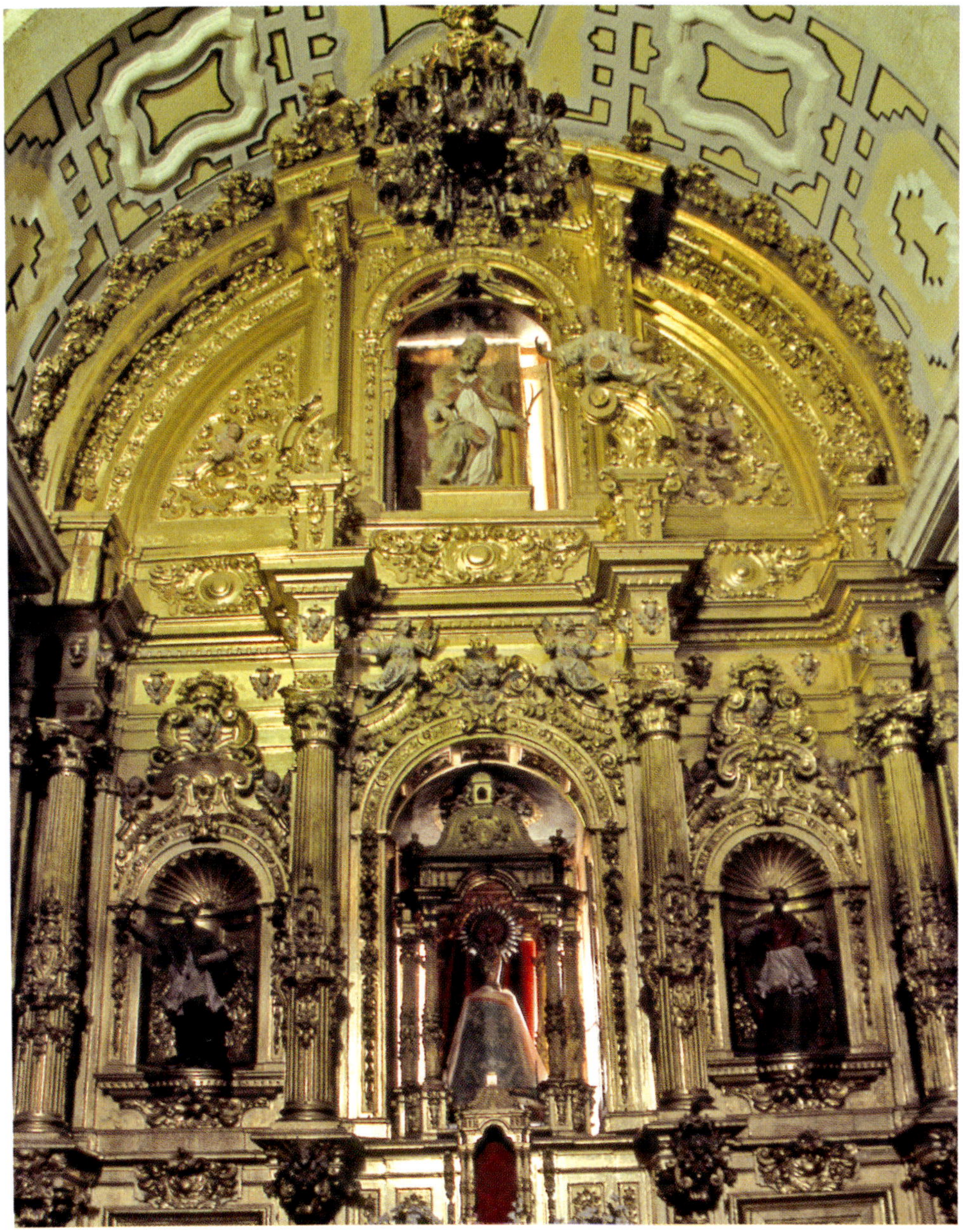

EL CLAUSTRO

En el claustro de esta catedral se distinguen con mayor facilidad los dos estilos arquitectónicos que lo componen: primero el románico y después el gótico, además del plateresco.

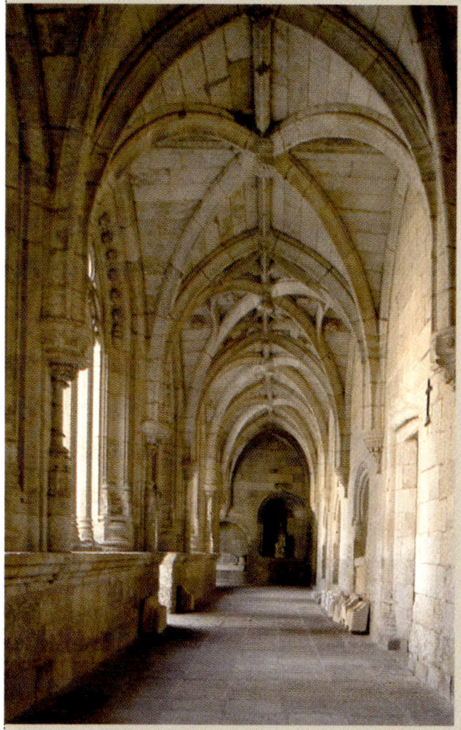

El claustro es obra de Benito Sánchez, *quien realizó la edificación en el siglo XIV, y de Pedro de Güemes, quien la retomó en el siglo XVI. El claustro presenta planta cuadrangular.*

LA VIRGEN APARECE A LA DERECHA DE LA PUERTA EN UN ESTILO ROMÁNICO DE TRANSICIÓN.

racteriza a la puerta meridional del templo, denominada Portada de las Cadenas. Sobre ella tiene tres arcos de medio punto que están sostenidos por columnas de capiteles labrados sobre las que hay un arco ciego, en el que se alojan estatuas de doce santos pertenecientes al Antiguo Testamento. Sobre los arcos de la puerta aparecen cinco esculturas representando a Cristo con cuatro apóstoles. Con estilo románico de transición se presenta la Virgen que se ubica en la derecha de la portada. Arriba, un rosetón ilumina el crucero.

PÓRTICO DEL PERDÓN

Otro de los pórticos importantes es el del Perdón, situado en el hastial occidental. Es una obra realizada bajo los cánones del arte gótico, inspirada en el Pórtico de la Gloria o en el de San Vicente de Ávila.

CATEDRAL DE PALENCIA

A LA CATEDRAL DE SAN ANTOLÍN PALENCIA SE LA HA LLAMADO «LA BELLA DESCONOCIDA», Y VALE LA PENA ACERCARSE A DESCUBRIRLA.

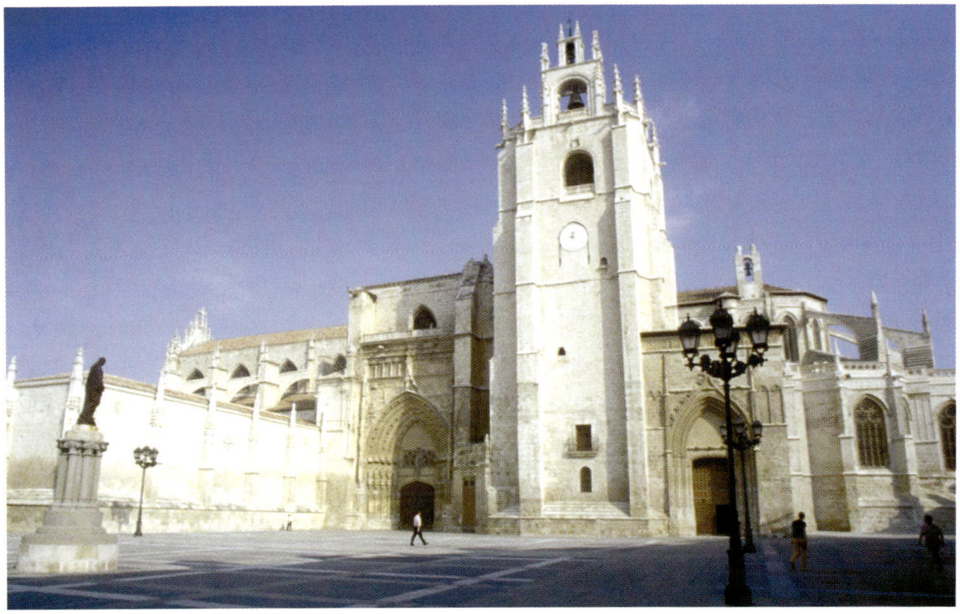

EL ARQUITECTO *que llevó a cabo la reconstrucción de la fachada en el siglo XX, Jerónimo Arroyo, colocó en ella una gárgola en honor a José Sanabria, quien realizó muchas fotografías del templo.*

LOCALIZACIÓN
Plaza de la Inmaculada, s/n
Palencia
SIGLOS XIV-XVI

Existe, bajo el coro de la catedral de Palencia, una cripta que pudo ser el origen del templo actual. Forma parte de una antigua edificación sobre cuyos cimientos se construyó la catedral que nos ocupa. Parece ser una basílica de fines del siglo VII, construida por Wamba para recibir las reliquias de San Antolín. Sobre estos restos, el rey Sancho III de Navarra, delegando en el obispo Bermudo, ordenó la construcción de un templo románico, del que también quedan restos en la cripta: un curioso arco de herradura sobre capiteles cincelados corona el pórtico de este edificio de tres naves, relacionado con la iglesia de San Juan de Baños, de estilo visigodo.

Hasta 1321 no se comenzó la construcción del nuevo templo. El estilo arquitectónico fue gótico, pero las obras se prolongaron hasta el año 1516, por lo que la catedral de Palencia tiene incorporados distintos elementos pertenecientes a diferentes estilos. Las gárgolas, los pináculos, los dobles arbotantes y las ventanas configuran buena parte de la sencilla decoración exterior, de la que también cabe señalar el denominado escalonamiento de volúmenes.

OBRAS DE ARTE

La última parte que se construyó fue la sala capitular en el siglo XVI y el claustro. Ambos elementos son obra de Gil de Hontañón. Actualmente, estas salas albergan el museo.

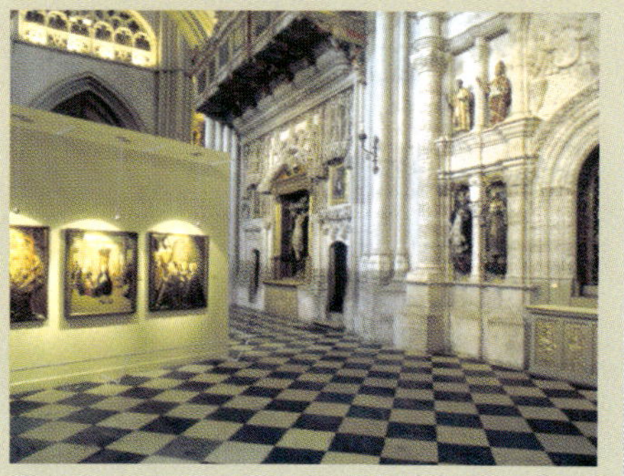

La fachada es poco llamativa, pero las puertas laterales tienen mucho interés. En total, el templo tiene cinco puertas. La de la parte derecha del crucero es la puerta del Obispo o de la Virgen, la más famosa de todas.

En la decoración escultórica del tímpano destaca una Virgen con Niño, santos, profetas y apóstoles en las jambas. Esta puerta señala el segundo crucero y fue terminada bajo el episcopado de

La planta

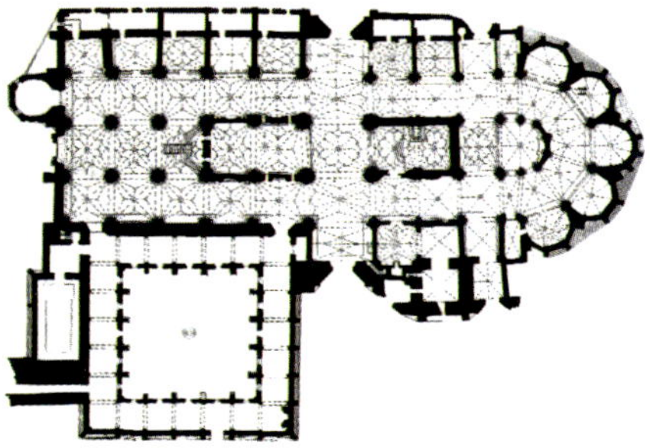

LA PLANTA DEL PRIMER EDIFICIO *es de tres naves con deambulatorio, en el que se presentan cinco capillas poligonales. El coro, en la capilla mayor, es semidecagonal; el ábside tiene cinco tramos trapezoidales y dos rectangulares; las capillas, de gran tamaño, son de planta hexagonal, excepto la central, que tiene planta octogonal. A principios del siglo* XV *se dio amplitud al templo y se modificó el plano para prolongar las naves con otros tres tramos y construir un transepto de cinco tramos.*

LA SENCILLA FACHADA QUEDA REALZADA POR LAS PUERTAS LATERALES.

Rodríguez Fonseca. Los escudos de algunos obispos, entre ellos éste, forman parte de la profusión decorativa de esta portada.

Una torre elevada la separa de la puerta de los Novios, en el transepto primitivo, en un estilo cercano al gótico florido primitivo de comienzos del siglo XVI.

La catedral de Palencia alberga en su interior un gran número de obras de arte de interés. En el trascoro, ejemplo de arte plateresco realizado en piedra, se encuentran relieves de Gil de Siloé.

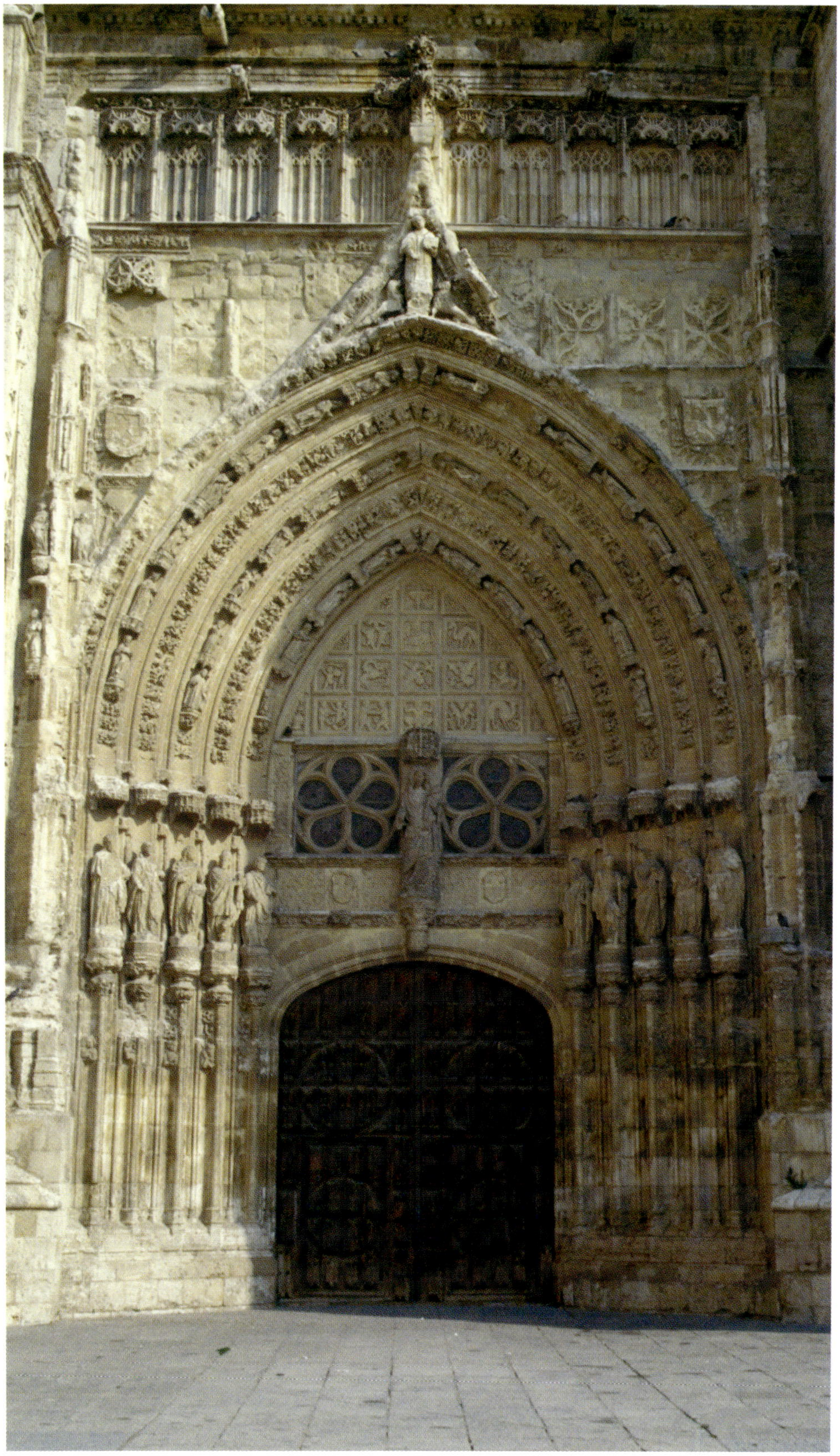

Catedral nueva de Salamanca

LA SEO VIEJA DE SALAMANCA SE ESTABA QUEDANDO PEQUEÑA, LO QUE OBLIGÓ AL CABILDO A TOMAR LA DECISIÓN DE CONSTRUIR UN NUEVO TEMPLO JUNTO AL QUE YA EXISTÍA. DE ESTE MODO, EN 1491 LOS REYES CATÓLICOS SUGIRIERON AL PAPA EL INICIO DE LAS OBRAS PARA LA CONSTRUCCIÓN DE UNA MONUMENTAL CATEDRAL.

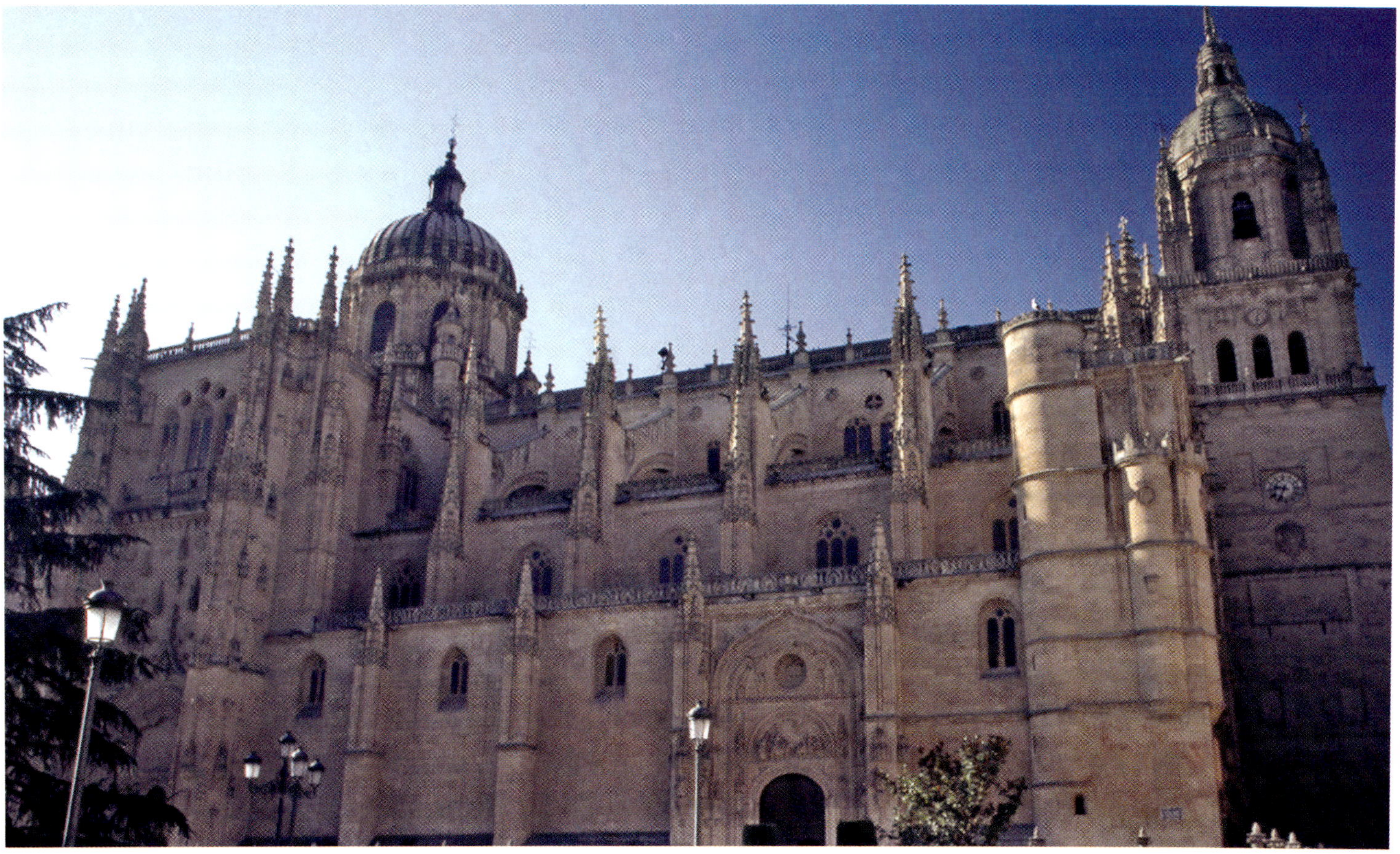

LOCALIZACIÓN
Plaza Anaya, s/n
Salamanca
SIGLOS XVI-XVIII

La nueva catedral salmantina, dedicada a la Asunción de la Virgen, es principalmente un edificio monumental con desarrollo vertical. Es una de las manifestaciones más interesantes del arte gótico en España. Las obras comenzaron el día 13 de mayo de 1513 y finalizaron el 10 de agosto de 1733.

Las primeras intervenciones en la edificación comenzaron en 1510, sopesando las características del terreno en el que iba a estar ubicado el templo. Estas mediciones las realizaron Alonso Rodríguez y Antón Egas, que en aquel momento eran maestros mayores de las catedrales de Sevilla y Toledo.

Después de modificar la ubicación de la cabecera, se aceptó el proyecto en 1512. Las obras se hicieron eternas, ya que, pese a comenzar en 1513, se prolongaron hasta 1733. Durante los primeros cincuenta años de construcción, hasta 1560, se edificó hasta

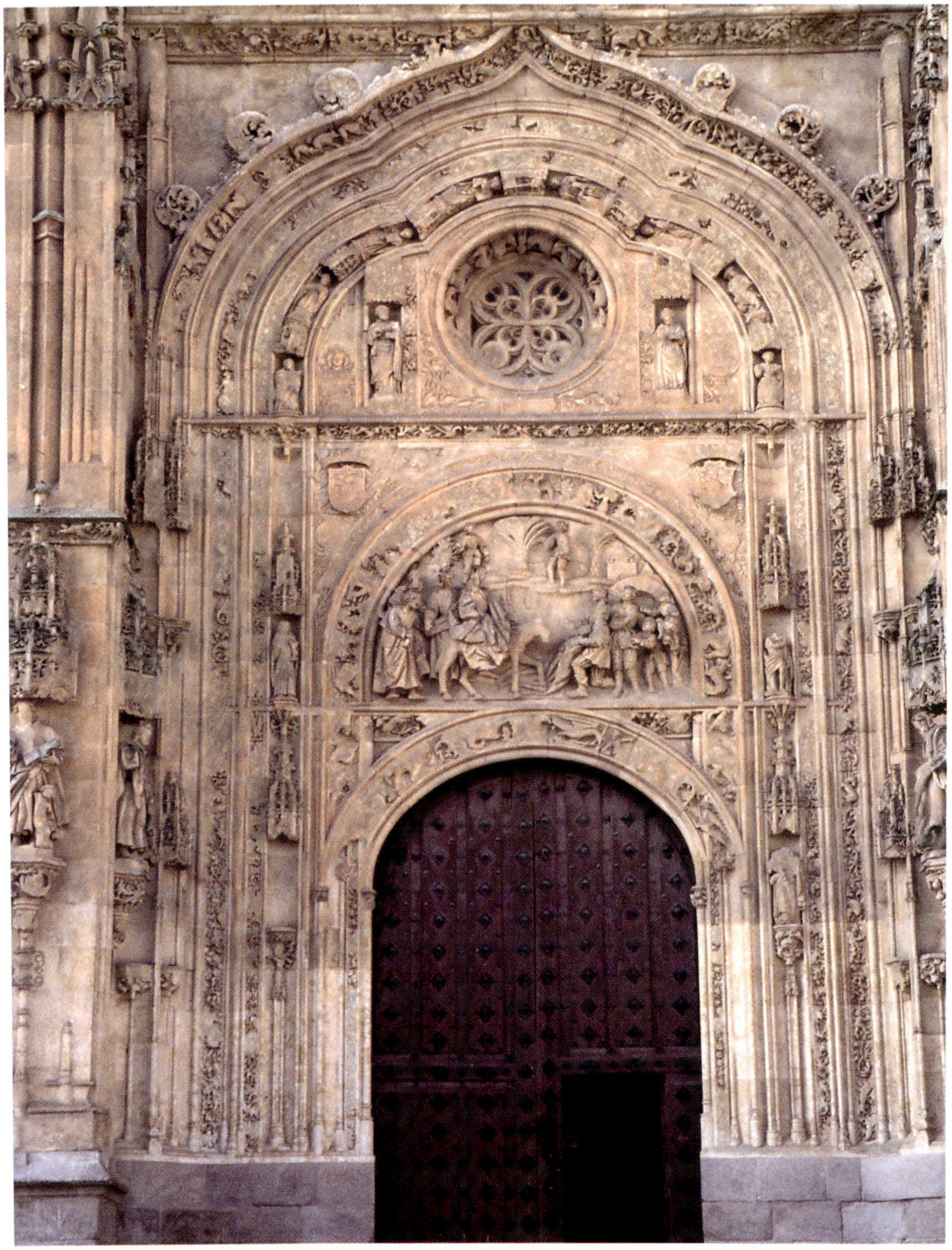

EXTERIORMENTE *la fachada presenta un aspecto gótico impresionante, del que destaca su tamaño y grandiosidad.*

el crucero, con las obras dirigidas por Juan Gil de Hontañón, Juan Gil el Mozo, a quien sucedió Juan de Álava y, posteriormente, Rodrigo Gil de Hontañón, quien se encargó del proyecto hasta 1577 y modificó las trazas que habían aportado anteriormente Alonso de Covarrubias y Juan de Álava. Después de esta fecha fue Pedro de Gamboa quien se encargó del edificio. Posteriormente, ya en el siglo XVIII, fueron varios los maestros que se hicieron cargo de la catedral, como Joaquín Benito Churriguera en 1714 o Manuel de Lara Churriguera, en el año 1741.

LA BÓVEDA

La bóveda que cubre la zona del altar mayor se encuentra policromada con motivos mozárabes, nervaduras y otros elementos, obra de Juan Montejo, quien también aplicó dorados a la bóveda.

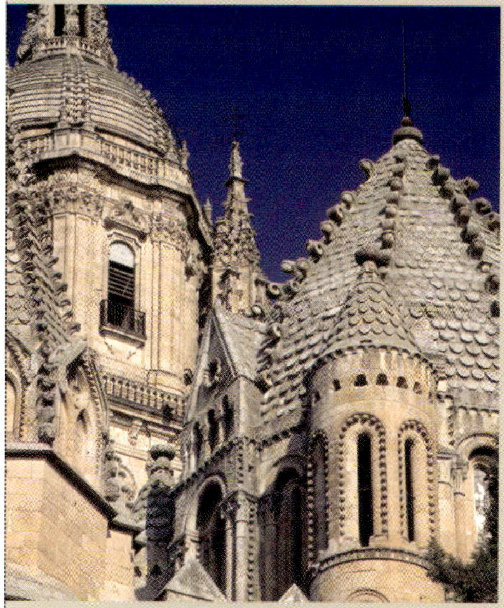

EL TEMPLO SE REMATA CON UNA CÚPULA *de estilo barroco, cubierta de escamas, cuya autoría corresponde a Churriguera.*

LAS OBRAS COMENZARON EN 1513 Y ESTUVIERON EN MARCHA HASTA 1733.

Es muy interesante y rica la fachada principal. La portada está formada por tres arquerías de medio punto que corresponden a cada una de las naves. Toda esta portada está ricamente decorada. Sobre la puerta del centro aparecen dos relieves, obra de Juan Rodríguez.

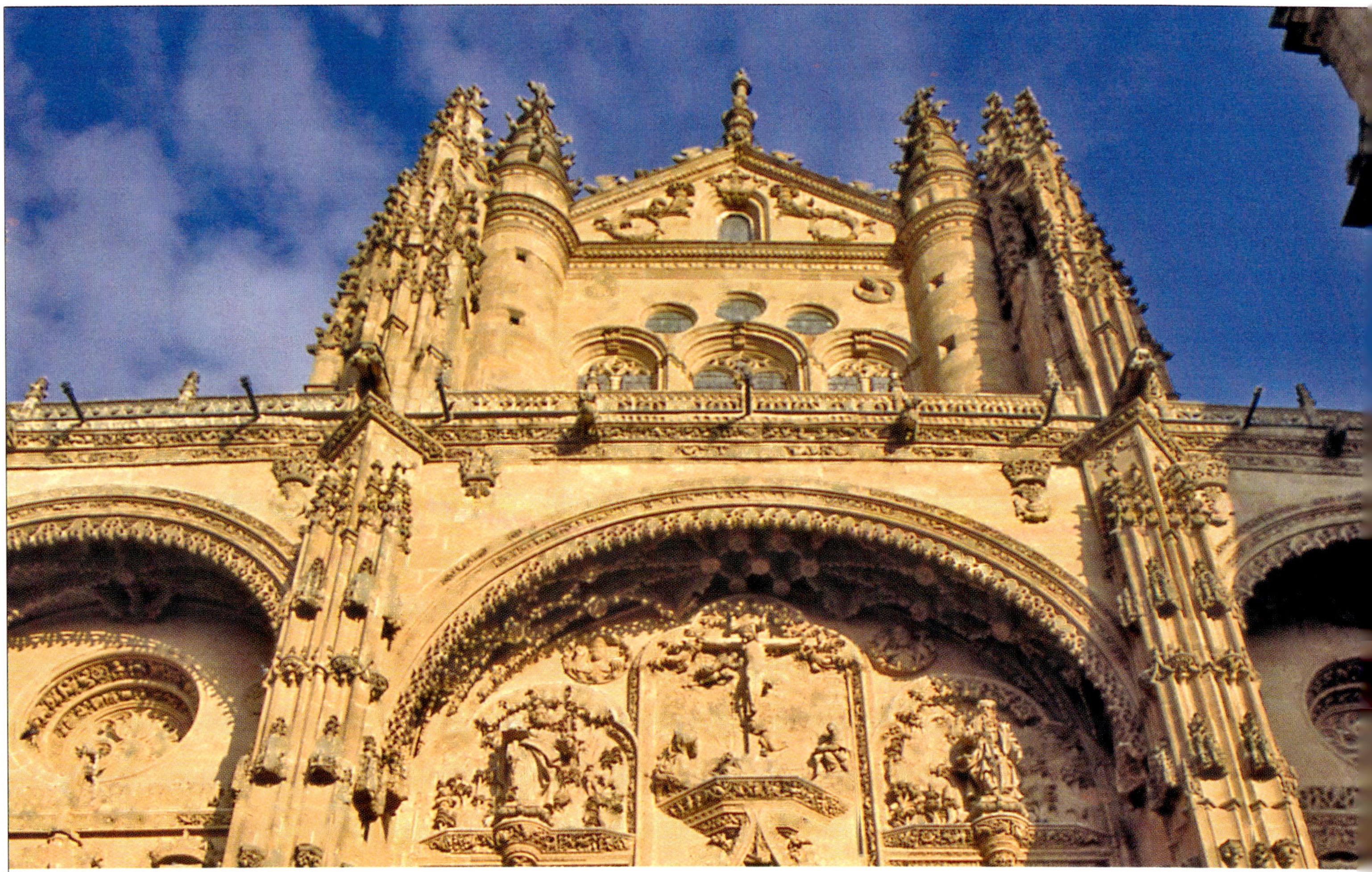

Catedral vieja de Salamanca

ÉSTA ES UNA DE LAS CONSTRUCCIONES MÁS MONUMENTALES Y ESTÉTICAS DEL PANORAMA ESPAÑOL. EN ELLA, POSIBLEMENTE, TRABAJARON HASTA SEIS GRANDES ARQUITECTOS DE LA ÉPOCA.

La planta

EN ORIGEN, LA PLANTA *se distribuía en tres naves (con cinco tramos cada una): una central y dos laterales, rematadas por sus ábsides correspondientes en la cabecera, con planta semicircular. Del crucero se conserva sólo uno de sus brazos. También uno de los ábsides fue destruido cuando se construyó la nueva catedral. En los arranques de las bóvedas de crucería y en los pilares del interior del templo se aprecia cómo el arte románico estaba dejando paso al gótico.*

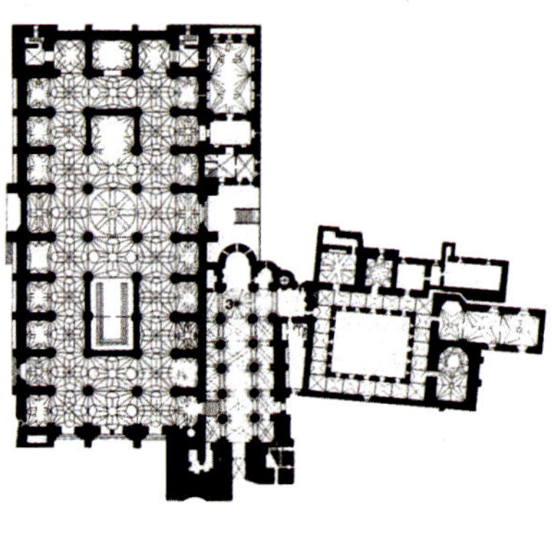

Una ciudad como Salamanca no podía prescindir de catedral románica, la catedral vieja de Santa María. Normalmente, en la historia del arte español, se ha destruido lo que quedaba obsoleto con el fin de edificar sobre ruinas nuevos edificios. Esto no se llevó a cabo en Salamanca, pues al construir su nueva catedral permitieron que la antigua continuara en pie,

LAS CAPILLAS

De entre las capillas destaca la de San Martín. Una cúpula de nervios logra dar un toque especial a la capilla de Talavera, heredera del estilo morisco. En el templo se encuentra la imagen de la Virgen de la Vega, patrona de Salamanca.

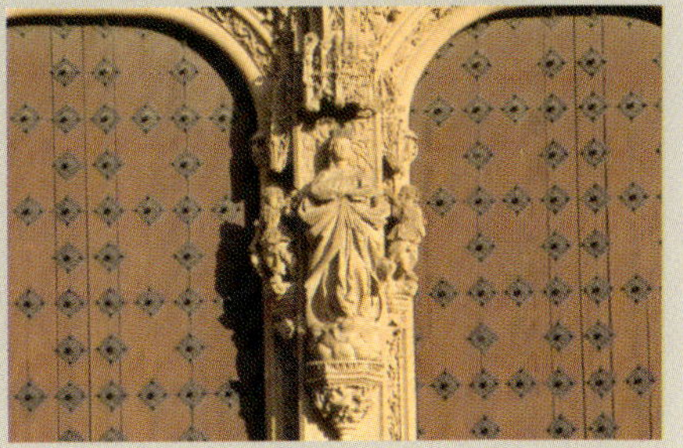

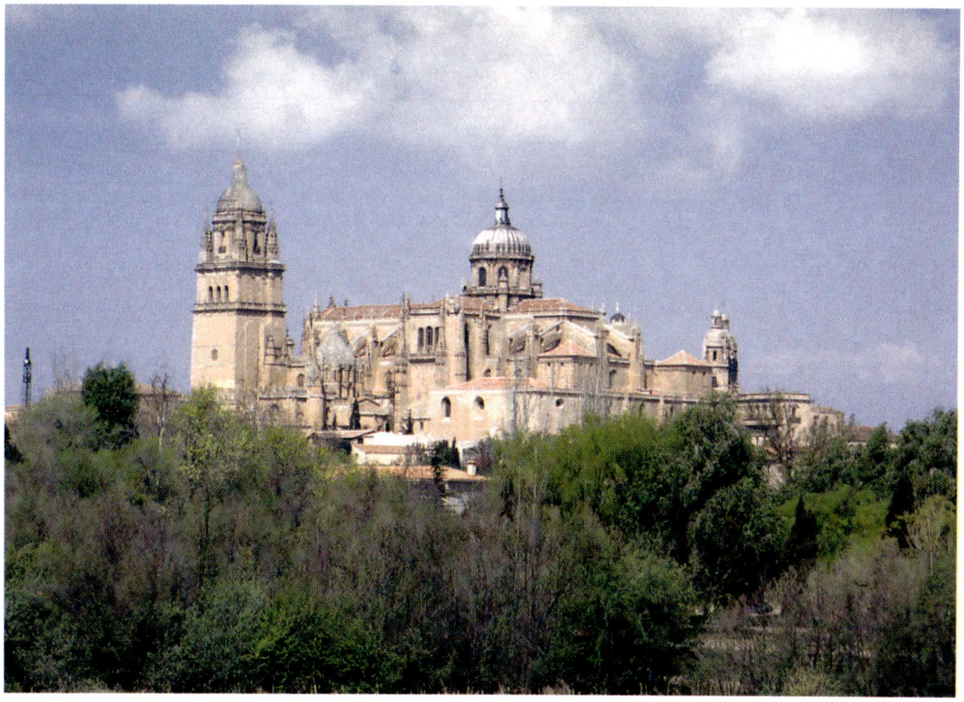

Pese a las decoraciones *propuestas por el gótico y aplicadas a la catedral al construir la nueva edificación, la construcción se mantiene sobria, leal a los principios del arte románico.*

de modo que actualmente podemos disfrutar de la catedral románica de Salamanca.

Al principio se la denominó Santa María de la Sede y su aspecto general era más de fortaleza que de templo religioso.

El templo se inició durante la primera mitad del siglo XII, concretamente en el año 1102, y se concluyó en el siglo XIII. En su mayor parte se trata de un templo de estilo cercano al románico, con alguno de sus elementos de estilo gótico. Se inició la construcción precisamente en el momento en el que el románico estaba finalizando para dejar entrar en las construcciones religiosas un nuevo estilo: el gótico.

EL EDIFICIO SE MANTIENE PURO Y AUSTERO, FIEL A LOS PRINCIPIOS DEL ARTE ROMÁNICO.

Se salvó de ser demolida cuando, en el siglo XIV, se comenzó a edificar la nueva catedral en Salamanca. Esta obra sólo derruyó el brazo norte del crucero, además de un fragmento de la nave septentrional.

LAS DOS TORRES

La construcción primitiva contaba con dos grandes torres, con los nombres de torre de las Campanas y torre Mocha. Ésta última tenía aspecto de atalaya, por lo que se ganó el nombre de «*Salmantica fortis*». En esta torre se situaban los aposentos que sirvieron en diferentes momentos para encerrar a las personas desleales a la Corona, además de los rebeldes.

La cúpula o cimborrio que emerge del transepto es conocida como torre del Gallo, debido a la veleta de hierro que se encuentra en su cumbre, que representa, precisamente, un gallo. Se trata de una cúpula gallonada, con recuerdos de la arquitectura bizantina. Este detalle se encuentra también en la catedral de Zamora, la colegiata de Toro y la catedral de Plasencia, justo en los edificios situados en la ribera del Duero. Continuando con el exterior, desde el Patio Chico se puede discernir la cabecera en la que aparecen dos de los ábsides, así como el cimborrio, que se eleva sobre ella. En el interior destacan los frescos pintados en los siglos XIII y XIV que ornamentan los sepulcros de la catedral.

LOCALIZACIÓN

Plaza Anaya, s/n

Salamanca

SIGLOS XII-XIII

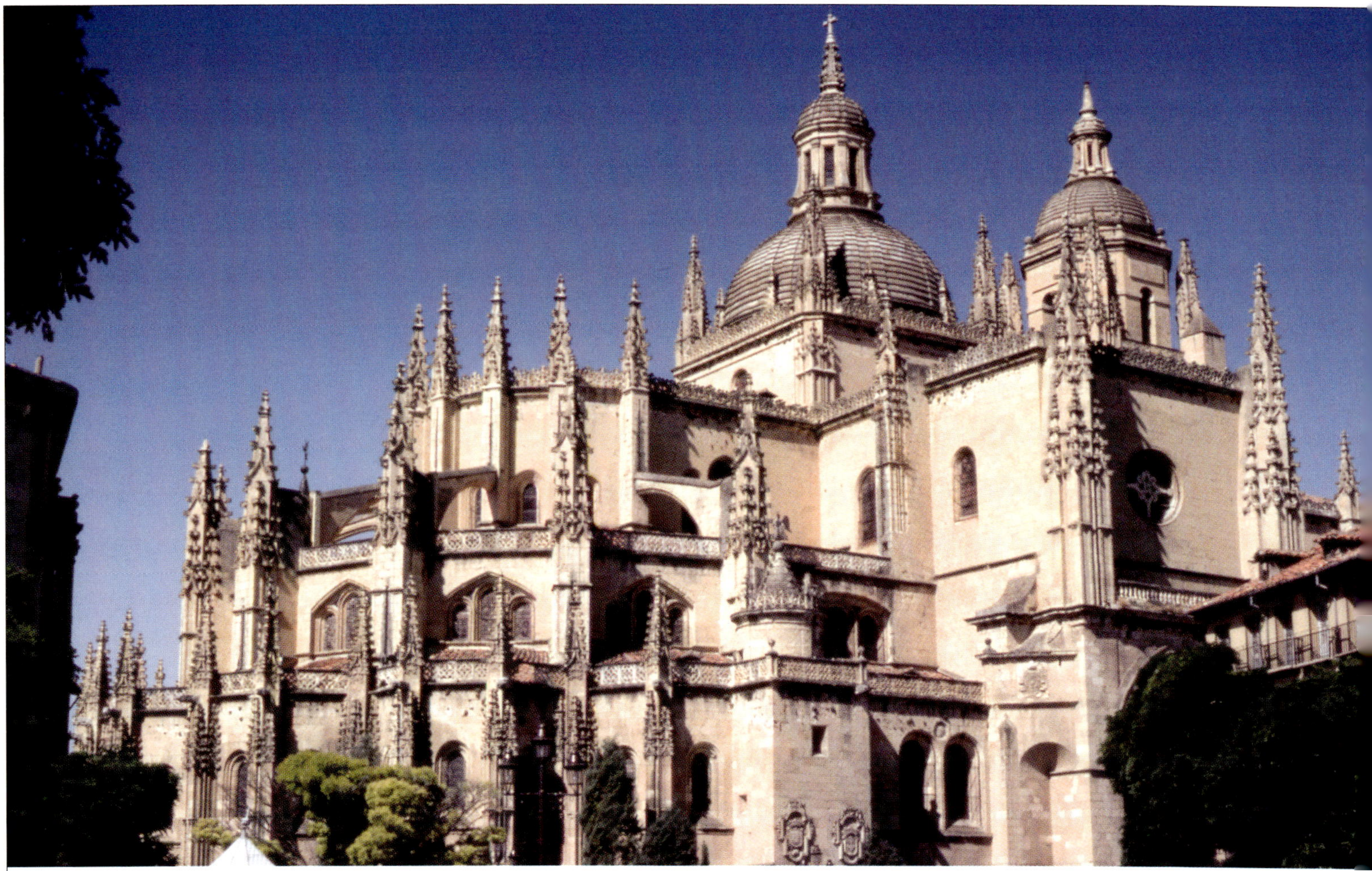

CATEDRAL DE SEGOVIA

LA ALTURA Y LA PROFUNDIDAD DE LAS NAVES DE LA CATEDRAL DE SANTA MARÍA DE SEGOVIA LE HAN OTORGADO EL SOBRENOMBRE DE «·DAMA DE LAS CATEDRALES». SE TRATA DE UNA CONSTRUCCIÓN EN ESTILO GÓTICO TARDÍO.

La planta

EDIFICIO DE UNA PLANTA *de tres naves con capillas entre los contrafuertes, con crucero y cabecera semicircular con girola, rodeada de capillas radiales. La nave central se divide en dos alturas: la inferior compuesta de arcadas y pilares, y la superior recorrida por el triforio. El presbiterio es de planta poligonal, dividida en dos alturas. Está constituida por dobles ventanales y bóveda de nervadura. La catedral mide 105 m de largo por 50 de ancho.*

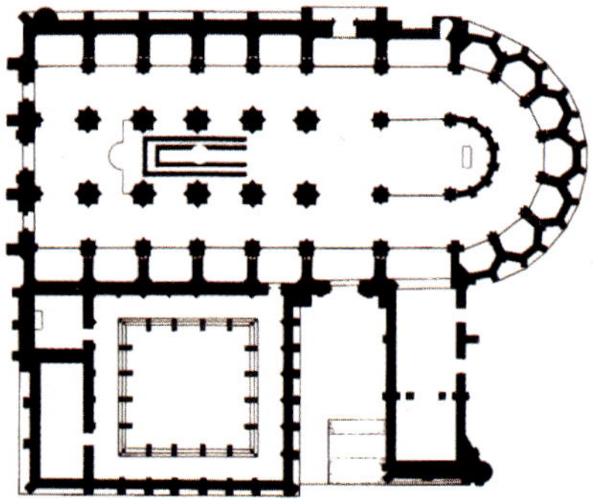

Se trata, junto a la catedral de Salamanca, de la última muestra de la arquitectura gótica española.

Es una obra de traza elegante que se levantó sobre el anterior templo de estilo románico. Juan Gil de Hontañón fue el responsable de la realización de buena parte de esta obra, cuya construcción, sin embargo, duró doscientos años.

INTERIOR

El interior llama la atención por su esbeltez y refinamiento. Todo el conjunto está sostenido por pilares de magnífica traza. La nave central alcanza una altura de 33 metros. Las vidrieras son obra de Nicolás de Holanda.

García de Cubillas realizó el trazado original. La catedral de Segovia recibió el reconocimiento como Bien de Interés Cultural en 1931.

NUEVA UBICACIÓN

El anterior templo catedralicio de la ciudad de Segovia se encontraba junto al Alcázar, lo cual suponía un peligro. Pero no fue hasta la Guerra de las Comunidades cuando este templo primitivo se destruyó y se inició la nueva construcción, más alejada de este recinto.

Se decidió la edificación cerca de la iglesia de San Miguel. Para ello se derrumbaron muchas casas de la judería.

Juan Rodríguez de Noreña se convirtió en el fabriquero por encargo del cabildo, y éste último, a pesar de que en entonces lo novedoso era el arte renacentista, ordenó que el estilo del nuevo templo fuera gótico. Se contrató definitivamente al arquitecto Juan Gil de Hontañón, que en aquel momento estaba dirigiendo las obras de la catedral nueva de Salamanca.

En la construcción de la catedral se distinguen varias etapas. En la primera de ellas, Juan Gil de Hontañón elaboró los planos de la catedral sobre el trazado de García de Cubillas. En el año 1525 se puso la primera piedra. La muerte del primer maestro en 1526 abrió la segunda etapa. Entonces, su hijo Rodrigo Gil de Hontañón le sucedió. La primera piedra del crucero se colocó en 1567 y se concluyó la nave central. En este periodo, el templo se inauguró al culto. La tercera fase sirvió para que Juan de Mugaguren se pusiera al frente de la construcción. Éste fue quien finalizó los brazos y cerró el crucero con un cimborrio de estilo escurialense. En la catedral de Segovia se mezclan diferentes estilos, debido a los tres procesos de construcción que sufrió la obra, además de otras intervenciones menores que añadieron también estructuras de estilo renacentista, barroco y neoclásico.

Un estilo barroco puro se manifiesta en todos sus retablos.

LOCALIZACIÓN
Plaza Mayor, s/n
Segovia
SIGLO XVI

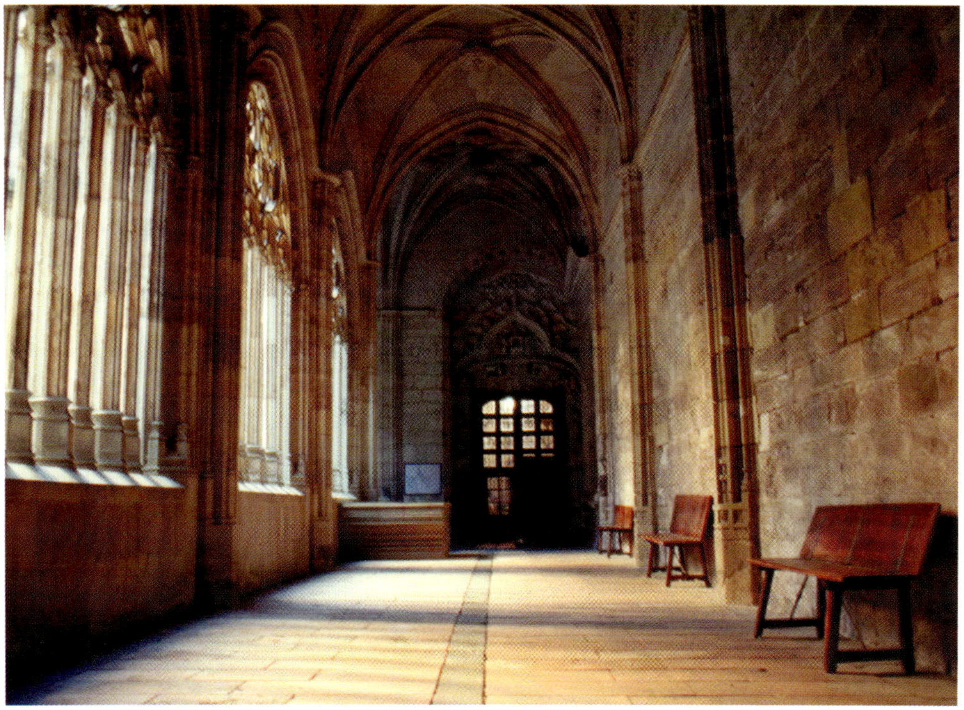

EL CLAUSTRO GÓTICO *procede de la antigua catedral románica y fue terminado en 1470 por Juan Guas.*

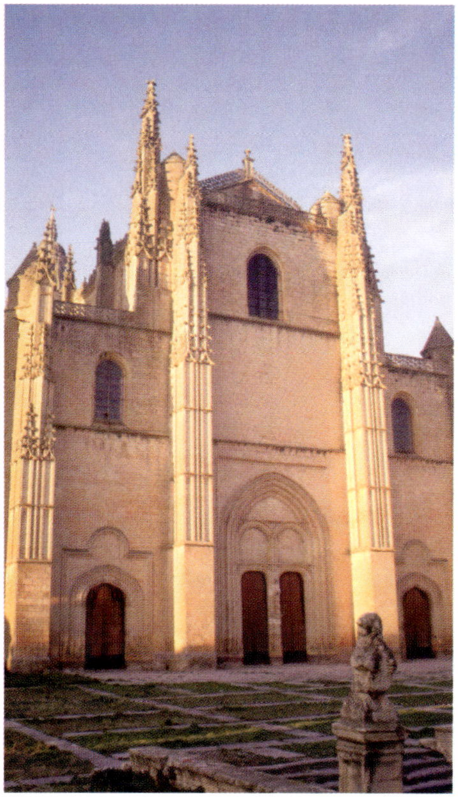

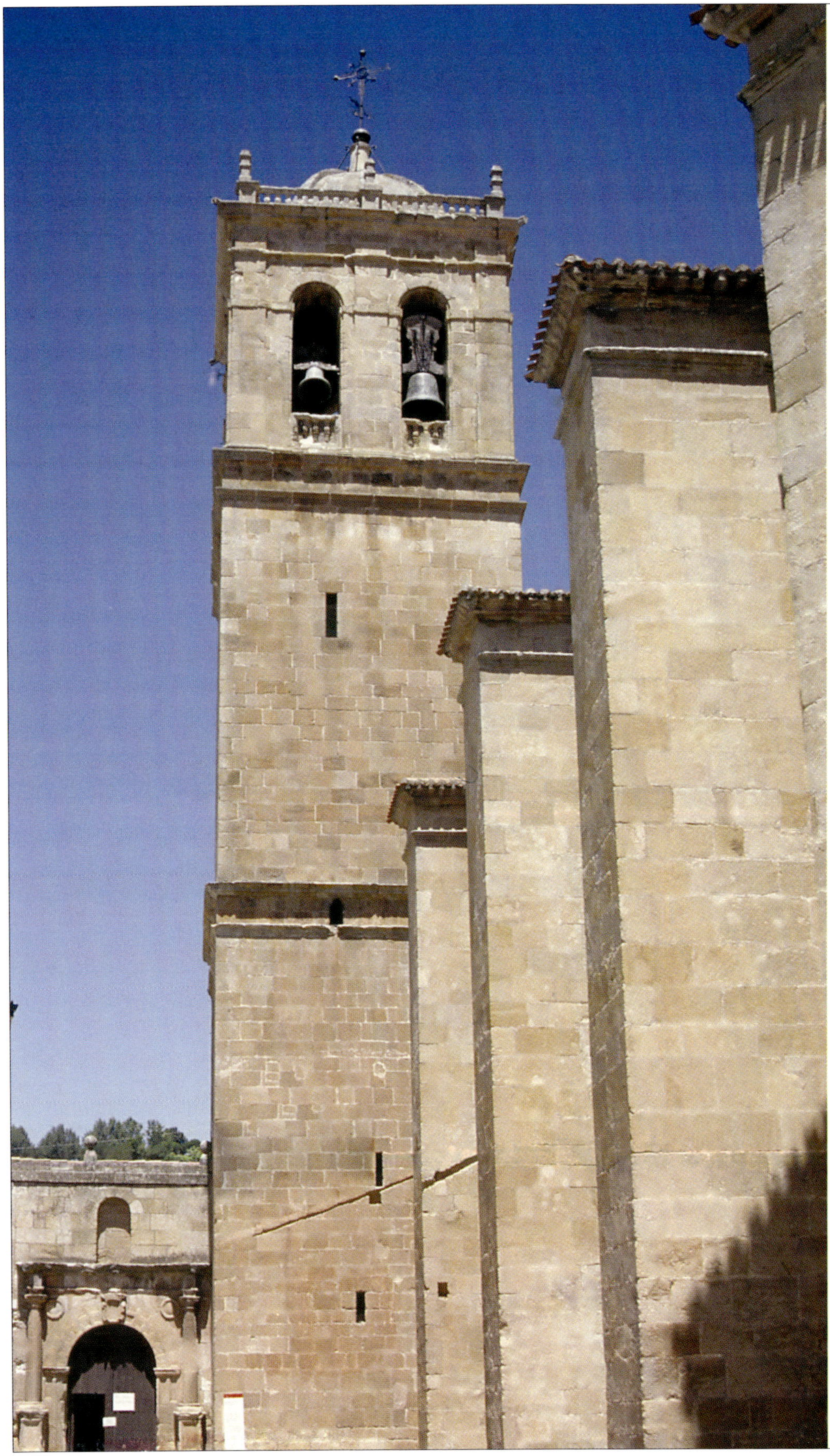

La planta

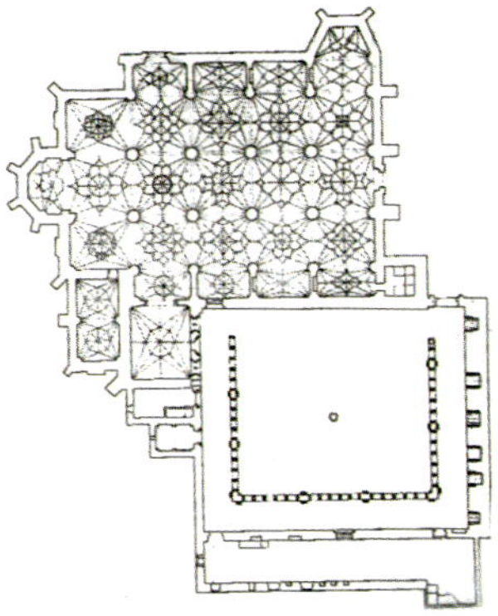

Del conjunto catedralicio *levantado en el primer tercio del siglo XVI y hasta finales del mismo, destaca la iglesia de planta de salón. Se trata de cinco naves cubiertas, cada una de ellas con una estructura de bóvedas estrelladas que reposan en columnas cilíndricas.*
Las proporciones de las naves pasaban por los 21 metros de ancho y los 35 metros de longitud del crucero. Esto significa que dicho crucero rebasaba las naves a cada lado en torno a siete metros.

LOCALIZACIÓN
Plaza de San Pedro, s/n
Soria
SIGLO XVI

Igual que algunas de las catedrales que se reparten por la geografía española, la concatedral de Soria tuvo su origen en un monasterio agustino románico, en este caso del siglo XII (1152). En 1520 se produjo un hundimiento parcial en su estructura y tuvo que reconstruirse casi en su totalidad. De su inicial estilo románico se conservan sólo tres crujías del claustro y parte del crucero. Las obras, a cargo de Juan Martínez Mutio hasta su fallecimiento en 1555, dotaron a la catedral de un estilo renacentista que apenas despuntaba en este periodo. Se puede considerar perteneciente a la arquitectura gótica española en su fase más avanzada.

Concatedral de San Pedro de Soria

LA ANTIGUA COLEGIATA DE SAN PEDRO SE CONVIRTIÓ EN CONCATEDRAL EN EL AÑO 1959. A PARTIR DE ESE MOMENTO COMENZÓ A COMPARTIR LA DIÓCESIS CATEDRALICIA CON BURGO DE OSMA.

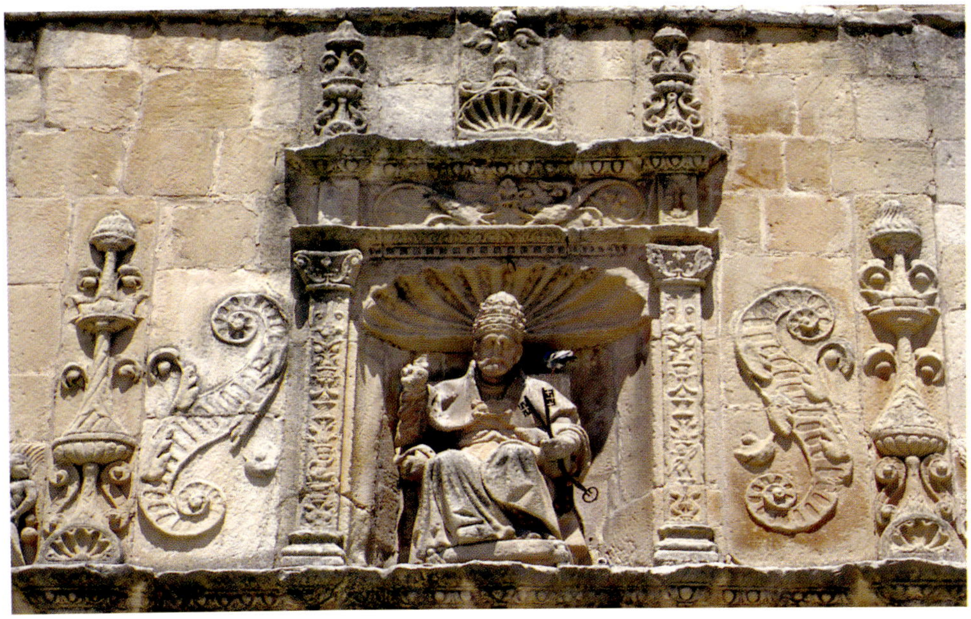

La entrada al templo muestra *decoraciones magistrales. En la portada se encuentran tres ventanales, no visibles desde el interior, que podrían pertenecer a la antigua edificación románica.*

EL CLAUSTRO

Tras el derrumbamiento de la colegiata en 1520, el claustro sobrevivió a la reconstrucción llevada a cabo. Aunque perdió su sección meridional, se conservan tres de sus crujías originales en estilo románico.

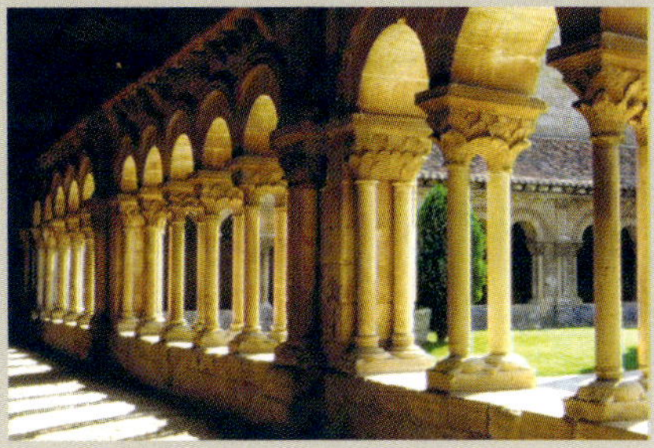

La iglesia primitiva quizás se originó en la época de Alfonso I el Batallador, quien se hizo cargo de la repoblación en la provincia de Soria durante los años 1109 y 1114.

Cuando los canónigos de esta población se agruparon bajo la Regla de San Agustín en una comunidad monástica, durante el año 1152, se tomó la decisión de derribar el antiguo templo con el fin de levantar uno nuevo que estuviera dotado de un claustro más grande y que, además, tuviera los servicios necesarios para el asentamiento de una orden monacal.

Esta construcción se hizo siguiendo los parámetros del estilo románico que imperaba en la época, segunda mitad del siglo XII. Por desgracia, la iglesia sufrió un nuevo derrumbamiento en 1520.

EN EL AÑO 1520, EL TEMPLO SE VINO ABAJO Y HUBO DE SER RECONSTRUIDO.

Tras el hundimiento, se sustituyó el monasterio agustino por un templo más cercano a los estilos góticos y renacentistas, similar al que se encuentra en Berlanga de Duero. A cargo de las obras de reconstrucción estuvo el arquitecto Juan Martínez Mutio. Esta obra quedó culminada al levantar el campanario en 1594. La construcción finalizó durante el cargo del obispo Acosta, cuya labor se reconoció en 1573 con un escudo que permanece esculpido en una de la columnas de San Pedro de Soria.

Destaca la portada plateresca adosada al hastial meridional del primitivo crucero del templo.

CATEDRAL DE VALLADOLID

UNA DE LAS OBRAS CUMBRE EN LA CARRERA DE JUAN DE HERRERA FUE LA CATEDRAL METROPOLITANA DE VALLADOLID, EDIFICADA EN EL AÑO 1585. SE TRATA DE UNA OBRA DE GRAN RELEVANCIA.

LOCALIZACIÓN
Calle Arribas, s/n
Valladolid
SIGLO XVI

Para realizar este edificio se planificó una estructura compleja que quedó sin finalizar.

Supuso una innovación dentro del panorama renacentista español en lo relativo a la arquitectura. La obra estaba poblada de decoraciones platerescas y motivos italianizantes. Este tipo de proyectos, como el monasterio de El Escorial y la catedral de Valladolid, dieron un aspecto propio al reinado de Felipe II.

LA RECONSTRUCCIÓN

En el año 1561 un incendio arrasó la ciudad de Valladolid. Felipe II hizo público su compromiso de reconstruirla, comenzando por la construcción de su plaza mayor, del mismo modo que otras que se distribuyen por la Península.

Posteriormente, decidió el traslado de la Corte de Valladolid a Madrid, lo que propició que esta ciudad se quedara con la catedral a medio edificar. Hasta el siglo XVII Valladolid no pudo recuperarse del golpe que produjo este traslado, dejando tras de sí un periodo de decadencia importante.

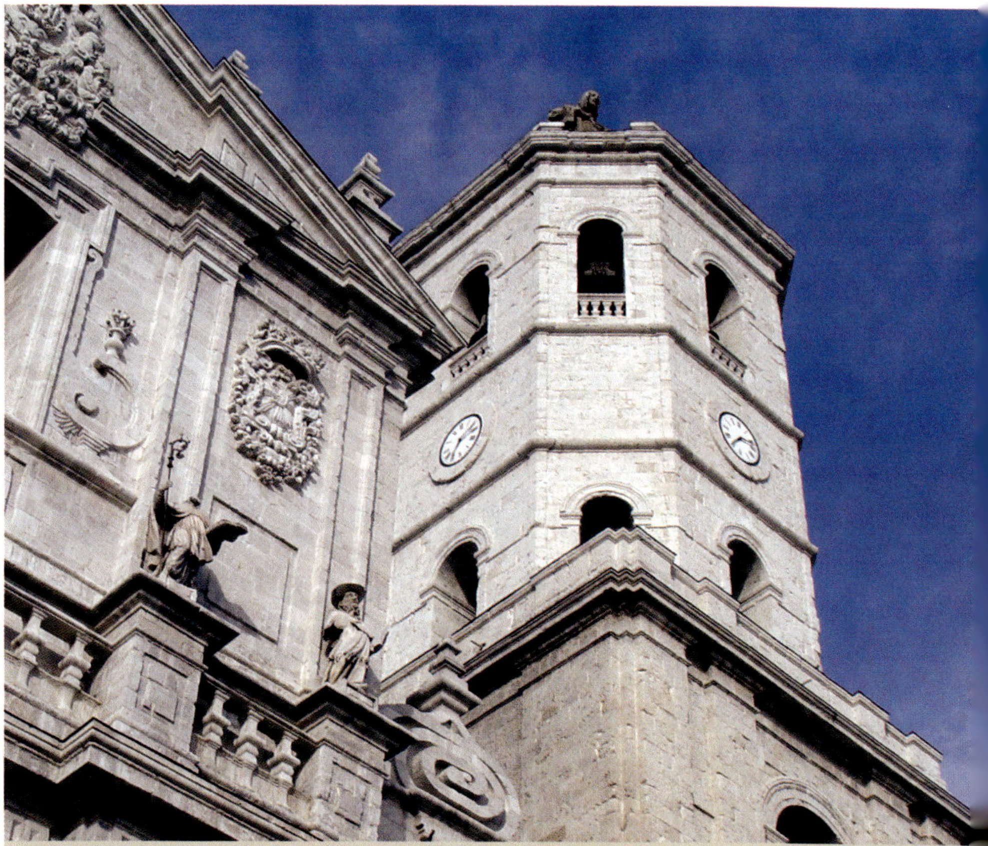

AUSTERIDAD EXTERIOR

Se trata de una catedral de canon renacentista, austera, falta de elementos decorativos adicionales, lo cual queda patente en la desnudez de su fachada, integrada por dos cuerpos de orden dórico. Un arco de triunfo tetrástico sirve de base para la organización de la fachada y su cuerpo inferior. Se pretendía un arco de medio punto según los cánones clásicos que promulgaba el arte del Renacimiento, pero por un error constructivo o una mala interpretación de los planos el arco de la portada presenta un aspecto algo apuntado. En la segunda fase de la construcción del templo, durante el siglo XVIII, Alberto Churriguera fue el encargado de la construcción del segundo cuerpo. Para esta obra procuró imitar los cánones de la fachada de la iglesia de El Escorial.

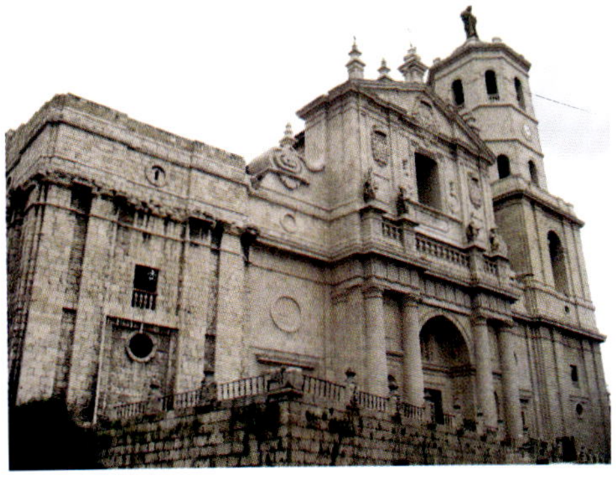

En 1670, la ciudad divisa un pequeño renacer debido a la implantación de talleres textiles que la acercan hacia una posible industrialización.

En 1601, Felipe II volvió a trasladar la Corte a Valladolid, pero esto duró poco tiempo, pues en 1606 se volvió a desplazar a Madrid, dejando de nuevo la catedral inconclusa.

La obra de construcción de la catedral empezó en 1589, con materiales de piedra tomada de la colegiata. Poco tiempo después, fue Alberto Churriguera quien continuó con la fachada principal después de trasladarse desde Salamanca. La torre se derrumbó en el año 1841, pero ya presentaba problemas de estabilidad desde 1746.

En las capillas de la nave del evangelio encontramos la primera de ellas dedicada a San Juan Evangelista. De esta capilla destaca la reja, obra del siglo XVII que la cierra. La capilla de Nuestra Señora de los Dolores contiene un retablo mayor importante, además del retablo encargado por el cabildo y realizado en estilo rococó.

Una escultura tallada en piedra de la Virgen (siglo XV) es lo más sobresaliente de la capilla de Nuestra Señora del Sagrario, que permanece decorada con dos pinturas extraordinarias. Esta imagen fue hallada en el año 1602. Por otro lado, la capilla de San Fernando es característica por su retablo salomónico, una pieza que nos recuerda al de la catedral zamorana. Las capillas que se encuentran en la nave de la epístola son la de la Magdalena, la de San José, la capilla de San Pedro y la capilla de San Miguel. Un retablo neoclásico que representa la transfiguración de Cristo las preside a todas ellas.

El retablo mayor es muy interesante y de gran relevancia, pues su autor es Juan de Juni. De estilo sobrio, encaja perfectamente con el conjunto de toda la catedral, que mantiene también esta austeridad.

La planta

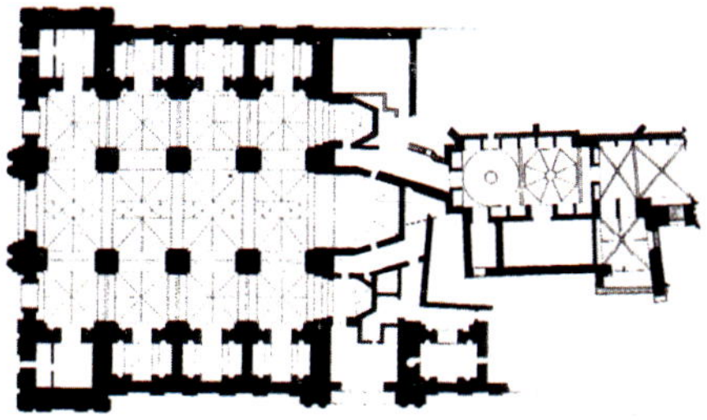

La Catedral Metropolitana de Valladolid *cuenta con tres naves y tres ábsides. La nave del evangelio, por ejemplo, presenta un ábside del que sobresale un retablo neoclásico con la Crucifixión.*

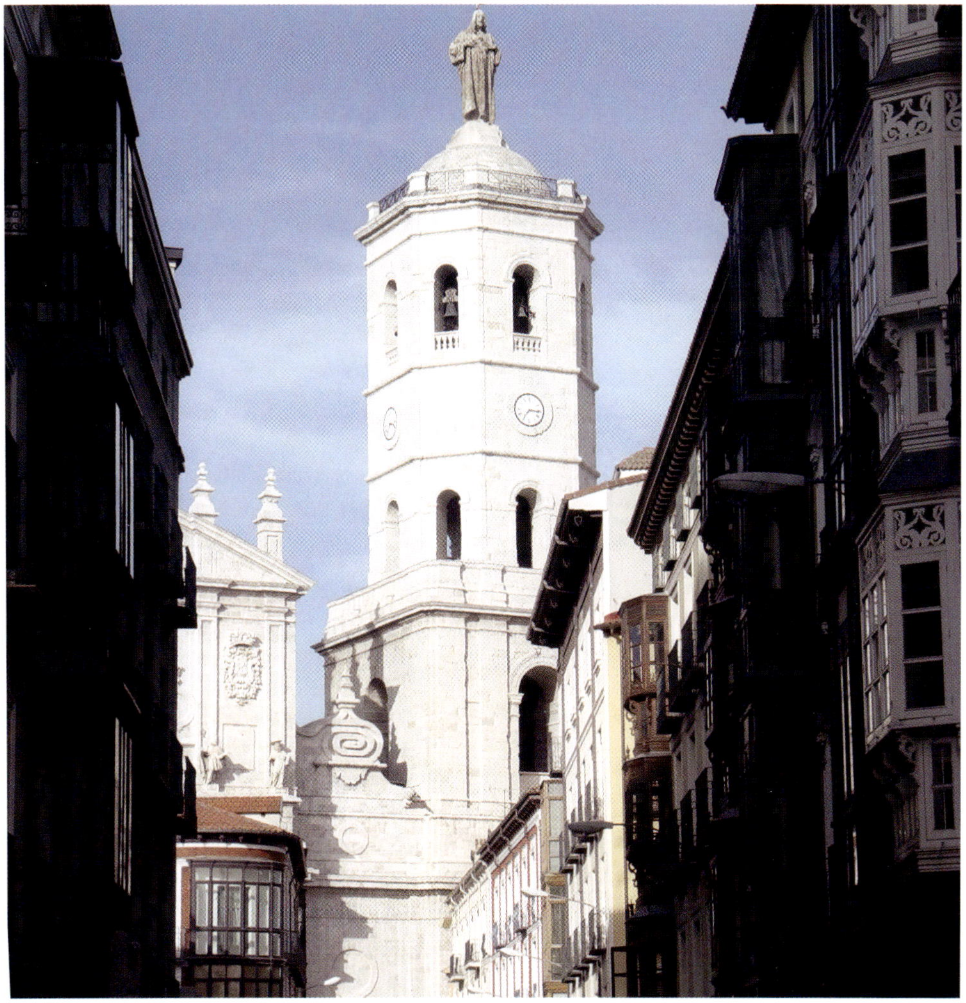

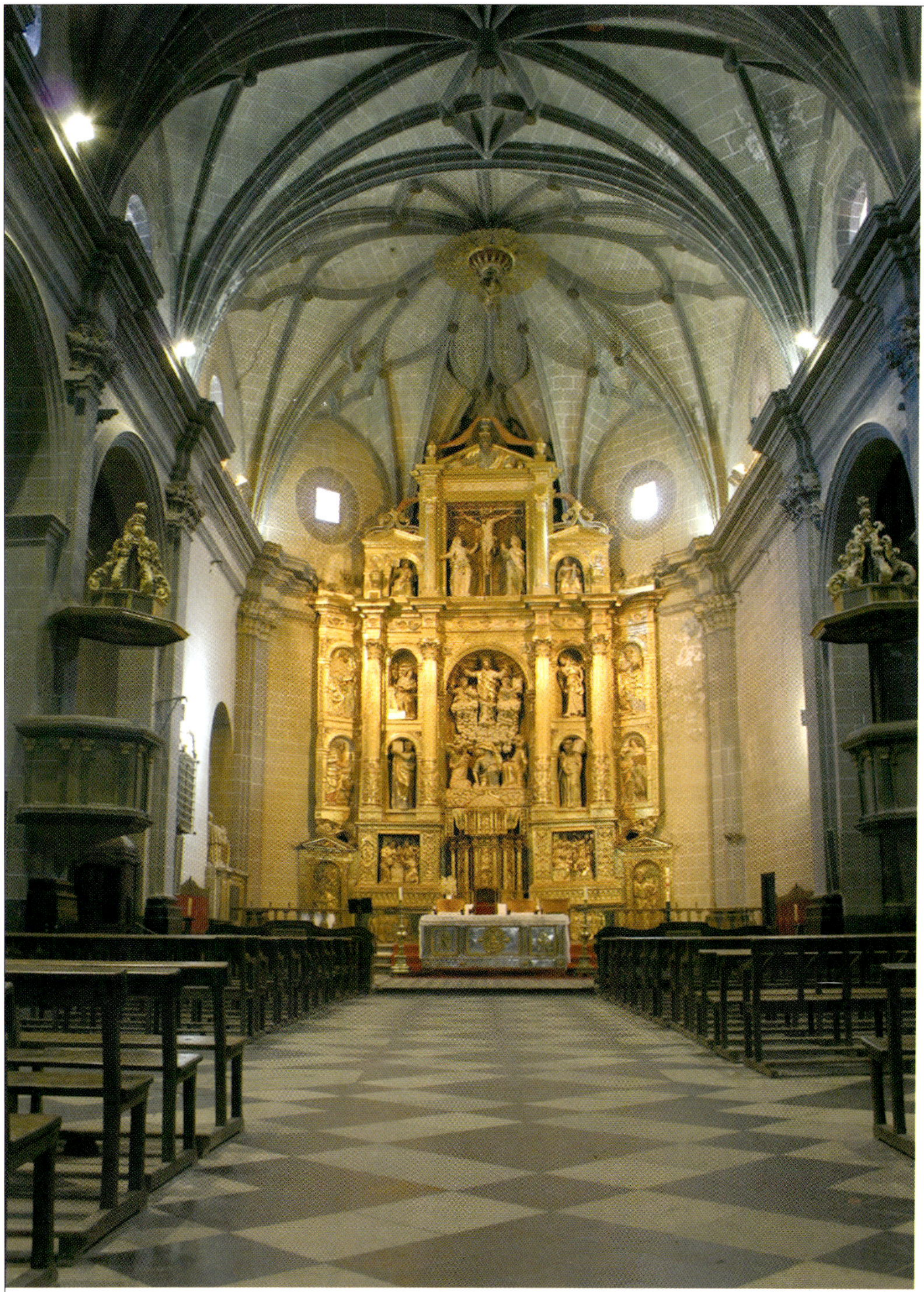

La planta

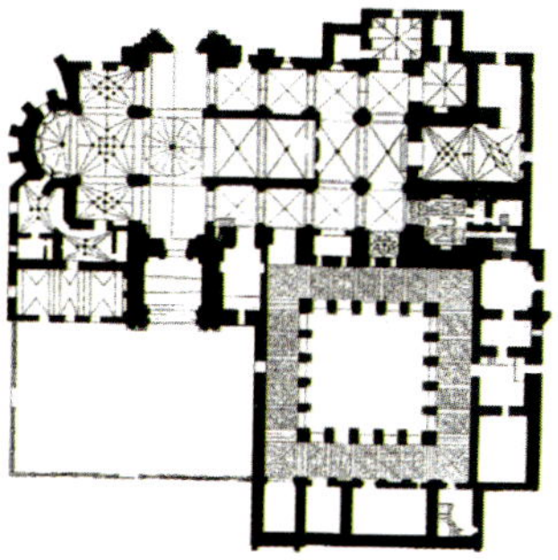

SE PROYECTÓ COMO UNA CONSTRUCCIÓN *de dimensiones importantes, con tres naves, con crucero y dos ábsides.*
El aspecto interior del cimborrio es muy interesante. Se ha dicho de él que procede del arte bizantino, pero podría tratarse de una influencia francesa.
Otro punto destacable en el interior es precisamente la austeridad decorativa en los capiteles interiores, así como la influencia orientalista que se percibe de forma más acusada en los arcos apuntalados.

LOCALIZACIÓN
Plaza de la Catedral, s/n
Zamora
SIGLO XII

El breve periodo de construcción de este edificio, tan sólo 23 años, produjo como resultado un templo homogéneo y una unidad de estilo, aunque se produjeron cambios en las cubiertas con estilos cistercienses y orientalizantes.

El rey Alfonso VII, hijo de Urraca, el emperador y la hermana de éste, Sancha de Castilla, apostaron por la construcción de la catedral zamorana, que tuvo lugar en las décadas centrales del siglo XII. El rey Alfonso hizo la donación al obispo Bernardo del solar para poder construirla en 1135, pero falleció antes de que se concluyera la construcción del monumento. La articulación de las arquerías y demás elementos nos aporta una idea del templo románico que sería la catedral de Zamora.

Fue el obispo Esteban quien puso la primera piedra del templo en el año 1151 y consagró la nueva catedral, el 15 de septiembre de 1174.

El estilo de la catedral es fruto de la reforma del Císter, que aportaba a la arquitectura de tono románico dos añadidos: austeridad en la decoración y orientalismo (estilo con el que tomaron contacto durante las cruzadas en Oriente). Esta austeridad que predicaba la orden del Císter produ-

Catedral de Zamora

LA CATEDRAL DE LA TRANSFIGURACIÓN DEL SALVADOR DE ZAMORA ES, DENTRO DE LAS DE SU GÉNERO, LA MÁS AVANZADA DE TODAS. FUE CONSTRUIDA EN EL SIGLO XII.

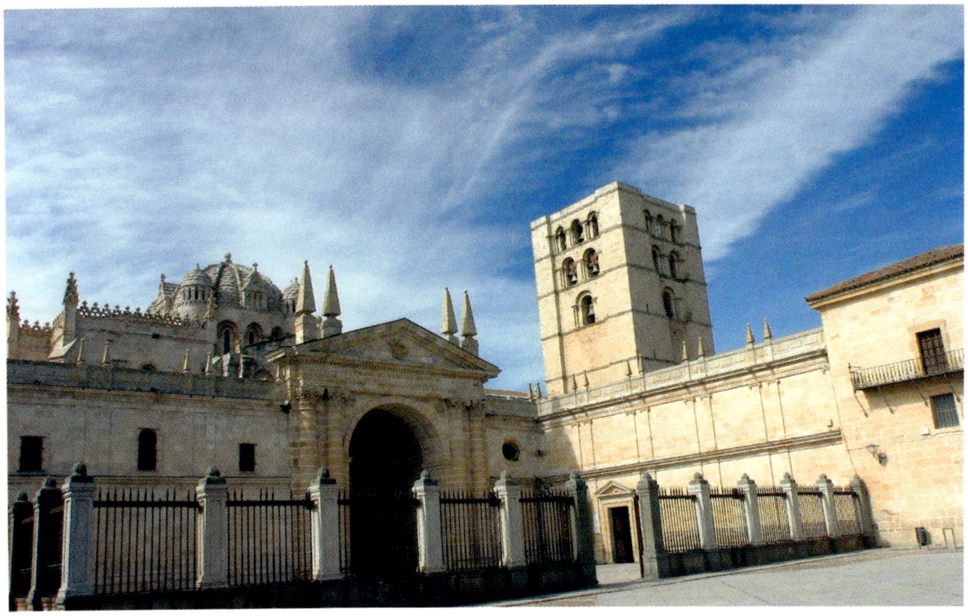

De las torres *que en un principio se habían previsto para la construcción, sólo se llegó a ejecutar una de ellas, que se encuentra en la zona septentrional. De aspecto robusto con planta cuadrada, presenta rigidez en sus formas.*

cía la sencillez decorativa en los edificios. Pese a presentar una homogeneidad de estilo arquitectónicamente, en lo relativo a los elementos accesorios, como sustentantes u otros, encontramos una amalgama de estilos diferenciados, pues a lo largo del tiempo se han producido muchas intervenciones en el templo, que al obligar a reconstruir las partes afectadas han ido incorporando diversos aspectos acordes con las tendencias de cada momento.

FUE CONSTRUIDA EN LAS DÉCADAS CENTRALES DEL S. XII Y RESPALDADA POR EL REY ALFONSO VII.

Al durar tan poco su construcción, fue sólo un arquitecto quien se encargó de las obras desde el principio hasta la conclusión de las mismas, pero desconocemos su identidad.

El exterior se caracteriza por presentar un trazo general románico y gran austeridad decorativa. Esto es especialmente evidente en la portada meridional.

Es famoso su cimborrio de estilo bizantino, que se puede apreciar desde cualquier parte de la ciudad. Esta famosa cúpula, construida a base de escamas pétreas, es uno de los elementos más interesantes del arte románico español.

PERLA DEL DUERO

A esta catedral se la conoce como «Perla del Duero». Se construyó en el siglo XII. Conserva una puerta románica de gran importancia, la puerta del Obispo o del Mediodía, de la que nos llama la atención su decoración escultórica.

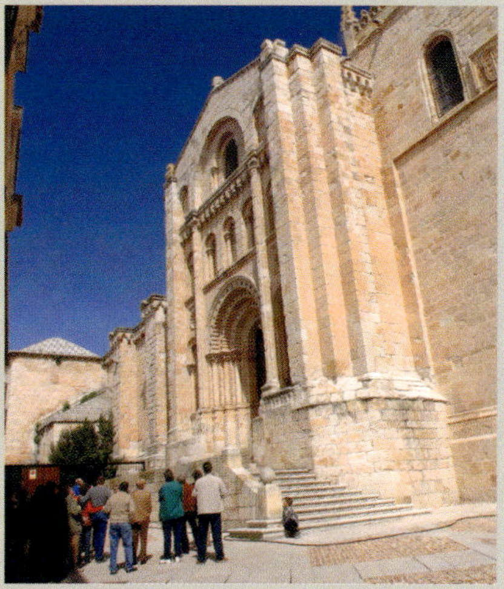

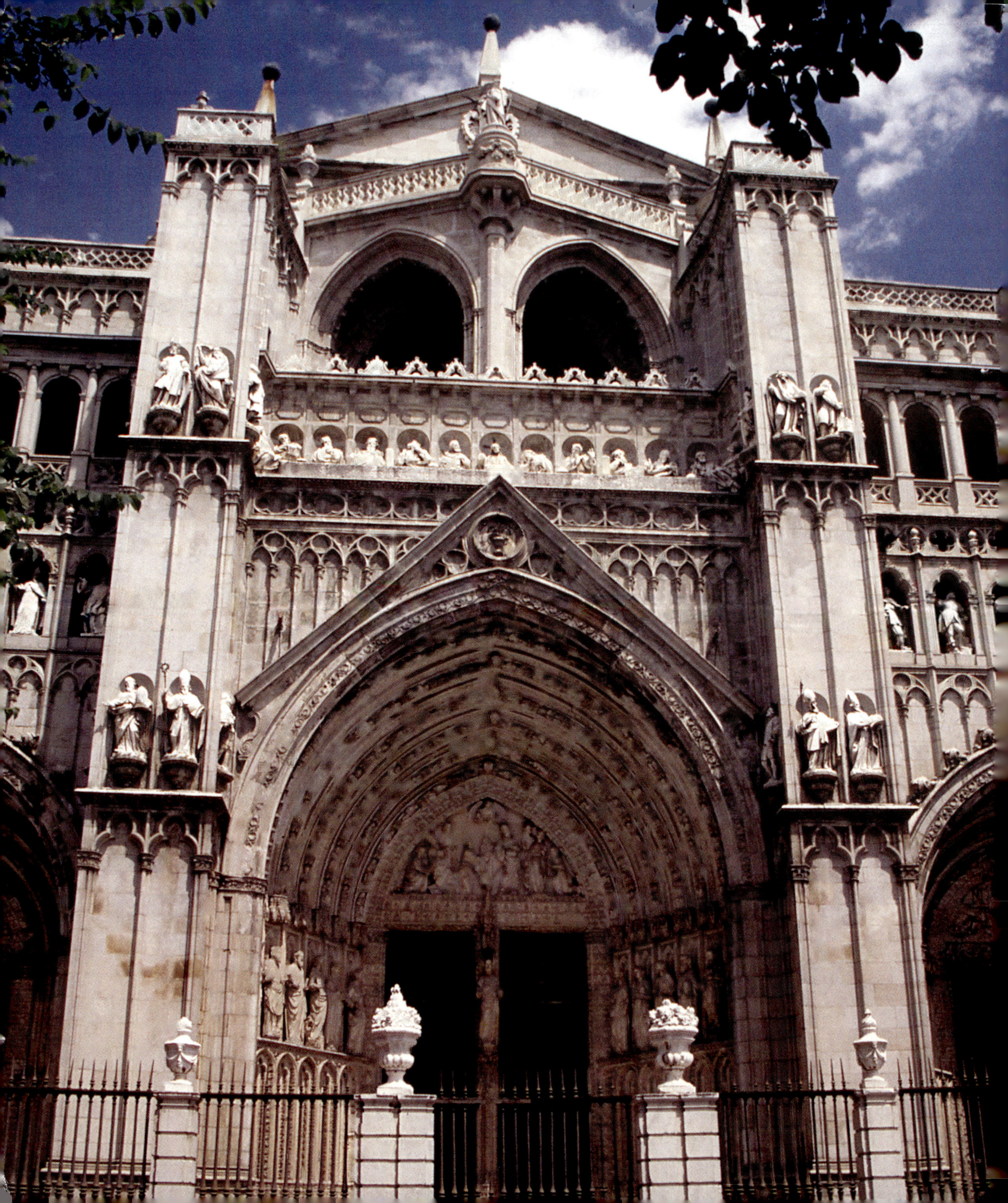

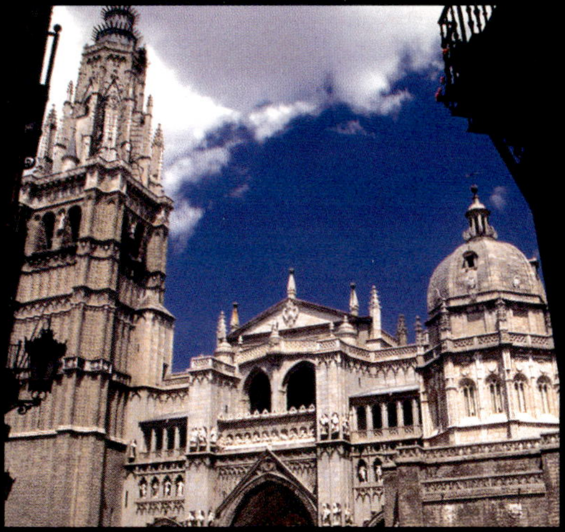

CATEDRAL DE TOLEDO

LA CATEDRAL PRIMADA DE TOLEDO ES UN EDIFICIO CONSTRUIDO DURANTE EL PERIODO MÁS CLÁSICO DEL GÓTICO. EN EL LUGAR QUE AHORA OCUPA LA ACTUAL CATEDRAL SE ENCONTRABA UNA IGLESIA QUE FUE EDIFICADA EN LOS TIEMPOS DE RECAREDO, EN EL AÑO 587.

Posteriormente, en este lugar estuvo la mezquita mayor, durante el periodo de predominio musulmán. Y en la época de la reina Constanza y del obispo Bernardo, tras la Reconquista, se convirtió en iglesia.

Debido al incremento de población, esta iglesia se quedó pequeña para albergar a los fieles, por lo que se decidió la construcción de la actual catedral, bajo el obispado de Rodrigo Ximénez de Rada.

En 1238 se finalizó la construcción de las quince capillas, que se distribuyen por la girola, y en el año 1247 se terminó la capilla de San Eugenio. El maestro Martín, el primero en intervenir, se encargó de la construcción de la girola, con la creación de los arcos entrecruzados de estilo árabe. Esta girola se finalizó en el año 1289.

La nave del crucero se concluyó hacia el año 1300, y de esta época datan el hastial del crucero que desemboca en el norte y la puerta del Reloj. También se avanzó en la construcción de las naves y las portadas.

A partir de 1389 se inició el claustro, ya más alejado del estilo gótico propio de Francia, con un estilo más cercano al mudéjar y que se conoce con el nombre de gótico toledano.

Durante la época de los Reyes Católicos parece ser que se concluyeron las últimas bóvedas que cierran la construcción.

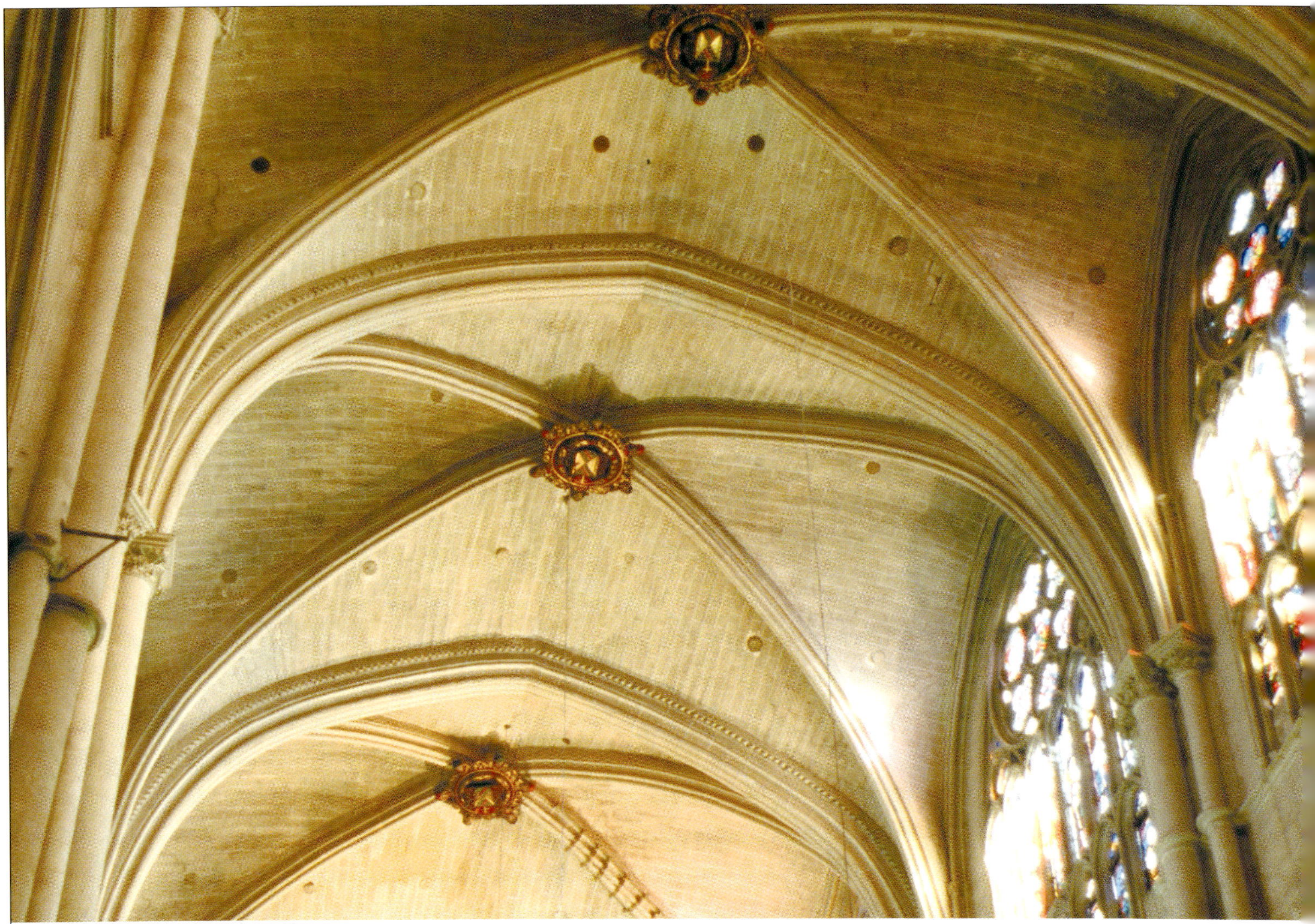

Catedral Primada de Toledo

FUERON EL REY FERNANDO III EL SANTO Y EL ARZOBISPO RODRIGO XIMÉNEZ DE RADA QUIENES PUSIERON FORMALMENTE LA PRIMERA PIEDRA EN EL AÑO 1226, AUNQUE LAS OBRAS SE HABÍAN INICIADO CON ANTERIORIDAD.

La planta

EL TEMPLO TIENE *planta de salón (el transepto no se nota desde el exterior), con cinco naves, la central más ancha que las laterales, y un crucero poco saliente hacia el exterior, pero también muy ancho. Mide 120 m de largo por 59 m de ancho. Un deambulatorio doble culmina la cabecera, prolongación de las naves laterales. La girola está formada por siete capillas con tramos triangulares y rectangulares.*

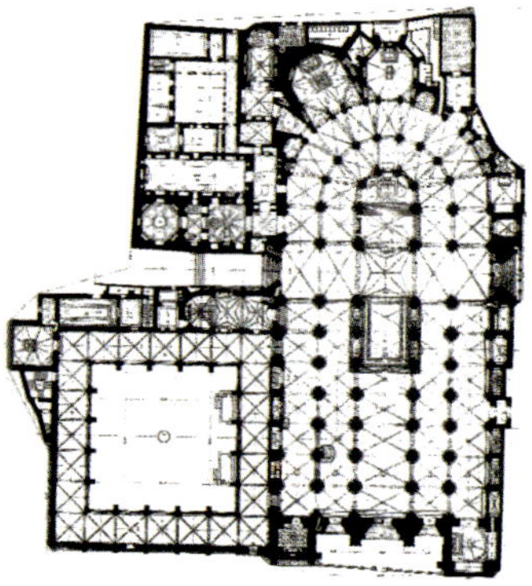

La catedral de Toledo está inspirada en otras francesas de la época, como las de Bourges o Le Mans, aunque también conserva influencia mudéjar en los arcos polilobulados y entrelazados. Está construida con piedra blanca de Olihuelas (en Olías del Rey). La fachada principal consta de tres portadas, denominadas, respectivamente, puerta del

LA CUSTODIA

La capilla del Tesoro alberga la gran custodia. Elaborada por Enrique de Arfe entre los años 1517 y 1524, es una obra gótica arcaizante de gran belleza. En un principio se labró en plata pero a finales del siglo XVI se doró. Desde 1595 se saca en procesión.

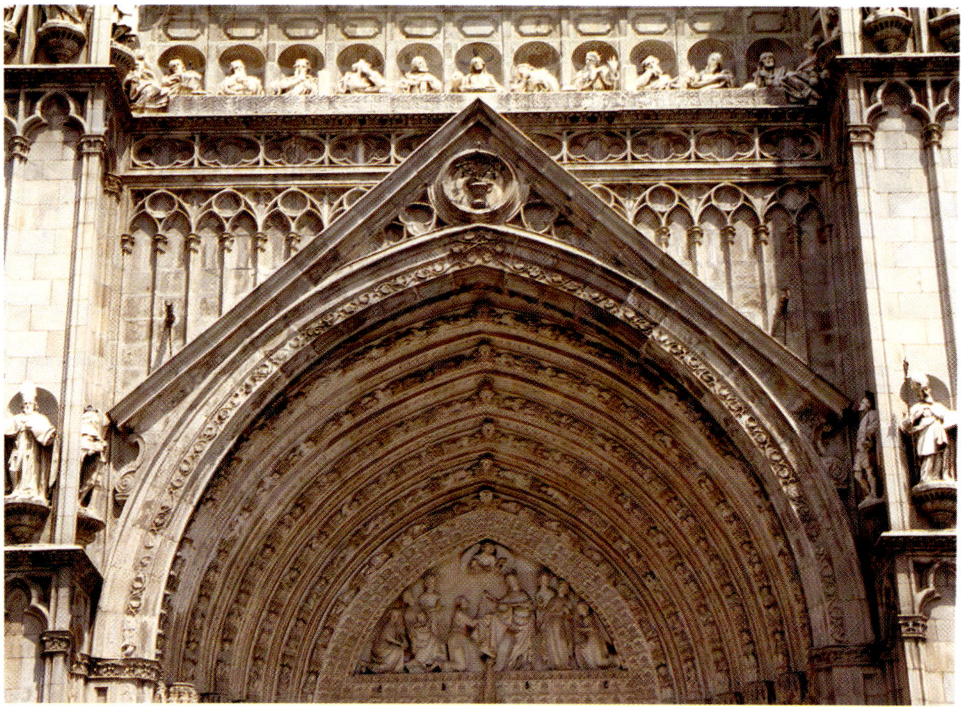

LA PUERTA DEL PERDÓN *fue construida en el siglo XV bajo la dirección de Alvar Martínez.*

Perdón (en el centro), puerta del Juicio Final (a la derecha), y puerta del Infierno (a la izquierda).

La puerta del Reloj, la más antigua de la catedral –data del siglo XIV–, se sitúa en la fachada norte. El tímpano, dividido en cuatro franjas horizontales, está decorado con escenas del Nuevo Testamento. En la parte superior se sitúa el gran reloj que da nombre a la puerta.

En el interior de la catedral, y a pesar de la influencia francesa, se percibe cierta horizontalidad en la estructura de algunos de sus elementos, rasgo más propio del gótico español. La supresión del triforio en la nave central, que le habría conferido más esbeltez y altura, acentúa esa horizontalidad.

Las más de setecientas cincuenta vidrieras –realizadas entre los siglos XIV, XV y XVI– destacan por su gran belleza. Las más apreciadas son las del rosetón del crucero, sobre la puerta del Reloj.

El retablo mayor, de estilo gótico florido, es de grandes dimensiones. Está realizado en madera dorada y decorado con esculturas policromadas estofadas que llaman la atención por su tamaño. Se divide en cinco cuerpos, entre los que se reparten escenas del Nuevo Testamento. En su construcción colaboraron muchos imagineros y talladores de prestigio, como Rodrigo Alemán, Vigarny, Egas y Pedro Gumiel. Su elaboración fue debida a un encargo del cardenal Cisneros entre los años 1497 y 1504.

La rejería de la catedral posee gran valor artístico. La reja de la capilla mayor, obra de Villalpando, destaca por sus balaustres y estatuas de gran perfección; mientras que la del coro, realizada por Céspedes, se considera como una de las rejas más armoniosas del renacimiento español.

El Transparente es una obra escultórica de gran belleza situada en el trasaltar mayor. De estilo barroco churrigueresco, fue realizada hacia 1729 por Narciso Tomé en mármoles, jaspe y bronce.

La catedral destaca por poseer obras pictóricas de gran valor, de artistas de la talla de El Greco, Tiziano o Velázquez.

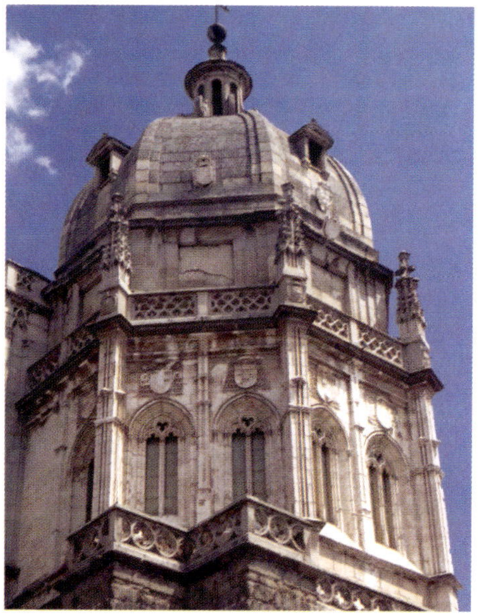

LOCALIZACIÓN

Calle Cardenal Cisneros, 1
Toledo
SIGLOS XIII-XIV

Catedral de Albacete

EN EL SIGLO XVI SE INICIÓ LA CONSTRUCCIÓN DE LA CATEDRAL DE SAN JUAN BAUTISTA DE ALBACETE QUE FUE EDIFICADA SOBRE LOS RESTOS ARQUITECTÓNICOS DEL PRIMER TEMPLO GÓTICO.

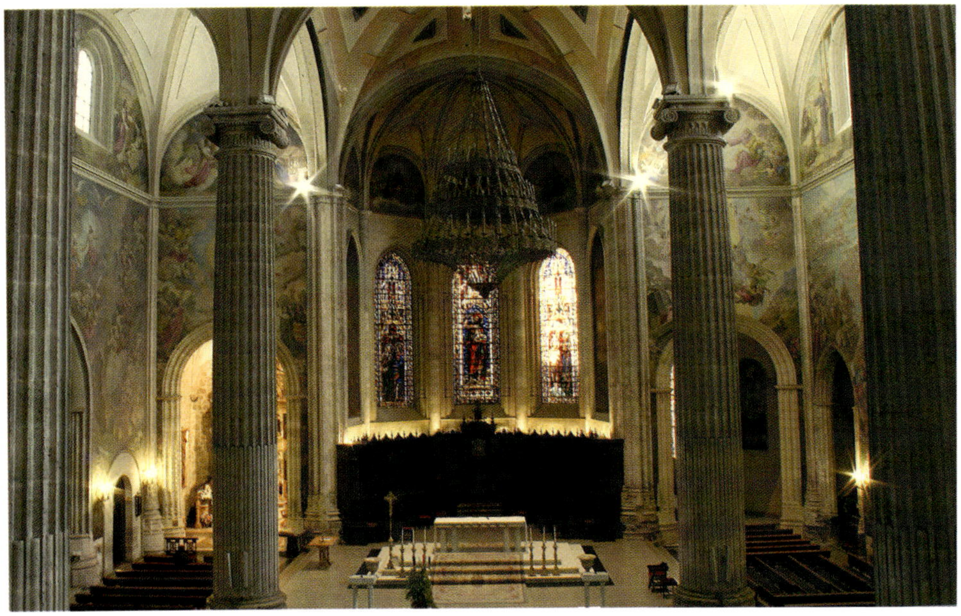

En el camarín de la Virgen *se encuentra una escultura con una cabeza original de la primera imagen, incrustada en la actual figura. Cuenta la tradición que esta imagen se enterró en el año 1446 y que, posteriormente, fue descubierta por un labrador.*

LOCALIZACIÓN
Plaza de la Virgen de los Llanos, 7
Albacete
SIGLOS XVI-XX

Aunque la construcción de este templo se inició hace quinientos años aproximadamente, hasta fecha reciente ha estado sufriendo diferentes intervenciones. El año 1949 fue elevada a la categoría de catedral.

El templo actual se trazó en el siglo XVI sobre uno gótico anterior . Las obras estuvieron en manos de varios artistas, algunos de los cuales eran importantes maestros de la época. En este siglo Diego de Siloé tomó el mando de las obras y fue relevado por Díaz de Palacios en el siglo XVII.

La construcción terminó en el siglo XX y, a causa del tiempo transcurrido desde el comienzo, el resultado ha desvirtuado el proyecto original, por lo que no guarda relación su aspecto actual con la primitiva iglesia del siglo XIV.

Una gran escalinata desemboca en la portada principal del templo.

La fachada principal, neogótica, no se termina hasta 1945. Esta fachada sobre la que se eleva la torre está formada por arquivoltas de arcos apuntados rematados por un rosetón. La fachada lateral es de construcción reciente, ya que se concluyó el año 1960. Es de estilo neorrománico.

PATRONA

A la derecha del altar mayor se encuentra la capilla de la Virgen de los Llanos, patrona de la ciudad de Albacete. Está cubierta por una bóveda de crucería con linterna. La escultura conserva la cabeza original de la primera imagen de la Virgen.

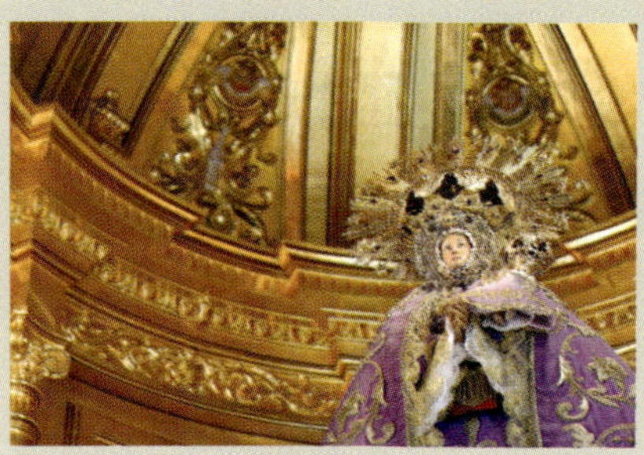

Pese a los diferentes periodos de construcción que han constituido este templo, la catedral guarda una cierta homogeneidad en su interior, con un estilo renacentista bastante uniforme en casi todos sus elementos.

A partir de 1921 se inició la realización de los ventanales del ábside principal

La planta

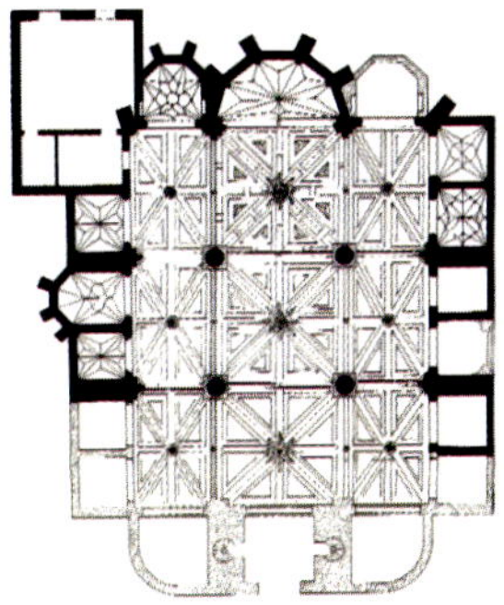

El templo fue construido *sobre una planta de tres naves longitudinales, situadas a la misma altura, otorgando al conjunto una armonía clasicista propia del Renacimiento. Las tres naves de las que se compone el templo desembocan en sus correspondientes ábsides en la cabecera. La zona de la cabecera y la parte posterior son más recientes.*

NO FUE ELEVADA A LA CATEGORÍA DE TEMPLO CATEDRALICIO HASTA 1949.

También se acometió la obra del altar realizado en mármol blanco. Fue en este periodo del siglo XX cuando se terminó de cerrar la iglesia en la zona de los pies con la portada principal.

Los elementos sustentantes que se reparten por el templo están compuestos por columnas de estilo renacentista, con fuste acanalado rematadas por capiteles clásicos de orden jónico.

El retablo está formado por cuatro grandes tablas del s. XVI: Resurección, Oración del Huerto, Anunciación y Nacimiento.

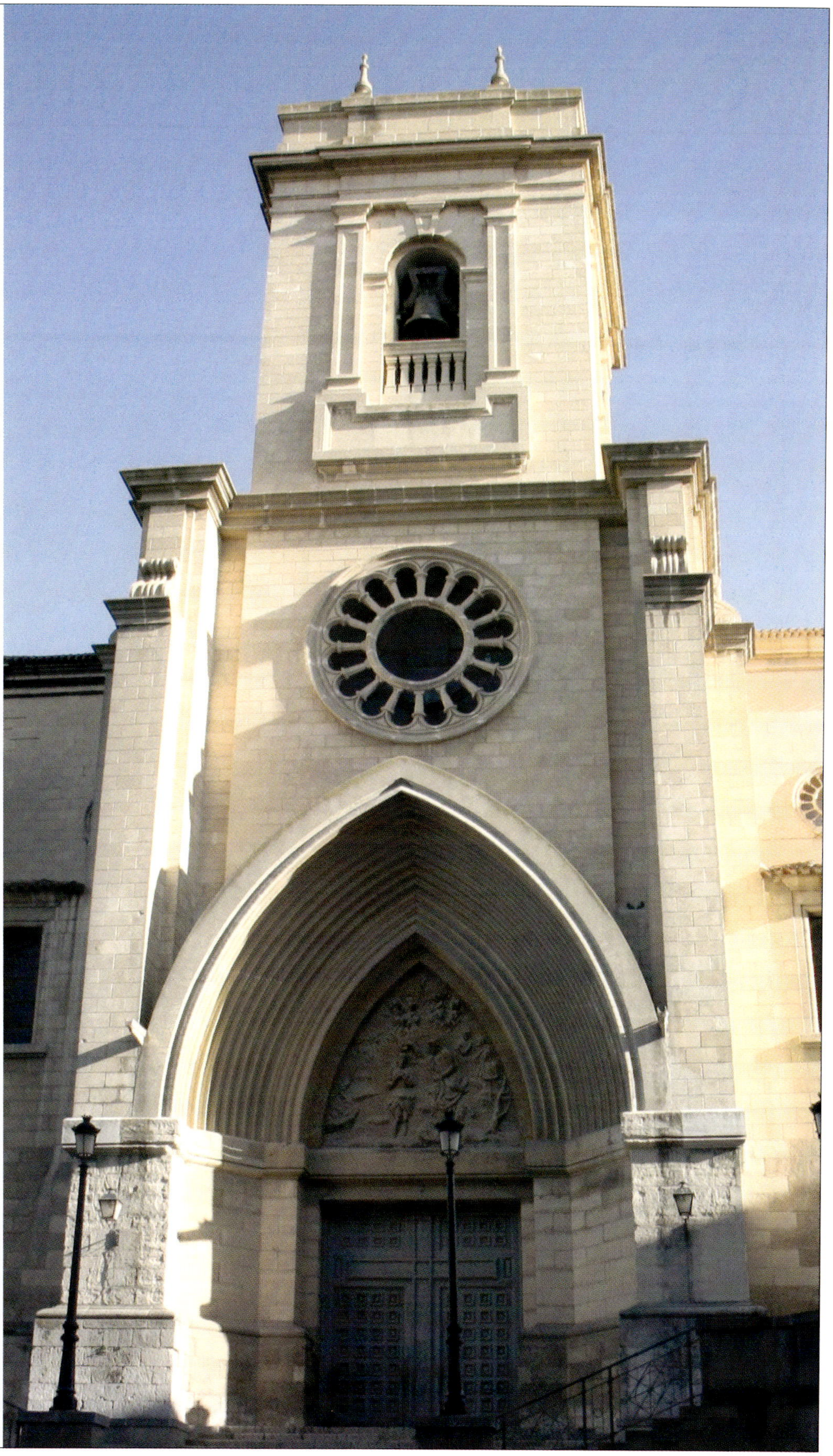

CATEDRAL DE CIUDAD REAL

EL TEMPLO, SANTA IGLESIA PRIORAL BASILICAL DE LAS ÓRDENES MILITARES DE SANTA MARÍA DEL PRADO, NO FUE CATEDRAL HASTA EL AÑO 1875.

La planta

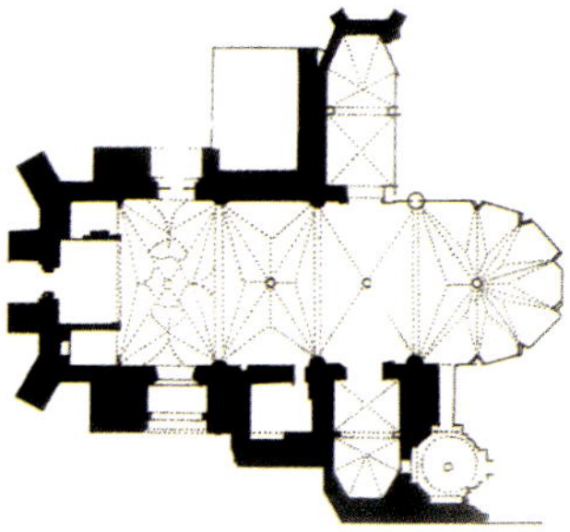

EL INTERIOR SE COMPONE *de una nave única, pero de grandes dimensiones, con más de 34 metros de altura, 53 de longitud y 18 de ancho. El ábside poligonal conserva dos de las cinco ventanas que tenía en su origen.*

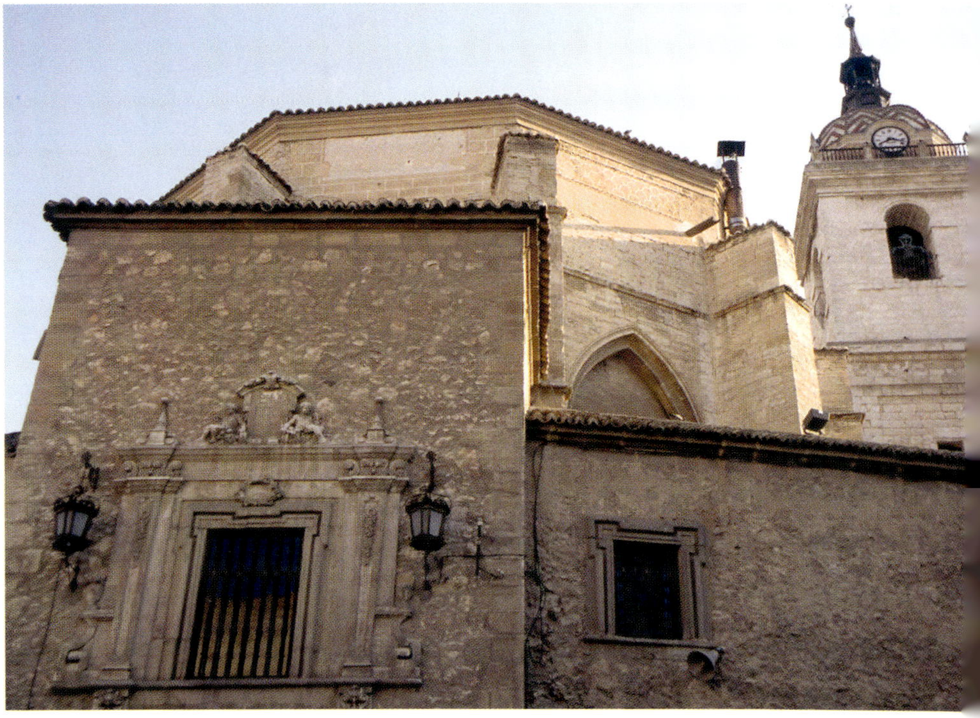

ES LA IGLESIA DE UNA SOLA NAVE *más grande de España después de la de Gerona. Se compone de diversos elementos constructivos correspondientes a varios periodos.*

LOCALIZACIÓN
Jardín del Prado, s/n
Ciudad Real
SIGLOS XII-XVI

El rey Alfonso X el Sabio, tras la batalla de Alarcos, fundó la ciudad con el nombre de Villa Real.

El templo que podemos contemplar actualmente se construyó sobre los restos de una antigua ermita de estilo gótico y está dedicado a la Virgen del Prado, patrona de Ciudad Real. La imagen de la santa patrona, situada en el interior, es una escultura moderna del escultor Rausell y Llorens.

Debido a las diferentes intervenciones acaecidas a lo largo de los años, la catedral muestra ejemplos arquitectónicos góticos, renacentistas y barrocos. La reconstrucción sobre los restos góticos se inició en el siglo XV y se concluyó en el XVI, momento en el que se cerró el último tramo de bóveda sobre el coro, bajo las órdenes del maestro Antonio Écija. Esta última intervención corresponde a un estilo gótico tardío con marcados rasgos renacentistas.

TRES PORTADAS

De las tres puertas que componen el exterior del templo, sin duda destaca la del Perdón, la más antigua de todas. Construida durante el siglo XIII y principios del XIV, seguramente es uno de los elementos que perduraron de la antigua ermita medieval. Está edificada en un estilo románico-gótico y conserva

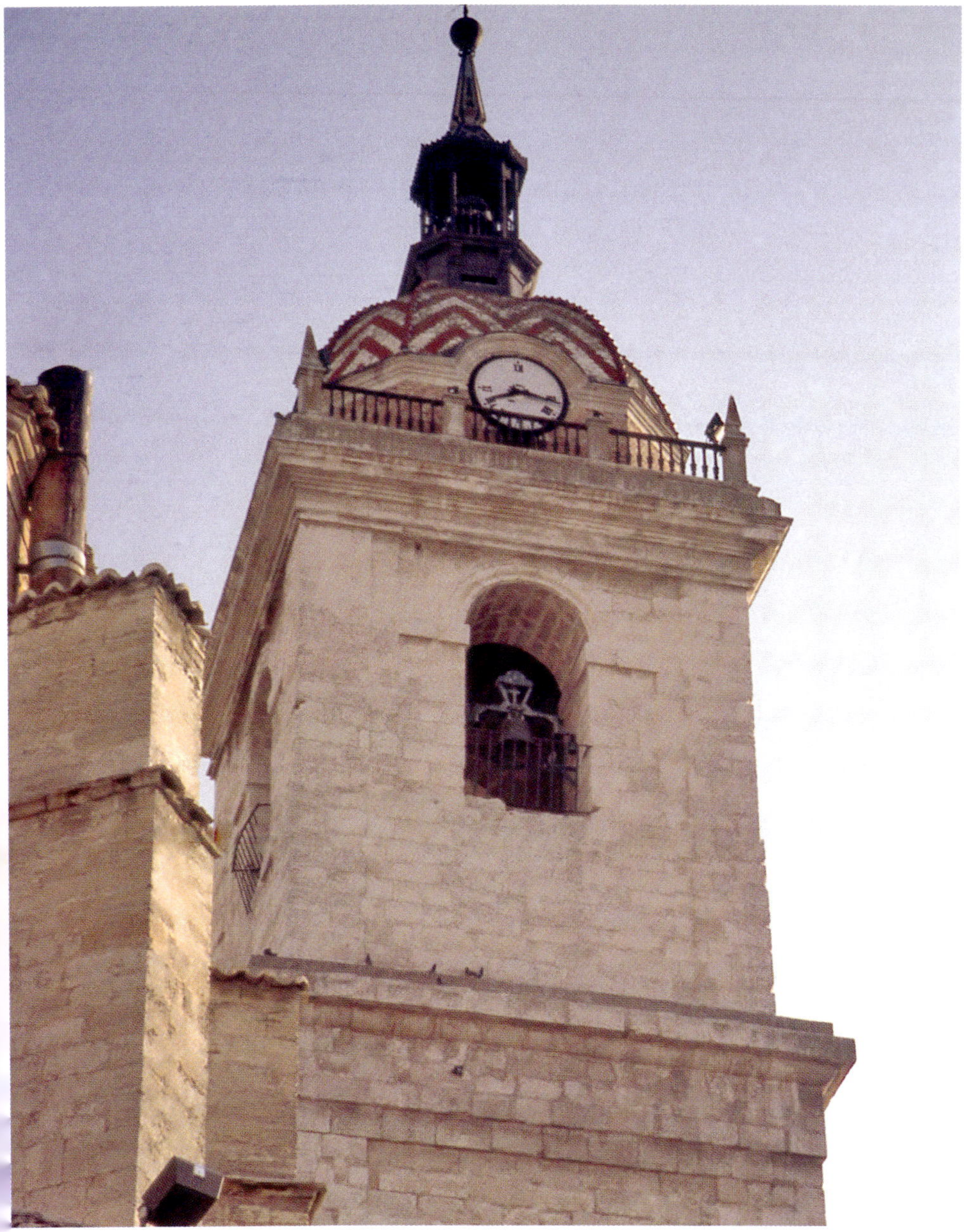

EL RETABLO

El retablo del altar mayor es la pieza más relevante de la catedral. De estilo renacentista, es obra de Giraldo de Merlo, tiene 50 esculturas y está dividido en tres cuerpos. Fue acabado en el año 1616.

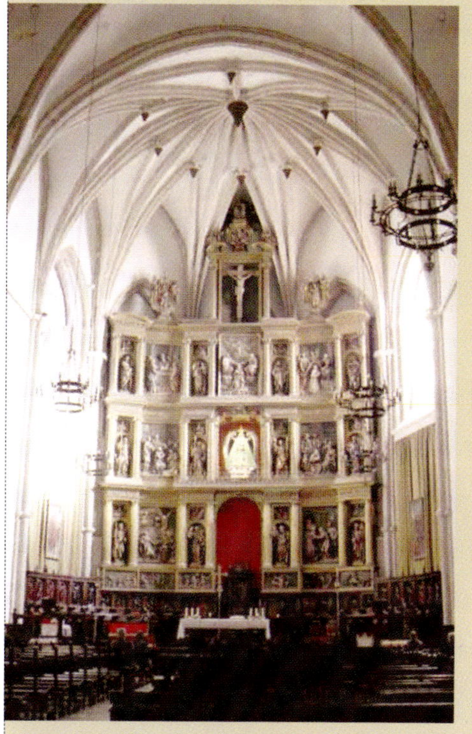

TORRE DEL SIGLO XVII. *Otro de los elementos del exterior de la catedral es la elevada torre, realizada en piedra. Se terminó en el siglo XIX.*

PODEMOS APRECIAR DISTINTAS CORRIENTES DE ARQUITECTURA COMO LA GÓTICA, LA RENACENTISTA Y LA BARROCA.

algunos elementos plenamente románicos, como la decoración vegetal arcaizante, esquematizada.

Sobre el arco central muestra un bello rosetón polilobulado. Este rosetón es muy parecido a otro que se encuentra en la cercana ermita de Alarcos.

La puerta del Mediodía, gótica con arquivoltas, es la puerta principal, y la tercera puerta del templo es la de Umbría, al norte.

EL INTERIOR

El interior es de una sola nave, coronada por el bello retablo renacentista. La construcción de la catedral fue iniciada por el ábside, por lo que se va complicando la tracería de la decoración de la nave conforme ésta avanza hacia los pies del templo .

Una bóveda ojival y la figura del Padre Eterno rematan el hueco de la bóveda.

CATEDRAL DE CUENCA

SE TRATA DE UNA DE LAS CATEDRALES GÓTICAS MÁS IMPORTANTES DE ESPAÑA, COMPARABLE A LA DE LEÓN O BURGOS. ES DE ESTILO LIGADO AL ARTE FRANCONORMANDO DEL SIGLO XII.

LOCALIZACIÓN
Plaza Mayor, s/n
Cuenca
SIGLOS XII-XX

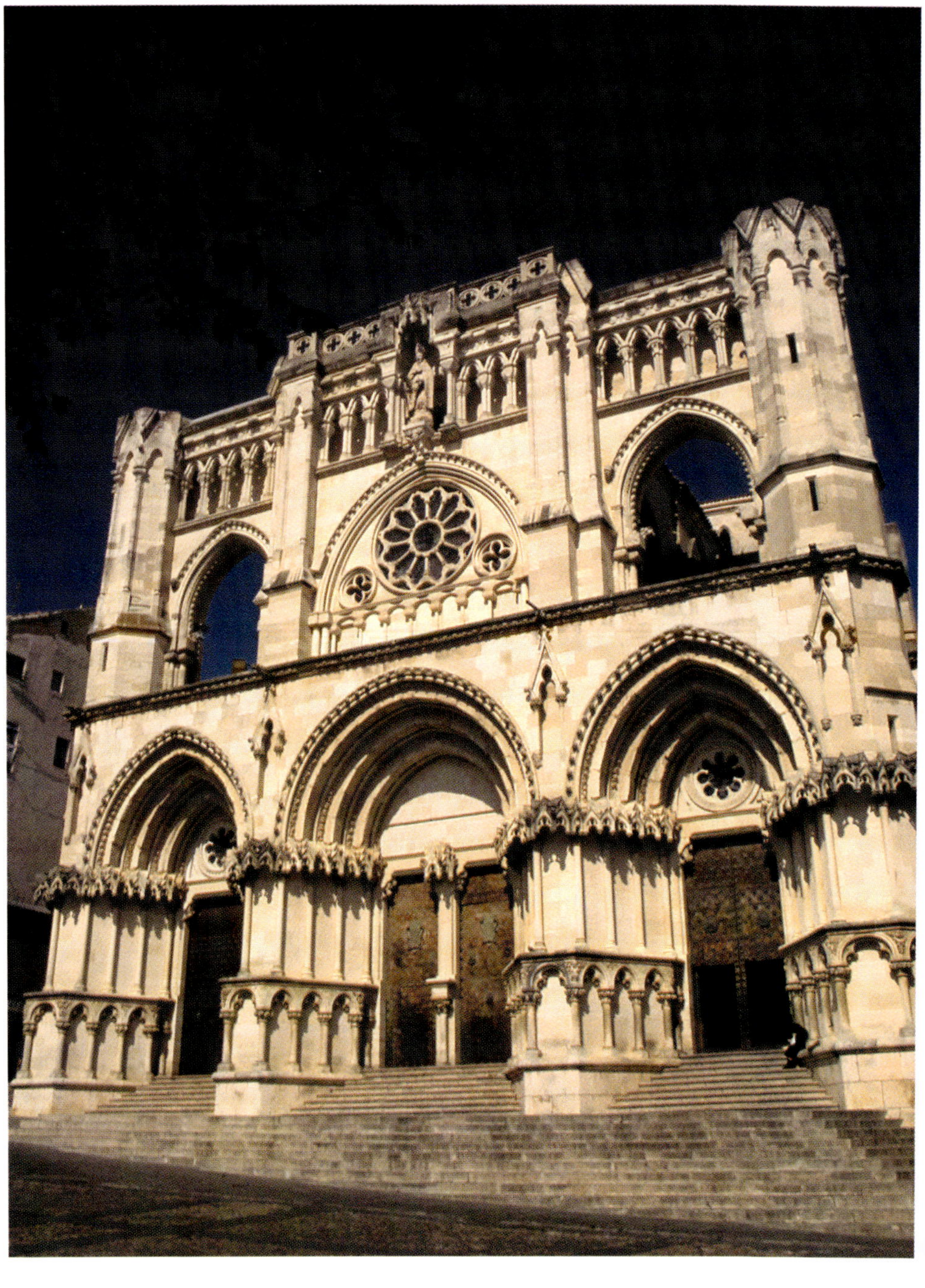

El núcleo fundamental de la catedral de Nuestra Señora de Gracia de Cuenca tomó forma en el siglo XIII; en el XIV se elevaron las naves que discurren desde el crucero hasta la fachada principal. En el siglo XVI, el deambulatorio o girola se adaptó a las nuevas concepciones estéticas existentes. También en este periodo se construyó la primera fachada, que, posteriormente, se sustituyó por otra en el siglo XVIII que hubo que derruir a comienzos del XX. Desde entonces, se han seguido haciendo reformas hasta llegar al aspecto que tiene en la actualidad. Tuvo cuatro torres originales, de las que no queda en pie ninguna, excepto el arranque de la torre del Ángel.

Se puede decir que la catedral de Cuenca es, en conjunto, un compendio de diversas intervenciones arquitectónicas.

El exterior fue remodelado casi en su totalidad a lo largo del siglo XVI. Juan Pérez fue el arquitecto que se encargó de la nueva reforma llevada a cabo en el año 1720 tras un incendio que terminó con las torres de la catedral. En 1723, Luis de Arteaga asumió la tarea de actualizar el edificio al gusto barroco de la época.

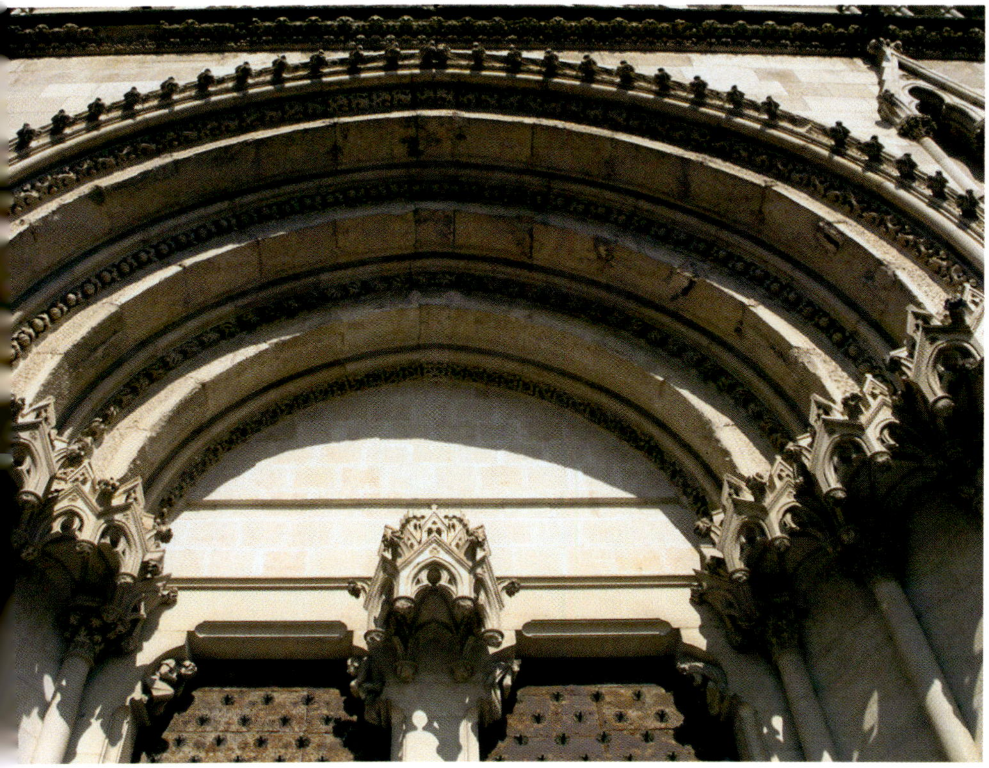

EL ARCO DE JAMETE, *considerado como el mejor elemento arquitectónico de la catedral, permite el acceso al claustro, hoy cerrado, al quedar dañado por la caída de la torre a principios del siglo XX.*

La planta

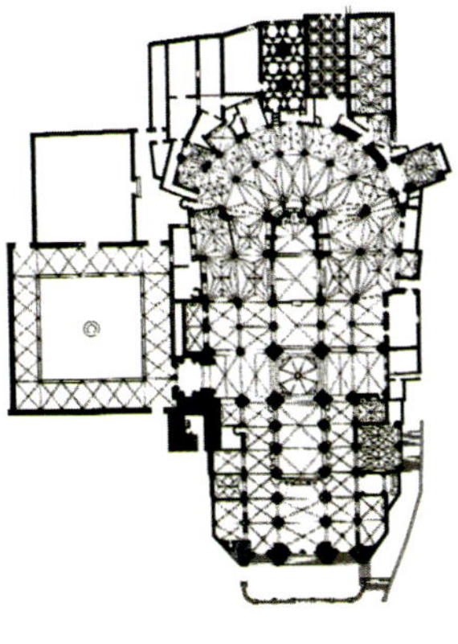

EL TEMPLO SE DESARROLLA *sobre una planta de cruz latina, compuesta de tres naves, con una gran cabecera exenta de arbotantes y un profundo presbiterio. El primitivo crucero de la bóveda es de origen gótico normando, así como el singular triforio. El centro del templo lo ocupa el coro. Las capillas de las naves laterales fueron edificadas entre los siglos XVI y XVII.*

TUVO CUATRO TORRES DE LAS QUE NO QUEDA NINGUNA.

Ya en el siglo XX, en 1910, y como consecuencia de los daños sufridos por la fachada, al hundirse la torre de las campanas en 1902 por la caída de un rayo, se procedió a su reconstrucción. De ella se ocupó Vicente Lampérez, que levantó una nueva fachada de estilo neoclásico. Después de él, trabajaron en sucesivas modificaciones Modesto López y José Manuel González.

En cuanto al interior, destacan las originales bóvedas sexpartitas, rectangulares en vez de cuadradas, como suele ser habitual en otros templos; el triforio, distinto al de las demás catedrales góticas españolas; el coro, una magnífica talla en madera, y frente a él la Capilla Mayor –cuyo altar neoclásico fue diseñado por Ventura Rodríguez–, cerrada con tres impresionantes rejas; la Sacristía, en la que se puede visitar el magnífico Tesoro Catedralicio, con una pequeña pero valiosa muestra de arte sacro; la sala capitular o las capillas que cubren las naves laterales.

ORÍGENES

En 1177, Alfonso VIII conquista la ciudad para los cristianos. Con él llegan caballeros normandos que influirán en la construcción de la catedral; de ahí ese aire nórdico, tan alejado del típico gótico castellano. El templo se construyó, probablemente, sobre una antigua mezquita árabe.

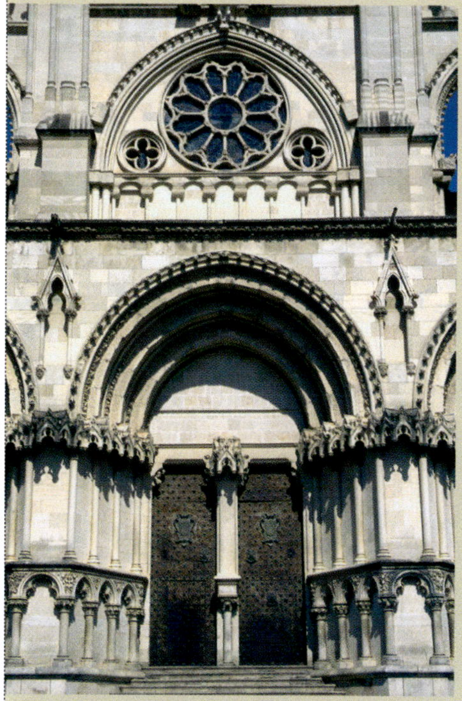

LA FACHADA *de la catedral, que en la actualidad ofrece un aspecto inconcluso, ha sufrido importantes transformaciones a lo largo de la historia. A principios del siglo XX, Vicente Lampérez rehízo la fachada con un estilo neogótico.*

CONCATEDRAL DE SANTA MARÍA DE GUADALAJARA

LA CIUDAD DE GUADALAJARA ES UN ENCANTADOR CONJUNTO DE ANTIGUOS EDIFICIOS MONUMENTALES, CALLEJAS Y PLAZAS.

LOCALIZACIÓN

Plaza de Santa María, 5
Guadalajara
SIGLOS XIV-XVII

La iglesia, con título y honores de concatedral, debe su advocación a Santa María de la Fuente.

La iglesia arciprestal de Santa María la Mayor, que se edificó sobre una antigua mezquita, es la actual concatedral de Guadalajara.

El origen de la catedral se remonta al siglo XIII. En la portada occidental del templo se abren tres puertas de acceso, de ladrillo visto, rematadas por arcos de herradura. Las dos laterales, de dimensio-

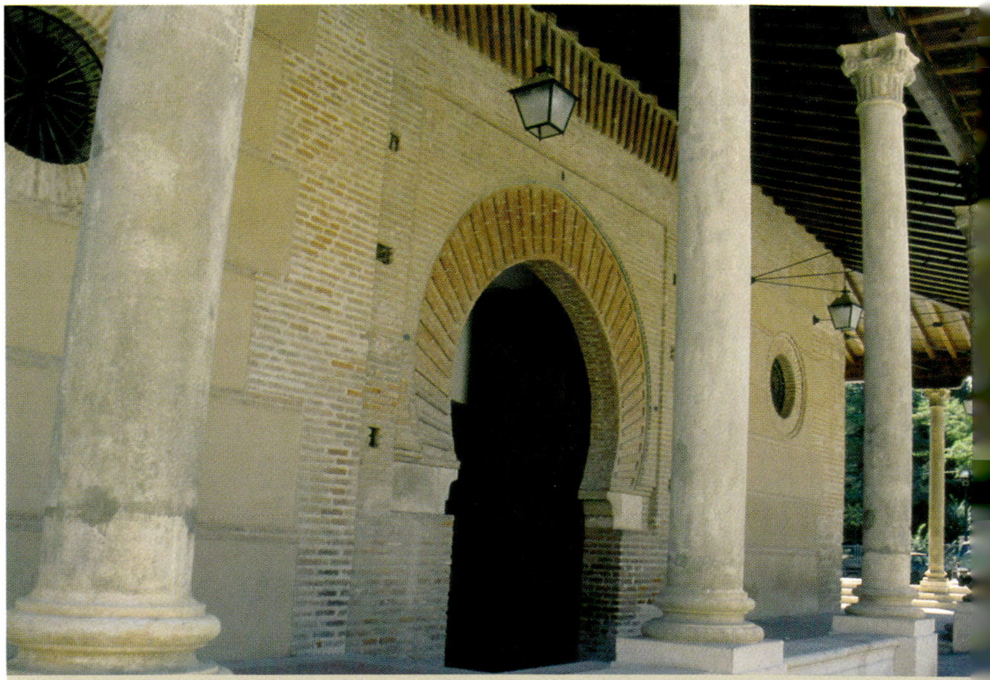

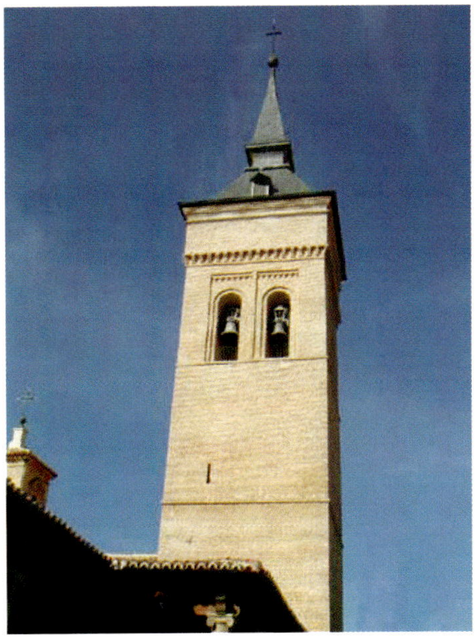

ESTILO MUDÉJAR

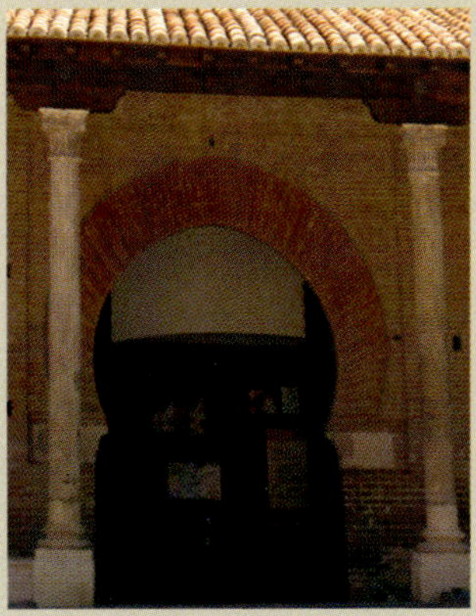

La actual concatedral es un edificio construido bajo los parámetros del estilo mudéjar que durante varios siglos se desarrolló en este territorio. Sin embargo, y debido a las numerosas reformas posteriores, en la actualidad no quedan en su interior demasiados ejemplos de mudéjar. El edificio se construyó entre los siglos XIV al XVII, y fue en este último siglo cuando se acometió la última gran reforma. Las puertas de acceso al templo son de claro estilo mudéjar y también lo es la esbelta torre, que hace las funciones de campanario y recuerda al típico alminar árabe.

ıes más reducidas, son de traza más sen-:illa y tienen como remate un arco apun-:ado de herradura o túmido. Las tres es-:án realizadas dentro de la estética del ɜstilo mudéjar y dan paso a las tres naves del interior, construi-das en el siglo XIV.

UNA DE LAS OBRAS DE MAYOR IMPORTANCIA EN EL INTERIOR DE LA CATEDRAL ES EL RETABLO, OBRA DE FRANCISCO MIR.

LA TORRE

Cuenta con una torre también mudéjar, del siglo XIII, de aspecto más sobrio, que en un principio estuvo exenta del edificio y que, actualmente, se encuentra adherida al mismo.

La torre posee una ornamentación más característica del románico de las tierras castellanas y leonesas, pues muestra decoración de troneras con arco doblado, friso de esquinillas y canecillos elaborados con sucesión de ladrillos en degradación.

LA TORRE PRESENTA UNA ORNAMENTACIÓN PROPIA DEL ROMÁNICO DE CASTILLA Y LEÓN.

EL PÓRTICO

El pórtico propiamente dicho no fue incorporado a la totalidad del edificio hasta principios del siglo XVI. En él se distribuyen algunos elementos sustentantes rematados con capiteles característicos de la tradición alcarreña.

Este pórtico, que rodea el atrio, fue concebido dentro de los cánones clasicistas del Renacimiento, lo que se observa en las columnas y en las arquerías que hay sobre éstas, entre otros elementos. Las capillas laterales se suceden a lo largo de los contrafuertes de las naves laterales, junto a variadas lápidas, enterramientos, algunos altares..., todo ello ordenado en un conjunto artístico de interés. El tercero de los estilos que faltaba descubrir se encuentra en la bóveda interior, realizada en estilo barroco.

OBRAS DE ARTE

Una de las obras de mayor importancia del interior de la catedral es el retablo, de Francisco Mir, realizado en el año 1624. Se trata de una obra de estilo manierista, tallada y policromada.

Destaca también la pila bautismal románica, además del púlpito de alabastro del siglo XVI y el conjunto arquitectónico que forma el altar mayor, obra de gran belleza.

Este interior ha sufrido numerosas transformaciones a lo largo de los siglos hasta llegar a nuestros días, por lo que su aspecto actual difiere bastante del original; sin embargo, conserva detalles arquitectónicos y valiosas obras de arte que la convierten en una de las más peculiares de nuestro país.

El ladrillo

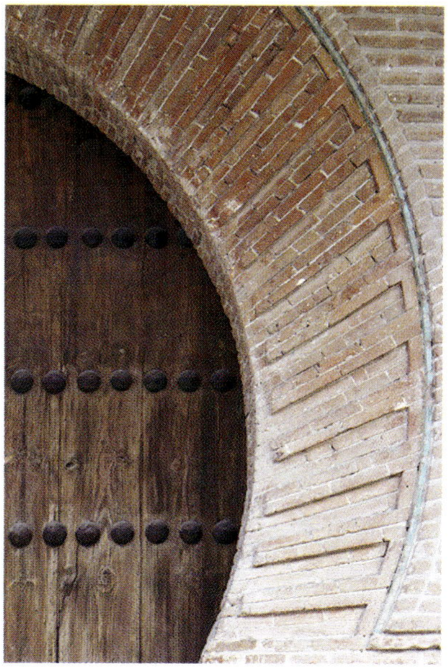

La concatedral de Santa María *es una de las más peculiares del territorio español. Posee un marcado estilo mudéjar, que se manifiesta ante todo en los materiales utilizados para su construcción, como es el caso del ladrillo.*

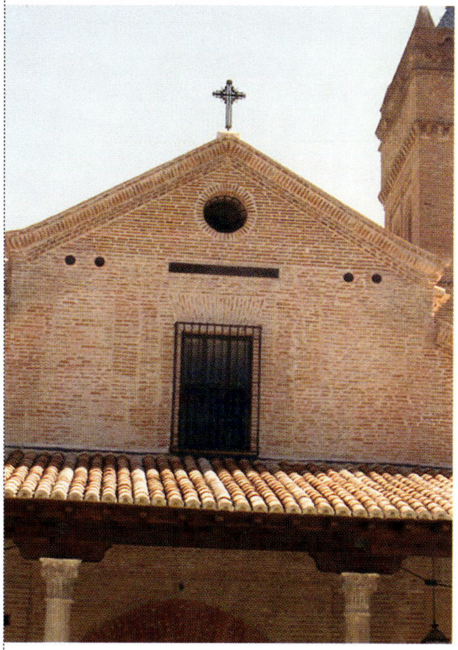

El material utilizado para su construcción *fue la mampostería recubierta de ladrillo.*

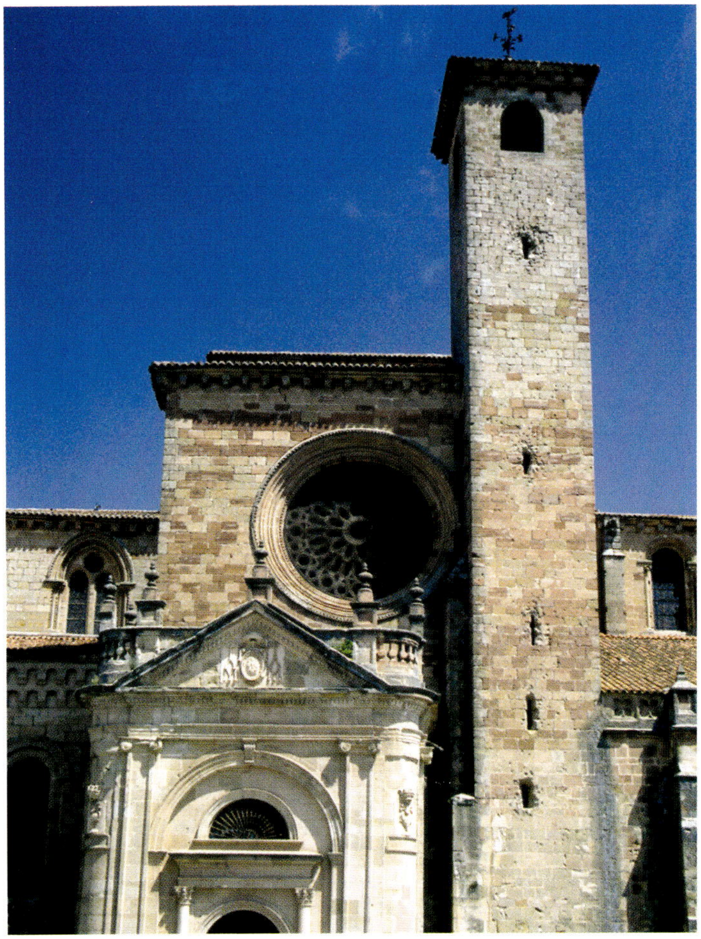

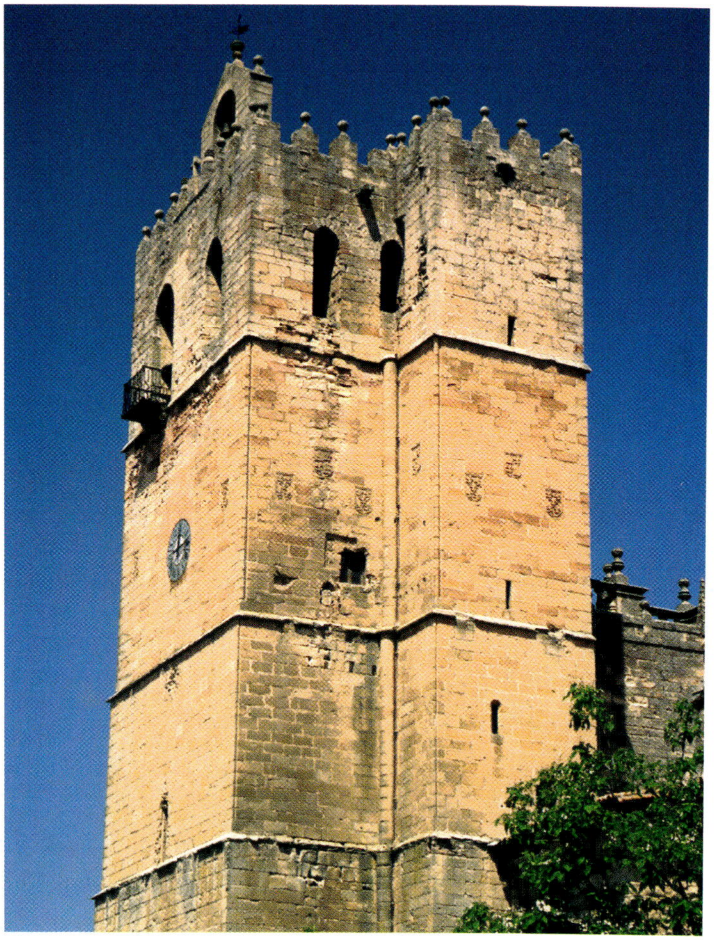

Catedral de Sigüenza

LA CONSTRUCCIÓN DE LA SANTA IGLESIA CATEDRAL BASÍLICA SE DEBIÓ A LA INICIATIVA DE LOS PRELADOS LEUCATA DE NARBONA, CEREBRUNO DE POITIERS, EL INGLÉS JOSCELINO Y SAN MARTÍN DE FINOJOSA, EN LA SEGUNDA MITAD DEL SIGLO XII.

La planta

SE ALZA SOBRE UNA PLANTA *de cruz latina de tres naves, con un ancho crucero y un ábside a la cabecera, donde se encuentra la capilla mayor, de planta poligonal, rodeada por el deambulatorio, que se añadió a fines del siglo XVI. El conjunto de la nave central está cubierto con bóveda de medio cañón con arcos perpiaños y capillas absidiales. Las naves se encuentran separadas entre sí mediante pilares gigantes con columnas adosadas rematadas por capiteles continuos.*

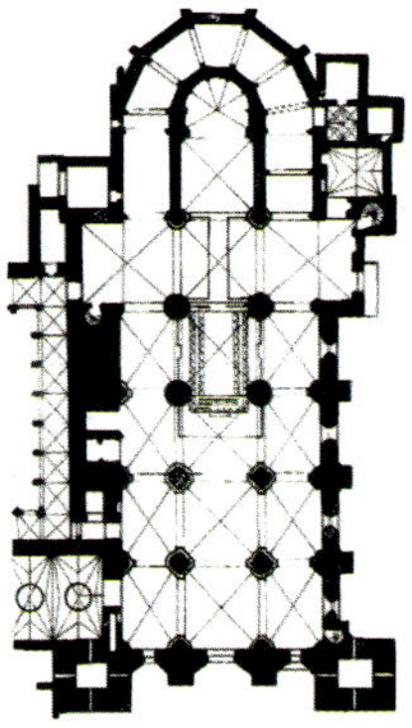

Recientemente se han acometido unas obras de restauración en la catedral de Sigüenza que han permitido sacar a la luz unas ruinas pertenecientes a los siglos XII y XIII. Estos restos se han localizado en la zona del atrio y corresponden a los arranques de los muros de la construcción primitiva relativa a la nave lateral dirigida hacia el sur. Actualmente,

FACHADA

En la fachada sur se encuentra la puerta del Mercado, de estilo románico, realizada en el siglo XII. Está cubierta por un pórtico de estilo neoclásico, obra de Bernasconi, del siglo XVIII. Sobre ella se presenta un rosetón del siglo XIII, románico de transición.

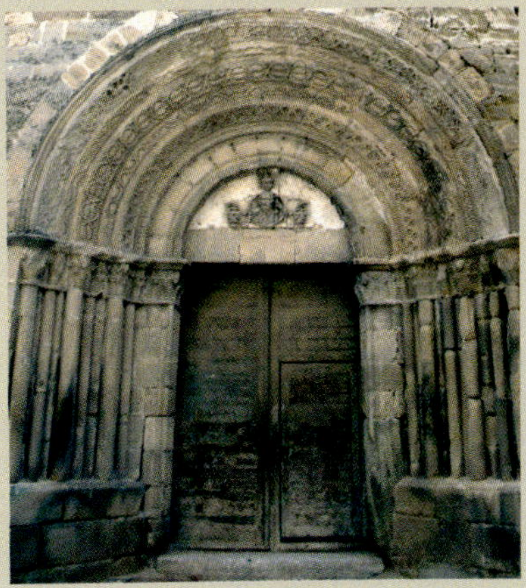

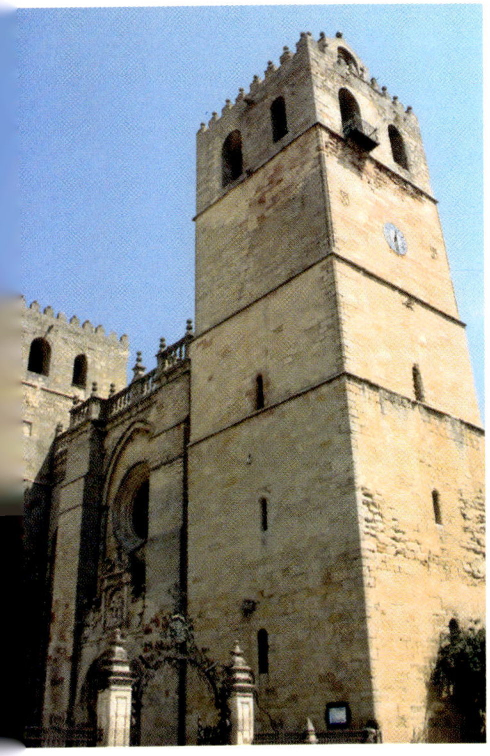

esta intervención restauradora ha concluido y los restos se han cubierto para su mejor conservación.

La fachada oeste, y portada principal, es de estilo románico, con algunos añadidos de periodos posteriores. Está compuesta por tres cuerpos, que corresponden a las tres naves de la catedral, divididos por dos contrafuertes. En la puerta principal, o de los Perdones, se insertó en el siglo XVIII un medallón barroco con la Virgen y San Ildefonso.

LA PORTADA PRINCIPAL PRESENTA TRES PUERTAS ROMÁNICAS, COMPUESTAS DE ARCO DE MEDIO PUNTO Y BOCINA ABIERTA.

Las tres portadas son románicas y están compuestas de arco de medio punto y bocina abierta. La de la izquierda es la única que conserva en las arquivoltas la decoración de estilo monacal cisterciense.

A ambos lados de la fachada principal se levantan dos recias torres cuadradas compuestas de cuatro cuerpos y comunicadas entre sí por una balaustrada de piedra del siglo XVIII.

En la fachada sur, la torre del Gallo es obra de principios del siglo XIV, excepto su linterna, que Antonio Labrada incorporó en el siglo XX. En origen fue atalaya militar.

La fachada norte es similar a la sur, pero su rosetón es algo distinto. Tiene también una torre, aunque inacabada, cuya altura coincide con la de la nave central.

EL ASPECTO DE LA FACHADA PRINCIPAL *es el de una fortaleza medieval, con dos torres cuadradas: la de la derecha conocida como «la de Las Campanas» (siglo XIV) y la de la izquierda o «de Don Fadrique», terminada en el siglo XVI por Francisco de Baeza.*

EL INTERIOR

La construcción más antigua de la catedral es la Capilla Mayor, cuya gran obra es el retablo de madera policromada, de Giraldo de Merlo, realizado en estilo manierista entre 1609 y 1611. Enfrente, en el centro de la nave principal, se encuentra el coro, del siglo XIV. De un siglo después es la sillería, ordenada por el cardenal Mendoza con motivo de la visita de los Reyes Católicos.

La famosa capilla del Doncel se halla en el brazo derecho del transepto. El sepulcro del joven Martín Vázquez de Arce, «el Doncel de Sigüenza», en gótico flamígero, está considerado una verdadera obra maestra. La estatua, en alabastro, se presenta semiyacente, recostado bajo una hornacina cerrada por un arco de medio punto. Esta capilla alberga también un importantísimo conjunto de esculturas funerarias.

La capilla de San Pedro es del siglo XV y cuenta con una portada plateresca de Francisco de Baeza, realizada entre 1503 y 1542. La reja que la cierra, de estilo gótico plateresco, es de Juan Francés. La capilla de la Anunciación, del siglo XVI, presenta una fachada con mezcla de estilos: plateresco, mudéjar... El altar y retablo de Santa Librada, en el transepto, es una de las mejores obras del plateresco.

LOCALIZACIÓN

Calle Serrano Sanz, 2
Sigüenza (Guadalajara)
SIGLOS XII-XVI

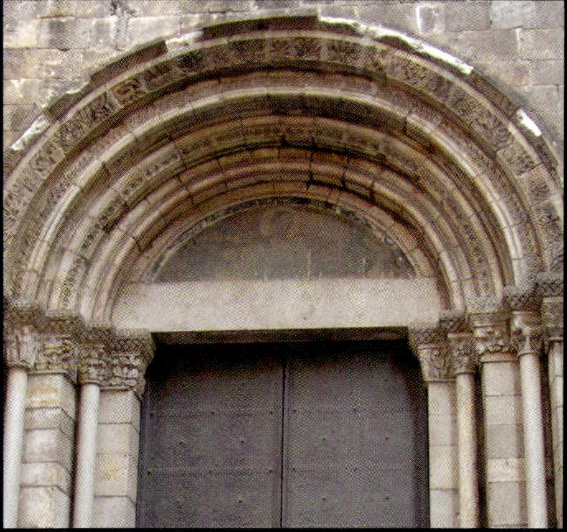

CATEDRAL GÓTICA DE BARCELONA

EL EXCELENTÍSIMO CAPÍTULO DE LA CATEDRAL DE BARCELONA ES UNO DE LOS MONUMENTOS MÁS SIGNIFICATIVOS DEL GÓTICO ESPAÑOL. SU CONSTRUCCIÓN SE INICIÓ A FINALES DEL SIGLO XII, PERO NO FUE TERMINADA HASTA EL SIGLO XIX. DEBE SU ADVOCACIÓN TANTO A LA SANTA CRUZ COMO A SANTA EULALIA.

Fue primero la iglesia de la Santa Cruz, pues en el año 599 ya se la denomina *Sanctae Crucis* durante el Concilio de Barcelona, en el periodo visigodo. Ya en el siglo IX, se le añadió la advocación de Santa Eulalia, a partir del hallazgo de sus reliquias en Santa María de las Arenas hacia el año 877. Desde el año 1867 también ostenta el título de basílica menor.

El origen de la catedral actual se halla en una pequeña basílica paleocristiana de tres naves que fue destruida en el año 925 por Almanzor. En torno al año 1046 comenzó la construcción de un nuevo edificio de estilo románico, gracias a la iniciativa de Ramón Berenguer IV y su esposa Almodis. Este templo no fue consagrado hasta el año 1058 y de él tan sólo se han conservado unos pocos elementos.

La construcción de la actual catedral gótica comenzó en el año 1298, durante el reinado de Jaume II, según narra una inscripción situada junto a la puerta de San Ivo, y no se concluyó hasta mediados del siglo XV, a excepción de la fachada principal y el cimborrio, que son algo posteriores.

Durante el primer periodo de construcción se realizó todo el planteamiento global del edificio, pero se desconcoce la identidad del autor. En la segunda etapa, se intervino sobre las naves, prolongándolas hasta la altura del trascoro.

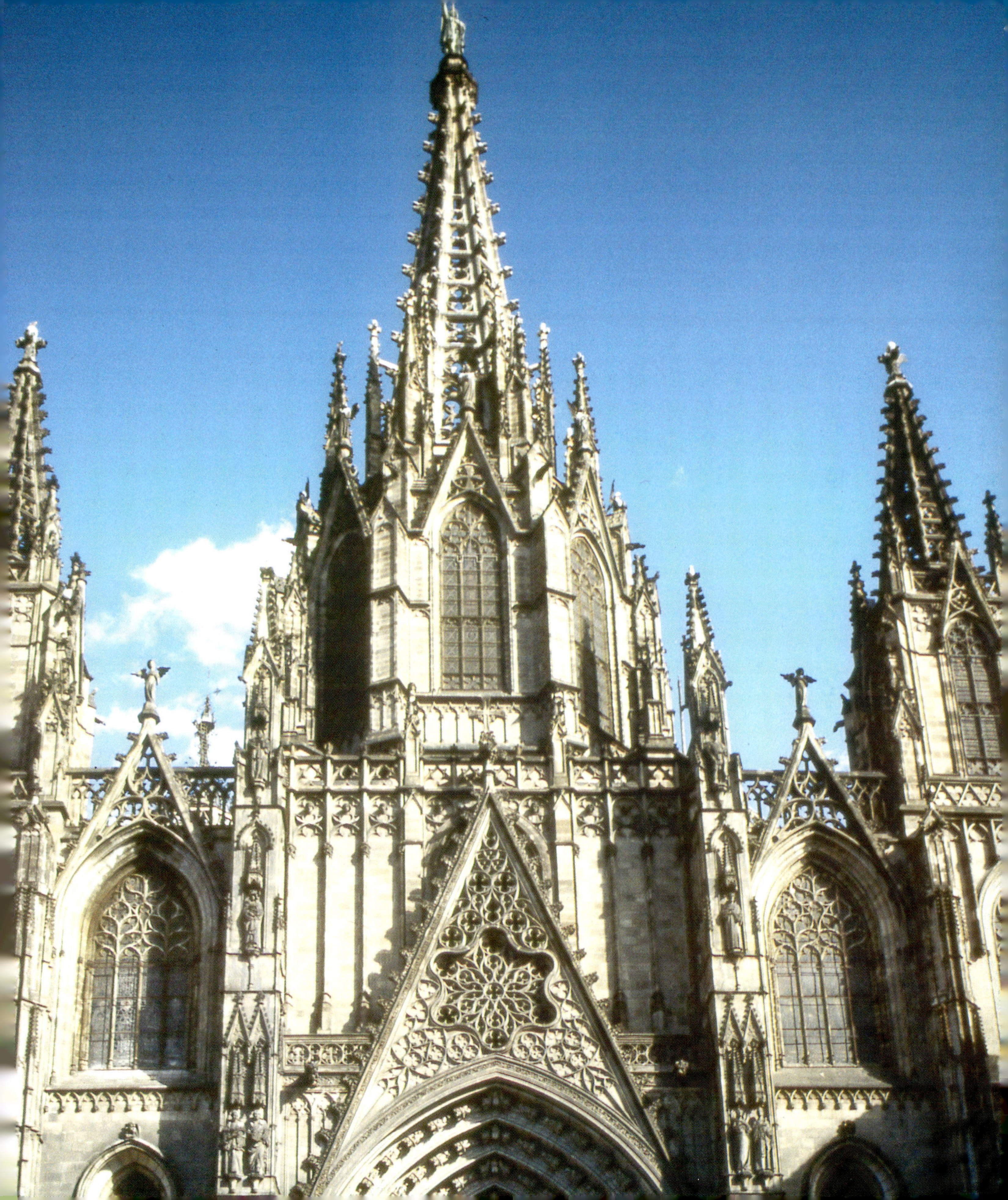

Catedral gótica de Barcelona

EN EL EXTERIOR, LA CATEDRAL DE BARCELONA SE CARACTERIZA POR UNA CIERTA HORIZONTALIDAD DE SUS FORMAS EN LAS TRAZAS ARQUITECTÓNICAS Y POR LA SIMPLICIDAD DE LOS VOLÚMENES.

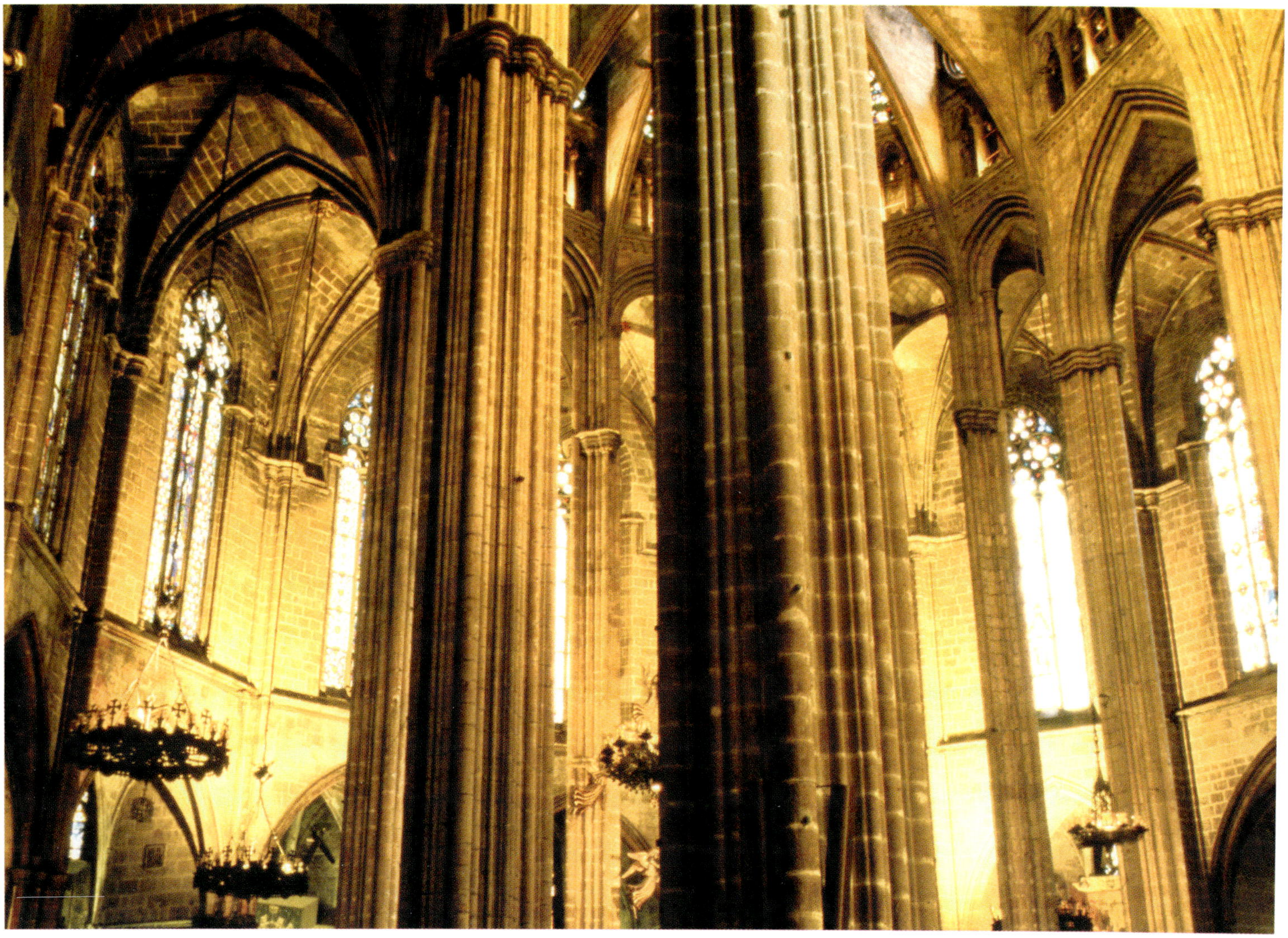

LOCALIZACIÓN
Plaza de la Seu, s/n
Barcelona
SIGLOS XIII-XIX

Un tercer periodo constructivo se abre con la realización de la parte inferior del cimborrio y las capillas situadas a los pies del templo. La fachada, aún sin terminar, fue simplemente cubierta por un muro. Todo ello sucedía en torno al año 1417.

La historia de la construcción de la fachada de la catedral de Barcelona es, cuanto menos, curiosa, ya que se desconocen los motivos por los cuales esta parte fundamental del templo quedó inconclusa. Aunque el maestro Carlí, un arquitecto de origen francés, ya había proyectado en 1408 lo que sería la futura fachada de la catedral, no fue hasta finales del siglo XIX cuando el arquitecto José O. Mestres, bajo el mecenazgo de Manuel Girona, recuperó las ideas de Carlí y retomó las obras. Así, en 1903 fueron terminados el cimborrio, las dos torres laterales y la fachada principal.

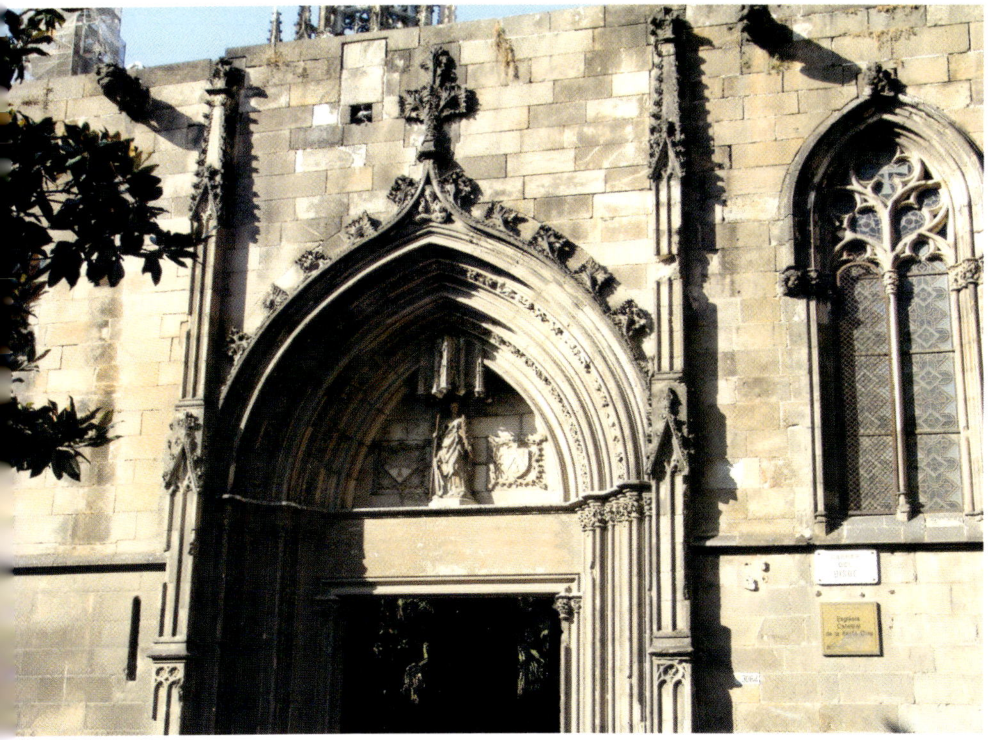

La puerta de San Ivo, *situada en el acceso norte, es un claro ejemplo del estilo gótico catalán del primer tercio del siglo XIV.*

La planta

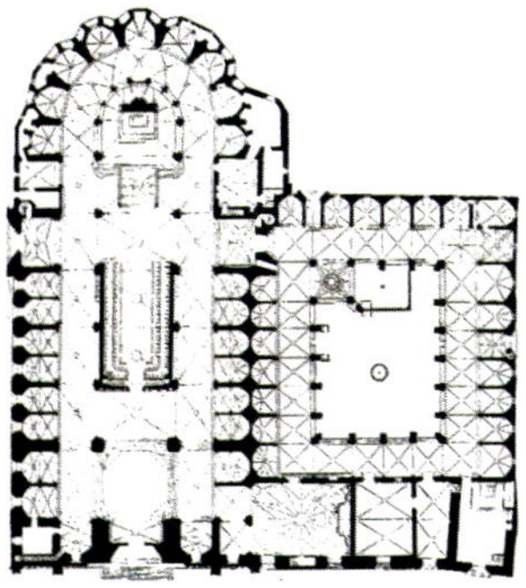

Se trata de un edificio *de planta de cruz latina, compuesto de tres naves y transepto que no sobresale en planta. El ábside está rodeado por un deambulatorio en el que se distribuyen capillas radiales. En la girola, grandes ventanales horadan el muro. A lo largo de las naves laterales se abren infinidad de capillas laterales dispuestas entre los espacios de los contrafuertes.*

EL EXTERIOR DE LA CATEDRAL

Se ha querido ver en la puerta que comunica el interior del templo con el claustro a través de uno de los brazos del crucero rasgos del antiguo templo románico. Sin embargo, su estilo es marcadamente gótico.

Otra puerta interesante es la de San Ivo, situada en la calle de los Condes. De estructura románica, fue construida en 1298 y sobresale por su sobriedad. Destacan los relieves en mármol que representan escenas de lucha.

La puerta de la Piedad, que permite acceder al claustro desde la calle, fue realizada en el siglo XV. En su tímpano puede verse una representación de la Piedad en madera tallada y policromada.

Pero la austeridad y simplicidad de los muros exteriores de la catedral no sólo se rompe por la presencia de estos bellos accesos, las tracerías de gárgolas y ventanales también tienen un papel relevante.

LA FACHADA

La fachada es la obra más reciente. Se inició su construcción a finales del siglo XIX, pero las obras no finalizaron hasta el siglo XX. El maestro Carlí, Carles Galtés de Rouan, la ideó con 111 figuras.

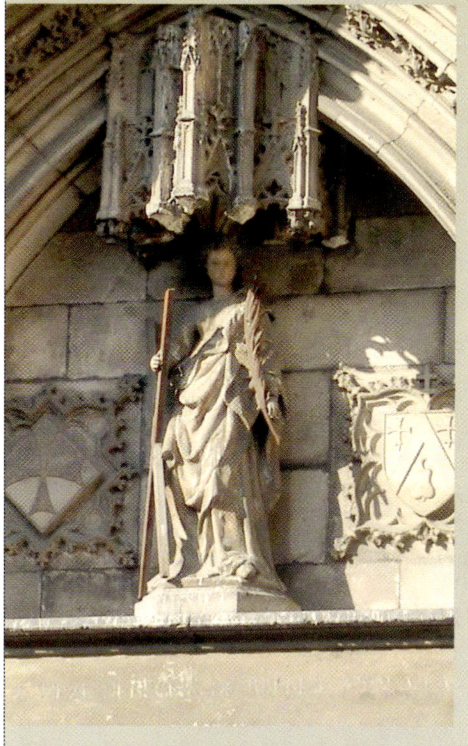

La belleza exterior *de la catedral catalana no deja de sorprender al visitante a pesar de lo constante de su arquitectura, tanto en sus formas como en sus volúmenes.*

MUSEO

En la sala capitular de la catedral se encuentra el museo catedralicio, que conserva pinturas y esculturas religiosas de los siglos XIV y XV. Las piezas más destacables de la colección son la magnífica Piedad del pintor renacentista Bartolomé Bermejo, el trono realizado en plata de Martín I de Aragón y dos joyas del siglo XV: una corona real y un cinturón de piedras preciosas.

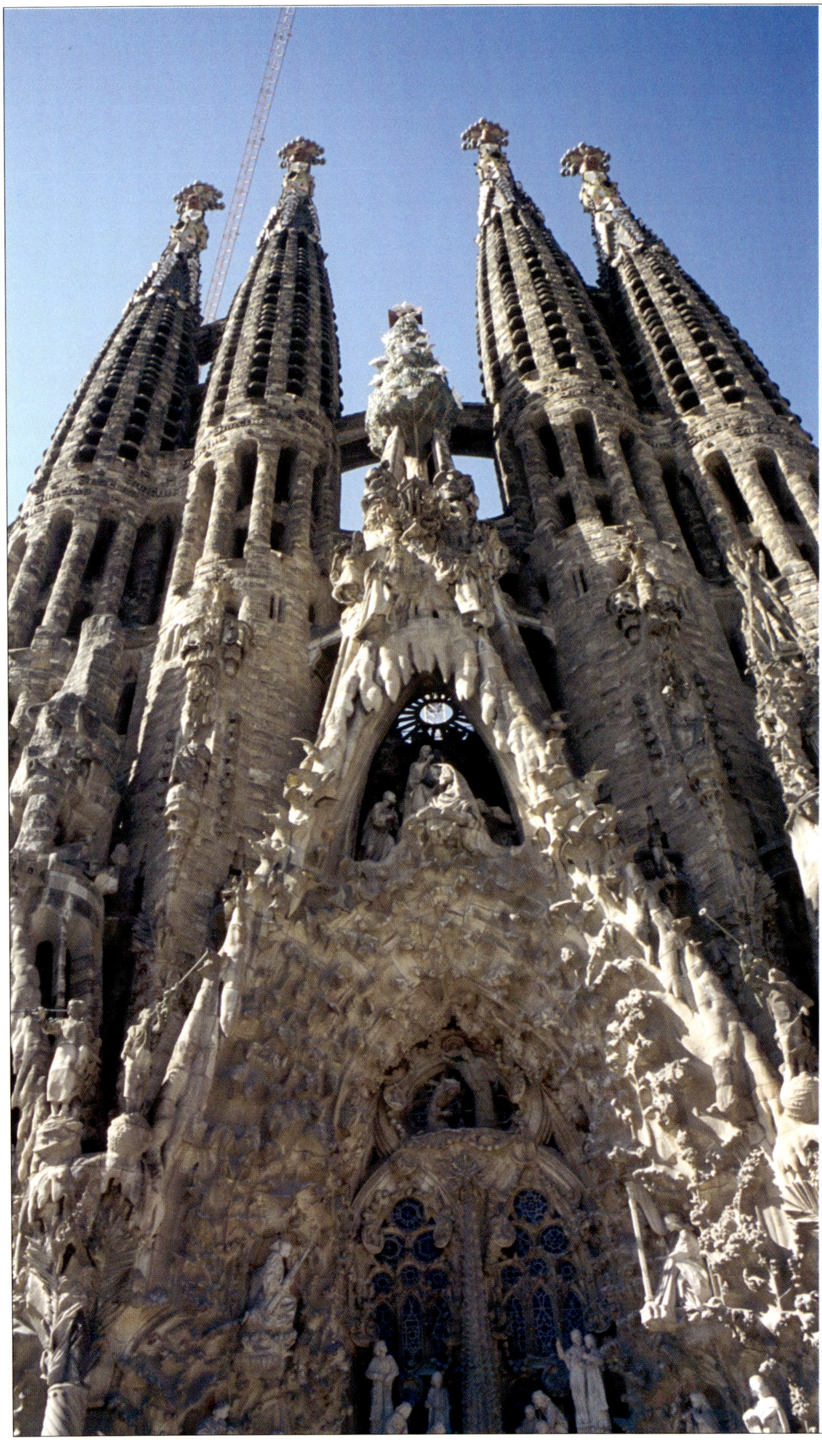

La planta

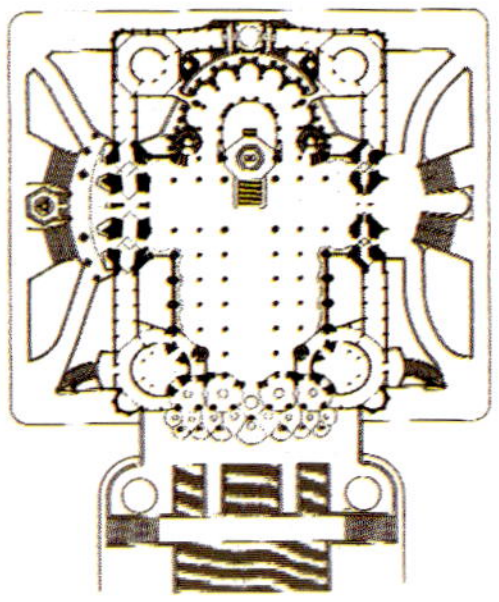

El Templo Expiatorio de la Sagrada Familia *tiene base basilical con planta de cruz latina, donde el eje del centro se halla ocupado por cuatro naves laterales de 7,5 m de ancho cada una, mientras que la central tiene una anchura de 15 m. La longitud del templo, incluyendo el ábside, es de 95 metros. El transepto es de tres naves y mide, en total, 30 m de ancho por 60 de largo. El ábside del templo es lobulado y está compuesto por siete capillas, que en sus dos extremos cuentan con una escalera poligonal.*

LOCALIZACIÓN

Calle Provença, 450

Barcelona

SIGLO XIX-XXI

Bocabella localizó en 1881 en Barcelona un terreno de 12.800 metros cuadrados, donde hoy se levanta el edificio. La obra surgió como un proyecto de estilo neogótico que F. Villar i Lozano inició en el año 1882. Pero Villar, que tuvo un conflicto con el arquitecto Martorell, envió una carta a Bocabella señalando que si no se realizaban sus indicaciones, dimitiría. Esto sucedió, efectivamente, y como sustituto de Villar se eligió a Gaudí , joven arquitecto que en aquel momento sólo contaba 31 años.

Cuando Gaudí asumió el proyecto, la cripta ya se había comenzado a construir, por lo que tuvo que basarse en ella para

La Sagrada Familia

EL TEMPLO EXPIATORIO DE LA SAGRADA FAMILIA ES LA OBRA MÁS FAMOSA DE GAUDÍ, QUIEN SE DEDICÓ PLENAMENTE A ELLA: LLEGÓ INCLUSO, A VIVIR EN SU INTERIOR. ES EL ÚNICO GRAN TEMPLO CRISTIANO QUE ACTUALMENTE SE ENCUENTRA EN CONSTRUCCIÓN.

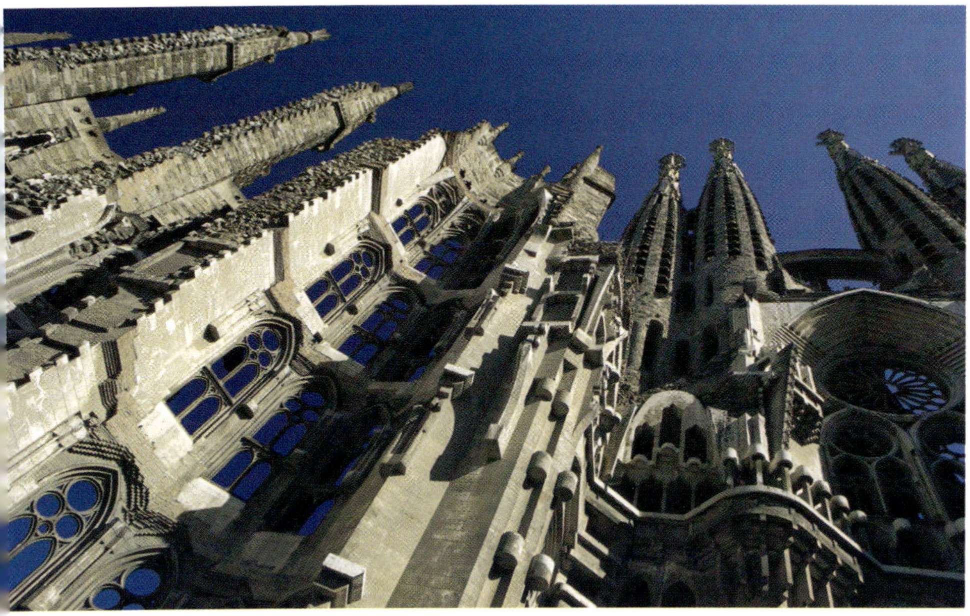

En el pórtico aparecen *figuras religiosas y motivos vegetales. Fe, Esperanza y Caridad son los tres portales que lo integran. Éstos poseen un detalle reseñable: las arquivoltas. Cada una de ellas asciende componiendo una linterna que alcanza su fin en un pináculo.*

la realización. Pero antes de pensar en la totalidad del templo, hubo de terminar la capilla de San José, inaugurada con posterioridad, el 19 de marzo de 1885. Desde entonces, Gaudí se replanteó el edificio y se decidió por una planta de cruz latina.

En 1892 se empezó a levantar la fachada de la Natividad, el claustro y una parte del crucero norte. En 1899 se terminó el portal del Rosario en la fachada de la Natividad. De los tres estudios que hizo de la fachada de la Pasión, perduró el del año 1911. De la fachada de la Gloria, Gaudí sólo dejó una maqueta y un estudio escultórico. Los últimos años estuvo dedicado a la distribución del interior.

GAUDÍ SÓLO CONTABA CON 31 AÑOS CUANDO ACEPTÓ SEGUIR ADELANTE CON EL PROYECTO.

El 10 de julio de 1926 Gaudí fallece tras ser atropellado por un tranvía. Lo enterraron en la cripta de la Sagrada Familia.

Tras su muerte, lideró el proyecto Domènech Sugranyes, ayudado por otros arquitectos. En 1930 se finalizó la construcción de los campanarios y la torre central.

GUERRA CIVIL

Durante la Guerra Civil se quemó la cripta y el recinto donde se guardaban los dibujos de Gaudí. En 1940, Francesc Quintana restauró la cripta. En 1954 se iniciaron los cimientos, el muro y los campanarios de la fachada.

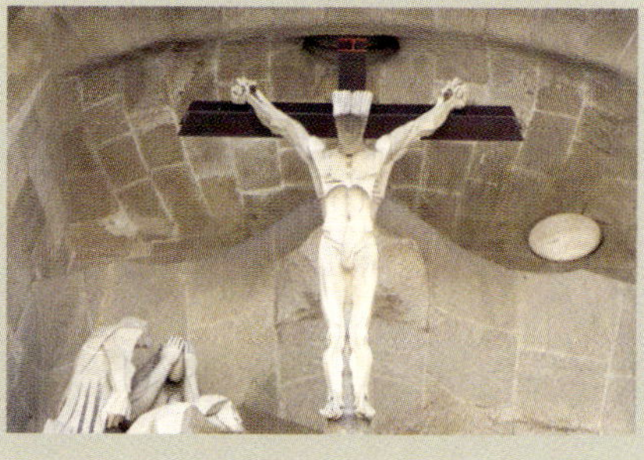

En la actualidad, las naves y el crucero se encuentran en obras, así como el patio de columnas, el coro y los ventanales superiores que los iluminan. Sólo cuando se terminen las mencionadas obras en el interior del templo, se podrá llevar a cabo la construcción del cimborrio central.

A partir de ahí, el templo crecerá en altura. Se espera que las obras finalicen en el año 2026.

CATEDRAL DE GIRONA

LA CONSTRUCCIÓN SE PROLONGÓ DESDE EL SIGLO XI HASTA EL SIGLO XVIII, AUNQUE EL GRUESO DE LA OBRA PERTENECE AL ESTILO GÓTICO DEL SIGLO XIV. EL PRIMER EDIFICIO, ROMÁNICO, SE CONSAGRÓ EN EL AÑO 1038.

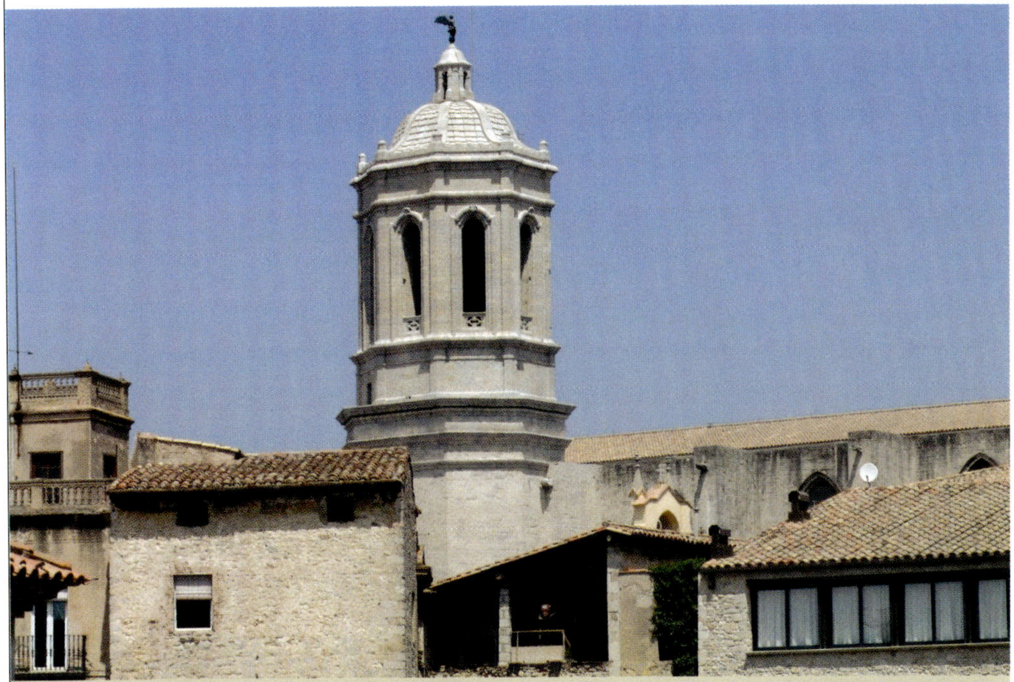

LOCALIZACIÓN
Plaza de la Catedral, s/n
Girona
SIGLO XIV

La catedral de Santa María de Girona, construida en el siglo XIV, está considerada como una de las más importantes obras de la arquitectura occidental religiosa. Destaca especialmente la grandiosidad de su espacio, así como las luces y sombras que se conforman gracias a sus ventanales.

La antigua catedral bizantina se tuvo que reedificar debido a su mal estado. Sin embargo, el templo resultó ser insuficiente para cubrir las necesidades de la ciudad, por lo que se decidió la construcción de uno nuevo. El edificio, de estilo gótico, contaba con tres naves y mantenía el altar mayor románico de la catedral primitiva.

Sin embargo, en 1415 se suspendieron las obras ya que el cabildo catedralicio no estaba de acuerdo con el plan original. Se consultó a un gran número de arquitectos catalanes y, por fin, se tomó la decisión de construir la iglesia de una sola nave, lo que convirtió a esta catedral en un paradigma de la arquitectura gótica de esta época. Guillermo Bofill fue el arquitecto encargado de llevar a cabo este proyecto.

LOS TESOROS

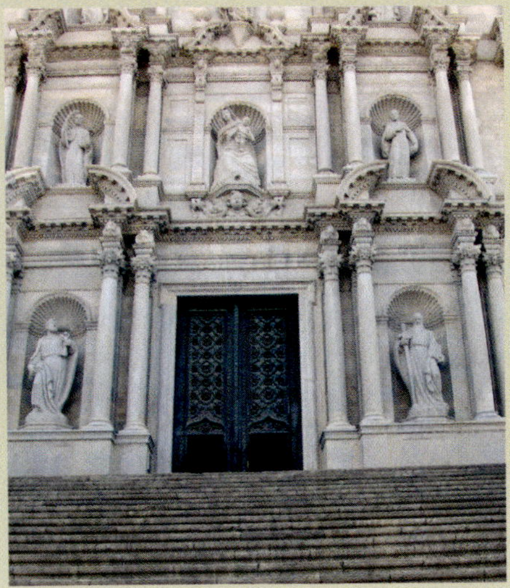

Entre los tesoros que se guardan en la catedral de Girona destaca, sobre el altar mayor, el conjunto formado por un retablo dispuesto sobre un baldaquino. Ambos son obras del siglo XIV. Detrás del retablo encontramos la llamada «silla de Carlomagno». Realizada de una sola pieza en mármol, se trata de una obra de gran rareza, originaria probablemente de la antigua catedral bizantina. En las grandes solemnidades, el obispo la ocupa desde que se inciensa hasta el ofertorio.

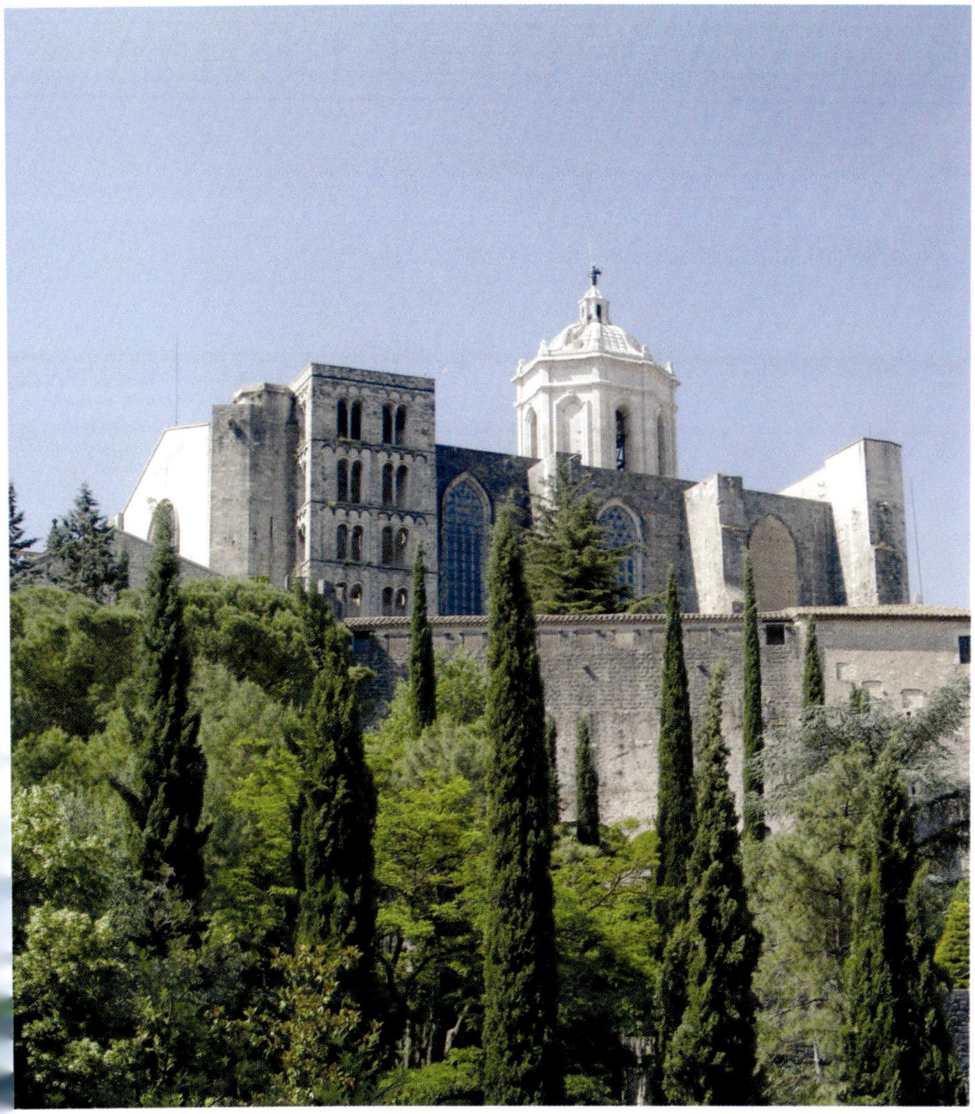

La planta

LA PLANTA ES TRAPEZOIDAL *e irregular. Las dimensiones de la nave son monumentales: mide 51,10 m de largo por 22, 98 de ancho. Medida esta última tan sólo superada por la nave de la Basílica de San Pedro del Vaticano. En el interior del templo destaca la riqueza escultórica de los capiteles de los pilares angulares y de los frisos. En algunos capiteles y otras zonas esculpidas llaman la atención las escenas que representan el trabajo de los picapedreros y artesanos que participaron en la edificación y ornamentación del edificio.*

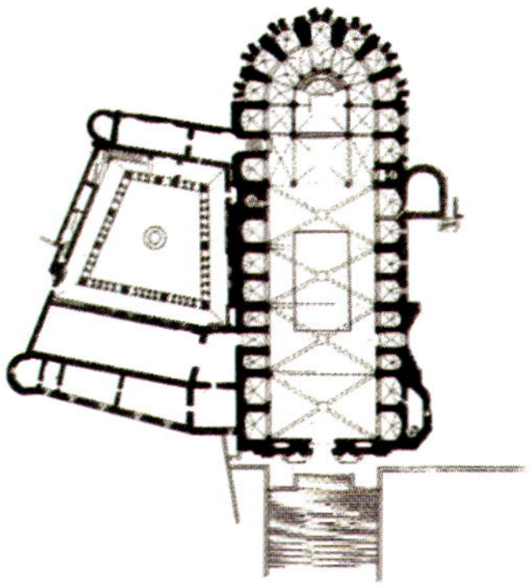

UNA DE LAS TORRES SE ENCUENTRA *junto a la fachada románica, donde se ubican las campanas del templo. Es una obra del siglo XVI. Se remata con un chapitel en forma de templete.*

La nave, de grandes dimensiones, está cubierta por una bóveda de piedra de 22 m de diámetro. El coro, rodeado por la nave y las capillas, se abre mediante tres arcos.

Entre los años 1680 y 1733, se levantó la fachada de estilo barroco; en ella desemboca la gran escalinata. Flanqueada por unos muros que la aíslan de los edificios colindantes, destaca por su gran originalidad y monumentalidad.

DESTACA EL JUEGO DE LUZ Y SOMBRAS QUE SE CREA A TRAVÉS DE SUS VENTANALES.

De la construcción primitiva románica se conservan la torre de Carlomagno y el claustro. La torre es de principios del siglo XI, y se trata de un campanario de estilo lombardo de gran esbeltez que se reutilizó, posteriormente, para hacer las funciones de contrafuerte en una de las naves góticas que se construyeron más tarde. Consta de seis pisos superpuestos con arquería ciega. Realizada en ladrillo, se sitúa entre el templo y el claustro. Este último, empezado a construir en el siglo XI y terminado entre los siglos XII-XIII, consta de 64 pares de columnas.

La sacristía guarda joyas de inestimable valor. Cabría destacar la cruz procesional: mide más de metro y medio de largo y lleva engarzadas muchas piedras preciosas; la custodia, realizada por Francisco Artau en plata dorada, posee gran valor artístico; y una cruz de cristal de roca del siglo XII.

Catedral nueva de Lleida

LLEIDA NO ES EL ÚNICO CASO DE CIUDAD ESPAÑOLA EN LA QUE SE CUENTA CON LA PRESENCIA DE DOS CATEDRALES. SUCEDE TAMBIÉN EN SALAMANCA O PLASENCIA, ENTRE OTRAS.

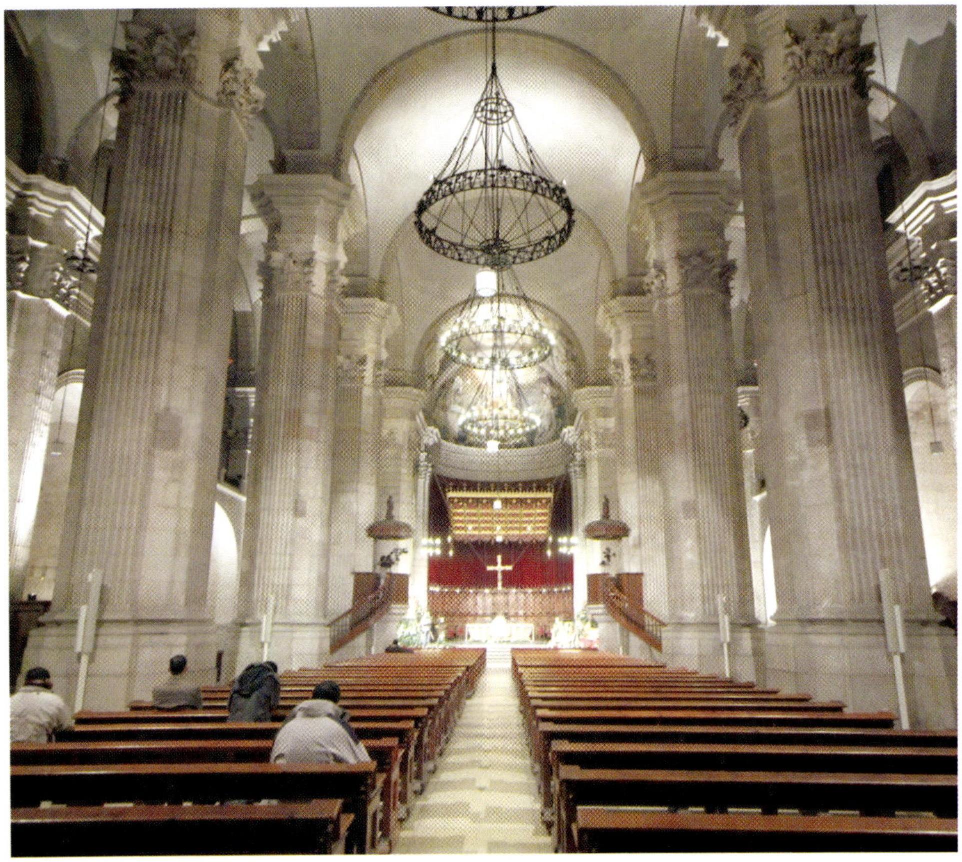

El templo es de estilo neoclásico *en su diseño armónico del exterior, aunque conserva ciertos rasgos barroquizantes. En la fachada predomina un ritmo homogéneo.*

LOCALIZACIÓN

Plaza de la Catedral, s/n
Lleida
SIGLO XVIII

La presencia de dos catedrales en una ciudad es un claro indicador de su pujanza económica y comercial a lo largo de la historia.

El gran desarrollo de Lleida impulsó la construcción de una segunda catedral, pero éste no fue el único motivo. El antiguo templo catedralicio permaneció cerrado durante la Guerra de Sucesión, en la que Felipe V y el archiduque Carlos de Austria se disputaron la Corona española. Las celebraciones eucarísticas se suspendieron ya que el edificio se transformó en recinto militar. A lo largo de la historia, se ocupó y reutilizó en diversas ocasiones para desempeñar funciones bélicas.

GUERRA CIVIL

Durante la Guerra Civil la catedral fue pasto de las llamas, perdiéndose toda la ornamentación que la embellecía e importantes obras como la sillería del coro, labrada por el escultor Luis Bonifás.

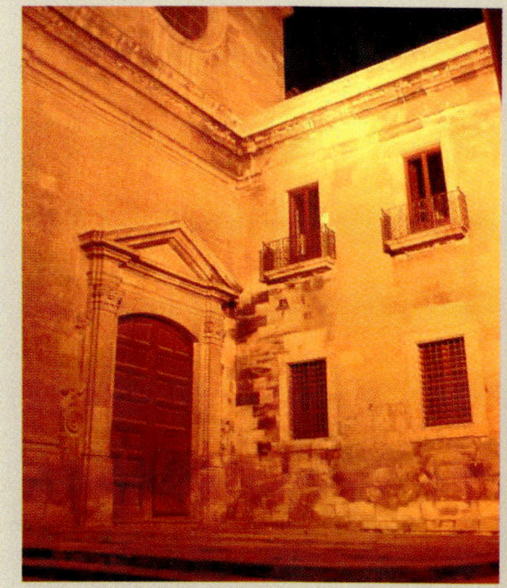

Carlos III encargó al ingeniero militar Pedro Martín Cermeño el trazo de la nueva catedral, mientras que la obra fue dirigida por el italiano Francesco Sabatini.

La planta

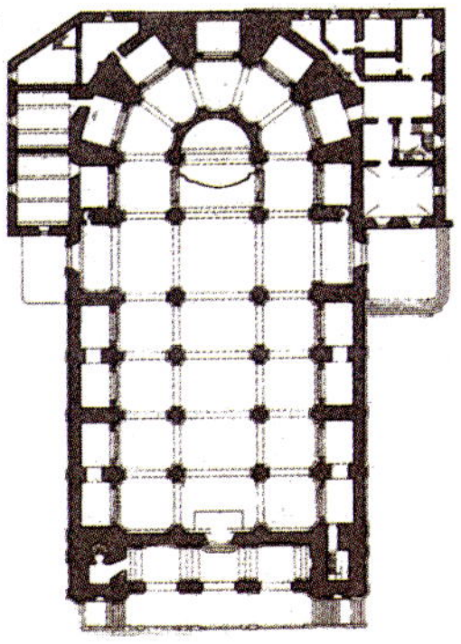

ESTÁ CONSTITUIDA POR *tres naves de la misma altura y una cabecera con girola. Entre los contrafuertes de las naves que componen el trazado longitudinal del templo se abre una serie de capillas laterales. Está cubierta por bóvedas vaídas, que descargan sus fuerzas sobre largos pilares que se rematan con capiteles de orden corintio decorados con hojas de acanto.*

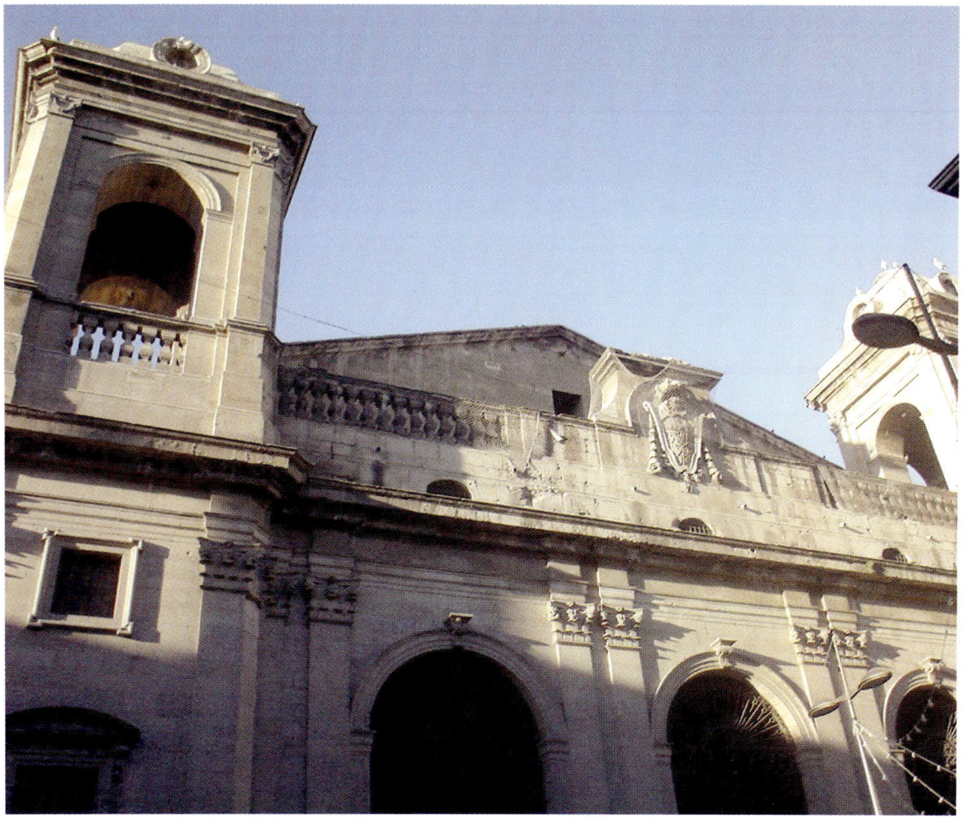

EN LAS MÚLTIPLES EXPOLIACIONES, SE PERDIERON VALIOSOS OBJETOS LITÚRGICOS.

La primera piedra se colocó en el año 1764, pero el templo no se consagró hasta diecisite años después, en 1781.

La *Seu Nova,* nombre con el que se conoce a la catedral en catalán, consta de tres naves, un coro central y numerosas capillas laterales separadas por pilastras corintias. Se la dotó, además, de rico mobiliario y objetos litúrgicos acordes con las nuevas corrientes estéticas del momento, aunque se conservó de la vieja catedral la imagen de la Virgen del Blau –obra de Jordi Safont– y otros objetos.

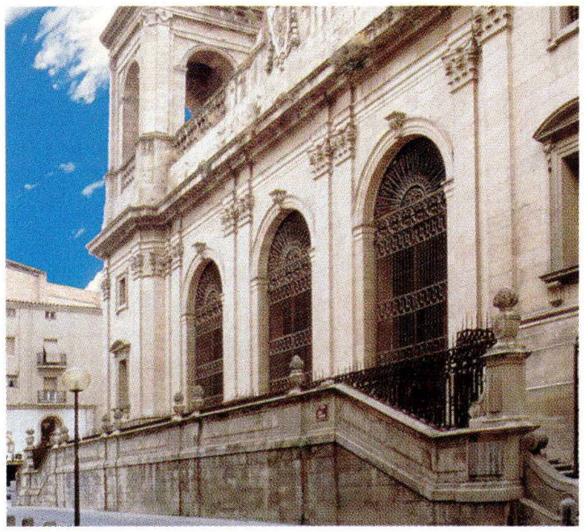

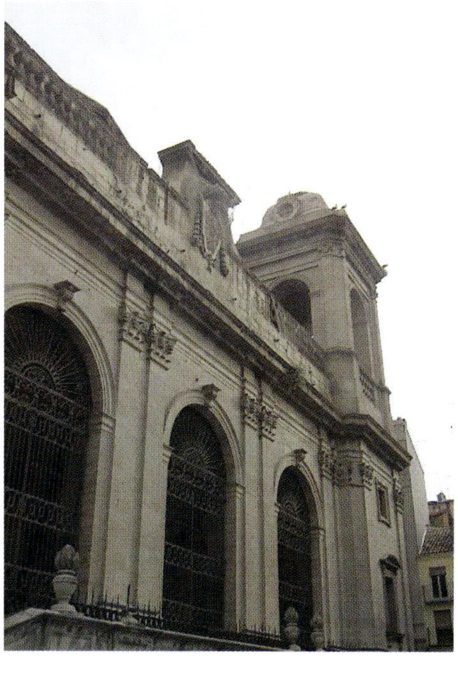

En cuanto a la confección de los retablos, intervinieron numerosos artistas del país y foráneos, entre ellos destaca Juan Adán. Es significativa también la obra escultórica del coro, realizada por Luis Bonifás.

Desde su inauguración la catedral ha sufrido varios incendios. En el primero de ellos, se perdió el retablo mayor y hubo que blanquear el interior de la catedral y recomponer las vidrieras, obra del catalán Francisco Saladrigues.

Catedral vieja de Lleida

CONOCIDA COMO «SEU VELLA», ES LA CATEDRAL ANTIGUA DE LLEIDA. EL TEMPLO, DEL SIGLO XIII, ES DE ESTILO ROMÁNICO DE TRANSICIÓN AL GÓTICO.

La planta

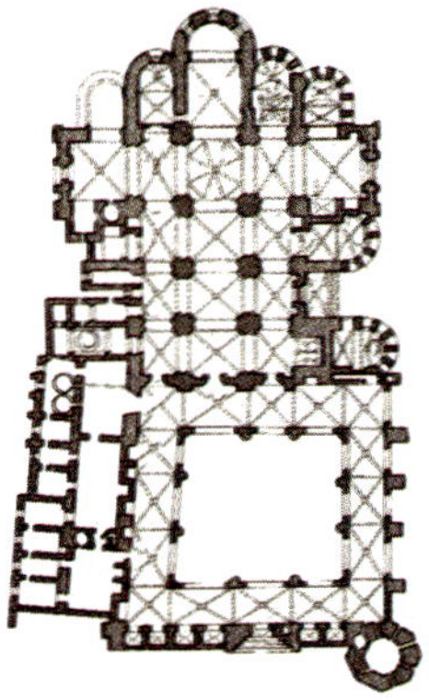

PRESENTA UNA PLANTA *de cruz latina con cimborrio en el centro y coronada por una cabecera con cinco ábsides. El campanario, de forma octogonal, tiene 70 m de altura, lo que le convierte en la torre más alta de Cataluña.*

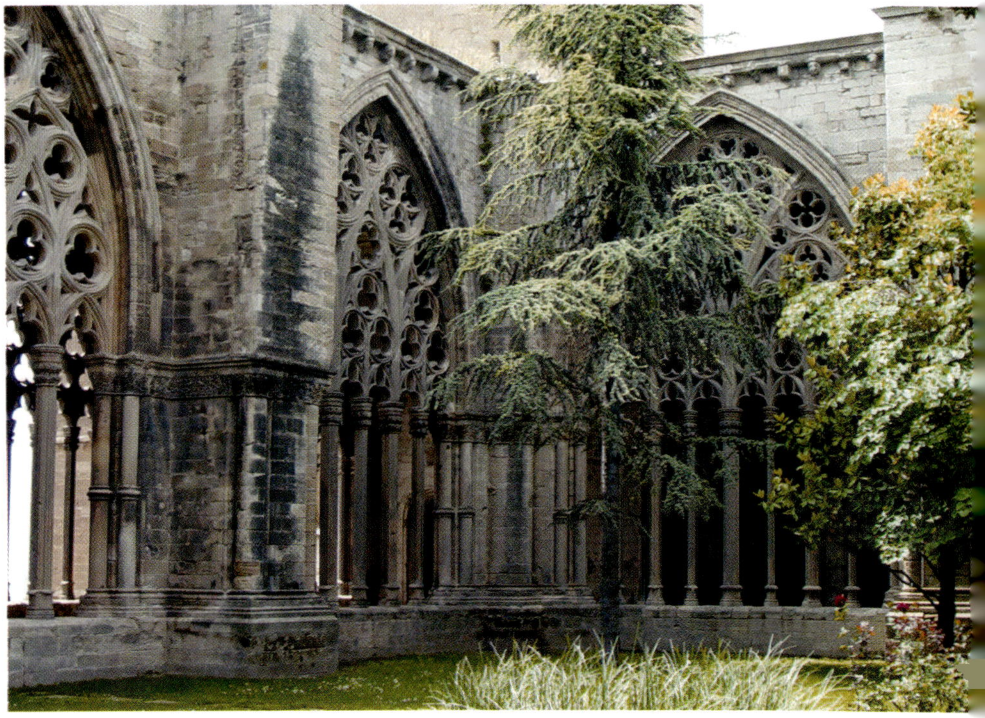

EL CLAUSTRO PRECEDE A LA FACHADA. *Igual que las basílicas paleocristianas, está concebido en forma de atrio.*

LOCALIZACIÓN

Turó de la Seu Vella, s/n

Lleida

SIGLO XIII-XV

La antigua catedral está dedicada a Santa María. Cuenta con varias portadas y enorme riqueza escultórica repartida por toda la fachada del templo. Desde la época de Felipe V hasta mediados del siglo XX se convirtió en cuartel militar y estuvo cerrada al culto.

En el año 1203, Pere Sa Coma asumió la dirección de la obra y el día 22 de julio del mismo año se ponía la primera piedra del templo sobre el emplazamiento que ocupaba la mezquita aljama de la ciudad árabe. Se consagró en el año 1278, por el obispo Guillem de Montcada, cuando finalizaron las obras de la basílica por parte del taller del maestro Pere de Prenafeta. El momento de la consagración figuraba en una lápida que se encontraba a los pies de la nave central. Este documento histórico se encuentra desaparecido en la actualidad.

Pero las obras no concluyeron aquí; continuaron durante todo el siglo XIV. En este periodo se finalizó el claustro y se intervino sobre la zona construida durante el periodo románico, con la incorporación de capillas privadas de familias nobiliarias de Lleida. También se realizaron algunas esculturas, como el retablo mayor, obra realizada en alabastro por Bartomeu de Robió.

En el siglo siguiente se construyó el magnífico campanario de dos cuerpos en piedra de sillería.

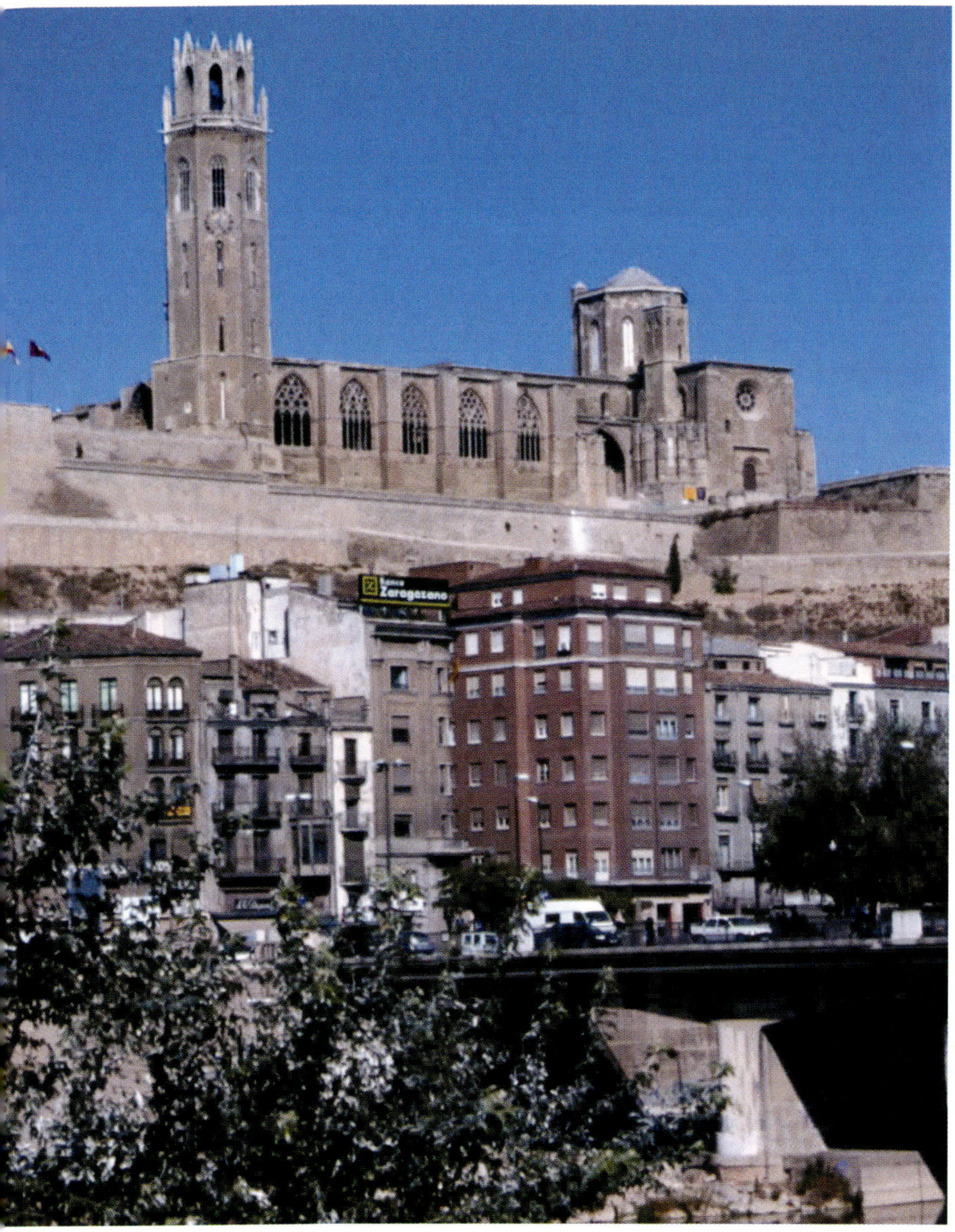

CUARTEL MILITAR

Su situación estratégica en lo alto de la colina motivó que durante los primeros años del siglo XVIII la catedral pasase a utilizarse como cuartel militar, lo que conllevó un lamentable deterioro del templo.

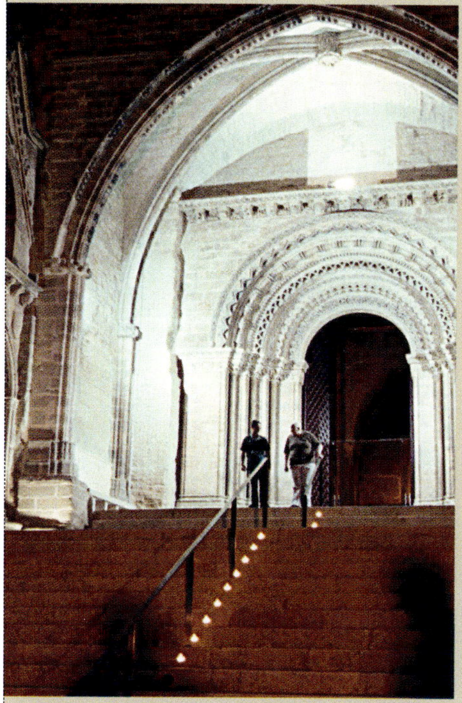

LA TORRE DE LAS CAMPANAS, *que se eleva en el ángulo sur del claustro, conserva aún dos campanas barrocas, el resto –del siglo XX– son electrónicas.*

SE TRATA DE UN PECULIAR TEMPLO DE ARQUITECTURA BIZANTINO-GÓTICA CON MEZCLA DE GUSTO ÁRABE.

Al interior del templo se puede acceder a través de varias puertas. La puerta lateral –conocida como *Porta dels Fillols*– y las cinco meridionales son románicas, mientras que la occidental, construida en el s. XV, es gótica. La primera, con sus cinco arquivoltas de medio punto y decoraciones vegetales y geométricas, es un ejemplo magnífico de la llamada Escuela de Lleida.

OBRAS DE ARTE

Preserva importantes restos de pinturas murales de estilo gótico, y esculturas interesantes repartidas por su interior, así como en los diferentes capiteles que coronan las columnas y en los arcos torales de la iglesia.

Dado el valor artístico del templo, la catedral ha sido declarada Monumento Histórico Artístico.

COLEGIATA DE MANRESA

LA COLEGIATA BASÍLICA DE SANTA MARÍA DE LA SEU SE ENCUENTRA EN EL CENTRO DE LA CIUDAD Y ES UNO DE SUS MONUMENTOS ARTÍSTICOS MÁS DESTACADOS.

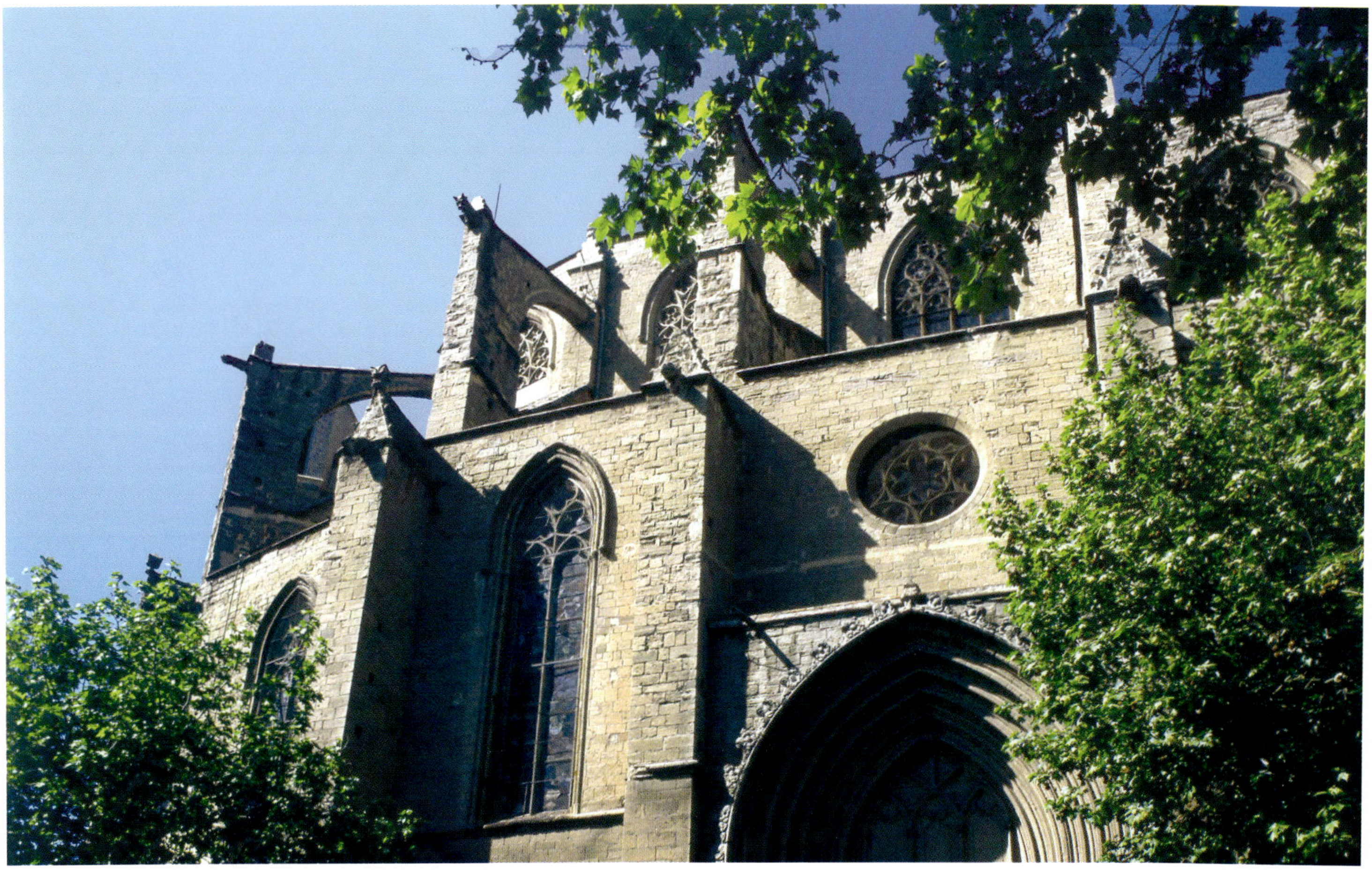

LOCALIZACIÓN

Bajada de la Seo, s/n
Manresa (Barcelona)
SIGLOS XIV-XX

Se trata de un edificio que surgió por iniciativa ciudadana en el siglo XIV. Esta iglesia fue víctima de un incendio a finales de la Guerra de Sucesión, en 1714, y en 1936 sufrió una grave devastación.

Se alzó en el mismo lugar donde se encontraba la iglesia románica antigua, de la que se ha conservado algún elemento. Su construcción se inició en el año 1328, seis años después de que el Consejo de la ciudad encargara el proyecto al arquitecto Berenguer de Montagut. Constituye una bella muestra del gótico catalán. El edificio se comenzó por la parte del ábside y el presbiterio.

Los trabajos de construcción de la iglesia se prolongaron por mucho tiempo y se puede considerar que la estructura principal del edificio no estuvo concluida hasta el siglo XVI. De todos modos, no dejó de construirse en ningún periodo y,

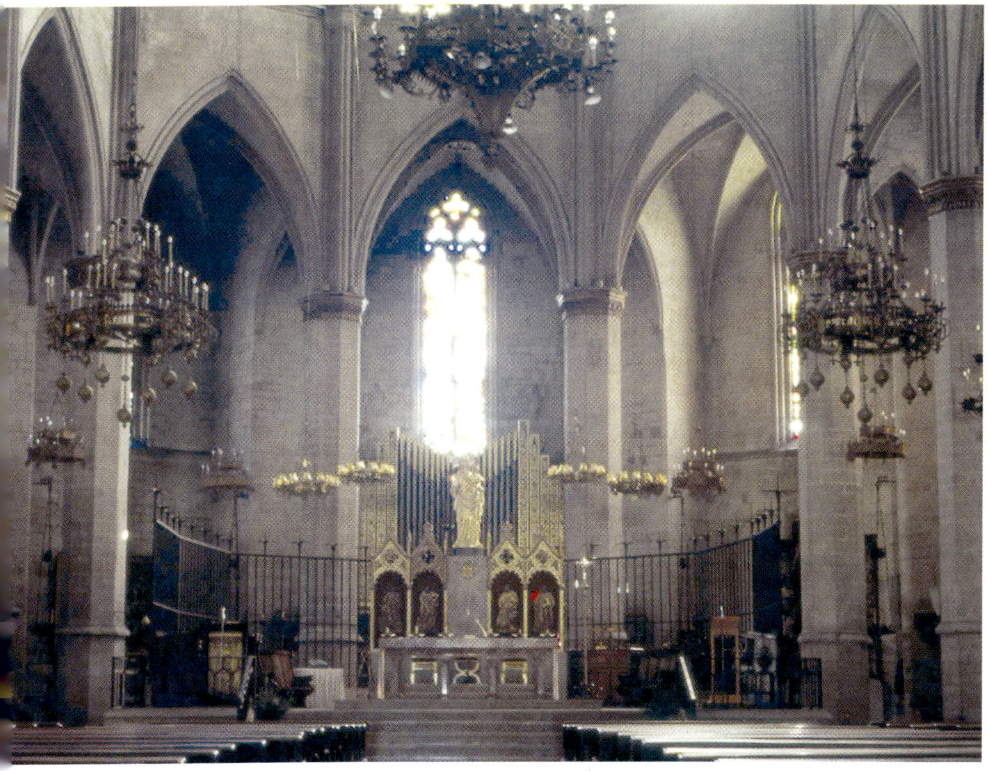

EN 1577, *se construyó la cripta bajo el altar mayor. Este espacio se amplió recientemente, y en él reposan las reliquias de los llamados «Cuerpos Santos».*

La planta

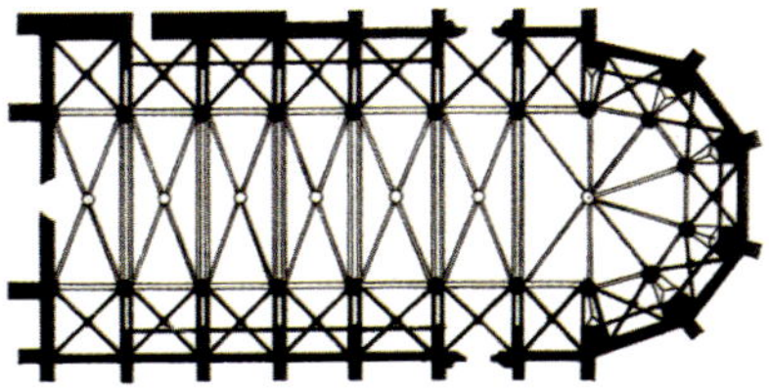

EL TEMPLO SE ALZA SOBRE UNA PLANTA *de salón, con la síntesis de las estructuras particulares de los templos de una y tres naves dentro de la misma arquitectura. Los espacios se dividen mediante dieciocho pilastras de planta octogonal. Los muros se pueblan de vidrieras polícromas. Se compone de dieciocho capillas laterales.*

así, en 1915, se acometió la realización de la fachada y el baptisterio, que no se finalizaron hasta el año 1934. Desgraciadamente poco después, en 1936, el edificio y su estructura sufrieron grandes daños al ser devastado durante la guerra civil.

En el interior son muy reseñables los retablos góticos, entre ellos uno de Lluís Borrasé del siglo XV.

En el exterior destaca el campanario, de planta cuadrangular, que fue elevado en el año 1592.

La fachada principal es de estilo neogótico y data del año 1915. El proyecto es del arquitecto Alexandre Soler i March, tomando como referencia al gran maestro Gaudí. También se sitúa un pórtico del siglo XI y la portada del XII, con un tímpano y capiteles atribuidos a Arnau Cadell. Situada a la izquierda de la actual portada norte de la Seo, no se encuentra en su emplazamiento original, que se desconoce.

OBRAS DE ARTE

Entre las obras de arte que se alojan en su interior se encuentran algunos retablos del periodo gótico. Lluís Borrasà es el autor de una de las predelas, pintada en el año 1411. Además, también alberga una serie de esculturas talladas en piedra.

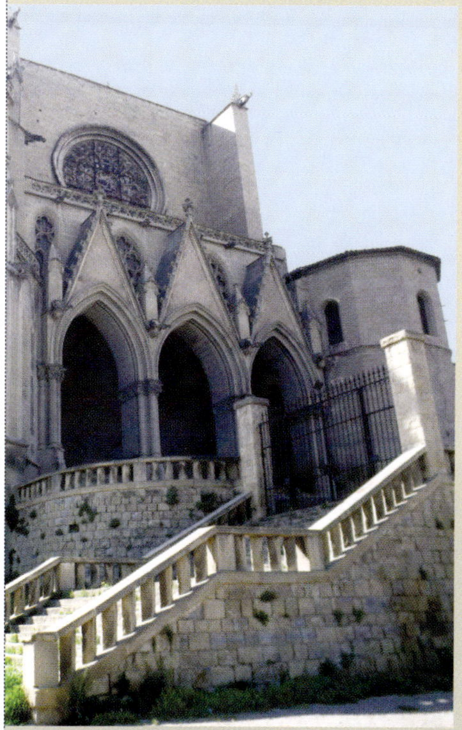

FACHADA DE LA CATEDRAL, *que se levanta a 238 metros sobre el nivel del mar y es la primera imagen que el visitante tiene de la ciudad cuando llega por el sur.*

Asimismo son interesantes la cripta del siglo XVI, restos de un claustro románico y el actual, que es barroco.

De especial interés es el museo de la catedral, que contiene piezas de interés histórico y litúrgico, como objetos de orfebrería o trajes de los siglos del X al XX. También alberga diferentes obras de arte, como pinturas o esculturas de diversos estilos.

CATEDRAL DE LA SEU D'URGELL

POR SUS PROPORCIONES, PUREZA Y ARMONÍA DE LÍNEAS, ASÍ COMO POR LA UNIDAD DE ESTILO QUE MUESTRA EL CONJUNTO, ES UNO DE LOS MONUMENTOS ROMÁNICOS MÁS IMPORTANTES.

LOCALIZACIÓN
Plaza de la Seu, s/n
La Seu d'Urgell (Lleida)
SIGLO XII

En época visigoda ya existía en este mismo lugar un templo, que fue destruido en un ataque sarraceno. La primera reconstrucción se llevó a cabo en tiempos de Carlomagno.

Más tarde, a principios del siglo XI, se decidió erigir una nueva catedral en estilo románico catalán y, ya en el siglo siguiente, el arquitecto Ramón Lambard se comprometió a terminar en un plazo de siete años la bóveda, el cimborrio y elevar los campanarios.

En 1195, la Seu d'Urgell sufrió un asedio, pasando a utilizarse la catedral como fortaleza dadas sus cualidades defensivas. Tras pagar un elevado rescate, la ciudad fue liberada; sin embargo, las arcas clericales se encontraban muy disminuidas, por lo que las obras del templo quedaron paralizadas a finales del siglo.

Durante el siglo XX, el templo ha sido objeto de varias restauraciones con el objeto de corregir modificaciones poco acertadas –como las realizadas en el siglo XVIII– y devolver al templo su aspecto original. También se ocultaron con piedra las partes inacabadas.

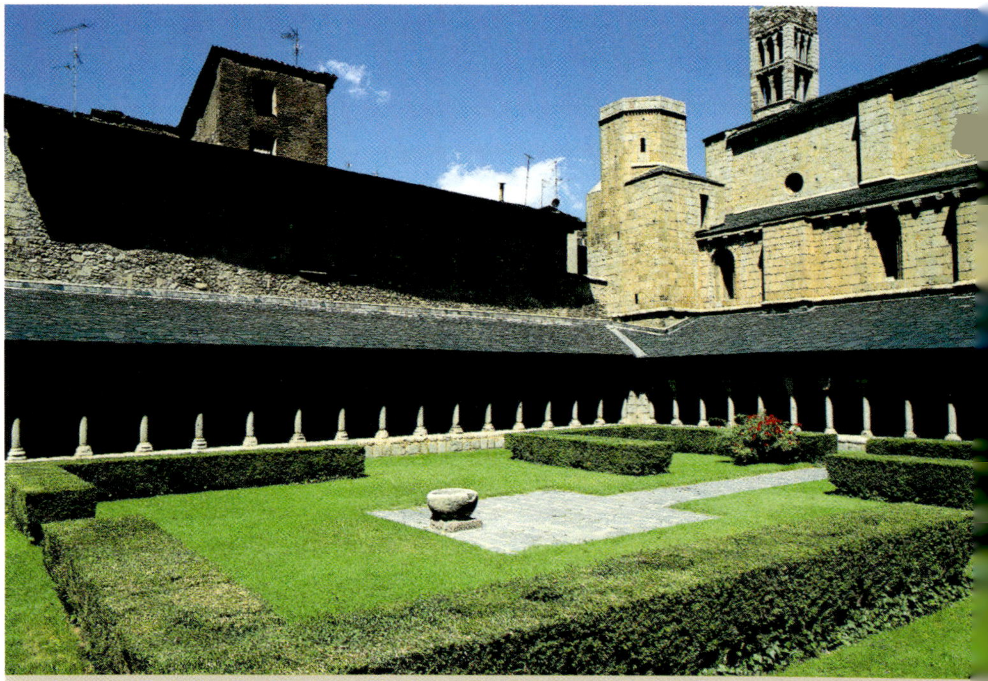

EL CLAUSTRO

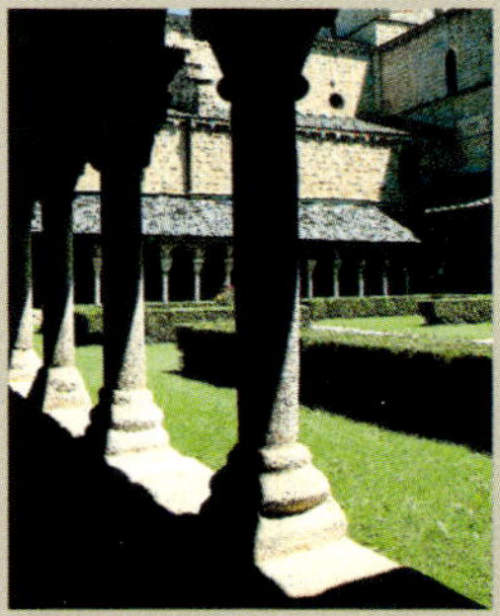

El claustro se encuentra adosado a la fachada sur del templo. Su construcción es seguramente algo posterior a la de la catedral. Tiene un perímetro rectangular, casi cuadrado. Está constituido por tres galerías con arcos de medio punto románicos que descargan sobre columnas de recios capiteles que se levantan sobre un sólido muro. La cuarta crujía es resultado de una reforma que se realizó durante el siglo XVII. Son interesantes los capiteles de este recinto, pues se hallan decorados con diversos motivos, desde los vegetales hasta la representación de animales, producto de la fantasía propia de la Edad Media. El espacio interior del claustro tiene, en todas partes, una anchura de 4 m. Su cubierta es de madera, bien torneada.

La catedral consta de tres naves con cubierta de bóveda de cañón. Los pilares son de sección cruciforme y en los ángulos tienen columnillas. El crucero es especialmente largo y está dotado de cúpula y cinco ábsides. De estos, sólo uno corresponde a la nave central. A ambos lados del crucero se hallan dos torres de gruesos muros.

La fachada principal está dividida por dos bandas verticales y horadada por tres portadas románicas con arcos de medio punto. La puerta central está ricamente decorada mientras que las dos laterales carecen de decoración. A ambos lados de la fachada se sitúan otras dos torres de base cuadrada y cuerpo octogonal, que han sido recientemente descubiertas. Por último, la fachada culmina con un precioso campanario que estuvo oculto en el interior de lo que era la Torre del Reloj hasta la década de 1950.

Recientemente también se ha restaurado el ábside, lo que ha permitido que se pueda contemplar en toda su belleza. En él se abren cuatro ventanas, todas ellas con columnas y capiteles ricamente adornados.

AL PIE DE LA TORRE NORTE EXISTE UN PEQUEÑO MURO EN SEMICÍRCULO QUE, POR EL LADO DEL JARDÍN, SE ADENTRA BAJO LA TORRE.

En la parte superior se encuentra una original galería constituida por quince arcos con columnas gemelas.

Sobre la cubierta del ábside aparece un sobrio y elegante rosetón datado a finales del siglo XIV, quizás la época de construcción del propio ábside. Se trata de la única vidriera que se conserva en la arquitectura del Pirineo catalán.

La planta

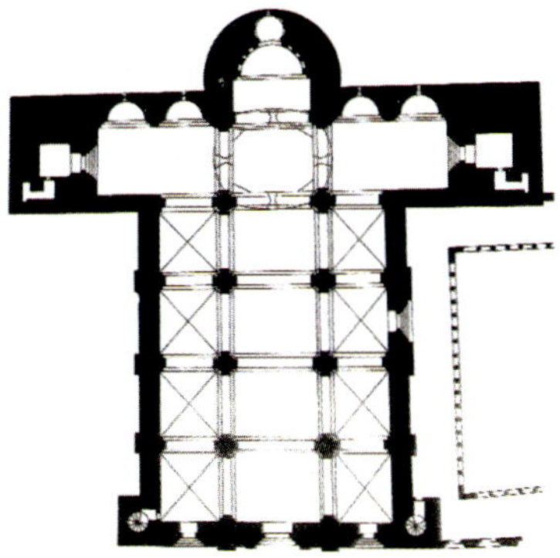

La catedral, *de planta de cruz latina, tiene un largo transepto. En la cabecera se abren cinco ábsides formados por los brazos del transepto. El central es el único que se manifiesta en el exterior, pues los otros quedan internos.*

Dado el estado lamentable en el que se encontraba el rosetón –tanto por el deterioro de los plomos como por la pérdida de vidrios originales, que habían sido sustituidos por piezas colocadas en sucesivas restauraciones– se hacía imprescindible una restauración. La limpieza de la obra descubrió la belleza pictórica de las vidrieras.

En el interior del ábside central se encuentra la venerada imagen románica de Santa María d'Urgell. La talla, policromada en azul, grana y oro, ha presidido desde el siglo XIII la vida de la diócesis.

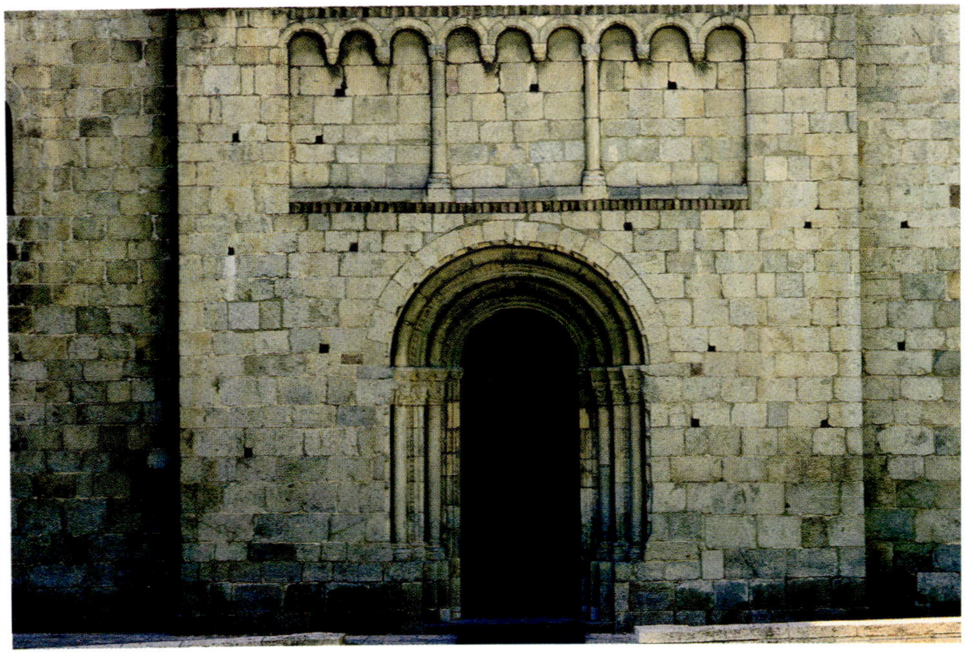

La puerta central *de la fachada principal es la más decorada. Tiene en la parte superior un hastial con arcos ciegos situados por debajo de una cornisa trazada en forma de sierra.*

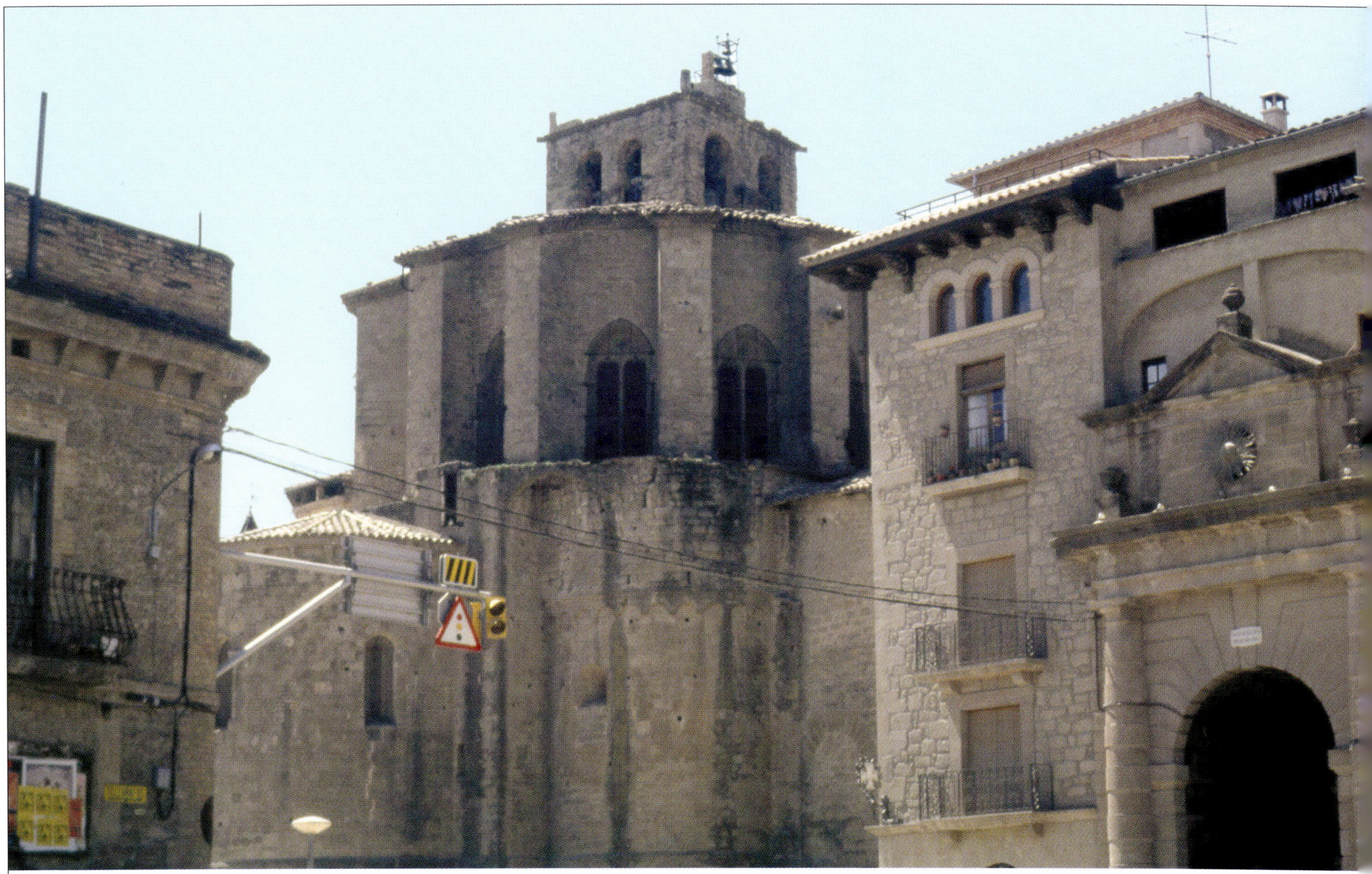

Catedral de Solsona

SOLSONA ES UNA POBLACIÓN QUE TODAVÍA, HOY EN DÍA, MANTIENE SUS PRINCIPALES ATRACTIVOS PATRIMONIALES, HISTÓRICOS Y CULTURALES.

La planta

SE TRATA DE UN TEMPLO LEVANTADO *sobre una planta compuesta por una cruz de nave única. La portada principal y la lateral fueron reconstruidas en el siglo XVIII en estilo barroco.*

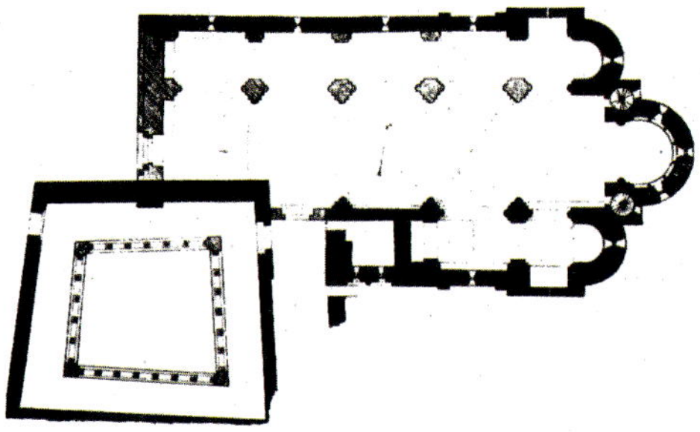

Hace más de 400 años que el rey Felipe II dio a esta población la categoría de ciudad y, desde entonces, también es sede de su obispado. Junto a la catedral, otros edificios emblemáticos, como el museo diocesano o la casa consistorial y el palacio Llobera, además de las calles y plazas que la componen, son elementos distintivos de esta ciudad.

DESTRUCCIONES

Dos grandes destrucciones han afectado al edificio. Una en el año 1810, durante la Guerra de la Independencia, y la otra en 1936. Ambas hicieron necesarias sendas restauraciones (la primera de ellas en el año 1835).

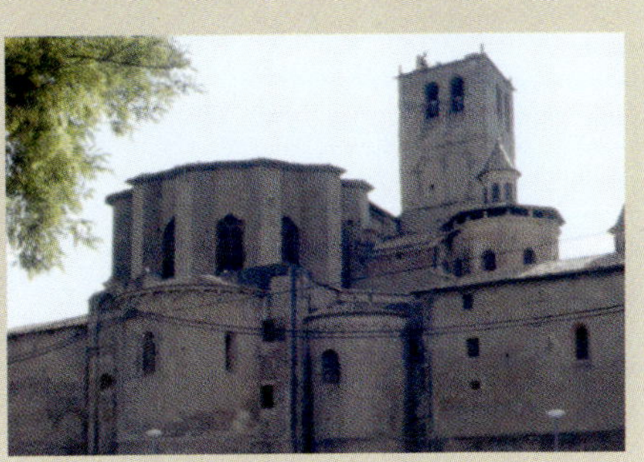

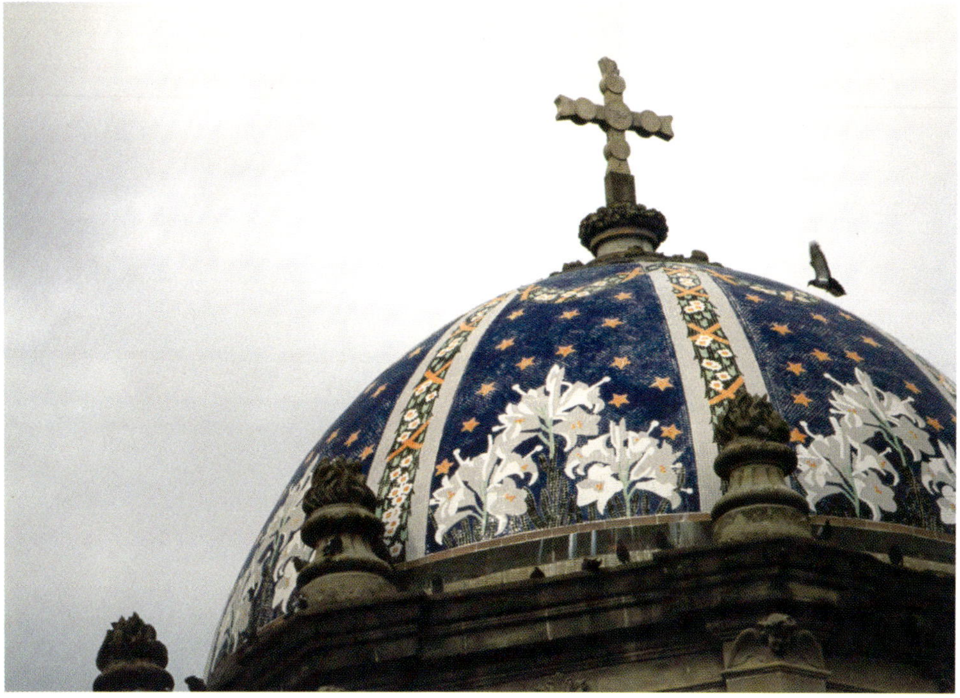

La catedral *conserva actualmente un estilo gótico más puro, aunque su periodo de construcción se dilató varios siglos.*

La actividad constructiva en torno a la catedral de Santa María de Solsona ha sido, a lo largo del tiempo, muy prolífica, de modo que podemos confirmar históricamente la existencia de cuatro templos sucesivos dedicados a Santa María en Solsona.

La primera de estas iglesias fue consagrada en el año 977, habiendo iniciado su construcción en el siglo IX, después de la Reconquista, o bien a comienzos del s. X. Estaba dedicada a Santa María de la Asunción y fue levantada bajo el mecenazgo del conde de Urgell.

LA CONSTRUCCIÓN ESTUVO PROMOCIONADA POR EL CONDE DE URGELL.

La consagración de la segunda de ellas, por parte del obispo Guillermo de Urgell, data de 1070, año en el que fue canonizado San Agustín, habiéndose abierto al público un año antes. El obispo de Narbona, hermano de Guillermo de Urgell, lo asistió en la consagración del templo.

El tercer templo, que constituyó una ampliación del anterior, fue consagrado en 1163 en presencia de los obispos de Vic, Zaragoza, Pamplona y Barcelona. La consagración se produjo inmediatamente después de la conclusión de las obras.

ÚLTIMAS OBRAS

La cuarta es la catedral que podemos contemplar actualmente. Se edificó entre los años 1265 y 1287, aunque la construcción no concluiría hasta el año 1623, después de pasar un periodo de tres siglos en el que las obras fueron interrumpidas. Tras esta reanudación, el altar mayor fue consagrado el 4 de diciembre de 1627.

ROMÁNICO PRIMITIVO

La última intervención restauradora se ha practicado en la zona del claustro, que requería de una restauración. En él se alberga una de las más impresionantes tallas del románico catalán, la Virgen del Claustro.

Las partes más antiguas del edificio, que aún se conservan, son el campanario de estilo románico y los remates de las naves, que se traducen al exterior en forma de tres ábsides, también de estilo románico primitivo, así como algunos fragmentos de un portal en el exterior.

LOCALIZACIÓN

Plaza de la Catedral, s/n
Solsona (Lleida)
SIGLOS XIII-XIV

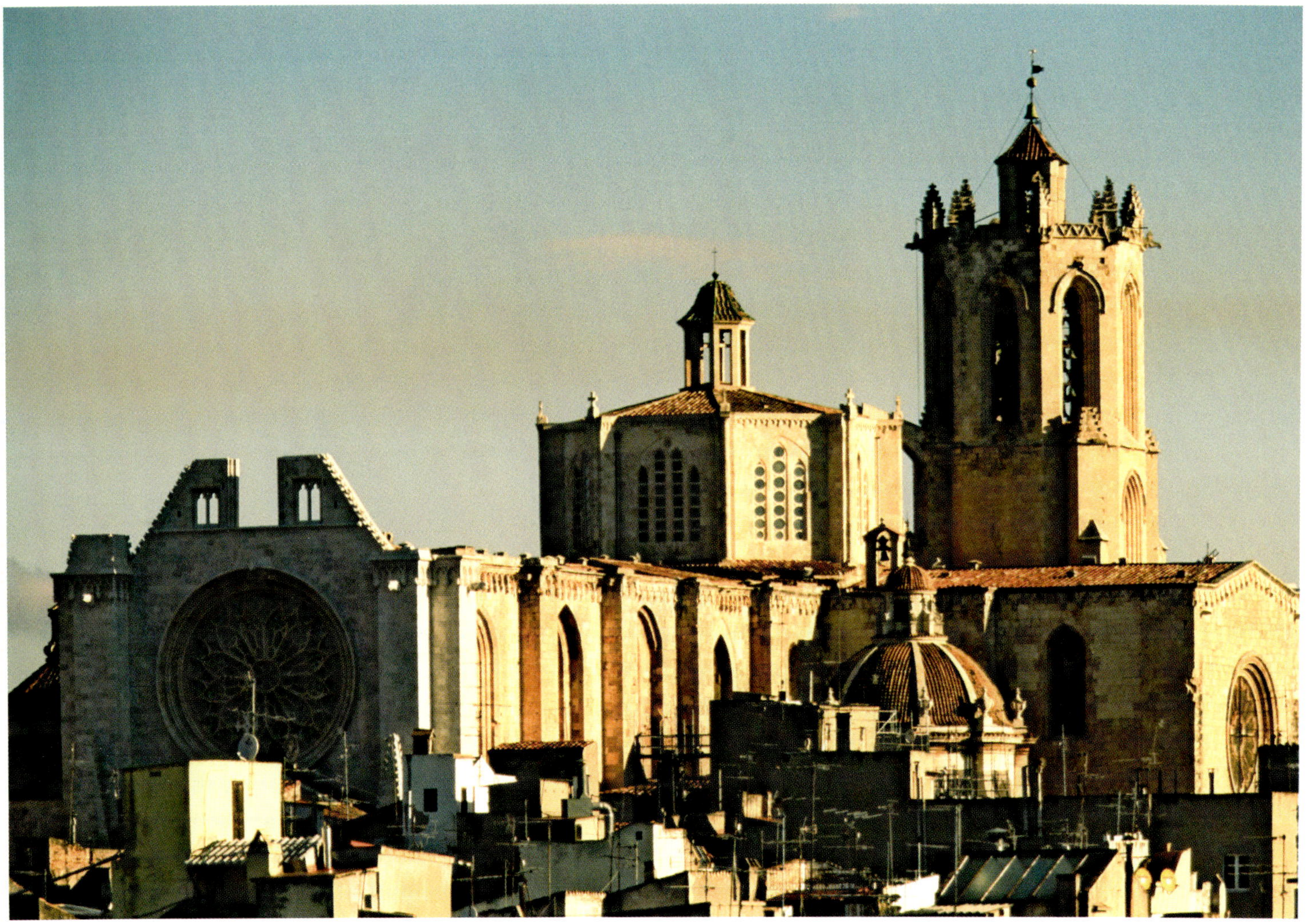

La planta

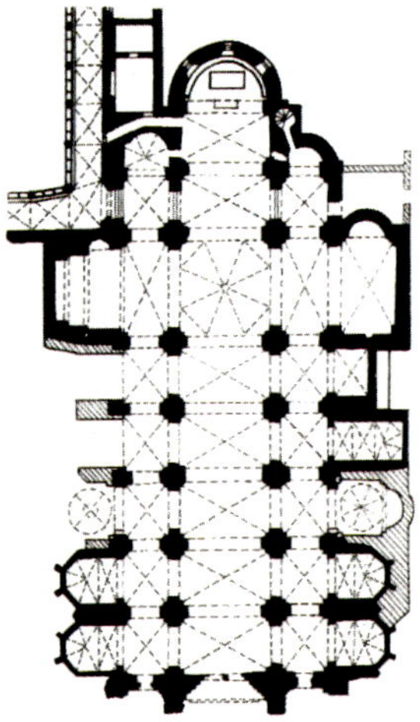

Es un templo con gran riqueza de detalles escultóricos de calidad y grandes dimensiones en su estructura arquitectónica, así como armonía en sus proporciones.

Es un edificio de planta *de cruz latina, románico, con los brazos del crucero muy salientes, y tres naves longitudinales que desembocan en ábsides semicirculares. Los pilares que sustentan el peso de las bóvedas son de trazado prismático, potentes, flanqueados por gruesas columnas en cada una de las caras y otras más finas en los ángulos. Los capiteles son de formas y temáticas muy variadas. Algunos son de orden corintio, bizantinos o compuestos. Otros son normandos o historiados.*

La catedral se encuentra en el emplazamiento del templo romano de los dioses Júpiter y Temis. Antes de que la ciudad fuera reconquistada, hecho que aconteció en el año 1118, el obispo de Barcelona, San Olegario, pensó ya en su edificación.

El obispo Hugo, que murió en el año 1193, puso los cimientos de la construcción, además de levantar el ábside y las naves laterales hasta alcanzar la altura de los capiteles. A lo largo del siglo XII, la fábrica continuó en el claustro y en el templo.

CATEDRAL DE TARRAGONA

LA CATEDRAL METROPOLITANA Y PRIMADA DE SANTA TECLA DE TARRAGONA ES UN TEMPLO DE TRANSICIÓN DEL ROMÁNICO AL GÓTICO. LAS PORTADAS SON EN SU MAYORÍA ROMÁNICAS, PERO EL INTERIOR SE PODRÍA CLASIFICAR MÁS CERCANO AL ESTILO GÓTICO.

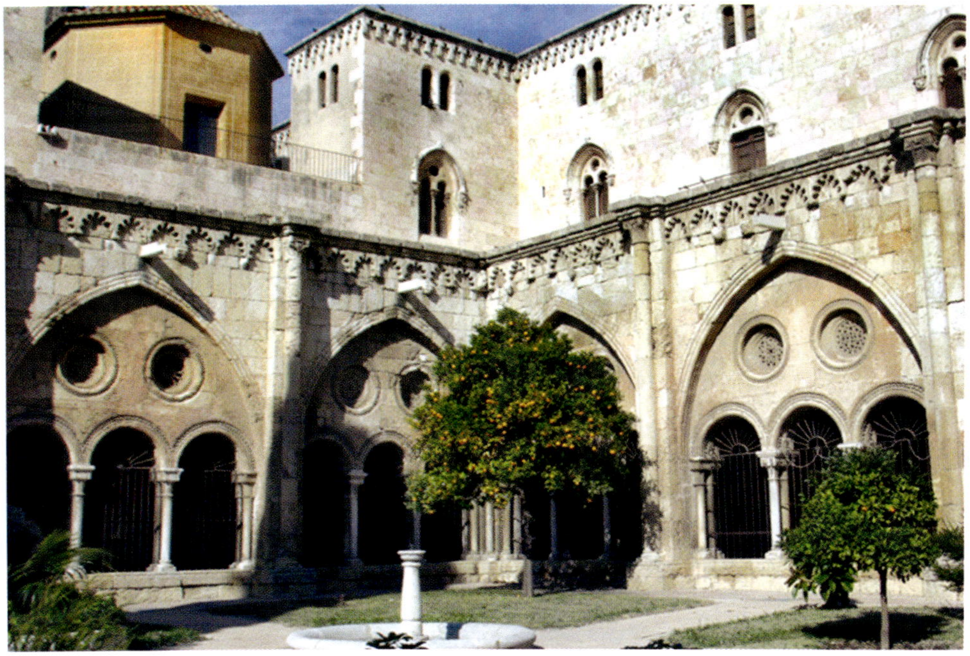

LAS GALERÍAS *que discurren alrededor del claustro están cubiertas con bóveda de crucería.*

La totalidad de la construcción se encontraba casi finalizada en el año 1287, pero se continuó trabajando en ella durante el siglo XIV, ya que en 1375 todavía se estaban tallando las esculturas para la gran portada principal.

OCUPA EL LUGAR EN EL QUE ESTABA EL TEMPLO ROMANO DE JÚPITER Y DE TEMIS.

Fue consagrada en 1331. Las obras se prolongaron por un espacio de tiempo mayor, entre reformas y elementos añadidos. De hecho, todavía queda por finalizar la fachada principal.

La catedral cuenta con varias puertas, algunas puramente románicas. Éstas son las portadas laterales de la fachada y la que da acceso al claustro. Esta entrada podría ser la puerta principal de la iglesia antes de que se construyera la gótica.

La puerta principal, con arcos ojivales concéntricos, es de estilo más tardío, gótico, con un rosetón de grandes dimensiones sobre ella. Los arcos ojivales flanquean dos pilares cuadrados terminados en pirámides, que adornan 22 estatuas de apóstoles y profetas. La fachada está coronada con un frontón triangular situado entre dos pequeñas puertas laterales, de estilo románico, con arcos de medio punto.

La sillería de roble del coro es del siglo XV, obra del escultor zaragozano Francisco Gomar.

ESTILO GÓTICO

El templo en su interior es gótico. Está cubierto con bóvedas de cuarto de esfera en los ábsides y bóvedas de crucería con arcos cruceros ojivales en las naves y las capillas. Las bóvedas de las naves están reforzadas con contrafuertes.

LOCALIZACIÓN

Plá de la Seu, s/n
Tarragona
SIGLOS XII-XIV

CATEDRAL DE TORTOSA

LA CATEDRAL DE SANTA MARÍA DE TORTOSA DISFRUTA DEL TÍTULO DE BASÍLICA. LA VIRGEN SANTA MARÍA DE LA ESTRELLA ES LA TITULAR DEL HERMOSO RETABLO DEL SIGLO XIV QUE SE HALLA EN EL INTERIOR DEL TEMPLO.

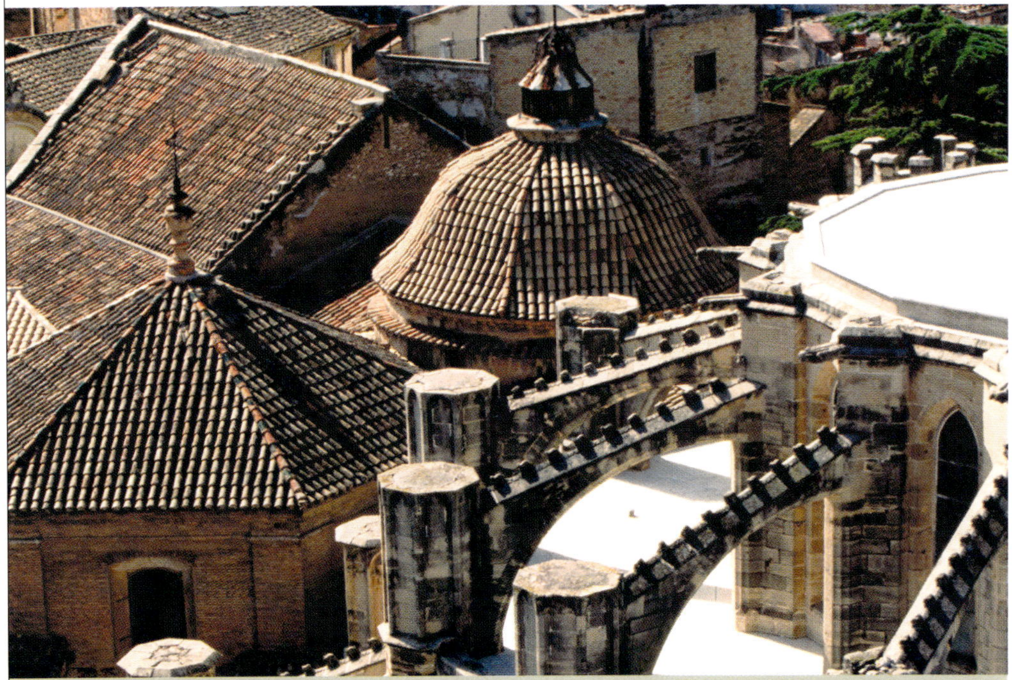

LOCALIZACIÓN

Calle Cruera, s/n
Tortosa (Tarragona)
SIGLOS XIV-XVI

En Tortosa se asentaron los íberos, los romanos, más tarde los musulmanes y, por último, los cristianos, lo que la convierte en una población de gran interés histórico y artístico.

Antes de este templo existió otro de estilo románico que había sido consagrado en el año 1176.

La construcción de la catedral de Tortosa comenzó el día 21 de mayo de 1347, momento en el que el obispo Arnau de Llordat puso la primera piedra en el centro del ábside. Pero el templo no se consagró hasta el año 1597. Se alzó siguiendo el estilo arquitectónico del gótico predominante en ese periodo, y se consagró a Santa María.

La construcción se prolongó durante unos siglos más. Hay documentos que indican que no se terminó de edificar hasta el siglo XVIII.

Hace poco se intervinieron en una restauración algunas de las dependencias originales que se encuentran anexionadas al claustro, como las celdas de los canónigos y las caballerizas. En estas primeras se ha ubicado el coro de la catedral.

EL CLAUSTRO

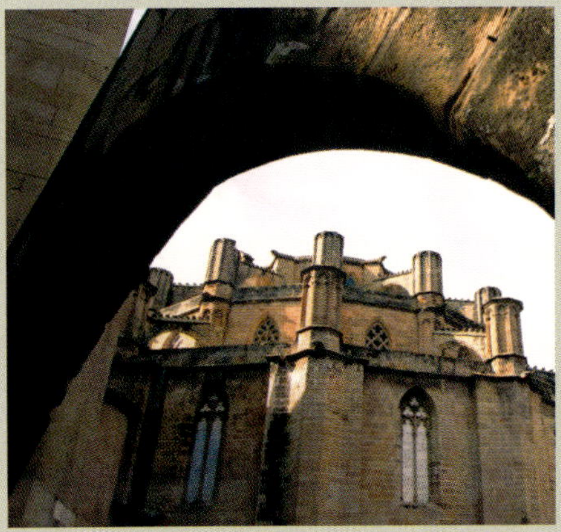

LA FACHADA PRINCIPAL, *barroca, se encuentra inacabada.*

El claustro empezó a construirse en el siglo XIII para el uso de los canónigos de San Agustín. Es de planta trapezoidal con galerías de arcos ojivales, que cuentan con capiteles historiados en la zona de la puerta de entrada a la catedral. A él se accede por el exterior a través del portal de l'Olivera, de estilo barroco y construido en el siglo XVIII. Este recinto cuenta con una amplia y rica colección de inscripciones en sus paredes.

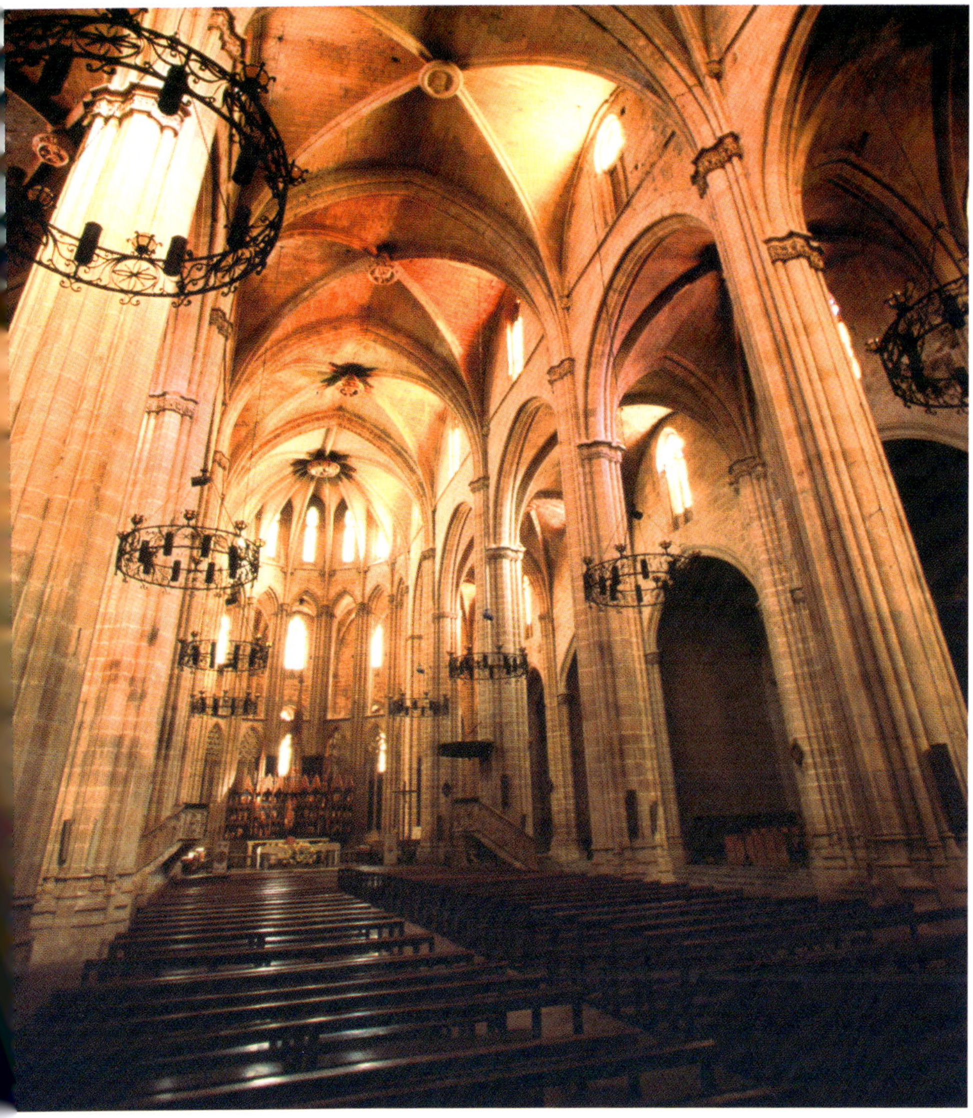

La planta

ES UN EDIFICIO *de planta basilical, con tres naves longitudinales de diferente altura con capillas entre sus contrafuertes, al modo de las construcciones de la zona meridional de Francia. El conjunto está cubierto con bóveda de crucería. El presbiterio y las tres naves están marcados por un estilo gótico muy elegante. Tiene doble girola, la segunda, más exterior, está formada por capillas radiales, entre las que existe un paso hacia la siguiente. El espacio interior queda perfectamente iluminado a través de tres niveles de ventanas; además, esta luminosidad también viene dada por la sustitución de los muros por arcadas.*

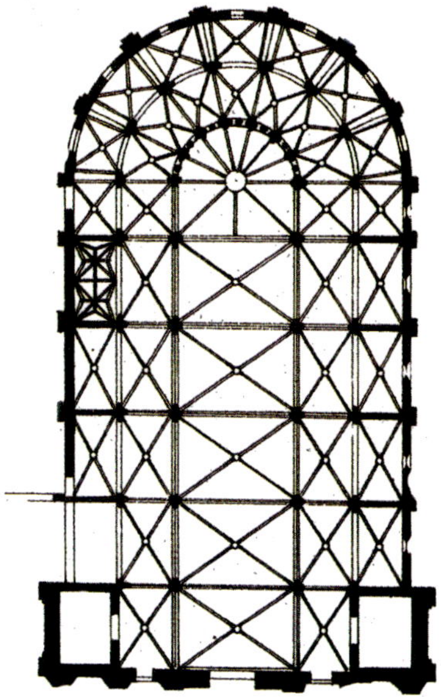

La fachada debió de proyectarse para ser observada desde abajo, por la calle inclinada que da paso al templo, con el fin de resaltar el juego de perspectivas y sombras que el barroco supo desarrollar magistralmente.

El ábside del exterior del templo destaca por su estilo cercano al gótico más elegante y esbelto. Las capillas absidiales no presentan separación entre sí. Comparte estas características con la doble girola que lo rodea.

EN EL INTERIOR DESTACA LA CAPILLA DE LA CINTA O CAPILLA REAL.

Los pináculos que debieran rematar los contrafuertes de la cabecera no se construyeron. La perspectiva del ábside ha cambiado recientemente con la eliminación del tejado que cubría las naves longitudinales, que ha sido sustituido por un terrado de cubierta invertida.

CAPILLA REAL

La capilla de la Cinta, llamada asimismo Capilla Real, es el elemento más sobresaliente del interior del templo. Se halla cubierta por una magnífica bóveda de cañón. Mayor exponente de lo que los especialistas han venido en llamar «barroco tortosí», recientemente se ha sometido a una profunda restauración. En la fachada de la entrada a la capilla se encuentran unas esculturas elaboradas en yeso.

Catedral de Vic

LA CATEDRAL DE VIC, CUYA ADVOCACIÓN SE HACE A SAN PEDRO APÓSTOL, SE ENCUENTRA SITUADA EN LA ZONA CENTRAL DEL CASCO ANTIGUO DE LA CIUDAD. MUESTRA UN CONJUNTO DE ESTILOS ARQUITECTÓNICOS QUE VAN DESDE EL ROMÁNICO HASTA EL NEOCLÁSICO.

LOCALIZACIÓN
Plaza de la Catedral, s/n
Vic (Barcelona)
SIGLO XVIII

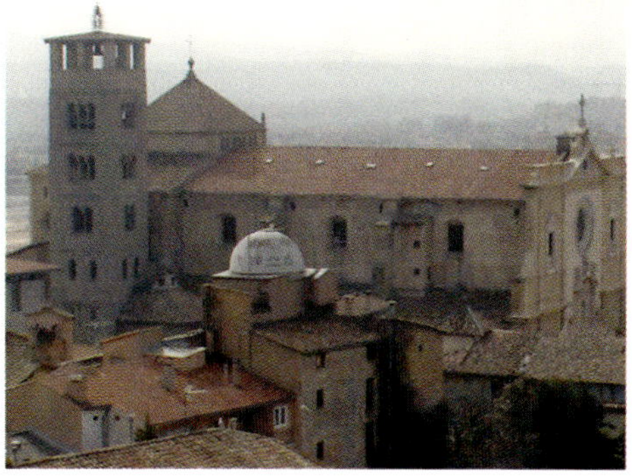

El campanario es el más monumental *de los de su categoría y, perteneciente a este mismo periodo, presenta un sola serie de ventanas en su fachada.*

La catedral de San Pedro de Vic fue fundada el año 1038 por el obispo Oliva, pero el largo proceso constructivo del edificio ha hecho que esté formado por muchos elementos arquitectónicos que corresponden a diversos periodos y, por tanto, a diferentes estilos.

La documentación más antigua se remonta al año 516. El templo fue destruido en los años 717 y 718, y no se levantó otro hasta que el conde Wifredo dio paso a la repoblación del territorio de Osona en el año 886. Entonces se erigió la nueva catedral, siendo consagrada en el año 1038, de estilo románico y con una sola nave transversal con cinco ábsides y cimborrio, además de un campanario que estaba algo separado de la iglesia.

SOBRE EL ANTIGUO CLAUSTRO ROMÁNICO SE CONSTRUYÓ OTRO DE ESTILO GÓTICO.

Sobre el primer claustro románico se construyó otro de estilo gótico, durante el año 1318. También en esta misma época se realizó el retablo de San Pedro, que fue terminado en el año 1428 por Pedro Oller. Tras varios intentos de ampliación, a finales del siglo XVIII se demolió la primitiva construcción románica, con el fin de levantar en su lugar un templo neoclásico. Esta labor se encomendó al arquitecto Josep Morató i Codina. Del original edificio del siglo XI solamente se conserva actualmente la cripta y también se mantiene en buen estado el campanario románico de la iglesia fundada por el abad Oliva.

En el interior del templo destacan las pinturas que decoran los muros las naves, obra del pintor catalán Josep M. Sert i Badía.

LAS CAMPANAS

El campanario de la catedral de Vic del más puro románico catalán, es junto con la cripta el único elemento que subsiste del antiguo templo románico.

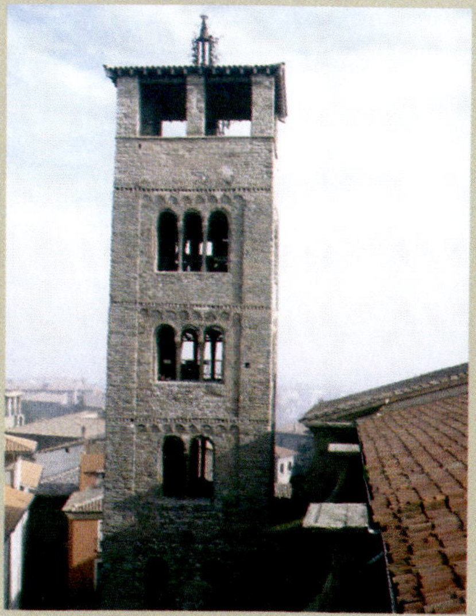

La fachada presenta tres portadas, y en la parte superior un rosetón central y la corona.

La planta

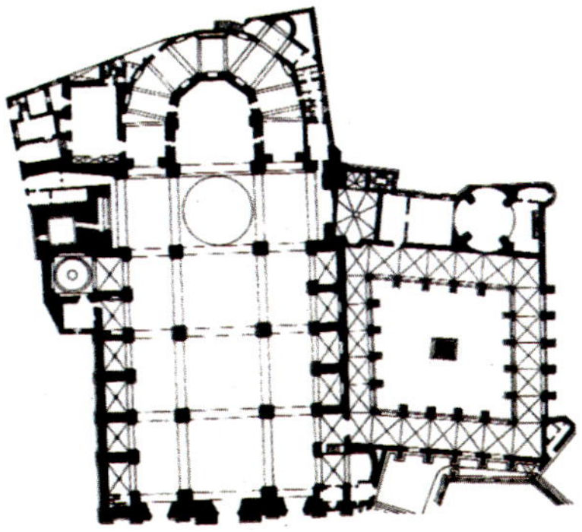

La catedral de San Pedro de Vic *consta de tres naves separadas por pilastras de orden corintio. Las naves se cubren con bóvedas semiesféricas y se alza una cúpula en la parte central del crucero. Los arquitectos, entre los años 1781 y 1803, ampliaron la nave como consecuencia de la reforma que se estaba realizando en la iglesia, lo que supuso el traslado de los claustros.*

LA CATEDRAL DE VIC APARECE DOCUMENTADA EN EL AÑO 516.

Las portadas están decoradas con arquivoltas del periodo románico, pertenecientes a la antigua construcción.

CAMPANARIO

El campanario románico es de planta cuadrada, de mediados del siglo XI, y mide unos 46 metros, con pisos en los que se abren ventanales geminados o triples. Antiguamente estaba separado del templo; hoy se encuentra entre la capilla del Altísimo y el extremo del crucero. Destacan los frisos con decoración lombarda, introducida en el país por el abad Oliva.

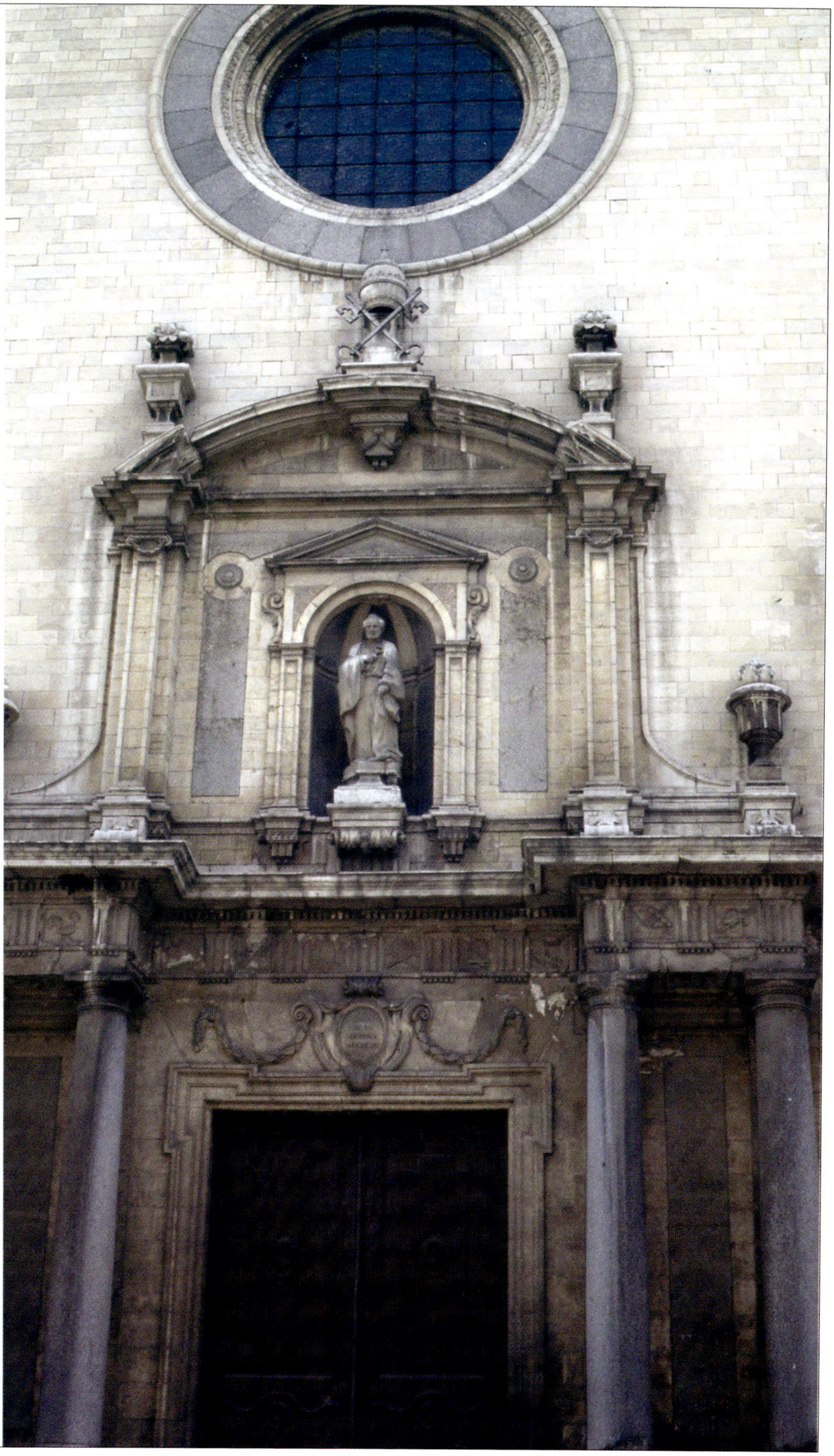

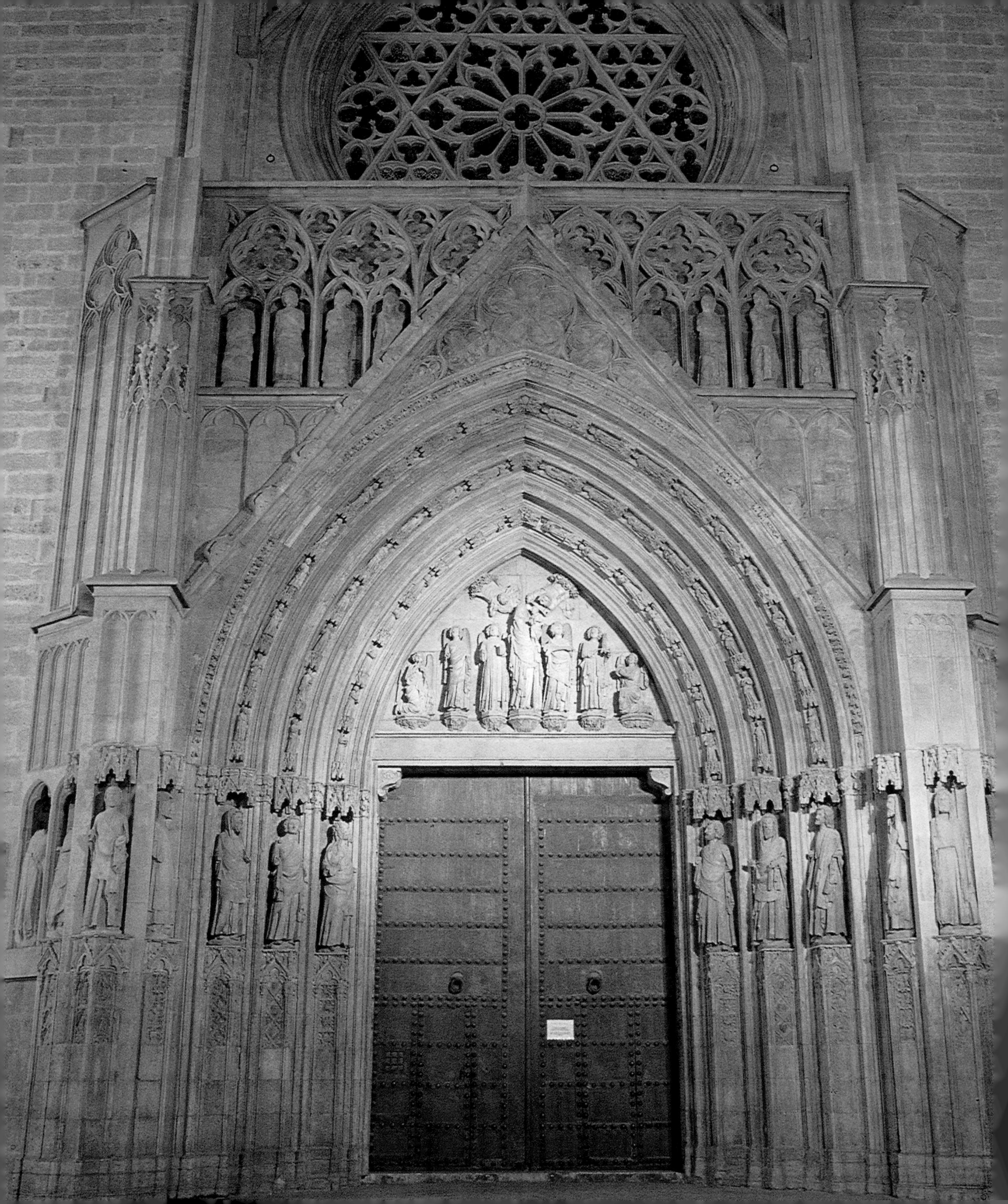

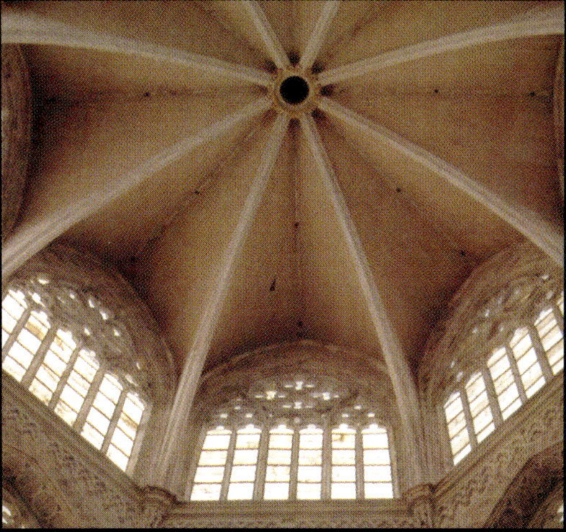

Catedral de Valenc

ESTA BASÍLICA FUE CONSTRUIDA, POSIBLEMENTE, SOBRE LOS RESTOS DE UN TEMPLO ROMANO DEDICADO A DIANA. EN ESTE MISMO RECINTO SE CONSTRUYÓ LA MEZQUITA ÁRABE . LA CATEDRAL SE EDIFICÓ TRAS LA LLEGADA DEL DOMINIO CRISTIANO A ESTAS TIERRAS.

En el Museo Catedralicio se conservan algunos restos de la catedral visigoda que en el siglo VI hubo en Valencia. También existe documentación que confirma que el edificio actual ocupa el lugar de la mezquita mayor musulmana de la ciudad.

Cuando Jaime I conquistó los territorios valencianos en el año 1238, después de año y medio de ocupación, hizo que se bendijera la mezquita para uso cristiano. Posteriormente, en 1262 se inició la construcción de un templo nuevo.

Los trabajos comenzaron por la cabecera y la puerta sur del transepto, que desemboca en la plaza del palacio arzobispal. Esta portada es la más antigua de todas, elaborada en estilo románico. Se continuó por la puerta norte, llamada puerta de los Apóstoles, de estilo ojival.

Después se acometió la construcción de las tres naves interiores, la torre y la sala capitular, que ha sido conservada casi en su trazado original, y actualmente se encuentra convertida en capilla del Santo Cáliz.

Este edificio estaba acabado a principios del siglo XV, pero en los siglos XVI y XVII experimentó acusadas transformaciones, siendo, en el siglo XVIII, completamente modificado en su interior. Fue cubierto de molduras que cambiaron su aspecto y lo transformaron en neoclásico.

Catedral de San Pedro y Santa María de Valencia

EL CONJUNTO DE LAS PORTADAS Y, EN GENERAL, EL EXTERIOR DE LA CATEDRAL DE VALENCIA ESTÁ LLENO DE MOTIVOS ELEGANTES, CON PREDOMINIO DE LÍNEAS VERTICALES EN SUS FACHADAS MÁS ANTIGUAS.

LOCALIZACIÓN

Plaza de la Reina, s/n
Valencia
SIGLOS XIII-XVIII

Después de la restauración que se realizó tras la Guerra Civil, se dejó en su lugar esta decoración neoclásica posterior, pero más tarde, ya a finales del siglo XX, se procedió a retirarla. Así se presenta el templo hoy día, con su interior de estilo gótico, como fue concebido. Es de lamentar el uso de piedra demasiado blanda para la realización de algunas partes, pues esto ha hecho que se desgaste y se pierdan numerosos detalles en algunas esculturas y otros elementos.

En el exterior también presentan curiosidades constructivas las tres portadas. La más antigua, la que se abre en la parte derecha del hastial del brazo del transepto, es de estilo románico bastante puro y no tiene tímpano ni dintel. Parece que su inspiración proviene de la puerta de los Infantes, de la catedral de Lleida, con las arquivoltas ornamentadas con dientes de sierra o dibujos geométricos. Encima de las arquivoltas hay una cornisa con modillones, adornada con cabezas alternadas de hombres y mujeres.

La puerta de los Apóstoles, que da entrada al templo desde la plaza de la Virgen, es característica de los portales góticos del siglo XIV, construida en el año 1354. Ante ella se reúne los jueves el Tribunal de las Aguas. Está rematada con un gablete encuadrado con tres arquivoltas apuntadas bajo las que aparecen 48 imágenes talladas en piedra, bajo doseletes, que representan santos. En el tímpano se hallan algunas esculturas, presididas por la Virgen con el Niño. En las jambas aparecen los doce apóstoles. Aquí también es curioso cómo se van alternando los escudos de la ciudad con otros correspondientes a familias nobles locales del siglo XIV.

El cimborrio, en el exterior, está decorado con arcos ciegos, gabletes y frondas.

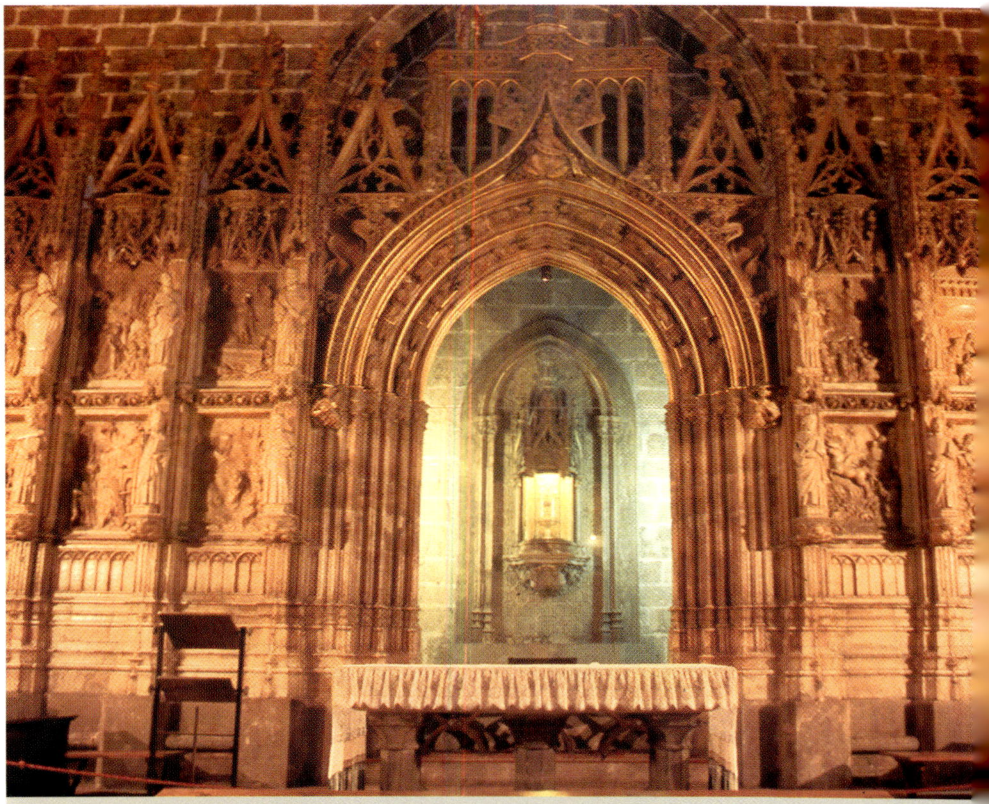

EL SANTO GRIAL

Es de destacar también, como parte del tesoro catedralicio, el cáliz que se alberga en la capilla del mismo nombre, la capilla del Santo Cáliz. Este objeto, que anteriormente se encontraba en el monasterio de San Juan de la Peña, fue un donativo del rey de Aragón, Alfonso el Magnánimo. Se dice que podría ser el codiciado y perseguido Santo Grial.

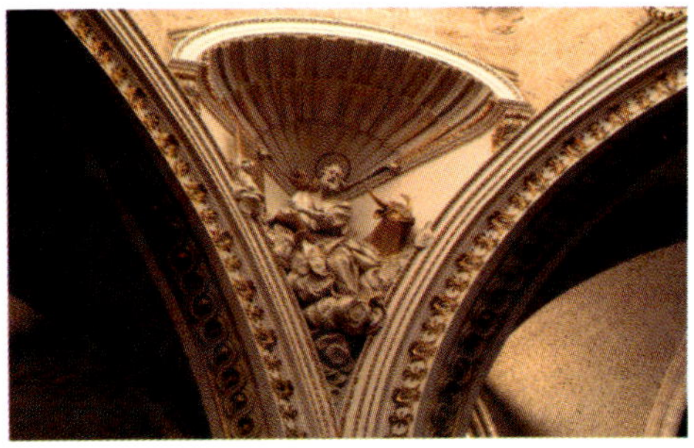

Es obra de Martín Llobet, quien transformó el primitivo cimborrio en el año 1430.

Del exterior del templo destaca la torre, llamada Miguelete (*Micalet* en valenciano), que fue iniciada por el maestro Andrés Juliá, de Tortosa, y José Franch en el año 1381, a quienes sucedió Pedro Balaguer en 1414, sin que en 1424 se hubiera concluido aún.

La torre recibe el nombre de la gran campana, dedicada a San Miguel, del siglo XV. El Miguelete es de base octogonal y está adornado con contrafuertes angulares. Las ventanas tienen gabletes y arquerías ciegas.

CADA JUEVES SE CONVOCA EL TRIBUNAL DE LAS AGUAS A SU PUERTA.

Mide 51 metros de alto, siendo una de las más elevadas de esta zona levantina. Martín Llobet proyectó un remate para la torre que no se llegó a edificar, pues en 1426 se culminó la obra en la terraza, terminada en un *penell* y un andamiaje de maderas para las campanas que tocan las horas. Este elemento se incendió y se sustituyó en el siglo XVIII por la espadaña que actualmente lo remata.

PUERTA BARROCA

La puerta principal es de estilo barroco y se dispone en forma cóncava semicircular, con marcados contrastes entre cóncavos y convexos que se unen en la fachada, logrando un juego de luces y sombras propio del periodo. Está compuesta de tres cuerpos. El primero de ellos, adornado con seis columnas de orden corintio, obra de Rodulfo, y queda entre ellas la puerta, que en el centro está flanqueada por una serie de nichos conteniendo esculturas que representan santos valencianos, Pedro Pascual y al arzobispo Tomás de Villanueva, además de algunos ángeles, anagramas y demás adornos. Esta parte es obra del maestro Vergara. El segundo cuerpo reproduce la misma disposición, con un gran óculo ovalado en el centro y una estatua obra de Conrado Rodulfo que representa a San Vicente Mártir.

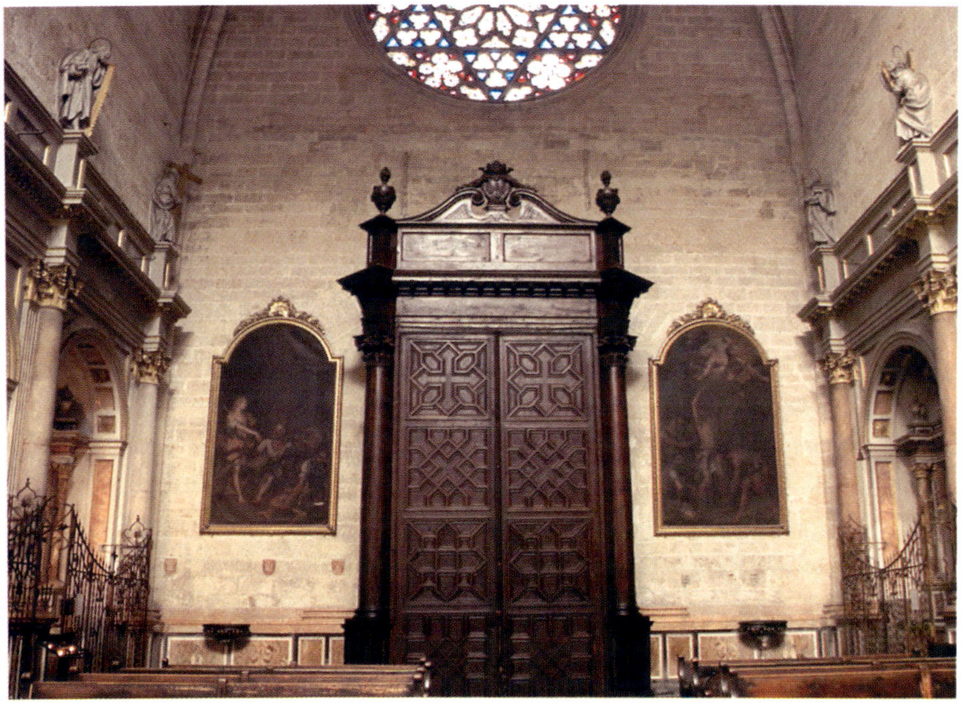

La planta

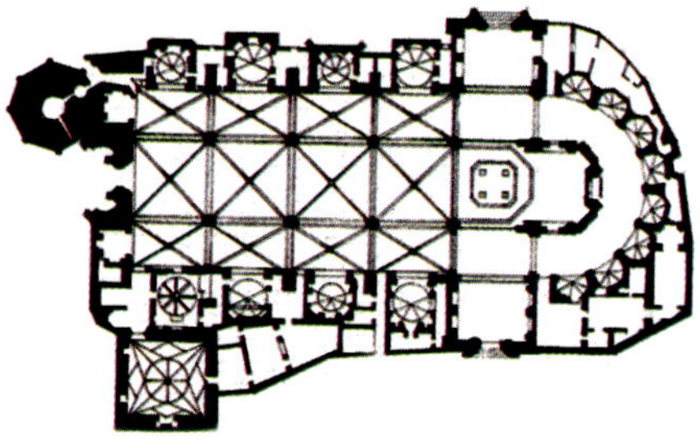

SE TRATA DE UN EDIFICIO CON PLANTA *de cruz latina, con transepto bien marcado, compuesta la zona longitudinal por tres naves. La cabecera se remata con un ábside y un deambulatorio, además de cinco capillas absidiales. El cimborrio de dos alturas y base octogonal se alza sobre el crucero y es uno de los mejores ejemplos de este tipo de elementos arquitectónicos. Cuenta con dieciséis ventanales ojivos con cinco parteluces cada uno. Se edificó en 1404, sostenido por pechinas con forma cónica. Presenta dos pisos con enormes ventanales y nervaduras delicadas.*

EN UN CUERPO SUPERIOR APARECE *un rosetón circular, de 6,5 m de diámetro, cubierto por tracería calada y ornamentado con vidrieras.*

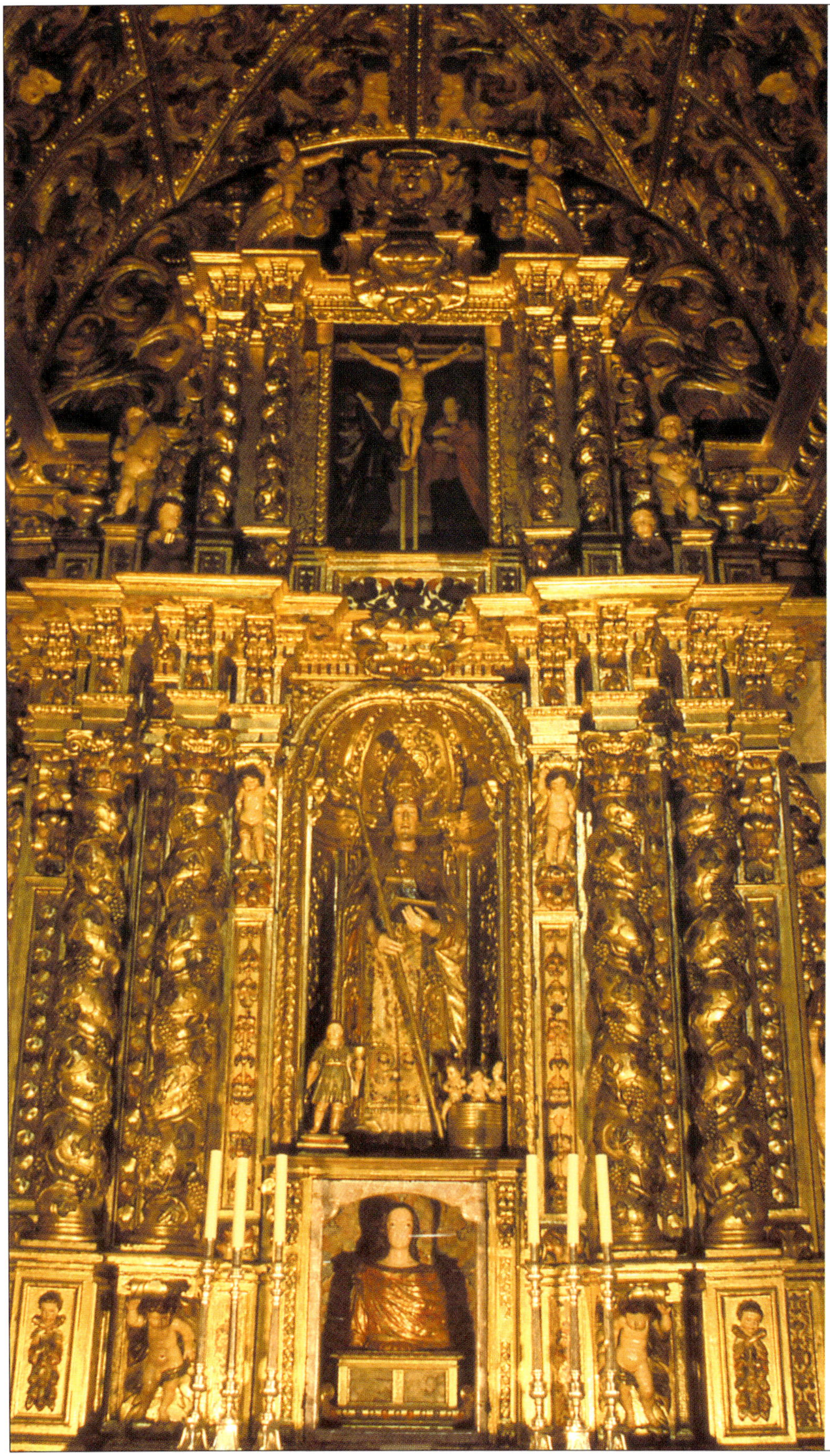

La planta

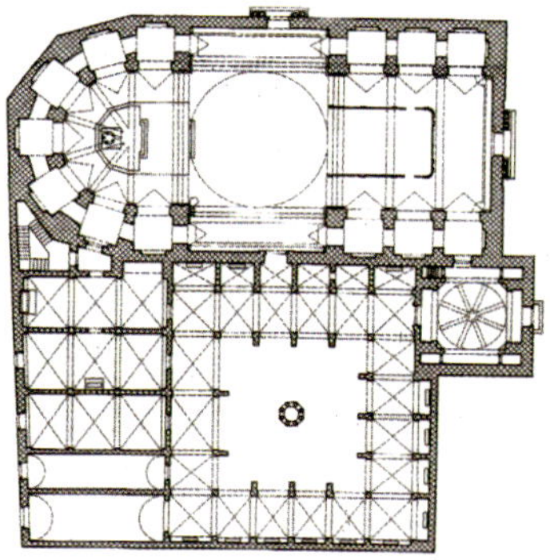

Es una iglesia de planta *de cruz latina, en la que destacan los brazos. A ambos lados se disponen una serie de capillas comunicadas entre sí, que forman la girola de la cabecera. El conjunto está cubierto con bóveda de cañón, que descarga en columnas de orden toscano. La zona central del crucero se cubre con una cúpula, que arranca de un balcón circular y está formada por casetones. A través de ella entra la luz, gracias a la linterna que la corona.*

LOCALIZACIÓN
Plaza Abad Penalva, 1
Alicante
SIGLO XVII

Edificada sobre los restos de una mezquita, la concatedral de San Nicolás de Bari es de estilo renacentista herreriano. Fue construida a lo largo del siglo XVII, entre los años 1616 y 1662.

Desde mediados del siglo XX, aproximadamente, se han llevado a cabo una serie de reformas en la catedral de Alicante con el fin de favorecer su conservación.

En la actualidad, el estado de este templo es bueno, en parte gracias a las restauraciones acometidas. Es un edificio declarado Bien de Interés Cultural y Monumento Nacional desde junio del año 1974.

Concatedral de San Nicolás de Bari de Alicante

UN SIGLO SE DILATÓ LA CONSTRUCCIÓN DE LA CATEDRAL DE SAN NICOLÁS DE BARI, NOMBRE QUE RECIBE EL TEMPLO ALICANTINO, PUES A ESTE SANTO DEBE SU ADVOCACIÓN.

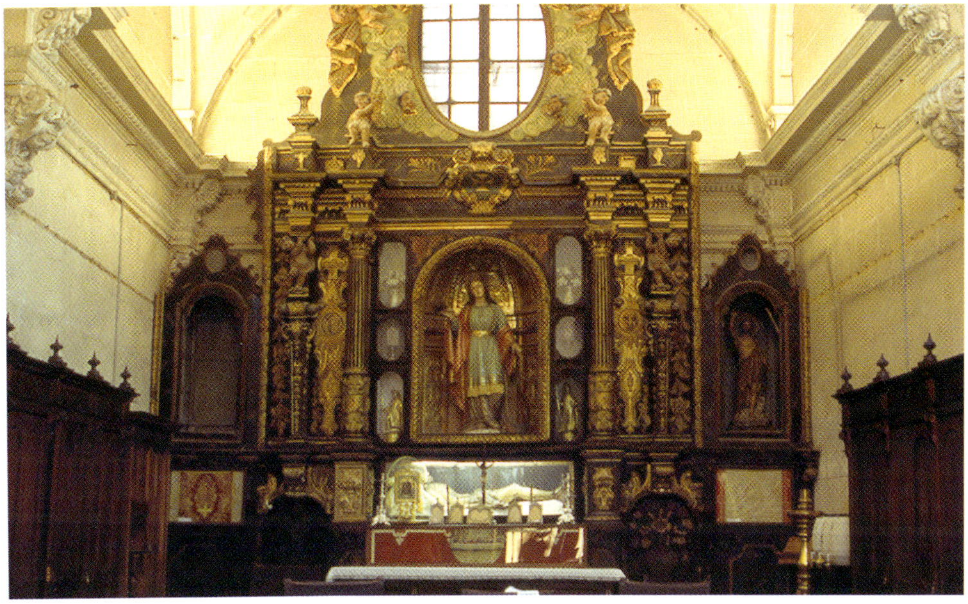

Piezas destacadas del interior *de la catedral son, por ejemplo, el Cristo de la Buena Muerte y un retablo que representa a las almas del purgatorio. En el ábside se sitúa la imagen de Nicolás de Bari, patrono de la iglesia, de estilo gótico.*

El aspecto exterior de San Nicolás destaca, principalmente, por la sobriedad de sus muros y la austeridad de su escasa decoración.

El interior, sin embargo, resulta mucho más hermoso y elegante. De la zona central del crucero emerge un tambor muy potente, del que surge la semiesfera de la cúpula, que se halla coronada por una linterna.

SU ASPECTO EXTERIOR ESTÁ CARACTERIZADO, SOBRE TODO, POR LA AUSTERIDAD.

EL CLAUSTRO

Adosado a la iglesia, se conserva un claustro cuadrado, considerado el más hermoso del arte valenciano del periodo barroco. Resulta muy espacioso y cuenta con rejas en cada arco, además de un jardín y puertas de madera de estilo renacentista talladas con representaciones de diferentes escenas. El autor de estas escenas es Juan Bautista Borja.

RENACENTISTA

Está construida en estilo renacentista, ya avanzado en determinados elementos y con cierta mezcla de la incipiente arquitectura barroca. El exterior está casi exento de elementos ornamentales.

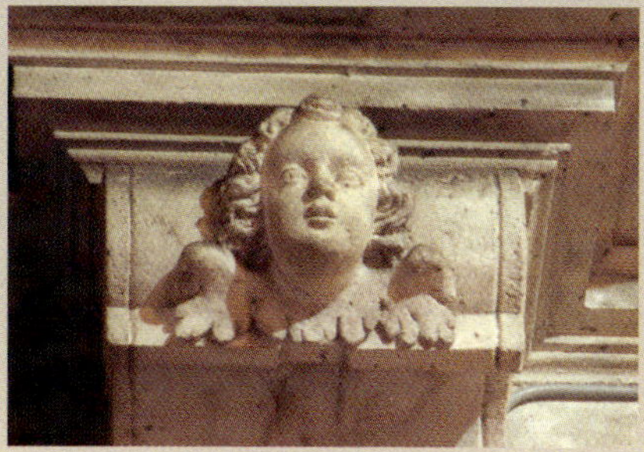

Entre los temas representados, destaca el conjunto escultórico de Jesús y los dos ladrones. Del mismo autor es la Capilla de la Comunión, del siglo XVIII, a la que se accede desde el claustro y que conserva una magnífica decoración de estilo barroco.

CONCATEDRAL DE CASTELLÓN

CASTELLÓN DE LA PLANA COMPARTE DIÓCESIS CON SEGORBE.
LA POBLACIÓN SE ALZA EN LA PLANICIE FORMADA POR LAS ESTRIBACIONES
DE LA SIERRA DEL DESIERTO DE LAS PALMAS Y EL MAR MEDITERRÁNEO.

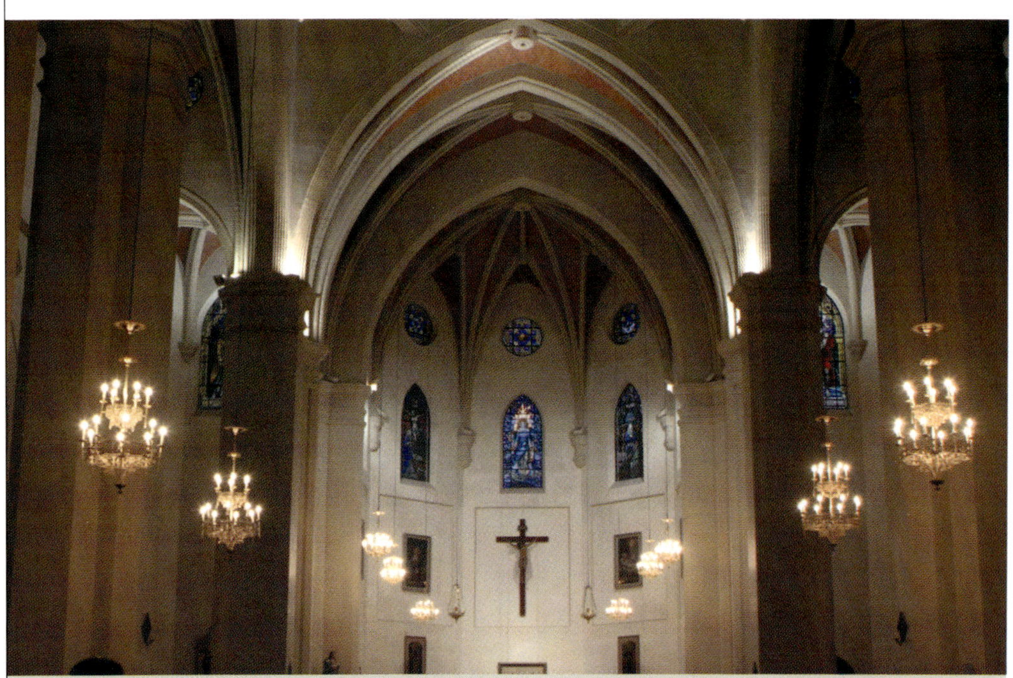

LOCALIZACIÓN

C/ Arcipreste Balaguer, 1
Castellón
SIGLOS XIII-XVI, XX

La concatedral de Santa María fue fundada por el rey Jaime I durante el siglo XIII. Sin embargo, en el siglo XIV sufrió daños irreparables provocados por un incendio que casi la destruyó por completo.

El nuevo templo de estilo gótico se empezó a alzar a principios del siglo XV, en el mismo lugar que ocupaba la anterior iglesia, proyectándose un edificio capaz de albergar mayor cantidad de fieles, según las nuevas necesidades de la población. Las obras se prolongaron durante más de un siglo, de manera que el nuevo edificio, ya renovado, no se consagró hasta el año 1549. El gótico mediterráneo más puro de la Comunidad Valenciana está representado por este edificio.

Desde su fundación hasta 1960 permaneció bajo la jurisdicción de la diócesis de Tortosa. Fue el papa Juan XXIII quien, a través de una bula papal, otorgó el privilegio, tanto a Castellón como a Segorbe, de disfrutar de la misma dignidad episcopal.

El interior del templo previo a la demolición del año 1936 es de estilo ojival

OBJETOS ARTÍSTICOS

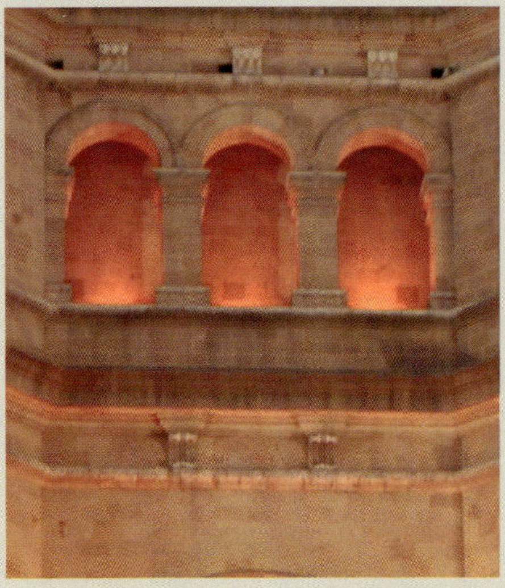

En el interior se conservan valiosos objetos artísticos, entre los que destaca una cruz procesional del siglo XVIII realizada en plata, que posteriormente fue dorada y esmaltada, así como otras obras de orfebrería valenciana. Algunas tallas son de los siglos XVII y siguientes. Uno de los elementos artísticos de mayor valor es una imagen obra de José Esteve Bonet, que representa a la Purísima, del siglo XVIII. El interior conserva también importantes lienzos de Ribalta y Oliet.

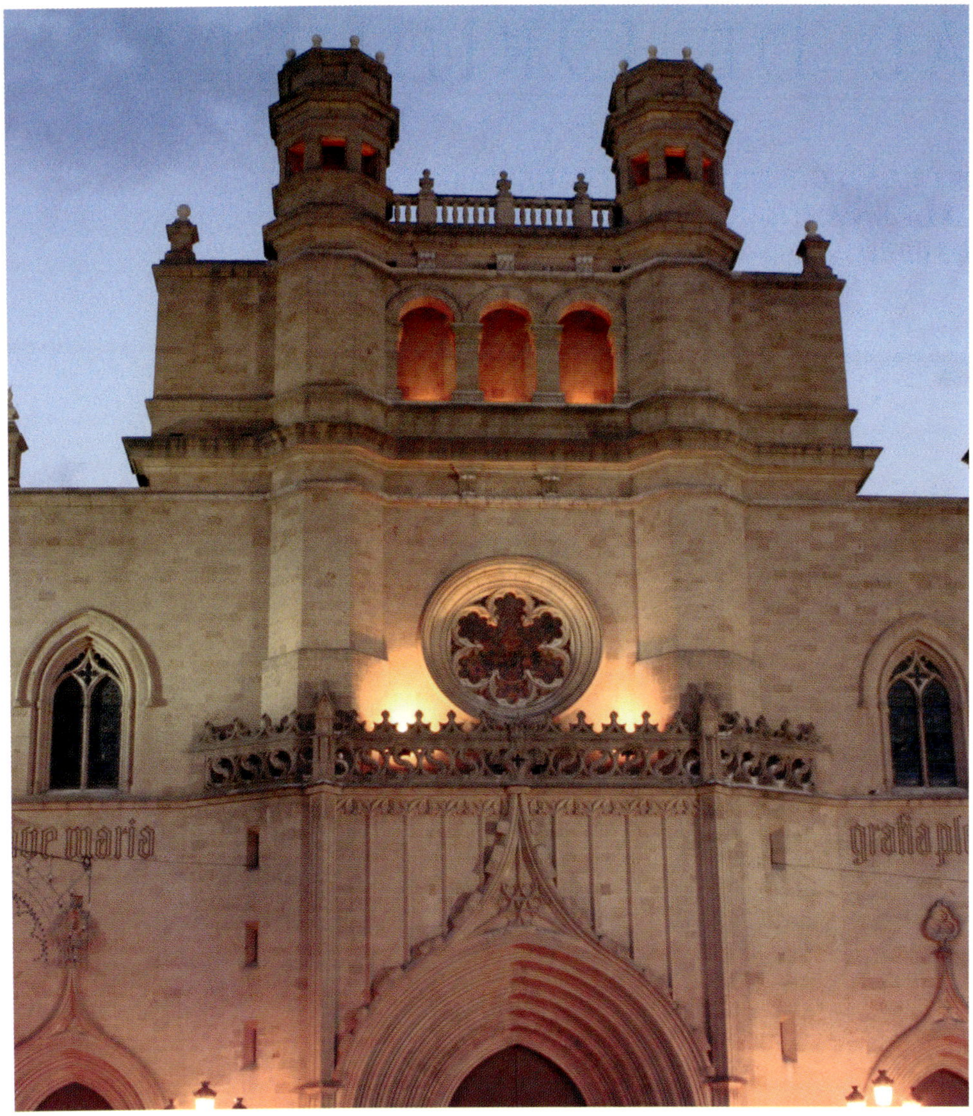

y consta de una sola nave de grandes dimensiones. El altar mayor y el presbiterio pertenecían a un estilo clasicista de orden corintio.

EMPEZÓ A CONSTRUIRSE EN EL SIGLO XIII.

RECONSTRUCCIÓN

La concatedral de Santa María de la Asunción sufrió de nuevo un incendio, a comienzos de la Guerra Civil, que malogró gravemente su estructura y su aspecto general. En el año 1936, según un acuerdo municipal de 17 de noviembre, se decidió demolerla completamente debido al mal estado en que se encontraba. A partir de 1939, el arquitecto Vicente Traver y Tomás se hizo cargo de las obras; a éste le siguió su hijo en la dirección de la construcción y, posteriormente, su nieto, Juan Ignacio Traver.

Fue reconstruida como un edificio nuevo con formas neogóticas. Aun así, afortunadamente, se conservan algunos elementos, como las tres portadas góticas de la fachada, con sus dos puertas laterales y una portada central; una pareja de ventanales agudos encima y un rosetón central. Las puertas laterales también son antiguas y conservan arquivoltas apuntadas y alguna que otra escultura desgastada.

El Fadrí

EN EL EXTERIOR Y JUNTO A LA CATEDRAL, *pero separada de ella, se encuentra la torre campanario, llamada el Campanar de la Vila y conocida popularmente con el nombre de «El Fadrí» (el soltero), por estar exenta. Esta torre domina toda la ciudad, levantándose hasta una altura de 40 metros, y alberga las campanas. Se trata de una construcción de piedra labrada, muy robusta, de planta octogonal, compuesta de cinco cuerpos, separados entre sí por cornisas, y rematada por un templete. El edificio se construyó entre los años 1594 y 1604, y es el elemento más representativo de la ciudad.*

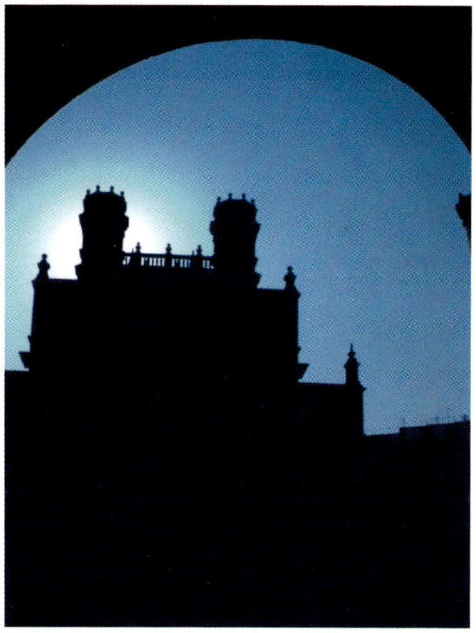

LA ACTUAL CONSTRUCCIÓN *se proyectó dentro de los parámetros de una arquitectura neogótica, reproduciendo el aspecto que el templo presentaba antes de su demolición en el año 1936.*

CATEDRAL DE ORIHUELA

ORIHUELA ES SEDE DE LA DIÓCESIS. SU CATEDRAL ESTÁ CONSTRUIDA SOBRE LOS RESTOS DE UN ANTIGUO TEMPLO VISIGODO, ADEMÁS DE ALGUNOS RESTOS HISPANOÁRABES Y MUDÉJARES.

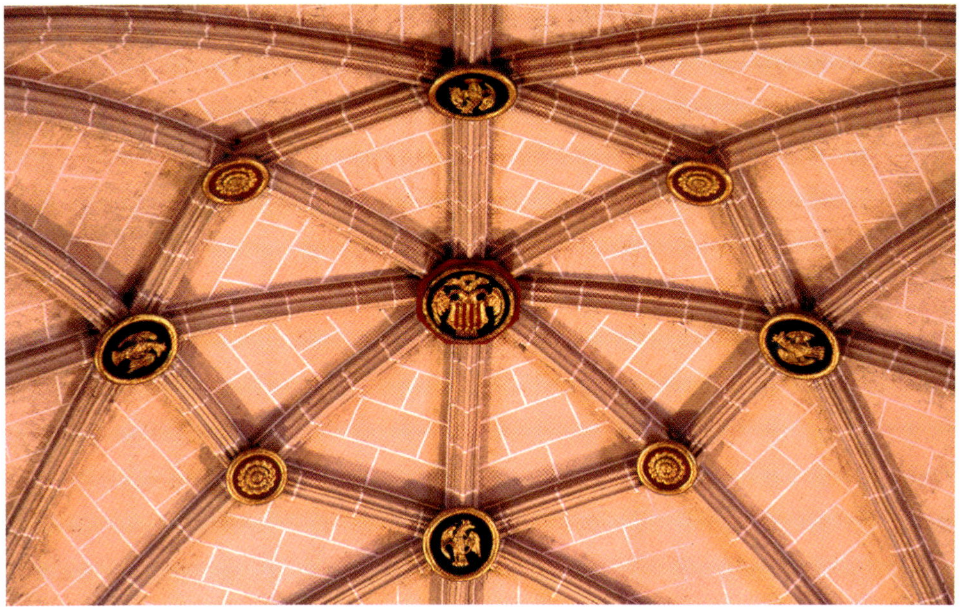

EN EL INTERIOR, TRES NAVES *se alzan sobre planta de cruz latina con brazo de transepto en un estilo gótico posterior al del resto de edificio.*

EL CLAUSTRO

El claustro fue añadido en 1942. Su ubicación original era el convento de la Merced, del que fue desmontado, para ser restaurado y adosado a la catedral de Orihuela.

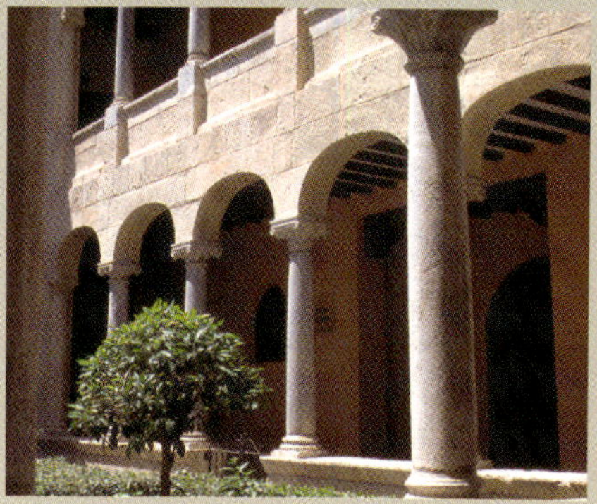

LOCALIZACIÓN
Calle Mayor, s/n
Orihuela (Alicante)
SIGLOS XIV-XVI

La catedral, que le debe su advocación al Salvador, es una de las joyas que encierra la ciudad de Orihuela. Se levantó en el primer tercio del siglo XIV en el emplazamiento que ocupaba la mezquita aljama.

Al principio se constituyó como iglesia parroquial, siendo consagrada y elevada como catedral en 1510 por el papa Julio II, pero su unión con el obispado de Cartagena no se produjo hasta el año 1564.

Su construcción dio comienzo en el primer tercio del siglo XIV y su estilo puede englobarse dentro de las características del gótico mediterráneo levantino. Sin ser de grandes dimensiones, tiene, en cambio, bellas proporciones. Aun así, el aspecto externo de la construcción nos recuerda a una fortaleza, dado el grosor y el volumen de sus muros, macizos y pesados. Esto se debe a que su arquitecto no empleó arbotantes.

En 1413 fue el papa Luna, Benedicto XIII, quien le otorgó el rango de colegiata. Posteriormente, en el año 1419 el papa Martín V le dio su confirmación.

En el año 1564, el papa Pío IV y el rey Felipe II le concedieron el obispado, ya independiente del de Cartagena. El primer obispo de esta nueva diócesis fue el llamado obispo Gallo.

En el exterior son tres las puertas que destacan del conjunto: la de la Anunciación; la de las Cadenas, la más antigua, levantada en el siglo XIV, con arco abocinado, sin tímpano ni parteluz y con una clara influencia mudéjar en la decoración de los capiteles; y, por último, la puerta de Loreto, que se acerca más a las

La planta

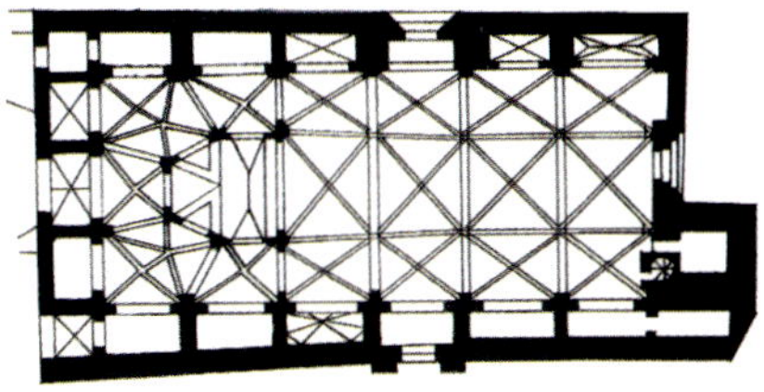

La nave central es algo más elevada *que las de los lados, pero esta elevación es mínima, por lo que los ventanales son de tamaño reducido. Entre los contrafuertes de las naves laterales se distribuye una serie de capillas, con algunas obras de gran valor histórico y artístico.*

EL REY FELIPE II Y EL PAPA PÍO IV LE OTORGARON EL OBISPADO EN 1564.

reglas del estilo gótico arcaizante. Un arco campanel se encuentra actualmente en el lugar que debió ocupar un parteluz, que posiblemente fuera sustituido por este nuevo elemento en el siglo XVI. En las arquivoltas aparecen gran cantidad de elementos decorativos escultóricos.

En el interior de la capilla de Santa Bárbara sobresale un cuadro con la imagen de la Virgen del Pópulo, del siglo XVI.

Es interesante asimismo el retablo de Santa Catalina, obra del siglo XV.

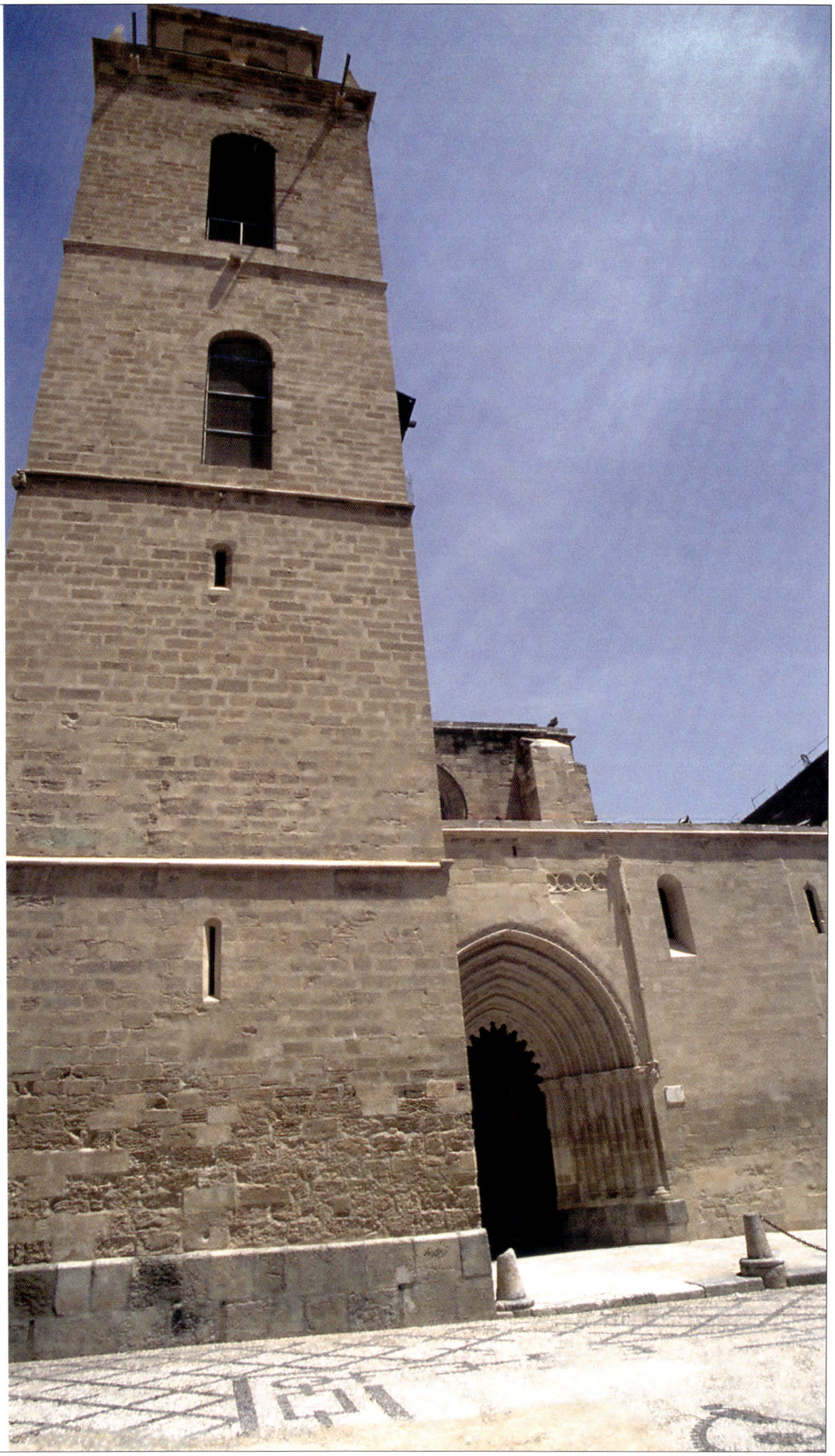

CATEDRAL DE SEGORBE

LA ANTIGUA CIUDAD DE SEGORBE, CAPITAL DEL ALTO PALANCIA, CONSTITUYE EL FOCO RELIGIOSO MÁS IMPORTANTE DE LA COMARCA. ES SEDE EPISCOPAL Y POR ESTE MOTIVO TODA SUERTE DE EDIFICIOS RELIGIOSOS SE REPARTEN POR LA POBLACIÓN.

La planta

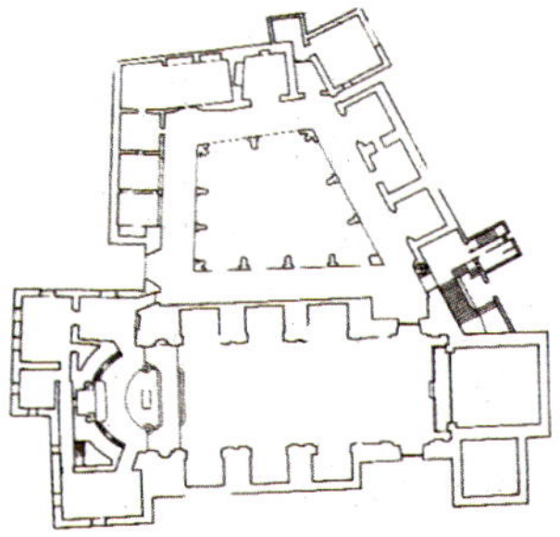

SE TRATA DE UN TEMPLO GÓTICO *de una sola nave, decorado con pilastras que abren numerosas capillas a los lados entre los contrafuertes, propio del estilo levantino. No tiene crucero ni cúpula. En el siglo XV se completaron diversos elementos, como el presbiterio, la capilla del Salvador y la sala capitular, sobre la que se encuentran los archivos. En algunas de las capillas todavía quedan restos de la primitiva construcción del siglo XIII.*

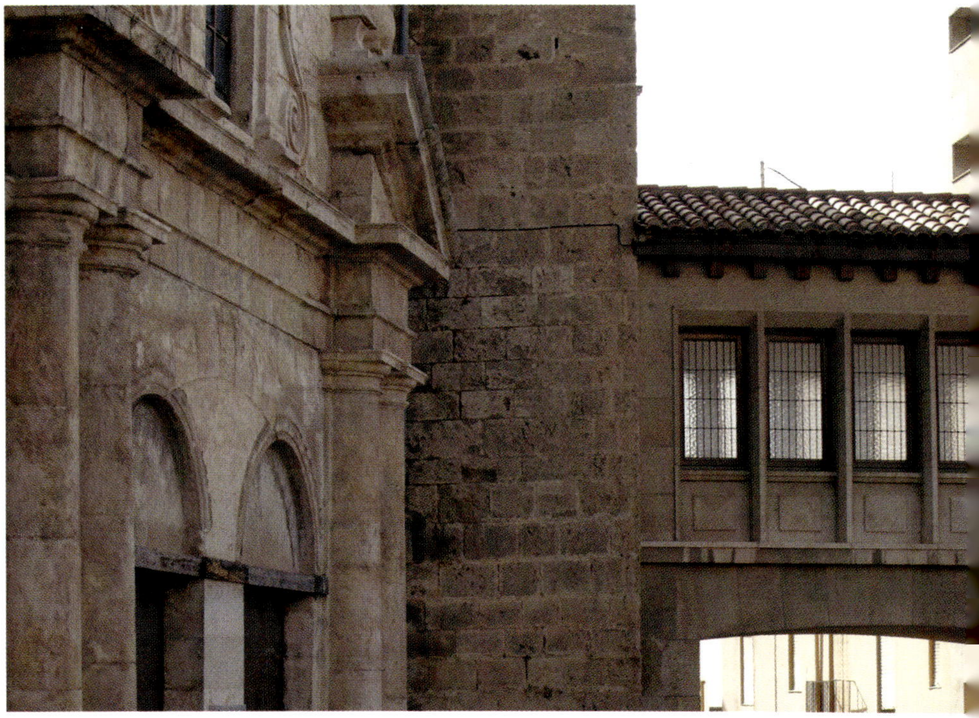

SE EDIFICÓ ADOSADA *a la muralla, y se unió mediante un arco al palacio episcopal.*

LOCALIZACIÓN
Plaza de la Seo, 1
Segorbe (Castellón)
SIGLOS XIII-XVIII

El obispado de Segorbe es de los más antiguos, pues data de los primeros tiempos del cristianismo. Tuvo numerosos obispos en la época visigoda, hasta la invasión árabe.

Estando Segorbe ocupada por los árabes y una vez reconquistada Albarracín, la sede se trasladó en 1176. Pero el edificio actual se inició en el siglo XIII y se consagró en el año 1534, compartiendo diócesis con Albarracín hasta que en el año 1577 fueron separadas.

El templo fue elevado a la categoría de basílica en el año 1983 por el papa Juan Pablo II.

La catedral se comenzó a construir en estilo gótico en el siglo XIII, adosada a la muralla de la ciudad, junto a su torre, su claustro y demás dependencias. A lo largo del tiempo, y a consecuencia de diferentes enfrentamientos y acontecimientos bélicos, fue sufriendo cambios y transformaciones. De la primera construcción se conserva muy poco en la fachada orientada al oeste.

El conjunto quedó configurado en el siglo XIV, pero a lo largo del XV se completó con varios elementos más, entre ellos una serie de capillas del claustro, como la capilla del Salvador y la sala capitular.

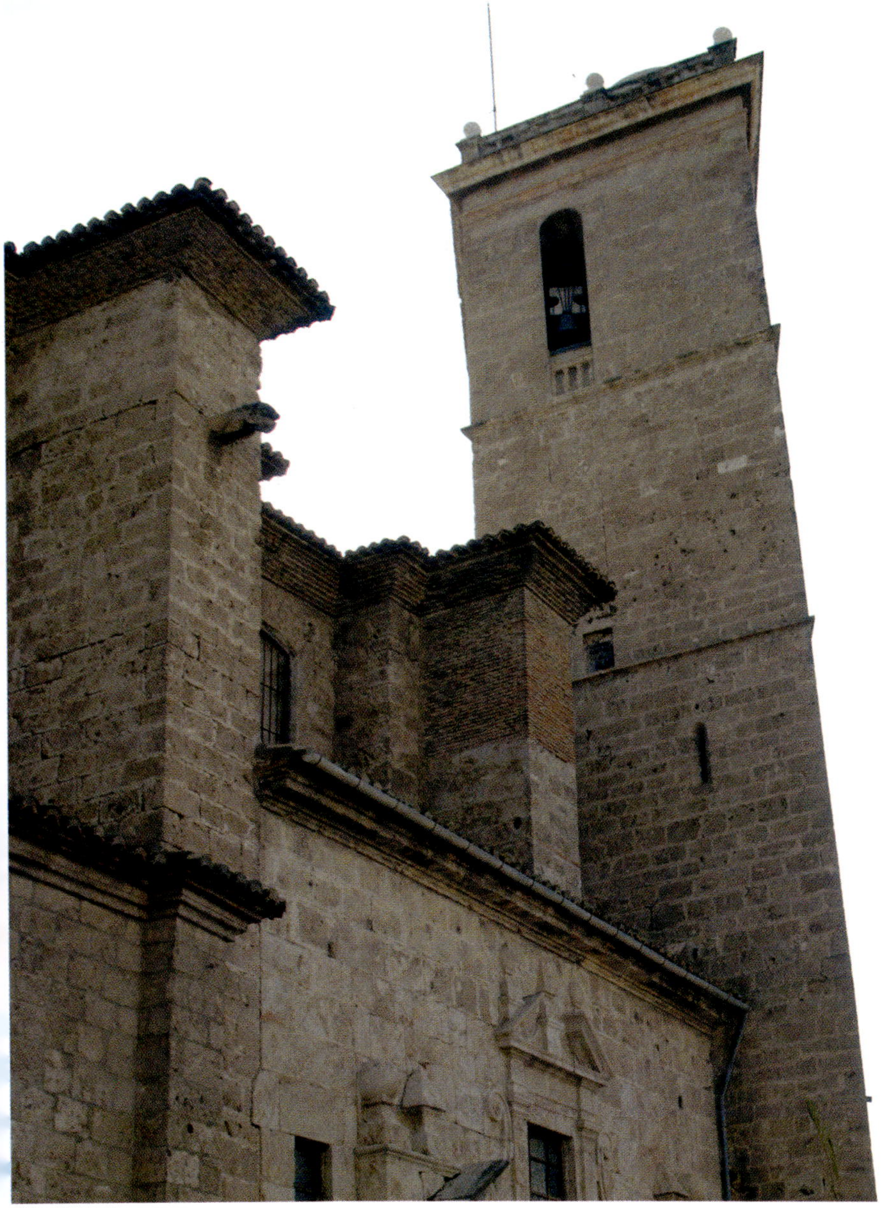

EL TORREÓN

La torre se encuentra situada junto a la fachada principal. Este campanario está construido en piedra de sillería entre los siglos XIV y XVI. De planta trapezoidal, cuenta con tres alturas, con un cuerpo de campanas en el último tramo.

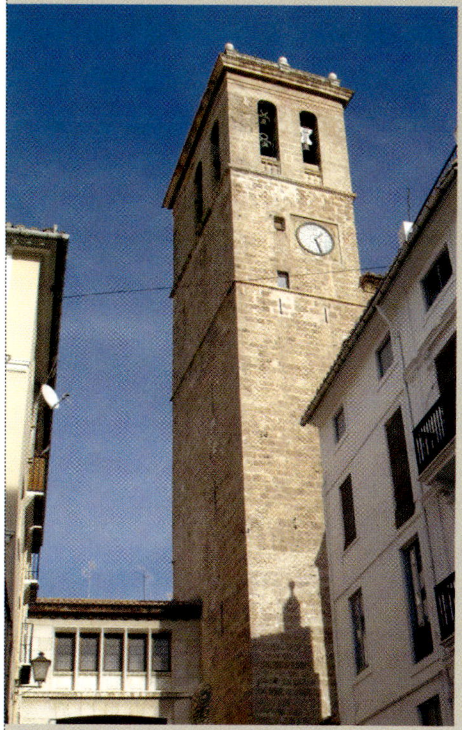

EL CONOCIDO COMO TORREÓN DE SANTA BÁRBARA *es de origen románico. Alberga un pequeño oratorio dedicado a esta santa.*

EN 1983, EL TEMPLO ADQUIRIÓ LA CATEGORÍA DE BASÍLICA.

Al final del siglo XVII, el obispo Vives de Rocamora levantó la fachada principal frente al palacio episcopal.

En 1791, el edificio se amplió, transformándose en un templo de estilo neoclásico, y volvió a consagrarse en el año 1795. Así, la actual catedral es de estilo academicista.

Cuenta con dos entradas principales. La portada principal, clasicista, es obra del siglo XVII y se erigió por orden del obispo Vives de Rocamora, con columnas dóricas pareadas y un frontón partido.

En el interior destacan los altares de mármol y el ábside con la glorificación de María, de Manuel Camarón, de principios del siglo XIX.

El coro, del siglo XVIII. tiene una sillería barroca obra de Nicolás Camaró, con reja valenciana.

Catedral de Badajoz

LA CATEDRAL DE SAN JUAN BAUTISTA DE BADAJOZ ES UNA DE LAS PRIMERAS DE ESTILO GÓTICO EN EXTREMADURA. SU CONSTRUCCIÓN NO FINALIZÓ HASTA EL SIGLO XV.

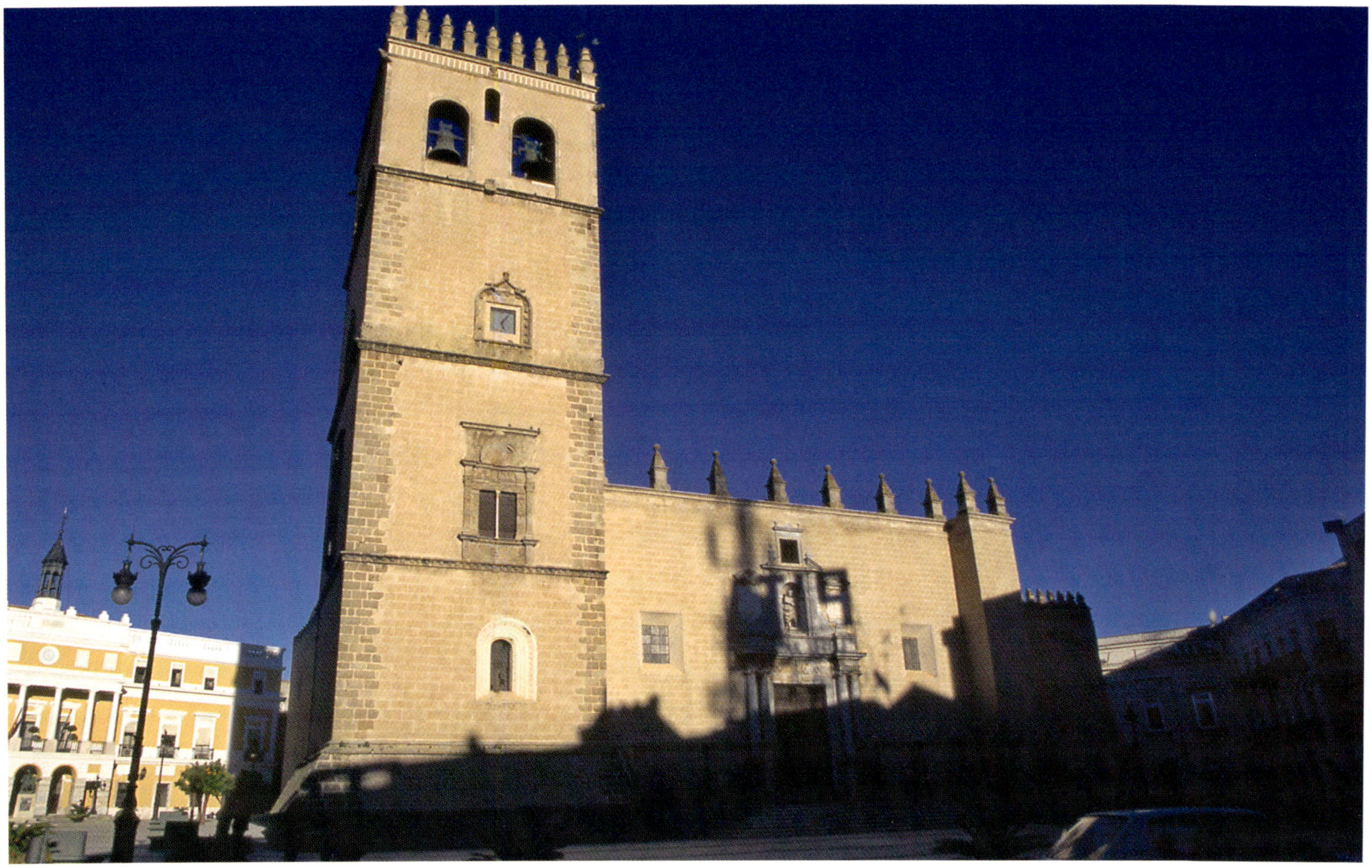

LOCALIZACIÓN
Plaza de España, s/n
Badajoz
SIGLOS XII-XV

Los sarracenos ocuparon Badajoz hasta que Alfonso IX la conquistó. En el año 1230 se nombró obispo a fray Pedro Pérez para la población cristiana de estas tierras. Este obispo tuvo como prioridad reorganizar la diócesis, creando una nueva catedral.

Se decidió su construcción sobre una antigua ermita mozárabe, situada en una llanura al suroeste, ya que en el recinto amurallado de la ciudad no había suficiente espacio para un templo de estas dimensiones.

Esta catedral ya nació bajo la advocación a San Juan Bautista. Por lo tanto, el símbolo del templo es el cordero.

Esto sucedía en el momento de la creación del edificio, pero quien realmente impulsó la catedral fue el rey Alfonso X el Sabio, aportando abundantes donaciones.

En la segunda mitad del siglo XIII ya estaba casi terminada. En el año 1274 se

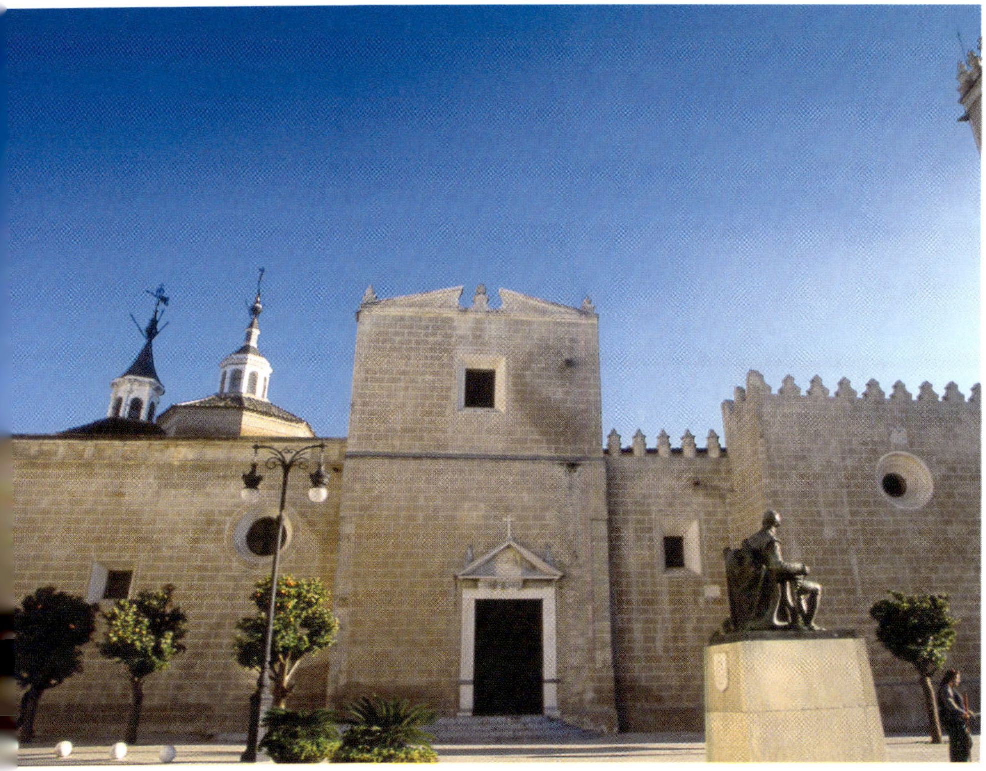

La puerta de San Juan, *realizada en 1619, es actualmente la puerta principal. Construida en mármol, contiene la imagen de San Juan Bautista.*

La planta

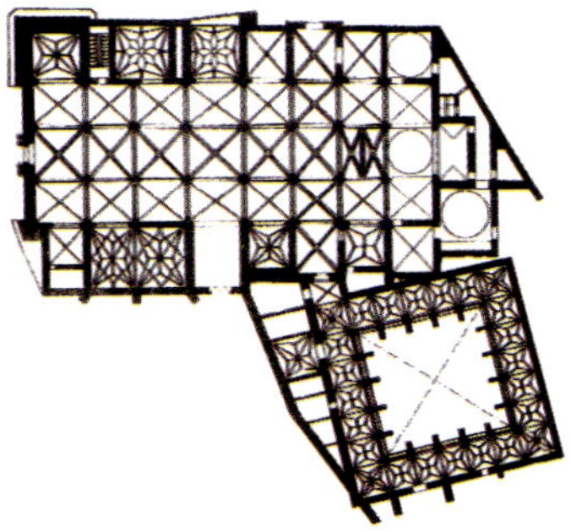

El interior presenta planta basilical *de tres naves de cinco tramos y transepto, y una cabecera formada por tres ábsides poligonales para el altar mayor, todo ello cubierto con bóveda de crucería formada por arcos ojivales. Los capiteles de los pilares están adornados y en las bóvedas aparecen escudos episcopales. En la cabecera de la nave central se halla el retablo del altar mayor, de traza barroca, con tallas y pinturas. San Juan Bautista corona el conjunto.*

finalizó la capilla mayor, las tres naves de la cabecera y el transepto. En el año 1276 se consagró, momento desde el que ya comenzaron a celebrarse los oficios.

Pero la construcción total no se terminó hasta el siglo XV. Las causas de este fenómeno fueron las guerras contra Portugal. El nuevo templo sufría siempre los ataques de las tropas durante los enfrentamientos bélicos, lo que producía en la estructura daños que posteriormente debían repararse.

TRES PUERTAS

Hay tres puertas de acceso al templo. Una de ellas es la puerta de San Juan o del Perdón. La puerta del Cordero, que está orientada al norte, al principio de la construcción fue la más importante. Por ella accedían los reyes y los obispos al interior. Está adornada con la figura del cordero. La puerta de San Blas está enmarcada por pilastras y arcos de medio punto. En una hornacina, Hans de Bruselas puso la escultura de San Blas.

La antigua iglesia mozárabe que existía antes de la construcción de la catedral es ahora la cripta, que en el siglo XVI se habilitó para los enterramientos.

LA TORRE

El exterior del templo presenta aspecto de fortaleza, debido a este carácter defensivo que desde un principio mantuvo Badajoz por ser ciudad fronteriza. Sus muros, de los que sobresale la torre, se encuentran coronados por almenas.

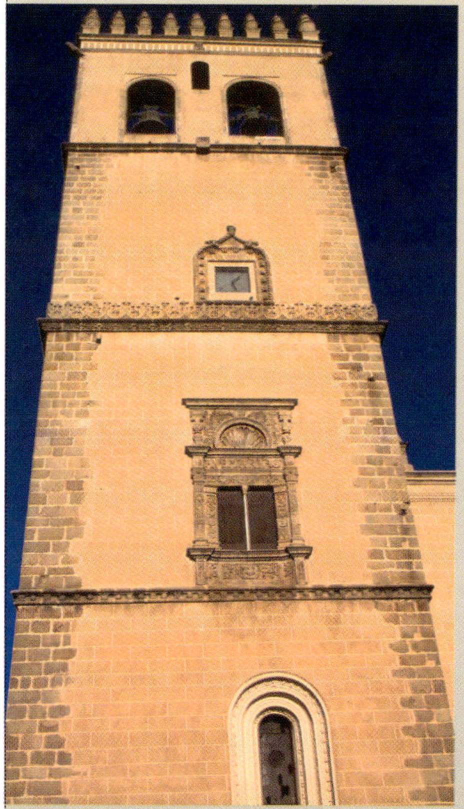

Almenada, de planta cuadrangular *y 11 m de anchura, la torre mide 41 m de altura. Cuenta con tres cuerpos y campanarios. En el segundo cuerpo tiene dos ventanales artísticos realizados en piedra.*

Concatedral de Cáceres

LA CONCATEDRAL DE SANTA MARÍA DE CÁCERES ES UN TEMPLO DE CARÁCTER MONUMENTAL, UNO DE LOS MÁS ANTIGUOS DE LA POBLACIÓN Y LA IGLESIA MEDIEVAL MÁS IMPORTANTE.

LOCALIZACIÓN

Plaza de Santa María, s/n

Cáceres

SIGLOS XIII-XVI

La construcción del edificio se inició a finales del siglo XIII, aunque la mayor parte de las obras, ampliaciones e intervenciones arquitectónicas se desarrollaron durante los siglos XIV, XV y XVI, por lo que encontramos elementos que van del estilo románico al plateresco. Se cree que fue edificada sobre una antigua ermita del siglo XIII.

Desde el año 1957, en que recibió la categoría de concatedral, este templo comparte la sede episcopal con Coria (catedral de Santa María de la Asunción, ver páginas siguientes).

La mayoría de los elementos que la componen, incluidas las dependencias, están desarrolladas dentro del estilo gótico, muy elegante y sobrio.

Su estructura es bastante irregular y esto es debido a que se construyó sobre un templo con diferentes bases arquitectónicas.

Es de un estilo románico tardío, más de transición al gótico, incorporando, además, algunos elementos de la arquitectura renacentista, debido a las intervenciones que se acometieron en el edificio.

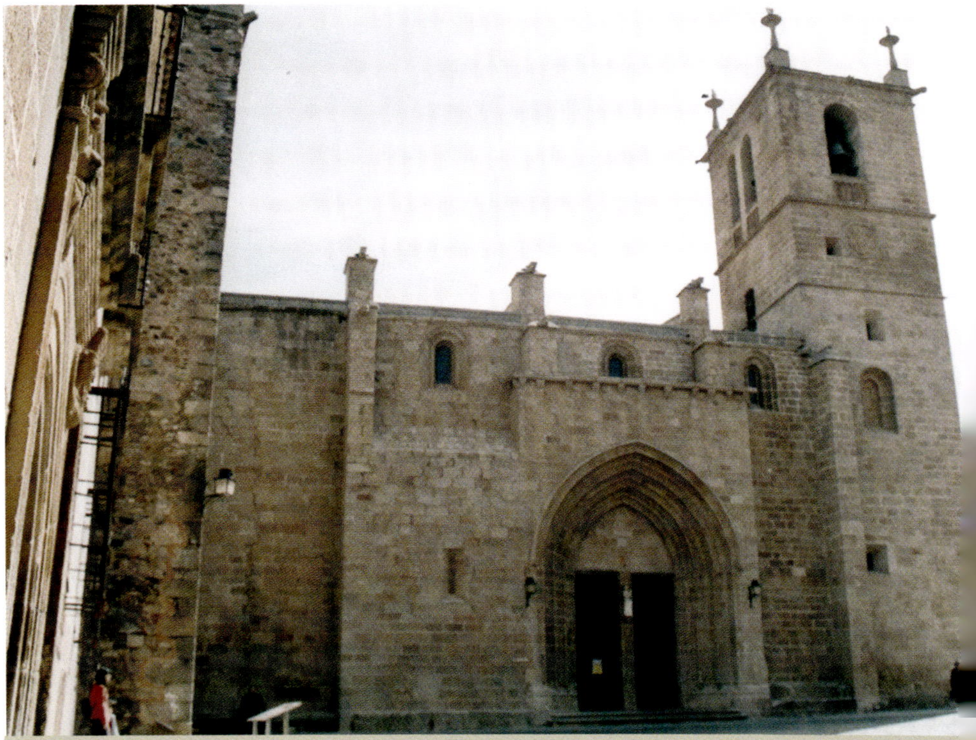

LA TORRE

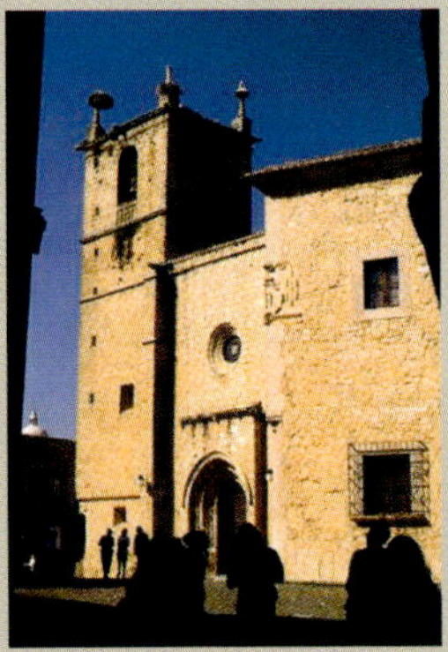

A la izquierda de esta portada principal se eleva la torre, que sirve como campanario, sobre una planta cuadrada. Consta de tres cuerpos divididos por molduras. En el segundo de los cuerpos, dentro de un medallón, se encuentra el símbolo de la Virgen, un jarrón de azucenas. La torre se encuentra rematada por cuatro flameros.

A los pies de este elemento se ubica la imagen que representa a San Pedro Alcántara, obra de 1954 realizada en bronce por el escultor Pérez Comendador, también extremeño.

La portada que se encuentra enfrente del palacio episcopal es de estilo ojival, compuesta por delgadas arquivoltas. Es muy elegante, pese al tímpano, que se muestra sin ornamentación y con el hueco cortado por un pilar, que contiene una ménsula, sobre la que descansa una imagen de la Virgen.

La otra portada, la de los pies del templo, es de estilo gótico, con cuerpo saliente. En su cornisa tiene unos canecillos románicos como motivo ornamental.

LO MÁS RELEVANTE DEL INTERIOR ES LA PUERTA DE LA SACRISTÍA DATADA EN EL SIGLO XVI.

La nave está realizada con piedra de sillería. Junto al presbiterio se abren dos capillas laterales, y otras dos capillas adyacentes se sitúan en el lado de la epístola.

El ábside se encuentra flanqueado por dos capillas del siglo XVI, la del Cristo y la de San Miguel. Sobre éste, además, se extiende una hermosa bóveda de crucería.

La planta

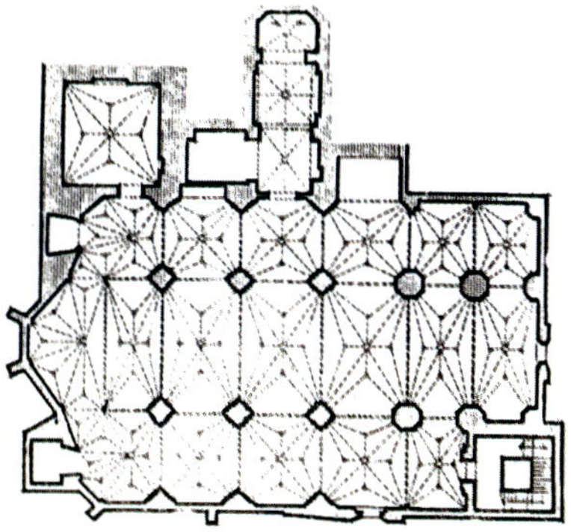

EL EDIFICIO ESTÁ COMPUESTO POR *tres espaciosas naves que se alzan sobre una planta rectangular. En el alzado, estas naves se dividen mediante pilares góticos cruciformes, sobre los que se asientan las bóvedas.*

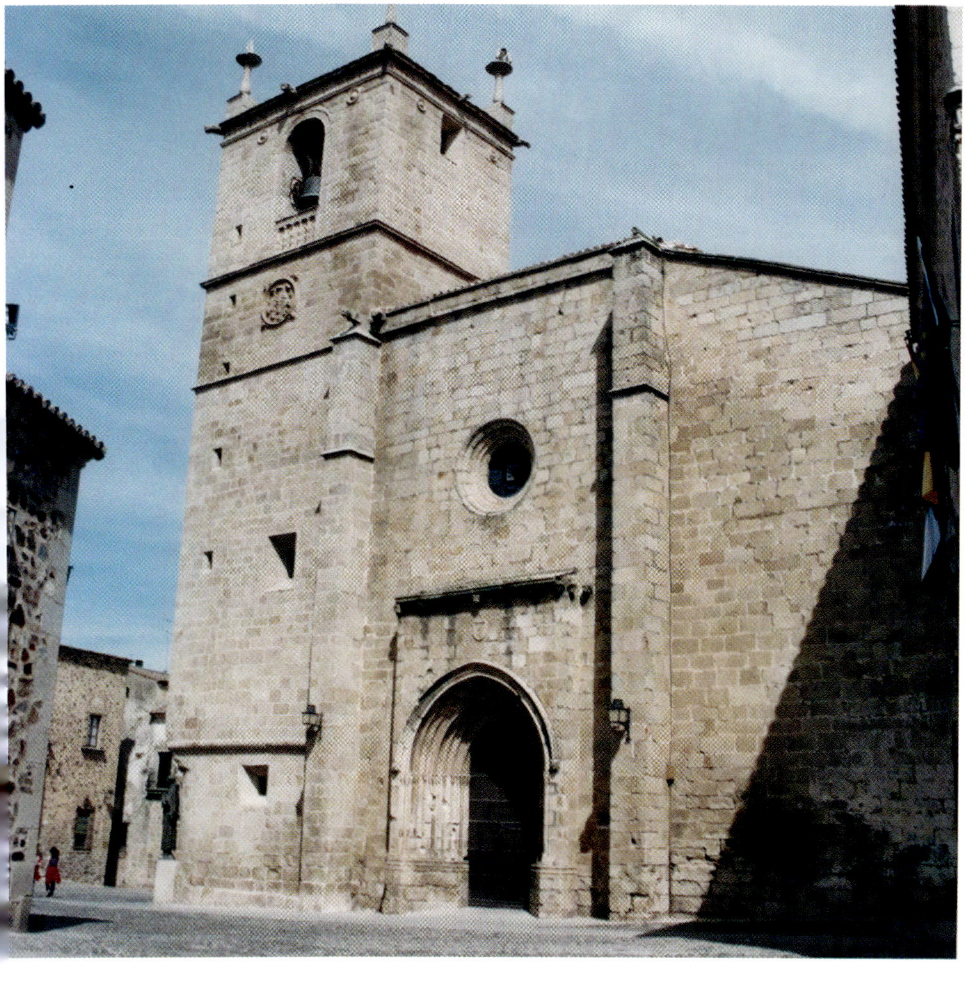

El retablo del altar mayor es de cedro y otras maderas preciosas. De estilo renacentista, su autor es Roque Balduque, quien la llevó a cabo en el año 1551.

OBRAS DE ARTE

En el templo también encontramos una pila del siglo XIV. Además, resaltan numerosas lápidas, sepulcros de alabastro y cantería, sarcófagos y una colección de objetos religiosos realizados todos ellos entre los siglos XV y XIX.

El coro está labrado en madera y es de estilo renacentista.

También destaca la puerta de la sacristía, realizada por Alonso de Torralba en 1525. Está construida con arco de medio punto sobre pilastras platerescas.

LA PORTADA ES DE ESTILO OJIVAL, compuesta por delgadas arquivoltas.

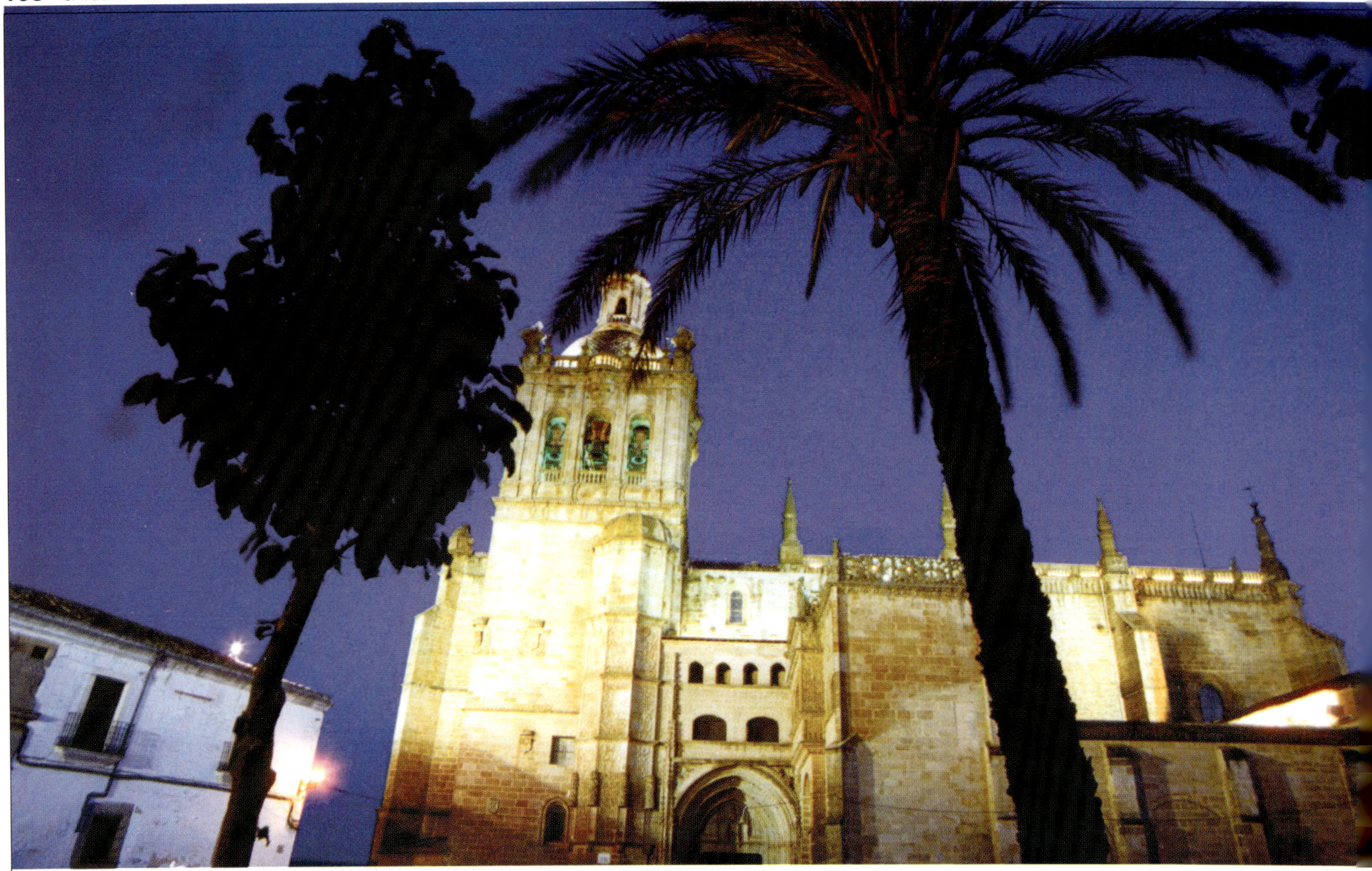

CATEDRAL DE CORIA

UNO DE LOS EDIFICIOS MÁS EMBLEMÁTICOS Y REPRESENTATIVOS DE CORIA Y DE TODA EXTREMADURA ES LA CATEDRAL DE LA ASUNCIÓN.

La planta

EL CONJUNTO SE COMPONE DE UNA ÚNICA NAVE, *también de los siglos XVI y XVII. Destacan sus potentes y recios muros y las bóvedas con nervaduras estrelladas en terceletes y cambado circular. Todo el conjunto está culminado por un presbiterio de planta cuadrada. El edificio se completa con algunas capillas distribuidas por su interior, como la capilla de las Reliquias, donde el barroco se perfecciona con la cubierta de cúpula de media naranja.*

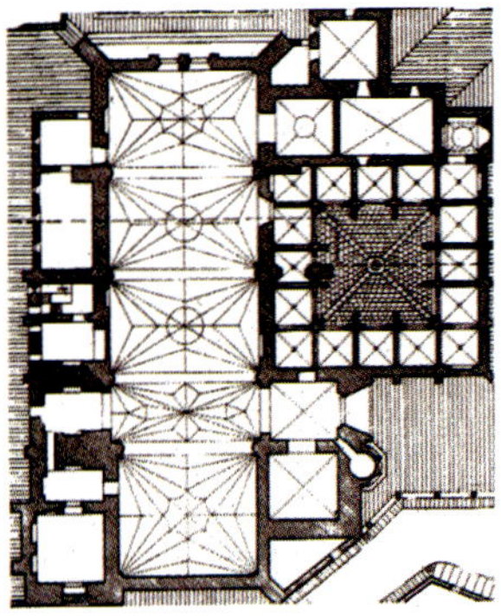

El templo se levantó sobre un edificio construido en época medieval, así como sobre una «*eclessia cathedralis*» del periodo visigodo. De esta segunda catedral hay restos todavía en el claustro.

La actual catedral se proyectó en el año 1498, pero no fue hasta el siglo XVI cuando comenzaron las obras. La portada más antigua que se conserva es la

ESTILO GÓTICO

El interior presenta, en general, un estilo gótico con diferentes rasgos de otras tendencias artísticas en las decoraciones y en los elementos arquitectónicos, así como en el orden de sus columnas y pilastras de tipo gótico tardío.

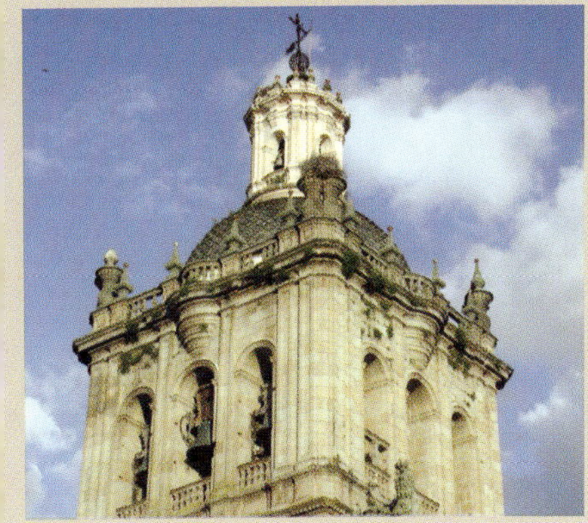

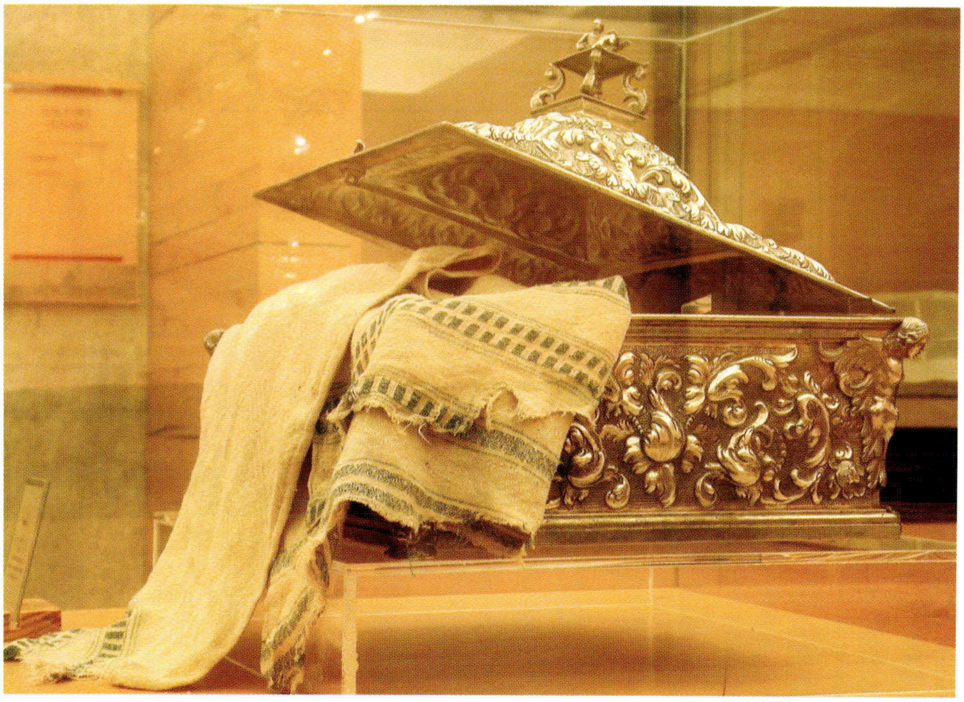

EL MUSEO DE LA CATEDRAL DE CORIA *está situado en el claustro (obra del siglo XIV). Actualmente, se ha convertido en museo de arte sacro. En él se muestra una importante colección de objetos artísticos religiosos.*

llamada del Evangelio, colocada al norte del templo. Su estilo arquitectónico está en relación con el gótico final, con detalles del estilo plateresco. Esta puerta es obra de Martín de Solórzano.

La puerta del Perdón es la más grande de todas y ya perteneciente al pleno periodo renacentista. Tiene aspecto de retablo y la realizó Pedro de Ybarra, quien representó en ella escenas de la Anunciación y Nacimiento de Cristo, además del tema de la adoración de los pastores y la Epifanía.

El conjunto está rematado con las imágenes de San Pedro y San Pablo, Cleopatra y Marco Antonio, y otros personajes, dentro de una complejidad simbólica interesante.

> LOS ELEMENTOS MÁS DESTACADOS SON EL RETABLO DEL ALTAR MAYOR Y EL CORO.

La portada occidental está organizada mediante columnas clásicas. Es de estilo renacentista.

Manuel de Larra Churriguera remató la construcción de la catedral con el pináculo de la torre en el año 1748. En esta época también se construyeron las balaustradas y los chapiteles, que fueron destruidos en gran parte durante el terremoto de Lisboa de 1755, que también afecto a la región.

Al poco tiempo, gracias al empuje que le dio a las obras el cabildo, se volvió a levantar la cúpula gallonada, así como el cuerpo de campanas de la torre, con los mismos parámetros que le había otorgado Lara Churriguera.

Destacan el retablo del altar mayor, así como el coro en madera de nogal, con su sillería tallada dentro del estilo del periodo gótico.

De este mismo estilo es también el sepulcro del obispo Ximénez de Préxamo, impulsor de la construcción del templo. Otro sepulcro importante, éste ya de estilo más clasicista, es el del obispo García de Galarza.

LOCALIZACIÓN
Plaza de la Catedral, s/n
Coria (Cáceres)
SIGLO XIII-XVII

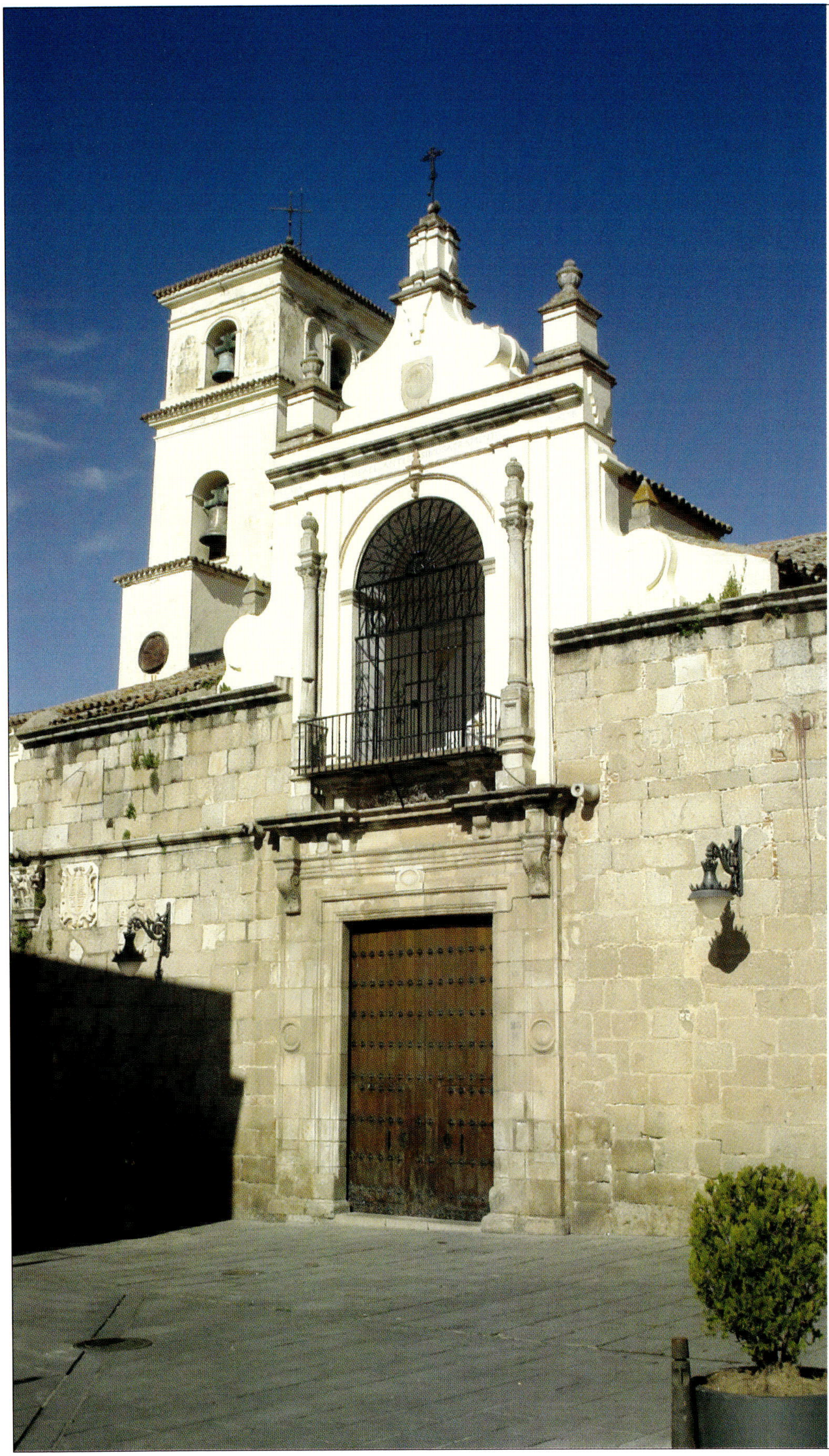

La planta

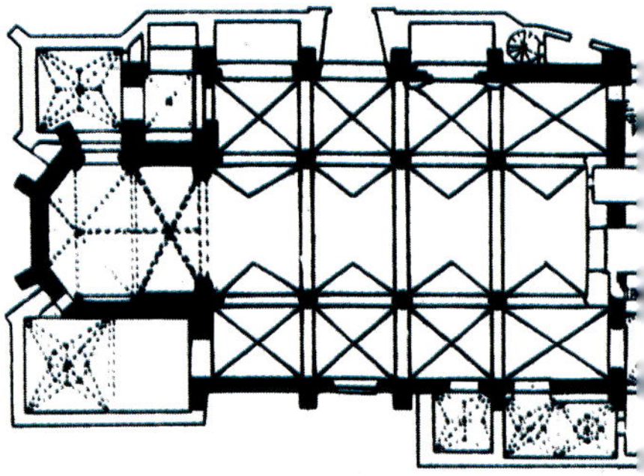

El templo se construye *articulado sobre una planta compuesta por tres naves y sin crucero. La nave central es dos veces más ancha que las laterales. Todas éstas se encuentran separadas entre sí mediante pilares de planta cuadrada, con una columna adosada a cada uno de los frentes, y de esta columna parten unos arcos apuntados.*

LOCALIZACIÓN
Plaza de España, s/n
Mérida (Badajoz)
SIGLOS XIII-XVIII

A los pies del templo llama la atención la fachada de la parte oriental, cuya creación se debe a Mateo Sánchez de Villaviciosa. Está compuesta de dos cuerpos, la parte inferior está distribuida mediante dobles pilastras cajeadas, con capiteles de orden jónico. El cuerpo superior de esta fachada se halla compuesto de pilastras acanaladas de orden corintio, que se encuentran enmarcando los escudos de Mérida y de la orden de Santiago. Estos dos escudos tienen la función de soportar sus correspondientes entablamentos. El del segundo cuerpo se remata en su parte superior mediante un alero, sobre el que se abre un vano adintelado con balconcillos.

CONCATEDRAL DE MÉRIDA

LA CONCATEDRAL DE NUESTRA SEÑORA SANTA MARÍA LA MAYOR DE MÉRIDA FUE EN MUCHAS OCASIONES LA SEDE ELEGIDA PARA LAS CELEBRACIONES DE CONCILIOS. HA SIDO DENOMINADA, EN ALGUNOS CASOS, CON EL NOMBRE DE SANTA JERUSALÉN.

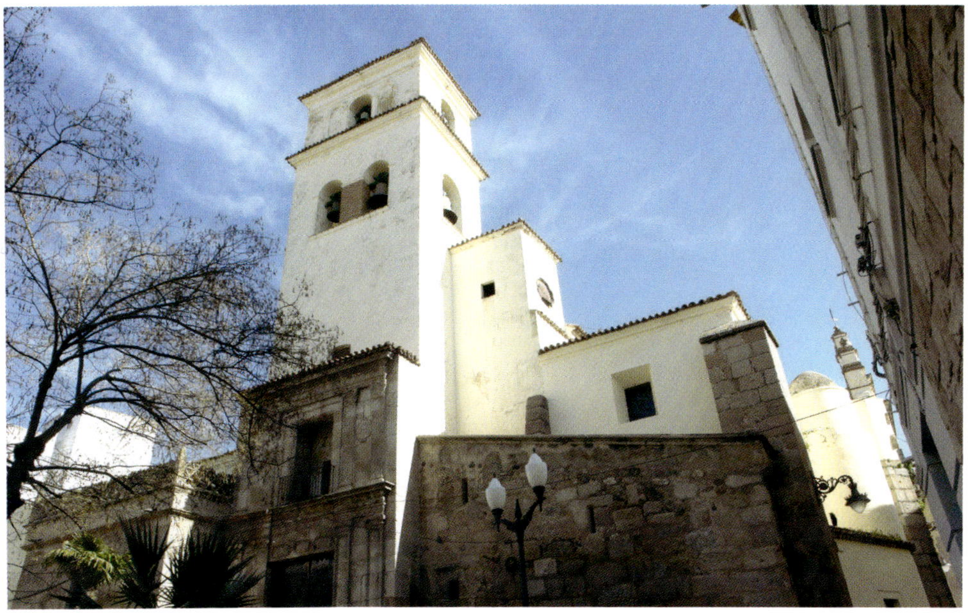

DE LA ANTIGUA CATEDRAL VISIGODA *no quedan apenas vestigios, pues ha sido destruida por completo a lo largo del tiempo.*

CATEDRAL VISIGODA

La concatedral de Santa María de Mérida se levanta en el mismo emplazamiento donde se encontraba en el periodo visigodo otro templo, de igual denominación y consagración, y que tuvo el privilegio de ser catedral metropolitana de Mérida.

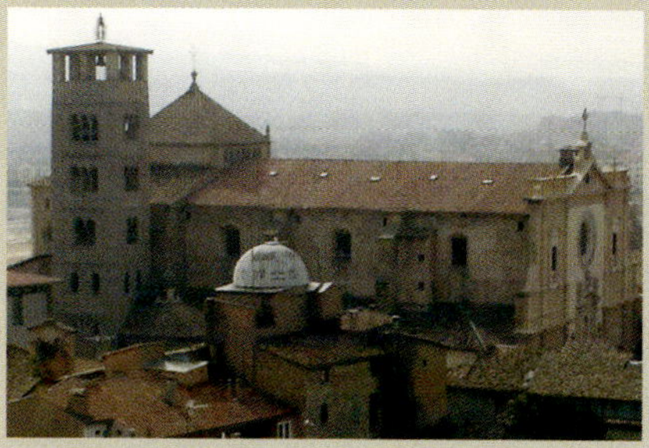

En la zona del entablamento se puede distinguir la leyenda que reza: «*Domum tuam Domine Sanctitudo. Paso. LXXXII*». Este fragmento corresponde al salmo del rey David.

La zona del presbiterio está dividida en dos tramos, que se cubren con bóveda de terceletes. La planta es rectangular en el primero de estos tramos, y el segundo de ellos tiene planta en abanico. En la bóveda aparece una clave que está decorada mediante un florón vegetal. El Cordero Místico se representa en la clave del otro tramo de bóveda. A ambos lados del presbiterio se encuentran los sepulcros realizados en alabastro de Diego de Vera y Mendoza, trece de la orden de Santiago y de su esposa, doña Marina Gómez de Figueroa. La zona correspondiente al ábside central presenta una decoración en la que destaca el gran retablo realizado en 1762. Se compone de dos cuerpos, pues fue mutilado en parte: se eliminó el remate superior para poder dejar espacio a la ventana, realizada con anterioridad, en el siglo XIII.

UN FLORÓN VEGETAL EMBELLECE LA CLAVE DE LA BÓVEDA.

La hornacina del segundo cuerpo, colocada en la zona central, apoya sobre un basamento de pedestales y se encuentra ocupada por la imagen de la Santa Patrona de la iglesia, rodeada de otras imágenes, como las de los apóstoles Pedro y Pablo y las dos santas Eulalia y Julia.

Catedral nueva de Plasencia

LA CATEDRAL NUEVA DE PLASENCIA ES UN CÚMULO DE ELEMENTOS ABUNDANTES Y VARIADOS QUE SE UNEN EN UNA CONSTRUCCIÓN PODEROSA, ANTE LA QUE EL ESPECTADOR OBSERVA UNA OBRA QUE BIEN PUEDE ANTOJARSE INCOMPLETA.

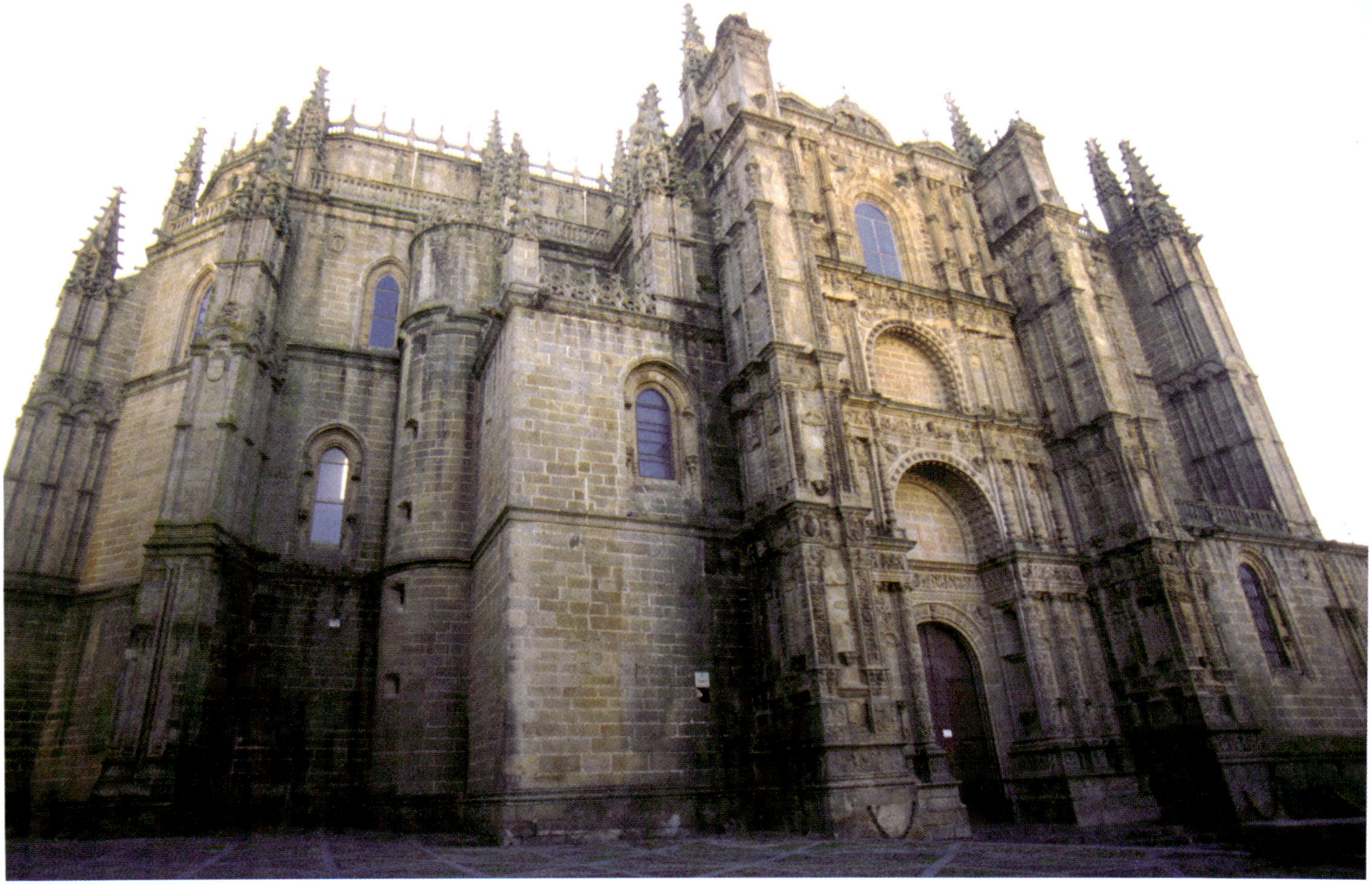

LOCALIZACIÓN
Plaza de la Catedral, s/n
Plasencia (Cáceres)
SIGLO XV-XVI

La catedral de Plasencia, denominada «catedral nueva», fue iniciada en el año 1498 por el obispo Gutiérrez Álvarez de Toledo, y su construcción se prolongó durante todo el siglo XVI, dentro de los parámetros del estilo renacentista. En el siglo XVIII todavía se encontraba en obras. Finalmente, ha quedado inacabada.

Su exterior está formado por un conjunto de elementos, como medallones, ventanales, imágenes, además de las portadas, todos ellos distribuidos por las fachadas del templo.

Es un edificio de tres naves, de las cuales la central alcanza una altura de 23 m.

Las columnas que sustentan las descargas de los muros carecen de capiteles, por lo que se alzan desde el suelo, arran-

ARQUITECTOS DE RENOMBRE

En su edificación contribuyeron los arquitectos más prestigiosos de la época, como Enrique Egas, quien confeccionó los primeros planos de la catedral. Otros de los artífices fueron Juan de Álava, Francisco de Colonia, Covarrubias, Diego de Siloé y Rodrigo Gil de Hontañón, todos ellos reconocidos por sus grandes creaciones en este periodo. También participó de forma activa todo un grupo de canteros de la zona, entre los que destaca la familia de los González. El retablo mayor, de 23 m de altura y composición mixta, es obra del artista Gregorio Fernández, de la escuela de Valladolid, en el siglo XVII. Se trata de una obra neoclásica con esculturas de este maestro y en la que las pinturas corresponden a Francisco Ricci.

cando desde la base, como nervaduras que se abren como palmeras y que se integran en las bóvedas situadas en un plano muy elevado.

El coro, procedente de la catedral vieja, está tallado en madera de nogal por el escultor Rodrigo Alemán, es de estilo gótico flamígero y sigue la tendencia de las sillerías españolas del siglo XV.

Se trata de una obra en la que se muestra en todo su esplendor un conjunto de taraceas, tallas, pomos, encajes y calados, todos ellos de magnífica factura. En ellos se muestra una representación total de la historia sagrada, desde la creación de Adán y Eva hasta la llegada del Espíritu Santo.

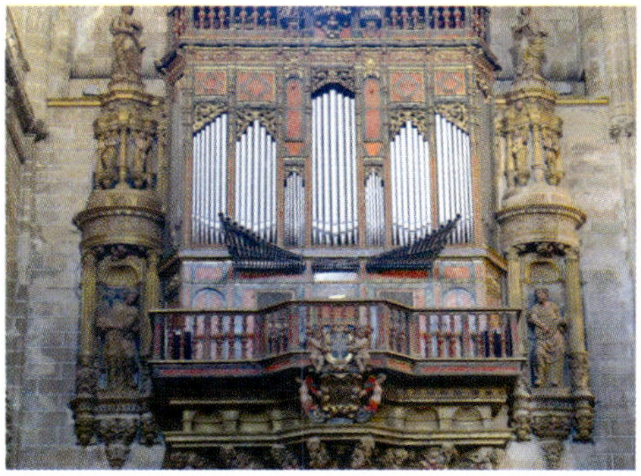

LA HISTORIA SAGRADA APARECE DIBUJADA EN LOS DORSALES DE LA SILLERÍA.

Sin embargo, en los brazos de las sillas podemos observar que la temática representada es más profana. En ellos encontramos todo tipo de historias y anécdotas fantásticas. Aparecen los sitiales de los Reyes Católicos y la cátedra del obispo en el centro.

La reja del coro plateresco ha sido atribuida a Juan Bautista Celma y está presidida por una imagen de la Virgen. En el interior de este recinto se guarda la sillería del coro.

A la derecha del retablo mayor destaca la portada de estilo plateresco de la sacristía, realizada por Juan de Álava.

Los retablos laterales fueron realizados por los hermanos Churriguera. En éstos se venera el misterio de la catedral. Este altar se conoce con el nombre de Altar del Tránsito, pues mediante un sistema de poleas se abre una urna, donde se descubre la escultura yacente de la Virgen.

Vítores estudiantiles

LLAMA LA ATENCIÓN *en el exterior la cantidad de vítores impresos que se distribuyen por la fachada plateresca. Nació la tradición entre los universitarios de plasmar estos símbolos en agradecimiento a los que habían contribuido, de alguna manera, a su éxito en los estudios, o a los benefactores que los mantuvieron. Los estudiantes realizaban una pasta con sangre de toro, especias rojas y minio. Trepaban a los edificios y escribían el nombre del benefactor con esta mezcla y, al lado, el símbolo del vítor.*

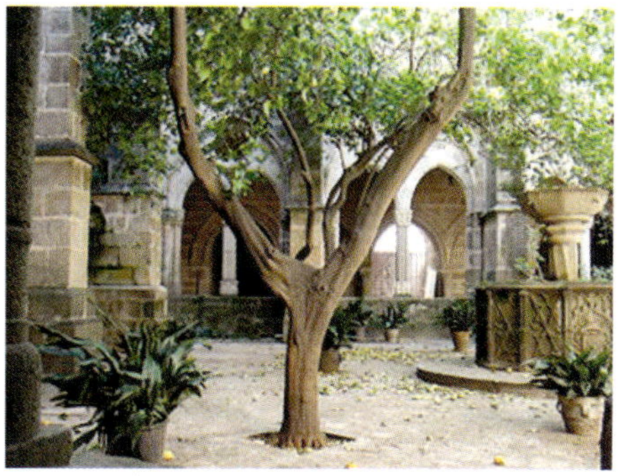

DESTACAN EN EL EXTERIOR LAS DOS FACHADAS *platerescas. En una de ellas se abre la puerta de las Cadenas, obra del arquitecto Juan de Álava, realizada a base de cuerpos con arcos superpuestos.*

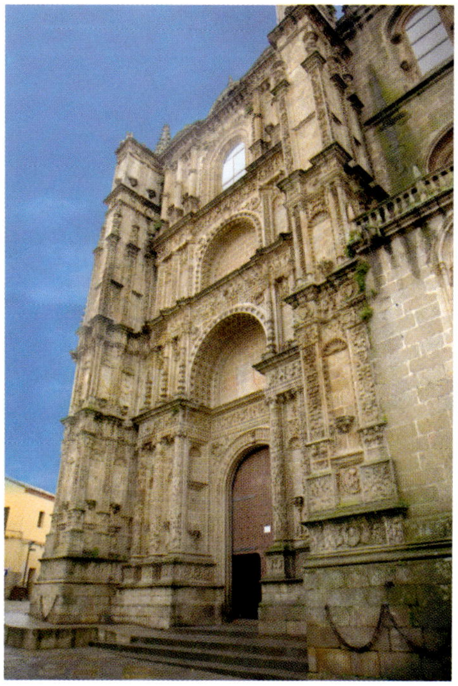

Catedral vieja de Plasencia

LA CATEDRAL DE SANTA MARÍA, CONOCIDA COMO CATEDRAL VIEJA, SE INICIÓ EN EL SIGLO XIII, PERO CORRESPONDE A UN ESTILO CONSTRUCTIVO MÁS AVANZADO, CON RASGOS DE LA ARQUITECTURA CISTERCIENSE Y FORMAS PROTOGÓTICAS.

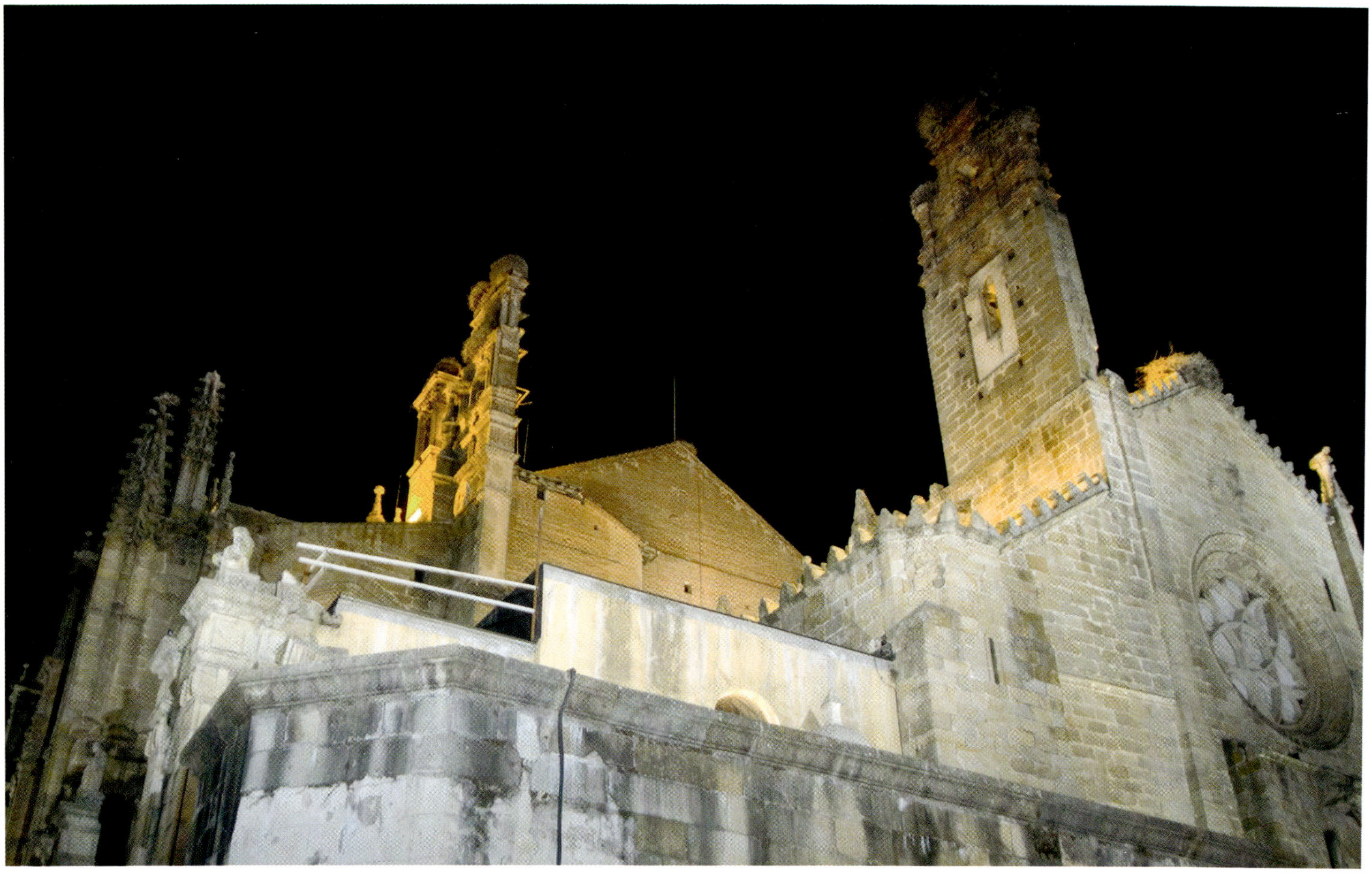

LOCALIZACIÓN
Plaza de la Catedral, s/n
Plasencia (Cáceres)
SIGLOS XIII-XIV

La ciudad de Plasencia tiene un emplazamiento geográfico que la convirtió en zona de paso para la importante ruta comercial de la Plata.

Precisamente fue este carácter estratégico y militar lo que propició que, a finales del siglo XII, el rey ordenara su fortalecimiento con la construcción de la muralla y la barbacana de 70 torres, así como la edificación del alcázar, posteriormente derribado.

Respondiendo a toda esta serie de construcciones que se estaban propiciando, comenzó también la de la catedral vieja, así como la aparición de palacios y residencias nobiliarias, muestra del enriquecimiento que estaba experimentando la ciudad de Plasencia.

En el templo encontramos columnas *y pilares de estilo románico con capiteles historiados en los que se representan águilas entrelazadas, animales fantásticos, etcétera.*

La planta

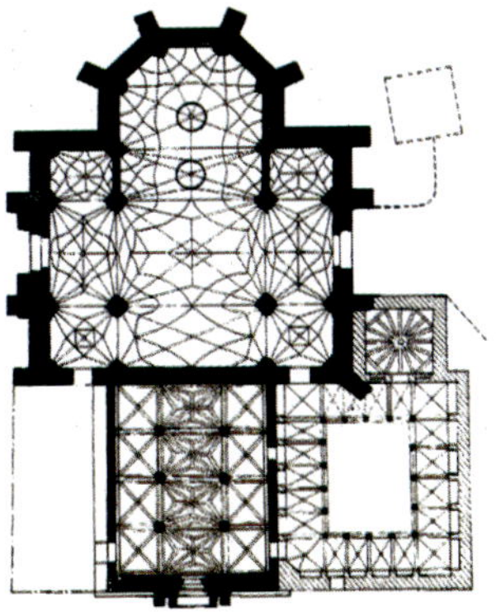

La catedral se levanta sobre una planta *de tres naves divididas en cuatro tramos cubiertos con bóveda de crucería. En cuanto a los arcos, son de un estilo más cercano al gótico, con bóvedas y ventanales donde destaca un cierre de alabastro. En la bóveda gótica son interesantes las imágenes románicas que se encuentran adosadas a ella.*

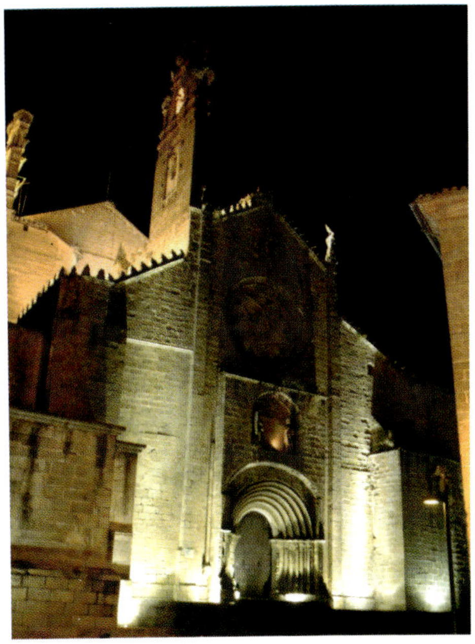

La catedral de Plasencia se concluyó en el siglo XIV. En el siglo XV se destruyó el crucero y parte de la cabecera con el fin de levantar una nueva construcción en el mismo recinto.

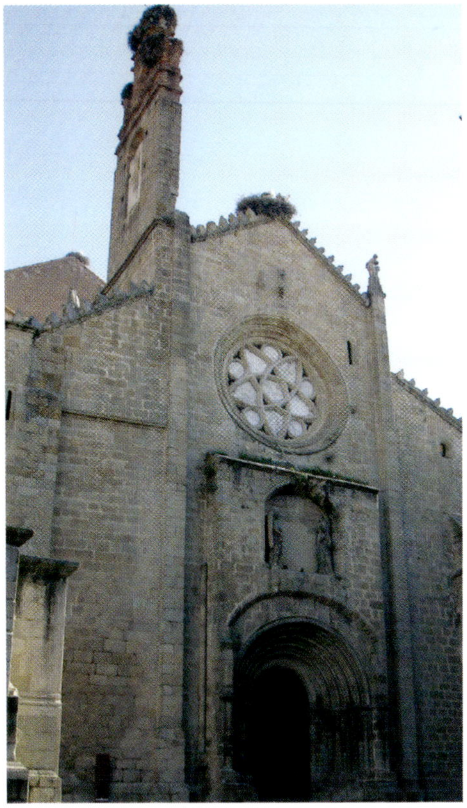

EN EL SIGLO XIV ESTUVO TERMINADA LA CATEDRAL VIEJA DE PLASENCIA.

LA PORTADA

Tras la demolición llevada a cabo en el siglo XV de la antigua catedral románica, se conserva el hastial occidental, que se cierra con una portada con seis arquivoltas con arcos de medio punto que se levantan sobre columnas de marcado estilo románico con capiteles historiados con motivos vegetales y animales.

En las aristas de las jambas que enmarcan esta portada, así como en la mayoría de las portadas de esta ciudad pertenecientes a este periodo o estilos algo posteriores, aparece un elemento distintivo: las jambas presentan en sus aristas novedosas puntas de diamante.

En el arimez, sobrepasando el mismo, aparece una hornacina con esculturas que representan al arcángel Gabriel y a la Anunciación de la Virgen.

FUNDACIÓN

La ciudad de Plasencia fue fundada en 1180 por el rey de Castilla Alfonso VIII, pero el privilegio no se concedió hasta 1189, el mismo año en que fue nombrada sede episcopal por el papa Clemente III.

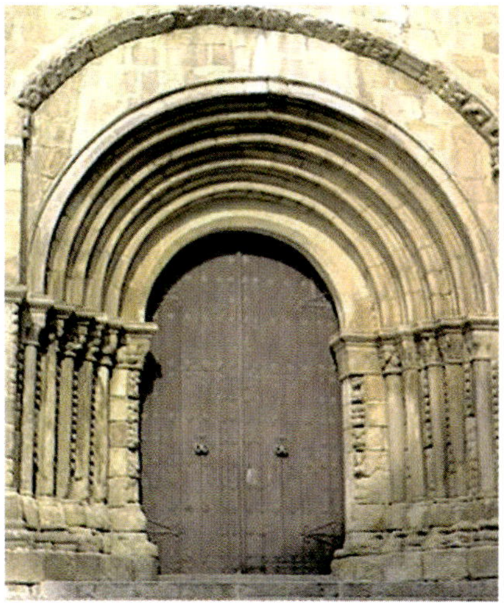

CLAUSTRO Y MUSEO

Por el claustro cisterciense hay repartidas varias capillas entre las que destaca la de San Pablo. En el centro del mismo encontramos un patio lleno de vegetación.

En el museo catedralicio destacan piezas interesantes, como objetos de culto, libros de coro, obras pictóricas y esculturas.

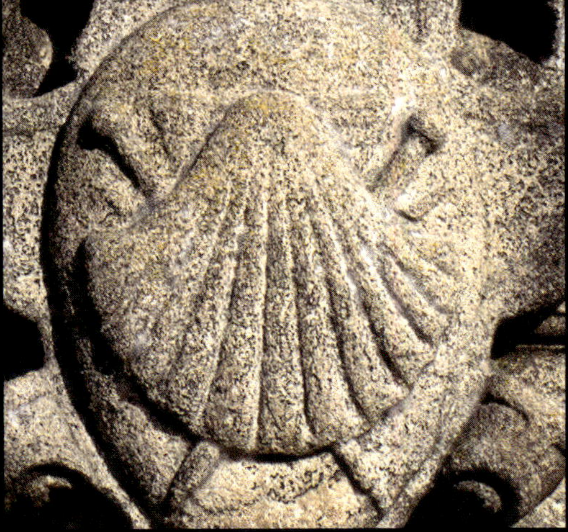

atedral de Santiago de Compostela

LA CATEDRAL DE COMPOSTELA AÑADE A SU CONDICIÓN DE CATEDRAL ARZOBISPAL EL HECHO DE SER EL SANTUARIO QUE GUARDA EL SEPULCRO DEL APÓSTOL SANTIAGO. POR ELLO, ES LA META DE MILLONES DE PEREGRINOS DESDE TODA EUROPA.

Iria Flavia fue el primer emplazamiento de la catedral de Compostela, donde permaneció hasta el siglo XI, a una distancia de 18 kilómetros hacia el sur. En 1095 el papa Urbano II trasladó la diócesis a Compostela e Iria quedó reducida a colegiata, categoría que conservó hasta 1851, en que pasó a ser únicamente parroquia.

Encontrado el cuerpo del apóstol Santiago en el siglo IX y destruida la antigua iglesia por Almanzor, el edificio actual se comenzó en 1075 con el obispo Peláez y se concluyó hacia 1128 gracias al impulso que le otorgaron el obispo Gelmírez y Raimundo de Borgoña.

Según el *Códice calixtino,* participaron en su construcción Bernardo «el Viejo» y Roberto, en el primer periodo, y Esteban y Bernardo «el Joven», en el segundo.

Desde que se descubrieron los restos del mausoleo se han sucedido las investigaciones tratando de resolver cuál era su disposición originaria y su evolución, hasta quedar integrados como cripta.

Para transformar el sepulcro de Santiago en una cripta se edificó un altar, sobre el cual, en una urna de plata, se situó el cofre con tres compartimentos que contenían los restos del apóstol y de sus discípulos Atanasio y Teo.

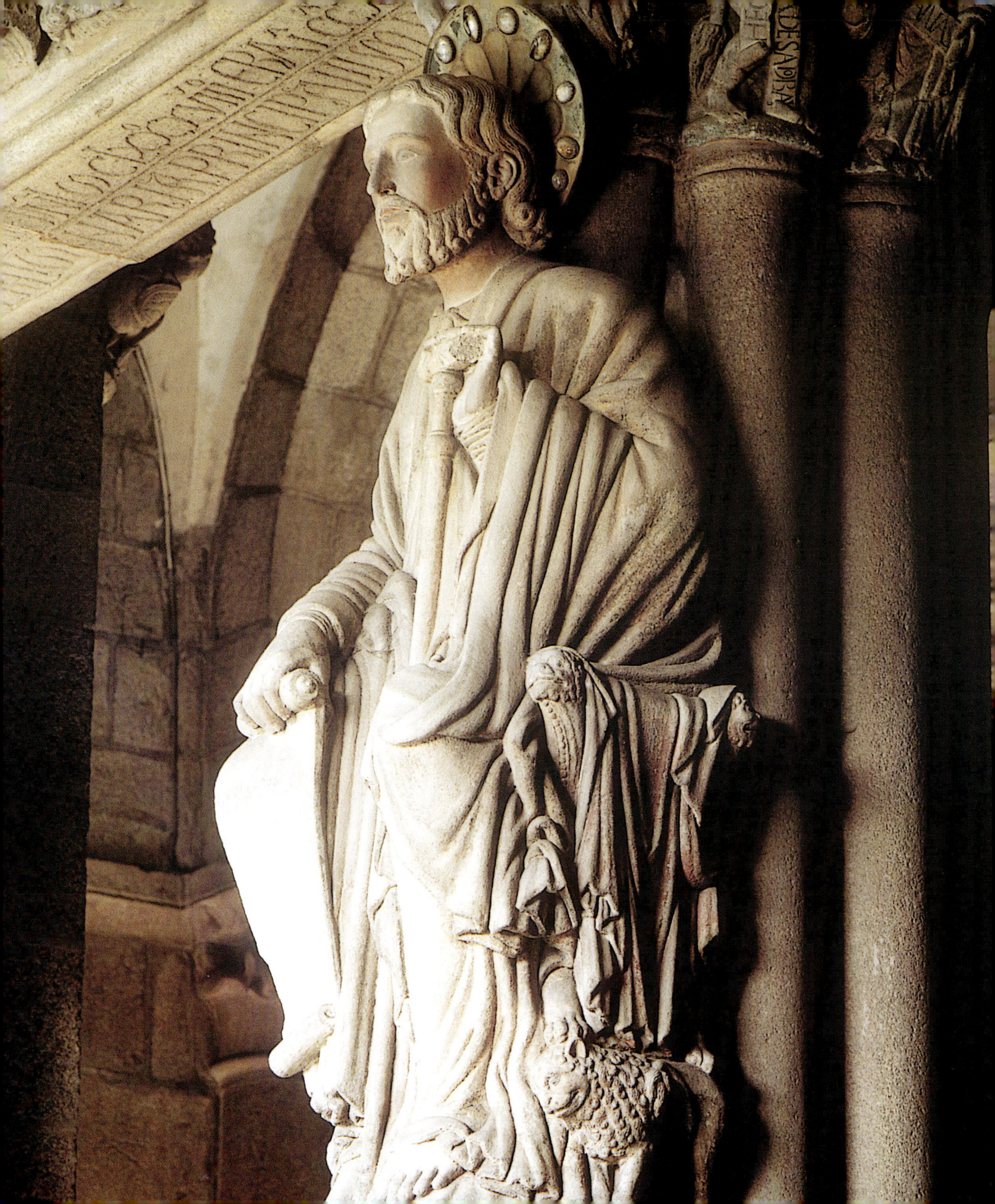

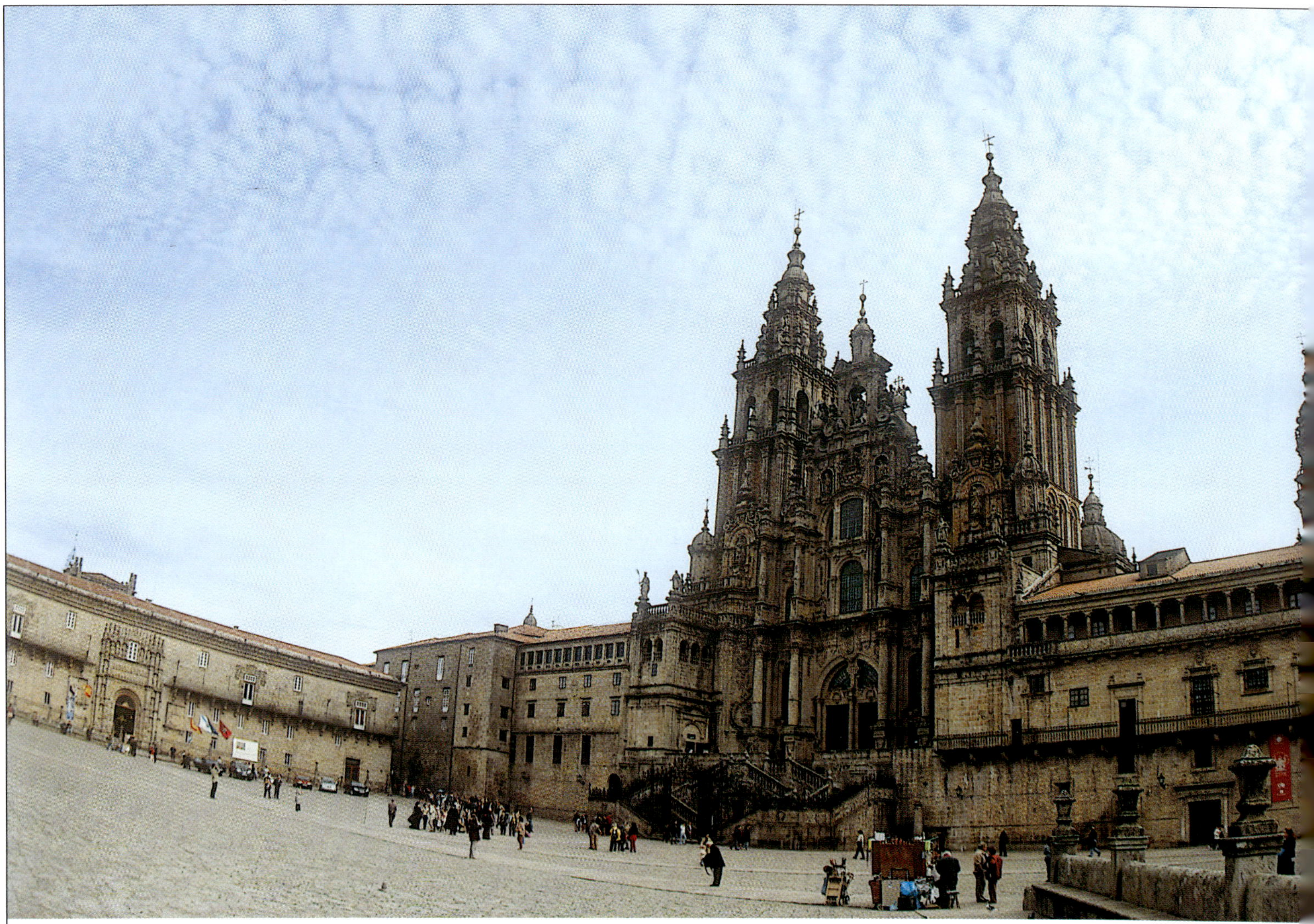

Catedral de Santiago de Compostela

EL REY ALFONSO II EL CASTO ORDENÓ LEVANTAR EN 829 UNA MODESTA IGLESIA SOBRE LUGAR DONDE HABÍA APARECIDO EL SEPULCRO DEL APÓSTOL SANTIAGO.

Museo y archivo

UNA COLECCIÓN *de tapices, entre otros elementos de valor, como el conocido coro románico del maestro Mateo, se encuentran custodiados en el museo, donde también se puede ver la cripta. Ocupan estas estancias, junto a la sala y biblioteca capitular y el archivo, el lienzo occidental del claustro. La biblioteca se encuentra en un recinto del siglo* XVIII. *La sala capitular es producto de Lucas Ferro Caverio. Atrae de manera destacada la bóveda de granito estucado.*

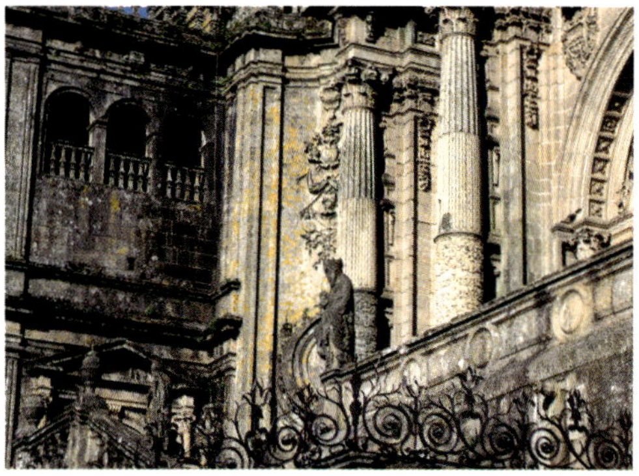

REPRESENTACIONES *de ambos testamentos decoran las columnas del templo catedralicio.*

El altar se cubrió con un baldaquino por orden del canónigo José Vega Verdugo y se construyó la actual capilla mayor.

El templo tiene una planta de cruz latina de 100 m de longitud, con tres na-

EL OBRADOIRO

A la fachada principal se la ha llamado del Obradoiro, en alusión al lugar donde se situaban los talleres de la catedral. El pórtico de la Gloria es, sin duda, la obra cumbre de la escultura románica. Su autor es el maestro Mateo.

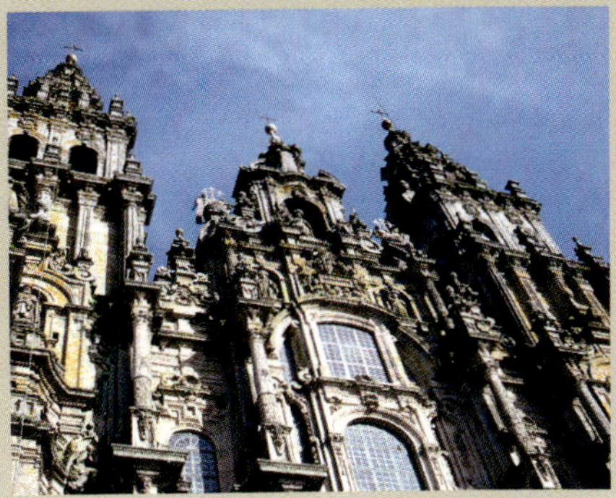

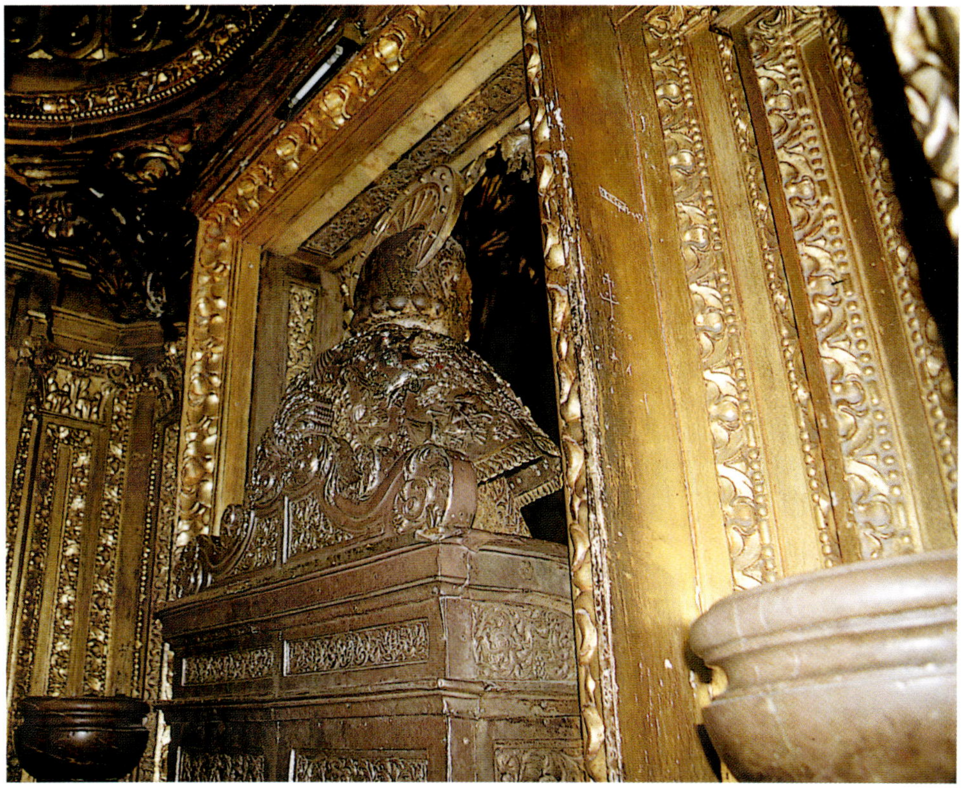

ves, y está recorrido por un triforio. El altar de Santiago Apóstol que preside el espacio litúrgico se ubicó en el crucero por dictado del Concilio Vaticano II.

Detrás de él se encuentra la capilla mayor, en la que encuentra el coro. Al fondo, el altar de la Confesión, que se halla situado sobre la tumba del apóstol. Lo preside su estatua, la misma desde el siglo XII, esculpida en piedra y que se coloca sobre una silla de plata cubierta por una esclavina también de plata. El obispo Monroy agasajó al templo compostelano con múltiples piezas de este metal, como las gradas, el sagrario, el frontal del altar, el camarín, la Virgen de la Inmaculada o las rejas.

LAS CELEBRACIONES ESTÁN PRESIDIDAS POR EL ALTAR DEL APÓSTOL.

La decoración actual es obra de Francisco Anta y el canónigo José Vega Verdugo. El baldaquino es de Andrade y fue trabajado por Melchor del Prado. La obra se realizó en la segunda mitad del siglo XVII.

Al fondo de la cripta se encuentra el oratorio. Sobre el altar está la urna de plata tallada por Rey y Martínez en 1886.

El famoso incensario, «el botafumeiro» es junto con la estatua del apóstol del Pórtico de la Gloria un símbolo de esta catedral. Se encuentra allí desde la Edad. Es de latón plateado, mide metro y medio y pesa unos 50 kilos. Se emplegaba para purificar el aire, enrarecido por la multitud de peregrinos que la abarrotaban.

En el exterior, sus nueve torres saludan al peregrino, dos en cada fachada y tres en el crucero. De factura románica, reciben añadidos en los periodos renacentista y barroco.

EL PÓRTICO DE LA GLORIA

Obra cumbre de la escultura románica. Representa la ciudad Celestial del Apocalipsis según San Juan y otros libros sagrados.

En el tímpano del arco central preside la escena una imagen mayestática de Cristo Salvador y ocho ángeles. Le rodean los cuatro evangelistas. En la columna central se encuentra la estatua sedente del Apóstol, símbolo de la catedral.

LOCALIZACIÓN

Plaza del Obradoiro, s/n
Santiago de Compostela (A Coruña)
SIGLOS XI-XII

Concatedral de Ferrol

LA CONCATEDRAL DE SAN JULIÁN DE FERROL SE CONSTRUYÓ EN UNA ZONA NUEVA DE LA CIUDAD.

La planta

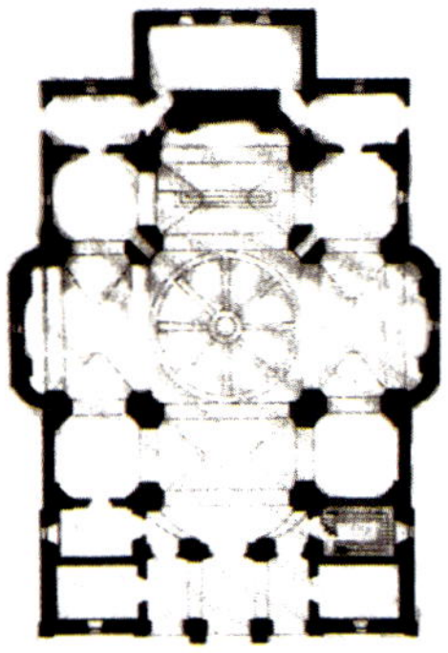

EL TEMPLO ES DE PLANTA *de cruz griega cubierto con una cúpula sobre pechinas, a la que se abre una serie de capillas y que se sustenta por cuatro pilares de orden jónico.*

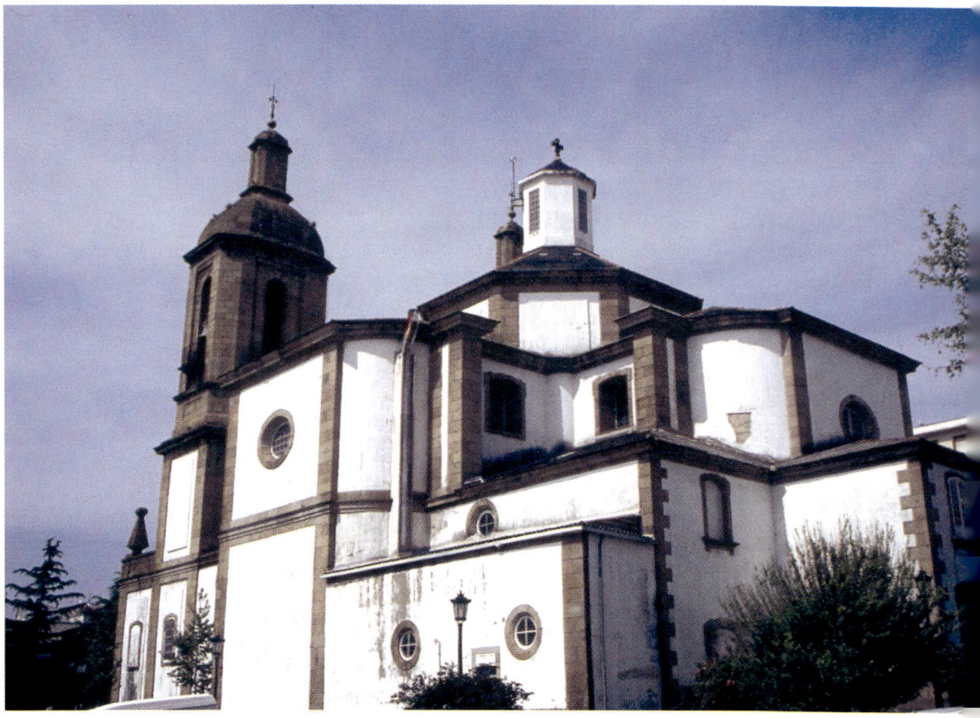

EL ASPECTO GENERAL *del templo es de una uniformidad clasicista. La cubierta interior de las capillas del templo, formadas por los brazos de la cruz griega, posee bóvedas de cañón y bóvedas vaídas.*

LOCALIZACIÓN

Calle de la Iglesia, s/n

Ferrol (A Coruña)

SIGLO XVIII

La estructura de este nuevo barrio, conocido con el nombre de La Magdalena, fue proyectada por Jorge Juan, que también planificó el conjunto catedralicio. La ejecución del proyecto, sin embargo, fue llevada a cabo por el ingeniero militar Julián Sánchez Bort.

Se trata de una retícula en la que aparecen dos plazas situadas simétricamente. Dos manzanas sobresalen de este recinto, lugar donde se situaron, por un lado, el teatro Jofre y, por otro, el templo de San Julián, que ahora nos ocupa.

La Iglesia de de San Xiao pertenece a la diócesis de Mondoñedo-Ferrol, pero adquirió el título de concatedral en el año 1959 gracias a una bula otorgada por Juan XXIII.

En 1763 Sánchez Bort propone el plano definitivo. En su planta se recogen conceptos arquitectónicos y compositivos propios del Renacimiento y que fueron rectificados en la construcción definitiva. Para la realización del proyecto del interior debió inspirarse en iglesias romanas, como la de San Luca y Santa Martina, o quizá también en la iglesia de San Andrés Avelino, cuya arquitectura académica, aunque se desarrolló durante la época de la Ilustración, no era puramente neoclásica. Pero, sin lugar a dudas,

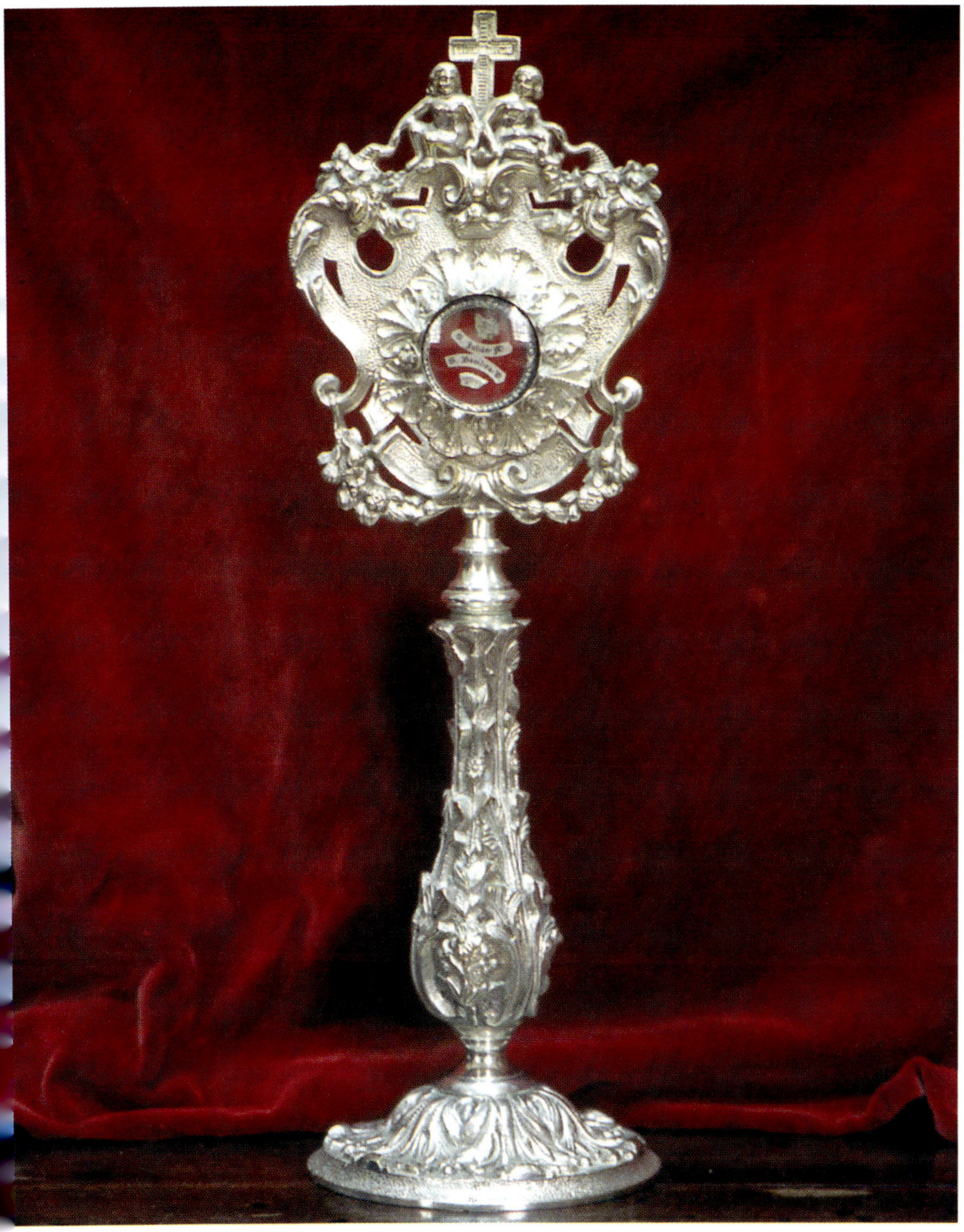

FACHADA SOBRIA

En el exterior del edificio existe un predominio de la arquitectura sobre la decoración, según principios neoclásicos, con una fachada sobria. La portada principal exhibe modelos propios del manierismo.

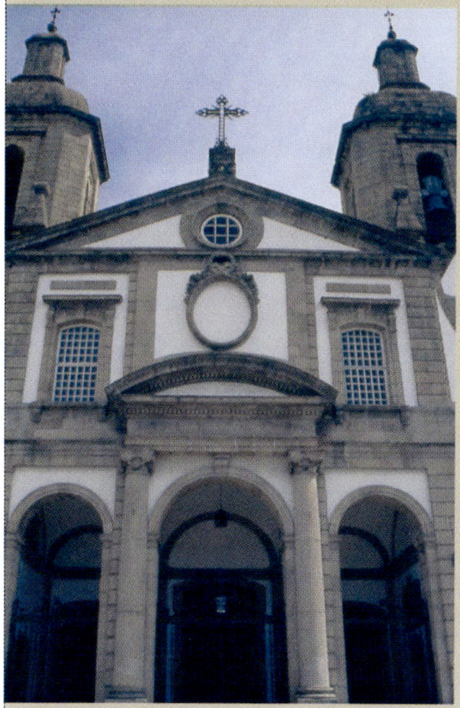

EL CONJUNTO SE ENCUENTRA *enmarcado por dos torres esbeltas, culminadas con unas cúpulas realizadas con sillería de granito, que realzan la fachada.*

LA CONSTRUCCIÓN OSTENTA EL TÍTULO DE CONCATEDRAL DESDE EL AÑO 1959.

la influencia más destacable reside en las pautas artísticas que dictaba la Real Academia de San Fernando.

Julián Sánchez Bort fue autor también de la nueva fachada de la catedral de Lugo.

En el interior del templo, sobre el altar, se eleva una gran cúpula que no se aprecia en su grandiosidad desde el exterior. Ésta fue rehabilitada en 2003 por Antonio Bouza Pita, arquitecto director del plan de reconstrucción.

La fachada sigue la línea de monumentalidad presente en la mayoría de edificios de la ciudad, otorgándole un aspecto cosmopolita.

La portada repite modelos compositivos propios del manierismo, con dos cuerpos superpuestos y jambas de salientes sillares, enmarcada por torres.

Catedral de Lugo

LA CATEDRAL DE SANTA MARÍA DE LUGO SE COMENZÓ A CONSTRUIR EN 1129, UN AÑO DESPUÉS DE QUE SE CONCLUYERA LA CONSTRUCCIÓN DE LA CATEDRAL DE SANTIAGO DE COMPOSTELA.

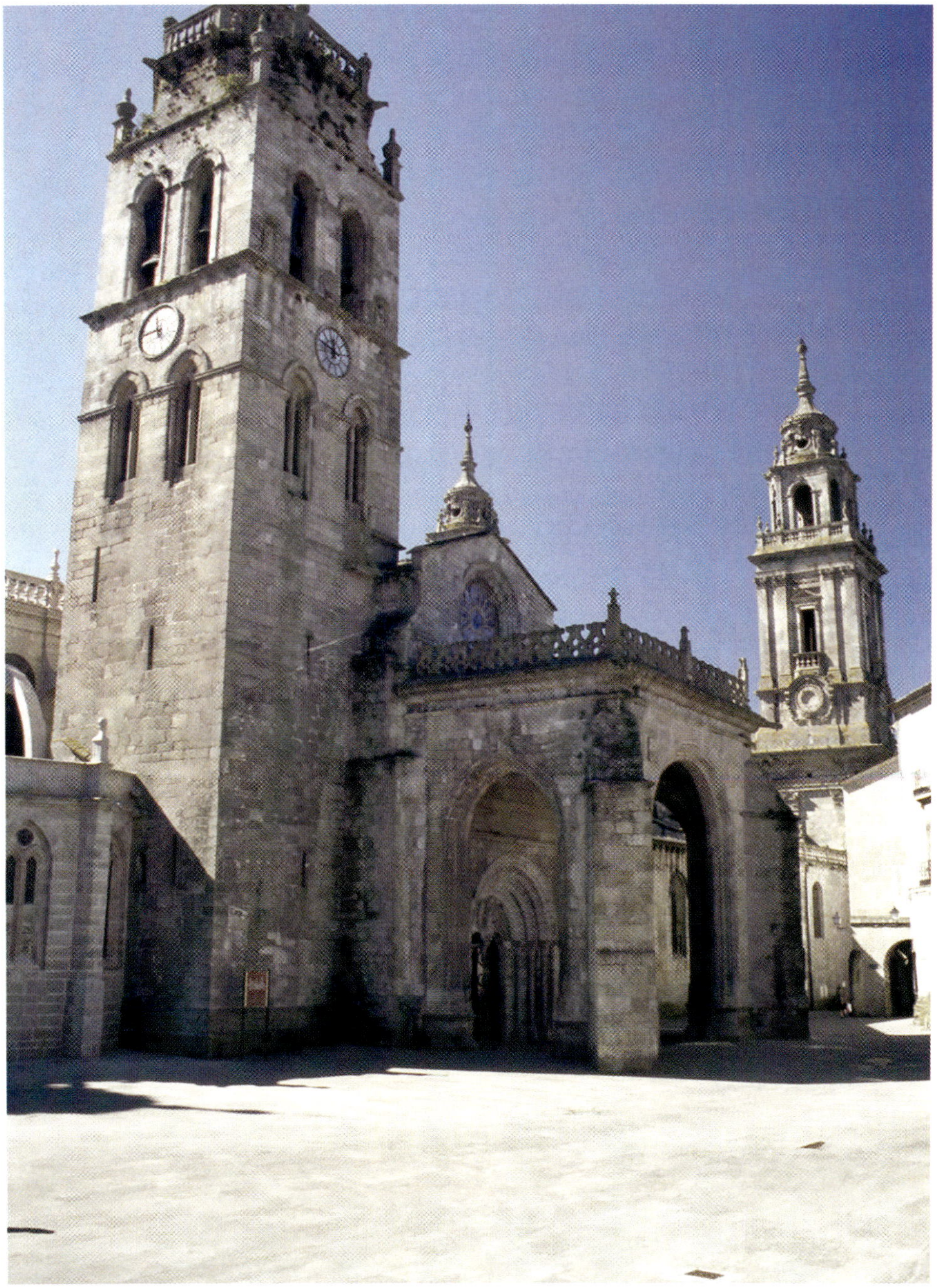

LOCALIZACIÓN

Plaza de Santa María, s/n
Lugo
SIGLOS XII-XIII

La construcción de la actual catedral se inició bajo la dirección de Raimundo de Monforte, siguiendo el estilo románico de la época.

Según narran determinados textos, después de la ocupación romana, el centro de Lugo quedó vacío y durante el periodo medieval estuvo ocupado únicamente por el clero. En el año 1129 comenzó la construcción de la catedral, que se consagró a Santa María.

El proyecto originario consistía en un edificio compuesto por tres naves, crucero y cabecera con tres ábsides. Esta cabecera se sustituyó en el siglo XIV por otra compuesta por capillas y un deambulatorio.

Durante los siglos XVII y XVIII se produjeron diversas remodelaciones, que cambiaron el aspecto del edificio, dotándolo de elementos barrocos estructurales y ornamentales.

Es una de las catedrales románicas menos conocidas en España, pero es un bello ejemplo de este estilo digno de ser visitado.

En la portada principal, se pueden observar las figuras escultóricas que repre-

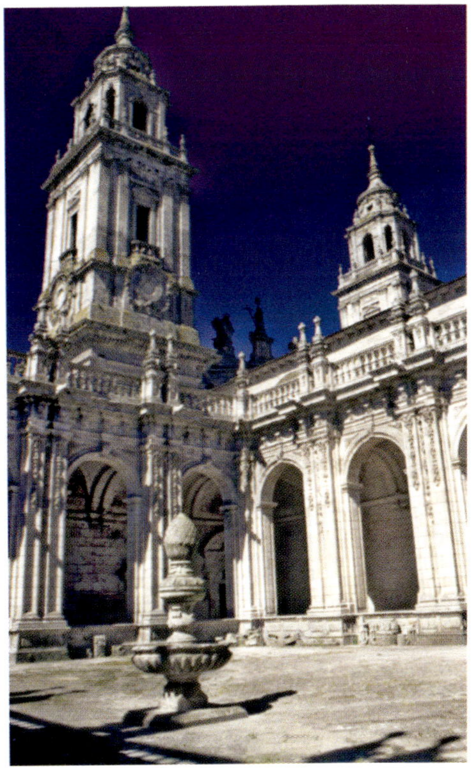

El claustro de la catedral, *obra de Fernando Casas Novoa, así como la sala capitular y su entorno pertenecen a un estilo más barroco.*

La planta

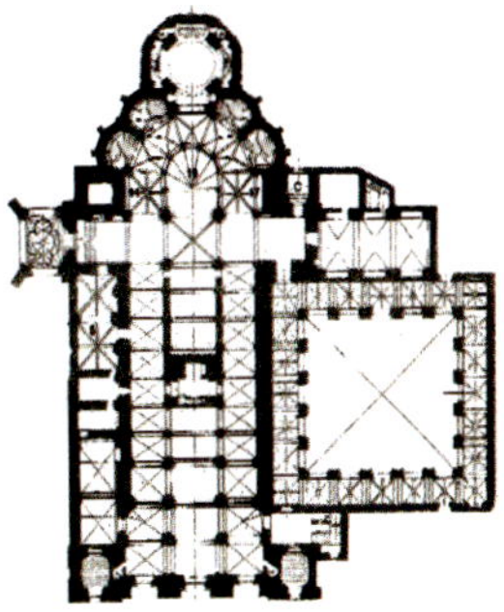

La catedral presenta planta *románica de cruz compuesta por la nave central y dos laterales, crucero y una girola con cinco capillas absidiales.*
Las tres naves están cubiertas por bóvedas de cañón; apuntada la de la nave central. Rodea el perímetro central un triforio con ventanas de arco agudo. Las bóvedas del triforio fueron rehechas en el siglo XVIII. La nave central, las laterales y el crucero son de estilo románico.

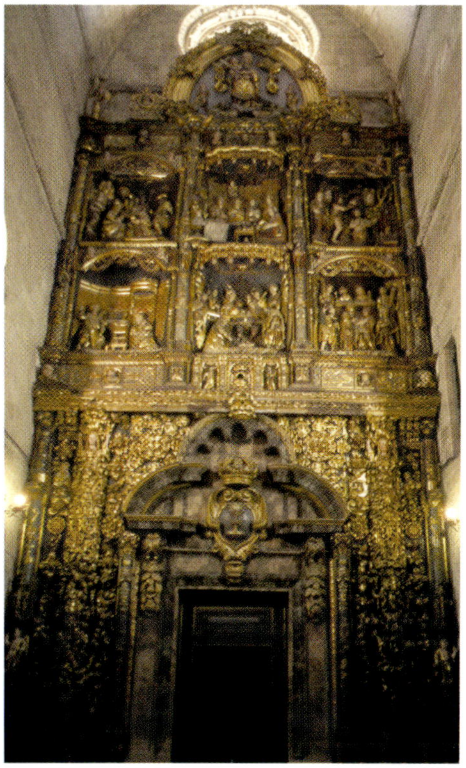

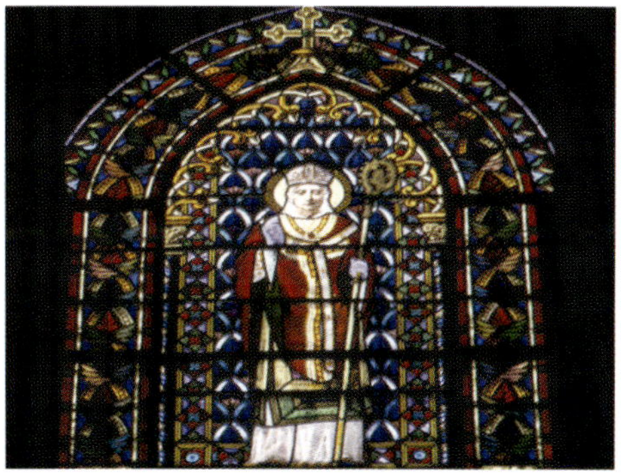

sentan a los cuatro Evangelistas, al igual que la representación alegórica de la figura de la Fe.

En la fachada más importante asoman a los lados las dos torres que fueron rematadas en 1880, por lo que presentan elementos barrocos en su extremo superior. La construcción de la torre de las campanas data de finales del siglo XVI.

Pese a las reformas sufridas, el interior del templo se conserva con un estilo románico tardío bastante homogéneo.

PORTADA NORTE

En el exterior, lo más destacable es, sin duda, la portada norte, de marcado estilo románico, que se encuentra enmarcada por un atrio de estilo gótico. Tres arquivoltas con arcos de medio punto conforman esta puerta.

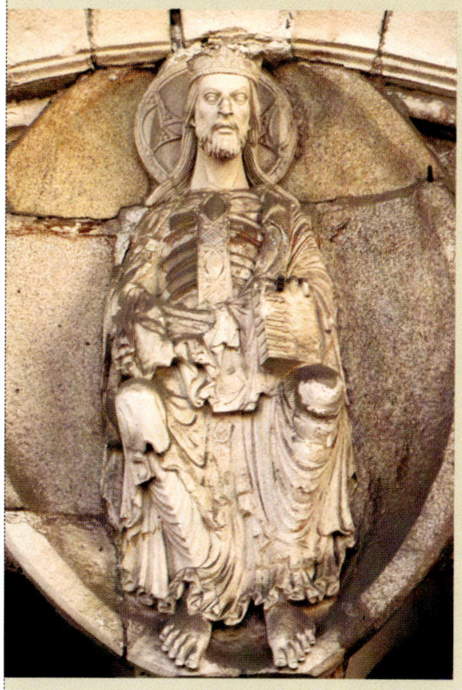

En la parte superior de la portada *encontramos la escena de la Última Cena, que alberga un tímpano con forma de capitel. En el centro del tímpano se representa un pantocrátor.*

El artista gallego Francisco de Moure fue el responsable de elaborar la sillería del coro alto con madera de nogal, otorgando al interior de la catedral un interés particular. Éste también viene dado por todo el arte de imaginería estampado sobre los respaldos de los asientos. En el caso de los bajos, en sus medallones; en el de los altos, en los rectángulos.

CATEDRAL DE MONDOÑEDO

LA CATEDRAL DE LA ASUNCIÓN DE MONDOÑEDO ES, POSIBLEMENTE, DE LAS MENOS CONOCIDAS DE GALICIA, PESE A QUE MONDOÑEDO ES SEDE EPISCOPAL DESDE EL AÑO 1112.

LOCALIZACIÓN

Plaza de la Catedral, s/n
Mondoñedo (Lugo)
SIGLOS XIII-XIV

Bajo el obispado de Nuño Alfonso, en el año 1112 la reina doña Urraca concedió una bula mediante la cual la sede diocesana debía ser trasladada a Vilamaior, población que posteriormente pasaría a llamarse Mondoñedo.

Más tarde, en el año 1182, el obispo Rabinato destinó por unos años la sede a la población de Ribadeo.

En el siglo XIII, durante el periodo en el que fue obispo Martín, se inició a la construcción del edificio románico, concretamente en el año 1219. Fue, pues, este obispo quien trasladó de manera definitiva la sede catedralicia a Mondoñedo, comenzando de este modo con las obras del nuevo edificio.

Hacia mediados del siglo XIII, en 1246, se consagró la cabecera estando ya avanzada la obra. De todos modos, el edificio tardó en concluirse aproximadamente dos siglos más, abarcando todo el siglo XIII y el XIV.

A pesar de esto, sufrió continuas reformas a lo largo del siglo XVI.

La fachada occidental todavía conserva la primitiva puerta tardorrománica original, coronada por un rosetón de es-

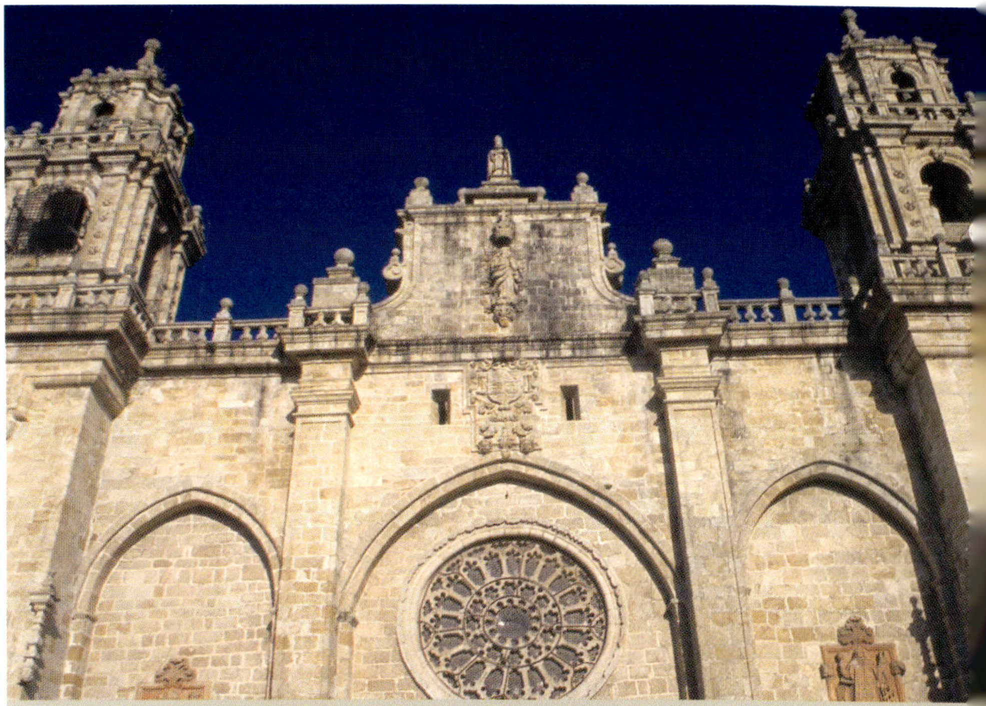

MUSEO DIOCESANO

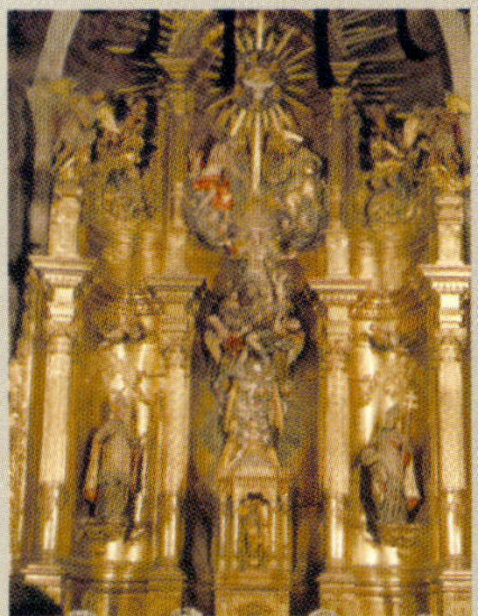

El museo diocesano, uno de los más importantes de España, conserva estatuas, retablos y obras de pintura pertenecientes a Zurbarán y a El Greco. Este museo se inauguró en 1969 y, en un principio, constaba de cinco salas, que, posteriormente, se ampliaron con dos salones góticos situados sobre las naves de la catedral.

El retablo mayor es obra del pintor y escultor Francisco Terán y corresponde al periodo rococó. Formado por dos cuerpos, el tema representado en la escena central es la Asunción de la Virgen.

Los órganos, situados en la nave central, tienen cajas de factura barroca. Se realizaron bajo las órdenes del obispo Muñoz y Salcedo a partir del siglo XVIII.

La sillería del coro, en su emplazamiento original, constaba de 54 asientos.

tilo gótico que mide aproximadamente cinco metros de diámetro y fue realizado en el siglo XIV.

En el centro de la fachada y sobre este rosetón aparece un escudo que pertenecía al obispado, además de una imagen de la Asunción. En la parte superior de todo el conjunto encontramos una representación escultórica de San Rosendo, patrón de Mondoñedo.

EL EDIFICIO EN GENERAL, Y EN PARTICULAR SU EXTERIOR, PRESENTA UNA CURIOSA MEZCLA DE ESTILOS.

Una especial combinación de corrientes y estilos caracterizan tanto el interior como el exterior del templo catedralicio: las dos torres que flanquean el muro y el frontispicio son barrocas. En una de ellas se encuentra el reloj y en la otra, las campanas.

Merecen especial atención las pinturas murales góticas del siglo XV, que decoran ambos laterales del coro. Se encuentran bajo los órganos; en un principio estaban situadas en los muros exteriores del coro y fueron trasladadas a su emplazamiento actual en el año 1963. Pertenecen al último tercio del siglo XIV. Las de un lado representan la Matanza de los Inocentes del rey Herodes. Las del otro extremo representan escenas de la vida de San Pedro.

En el altar mayor, la capilla llamada del Santísimo Sacramento conserva la imagen de Nuestra Señora la Inglesa, trasladada desde la catedral de San Pablo de Londres durante el reinado de Enrique VIII, en 1555.

Respecto a las capillas que se distribuyen por el edificio, la de los Estrada es una de las más interesantes, junto a la de la Concepción y la de San Francisco, de estilo renacentista, que incluye la representación del traslado de los restos del apóstol Santiago a Galicia.

La girola es de planta cuadrada y fue construida en el siglo XVI. En ella se encuentran varias capillas, como la de Nuestra Señora la Inglesa o la de San Francisco de Asís.

Destaca también en el interior un retablo pétreo realizado durante el periodo románico.

La planta

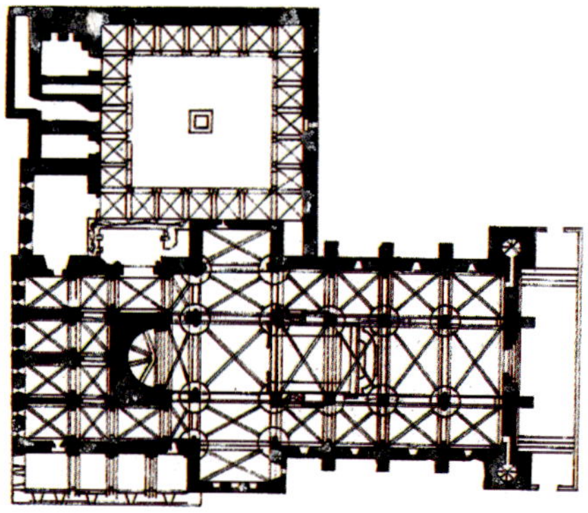

La planta de la catedral *está formada por tres naves al más puro estilo románico cisterciense, con bóveda de crucería que descansa sobre arcos apuntados, aunque posteriores reformas que sufrió el templo modificaron esto sustancialmente, dotándolo de estilos diversos que se sumaron a su aspecto global. En los espacios de las naves laterales se elevan, al igual que en la nave central, altos arcos ojivales.*

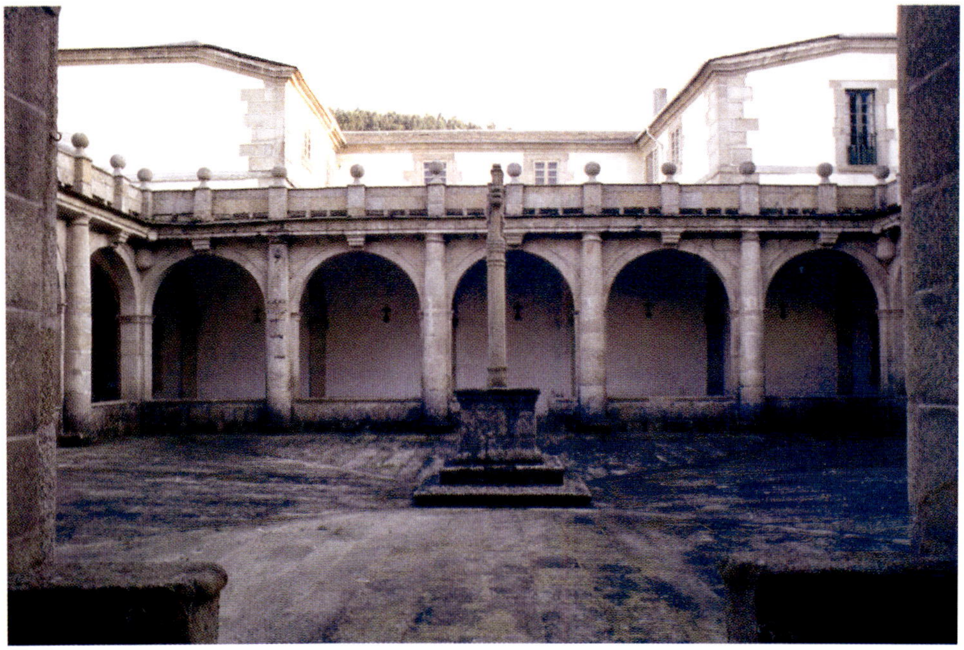

El claustro, del siglo XVII, *es una obra clásica de orden toscano. Tiene planta cuadrada organizada con arcos de medio punto y está rematada con una balaustrada. En el centro del patio hay un crucero gótico del siglo XV.*

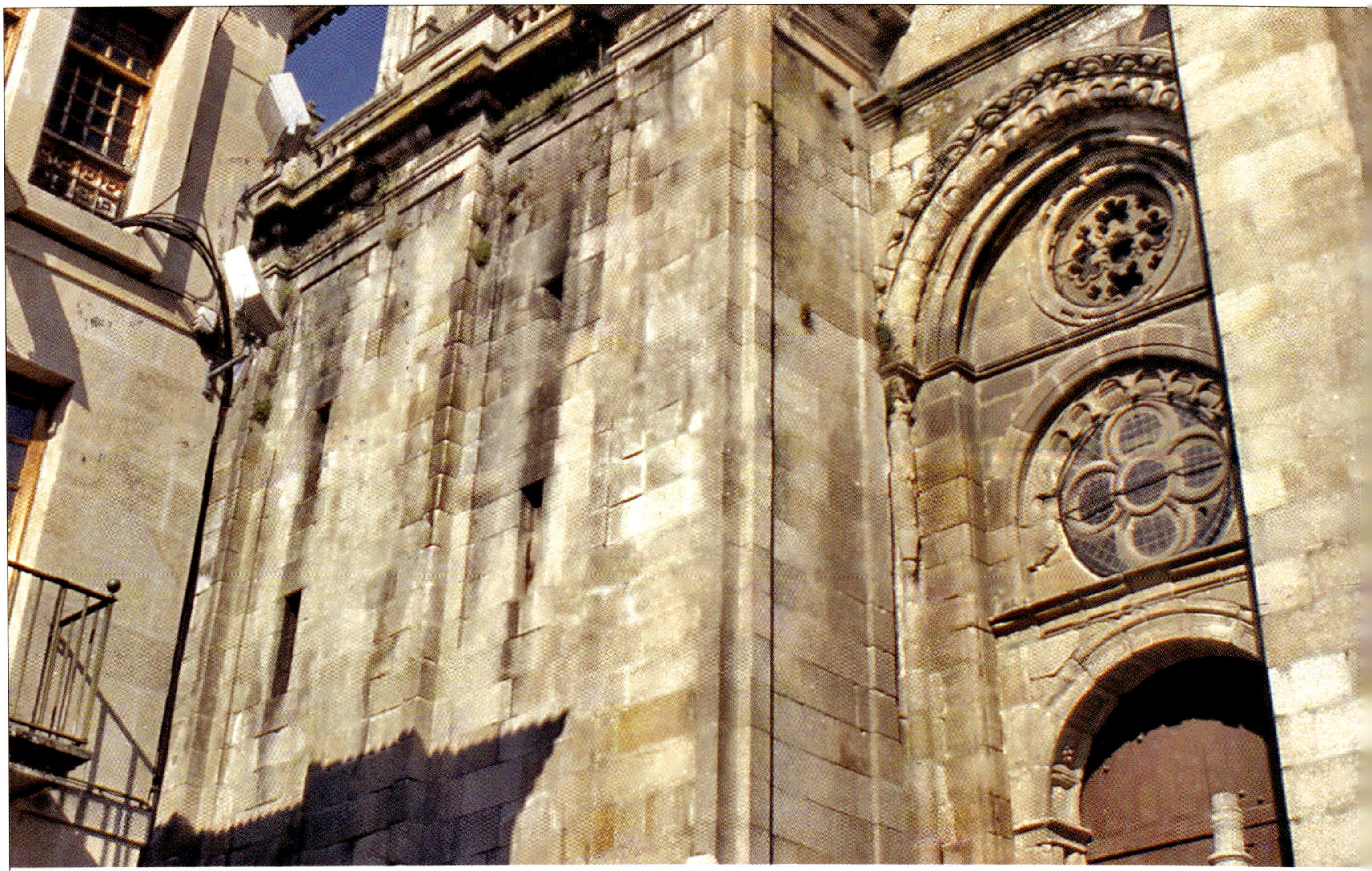

CATEDRAL DE OURENSE

LA CATEDRAL BASÍLICA DE OURENSE, DEDICADA A SAN MARTÍN Y DE UN ESTILO ROMÁNICO DE TRANSICIÓN, FUE EDIFICADA ENTRE LA MITAD DEL SIGLO XII Y MEDIADOS DEL XIII.

La planta

LA PLANTA DE CRUZ LATINA, *con cabecera de triple ábside, ordena las tres naves con transepto que se encuentran separadas por pilares cruciformes con semicolumnas adosadas, arcos apuntados y bóveda de crucería. De los tres ábsides de la catedral se conserva sólo el central, pero se encuentra en mal estado de conservación. El transepto es de una sola nave, también con pilares cruciformes y bóveda de crucería.*

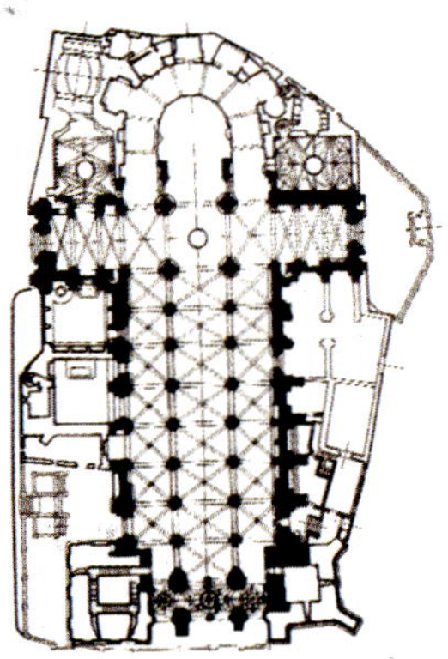

Es destacable el aspecto de fortaleza, con torreones y almenas, ya que el obispo era, asimismo, el señor feudal y, por ello, sus edificios debían estar protegidos.

La construcción parte de la segunda mitad del siglo XII y primera mitad del siglo XIII. Su altar mayor fue consagrado en el año 1188.

Los añadidos posteriores, que respon-

CAPILLA MAYOR

En la capilla mayor se halla el retablo de Cornielis de Holanda, obra de 1520, que representa escenas de la vida de María y Jesús. En el siglo XIX se intervinieron las figuras, dándoles el aspecto actual; parecen obras de alabastro.

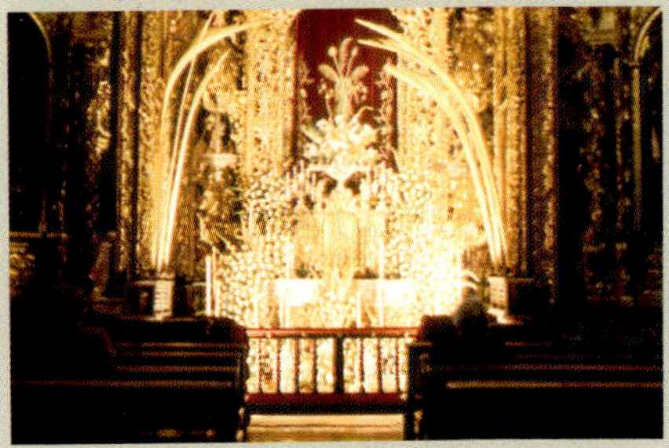

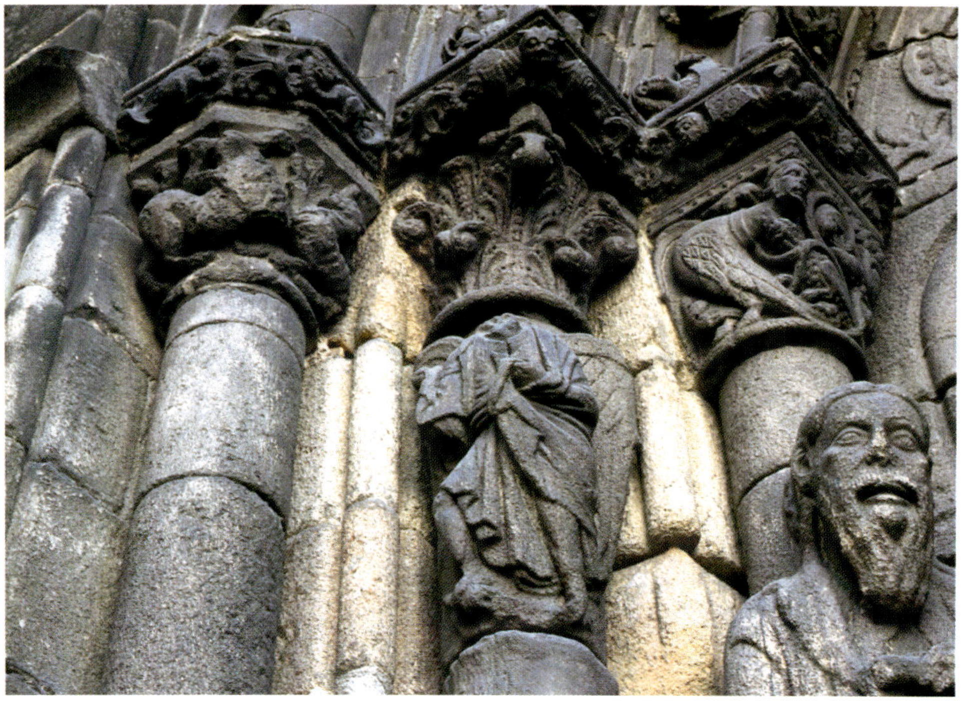

den al gusto de cada época, constituyen una variada muestra de los diferentes estilos: románico, gótico, renacentista, barroco, neoclásico, etcétera.

Conserva tres de sus puertas románicas. Las portadas meridional y septentrional son muy parecidas, pues cada una de ellas guarda una arquivolta polilobulada y unas importantes decoraciones escultóricas.

La constitución del Pórtico de la Gloria de la catedral de Santiago aparece reproducida en el Pórtico del Paraíso de Ourense, cuyas esculturas poseen una factura más románica que la del templo compostelano. Es interesante la policromía de las figuras. Este pórtico, del siglo XIII, se transformó al colocarse una bóveda estrellada en el siglo XVI; sin embargo, no perdió su estructura. Profetas y apóstoles se distribuyen por los pilares. En el arco central se representan los 24 ancianos tañendo instrumentos musicales.

LAS FIGURAS POLICROMADAS DEL PÓRTICO DEL PARAÍSO SON MUY RELEVANTES.

La portada oeste guarda una mayor simplicidad, pues siendo la entrada principal no tuvo acceso al interior del templo hasta que hace unos treinta años le adosaron unas escaleras. Al norte conserva elementos románicos con añadidos.

En cuanto al interior, podemos apreciar cómo su estructura pertenece al románico de transición, con ciertas reminiscencias cistercienses y clara estructura de «iglesia de peregrinación». En la parte inferior se puede observar la sillería baja del coro de estilo renacentista y que fue trasladada desde la nave central. Sus autores son Diego Solís y Juan de Angés. Vemos dos pinturas del artista de Salamanca Pitti, quien las realizó en el siglo XVIII. Aquí podemos observar también el sepulcro del cardenal Quevedo, del siglo XIX, y el del Obispo Desconocido, perteneciente al siglo XIV y todavía de un marcado estilo gótico.

En la capilla del Santo Cristo se halla un Cristo gótico de gran realismo.

PERTENECE AL ROMÁNICO TARDÍO, *influido por el estilo monástico cisterciense en algunos de los aspectos de su estructura y la escuela del maestro Mateo de Santiago de Compostela en lo referente a lo escultórico.*

LOCALIZACIÓN

Plaza del Trigo, 1
Ourense
SIGLOS XII-XVI

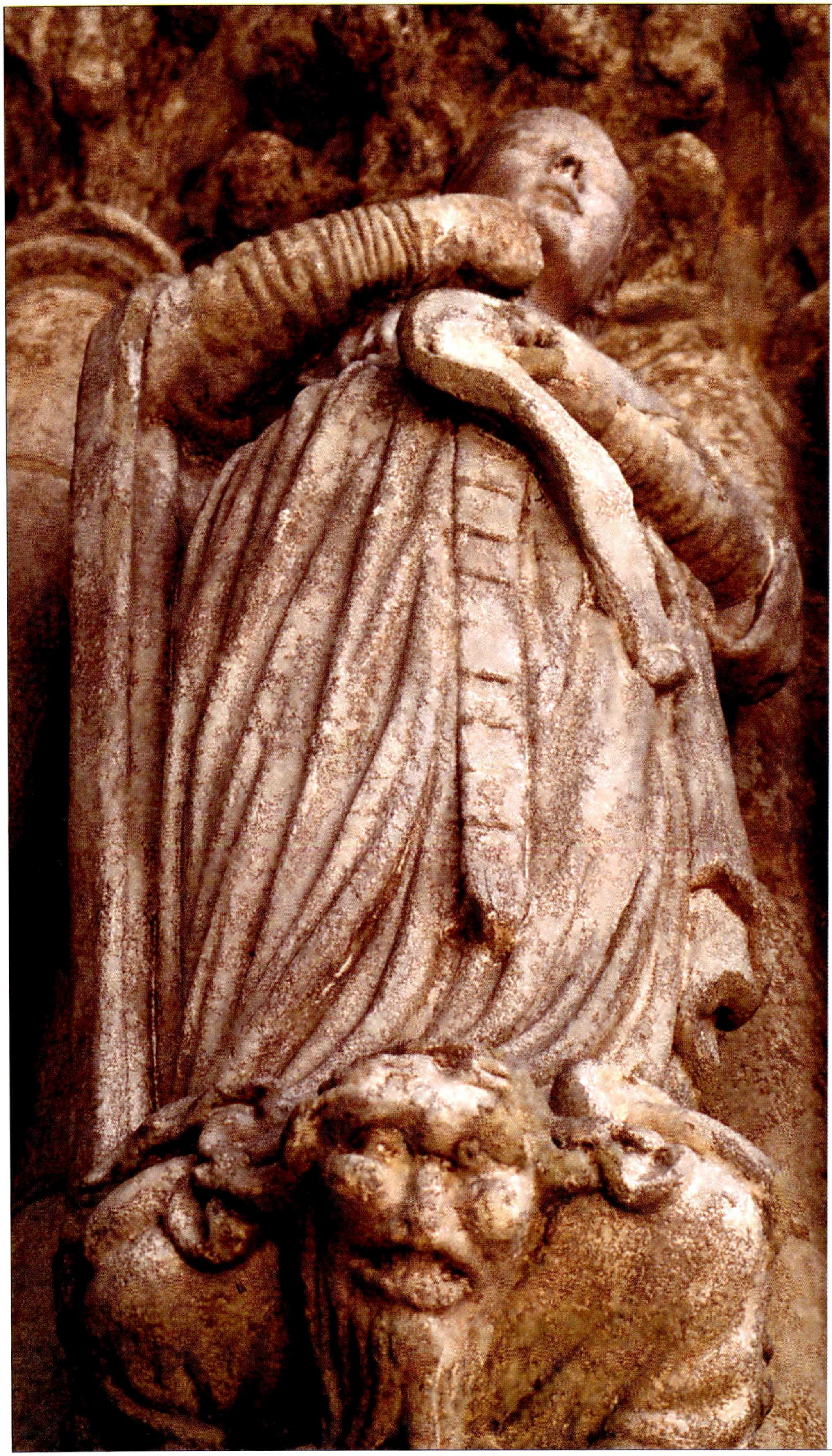

La planta

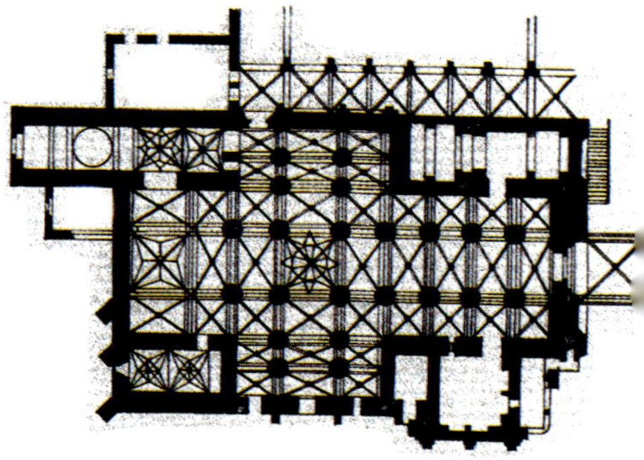

EL TEMPLO PRESENTA UNA PLANTA *de cruz latina y cuatro naves, terminando las laterales en ábsides. Los cuatro brazos son bastante cortos. La capilla mayor está compuesta por un ábside semicircular de finales del siglo* XV, *construcción encargada por el obispo Beltrán. La zona más antigua es la que corresponde al transepto, además de un fragmento del triforio. Los capiteles de esta parte del edificio son de gran calidad plástica.*

LOCALIZACIÓN
Plaza de San Fernando, 1
Tui (Pontevedra)
SIGLOS XII-XVI

En la antigua ciudad de Tui, situada entre la frontera de España y Portugal y disputada por ambos países a lo largo de la historia, se levanta la catedral en la parte superior de una colina. Las obras de construcción empezaron en el año 1120, sobre un antiguo castillo. El edificio fue consagrado el año 1232 por Esteban Egea.

En el exterior se puede observar cómo la catedral guarda semejanza directa con el aspecto de un castillo o una fortaleza, como si su función principal fuera la defensa de la ciudad.

El campanario alberga un total de once campanas. Cerca de éste se halla la

Catedral de Tui

LA CATEDRAL DE LA ASUNCIÓN DE SANTA MARÍA DE TUI ES UNO DE LOS MÁS BELLOS EJEMPLOS DEL GÓTICO PRIMITIVO Y TIENE UN ASPECTO DE FORTALEZA MEDIEVAL

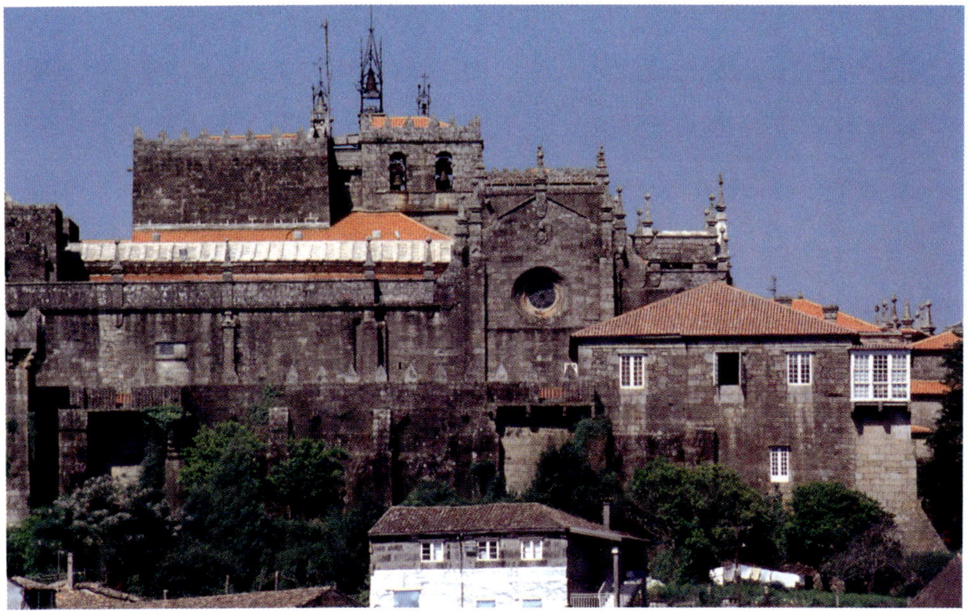

CON TORRES ALMENADAS Y TRONERAS, *destaca la torre, levantada junto al campanario bajo el mandato de Alfonso VII.*

torre del reloj, la más alta de la catedral, construida en el siglo XVI.

Pero uno de los elementos más destacados en el exterior es el pórtico de la entrada, perteneciente al siglo XIII y con unos magníficos arcos ojivales, que contrasta con la sobriedad de los restos románicos. Está considerada como la obra más importante y representativa del gótico en toda Galicia.

EL PÓRTICO DE ARCOS OJIVALES ES UNO DE LOS MÁS REPRESENTATIVOS DE GALICIA.

En el tímpano superior de la portada se relata en bajorrelieve una escena de la Adoración de los Reyes Magos y también aparece una representación de la Jerusalén Celeste. En el tímpano inferior se representa la Adoración de los Pastores.

La portada aparece flanqueada por cuatro columnas lisas en cada parte, que se alternan con otras cuatro más sobre las que están talladas imágenes de santos y profetas. Las columnas sustentan ocho arquivoltas con decoraciones vegetales.

La única muestra del estilo románico que se conserva se encuentra en la fachada situada más al norte. Este frontis está formado por dos columnas con arquivoltas ornamentadas que albergan sobre el conjunto la imagen de San Martín, realizada en el siglo XI.

EL CLAUSTRO

El claustro, obra del siglo XIV, presenta una planta cuadrada y está cubierto con bóveda de crucería, con arcos de medio punto dobles y alojados bajo un tímpano. Se apoyan en columnas muy finas rematadas por unos capiteles.

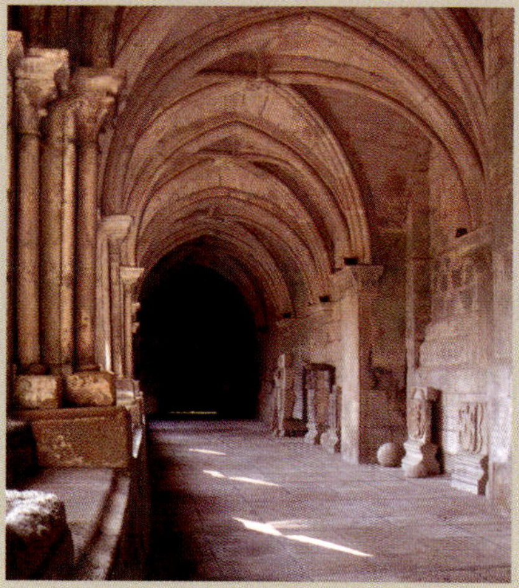

Catedral de Alcalá de Henares

ESTA CATEDRAL ES MONUMENTO NACIONAL DESDE EL AÑO 1904, AUNQUE LOS TESOROS QUE SE GUARDABAN EN SU INTERIOR DESAPARECIERON EN UN INCENDIO DURANTE LA GUERRA CIVIL.

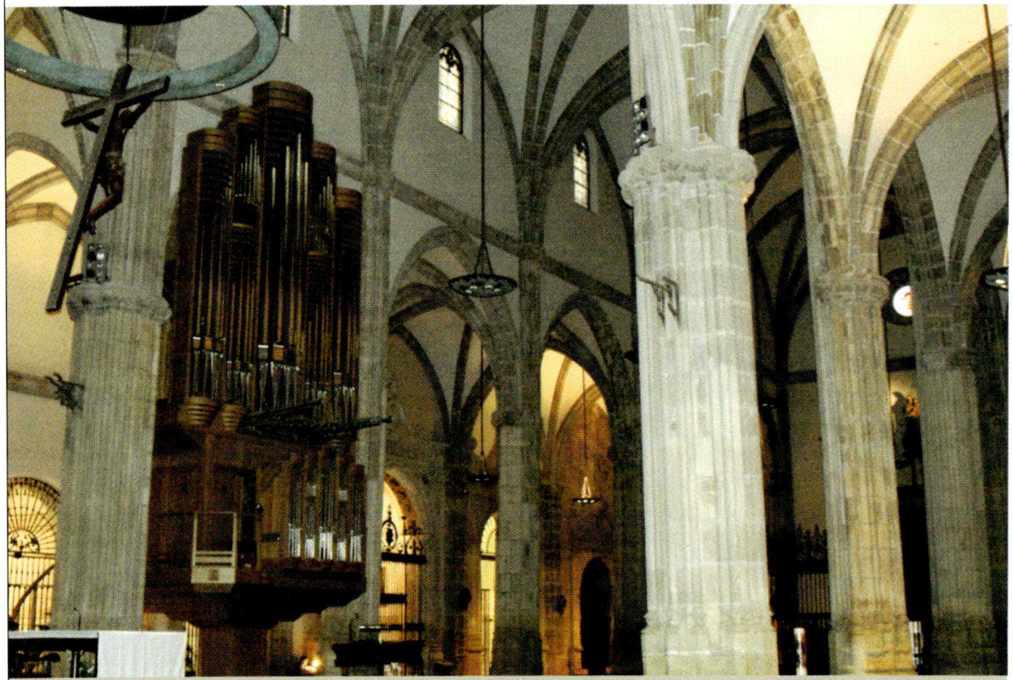

LOCALIZACIÓN

Calle de la Tercia, s/n
Alcalá de Henares (Madrid)
SIGLOS XV-XVI

Con motivo de la puesta en funcionamiento del Plan Nacional de Apoyo a las Catedrales, la iglesia catedral-magistral de los Santos Niños Justo y Pastor pudo ser restaurada hace poco tiempo.

Sin embargo, su historia comenzó en el año 305 con el martirio de los Santos Niños Justo y Pastor a las afueras de la ciudad romana de Complutum. En el año 414 sus restos fueron encontrados y se decidió entonces, bajo el mandato de Astúrico, levantar un templo en honor a estos mártires y bajo su advocación. Se trata del primero de los edificios que se construyeron en el mismo emplazamiento a lo largo de la historia.

En el año 1122, después de la conquista de los cristianos, se edificó una iglesia, a la que se fueron añadiendo diferentes elementos durante el resto de la Edad Media. La iglesia fue transformada en colegiata por el arzobispo Carrillo.

A finales del siglo XV, en 1497, el cardenal Cisneros encargó la construcción de un edificio nuevo que ya adoptó la categoría de iglesia-magistral, otorgada por el papa León X. Las obras de esta colegiata, que se prolongaron hasta el año 1514, se

GÓTICO ISABELINO

En el edificio predomina el estilo gótico isabelino. Desde su exterior transmite ser un gran templo, frío, falto de ornamento.
La portada principal es un bello ejemplo de este estilo, también denominado gótico florido. Es de sillares de piedra. Se compone de arquivoltas con arco de perfil y campanel. En la parte superior de un

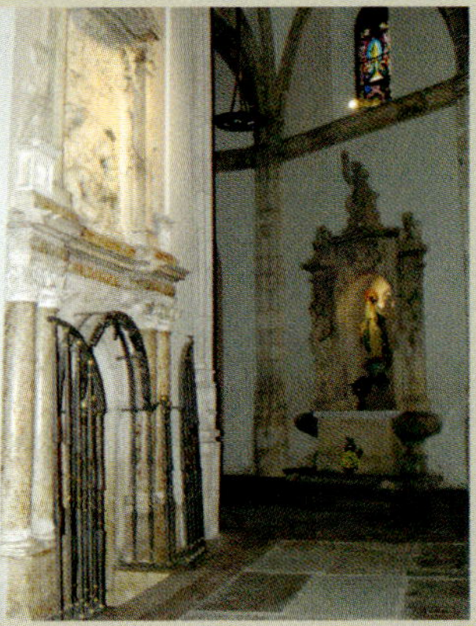

arco trilobulado aparece un medallón con la imagen de San Ildefonso en el momento de la imposición de la casulla. El conjunto se encuentra enmarcado por dos escudos del cardenal Cisneros. Es obra de Antón y Enrique Egas. La portada se halla flanqueada por pilastras floridas y una moldura escalonada. En un lado de la misma se levanta la torre.

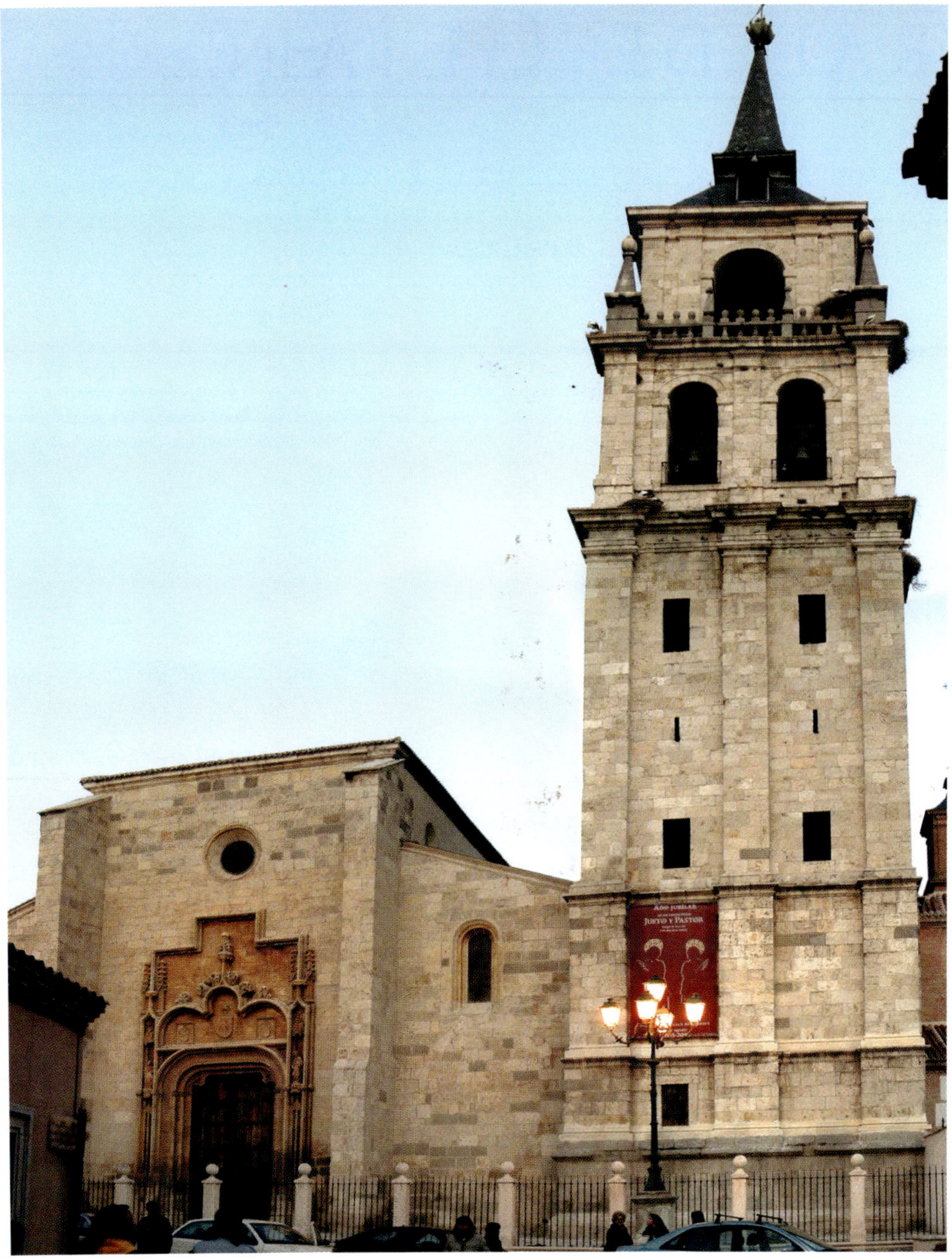

llevaron a cabo bajo la dirección del maestro Pedro Gumiel.

Dentro del estilo gótico que caracteriza el interior del edificio, se percibe un acercamiento al clasicismo de este periodo, sin ostentaciones, aportando una serenidad estilística en las formas arquitectónicas, así como en la ejecución de las bóvedas y los pilares.

Asimismo, esta amplitud espacial viene favorecida por la desaparición del coro durante el incendio que se produjo en la Guerra Civil. De todo el conjunto coral sólo se pudo salvar la reja, realizada en el siglo XVI, que cerraba el recinto y que, actualmente, se encuentra situada a la entrada del templo por la puerta lateral.

La planta

LA CATEDRAL DE ALCALÁ *es de estilo gótico tardío. Presenta una planta de cruz latina compuesta de tres naves y deambulatorio. El conjunto está cubierto con bóvedas de crucería con terceletes. En la zona del deambulatorio aparecen tramos con formas rectangulares y triangulares que se van alternando.*
La torre es renacentista, de los siglos XVI y XVII.

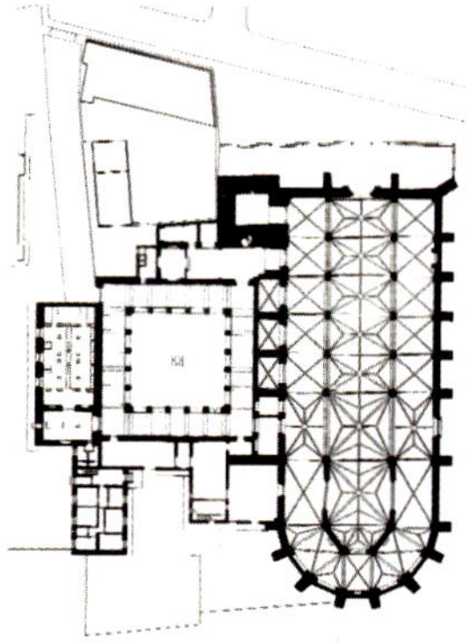

CON ACCESO DESDE LA GIROLA, *aparece la cripta en la que se encuentran enterrados los restos de los Santos Niños Justo y Pastor en una urna de plata. A la cripta se accede por una portada de estilo barroco sobre la que se pueden ver unos relieves escultóricos.*

En el siglo XVII, se construyó la capilla de San Pedro, usada como sagrario y lugar de exposición del Santísimo. Se añadió también en esta época el claustro procesional. Estas aportaciones posteriores al edificio se construyeron según las formas y los preceptos de la arquitectura contrarreformista.

EL CLAUSTRO

El claustro se halla adosado al muro meridional. Es del siglo XVII, presenta algunos elementos de la arquitectura herreriana y sus galerías se separan del espacio abierto mediante arquerías de medio punto entre pilastras de sillería.

CATEDRAL DE GETAFE

LA CATEDRAL DE SANTA MARÍA MAGDALENA DE GETAFE ES, EN ALGUNAS DE SUS PARTES, DE ESTILO MUDÉJAR. SE COMENZÓ A CONSTRUIR EN EL SIGLO XIV, DURANTE LA EDAD MEDIA.

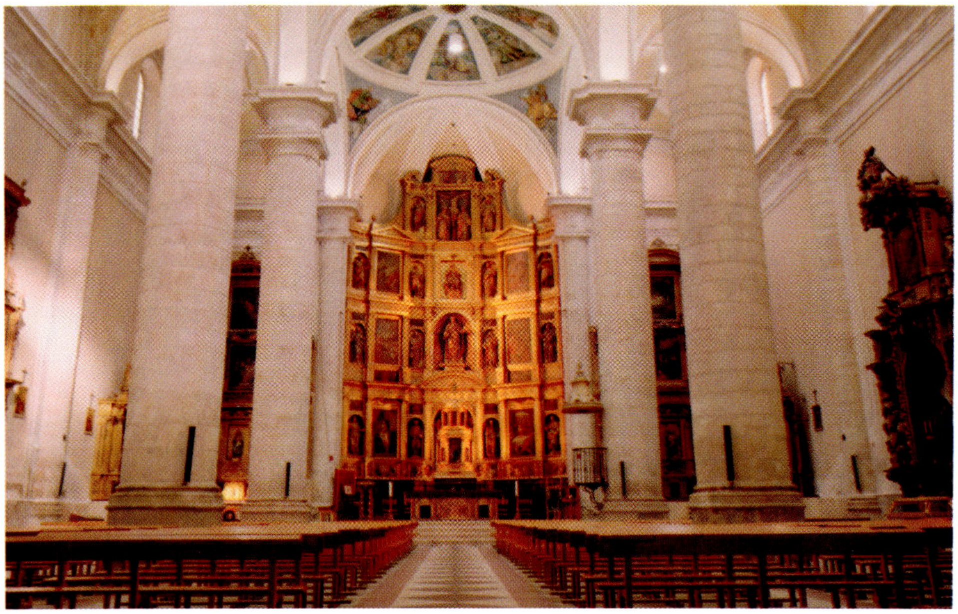

LA VERJA QUE DA PASO AL INTERIOR *del templo se forjó en Getafe por un maestro herrero que ejercía de cerrajero en el Palacio Real, Francisco Manzano, quien la llevó a cabo en el año 1770.*

LOCALIZACIÓN
Plaza de la Magdalena, s/n
Getafe (Madrid)
SIGLOS XVI-XVIII

En 1549 se destruyó la antigua ermita de estilo mudéjar de Getafe, conocida con el nombre de Santa María Magdalena, y en el mismo lugar se comenzó la construcción de la actual catedral. De este primitivo edificio se conservó su torre.

Fue declarado Monumento Nacional en el año 1958 y en la actualidad se ha sometido a una reforma profunda que ha durado seis años y tras la cual se ha reabierto al culto en 2007.

El nuevo templo fue diseñado por Alonso de Covarrubias, bajo las órdenes del cardenal Juan Martínez Silíceo. El maestro que llevó a cabo el proyecto fue Juan Francés, cuyo trabajo no agradó, sin embargo, a la corte de Felipe IV, de manera que su arquitecto oficial, Juan Gómez de Mora, siguió adelante con la obra en 1622.

Posteriormente, se contrató al arquitecto Bartolomé Barreda para que prosiguiera la creación. Sin embargo, este edificio sufrió un derrumbamiento en 1632, causado por la utilización de materiales inadecuados. Finalmente, sorteando todas las dificultades, la catedral se concluyó en el año 1770.

DECORACIÓN SOBRIA

La decoración de las paredes y las bóvedas es sobria, de sólo dos colores: crema y blanco. En la cúpula que se alza sobre el crucero aparecen unas pinturas al fresco que pertenecen al siglo XVIII.

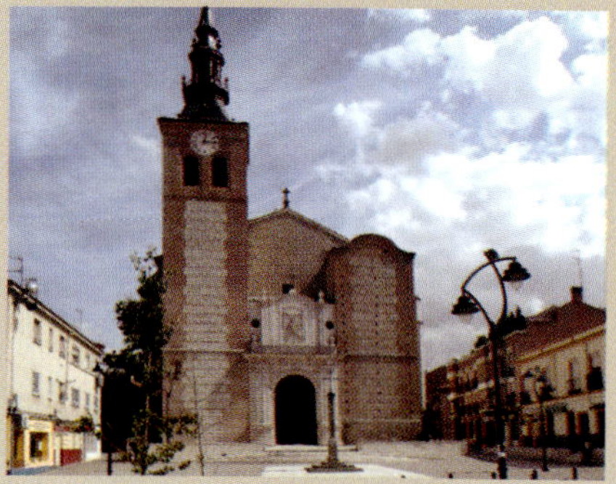

De la primera fábrica, únicamente se mantiene la torre mudéjar en su exterior; ésta consta de tres cuerpos, realizados en ladrillo visto y mampostería. Todo el conjunto se encuentra rematado por un chapitel de pizarra, de estilo barroco, realizado en el siglo XVII. Los dos primeros cuerpos de esta torre son los que pertenecen al siglo XIV, mientras que el tercero, que alberga las campanas, se construyó en el siglo XVII.

La planta

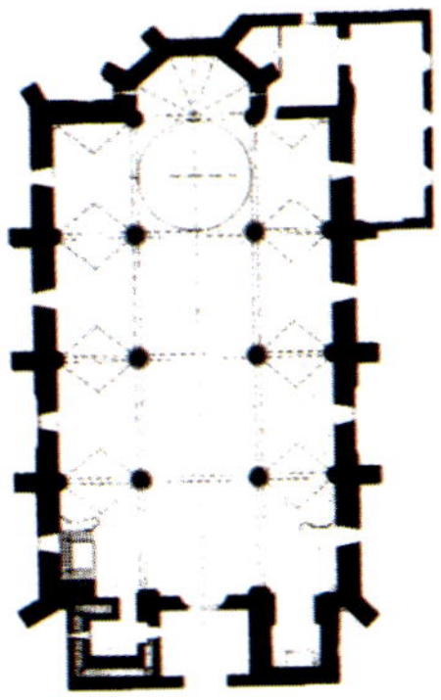

EL INTERIOR DEL TEMPLO *está formado por tres naves con contrafuertes muy recios y un ábside pentagonal cubierto por bóveda de crucería con aristas reforzadas por nervios. Las columnas constan de un pedestal de 1,50 m de altura rematado con varios anillos de grosor variado. El capitel de las columnas es de dos cuerpos y entre estas dos piezas discurre un friso de orden dórico completado con triglifos y metopas.*

LA TORRE MUDÉJAR ES EL ÚNICO ELEMENTO QUE SE CONSERVA DE LA ANTIGUA FÁBRICA.

El pórtico de la catedral está realizado también en piedra y es de estilo barroco. La portada es el elemento más tardío del templo. Esta puerta queda enmarcada por un arco de medio punto, donde aparece la inscripción con el año de conclusión del edificio, 1770. Está construida con piedra de color blanco, lo que aporta al conjunto elegancia en sus formas y traza. La torre nueva se empezó a construir en el siglo XVII y, actualmente, se encuentra inacabada.

Tras años de obras de restauración, se reabrió al público en 2007.

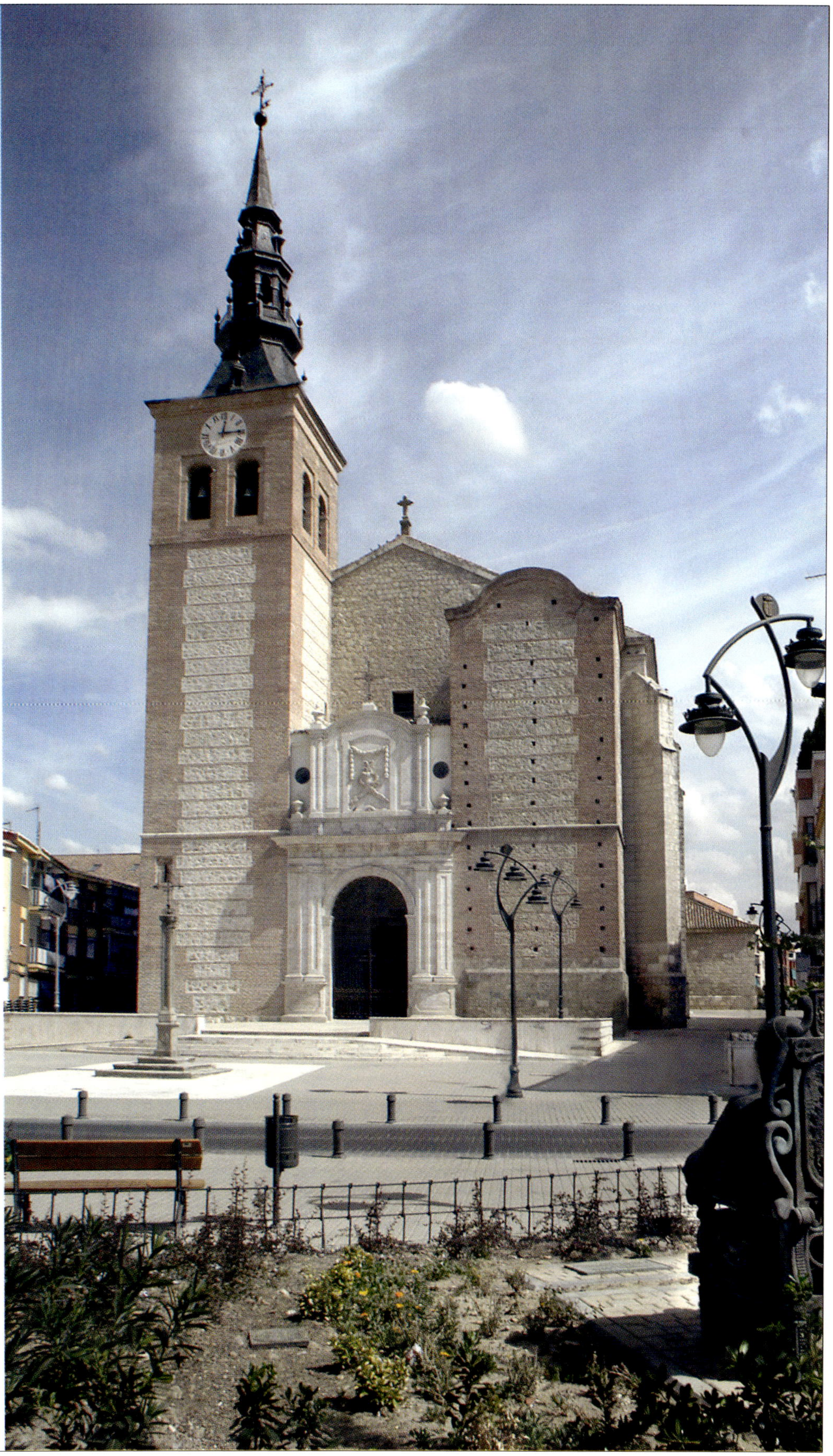

CATEDRAL DE LA ALMUDENA

LA CATEDRAL DE LA ALMUDENA ES UNA DE LAS ASPIRACIONES MÁS ANTIGUAS DEL PUEBLO DE MADRID, QUE DESDE 1885 CONTABA CON UNA CATEDRAL PROVISIONAL, LA IGLESIA DE SAN ISIDRO.

La planta

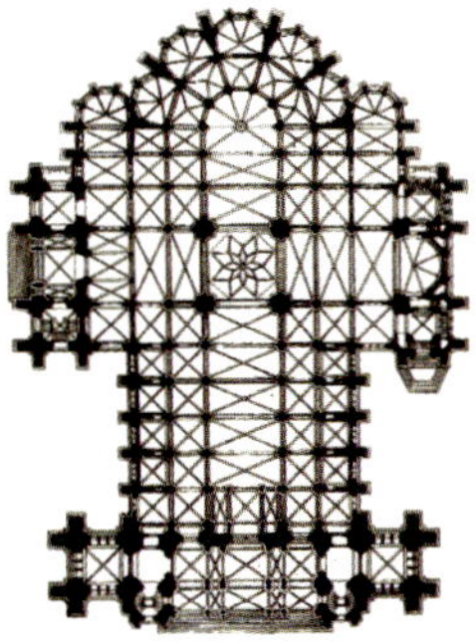

SU INTERIOR ES DE ESTILO NEOGÓTICO, *con planta de cruz latina compuesta de tres naves longitudinales con capillas adosadas en los extremos de las naves laterales, de 82 metros de longitud, y crucero de 68 metros de largo. Un precioso triforio compuesto de arcos apuntados recorre el templo. Las bóvedas de crucería que cubren el edificio se terminaron con el fin de abaratar costes, por lo que sus arcos no fueron cerrados.*

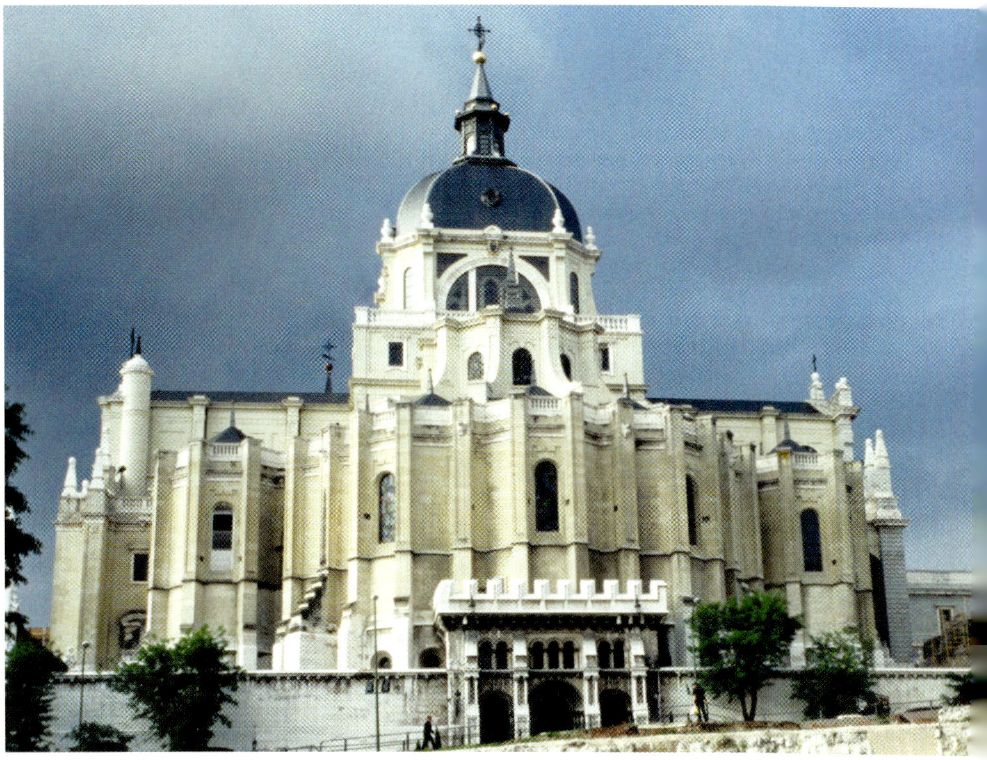

LA FACHADA PRINCIPAL *está compuesta por órdenes superpuestos entre dos torres. Esta fachada desemboca enfrente del Palacio Real. La cúpula doble que se levanta sobre el crucero deja ver su estructura en el exterior.*

LOCALIZACIÓN

Calle Mayor, 90

Madrid

SIGLO XIX

La catedral de Santa María la Real de la Almudena es un templo con una longitud total de 102 metros y 73 de altura, en la que aparecen intercalados diferentes estilos arquitectónicos: neoclásico, neogótico y neorrománico. El último estilo, neobizantino, ha sido aportado recientemente por las pinturas de Kiko Argüello. El autor del proyecto fue Francisco de Cadas. La catedral de La Almudena era un proyecto ambicioso, ya que fue concebida como catedral de la capital de España y, por tanto, de la monarquía española.

La obra se inició el 14 de junio de 1881, pero se inició por la cripta, de estilo románico. La obra requería aportaciones económicas muy importantes, por lo que se retrasó mucho, sufriendo múltiples interrupciones.

A Cadas le sucedió Miguel de Olavarría en 1899, y a este Olavarría le siguió Enrique Repullés y Vargas, quien se encargó de terminar la cripta. En 1907 se concluyó la construcción de la girola y en 1911 se abrió el interior de la cripta para la oración. No obstante, la decoración que cubrió las capillas de la cripta, como retablos, rejas, altares, etc., se fue añadiendo posteriormente.

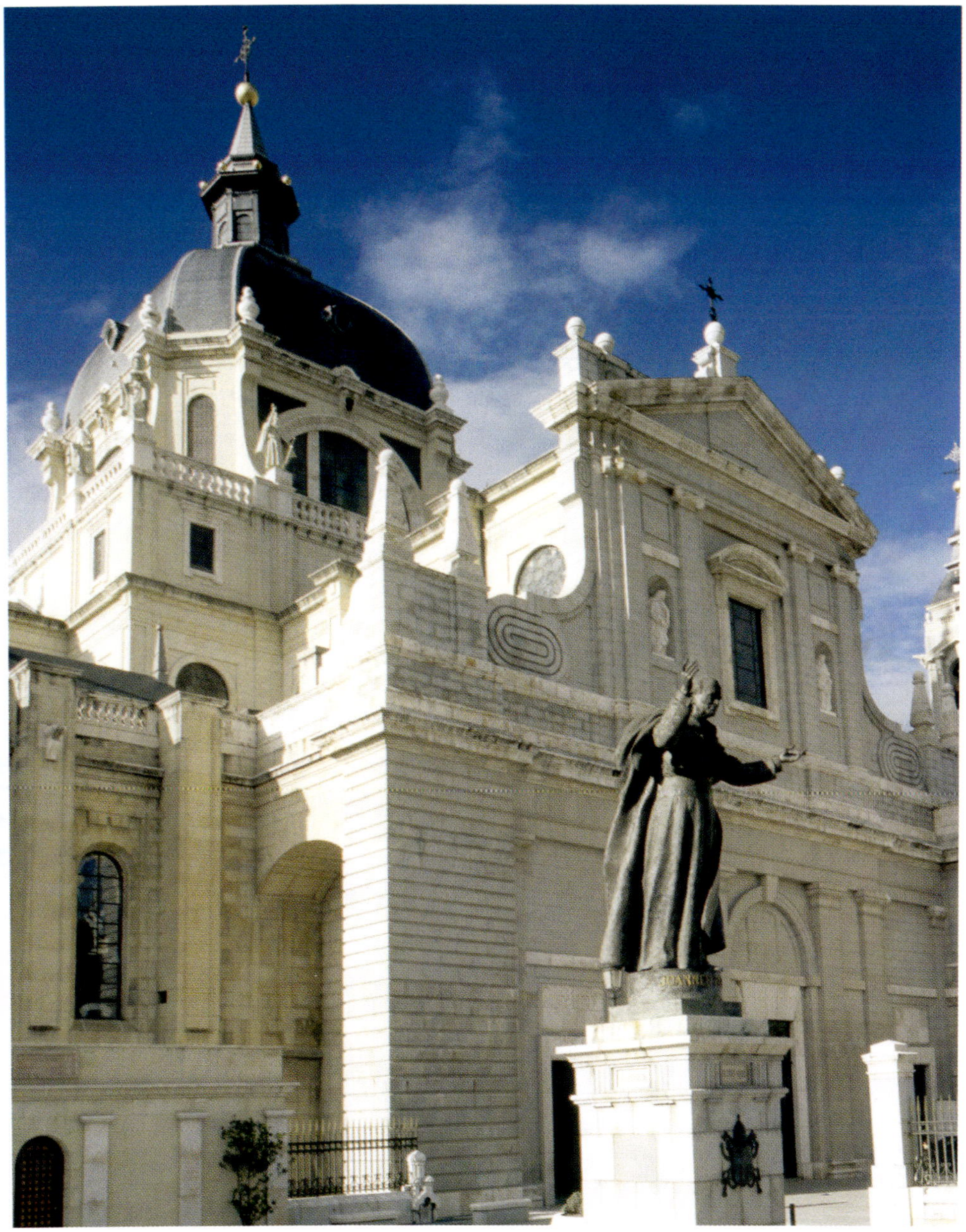

CONSAGRACIÓN

La catedral más joven de España fue consagrada por el papa Juan Pablo II el 15 de junio de 1993. En ella tuvo lugar el 22 de mayo de 2004 la boda de los príncipes de Asturias, don Felipe de Borbón y doña Letizia Ortiz Rocasolano.

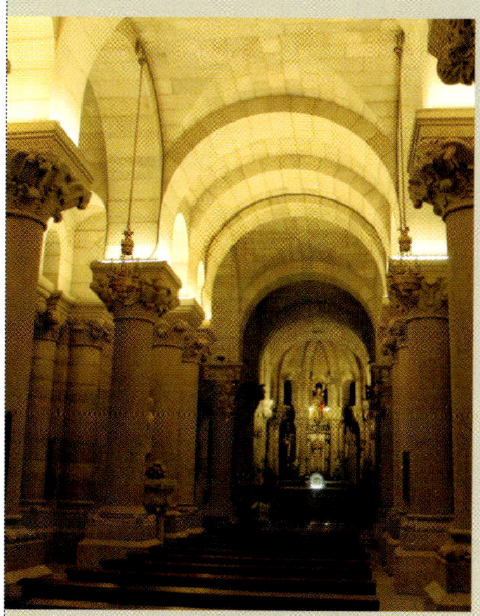

LA CATEDRAL DE LA ALMUDENA *es un templo con exterior neoclásico, de traza muy austera. Está construida con piedra de Novelda, de la provincia de Alicante, y con granito de las canteras de Colmenar Viejo, en Madrid.*

LAS OBRAS DEL TEMPLO SE PROLONGARON DURANTE MUCHO TIEMPO DEBIDO A SU ELEVADO COSTE.

Las obras se paralizaron en 1965 hasta que, en 1984, se creó un Patronato para finalizar las obras, que estaban a cargo de Fernando Chueca Goitia y Carlos Sidro. Finalmente fue inaugurada por Juan Pablo II el 15 de junio de 1993.

En el interior destacan sus múltiples capillas, en especial la del crucero dedicada a la Almudena, las coloristas pinturas geométricas de José Luis Galicia y las neobizantinas de Kiko Argüello en el ábside, un retablo de Berruguete (s. XV), otro de Juan de Borgoña (s. XVI), un óleo de Francisco de Ricci y el Cristo de la buena Muerte de Juan de Mesa sobre el presbiterio.

El exterior es neoclásico a fin de armonizar con el entorno. Destacan las puertas de bronce del escultor Sanguino y la cúpula, gótica desde el interior y barroca desde el exterior, de piedra de Bateig (Alicante).

Catedral Antigua de Cartagena

LA DIÓCESIS DE CARTAGENA PERDURÓ DESDE FINALES DEL PERIODO ROMANO HASTA MEDIADOS DEL SIGLO XIII.

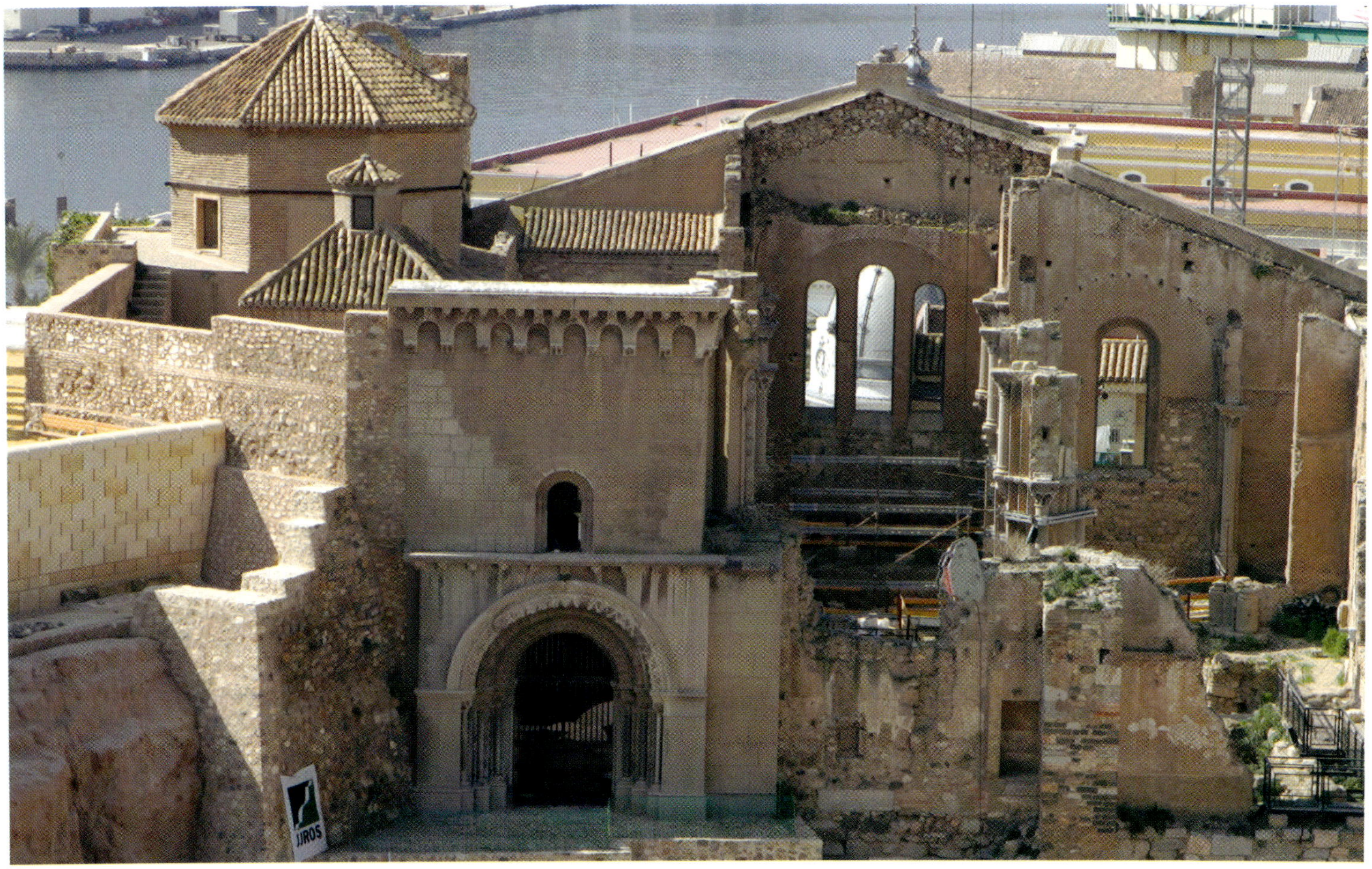

LOCALIZACIÓN

Plaza de la condesa de Peralta
Cartagena (Murcia)
SIGLO XIII

La diócesis de Cartagena, según la tradición, fue fundada en torno al año 36 d. C. por el apóstol Santiago, de ahí que sea considerada la primera y más antigua de nuestro país. Al abandonar la ciudad, se cree que el apóstol nombró obispo a San Basilio que, posteriormente, fue sustituido por San Epeneto, ya en el año 57 d. C., del cual se dice que fue designado por el propio San Pedro.

Desde la baja romanidad hasta mediados del siglo XIII, la diócesis de Cartagena tuvo su sede en esta antigua ciudad fundada por los romanos alrededor del año 227 a. C., con un paréntesis tan sólo durante el periodo de influencia musulmana, que comenzó en el año 734 con la capitulación de la Cora de Tudmir.

La reconquista de los territorios del Reino de Murcia por la Corona de Castilla supuso su restauración y fue determi-

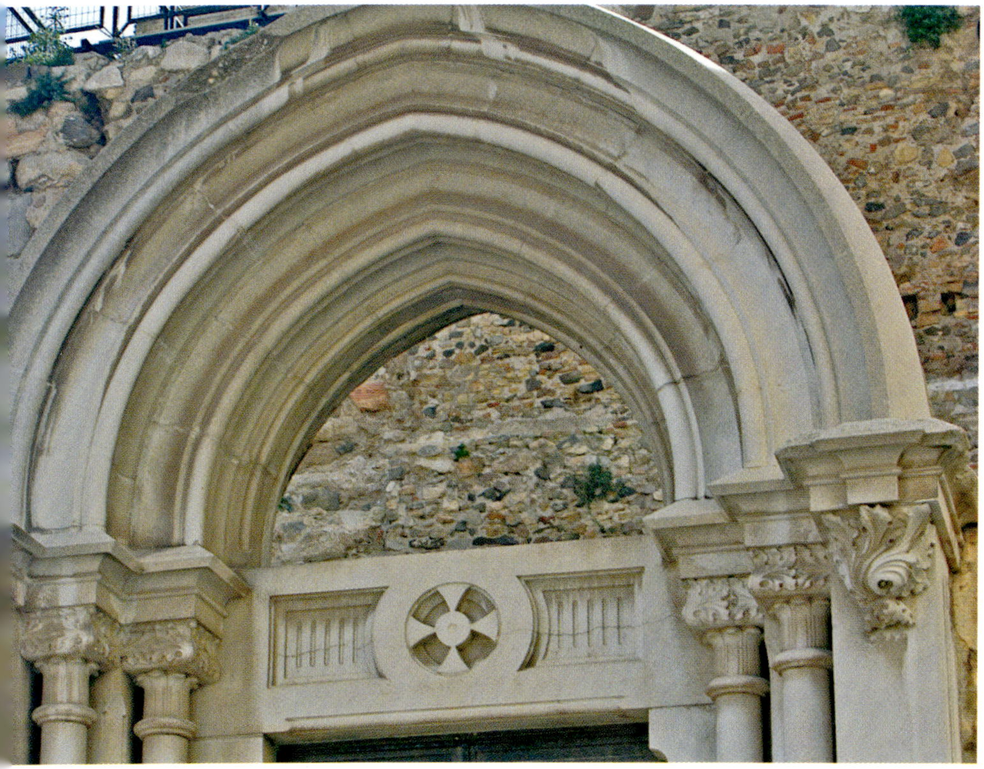

Este edificio pasó por diferentes *etapas y periodos, que condicionaron su estructura arquitectónica.*

Influencia romana

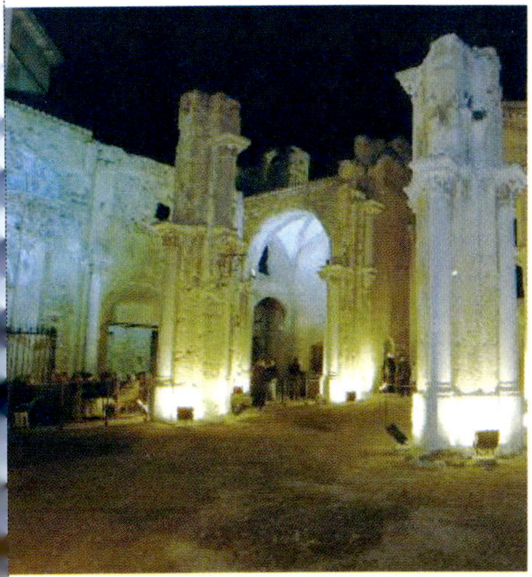

Con frecuencia, *tras la reconquista cristiana de los territorios que habían estado dominados por los árabes, se levantaban templos sobre las mezquitas mayores.*

EL TEMPLO SE ALZÓ JUNTO AL TEATRO ROMANO, DEL QUE TOMÓ MUCHOS ELEMENTOS CONSTRUCTIVOS.

nante para la creación del templo catedralicio, ya que era habitual que, una vez reconquistados los territorios, se levantaran templos en los lugares antes ocupados por las mezquitas. Así, en el año 1247, el papa Inocencio IV dirigió una bula al rey Fernando III con el fin de indicarle que ordenara la reedificación de la catedral sobre la antigua mezquita mayor.

Aunque en el año 1291 la diócesis de Cartagena se trasladó a la ciudad de Murcia, conservando su antigua denominación, las obras del templo continuaron hasta el siglo XVII. Ya en el siglo XIX se llevó a cabo una última reforma. El arquitecto Víctor Beltrí restauró y reconstruyó el edificio dándole un aire neorrománico con elementos modernistas. Sin embargo, el resultado de estas obras no perduró, debido a que, durante la Guerra Civil, el templo fue saqueado y bombardeado.

De los elementos que se conservan en el interior del edificio destaca un mosaico romano del siglo I a. C.

ESTADO ACTUAL

La catedral de Cartagena está incluida en el Plan Nacional de Catedrales, que intenta recuperar estos edificios de gran valor patrimonial.

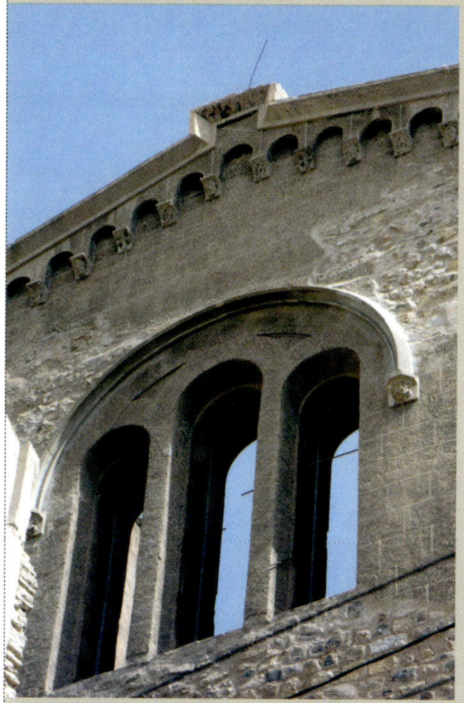

El templo, *además, está declarado Monumento Nacional y Bien de Interés Cultural.*

Catedral de Murcia

LA DIÓCESIS TUVO SU SEDE EN LA CIUDAD DE CARTAGENA DESDE LA ÉPOCA ROMANA HASTA EL SIGLO XIII Y TODAVÍA CONSERVA DE ELLA SU NOMBRE.

LOCALIZACIÓN
Plaza del Cardenal Belluga, s/n
Murcia
SIGLOS XIII-XV

En el año 1291, el rey Sancho decidió trasladar la sede diocesana de Cartagena a la ciudad de Murcia, pero conservando su nombre original de Cartagena.

El origen de la catedral de Santa María de Murcia está ligado a la reconquista realizada por el futuro rey Alfonso X, pues comenzó a construirse en el solar donde se encontraba la antigua mezquita. La primera piedra se colocó en 1394, en la capilla central del deambulatorio. Su construcción se prolongó durante varios siglos, conjugando entre sus muros una diversidad de estilos propios de los periodos por los que fue alargándose.

La puerta de los Apóstoles se inició en 1465 y se configura como la más antigua de las tres que posee el templo. Ubicada a la derecha del transepto, su construcción estuvo dirigida por Diego Sánchez de Almazán, maestro de obras.

Otra de las puertas es la de las Cadenas o de la Cruz, construida en 1512 sobre el antiguo solar que ocupaba una torre que hubo que demoler. La parte superior es del siglo XVIII y en ella aparece el estilo neoclásico y rococó.

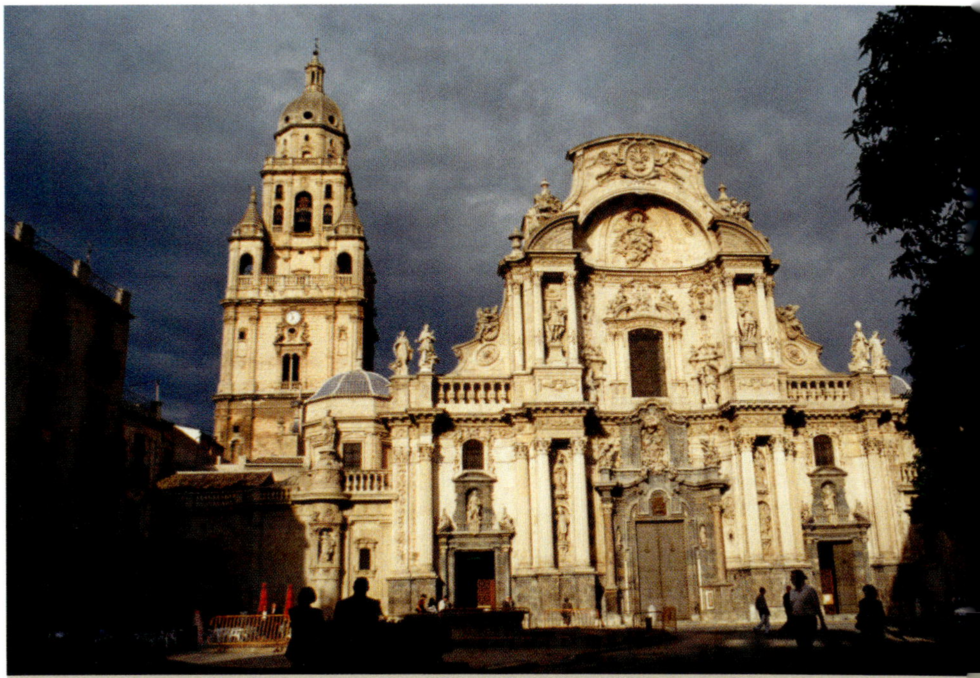

LA TORRE

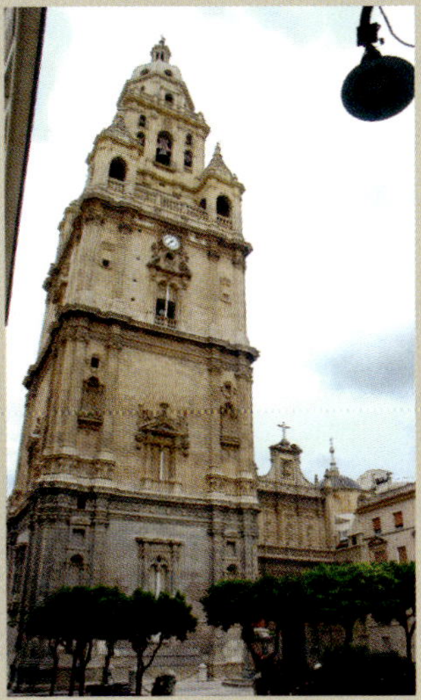

La torre actual, de 95 m de altura, se construyó en 1519. El cuerpo inferior es obra de Jacobo y Francisco Florentino y está muy decorado, mientras que el segundo es más austero. El segundo cuerpo fue concluido en 1555 por Jerónimo Quijano. Hasta 1765 no se retomó la construcción de la torre, de manos de José López, y fue terminada en el año 1793 por Ventura Rodríguez. La fachada principal, de estilo barroco, está concebida a modo de retablo rococó y data de 1737. Fue proyectada por Jaime Bort, que la dividió en dos cuerpos, separados por columnas y coronado por un ático curvado. Imágenes escultóricas y relieves que representan diferentes santos se reparten por la superficie.

La parte inferior es renacentista y cuenta con un conjunto iconográfico que representa la Paz de Granada.

En la sacristía encontramos una portada de estilo plateresco, obra del artista Jerónimo Quijano, a modo de arco de triunfo. El recinto es de planta cuadrada y se cubre con una cúpula gallonada, decorada con motivos vegetales.

Tras la sacristía se halla la capilla de San Andrés, que contiene una imagen en busto de la Virgen de las Lágrimas.

Otra de las capillas es la de los Junterones, obra cumbre del Renacimiento murciano. Se compone de planta alargada y la ornamentación se encuentra perfectamente acoplada a su arquitectura. Destaca como elemento decorativo un altorrelieve que es la representación de la Gloria, sobre el retablo de la Adoración de los Magos, combinando temas religiosos con profanos, temática propia del Renacimiento.

UNA IMAGEN ALEGÓRICA DE LA GLORIA SOBRESALE EN FORMA DE ALTORRELIEVE.

La capilla de San Antonio, o capilla del Hábeas, es obra de Jerónimo Quijano, quien la concibió dentro del estilo plateresco.

En el trascoro se halla situada la capilla de la Inmaculada, una de las primeras del mundo con esta advocación. Está realizada con una curiosa combinación de mármoles de color blanco y negro que forman un interesante juego decorativo.

El altar mayor primitivo se destruyó en un incendio en 1854. El actual fue proyectado por Mariano Pescador.

En la parte frontal del altar mayor se encuentra el coro, del s. XVI, procedente de San Marín de Valdeiglesias, de donde fue trasladado tras el inendio de 1854. La reja es de Antón Viveros, el mismo artista que también realizó la del presbiterio.

La planta

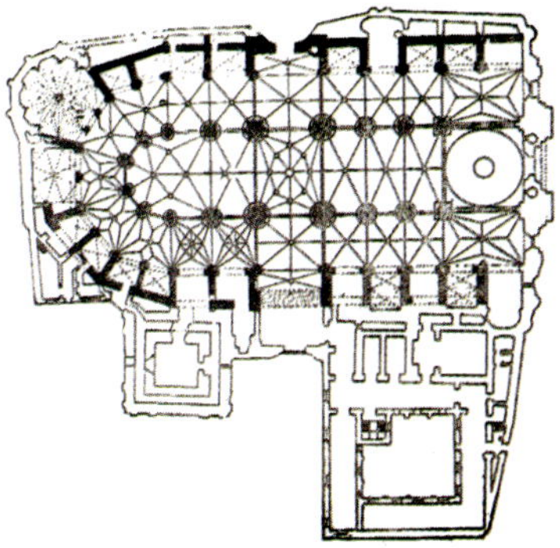

El templo se compone de una planta *de tres naves, con capillas laterales y un deambulatorio en la cabecera. El interior es, en la mayoría de sus elementos arquitectónicos y ornamentales, de estilo gótico. Entre las capillas, es de destacar la de los Vélez, situada en la girola, y en la que la arquitectura y la ornamentación escultórica se funden en un conjunto único. Se cierra la cubierta de la capilla mediante una bóveda estrellada.*

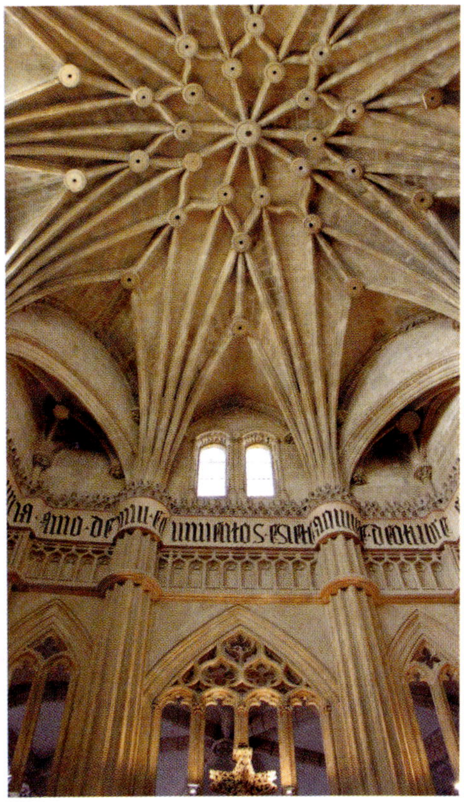

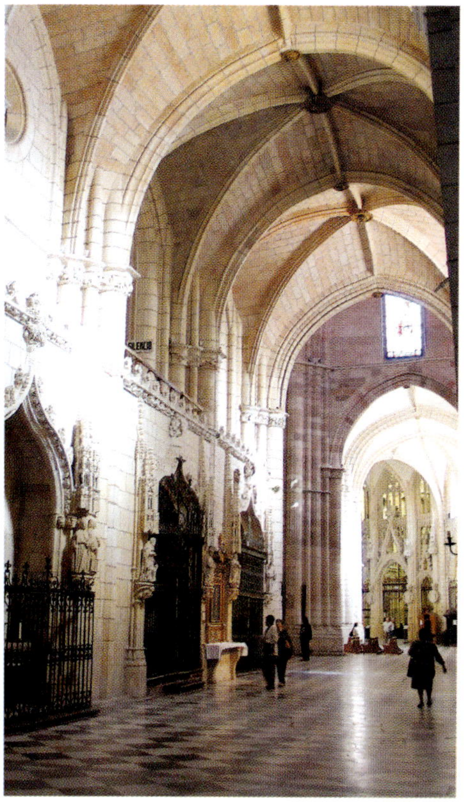

De la Puerta de los Apóstoles, de estilo gótico florido *destaca un arco conopial y los cuatro apóstoles situados en las jambas. En las arquivoltas se distribuyen los ángeles músicos y los reyes de Israel.*

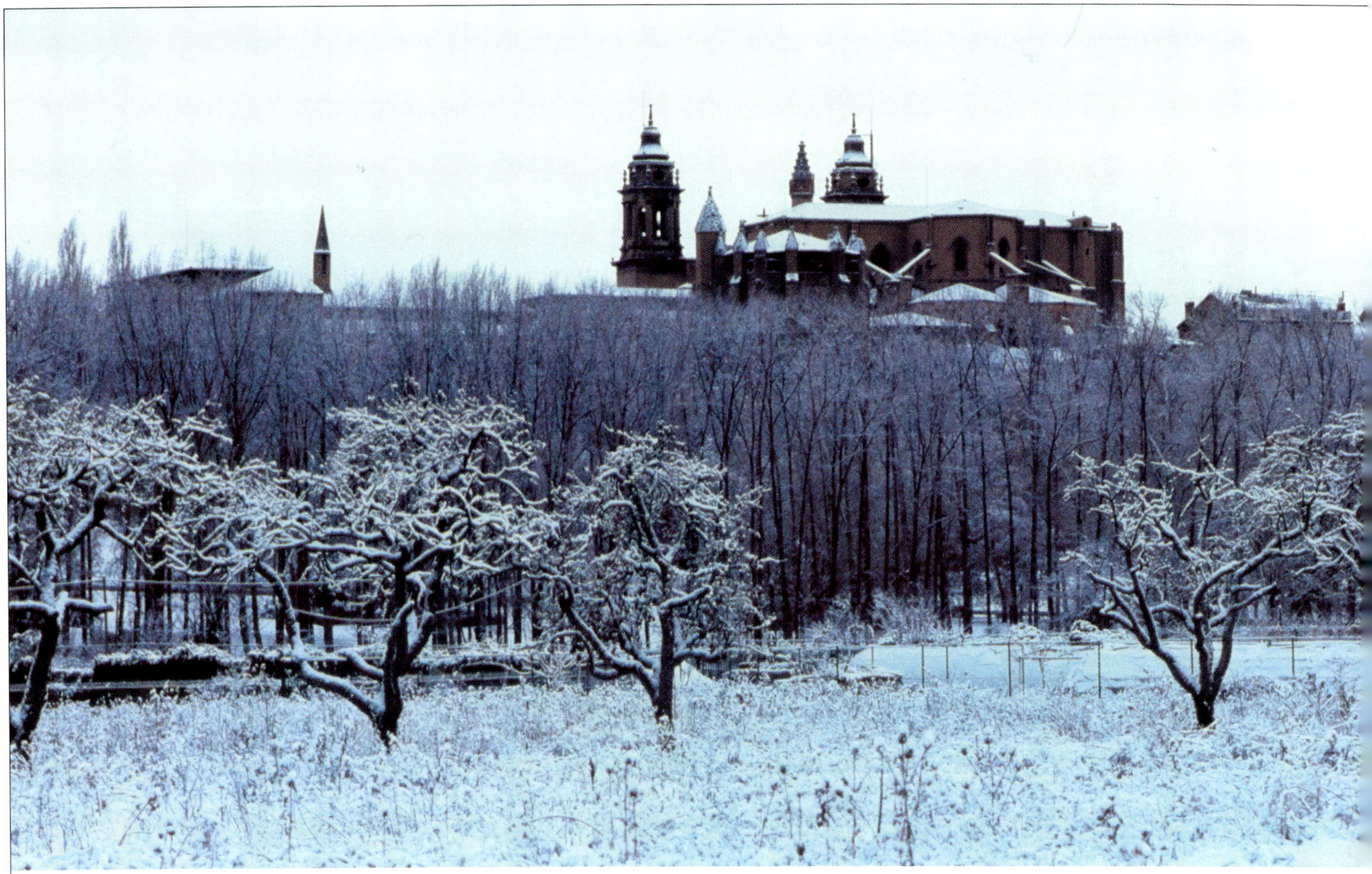

CATEDRAL DE PAMPLONA

LA CATEDRAL DE SANTA MARÍA LA REAL DE PAMPLONA QUE PODEMOS CONTEMPLAR ACTUALMENTE ES, EN SU MAYORÍA, UN TEMPLO DE ESTILO GÓTICO.

La planta

EL TEMPLO SE LEVANTA SOBRE UNA PLANTA *de tres naves de 24 metros de ancho por 65 de longitud, con capillas laterales entre los contrafuertes de las naves y en el deambulatorio, con un crucero muy acusado en el alzado, presbiterio poligonal y una girola con dos tramos pentagonales a los lados y dos hexagonales en el centro. La catedral no tiene triforio, y en el claristorio se abren unos vanos con cuatro vidrieras del siglo XVI.*

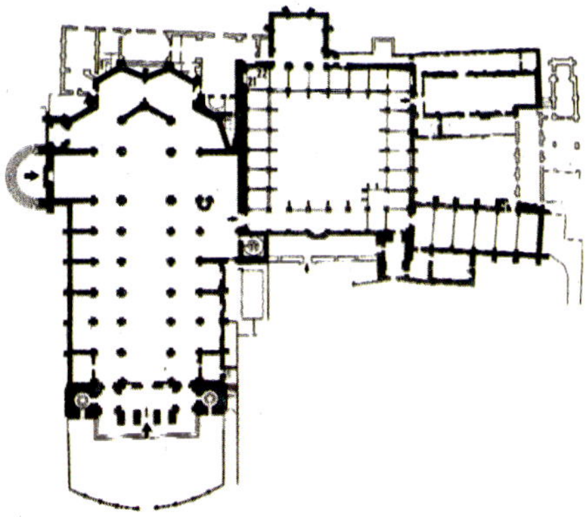

Desde la fundación de la ciudad por Pompeyo Magno en el año 74 a. C., el solar donde se levanta la actual catedral de Pamplona está cargado de historia. Diversas excavaciones realizadas en el lugar han posibilitado la extracción de cimientos pertenecientes a edificios romanos que ocuparon ese espacio con anterioridad.

EL CLAUSTRO

El claustro es uno de los elementos más importantes de todo el conjunto catedralicio. Lo componen varias series de arcos apuntados decorados a base de distintas tracerías caladas.

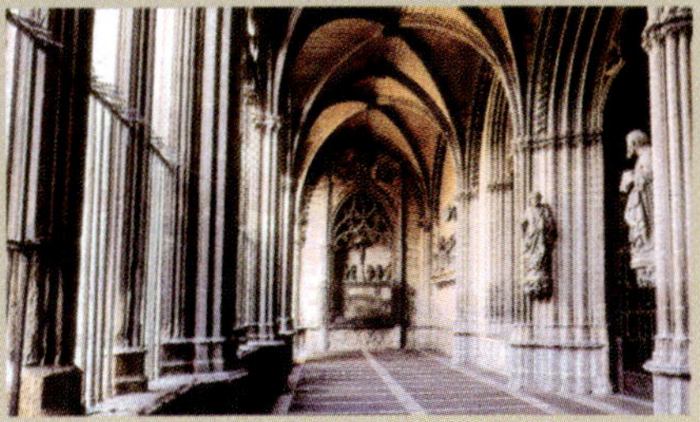

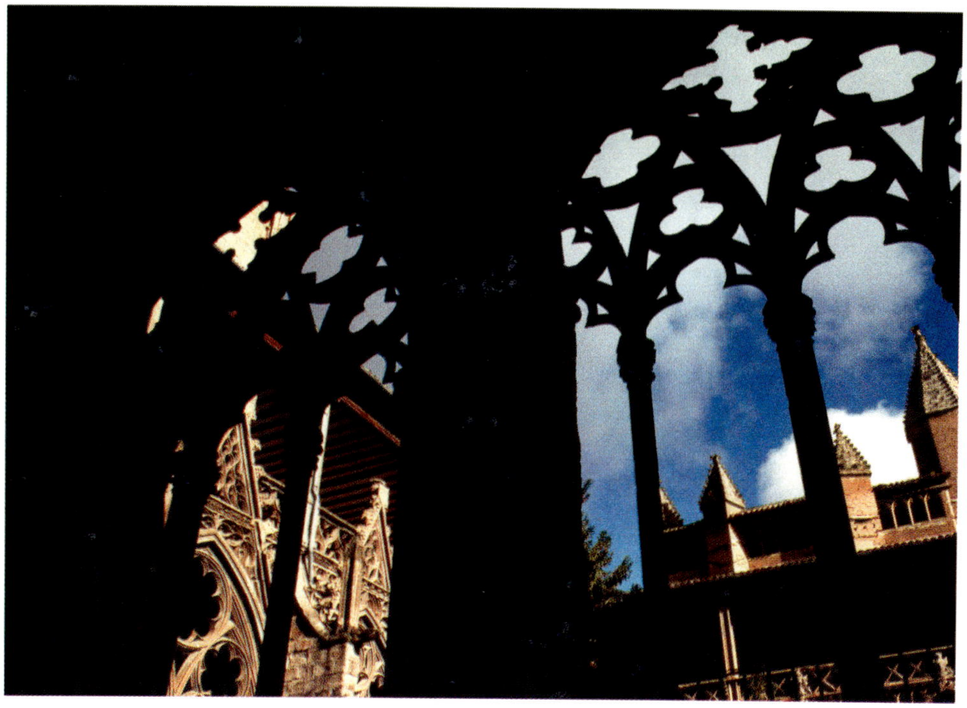

EN CUANTO A SU ESTRUCTURA, *guarda una gran unidad estilística, a pesar de que su construcción se prolongó a lo largo de varios siglos.*

Pese a este dato, no hay indicios de la existencia en este lugar de una basílica cristiana anterior a la que fue demolida por Abderramán III en 924. Posteriormente, entre los años 1004 y 1035, el rey Sancho el Mayor construyó, bajo la advocación de la Asunción, un templo de tres naves y tres ábsides.

Esta iglesia se demolió después, en el año 1083, durante el obispado de Pedro de Roda. Tras esta actuación se levantó una catedral románica, cuya construcción tuvo lugar entre los años 1100 y 1127. Esta nueva catedral ya contaba con un claustro, que se concluyó en 1137.

Más tarde, entre 1286 y 1472, comenzó a tomar forma un nuevo claustro gótico: la joya de la catedral y una de las cumbres de este estilo. En este espacio, se levantó también la capilla Barbazana –con bóveda gótica octogonal y en la que descansan los restos de varios obispos de Pamplona–, además del refectorio y la gran cocina gótica para atender peregrinos.

LA FACHADA ACTUAL NO SE CONSTRUYÓ HASTA EL SIGLO XVIII.

Poco después, en el año 1390, se derrumbó la catedral románica, quedando en pie únicamente la fachada y la cabecera, y se comenzó a construir el edificio gótico actual cuya primera piedra se colocó en 1394. Las obras de edificación de la catedral duraron, repartidas en diversos periodos y avatares, hasta 1501.

LA FACHADA

La fachada que podemos contemplar actualmente, de marcado estilo neoclásico, se levantó en el siglo XVIII. Para ello, hubo que derribar la románica que se había conservado hasta el momento. Esto sucedía entre los años 1783 y 1803, en que, aprovechando esta intervención, se añadió también un tramo más a la catedral por la zona de la entrada, prolongando de esta manera el cuerpo gótico.

El inicio de las obras de finales del XVIII, bajo la dirección de Ochandategui, estuvo a cargo del arquitecto Ventura Rodríguez. Con su nuevo y último proyecto se remató la reconstrucción del conjunto derruido en el siglo XIV.

LOCALIZACIÓN

Plaza de Santa María, 1

Pamplona (Navarra)

SIGLOS XIV-XVIII

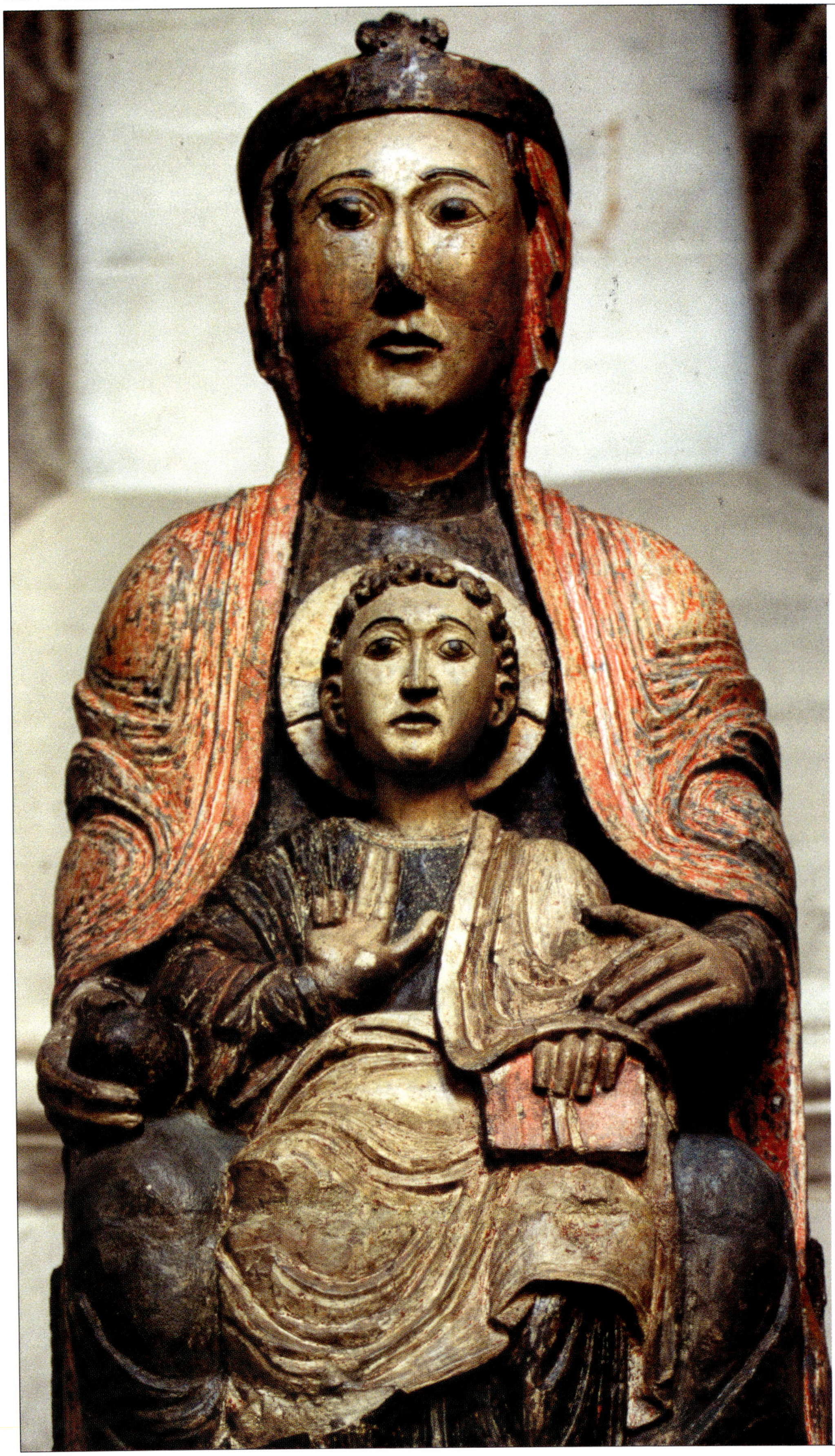

La planta

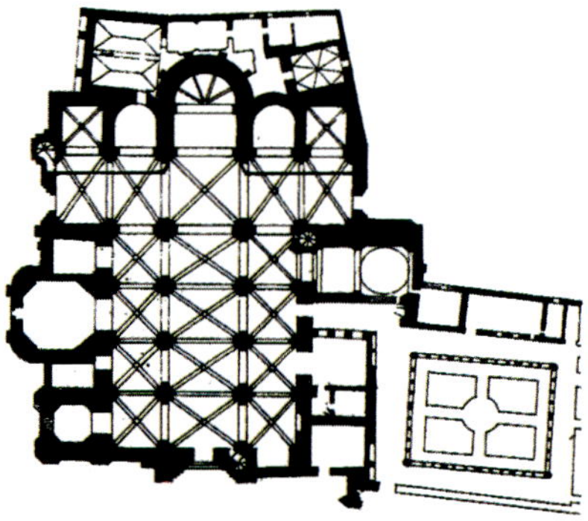

Aunque el alzado de la catedral *de Tudela podría clasificarse dentro del estilo gótico, la planta del templo presenta un aspecto más similar al que se construyó durante el periodo románico. Se compone de tres naves con cuatro tramos, un crucero de cinco tramos y una cabecera de cinco ábsides, donde el central se halla presidido por un magnífico retablo del siglo XV, obra de Pedro Díaz de Oviedo.*

LOCALIZACIÓN

Plaza Vieja, s/n

Tudela (Navarra)

SIGLOS XII-XIII

Tudela fue una ciudad próspera durante el periodo de ocupación musulmana, hasta que en 1119 fue reconquistada por los cristianos, bajo las órdenes de Alfonso I «el Batallador». Su tardía reconquista no impidió que se edificaran muchos templos románicos pertenecientes, precisamente, a este estilo románico posterior. Algunos de estos edificios han llegado hasta nuestros días.

Antes del actual templo hubo otro con advocación a Santa María la Blanca. Cuando conquistaron la ciudad las tropas cristianas de Alfonso I, el monarca permitió a los musulmanes seguir disponiendo de su mezquita durante un año.

CATEDRAL DE TUDELA

LA CATEDRAL DE SANTA MARÍA DE TUDELA ESTÁ CONSIDERADA MONUMENTO NACIONAL DESDE EL DÍA 16 DE DICIEMBRE DE 1884.

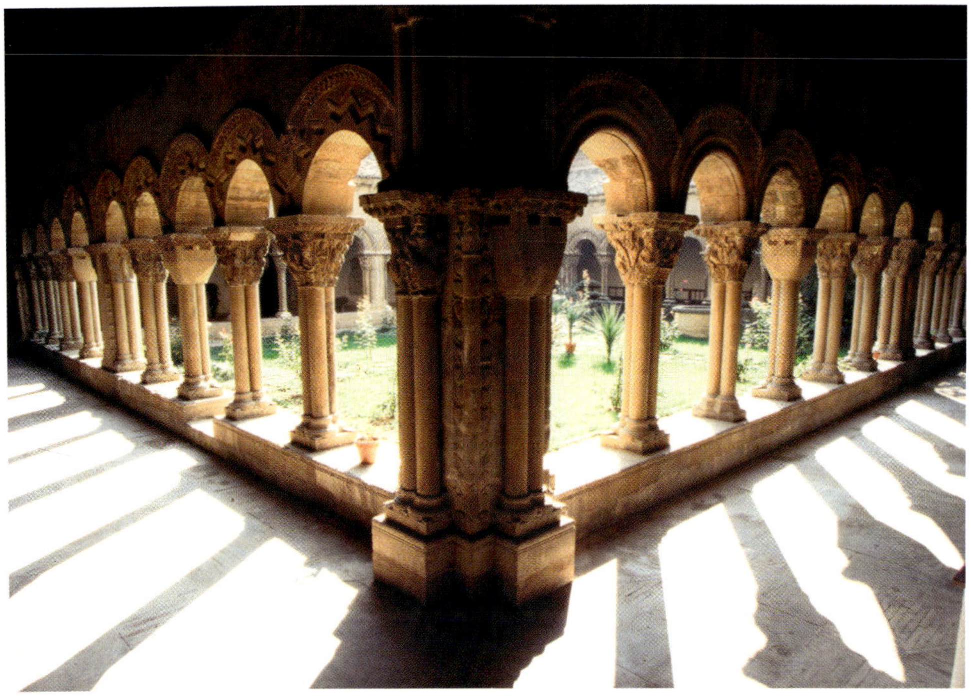

EL CLAUSTRO ES ROMÁNICO, *de finales del s. XII, y está recorrido por columnas geminadas y capiteles ricamente labrados.*

LAS PORTADAS

Uno de los elementos más interesantes del exterior del templo son las tres portadas que abren la fachada. Son de estilo tardorrománico tanto la meridional como la septentrional. La portada más conocida de la catedral de Tudela es la puerta del Juicio.

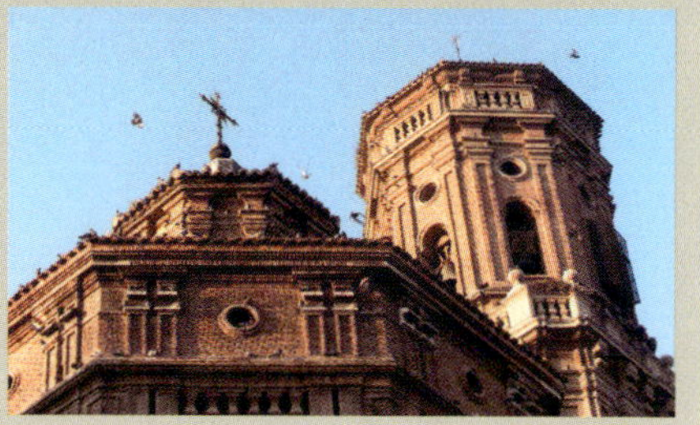

En 1121, la mezquita construida por Muza II en el siglo IX se transformó para el culto cristiano. El obispo Miguel de Tarazona fue quien la dedicó a Santa María de Tudela y se empezó a edificar en el año 1168. En un principio, el edificio hizo las funciones de colegiata y pasó a ser catedral en el siglo XIII, momento en el que Tudela se independizó de la diócesis de Tarazona.

LA CONSTRUCCIÓN DE LA CATEDRAL DE SANTA MARÍA DE TUDELA COMENZÓ EN EL AÑO 1168.

En el siglo XIII, cuando finalizó la construcción, la catedral de Tudela tenía un estilo cisterciense o de transición del románico al naciente gótico. Muchos de los restos de la mezquita árabe sobre la que se edificó se encuentran presentes todavía en el lugar; se han hallado abundantes muestras de este primer edificio, como modillones, ventanas y yeserías arábigas, similares a las que se encuentran en iglesias de Toledo y Córdoba.

El templo dispone de dos torres, una románica en la fachada de la puerta del Juicio y otra renacentista de ladrillo.

En una columna entre la capilla mayor y la de San Juan se alza la imagen románica de Santa María la Blanca, en piedra policromada. La talla gótica de Santa Ana, patrona de la ciudad, se encuentra en la capilla del mismo nombre.

Catedral de Bilbao

LA CATEDRAL DE BILBAO SE HALLA BAJO LA ADVOCACIÓN DE SANTIAGO. BILBAO FUE UNA DE LAS PRIMERAS CIUDADES EN DECLARAR A SANTIAGO SU PATRÓN.

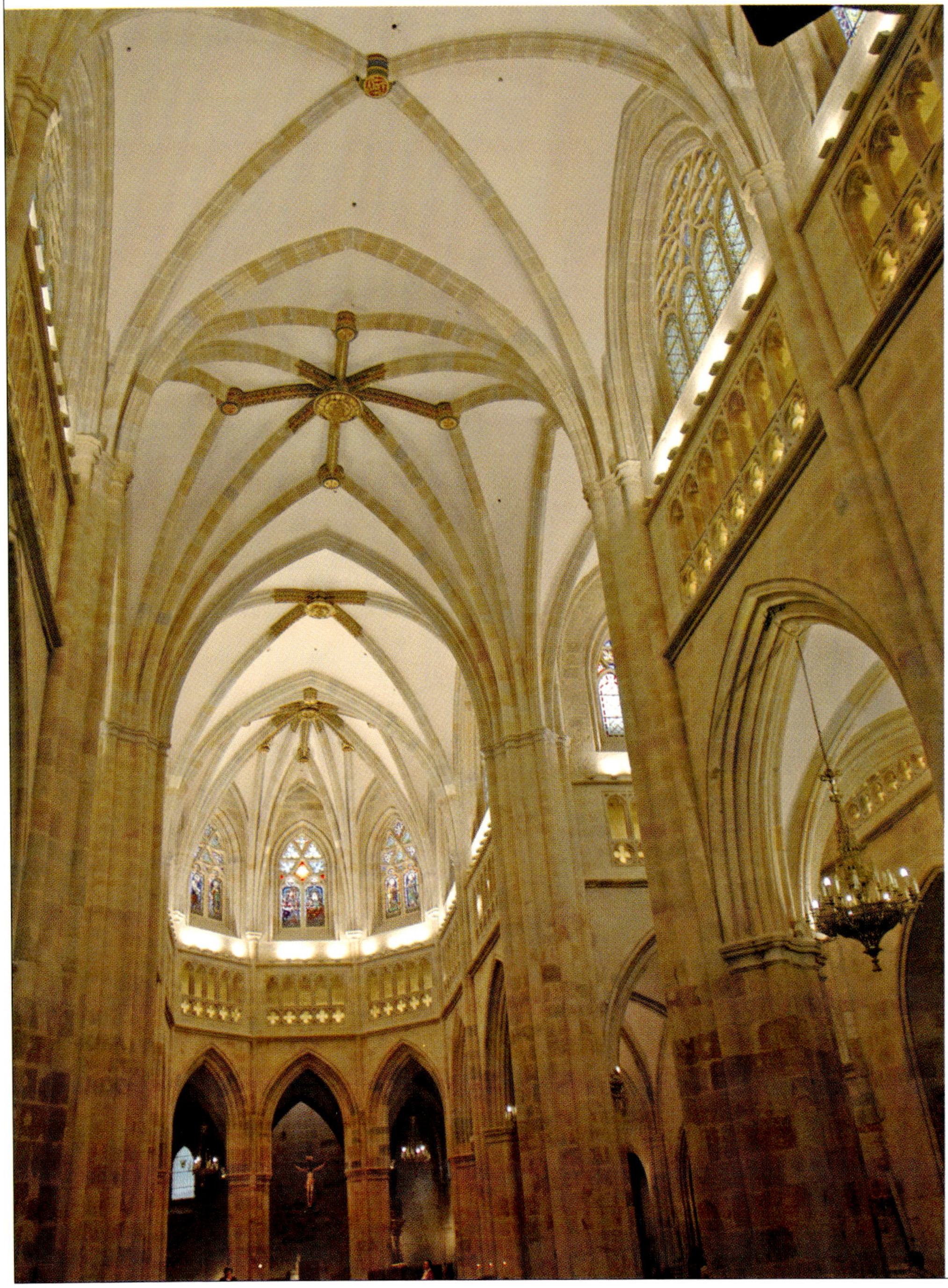

PORTADA DEL ÁNGEL

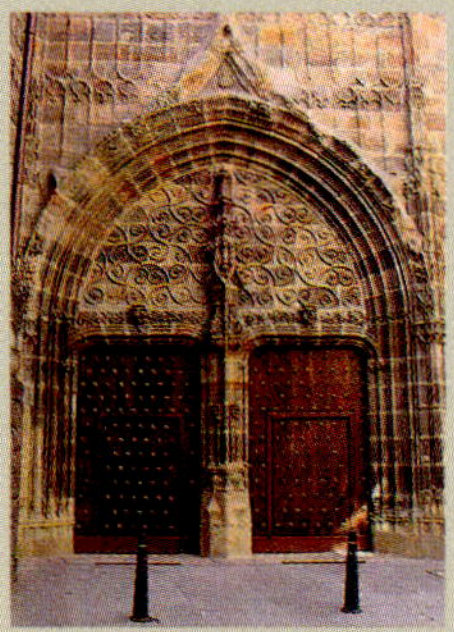

En el exterior, la torre que la preside y la fachada principal se añadieron durante el periodo neoclásico. Destaca el pórtico de estilo renacentista, con bóveda, levantado en 1581 por los canteros Garita y Humar. Esta portada renacentista presenta rasgos de transición hacia el plateresco. Se conoce con el nombre de portada del Ángel.

La catedral de Santiago de Bilbao, de estilo gótico tardío, fue construida a finales del siglo XIV y principios del XV. Se halla situada en el corazón del núcleo antiguo de la ciudad de Bilbao. Es posible que sus orígenes sean tan antiguos que fuera anterior a la creación de la propia villa.

Forma parte del Camino de Santiago que se tomaba por la costa y, actualmente, está considerada como Monumento Histórico Nacional.

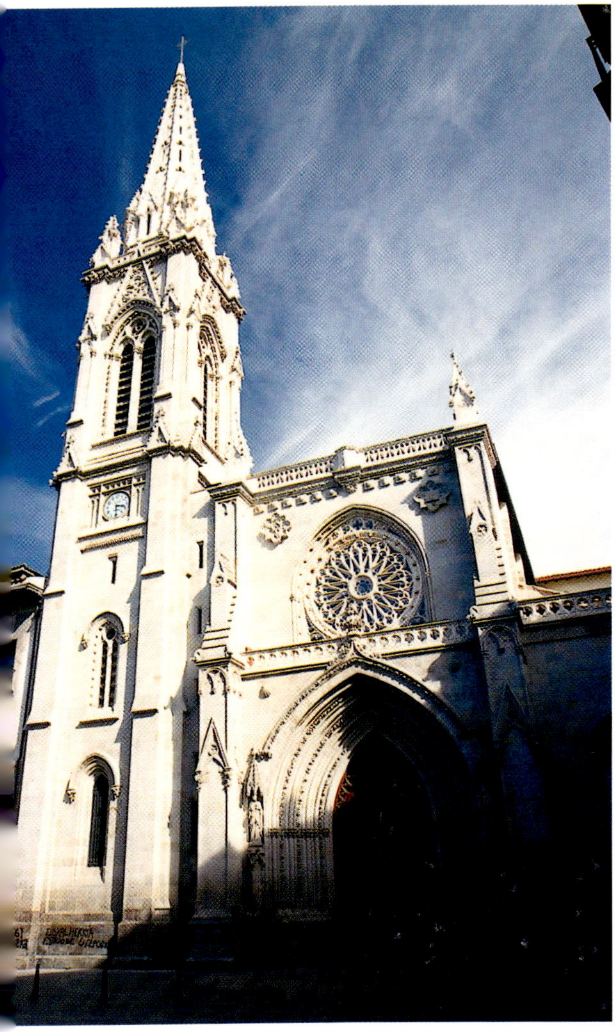

En el año 1379, con el inicio de su construcción, se modificó el proyecto inicial y el templo se ensanchó y fue enriquecido con diferentes ornamentos.

Al acabarse en un tiempo relativamente corto, conserva una unidad de estilo en todo su interior. La fachada neogótica y la torre son posteriores, proyectadas por Severino Achúcarro en el siglo XIX.

La catedral de Bilbao sufrió profundos daños debido a unas inundaciones que se produjeron durante el verano del año 1983. Pero gracias a una serie de intervenciones y procesos de restauración, actualmente presenta un buen estado de conservación.

EL INTERIOR LLAMA LA ATENCIÓN POR SU VACÍO DECORATIVO.

Su interior resulta muy característico por la desnudez que presentan los elementos, muy poco decorados.

El coro nuevo se construyó en el año 1729 y, poco después, en 1740, se realizó el presbiterio en jaspe. El retablo que se encuentra en el altar mayor lo construyó un imaginero flamenco llamado Guiot de Beaugrant entre los años 1533 y 1546.

La catedral alberga otro retablo de estilo neoclásico, además de una imagen escultórica del Cristo del Buen Amor y una hermosa figura clasicista de la Piedad, entre otros objetos artísticos.

OBRAS DE ARTE

Aunque gran parte del mobiliario del templo se ha ido perdiendo con los años por diferentes razones, aún hoy en día se puede contemplar una serie de objetos de especial relevancia. Entre ellos se encuentra una custodia de plata dorada con viril de oro e incrustaciones de diamantes, brillantes, rubíes, esmeraldas, etcétera. En total son 2.300 piedras preciosas. Esta custodia es obra de Mariano Gavín.

El cardenal Gardoqui donó al templo una casulla de tisú roja, bordada con hilos de oro puro, y un cáliz de plata dorada, trabajada a cincel. Una cruz de plata también cincelada, varios incensarios del periodo gótico, otros tantos del Renacimiento, un copón de oro y varios ciriales, todos realizados con materiales nobles, completan el tesoro de la catedral.

La planta

EL EDIFICIO CONSTA DE TRES NAVES *sostenidas por seis pilares cada una y construidas sobre una planta propia del estilo gótico, con deambulatorio para el peregrinaje a la cabecera.*
El conjunto se encuentra rodeado a lo largo de la nave central por un triforio en su parte superior, elemento propio de las iglesias de peregrinación. Este triforio está situado por debajo de los ventanales góticos, cerrados por vidrieras de colores. Dos naves laterales fueron pasto de las llamas en un incendio que se produjo en el año 1571.

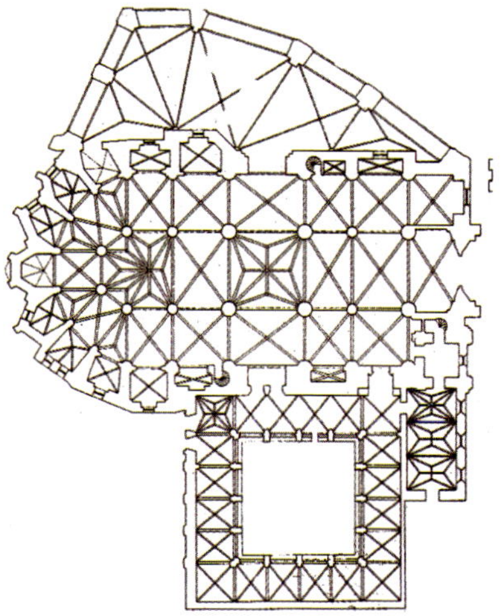

LA FACHADA NEOGÓTICA *fue realizada en el siglo XIX por el arquitecto Severino Achúcarro.*

LOCALIZACIÓN
Plazuela de Santiago, 1
Bilbao (Vizcaya)
SIGLOS XIV-XV

Catedral del Buen Pastor de San Sebastián

SE TRATA DE UNO DE LOS TEMPLOS MÁS GRANDES DE LA PROVINCIA DE GUIPÚZCOA Y OSTENTA EL RANGO DE CATEDRAL DESDE 1953.

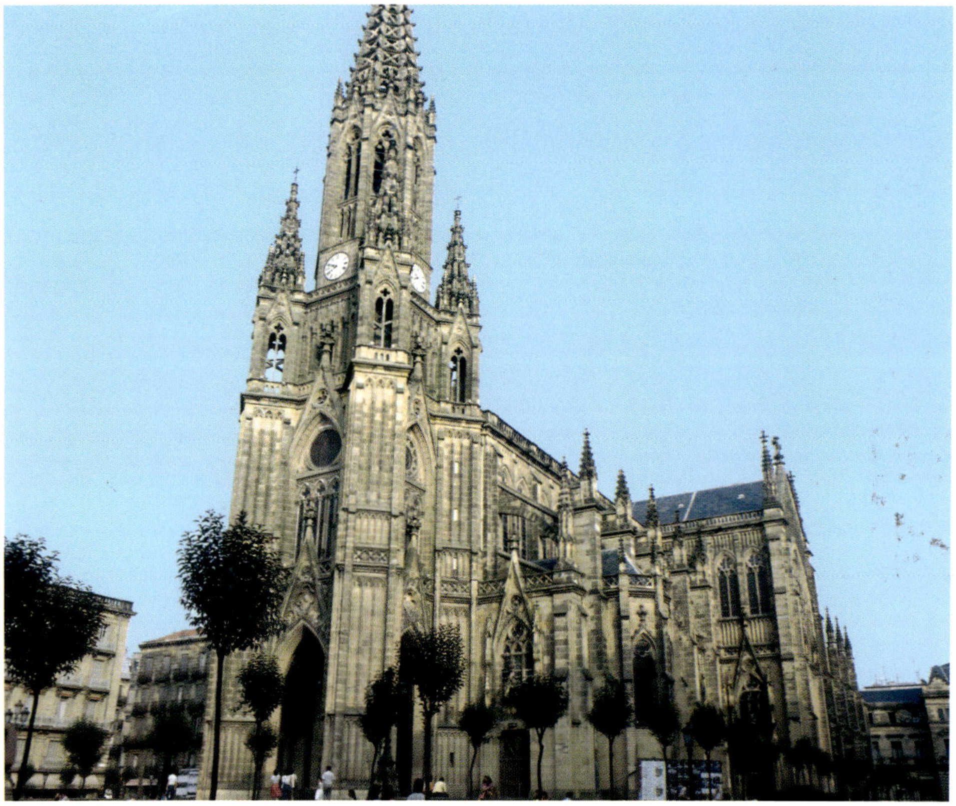

De su exterior *destaca la alta torre, única y exenta, que se eleva sobre la estructura general del edificio, dejándose ver desde las calles adyacentes a la plaza en la que se ubica el templo.*

SILLERÍA

Todo el edificio se realizó en piedra de sillería de las canteras de Igueldo. Las bóvedas están construidas con toba de Ocio, provincia de Burgos, y la pizarra que resalta las zonas más oscuras se transportó desde Angers.

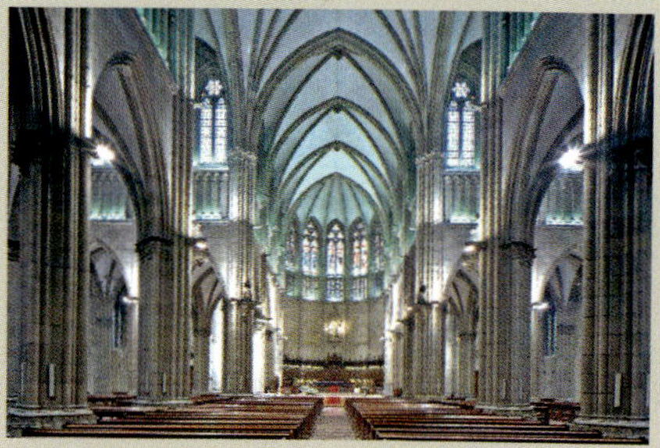

LOCALIZACIÓN

Plaza del Buen Pastor, s/n
San Sebastián (Guipúzcoa)
SIGLO XIX

Situada en el centro de la ciudad, concretamente en el ensanche de Amara, está rodeada por una plaza ajardinada de pequeñas dimensiones, donde se erigieron dos monumentos dedicados a Vicente Manterola y al padre José Vinuesa, ambos pertenecientes a la Compañía de Jesús.

A pesar de lo que pueda parecer a simple vista, la catedral de San Sebastián fue inaugurada en 1897. El marcado estilo neogótico del edificio, que recuerda a las grandes catedrales medievales europeas, es el causante de esta habitual confusión.

El templo es obra del arquitecto Manuel de Echave, quien, basándose probablemente en la catedral de Colonia, diseñó un edificio profusamente decorado (vidrieras de llamativos colores –proyectadas por Juan Bautista Lázaro–, gárgolas, pináculos, etcétera).

El origen de la catedral donostiarra está íntimamente relacionado con el aumento

La planta

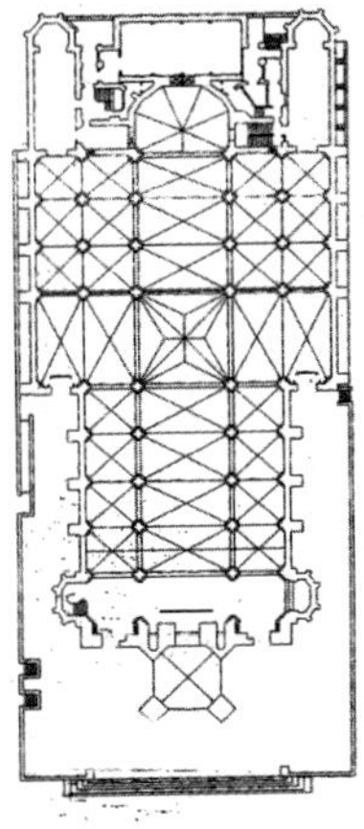

Presenta planta de cruz latina *y, desde el crucero hasta el ábside, se compone de cinco naves, pero sólo tres de ellas llegan hasta los pies del templo, quedando las otras dos a media distancia. Cuenta con una bella sacristía y sala capitular, ambas estancias realizadas con el mismo estilo neogótico. La cripta que se halla en el interior del templo es muy espaciosa y casi tan amplia como la totalidad del edificio.*

demográfico derivado del desarrollo del ensanche. Al crecer el número de feligreses, se hacían necesarios nuevos templos. En 1885 se habilitó una pequeña capilla en una vivienda de la calle de San Marcial para poder facilitar las celebraciones eucarísticas y la administración de los sacramentos, pero esta solución resultó insuficiente. Así, en 1888 se inauguró la iglesia provisional del Sagrado Corazón. Sin embargo, la sencillez del edificio chocaba con las elegantes construcciones que se estaban levantando a su alrededor. Era necesario, por tanto, construir un templo más solemne.

A la inauguración de la catedral, que aún tenía la torre a medio levantar, asistió la familia real.

El templo se concluyó en el año 1899, con un coste muy elevado para la época.

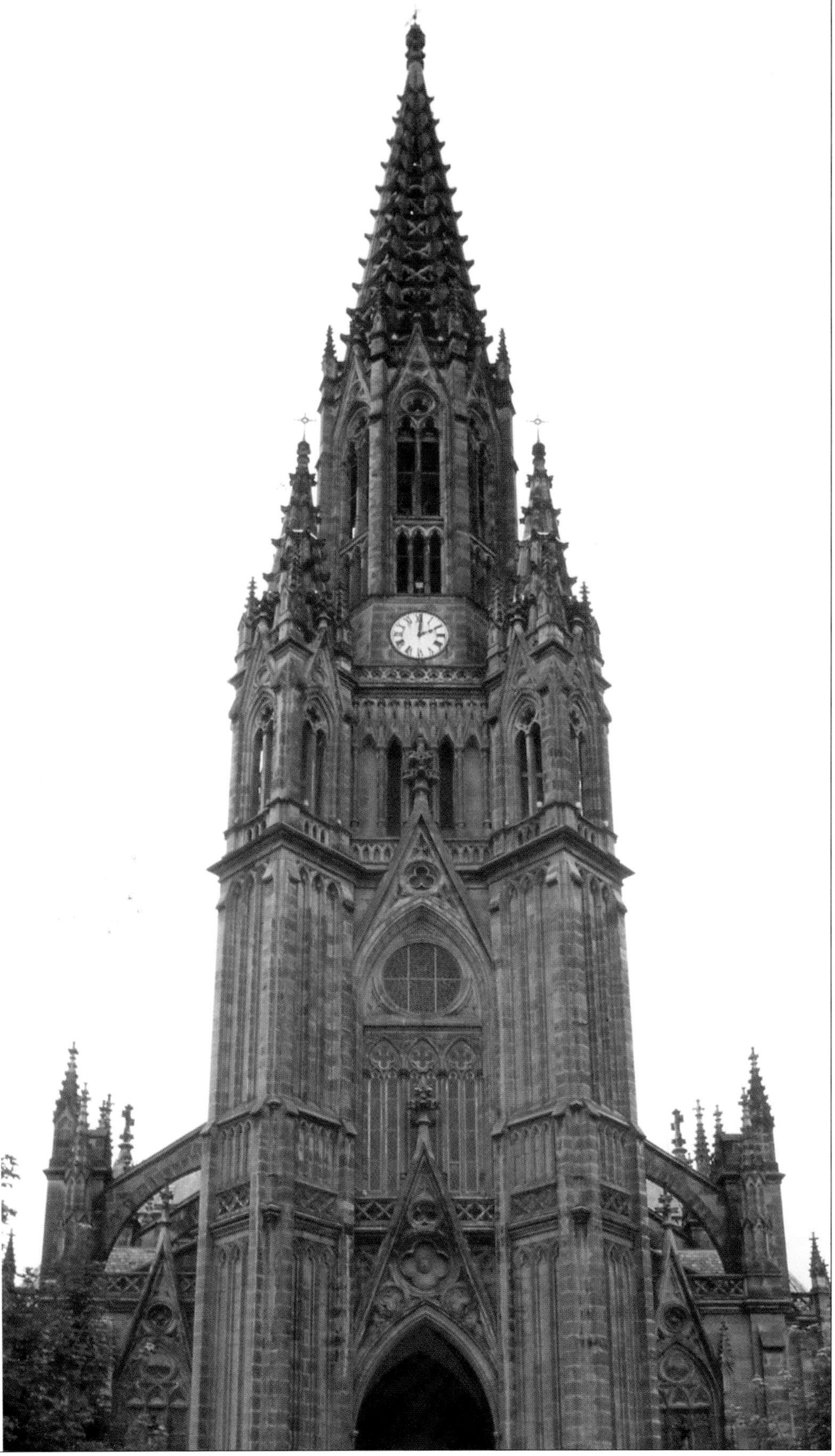

Catedral de Santa María de Vitoria

APROXIMADAMENTE OCHOCIENTOS AÑOS DE HISTORIA HAN IDO DEJANDO SU HUELLA EN ESTE EDIFICIO. DESDE SU INICIO, LA CATEDRAL DE SANTA MARÍA, TAMBIÉN CONOCIDA COMO LA CATEDRAL VIEJA, HA SUFRIDO MÚLTIPLES MODIFICACIONES.

La planta

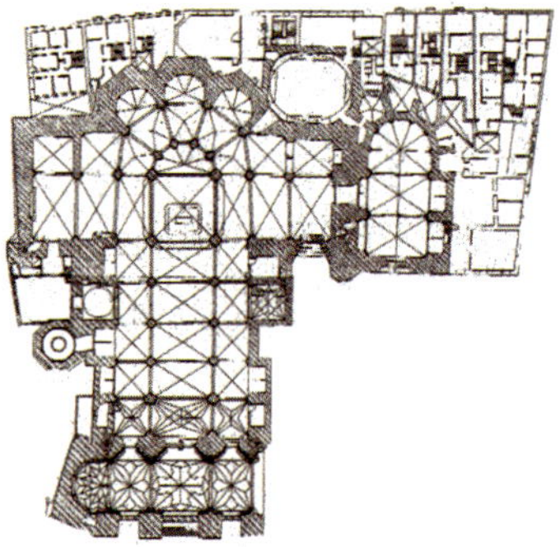

Es un templo de tres naves *con crucero y presbiterio rodeado por girola, en la que se encuentran tres capillas adyacentes. En la cabecera y el crucero se abren grandes vanos con arcos lancetados que cobijan otros dos, mientras que en las naves laterales, en la parte superior del triforio, se sitúan óculos formados por combinación de triángulos curvilíneos.*

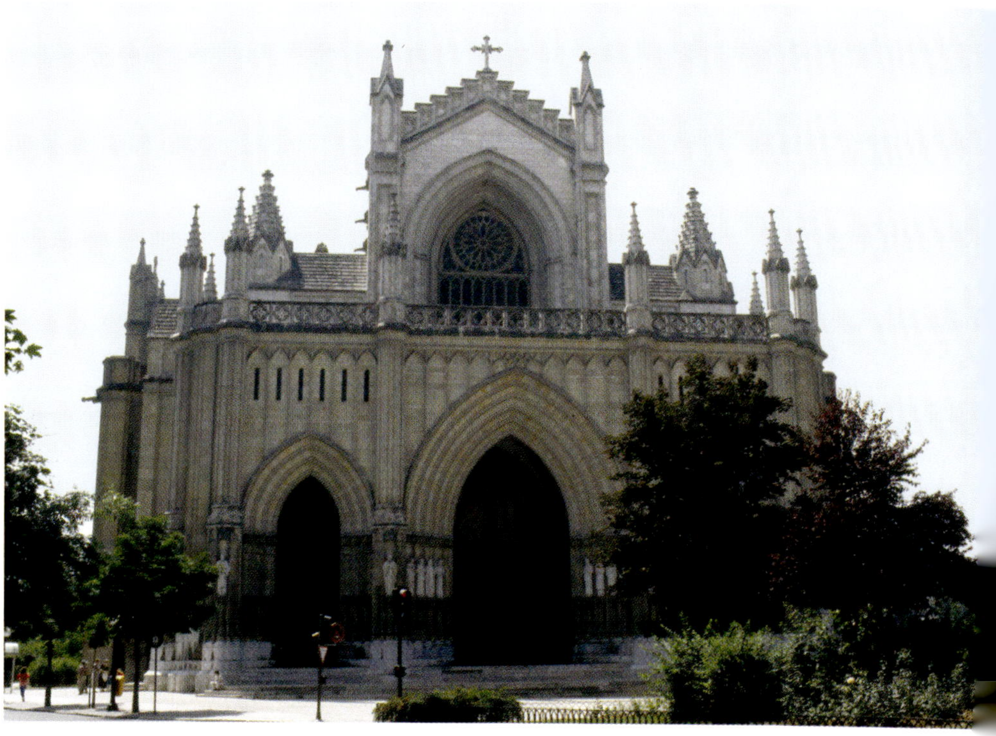

LOCALIZACIÓN

Calle Cuchillería, 95-97
Vitoria (Álava)
SIGLOS XIII-XIV

Alfonso VIII en el siglo XIII erigió un templo fortaleza en el lugar que ahora ocupa la catedral. De esta primitiva construcción, de estilo románico, se conservan algunos restos; los más antiguos son los paños que cierran por el norte el actual pórtico.

A finales del siglo XIII y durante toda la centuria siguiente tienen lugar las obras que darán a la catedral su aspecto actual. Pero las modificaciones no acabaron aquí. En el siglo siguiente se emprendió toda una serie de nuevas construcciones que pretendían dotar de mayor esplendor al templo; sin embargo, estas obras pusieron en serio peligro al edificio, lo que motivó que durante los siglos sucesivos las reformas estuvieran dirigidas a subsanar los daños causados en la estructura.

Durante los siglos XV y XVI *se sustituyero las bóvedas primitivas de madera por bóvedas de piedra, y se construyeron otras nuevas en es mismo material para los tramos levantados.*

El templo, de estilo gótico, consta de tres naves con amplio crucero y cabecera. En su interior tiene cuatro capillas rectangulares y una girola a la que se abren otras tres capillas poligonales. Cuenta,

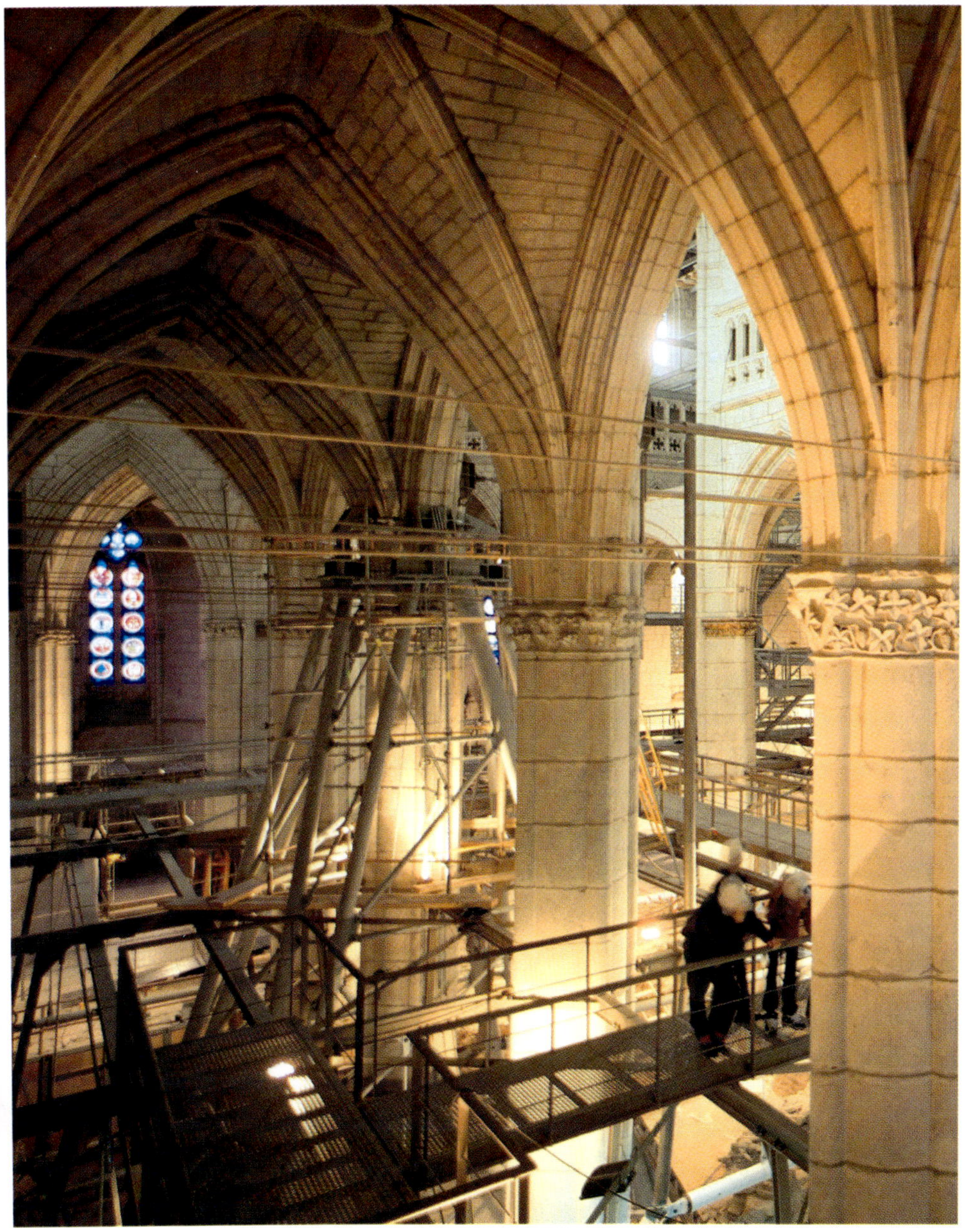

GÓTICO CLÁSICO

Pese a responder a los cánones del gótico clásico, el crucero está más cercano al modelo de las construcciones cistercienses; probablemente, condicionado por un proyecto anterior.

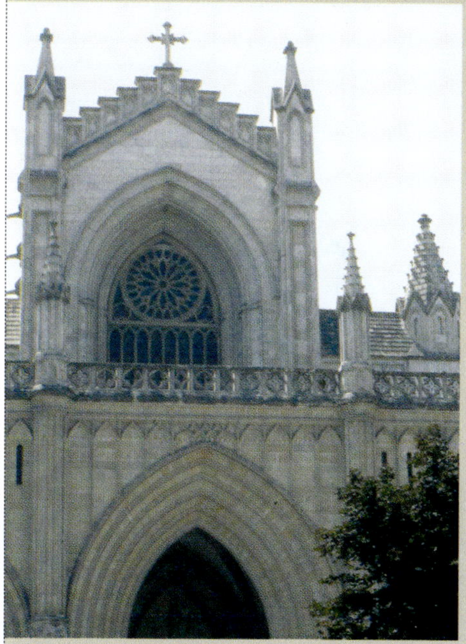

EN 1496, EL PAPA *Alejandro VI convierte a la hasta entonces parroquia de Santa María en colegiata. En 1862 fue elevada a catedral.*

LOS MUROS CIEGOS UBICADOS EN LA PARTE NORTE DE LA CATEDRAL SE DEBEN A SU ADHESIÓN A LA MURALLA MEDIEVAL.

además, con un hermoso y frágil triforio. La entrada principal al templo se hace a través de un pórtico cubierto de tres arcadas, ricamente labradas, y con imágenes de la Virgen y los santos sobre los doseletes.

La torre primitiva era cuadrada con sencillas agujas ojivales. En el siglo XVII se alzó sobre el pórtico la actual, de estilo dórico hasta el campanario, sobre el que se colocó un templete, bastante elevado, con chapitel de pizarra coronado por una cruz. En el año 1856, la torre se incendió y hubo que reconstruirla.

En el presente siglo se ha emprendido la restauración integral del templo, que culminará en el año 2010. El gran esfuerzo que se está realizando por conservar este edificio emblemático ha sido reconocido mundialmente.

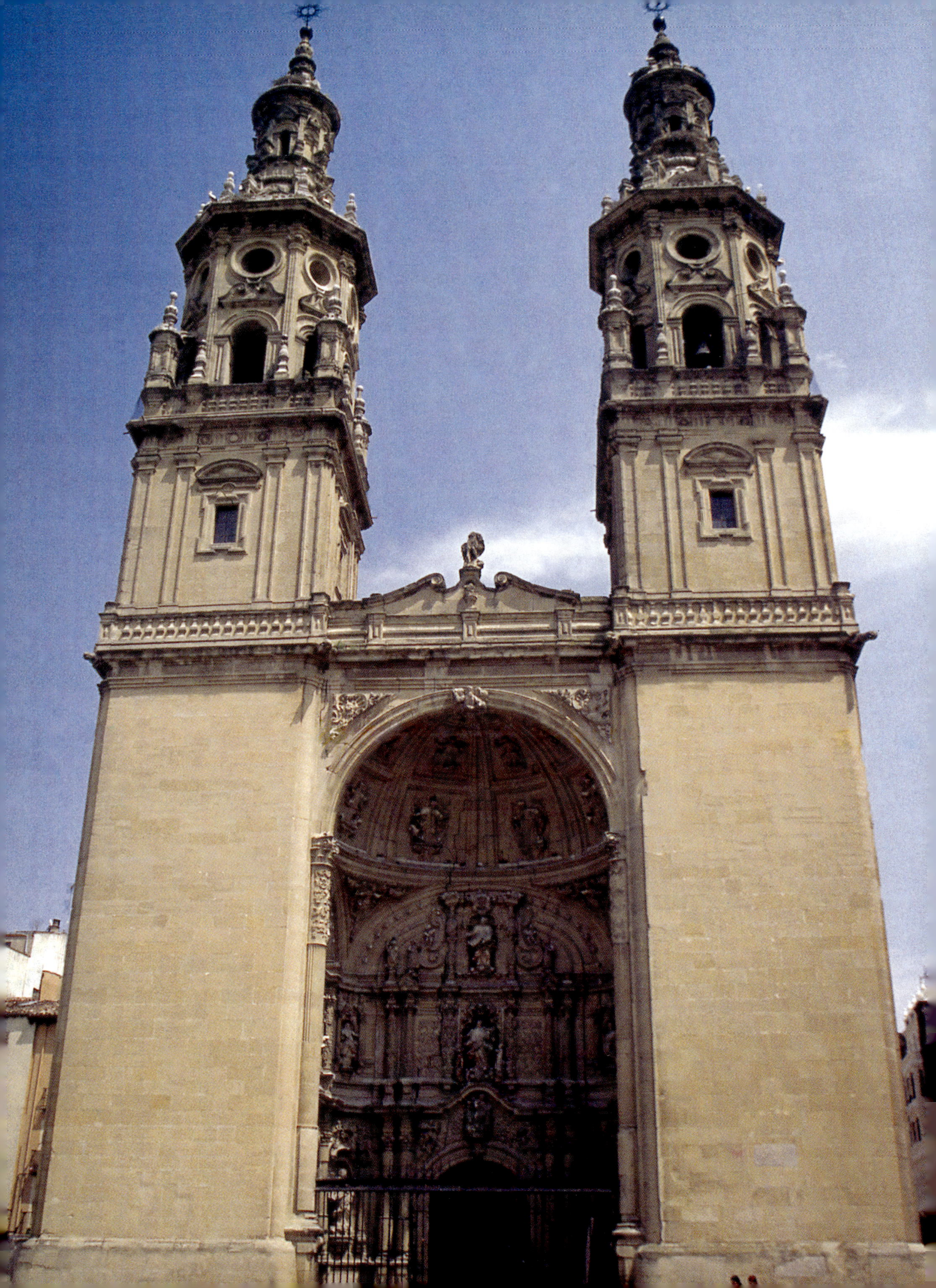

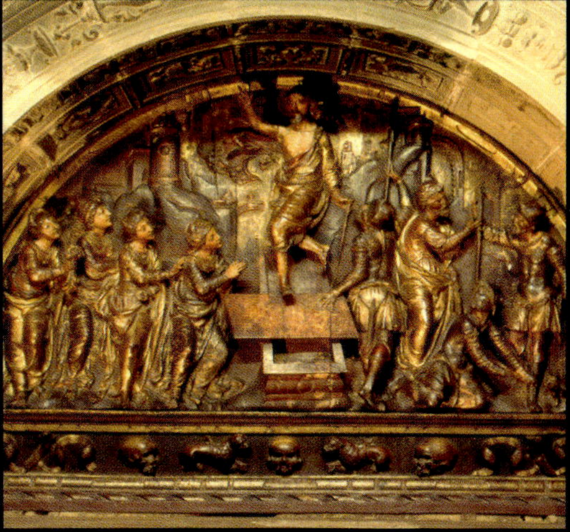

Concatedral de Logroñ

LA IGLESIA COLEGIAL DE SANTA MARÍA DE LA REDONDA ADQUIRIÓ EL TÍTULO DE CONCATEDRAL GRACIAS A UNA CONCESIÓN ESPECIAL DEL PAPA JUAN XXIII EL DÍA 15 DE AGOSTO DE 1959.

El nombre de Santa María de la Redonda procede de la antigua iglesia románica de San Lucas, construida en el siglo XII con planta poligonal, que medía aproximadamente la mitad de la actual. En 1453, se convirtió en colegiata al unirse con la iglesia de San Martín de Albelda.

En 1727, Benedicto XIII le concedió una bula por la cual fue declarada «insigne». Posteriormente, en el año 1959, la colegiata de Santa María de la Redonda se hizo con el título de concatedral.

La fachada, adosada a la construcción primitiva, es uno de los elementos artísticos más importantes de este monumento, cuya estructura se ha visto sometida a diversas ejecuciones. A lo largo de su historia ha ido sufriendo distintas reformas, como las de los siglos XVI y XVIII. En este último periodo, se retocaron los pies y la cabecera.

Las torres de la concatedral se relacionan con el estilo barroco de Galicia (aunque existen otras torres similares en la provincia) y algunos de sus elementos decorativos son muy peculiares. Destaca, por ejemplo, la linterna o chapitel, estructurado en dos niveles diferentes, que remata el último cuerpo de las torres, más elevado que en otras catedrales de la Península.

Concatedral de Santa María de la Redonda

AL ENTRAR EN EL EDIFICIO NOS TOPAMOS CON UNA ANTESALA, UNA CAPILLA ALARGADA CON PLANTA OCTOGONAL QUE PRECEDE AL CUERPO DE LA IGLESIA. ESTA CAPILLA ES DEL MISMO ESTILO ARQUITECTÓNICO QUE LA FACHADA, PUES AMBAS PERTENECEN AL MISMO PERIODO.

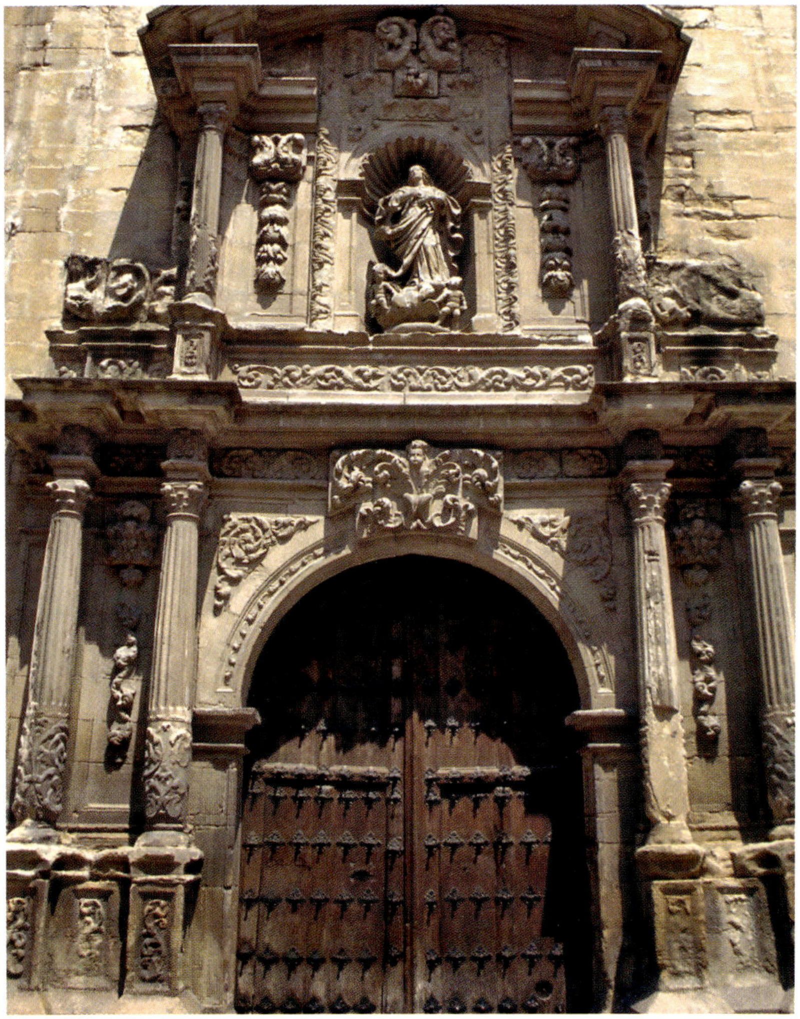

UNA DE LAS JOYAS *que alberga el templo es una pequeña tabla que representa el «Calvario», atribuida a Miguel Ángel (1540).*

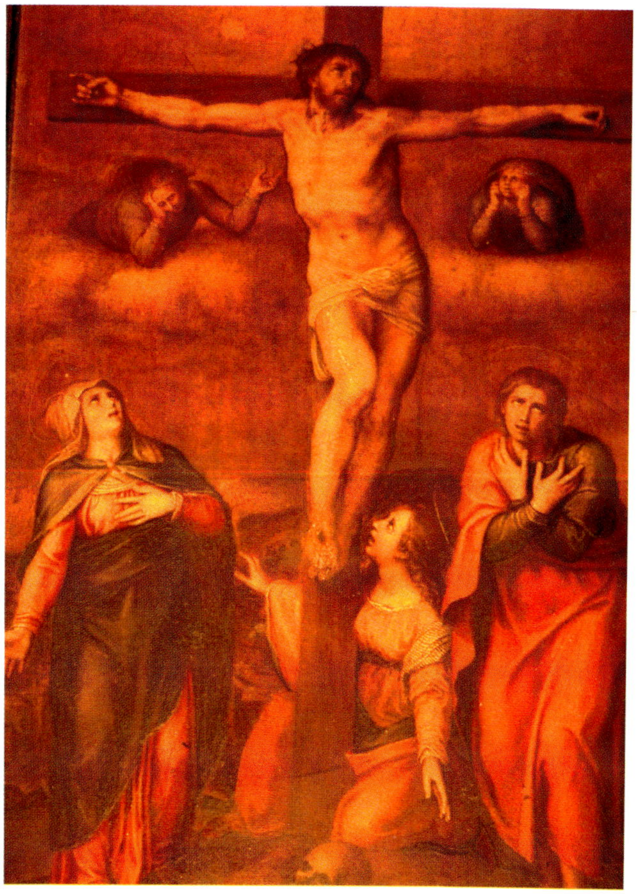

LOCALIZACIÓN
Calle Portales, 14
Logroño (La Rioja)
SIGLOS XV-XVIII

La concatedral de Santa María de la Redonda, de Logroño, destaca por su espléndida fachada de estilo barroco y las dos torres que flanquean una gran portada. En esta última, iniciada en 1742 y compuesta por tres cuerpos y siete calles, una reja procedente de la capilla del Santo Cristo cierra el gran retablo de tres cuerpos de piedra en que se estructura la fachada. Columnas estilizadas, estatuas, medallones y muchos más detalles enmarcan esta portada. El conjunto está rematado por una semicúpula sobre pechinas en la que se sitúan los relieves de los cuatro evangelistas, cuatro ángeles y Dios Padre.

Las portadas laterales del exterior del templo fueron labradas el año 1705 y están concebidas a la manera de pequeños retablillos de piedra. La del norte se dedica a San Martín y la del sur, a la Virgen.

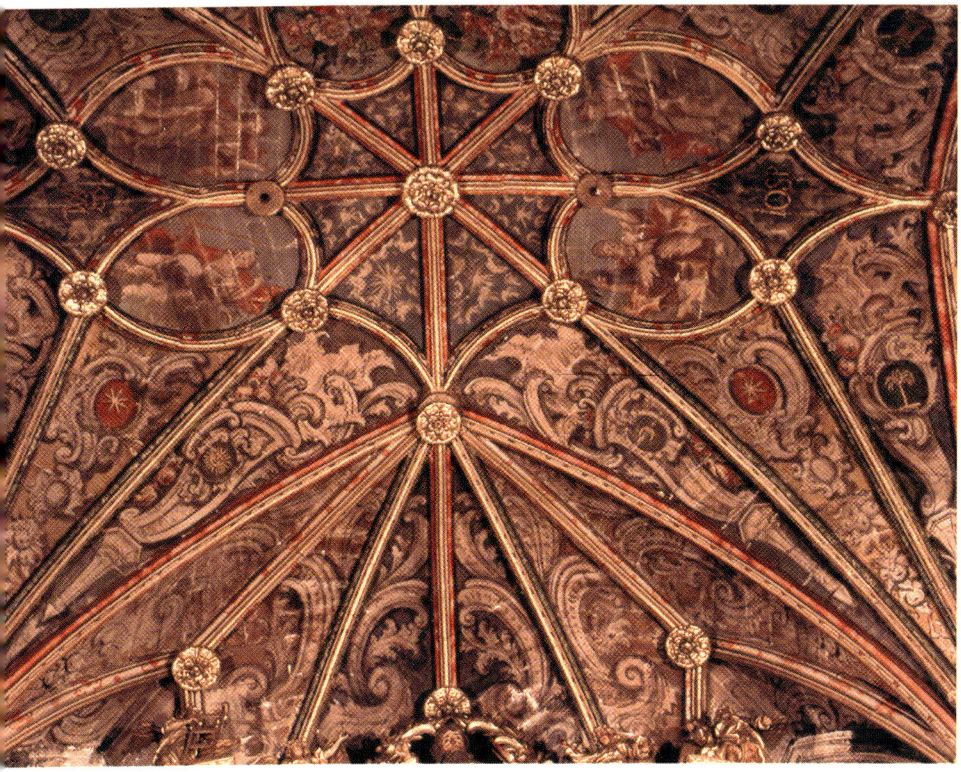

El edificio *se sujeta gracias al soporte de unos pilares cilíndricos y bóveda de crucería estrellada.*

La planta

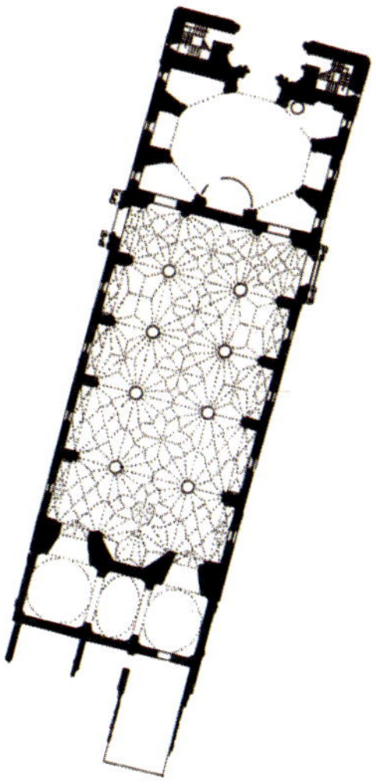

Sobre una planta basilical se levanta *la concatedral de Santa María de la Redonda. Compuesta por tres naves longitudinales, sin crucero, éstas culminan en sus correspondientes ábsides poligonales.*

El interior de la concatedral pertenece al estilo ojival del siglo XV y entre sus elementos principales se encuentra la sillería del coro, que se compone por 24 sitiales altos y 22 bajos. El conjunto está organizado mediante pilastras toscanas, de fuste estriado con arquitecturas en los respaldos más altos y representaciones sagradas de santos y otras imágenes en los bajos.

Los muros y las bóvedas están decorados con diversas composiciones pictóricas, obra de José Vexes, realizadas en el siglo XVIII. En la girola, existe una pequeña pintura al óleo sobre tabla que representa un calvario y que se atribuye a Miguel Ángel.

EL RETABLO

El retablo mayor es obra de Francisco de la Cueva de finales del XVII, en estilo barroco, y reposa en un almohadillado de media caña. La totalidad del conjunto se remata mediante un frontón curvo que se va quebrando en diferentes planos.

En la cabecera del edificio se colocaron dos capillas para cada una de las naves laterales, de planta cuadrada, y una capilla central de planta rectangular.

En las naves laterales, en los espacios que quedan libres entre los contrafuertes, se ubican las capillas.

LAS TORRES

Las torres, del siglo XVIII, conocidas como «las gemelas», están formadas por fuste de paramento liso, muy desarrollado. Se alzan sobre un primer cuerpo prismático, cuadrado, que alcanza la altura de la iglesia, y se corona con una flecha de tres cuerpos.

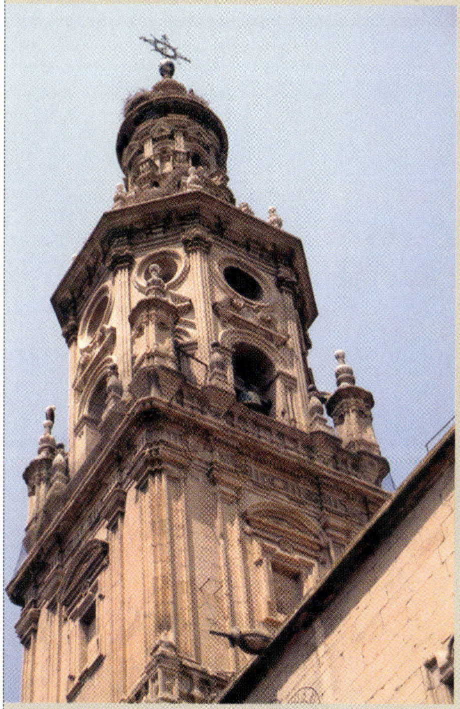

La fachada principal *destaca por sus dos magníficas torres con características propias de la arquitectura de la provincia.*

Catedral de Calahorra

CUENTA LA TRADICIÓN QUE LOS LEGIONARIOS ROMANOS CELEDONIO Y EMETERIO FUERON DECAPITADOS EN EL SIGLO III EN CALAHORRA. AL PARECER, EL SUFRIMIENTO DE ESTOS MÁRTIRES FUE LA RAZÓN POR LA QUE SE CONSTRUYÓ LA CATEDRAL DE SANTA MARÍA EN UNA ZONA FUERA DEL RECINTO AMURALLADO DE LA CIUDAD.

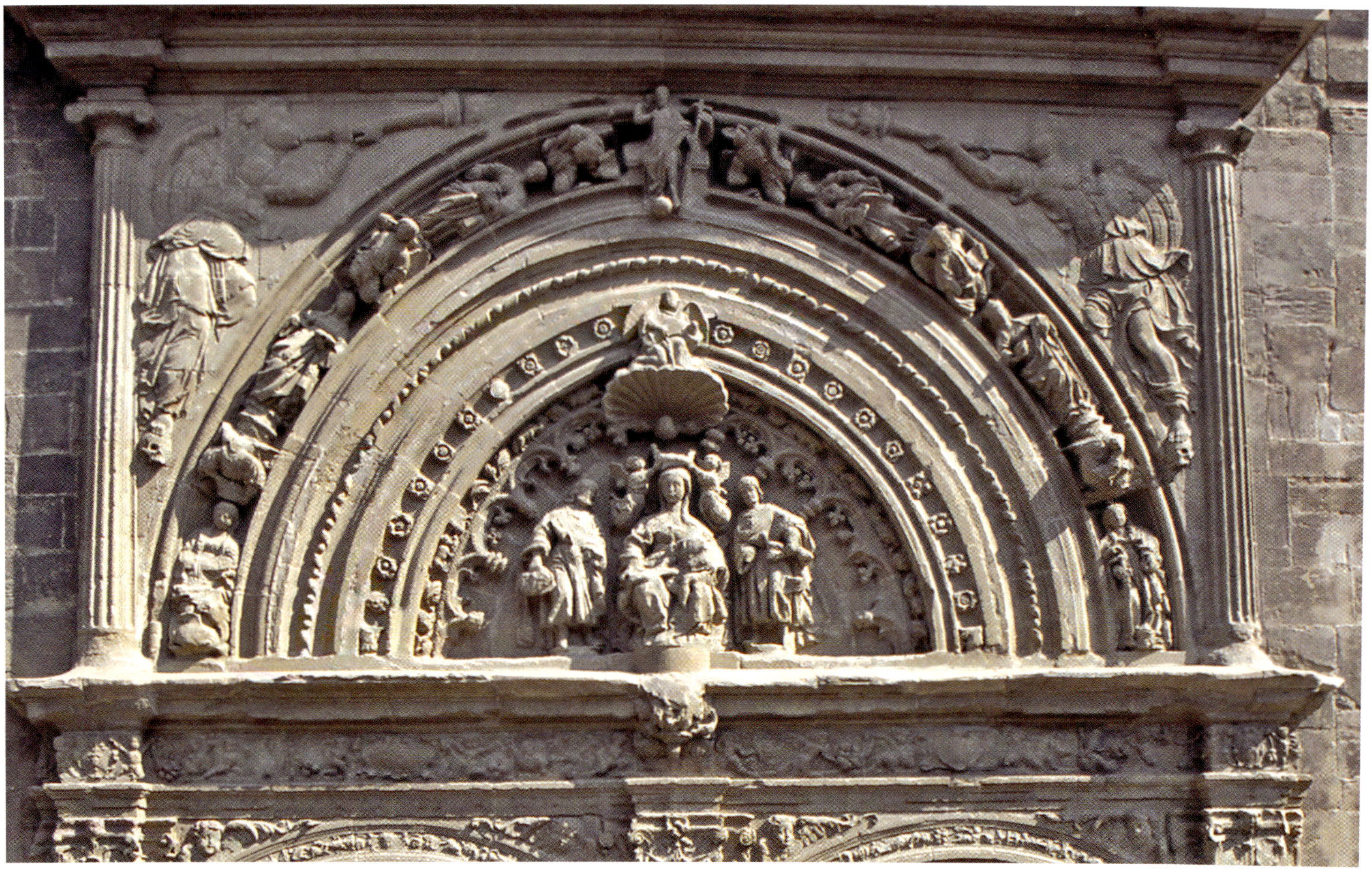

LOCALIZACIÓN

Plaza del Cardenal Cascajares, s/n
Calahorra (La Rioja)
SIGLO XV-XVII

El templo surgió precisamente con el fin de venerar el martirio de los santos Celedonio y Emeterio. En este lugar existió primero un baptisterio en el siglo IV, justo después del martirio de los santos a los que está dedicada la catedral, y sobre él se construyó después una iglesia. Ésta fue, a su vez, destruida por los árabes.

Después de la conquista por parte de los cristianos, se creó la necesidad de disponer de un recinto para la celebración de la eucaristía, por lo que se levantó un templo de estilo románico, hasta que en el siglo XV se edificó el templo casi como lo conocemos hoy en día. Las obras de la catedral se prolongaron durante más de doscientos años, de modo que en ella encontramos los diferentes estilos y cambios de tendencia que se produjeron en arquitectura y ornamentación durante este tiempo.

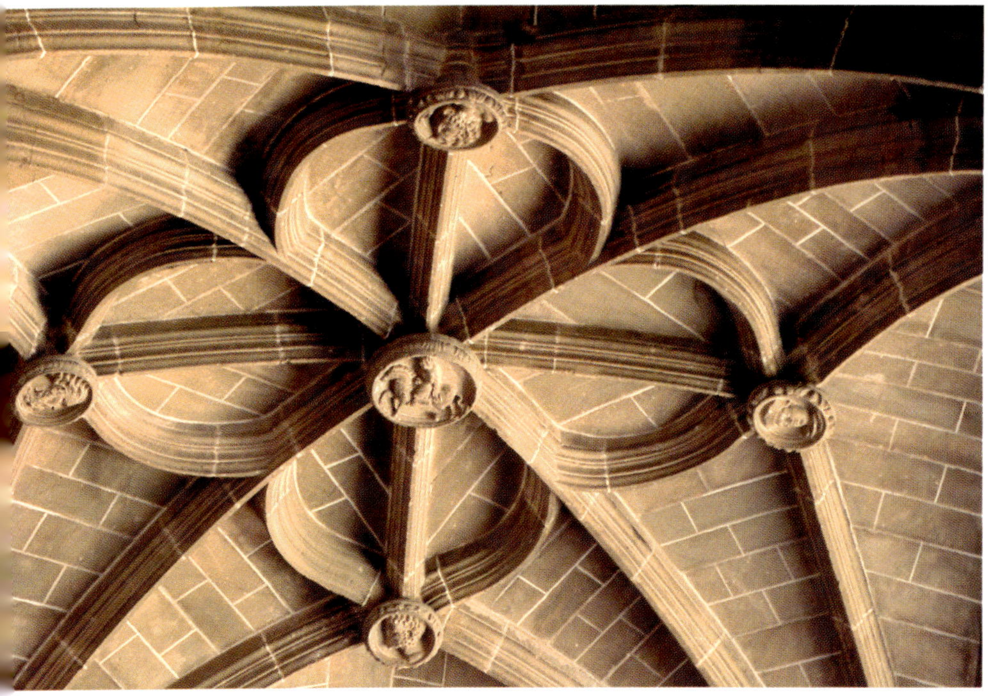

Los pilares, de planta octogonal, *no están provistos de capitel. Los vanos son pequeños y las bóvedas que cubren las naves laterales son de crucería, compuestas por arcos ojivales.*

La planta

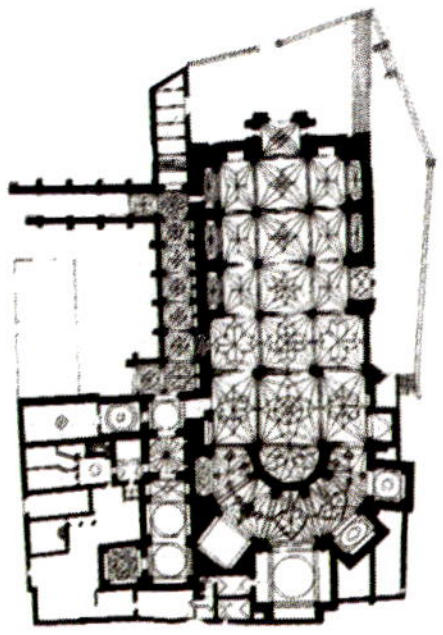

Planta de cruz latina *con tres naves y capillas situadas entre los contrafuertes de las naves laterales. Cuenta con un transepto de gran anchura, que fue añadido con posterioridad, del mismo modo que también se añadieron en el siglo XVI el coro, el deambulatorio y cinco capillas absidiales entre los contrafuertes del mismo. Éstas últimas son obra de Juan de Urruela, quien las realizó a partir de 1623. Esta parte de la catedral está marcada por un estilo también gótico pero con elementos renacentistas.*

El portal norte, abundantemente esculpido, es el que se conoce con el nombre de portada de San Jerónimo. Éste rompe con la sobriedad de esta parte de la fachada, concentrando la decoración. En esta portada se mezclan dos estilos: el gótico y el renacentista plateresco y manierista.

En el tímpano del portal, que es la parte más antigua, realizada en el año 1520, vemos la imagen de la Virgen con el Niño, rodeada de santos entre los que aparecen San Emeterio y San Celedonio, patrones de la ciudad y de toda la diócesis de Calahorra, además de un grupo de ángeles.

Se relata la escena de la Coronación de la Virgen. En los marcos superiores, los heraldos de la Gloria tocan sus trompetas.

El estilo ya es totalmente gótico, mucho más puro, hasta el crucero. Para construir este último elemento se necesitó la participación de distintos maestros de obra, entre ellos, Juan de Arteaga, Pedro Sánchez de Lequeitio y Juan de Olave. La ejecución se desarrolló entre los años 1484 y 1526.

PORTADA PRINCIPAL

En el exterior, la portada principal tiene forma de retablo barroco dividido en tres cuerpos y rematado con frontón triangular. El portal está flanqueado por columnas con canaladuras de estilo corintio. La realizaron los hermanos Juan y Santiago Raón.

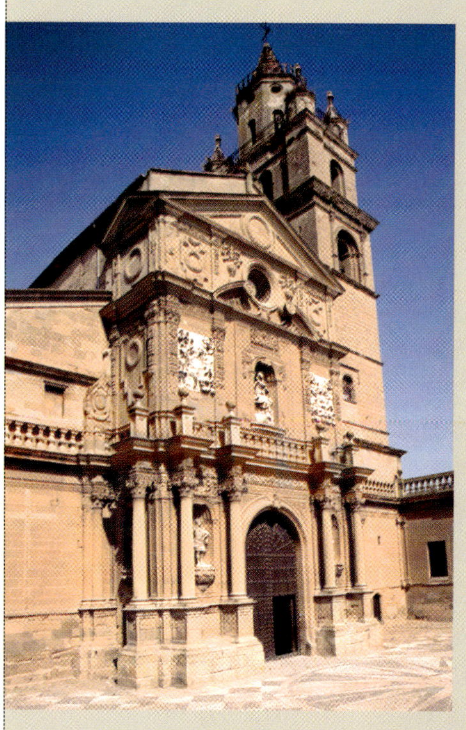

Aunque el estilo general *de construcción de la catedral de Calahorra es el gótico, en el exterior se mezclan diversos elementos y estructuras, que aportan otros estilos arquitectónicos a la catedral.*

El templo alberga un tesoro espectacular en su nave central. Se trata de la impresionante sillería de estilo plateresco perteneciente al coro. Guillén de Holanda, su creador, tardó seis años en tallarla (1532-1538). El órgano, por su parte, se encuentra envuelto en una hermosa caja rococó.

Catedral de Santo Domingo de la Calzada

LA CATEDRAL DE SANTO DOMINGO DE LA CALZADA ES UN TEMPLO COMPUESTO POR VARIOS ESTILOS ARQUITECTÓNICOS, ENTRE LOS QUE SE ENCUENTRAN EL ROMÁNICO, EL GÓTICO Y EL RENACENTISTA.

LOCALIZACIÓN
Plaza del Santo, 1
Sto. Domingo de la Calzada (La Rioja)
SIGLOS XII-XVI

La ciudad se resume en un conjunto urbano en el que predomina la armonía. De trazado medieval, está presidida por la torre de la catedral, que se halla separada del templo. Esta torre, de estilo barroco, es conocida popularmente con el nombre de «la mejor moza de La Rioja». Está construida en un suelo con exceso de humedad.

Además de este elemento, la ciudad cuenta con diferentes monumentos que la convierten en un lugar atractivo, como conventos o palacios.

La ciudad de Santo Domingo se encuentra en el camino francés de peregrinación a Santiago.

Se puso la primera piedra de la parte correspondiente a la antigua iglesia románica (de transición) en el año 1158, aunque las obras de construcción se iniciaron en el año 1098 por el propio Santo Domingo, en los lugares donados por Alfonso VI.

Fue primero un templo colegial, hasta el traslado de la diócesis de Calahorra. De esta construcción primitiva se conserva

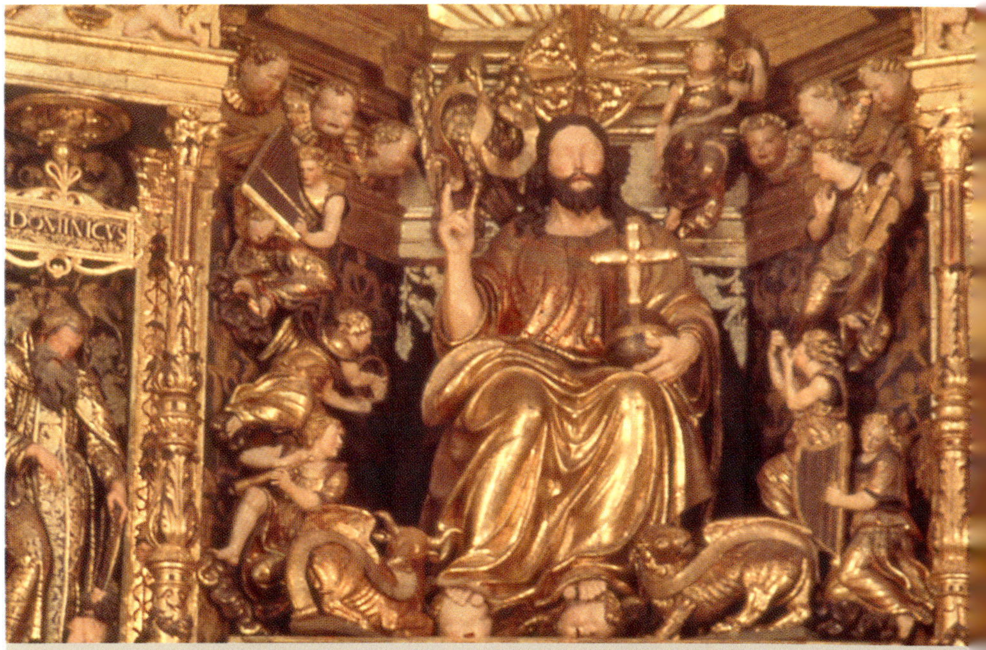

TORRE BARROCA

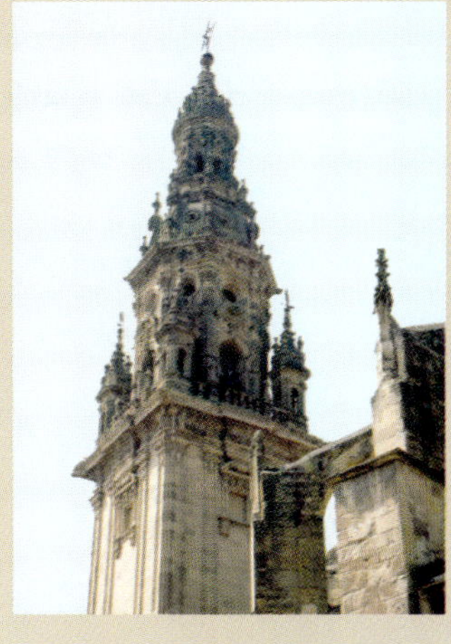

Una torre barroca octogonal, construida en el siglo XVIII, se eleva exenta. Se construyó en el año 1762, gracias a la iniciativa del obispo Martín de Porras. Quien terminó la obra cuatro años más tarde fue el arquitecto Martín de Beratúa. La gran torre alcanza unos setenta metros de altura y cuenta con un cuerpo de campanas de estilo barroco. Santo Domingo de la Calzada está organizada al modo de las iglesias de peregrinación. Este modelo de edificios religiosos, destinados a los peregrinos, se repite a lo largo de todo el Camino de Santiago.

parte de la estructura de la planta. Las obras de edificación de este periodo fueron dirigidas por el maestro Garçión.

En el año 1180 ya se celebraban misas en esta iglesia, pero no fue hasta 1232 cuando tomó el rango de catedral.

La catedral es de planta de cruz latina románica, aunque el alzado presenta rasgos más cercanos al gótico.

Respecto al arte del exterior del templo, cuenta con varias puertas, entre las que la principal, en el lado sur, es de estilo renacentista.

Este tipo de iglesias tiene en común la proliferación de capillas, así como la habitual presencia del deambulatorio, que permite la circulación sin molestar en la celebración de la eucaristía y, en ocasiones, también presenta un triforio donde se alojaban los peregrinos.

EL ALZADO DEL TEMPLO POSEE RASGOS PRÓXIMOS AL GÓTICO, MIENTRAS QUE SU PLANTA ES DE ESTILO ROMÁNICO.

En el caso de esta catedral, durante el siglo XVI se produjo una reforma importante en el crucero, pues su parte izquierda se modificó para ampliarla con el fin de poder albergar el sepulcro de Santo Domingo.

En este sepulcro conviven varios estilos, pues se cree que fue realizado con la unión de diferentes partes de otros tres sepulcros. La lauda sepulcral en la que se representa al santo en posición yacente es de estilo románico. La zona en la que se cuentan sus milagros es gótica y el templete es de estilo tardogótico. Lo realizó Juan de Rasines en el año 1513 y fue diseñado por Vigarny.

Damián Forment es el creador del retablo mayor, obra destacada del interior del templo. Está dividido en una base, cuatro compartimentos separados por columnas y tres calles. La calle central la ocupa la figura del Salvador y de la Asunción de la Virgen. Andrés Melgar fue el encargado de dorar y estofar el retablo una vez finalizada la parte escultórica. Este retablo ha sido retirado del lugar que ocupaba recientemente, con tal de devolver a los muros la pureza de su construcción.

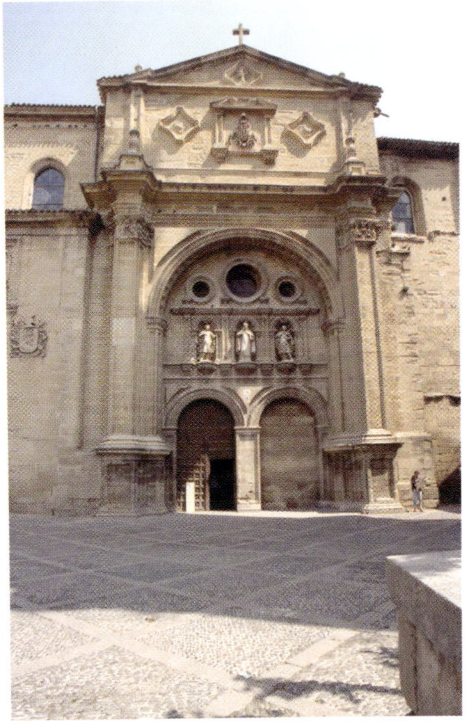

La portada tardobarroca *de la catedral es obra de Martín de Beratua.*

La planta

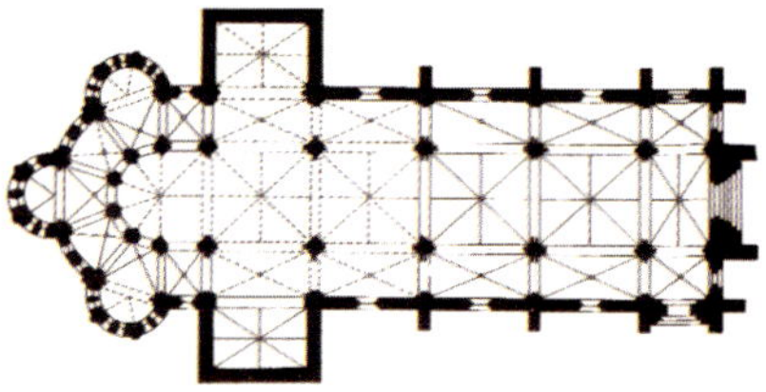

Templo formado por tres naves *de cuatro tramos, transepto sobresaliente en planta y cabecera con girola y capillas absidiales. Sólo la capilla central corresponde a la primera construcción. El conjunto formado por el presbiterio y el deambulatorio es del más puro estilo románico. En el deambulatorio se insertaban primitivamente tres capillas absidiales separadas por un tramo. El ábside es poligonal, al que se añadieron algunas capillas en el siglo XVI. La bóveda fue rehecha por el maestro Rasines. La bóveda del transepto es del siglo XV.*

El interior del edificio, *que contiene una interesante mezcla de estilos, resulta magnífico a los ojos del visitante.*

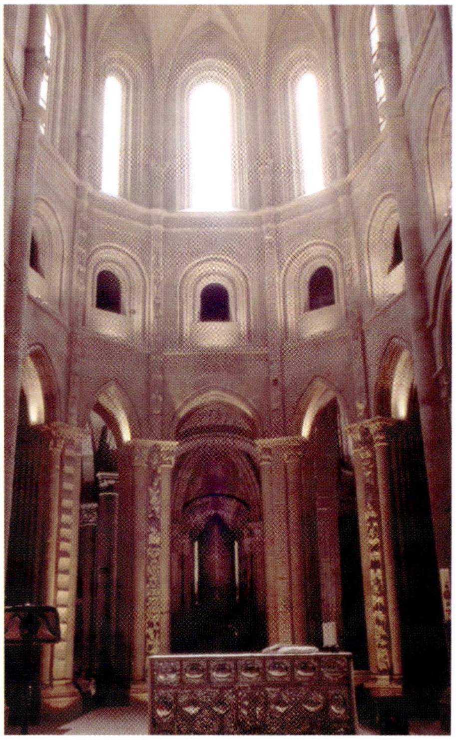

ÍNDICE ALFABÉTICO

ALBACETE
Catedral de San Juan Bautista
Página 148

ALBARRACÍN
Catedral del Salvador
Página 80

ALCALÁ DE HENARES
Iglesia Catedral Magistral de los Santos Niños Justo y Pastor
Página 220

ALICANTE
Concatedral de San Nicolás de Bari
Página 186

ALMERÍA
Catedral de Nuestra Señora de la Encarnación
Página 50

ASTORGA
Catedral de Santa María de Astorga
Página 122

ÁVILA
Catedral del Salvador
Página 124

BADAJOZ
Catedral de San Juan Bautista
Página 194

BAEZA
Catedral de la Natividad de Nuestra Señora
Página 52

BARBASTRO
Catedral de la Asunción de la Virgen
Página 82

BARCELONA
Excelentísimo Capítulo de la Catedral
Página 158
Templo Expiatorio de la Sagrada Familia
Página 162

BAZA
Iglesia Mayor Concatedral de la Encarnación
Página 54

BILBAO
Catedral de Santiago
Página 234

BURGO DE OSMA
Catedral de Santa María de la Asunción
Página 126

BURGOS
Catedral de Santa María
Página 118

CÁCERES
Concatedral de Santa María
Página 196

CÁDIZ
Catedral nueva
Página 56
Catedral vieja
Página 58

CALAHORRA
Catedral de Santa María
Página 244

CARTAGENA
Catedral Antigua de Cartagena
Página 226

CASTELLÓN
Concatedral de Santa María de la Asunción
Página 188

CEUTA
Catedral de Ceuta
Página 60

CIUDAD REAL
Catedral de Santa María del Prado
Página 150

CIUDAD RODRIGO
Catedral de Santa María
Página 128

CÓRDOBA
Mezquita Catedral de Córdoba
Página 62

CORIA
Catedral de la Asunción
Página 198

CUENCA
Catedral de Nuestra Señora de Gracia
Página 152

FERROL
Concatedral de San Julián
Página 210

GETAFE
Catedral de Santa María Magdalena
Página 222

GIRONA
Catedral de Santa María
Página 164

GRANADA
Catedral de Nuestra Señora de la Encarnación
Página 64

GUADALAJARA
Concatedral de Santa María
Página 154

GUADIX
Catedral de la Encarnación de la Virgen
Página 66

HUELVA
Catedral de la Merced
Página 68

HUESCA
Catedral de la Transfiguración del Señor
Página 84

IBIZA
Catedral de Santa María de las Nieves
Página 102

JACA
Catedral de San Pedro
Página 86

JAÉN
Catedral de la Asunción de la Virgen
Página 70

JEREZ DE LA FRONTERA
Catedral del Salvador
Página 72

LA LAGUNA
Catedral de Nuestra Señora de los Remedios
Página 108

LAS PALMAS
Catedral de Santa Ana
Página 110

LEÓN
Catedral de León
Página 114

LLEIDA
Catedral nueva de Lleida
Página 166
Seu Vella
Página 168

LOGROÑO
Concatedral de Santa María
de la Redonda
Página 240
LUGO
Catedral de Santa María
Página 212
MADRID
Catedral de Santa María la Real de la
Almudena
Página 224
MÁLAGA
Catedral de la Encarnación
Página 74
MANRESA
Colegiata Basílica de Santa María de la
Seu
Página 170
MENORCA
Catedral Basílica de la Purificación de la
Virgen
Página 104
MÉRIDA
Concatedral de Nuestra Señora
Santa María la Mayor
Página 200
MONDOÑEDO
Catedral de la Asunción
Página 214
MONZÓN
Catedral de Santa María del Romeral
Página 88
MURCIA
Catedral de Santa María
Página 228
OURENSE
Catedral Basílica de San Martín
Página 216
ORIHUELA
Catedral del Salvador
Página 190
OVIEDO
Catedral de San Salvador
Página 98
PALENCIA
Catedral de San Antolín
Página 130
PALMA DE MALLORCA
Catedral de Santa María
de Palma
Página 106
PAMPLONA
Catedral de Santa María la Real
Página 230
PLASENCIA
Catedral nueva de Plasencia
Página 202
Catedral de Santa María
Página 204
RODA DE ISÁBENA
Iglesia catedral
de San Vicente Mártir
Página 90
SALAMANCA
Catedral nueva
de la Asunción de la Virgen
Página 132
Catedral vieja
de Santa María
Página 134
SAN SEBASTIÁN
Catedral del Buen Pastor
Página 236
SANTANDER
Catedral de la Asunción de la Virgen
Página 112
SANTIAGO DE COMPOSTELA
Catedral de Santiago de Compostela
Página 206
SANTO DOMINGO DE LA CALZADA
Catedral de Santo Domingo de la
Calzada
Página 246
SEGORBE
Catedral de Santa María de la Asunción
Página 192
SEGOVIA
Catedral de Santa María
Página 136
SEU D´URGELL (LA)
Catedral de Santa María d'Urgell
Página 172
SEVILLA
Catedral de Santa María de la Sede
de Sevilla
Página 46
SIGÜENZA
Santa Iglesia Catedral de Santa María
Página 156
SOLSONA
Catedral de Santa María
Página 174
SORIA
Concatedral de San Pedro
Página 138
TARAZONA
Catedral de Nuestra Señora
de la Huerta
Página 92
TARRAGONA
Catedral Metropolitana y Primada
de Santa Tecla
Página 176
TERUEL
Catedral de Santa María
de Mediavilla
Página 94
TOLEDO
Catedral Primada de Toledo
Página 144
TORTOSA
Catedral de Santa María
Página 178
TUDELA
Catedral de la Asunción de Santa María
Página 232
TUI
Catedral de Santa María
Página 218
VALENCIA
Catedral de San Pedro y Santa María
Página 182
VALLADOLID
Catedral Metropolitana de Valladolid
Página 140
VIC
Catedral de San Pedro
Página 180
VITORIA
Catedral de Santa María
Página 238
ZAMORA
Catedral de la Transfiguración
del Salvador
Página 142
ZARAGOZA
Seo de San Salvador
de Zaragoza
Página 96
Basílica de Nuestra Señora del Pilar
Página 76

Mapa de Localización

A CORUÑA
206 Catedral de Santiago de Compostela
210 Concatedral de San Julián de Ferrol

ÁLAVA
238 Catedral de Santa María de Vitoria

ALBACETE
148 San Juan Bautista de Albacete

ALICANTE
186 Concatedral de San Nicolás de Bari de Alicante
190 El Salvador de Orihuela

ALMERÍA
50 Nuestra Señora de la Encarnación de Almería

ASTURIAS
98 San Salvador de Oviedo

ÁVILA
124 El Salvador de Ávila

BADAJOZ
194 San Juan Bautista de Badajoz
200 Concatedral de Nuestra Señora Santa María la Mayor de Mérida

BALEARES
102 Santa María de las Nieves de Ibiza
104 Catedral Basílica de Menorca
106 Santa María de Palma de Palma

BARCELONA
158 Excelentísimo Capítulo de la Catedral
162 Templo Expiatorio de la Sagrada Familia de Barcelona
170 Colegiata Basílica de Santa María de la Seu de Manresa
180 San Pedro de Vic

BURGOS
118 Santa María de Burgos

CÁCERES
196 Concatedral de Santa María de Cáceres
198 La Asunción de Coria
202 Catedral de Plasencia
204 Santa María de Plasencia

CÁDIZ
56 Nueva de Cádiz
58 Vieja de Cádiz
72 El Salvador de Jerez de la Frontera

CANTABRIA
112 La Asunción de la Virgen de Santander

CASTELLÓN
188 Concatedral de Santa María de la Asunción de Castellón
192 Catedral de Santa María de la Asunción de Segorbe

CEUTA
60 Catedral de Ceuta

CIUDAD REAL
150 Santa María del Prado de Ciudad Real

CÓRDOBA
62 Mezquita catedral de Córdoba

CUENCA
152 Nuestra Señora de Gracia de Cuenca

GIRONA
164 Santa María de Girona

GRANADA
54 Iglesia Mayor Concatedral de la Encarnación de Baza
64 Nuestra Señora de la Encarnación de Granada
66 La Encarnación de la Virgen de Guadix

GUADALAJARA
208 Concatedral de Santa María de Guadalajara
156 Santa Iglesia Catedral Basílica de Sigüenza

GUIPÚZCOA
236 Catedral del Buen Pastor de San Sebastián

HUELVA
68 La Merced de Huelva

HUESCA
82 La Asunción de la Virgen de Barbastro
84 La Transfiguración del Señor de Huesca
86 San Pedro de Jaca
88 Santa María del Romeral de Monzón
90 Iglesia catedral San Vicente Mártir de Roda de Isábena

JAÉN
52 La Natividad de Nuestra Señora de Baeza
70 La Asunción de la Virgen de Jaén

LA RIOJA
240 Concatedral de Santa María de la Redonda de Logroño
244 Santa María de Calahorra
246 Catedral de Santo Domingo de la Calzada

LAS PALMAS
110 Santa Ana de Las Palmas

LEÓN
114 Catedral de León
122 Santa María de Astorga

LLEIDA
166 Nueva de Lleida
168 Seu Vella
172 Santa María d' Urgell
174 Santa María de Solsona

LUGO
212 Santa María de Lugo
214 La Asunción de Mondoñedo

MADRID
220 Iglesia catedral de los Santos Niños Justo y Pastor de Alcalá de Henares
222 Santa María Magdalena de Getafe
224 Santa María la Real de la Almudena de Madrid

MÁLAGA
74 La Encarnación de Málaga

MURCIA
226 Catedral Antigua de Cartagena
228 Santa María de Murcia

NAVARRA
230 Santa María la Real de Pamplona
232 Santa María de Tudela

OURENSE
216 Catedral Basílica de San Martín de Ourense

PALENCIA
130 San Antolín de Palencia

PONTEVEDRA
218 Asunción de Santa María de Tui

SALAMANCA
128 Santa María de Ciudad Rodrigo
132 Nueva de la Asunción de la Virgen de Salamanca
134 Vieja de Santa María de Salamanca

SEGOVIA
136 Santa María de Segovia

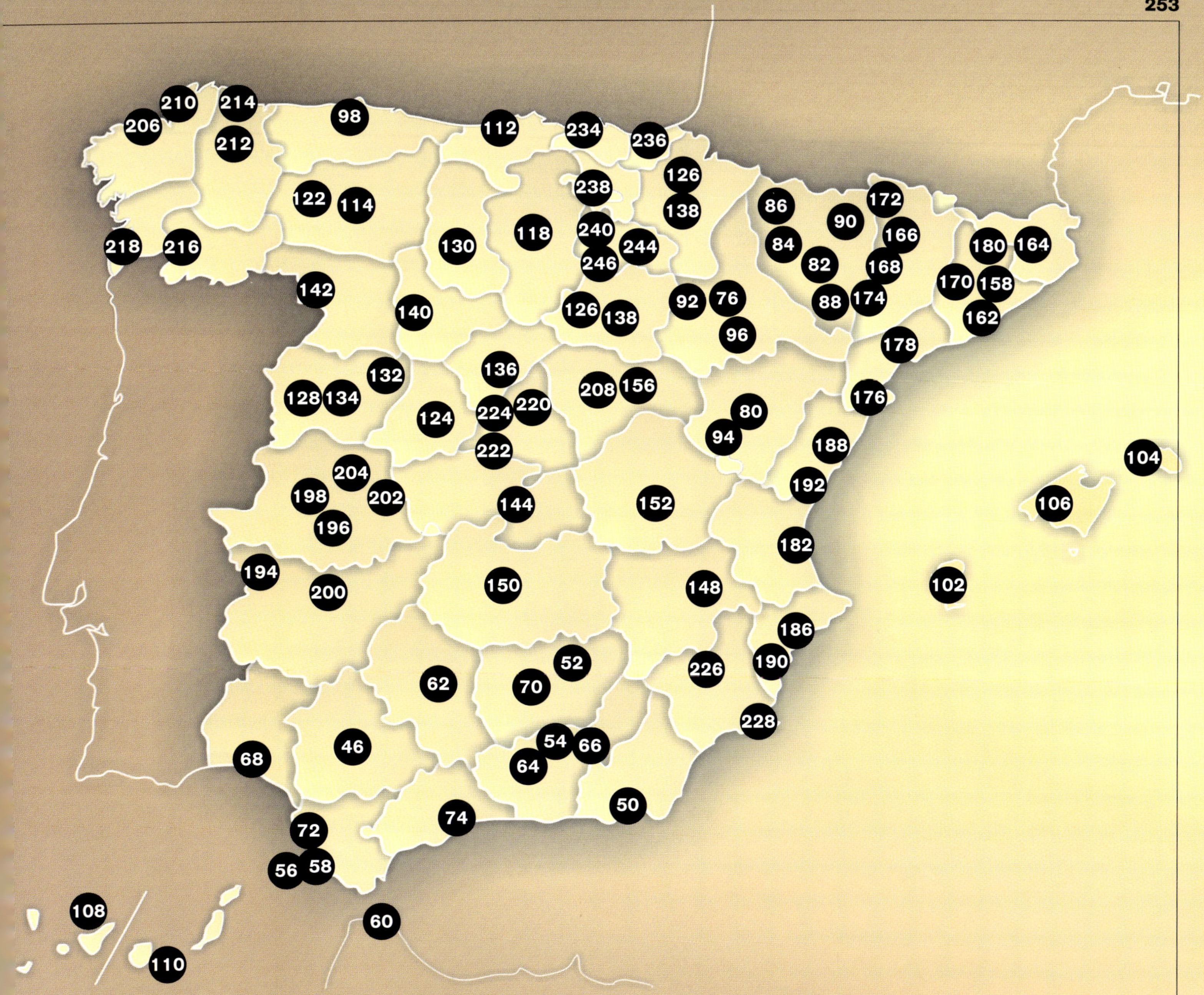

SEVILLA
46 Catedral de Sevilla

SORIA
126 Santa María de la Asunción de Burgo de Osma
138 Concatedral de San Pedro de Soria

TARRAGONA
176 Metropolitana y Primada de Santa Tecla de Tarragona
178 Santa María de Tortosa

TENERIFE
108 Nuestra Señora de los Remedios de La Laguna

TERUEL
80 El Salvador de Albarracín
94 Santa María de Mediavilla de Teruel

TOLEDO
144 Primada de Toledo

VALENCIA
182 San Pedro y Santa María de Valencia

VALLADOLID
140 Metropolitana de Valladolid

VIZCAYA
234 Santiago de Bilbao

ZAMORA
142 La Transfiguración del Señor de Zamora

ZARAGOZA
76 Basílica de Nuestra Señora del Pilar de Zaragoza
92 Nuestra Señora de la Huerta de Tarazona
96 Seo de San Salvador de Zaragoza